A RECORRIBILIDADE DAS DECISÕES INTERLOCUTÓRIAS NO CÓDIGO DE PROCESSO CIVIL

Coleção
Eduardo Espínola

Gabriel Araújo Gonzalez

A RECORRIBILIDADE DAS DECISÕES INTERLOCUTÓRIAS NO CÓDIGO DE PROCESSO CIVIL

2.ª edição
Revista, atualizada e ampliada

2019

EDITORA JusPODIVM
www.editorajuspodivm.com.br

EDITORA JusPODIVM
www.editorajuspodivm.com.br

Rua Território Rio Branco, 87 – Pituba – CEP: 41830-530 – Salvador – Bahia
Tel: (71) 3045.9051
• Contato: https://www.editorajuspodivm.com.br/sac

Diagramação: Isabella Giordano *(giordano.bella@gmail.com)*

Capa: Ana Caquetti

R311 A recorribilidade das decisões interlocutórias no Código de Processo Civil / Gabriel Araújo Gonzalez. – 2. ed. rev., atual. e ampl. – Salvador: JusPodivm, 2019.
432 p. (Eduardo Espínola / Coordenação Fredie Didier Jr.)

Bibliografia.
ISBN 978-85-442-2981-1.

1. Decisões interlocutórias. 2. Direito processual civil. I. Didier Jr., Fredie. II. Gonzalez, Gabriel Araújo. III. Título.

CDD 341.46

Mais uma vez e sempre:
a Áurea Rodrigues Araújo e
Rosalina Rodrigues Lopes
(*ambas* in memoriam)

AGRADECIMENTOS

Agradeço a Deus e a São Lázaro, que nunca me faltaram e me guiam por toda a minha caminhada.

Sempre terei de agradecer a Áurea Rodrigues Araújo e a Rosalina Rodrigues Lopes, que, com tão pouca escolaridade, foram e são as responsáveis pela melhor parte da minha educação.

Agradeço a minha mãe, Bárbara, pelo amor incondicional, por acreditar intensamente em mim, até mesmo quando nem eu tenho tanta certeza, e por me estimular a buscar sempre mais. A meu pai, Roberval, pelo exemplo de inteligência, foco e determinação para atingir os seus objetivos e fazê-lo da melhor maneira possível. A meus irmãos, Jayme e Marcos, pela parceria e pelos exemplos. A minha tia e madrinha, Dolores, pelo amor que só uma mãe é capaz de dar. Agradeço a todos os demais familiares, minha avó Aristina, minha madrasta Any, meus tios e primos.

A Mariana, meus agradecimentos por tanto amor, pela paciência, pela tranquilidade que só ela sabe transmitir e pelo companheirismo, sem os quais a minha caminhada seria muito mais difícil.

Aos meus amigos do colégio e da faculdade (especialmente aos de 2008.2 e 2009.1), agradeço pelo companheirismo, pelas conversas, pelas ideias trocadas e pelo apoio.

Meus agradecimentos também aos colegas e aos servidores do PPGD, especialmente a Luiza, sempre disposta a bem atender e ajudar os alunos; aos funcionários e ex-funcionários da biblioteca da Faculdade Baiana de Direito, pelo bom atendimento e pela inesgotável paciência, sem os quais não teria acessado obras essenciais ao trabalho; a Matheus Conceição, pela solicitude em fazer a revisão gramatical da dissertação; e a Luisa Tapioca e George Freitas, pela ajuda fundamental nos últimos instantes de elaboração do trabalho.

Ao meu orientador, o professor Fredie Didier Jr., agradeço especialmente pelo apoio, pelo acervo disponível, pelas incontáveis indicações bibliográficas, pelo exemplo de pesquisador e por, a despeito de todo o caminho já trilhado, permanecer aberto às discussões.

Agradeço, ainda, aos professores que fizeram parte desta (ainda curta) caminhada acadêmica, especialmente a João Glicério de Oliveira Filho, Paula Sarno Braga e Eduardo Lima Sodré.

Por fim, meus agradecimentos aos demais componentes da banca examinadora, os professores Edilton Meireles e Leonardo Carneiro da Cunha, por aceitarem o convite e contribuírem para o desenvolvimento do trabalho.

Tá legal
Eu aceito o argumento
Mas não me altere o samba tanto assim
Olha que a rapaziada está sentindo a falta
De um cavaco, de um pandeiro
Ou de um tamborim

Sem preconceito
Ou mania de passado
Sem querer ficar do lado
De quem não quer navegar
Faça como um velho marinheiro
Que durante o nevoeiro
Leva o barco devagar

(Paulinho da Viola – Argumento)

APRESENTAÇÃO DA OBRA

A presente obra é resultado da pesquisa feita no Mestrado em Direito Público, cursado na Universidade Federal da Bahia, sob a orientação do professor Fredie Didier Jr., entre os anos de 2014 e 2016. O texto corresponde basicamente à dissertação apresentada ao final do curso, mas conta com acréscimos e modificações decorrentes de releituras do trabalho, na tentativa de tornar mais claros os posicionamentos apresentados.

A obra é voltada ao tema que sofreu relevantes alterações com a nova codificação e cujo estudo suscita diversas questões e opiniões: a recorribilidade das decisões interlocutórias no CPC/2015.

Nesse contexto de incertezas, são apresentados entendimentos doutrinários sobre o tema, dispositivos legais pertinentes e precedentes judiciais relacionados. Em cada questão abordada, buscou-se defender o posicionamento que, na visão da obra, mostrava-se mais correto, a partir da reflexão sobre os elementos apresentados e da busca por uma inalcançável coerência entre as premissas e conclusões expostas ao longo do trabalho.

Trata-se apenas do pontapé inicial de uma vida acadêmica, com os erros decorrentes das limitações e da inexperiência do pesquisador e com os acertos resultantes de muita dedicação. A presente publicação, então, é fundamental para o amadurecimento da obra e do autor, por ser capaz de ampliar o alcance das ideias aqui defendidas, trazer mais opiniões sobre o assunto e tornar mais evidentes os acertos e os equívocos da pesquisa, elementos essenciais ao crescimento que se deseja.

Encerra-se essa apresentação à semelhança de Brás Cubas, em suas *Memórias Póstumas*: "mas eu ainda espero angariar as simpatias da opinião, e o primeiro remédio é fugir a um prólogo explícito e longo. O melhor prólogo é o que contém menos coisas, ou o que as diz de um jeito obscuro e truncado". Eis tudo.

Setembro de 2016.

O Autor

NOTA DO AUTOR À 2ª EDIÇÃO

O lançamento da segunda edição traz grande satisfação por algumas razões.

Inicialmente, representa a possibilidade de atualizar e melhorar o livro.

A primeira edição foi lançada em período de grande incerteza sobre a recorribilidade das decisões interlocutórias, já que o CPC/2015 promoveu mudanças significativas na regulamentação do tema e, na época, ainda não havia precedentes do STJ sobre as questões suscitadas pela doutrina.

Em verdade, a dissertação de Mestrado que serve de base para o livro foi elaborada entre julho/2015 e junho/2016 e apresentada em banca realizada em 21/07/2016. Já a revisão e as inclusões para a publicação como livro se deram no segundo semestre de 2016.

Assim, as ideias foram refletidas, expostas e ajustadas entre a *vacatio legis* do CPC/2015 e os seus primeiros meses de vigência.

Entre as edições se passaram, então, três anos, tempo suficiente para que as controvérsias chegassem ao STJ.

Esse é, portanto, o diferencial da segunda edição: o principal foco da atualização da obra esteve nos precedentes do STJ sobre as questões enfrentadas, o que resultou no acréscimo e na discussão de mais de 40 acórdãos do tribunal, inclusive daqueles proferidos em julgamento de recursos especiais repetitivos.

Além da satisfação pela atualização da obra, devem ser registradas duas alegrias, de cunho pessoal e ligadas às expectativas e dúvidas de um "autor de primeira viagem".

A primeira delas é a constatação de que o livro encontrou alguma aceitação junto aos leitores, o que, se não é sinal definitivo da sua qualidade e do seu acerto, mostra que ele cumpriu uma das suas principais finalidades: a de estabelecer uma comunicação que permitisse a compreensão das ideias defendidas.

A segunda satisfação consiste na alegria e na honra de o presente livro ter sido citado pelo STJ, mais precisamente pelo voto da Ministra Relatora Nancy Andrighi, no julgamento dos recursos especiais repetitivos sobre o cabimento de agravo de instrumento contra decisões interlocutórias não previstas expressamente no art. 1.015 (REsp 1696396/MT e REsp 1704520/MT).

Apesar das diferenças entre as edições e dos acontecimentos narrados, o anseio permanece o mesmo: o de que as ideias apresentadas e os debates futuros sirvam para o amadurecimento da obra e dos entendimentos sobre a recorribilidade das decisões interlocutórias no CPC/2015.

Julho de 2019.

O Autor

PREFÁCIO

De todas as novidades do CPC-2015, o sistema de recorribilidade das decisões interlocutórias é a que mais me desagrada. Parece-me, no primeiro momento, a pior parte do Código.

Isso se deve certamente à quantidade imensa de problemas práticos já cogitados – são muitas as dúvidas, numa parte do sistema que deveria se ter preocupado em praticamente eliminá-las.

Por isso fiquei muito satisfeito quando Gabriel aceitou o desafio de escrever a primeira monografia sobre o tema, exatamente entre o fim da *vacatio* e o início da vigência do Código. Este livro é a versão comercial da dissertação de mestrado defendida na UFBA, sob minha orientação, em banca de que fizeram parte ainda Edilton Meireles e Leonardo Carneiro da Cunha.

O trabalho ficou excelente. Todos os problemas já suscitados pela doutrina e toda a produção bibliográfica já produzida foram examinados. O estado da arte sobre o tema vem exposto com riqueza de detalhes.

Não bastasse isso, Gabriel, com uma petulância intelectual que muito me agrada, avança em novas questões, discorda de processualistas consagrados e, em alguns aspectos, do próprio orientador. Para um jovem mestrando, isso é muita coisa.

O livro é, assim, fundamental para o profissional forense.

Tenho muita satisfação de prefaciá-lo e recomendá-lo.

Salvador, setembro de 2016.

Fredie Didier Jr.

SUMÁRIO

Capítulo 10

SIGLAS E ABREVIATURAS

ADC – Ação Declaratória de Constitucionalidade
ADI – Ação Direta de Inconstitucionalidade
ADPF – Arguição de Descumprimento de Preceito Fundamental
CDC – Código de Defesa do Consumidor
CF – Constituição Federal
CLT – Consolidação das Leis do Trabalho
CPC/1939 – Código de Processo Civil de 1939
CPC/1973 – Código de Processo Civil de 1973
CPC/2015 – Código de Processo Civil de 2015
CPP – Código de Processo Penal
FPPC – Fórum Permanente de Processualistas Civis
IRDR – Incidente de Resolução de Demandas Repetitivas
LOJ – Lei de Organização Judiciária
OAB – Ordem dos Advogados do Brasil
PL – Projeto de Lei
PLS – Projeto de Lei do Senado
SCD – Substitutivo da Câmara dos Deputados
STF – Supremo Tribunal Federal
STJ – Superior Tribunal de Justiça
TJBA – Tribunal de Justiça do Estado da Bahia
TJMG – Tribunal de Justiça do Estado de Minas Gerais
TJRJ – Tribunal de Justiça do Estado do Rio de Janeiro
TJRS – Tribunal de Justiça do Estado do Rio Grande do Sul
TST – Tribunal Superior do Trabalho

Capítulo 1

INTRODUÇÃO

O trabalho tem como propósito estudar a recorribilidade das decisões interlocutórias no CPC/2015, dando-se especial enfoque ao conceito deste pronunciamento do juiz, à sua recorribilidade ao final e à sujeição de algumas dessas decisões ao agravo de instrumento.

Nesse contexto, a análise recursal é prioritariamente voltada ao cabimento dos recursos e à estabilidade decorrente da falta de impugnação das decisões interlocutórias, de modo que as questões ligadas à tramitação recursal e aos demais requisitos de admissibilidade não compõem o objeto do trabalho e só são tratadas quando especialmente vinculadas a alguma hipótese de cabimento recursal.

No caminho para a análise detalhada do CPC/2015, dedica-se a primeira parte do trabalho ao estudo histórico da recorribilidade das decisões interlocutórias, tema que há muito desperta interesse doutrinário e que, ao longo do tempo, sofreu diversos tratamentos pelas legislações que se sucederam. Essa abordagem é essencial para contextualizar historicamente as opções legislativas do CPC/2015 e para sedimentar algumas premissas utilizadas no enfrentamento de temas controversos do novo código, especialmente aqueles ligados ao rol do art. 1.015.

Essa análise histórica é dividida em cinco períodos. O primeiro deles abarca a vigência das Ordenações Filipinas até o Decreto 763, de 19 de setembro de 1890; o segundo período vai até a promulgação do Código do Processo do Estado da Bahia; o terceiro, até a promulgação do CPC/1939; o quarto examina o CPC/1939; já o quinto cuida vigência do CPC/1973. Em cada um desses períodos, se fará uma apresentação do conceito de decisão interlocutória vigente à época e será estudado o cabimento dos recursos destinados à sua impugnação, além de algumas peculiaridades de cada legislação.

Nesse caminho histórico, o CPC/1939 e o CPC/1973 ganham atenção especial, principalmente por oferecerem os fundamentos para a resposta a uma das questões mais importantes para o trabalho: a natureza do rol do art. 1.015 do CPC/2015. O CPC/1939, ao trazer um rol, tido por taxativo, de decisões sujeitas ao agravo de instrumento, oferece um exemplo histórico das consequências de se defender o caráter exaustivo dessas hipóteses de cabimento. Já a doutrina desenvolvida no último período do CPC/1973, cuidando do seu art. 522, criou uma regra supletiva de cabimento de agravo de instrumento que serve de fundamento para a complementação do rol art. 1.015 do CPC/2015.

Superada a análise histórica, parte-se para a segunda parte do trabalho, voltada ao estudo do CPC/2015 e dividida em três capítulos.

O primeiro deles tem propósito sistematizar os pronunciamentos do juiz à luz do CPC/2015, estudo essencial para uma exata noção daquilo que se entende por decisão interlocutória. Nesse contexto, são analisados os conceitos do art. 203 do CPC/2015, identificados os critérios utilizados para as definições dos pronunciamentos do juiz e proposta uma sistematização das classificações mencionadas ao longo do capítulo.

O segundo capítulo é voltado à análise pormenorizada da recorribilidade ao final das decisões interlocutórias, um dos pilares da regulamentação da impugnação desses pronunciamentos judiciais no CPC/2015. Nesse contexto, inicia-se com uma crítica à opção legislativa por extinguir o agravo retido e postergar a impugnação de determinadas decisões interlocutórias.

Em seguida, o estudo da recorribilidade ao final é dividido a partir da interposição como "preliminar de apelação" ou em "contrarrazões à apelação", circunstâncias que alteram a forma pela qual a impugnação é tratada. Também são destinados tópicos a questões ligadas ao recurso interposto pelo terceiro interessado e pelo Ministério Público, quando atua como fiscal da ordem jurídica, e aos contornos que a recorribilidade ao final assume nos processos que pressupõem a remessa necessária.

A parte final do segundo capítulo é voltada à resolução de outras questões problemáticas, que envolvem a recorribilidade das decisões interlocutórias ao final e outras disposições previstas ao longo do CPC/2015. Nesse ponto, busca-se averiguar como essas regulamentações pontuais se compatibilizam com a opção legislativa de postergar a impugnação de algumas decisões interlocutórias.

Por fim, à semelhança do feito ao longo da parte histórica, o capítulo se encerra com o enfrentamento das preclusões decorrentes da falta de impugnação ao final das decisões interlocutórias sujeitas à apelação.

O terceiro capítulo dessa segunda parte é dedicado ao estudo das decisões interlocutórias agraváveis, começando pela análise de cada uma das hipóteses do art. 1.015.

Ao longo do estudo de cada uma das decisões previstas no art. 1.015, há quatro objetivos principais: a) determinar qual(is) decisão(ões) interlocutória(s) é(são) agravável(is); b) identificar eventuais nuances de cada uma das hipóteses de cabimento; c) apurar as razões que podem justificar o reexame imediato dessas decisões; d) fazer um juízo crítico acerca da opção legislativa de tornar cada uma dessas decisões sujeitas ao agravo de instrumento.

Feito esse enfrentamento, a segunda parte do capítulo é destinada a um dos problemas mais importantes para o trabalho: a (suposta) taxatividade do rol do art. 1.015. Nesse momento, são apresentados os principais posicionamentos doutrinários e jurisprudenciais sobre o tema, relembradas algumas premissas fixadas ao longo do trabalho, tanto na parte histórica quanto na contemporânea, e expostas as conclusões extraídas ao longo da pesquisa.

O terceiro capítulo da parte voltada ao CPC/2015 se encerra com o estudo das diferentes estabilidades decorrentes da ausência de interposição do agravo de instrumento contra as decisões interlocutórias sujeitas a esta espécie recursal.

PRIMEIRA PARTE

UMA ANÁLISE HISTÓRICA

Capítulo 2

DAS ORDENAÇÕES FILIPINAS AO DECRETO 763, DE 19 DE SETEMBRO DE 1890

Em 03.05.1823, foi instalada a Assembleia Constituinte e Legislativa, cuja função era a de elaborar a Constituição do Império e as leis ordinárias[1].

Antes mesmo da Constituição de 1824, foi promulgada a Lei de 20 de outubro de 1823, dispondo que, enquanto não se organizasse um novo Código ou até que as disposições fossem especialmente alteradas, continuariam em vigor, naquilo que não fossem revogados, "as Ordenações, Leis, Regimentos, Alvarás, Decretos e Resoluções" pelos quais o Brasil se governou até 25/04/1821 e todos os que foram promulgados, desta data em diante, por D. Pedro I, seja como Regente do Brasil ou como Imperador.

Por conta dessa lei, o processo civil brasileiro continuou sendo regulado pelo Livro III das Ordenações Filipinas, com os acréscimos e modificações decorrentes de leis extravagantes, dentre as quais se destaca a Lei da Boa Razão (Lei de 18 de agosto de 1769)[2], que considerava subsidiárias legislações europeias, como os Códigos francês, espanhol e português, além de prever autoridade do direito romano, canônico, dos assentos, estilos e costumes[3].

Na vigência das Ordenações Filipinas, as sentenças eram classificadas como definitivas e interlocutórias e cada uma delas apresentava regime jurídico diverso[4].

---

1. COSTA, Moacyr Lobo da. *Breve notícia histórica do direito processual civil brasileiro e de sua literatura.* São Paulo: Revista dos Tribunais, 1970, p. 1; PACHECO, José da Silva. *Evolução do processo civil brasileiro: desde as origens até o advento do novo milênio* 2ª ed. Rio de Janeiro: Renovar, 1999, p. 87.
2. COSTA, Moacyr Lobo da. *Breve notícia histórica do direito processual civil brasileiro e de sua literatura.* São Paulo: Revista dos Tribunais, 1970, p. 2.
3. PACHECO, José da Silva. *Evolução do processo civil brasileiro: desde as origens até o advento do novo milênio* 2ª ed. Rio de Janeiro: Renovar, 1999, p. 88.
4. Sobre as decisões judiciais de primeiro grau nas Ordenações Filipinas, conferir dissertação essencial ao desenvolvimento deste trabalho: SANTOS, José Carlos Van Cleef de Almeida. *A decisão interlocutória*

O Título LXV do Livro III das Ordenações Filipinas conceituava a sentença interlocutória como "qualquer sentença, ou mandado, que o Juiz dá, ou manda, em algum feito, antes que dê sentença diffinitiva"[5].

As sentenças interlocutórias eram aquelas pelas quais se decidiam pontos incidentes, entendidos como aqueles que tinham princípio antes da litiscontestação, ou emergentes, ocorridos depois dela. Essa qualificação, todavia, não era tão rigorosa[6].

As sentenças interlocutórias poderiam ser divididas em simples (não se estendiam além dos limites do ponto sobre o qual era proferida) e *mixtas*, que seriam aquelas que prejudicavam a questão principal e, por isso, tinham força de definitivas[7]. Exemplos dessas últimas eram as que absolviam o réu da instância, julgavam o autor pessoa ilegítima, e o excluíam do juízo, recebiam a apelação da sentença definitiva, julgavam a apelação deserta, e não seguida, e as que revogavam o atentado[8].

As Ordenações Filipinas dispunham que os juízes poderiam revogar as sentenças interlocutórias, salvo as que fizessem fim ao Juízo e ao processo, bem como as que recebessem "appellação de alguma sentença diffinitiva". Caso se tratasse de sentença interlocutória de denegação de apelação de sentença definitiva, poderia haver a revogação e recebimento do recurso a todo tempo, até que a sentença fosse entregue à parte[9].

---

de mérito no processo civil brasileiro: uma visão da perspectiva do procedimento de conhecimento do processo contencioso em primeiro grau de jurisdição. Dissertação (Mestrado em Direito). Pontifícia Universidade Católica de São Paulo, São Paulo, 2012, p. 52/68.

5. PORTUGAL. *Ordenações Filipinas. Livros II e III.* Lisboa: Fundação Calouste Gulbenkian. 1985, p. 665.
6. SOUZA, Joaquim José Caetano Pereira e. *Primeiras linhas sobre o processo civil. Accommodadas ao fôro do Brasil até o anno de 1877 por Augusto Teixeira de Freitas (Nova edição. Seguida da reforma judiciaria da Justiça local do Districto Federal).* Rio de Janeiro: H. Garnier, 1907, p. 215.
7. SOUZA, Joaquim José Caetano Pereira e. *Primeiras linhas sobre o processo civil. Accommodadas ao fôro do Brasil até o anno de 1877 por Augusto Teixeira de Freitas (Nova edição. Seguida da reforma judiciaria da Justiça local do Districto Federal).* Rio de Janeiro: H. Garnier, 1907, p. 215.
8. PINTO, José Maria Frederico de Souza. *Primeiras Linhas sobre o processo civil brasileiro.* 2ª ed. Rio de Janeiro: Eduardo & Henrique Laemmert, 1850, t. I, p. 169.
9. "Sentença interlocutória he chamada em Direito qualquer sentença, ou mandado, que o Juiz dá, ou manda, em algum feito, antes que dê sentença diffinitiva. E todo Juiz póde revogar sua sentença interlocutoria, antes que dê a diffinitiva, porque depois que a diffinitiva he dada, já se não entremetterá mais para julgar em aquelle feito, que já he findo; e assi a sentença diffinitiva não poderá ser por o Juiz, que a deu, mais revogada, porque deu por ella fim a todo seu Juízo (4). 1. Porem, se a sentença interlocutoria fosse tal, que fizesse fim ao Juízo e processo, não poderia ser mais revogada, assi como se o Juiz julgasse, que não procedia o libello, ou absolvesse o réo da instancia do Juízo, ou não recebesse o autor á demanda, ou outro casos semelhante, porque em cada hum destes casos o Juiz deu fim a seu Juízo: e por tanto não póde mais proceder nelle, nem fazer outra cousa alguma. E bem assi onde o Juiz recebesse appellação de alguma sentença diffinitiva, não poderá depois revogar a tal sentença interlocutoria, per que assi recebeua appellação. Porém, se a dita interlocutoria fôr de denegação de appellação de sentença diffinitiva, podel-a-ha revogar, e receber a appellação, se

Com relação às sentenças interlocutórias que poderiam ser revogadas, as Ordenações Filipinas traziam uma regra curiosa: o juiz poderia revogá-las, de ofício, até a sentença definitiva. Entretanto, a revogação só poderia acontecer a pedido da parte prejudicada se ela, no prazo de dez dias, contados da data em que a decisão foi dada, apresentasse as razões que justificassem a revogação[10]. Como bem aponta José Carlos Van Cleef de Almeida Santos[11], corroborando a opinião de Heitor Vitor Mendonça Sica[12], havia uma incongruência que levaria à conclusão de que, se o juiz poderia revogar de ofício a qualquer tempo, desde que antes da sentença definitiva, não havia razão para se aplicar a preclusão para a parte que não requeresse a revogação no prazo de dez dias.

Segundo os §§ 3 e 7 do Título LXV do Livro III das Ordenações Filipinas, as sentenças interlocutórias não poderiam ser revogadas se o juiz já o tivesse feito uma vez (§ 7º) ou, quando a revogação fosse motivada por requerimento da parte, já tivesse sido ordenada a execução da sentença interlocutória[13].

A sentença definitiva, regulada no Título LXVI do Livro III das Ordenações Filipinas, era aquela que, de acordo com Joaquim José Caetano Pereira e Souza, decidia a questão principal da causa, considerada como "sentença por excellencia"[14]. Ela apresentaria, segundo José Maria Frederico de Souza Pinto, algumas diferenças básicas com relação às interlocutórias: a) terminaria a questão principal, enquanto a interlocutória só terminaria a questão incidente ou emergente; b) era recorrível por apelação, ao passo que as interlocutórias, salvo as com força de definitivas, eram impugnáveis por agravo; c) encerraria o ofício do juiz, que não poderia revogá-la, enquanto a interlocutória poderia ser revogada, de ofício ou a requerimento da parte; d) precisaria ser publicada depois de proferida, ao passo que a interlocutória

---

per Direito lhe parecer de receber; e isso em todo o tempo, antes que a sentença seja entregue à parte" (PORTUGAL. *Ordenações Filipinas. Livros II e III.* Lisboa: Fundação Calouste Gulbenkian. 1985, p. 665/666).

10. PORTUGAL. *Ordenações Filipinas. Livros II e III.* Lisboa: Fundação Calouste Gulbenkian. 1985, p. 666.

11. SANTOS, José Carlos Van Cleef de Almeida. *A decisão interlocutória de mérito no processo civil brasileiro: uma visão da perspectiva do procedimento de conhecimento do processo contencioso em primeiro grau de jurisdição.* Dissertação (Mestrado em Direito). Pontifícia Universidade Católica de São Paulo, São Paulo, 2012, p. 57.

12. Heitor Vítor Mendonça Sica comenta especificamente a incongruência de dispositivo das Ordenações Afonsinas, que tinha redação similar à mencionada: SICA, Heitor Vitor Mendonça. *Preclusão processual civil.* 2ª ed. São Paulo: Atlas, 2008, p. 37.

13. PINTO, José Maria Frederico de Souza. *Primeiras Linhas sobre o processo civil brasileiro.* 2ª ed. Rio de Janeiro: Eduardo & Henrique Laemmert, 1875, t. I, p. 208/209.

14. SOUZA, Joaquim José Caetano Pereira e. *Primeiras linhas sobre o processo civil. Accommodadas ao fôro do Brasil até o anno de 1877 por Augusto Teixeira de Freitas (Nova edição. Seguida da reforma judiciaria da Justiça local do Districto Federal).* Rio de Janeiro: H. Garnier, 1907, p. 215.

dispensaria a publicação; e) seria uma só, não podendo o juiz repeti-la, enquanto que as interlocutórias seriam tantas quantas fossem as questões incidentes ou emergentes[15].

As Ordenações Filipinas também falavam em despachos, mas não o definiam nem utilizavam grande técnica ao mencionar este ato do juiz. A utilização do termo dava a entender que era sinônimo de decisão e, em passagens da legislação, os despachos, na realidade, eram sentenças, definitivas ou interlocutórias[16].

Com relação à recorribilidade das sentenças interlocutórias, o Título LXIX do Livro III das Ordenações Filipinas trazia um rol de sentenças interlocutórias com força de definitivas[17] que poderiam ser recorríveis por apelação:

> "se o feito sobre que fôr dada a sentença interlocutória, fôr de tal natureza, que pela tal interlocutoria seja o feito acabado, por maneira que o Juiz, que a deu, não póde em elle por aquella citação mais proceder, nem dar sentença diffinitiva no principal, mas he logo finda a citação: assi como se a parte pede ao Juiz, que lhe mande citar a outra parte e o Juiz determina que não ha de ser citado, ou julga, que a citação, que he já feita, he nenhuma, ou não valiosa, ou julga que o demandado não he obrigado a responder, ou que o autor não he pessoa para demandar, ou que o libelo, ou petição não procede"[18]

O próprio Título LXIX do Livro III das Ordenações Filipinas reconhecia ser esse um rol exemplificativo, já que não seria possível definir todas as hipóteses na lei[19]. Assim, também era previsto o cabimento da apelação contra sentenças interlocutórias que, em certas situações, causassem danos irreparáveis à parte prejudicada[20], chegando-se à regra geral de que seria

15. PINTO, José Maria Frederico de Souza. *Primeiras Linhas sobre o processo civil brasileiro.* Rio de Janeiro: Eduardo & Henrique Laemmert, 1850, t. I, p. 169/170.

16. SANTOS, José Carlos Van Cleef de Almeida. *A decisão interlocutória de mérito no processo civil brasileiro: uma visão da perspectiva do procedimento de conhecimento do processo contencioso em primeiro grau de jurisdição.* Dissertação (Mestrado em Direito). Pontifícia Universidade Católica de São Paulo, São Paulo, 2012, p. 53.

17. É possível encontrar essa afirmação, mencionando também as legislações posteriores, em: SOUZA, Joaquim José Caetano Pereira e. *Primeiras linhas sobre o processo civil. Accommodadas ao fôro do Brasil até o anno de 1877 por Augusto Teixeira de Freitas.* Rio de Janeiro: Typographia Perseverança, 1879, t. II, p. 23.

18. PORTUGAL. *Ordenações Filipinas. Livros II e III.* Lisboa: Fundação Calouste Gulbenkian. 1985, p. 674.

19. "E assi será recebida a appellação da sentença interlocutoria em todos os outros casos semelhantes (4) porque não podem todos ser declarados em esta Lei, mas procederão os Julgadores de semelhante à semelhante" (PORTUGAL. *Ordenações Filipinas. Livros II e III.* Lisboa: Fundação Calouste Gulbenkian, 1985, p. 674).

20. "E pode-se isso mesmo appellar da sentença interlocutória, quando he tal, que se della não fosse appellado, se executaria, antes que o Juiz procedesse a diffinitiva, e pela sentença diffinitiva, que

cabível apelação contra as sentenças interlocutórias que impedissem que o magistrado prolatasse a sentença definitiva e as que causassem dano irreparável[21].

As Ordenações Filipinas previam, ainda, que a sentença interlocutória poderia ser recorrida por apelação quando o juiz mandasse citar a parte fora da sua "jurisdição" para que ela aparecesse e respondesse perante ele em época em que o local do juízo se encontrasse notoriamente em grande peste ou se o réu tivesse grandes e notórios inimigos lá. Nestas situações em que a parte não pudesse comparecer sem risco à sua pessoa, havendo discordância do Juiz, seria cabível apelação[22].

Nas Ordenações Filipinas e nas legislações que as seguiram, o valor da alçada servia como barreira à admissibilidade do recurso. O termo tinha dois sentidos: a quantia além da qual não se podia julgar e o patamar dentro do qual não se admitiam recursos[23].

No que dizia respeito aos agravos, as Ordenações Filipinas e as leis vigentes contavam com cinco espécies: agravo de petição, agravo de instrumento, agravo no auto do processo, agravos ordinários e agravos de ordenação não guardada[24].

O agravo ordinário destinava-se à impugnação de sentenças definitivas e interlocutórias com força de definitivas em face das quais não se podia apelar[25]. Este recurso era inspirado na *supplicatio* do direito romano

---

depois fosse dada, e pela appellação que della fosse interposta, senão poderia repairar o dano que pela execução da interlocutoria a parte tivesse recebido, assi como se o Juiz julgasse, que mettam algum a tormento (3), porque sendo feita a execução da tal interlocutoria, já nunca mais a parte poderá repairar o dano recebido" (PORTUGAL. *Ordenações Filipinas. Livros II e III.* Lisboa: Fundação Calouste Gulbenkian, 1985, p. 674).

21. "Por tanto mandamos, que em todo o caso, em que depois da sentença interlocutória o Juiz não póde mais proceder a sentença definitiva, ou o dano não pode ser emendado (4), seja recebida a appellação da sentença interlocutoria, e seja atempada às partes, para a irem seguir perante os Juízes da appellação" (PORTUGAL. *Ordenações Filipinas. Livros II e III.* Lisboa: Fundação Calouste Gulbenkian, 1985, p. 674). José Maria Frederico de Souza Pinto chegou a classificar a sentença que impõe dano irreparável como mixta (com força de definitiva): "A interlocutoria subdivide-se em (...) mixta é a que prejudica a questão principal, põe fim ao processo, ou contém damno irreparavel, e por isso tem força de definitiva" (PINTO, José Maria Frederico de Souza. *Primeiras Linhas sobre o processo civil brasileiro.* 2ª ed. Rio de Janeiro: Eduardo & Henrique Laemmert, 1875, t. I, p. 189).

22. PORTUGAL. *Ordenações Filipinas. Livros II e III.* Lisboa: Fundação Calouste Gulbenkian, 1985, p. 674.

23. Sobre o conceito e as alterações de valores e hipóteses nas quais a alçada impedia o recurso, conferir: SOUZA, Joaquim José Caetano Pereira e. *Primeiras linhas sobre o processo civil. Accommodadas ao fôro do Brasil até o anno de 1877 por Augusto Teixeira de Freitas (Nova edição. Seguida da reforma judiciaria da Justiça local do Districto Federal).* Rio de Janeiro: H. Garnier, 1907, p. 244.

24. BUZAID, Alfredo. *Do agravo de petição no sistema do Código de Processo Civil.* 2ª ed. São Paulo: Saraiva, 1956, p. 65/66.

25. NORONHA, Carlos Silveira. *Do agravo de instrumento.* Rio de Janeiro: Forense, 1976, p. 12/15.

e previsto, na nossa legislação, no Título LXXXIV do Livro III das Ordenações Filipinas[26].

O agravo de ordenação não guardada era utilizado contra sentenças definitivas ou interlocutórias que não tivessem cumprido, em algum aspecto, a ordenação que deveria ter sido observada. Este agravo tinha um objetivo específico: compelir o juiz a indenizar a parte prejudicada pelos danos decorrentes da inobservância, pelo magistrado, da ordenação sobre a ordem do processo[27].

Feita a ressalva acima quanto ao agravo ordinário, o estudo da recorribilidade das interlocutórias via agravo, nas Ordenações Filipinas, deve ter como foco principal, portanto, os agravos de petição, de instrumento e no auto do processo.

Cabe ressaltar, primeiramente, que as Ordenações Filipinas apresentavam casos de sentenças definitivas ou com forças de definitivas que eram agraváveis, não podendo ser considerada absoluta a regra de que os agravos se voltavam à impugnação de sentenças interlocutórias simples[28]. Nesse sentido, Alfredo Buzaid apresentava doze exemplos de cabimento de agravo de petição contra decisões interlocutórias mistas, como as que envolviam competência[29].

---

26. PINTO, José Maria Frederico de Souza. *Primeiras Linhas sobre o processo civil brasileiro.* 2ª ed. Rio de Janeiro: Eduardo & Henrique Laemmert, 1875, t. III, p. 143. Sobre a ligação entre o agravo ordinário e o direito romano, Carlos Silveira Noronha o relacionava à *supplicatio* romana. Assim, lembrava que, no período justinianeu, o direito romano não permitia o uso da *appelatio* para o combate às decisões proferidas por dignatários do Estado que estavam na mais alta hierarquia da função judiciária. Este cenário contrastaria com o sentimento de justiça do povo, de sorte que surgiram meios para mitigar o rigor e reduzir os efeitos de tais decisões. Nesse sentido, foi criada a *supplicatio*, que permitia que a parte prejudicada, sem pôr em dúvida a justiça da decisão, pedisse ao governante que conhecesse da causa novamente, amenizando os seus efeitos. No direito português, havia situação semelhante, pois não era dado interpor apelação contra as sentenças dos juízes das Relações, dos Corregedores da Corte e da cidade de Lisboa, dos juízes da Índia e Minas e dos Conservadores dos estrangeiros. A praxe portuguesa, para abrandar as possíveis injustiças decorrentes deste rigor, passou a admitir, influenciada pelo direito romano, a "suplicação" ou "sopricação", uma súplica do vencido dirigida à Casa de Suplicação. Esta suplicação teria resultado num novo recurso do direito lusitano: o agravo ordinário. Assim: NORONHA, Carlos Silveira. *Do agravo de instrumento.* Rio de Janeiro: Forense, 1976, p. 12/15. Alfredo Buzaid também mencionava a semelhança entre a *supplicatio* romana, a suplicação e o agravo ordinário, analisando o Código Manuelino: BUZAID, Alfredo. *Do agravo de petição no sistema do Código de Processo Civil.* 2ª ed. São Paulo: Saraiva, 1956, p. 39.
27. NORONHA, Carlos Silveira. *Do agravo de instrumento.* Rio de Janeiro: Forense, 1976, p. 34.
28. Sobre o tema: LOUREIRO, Antônio Fernandes Trigo de. *Manual de appelações e aggravos ou deducção systematica dos principios mais solidos e necessarios relativos à sua materia.* Rio de Janeiro: Eduardo & Henrique Laemmert, 1872, p. 216/217; SOUZA, Joaquim José Caetano Pereira e. *Primeiras linhas sobre o processo civil. Accommodadas ao fôro do Brasil até o anno de 1877 por Augusto Teixeira de Freitas (Nova edição. Seguida da reforma judiciaria da Justiça local do Districto Federal).* Rio de Janeiro: H. Garnier, 1907, p. 269/270.
29. BUZAID, Alfredo. *Do agravo de petição no sistema do Código de Processo Civil.* 2ª ed. São Paulo: Saraiva, 1956, p. 53.

Diante das espécies de agravo e da ausência de maior rigor quanto à natureza das decisões impugnáveis por esta via recursal, a opção mais segura do conceito de agravo acabava sendo aquela que indicava ser este o recurso interposto nos "casos expressamente facultados por lei"[30].

A maior dificuldade da época era distinguir as hipóteses de cabimento do agravo de petição daquelas nas quais cabia o agravo de instrumento, pois ambos, resultado da evolução das "querimas" ou "querimônias" do direito português[31], impugnavam, como regra, as mesmas espécies de decisão. Nesse intento, as Ordenações Filipinas optaram por manter o mesmo critério de diferenciação já presente nas Ordenações Manuelinas: o territorial[32].

Segundo o critério territorial, caberia agravo de petição quando o superior, a quem competia conhecer o recurso, tivesse sede no local de onde se agravava ou em até cinco léguas. Caso contrário, o recurso seria o de agravo de instrumento. Essa regra, no entanto, não era absoluta, comportando exceções nas quais caberia agravo de petição mesmo fora das cinco léguas[33].

Com relação às hipóteses de cabimento do agravo de instrumento e do de petição, as Ordenações Filipinas optaram por uma enumeração casuística das sentenças que poderiam ser impugnadas por esta via recursal[34].

Já o agravo no auto do processo, por sua vez, foi um recurso criado pelas Ordenações Manuelinas, para impugnar certas sentenças interlocutórias simples tomadas pelos Sobrejuízes, Ouvidores ou Corregedor da Corte, nas causas de sua competência privativa, contra as quais não era permitida a interposição do agravo de petição. Posteriormente, o legislador estendeu o seu cabimento às hipóteses de recebimento de apelação ou agravo ordinário[35].

---

30. SOUZA, Joaquim José Caetano Pereira e. *Primeiras linhas sobre o processo civil. Accommodadas ao fôro do Brasil até o anno de 1877 por Augusto Teixeira de Freitas (Nova edição. Seguida da reforma judiciaria da Justiça local do Districto Federal)*. Rio de Janeiro: H. Garnier, 1907, p. 268.

31. Sobre a origem dos agravos, exceto o de ordenação não guardada, na *querima* ou *querimônia* do direito português, conferir: BUZAID, Alfredo. *Do agravo de petição no sistema do Código de Processo Civil*. 2ª ed. São Paulo: Saraiva, 1956, p. 45; NORONHA, Carlos Silveira. *Do agravo de instrumento*. Rio de Janeiro: Forense, 1976, p. 17/19.

32. BUZAID, Alfredo. *Do agravo de petição no sistema do Código de Processo Civil*. 2ª ed. São Paulo: Saraiva, 1956, p. 51.

33. BUZAID, Alfredo. *Do agravo de petição no sistema do Código de Processo Civil*. 2ª ed. São Paulo: Saraiva, 1956, p. 52. Antônio Fernandes Trigo de Loureiro também apresentava exceções à regra territorial, como o cabimento de agravo de petição, independentemente do critério territorial, nos casos de suprimento paterno para casamento (Lei de 29 de novembro de 1775) (LOUREIRO, Antônio Fernandes Trigo de. *Manual de appelações e aggravos ou deducção systematica dos principios mais solidos e necessarios relativos à sua materia*. Rio de Janeiro: Eduardo & Henrique Laemmert, 1872, p. 217).

34. NORONHA, Carlos Silveira. *Do agravo de instrumento*. Rio de Janeiro: Forense, 1976, p. 34.

35. COSTA, Moacyr Lobo da. *Origem do agravo no auto do processo*. Revista de Processo. Ano 2, n. 5, 1977, p. 99/100.

Já as Ordenações Filipinas, no Título XX do seu Livro III, enumeravam diversas hipóteses de cabimento de agravo no auto do processo. Antônio Fernandes Trigo de Loureiro indicava que o recurso poderia ser interposto contra: decisão que recebesse qualquer exceção que não fosse declinatória; condenação nas custas do retardamento nos casos em que a lei não admitia expressamente a apelação; decisão que desprezasse a exceção ou a julgasse não provada; lançamento da contrariedade que não podia ser provada, salvo por escritura pública de que o réu tinha feito menção, mas não oferecido; decisão que recebesse embargos ou alguns artigos dos embargos, rejeitando outros, ainda que a causa coubesse na alçada; da sentença interlocutória que rejeitasse artigos de "subornação, falsidade, restituição, contradictas e outros semelhantes"; a decisão que admitisse apelação à parte contrária; o despacho que não admitisse provar-se por testemunha o que não admitia prova senão instrumental[36].

Antes das alterações legislativas promovidas em meados do século XIX, a doutrina defendia que as Ordenações Filipinas impunham a observância da alçada para o cabimento do agravo, salvo em matéria de competência ou incompetência do juízo, notória nulidade e nos de agravo de ordenação não guardada[37].

Há, ainda, outras nuances relativas à admissibilidade, à competência e ao processamento da apelação e dos agravos nas Ordenações Filipinas que deixam de ser abordados neste trabalho por escaparem à sua finalidade, que, neste momento, é a de traçar as linhas gerais acerca do conceito das decisões interlocutórias nas Ordenações Filipinas e dos recursos cabíveis para impugná-las.

No ano seguinte à confirmação das Ordenações Filipinas e demais leis extravagantes como reguladoras do processo civil brasileiro, foi outorgada a Constituição de 1824, que, entre os seus arts. 151 e 164, disciplinava o

---

36. Sobre essas e outras hipóteses de cabimento de agravo no auto do processo: LOUREIRO, Antônio Fernandes Trigo de. *Manual de appelações e aggravos ou deducção systematica dos principios mais solidos e necessarios relativos à sua materia.* Rio de Janeiro: Eduardo & Henrique Laemmert, 1872, p. 236/240. Nesta obra, o autor harmonizou o "Manual de appelações e aggravos" de Antonio Joaquim de Gouvêa Pinto à nova realidade do ordenamento brasileiro, acrescentando notas, comentários e novas legislações.

37. "Antigamente, com apoio na Ord. Liv. 1.º Tit. 58 § 25, Tit. 62 § 34, Tit. 65 § 6.º e 7.º, Tit. 91 § 1.º. e Liv. 3.º Tit. 54 § 12, doutrinava-se, que, para têr lógar o *Aggravo*, era necessario não caber a Causa na *Alçada*: salvo em materia de competencia ou incompetencia de Juizo (Ord. Liv. 3.º Tit. 20 § 9.º), em casos de notória nullidade (cit. Ord. Liv. 1.º Tit. 58 § 25), e nos de Ordenação não guardada (Ord. Liv. 1.º Tit. 5.º § 6.º e Liv. 3.º Tit. 20 § 46); mas que o Juizo inferiôr não podia denegar o *Aggravo* por motivo de cabêr a causa em sua *Alçada*, visto só competir ao Juizo superiôr tal declaração" (SOUZA, Joaquim José Caetano Pereira e. *Primeiras linhas sobre o processo civil. Accommodadas ao fôro do Brasil até o anno de 1877 por Augusto Teixeira de Freitas*. Rio de Janeiro: Typographia Perseverança, 1879, t. II, p. 6º).

chamado Poder Judicial, promovendo algumas alterações no sistema processual então vigente.

Em seus arts. 151 e 152, a Constituição de 1824 previa um Poder Judicial independente e formado por jurados, que decidiam sobre questões fáticas, e juízes, que aplicariam a lei. Essa sistemática seria aplicável tanto nas causas cíveis quanto nas criminais, nos casos e pelo modo disciplinados em Código.

Nesta ordem constitucional, os juízes eram perpétuos, mas não gozavam da inamovibilidade (art. 153), podendo ser suspensos ou responsabilizados, nas hipóteses e modos previstos na Constituição de 1824 (arts. 154 a 157).

A Constituição de 1824 ainda previa a criação das Relações, com competência para julgar as causas em segunda e última instância (art. 158), e do Supremo Tribunal de Justiça, com competências originárias e recursais (arts. 163 e 164). Por fim, previa a possibilidade de as partes nomearem juízes árbitros (art. 160) e exigia a tentativa de reconciliação como requisito para o início do processo (arts. 161 e 162).

Apesar das disposições da Constituição de 1824, Moacyr Lobo da Costa afirma que os efeitos da emancipação política brasileira só foram sentidos, no processo civil, com a promulgação do Código do Processo Criminal (Lei de 29 de novembro de 1832), momento que ele considera como o marco do primeiro período do direito processual civil brasileiro[38].

O Código do Processo Criminal continha um título único destinado à "Disposição Provisória Acerca da Administração da Justiça Civil". Essa lei concretizou a exigência constitucional da tentativa de conciliação (arts. 1º a 7º), disciplinou a competência dos juízes municipais e a dos de direito (arts. 8º e 9º), tratou da inquirição de testemunhas (art. 11), fixou atribuições dos escrivães (art. 12), simplificou o processo, eliminando réplicas, tréplicas e embargos antes da sentença final (salvo nas causas sumárias, quando serviam de contestação), além de resumir os agravos ao do auto processo (art. 14); fixou a apelação como único recurso cabível contra sentença definitiva ou com força de definitiva (art. 15); indicou os requisitos da sentença (art. 16), suprimiu os agravos ordinários contra sentenças proferidas nas Relações (art. 19) e trouxe outras previsões de procedimento, criação e extinção de cargos e distribuição de competências (arts. 18, 20, 21, 22 e 23).

A "Disposição Provisória Acerca da Administração da Justiça Civil" consagrou, entre outras regras, a da irrecorribilidade em separado dos despachos e decisões ordinatórios e interlocutórios e a da unirrecorribilidade

38. COSTA, Moacyr Lobo da. *Breve notícia histórica do direito processual civil brasileiro e de sua literatura.* São Paulo: Revista dos Tribunais, 1970, p. 5/6.

das sentenças definitivas ou com força de definitivas[39], conforme seus arts. 14, 15 e 19.

O art. 14 reduziu os agravos de petição e de instrumento ao agravo no auto do processo, o que alterou consideravelmente as considerações feitas acima acerca do cabimento destes recursos nas Ordenações Filipinas.

Já o art. 15 da "Disposição Provisória Acerca da Administração da Justiça Civil" foi o responsável por definir que somente caberia apelação como via impugnativa contra sentenças definitivas ou com força de definitivas. Como acima se demonstrou que, ainda na vigência das Ordenações Filipinas, havia casos de sentenças interlocutórias com força de definitivas que eram agraváveis, é possível perceber o impacto deste art. 15 na recorribilidade das interlocutórias.

Da leitura combinada do art. 15, que extinguiu as diferenças entre juízes de maior ou menor graduação, e do art. 19, que definiu que "das sentenças proferidas nas Relações do Imperio não haverá mais aggravos ordinarios de umas para outras Relações", conclui-se que a "Disposição Provisória Acerca da Administração da Justiça Civil" resultou na extinção do agravo ordinário[40].

Considerando a "Disposição Provisória Acerca da Administração da Justiça Civil", prevista como título único do Código do Processo Criminal, foi expedido o Decreto de 03 de janeiro de 1833, que regulamentou as Relações do Império, tratando, dentre outras matérias, da sua competência (art. 9º), do agravo no auto do processo (arts. 41 a 46) e das apelações nas causas cíveis (arts. 47 a 56).

O regramento instituído pelo Código do Processo Criminal não teve vida longa e sofreu alterações promovidas pela Lei n. 261, de 03 de dezembro de 1841 e pelo Regulamento n. 143, de 15 de março de 1842.

Da mesma forma que a legislação anterior, a Lei n. 261, de 03 de dezembro de 1841, não era específica sobre o processo civil, mas destinava-se à reforma do Código do Processo Criminal e, somente nos seus últimos onze artigos, trazia disposições civis, às quais foi reservado o Título II da Lei.

Essa lei trouxe relevantes disposições, como a definição da competência dos juízes de paz (art. 114), abolição dos juízes do cível (art. 115), criação dos juízes de órfãos (art. 117) e fixação da competência dos juízes de direito (art. 199) e daquela ligada ao conhecimento de recursos (arts. 121 a 123).

Entretanto, a disposição mais importante da Lei n. 261, de 03 de dezembro de 1841, estava prevista em seu art. 120, que ia de encontro a duas

39. COSTA, Moacyr Lobo da. *Breve notícia histórica do direito processual civil brasileiro e de sua literatura*. São Paulo: Revista dos Tribunais, 1970, p. 10.

40. NORONHA, Carlos Silveira. *Do agravo de instrumento*. Rio de Janeiro: Forense, 1976, p. 36.

das principais alterações promovidas pela "Disposição Provisória Acerca da Administração da Justiça Civil".

O art. 120, da Lei n. 261, de 03 de dezembro de 1841, revogou o art. 14 da "Disposição Provisória Acerca da Administração da Justiça Civil", tendo o cuidado de destacar que a revogação alcançava o art. 14 "tanto na parte que supprimio as replicas e treplicas, como naquilo que reduzio os aggravos de petição e instrumento a aggravos no auto do processo", promovendo, ainda, a repristinação da legislação anterior, naquilo que não lhe contrariasse.

Para regular a parte civil dessa lei, foi expedido o Regulamento n. 143, de 15 de março de 1842. Em seu art. 13, ele previu a existência de três recursos: agravo, apelação e revista, enquanto que o seu art. 14 tratou de fixar as espécies de agravo: de petição, de instrumento e no auto do processo.

Com relação à distinção entre o agravo de petição e o de instrumento, o Regulamento n. 143 manteve o critério territorial e previu, em seu art. 15, que o agravo de petição era cabível quando a Relação ou o Juiz de Direito, a quem competisse o seu conhecimento, se achasse no Termo ou dentro de cinco léguas do lugar onde se agravava. Caso a distância fosse maior, o recurso seria o agravo de instrumento[41].

Os art. 15 e 16 do referido Regulamento definiram como taxativas as hipóteses de cabimento de agravo de petição e de instrumento e as enumeraram. Assim, estes agravos eram cabíveis contra: decisões sobre matéria de competência, quer o juiz se julgasse competente ou não; sentenças de absolvição de instância; decisão que não admitisse o terceiro, que viesse opor-se na causa e tratando-se[42], além da que denegasse vista aos autos ou admitisse nos próprios autos ou em separado os embargos opostos na execução; sentenças nas causas de assinação de dez dias, quando, por elas, o juiz não condenasse o réu porque provou seus embargos ou lhe recebesse os

41. Há, neste ponto, certa controvérsia doutrinária. Apesar de o art. 15 do Regulamento 143 mencionar o cabimento de agravo de petição quando a distância não fosse superior a cinco léguas, informação que Antônio Fernandes Trigo de Loureiro corroborava, José Maria Frederico de Souza Pinto e Moacyr Lobo da Costa afirmam que o critério territorial tinha como base quinze léguas. Conferir: LOUREIRO, Antônio Fernandes Trigo de. *Manual de appelações e aggravos ou deducção systematica dos principios mais solidos e necessarios relativos à sua materia*. Rio de Janeiro: Eduardo & Henrique Laemmert, 1872, p. 217; PINTO, José Maria Frederico de Souza. *Primeiras Linhas sobre o processo civil brasileiro*. Rio de Janeiro: Eduardo & Henrique Laemmert, 1850, t. III, p. 145; COSTA, Moacyr Lobo da. *Breve notícia histórica do direito processual civil brasileiro e de sua literatura*. São Paulo: Revista dos Tribunais, 1970, p. 23.

42. Segundo Antônio Fernandes Trigo de Loureiro, "na generalidade desta disposição estão comprehendidas as sentenças que na execução denegão vista para embargos de terceiro ou admitem estes embargos nos próprios autos ou em separado" (LOUREIRO, Antônio Fernandes Trigo de. *Manual de appelações e aggravos ou deducção systematica dos principios mais solidos e necessarios relativos à sua materia*. Rio de Janeiro: Eduardo & Henrique Laemmert, 1872, p. 221).

embargos e o condenasse por entender não tê-los provado; os despachos pelos quais se concediam, para fora do Império, dilações grandes ou pequenas ou pelos quais inteiramente se denegam para o Império ou fora dele; despachos pelos quais se ordenava a prisão dos executados, no caso do Título LXXXVI, § 18, do Livro III das Ordenações Filipinas, ou de qualquer parte em caso cível; dos despachos pelos quais não se mandava proceder a sequestro, no caso do Título XCVI, § 13º, do Livro IV das Ordenações Filipinas; sentenças que julgassem ou não reformados os autos perdidos ou queimados nos quais ainda não havia sentença definitiva; despachos de recebimento de apelação ou de denegação do seu recebimento; decisões sobre erros de contas, custas e salários; absolvição dos advogados das penas e multas em que incorreram, nos casos expressos nas leis do processo; da licença concedida para casamento, suprido o consentimento do pai ou tutor (neste último caso, somente podia-se recorrer por agravo de petição – art. 15, 12).

Neste ponto, é preciso destacar uma incompatibilidade regulamentar. Como bem lembrou José Maria Frederico de Souza Pinto, o art. 120 da Lei n. 261, de 03 de dezembro de 1841, definiu que, quanto aos agravos de instrumento e de petição, voltavam a viger, no que não lhe fossem contrárias, as legislações anteriores à Disposição Provisória. Desta forma, o Regulamento n. 143 não poderia limitar as hipóteses de cabimento destes recursos, pois não seria dado aos regulamentos do governo derrogar nem alterar as disposições das cartas de lei[43].

Antônio Fernandes Trigo de Loureiro compartilhava da ideia, concluindo que, neste quesito, "por certo exhorbitou o Poder Executivo da faculdade dada pelo Legislativo na Lei de 3 de Dez", pois não lhe seria permitido classificar os casos de agravo, restringindo a legislação anterior. Entretanto, o autor apresentava posicionamento contrário tomado pelo Governo por Av. n. 40 de 08 de abril de 1843, oportunidade na qual teria sido ratificada a taxatividade do rol do art. 15 do Regulamento n. 143, de 15 de março de 1842[44].

Com base nessas premissas, os autores apresentavam outras hipóteses de cabimento, além das mencionadas no citado art. 15, como a impugnação: das interlocutórias com notória nulidade, ainda que coubessem na alçada do julgador; da abolição de instância pelo fato de o autor não oferecer, com o libello, a escritura pública que nele mencionara ou que era necessária para a prova; da absolvição da sentença por não oferecer o autor o libello no termo

43. PINTO, José Maria Frederico de Souza. *Primeiras Linhas sobre o processo civil brasileiro*. Rio de Janeiro: Eduardo & Henrique Laemmert, 1850, t. III, p. 140.

44. LOUREIRO, Antônio Fernandes Trigo de. *Manual de appelações e aggravos ou deducção systematica dos principios mais solidos e necessarios relativos à sua materia*. Rio de Janeiro: Eduardo & Henrique Laemmert, 1872, p. 219/220.

que lhe foi assinado; da suspensão imposta aos oficiais de justiça por não fazerem a penhora dentro dos cinco dias, ou de não os suspender a pedido da parte; taxação de salário feita pelo juiz a pessoa que, não sendo contador, fez as contas a requerimento e por louvação das partes; quando os juízes louvados julgavam, no caso de suspeição, que o recusado era suspeito; de todos os termos e mandados que um Desembargador, por si só, determinava em audiência ou fora dela a respeito de causas que em relação tinham de sofrer sentença final; quando o juiz procedia *ex abrupto* sem citação, nem ordem do juízo, principalmente nas causas possessórias[45].

A Lei n. 261, de 03 de dezembro de 1841, e o Regulamento n. 143, de 15 de março de 1842, optaram, portanto, por manter uma enumeração casuística das hipóteses de cabimento de agravo de instrumento e de petição[46].

O Decreto n. 353, de 12 de julho de 1845[47], relativo à "desapropriação por utilidade pública geral, ou municipal da Côrte", em seu art. 11, tratava dos requisitos para que o juiz do cível de primeira instância pronunciasse a desapropriação. No § 5º deste art. 11, o decreto indicava que os proprietários deveriam ser intimados da decisão e que "della se dará aggravo de petição, ou de instrumento, no qual só haverá provimento, quando faltar algum dos requisitos exigidos neste artigo, ou a decisão não fôr conforme a elles".

Posteriormente, foi criada mais uma hipótese de cabimento de agravo. O Decreto n. 564, de 10 de julho de 1850[48] revogou o art. 10 da "Disposição Provisória" e impôs ao autor que residisse fora do Império ou se ausentasse dele durante a "lide" a prestação de fiança às custas do processo e o valor de dois por cento, sob pena de ser o réu absolvido da instância do juízo. Essa disposição não se aplicava às "pessoas miseráveis" que justificassem a impossibilidade do recolhimento destes valores. Da decisão do juiz cabia agravo que, na opinião de Antônio Fernandes Trigo de Loureiro, era o de petição ou de instrumento[49-50].

---

45. Sobre essas hipóteses, conferir: PINTO, José Maria Frederico de Souza. *Primeiras Linhas sobre o processo civil brasileiro.* Rio de Janeiro: Eduardo & Henrique Laemmert, 1854, t. III, p. 140/141; LOUREIRO, Antônio Fernandes Trigo de. *Manual de appelações e aggravos ou deducção systematica dos principios mais solidos e necessarios relativos à sua materia.* Rio de Janeiro: Eduardo & Henrique Laemmert, 1872, p. 224/226.

46. NORONHA, Carlos Silveira. *Do agravo de instrumento.* Rio de Janeiro: Forense, 1976, p. 36.

47. Disponível em: http://www2.camara.leg.br/legin/fed/decret/1824-1899/decreto-353-12-julho-1845--560442-publicacaooriginal-83257-pl.html. Acesso em: 03/08/2015.

48. Disponível em: http://www2.camara.leg.br/legin/fed/decret/1824-1899/decreto-564-10-julho-1850--559723-publicacaooriginal-82072-pl.html. Acesso em: 03/08/2015.

49. LOUREIRO, Antônio Fernandes Trigo de. *Manual de appelações e aggravos ou deducção systematica dos principios mais solidos e necessarios relativos à sua materia.* Rio de Janeiro: Eduardo & Henrique Laemmert, 1872, p. 223.

50. Não parece, neste ponto, ter razão Martinho Garcez quando afirmava que o Decreto n. 564, de 10 de julho de 1850 permitiu "aggravo de qualquer decisão do juiz, obrigando ou escusando da prestação da

Outras legislações se sucederam e trouxeram novas decisões recorríveis por agravo de petição ou de instrumento. Eis alguns exemplos: o Decreto 1.574, de 07 de março de 1855[51], previu a recorribilidade da decisão sobre competência, ainda que a causa coubesse na alçada; o art. 290 do Decreto n. 3.453, de 26 de abril de 1865[52], inseriu a recorribilidade do sequestro; no procedimento sumaríssimo previsto no art. 63, § 9º do Decreto 4.824, de 22 de novembro de 1871[53], previu-se o cabimento dos agravos contra decisão de competência dada pelo Juiz de Paz; o Decreto n. 370, de 02 de maio de 1890[54], revogou o Decreto n. 3.453, de 26 de abril de 1865, e trouxe hipóteses de cabimento em seus arts. 156 e 351.

Com relação ao agravo no auto do processo, o art. 18 do Regulamento 143, de 15 de março de 1842, definia que ele era cabível contra sentenças meramente interlocutórias, que tendiam a ordenar o processo, e que só era admitido nos casos expressamente contidos nas Ordenações, Leis e Assentos, que regulavam a ordem do Juízo. Quanto à especificação das suas hipóteses de cabimento, remete-se ao que foi dito anteriormente, quando se tratou deste recurso sob a ótica das Ordenações Filipinas, valendo, ainda, a mesma indicação doutrinária[55].

Destaque-se, ainda, o Decreto 9.549, de 23 de janeiro de 1886[56], que regulamentou a Lei n. 3.272 de 5 de Outubro de 1885, sobre execuções cíveis e comerciais, e determinou a aplicação do Regulamento n. 737/1850, adiante detalhado, no que dizia respeito aos agravos. Por consequência, o citado Decreto: indicava a recorribilidade por agravo de petição ou instrumento

---

fiança ás custas ao autor ou réo, ausente do Brazil ou prestes a ausentar-se (...)" (GARCEZ, Martinho. *Dos aggravos*. Rio de Janeiro: Jacintho Ribeiro dos Santos, 1914, p. 11). Alfredo Buzaid trazia idêntica afirmação: BUZAID, Alfredo. *Do agravo de petição no sistema do Código de Processo Civil.* 2ª ed. São Paulo: Saraiva, 1956, p. 67. Eis a íntegra do dispositivo: "Art. 2º Sendo os ditos autores requeridos, não só prestarão fiança ás custas do processo, mas tambem ao valor dos dois por cento, substitutivo da Dizima da Chancellaria; e quando a não prestem, serão os respectivos réos absolvidos da instancia do Juizo. Esta disposição não comprehenderá as pessoas miseraveis, que justificarem perante o Juiz da causa a impossibilidade, pela sua pobreza, de prestar huma e outra fiança. Da decisão do Juiz poderá a parte interpor o competente recurso de aggravo". Disponível em: http://www2.camara.leg.br/legin/fed/decret/1824-1899/decreto-564--10-julho-1850-559723-publicacaooriginal-82072-pl.html. Acesso em: 06/08/2015.

51. Disponível em: http://www2.camara.leg.br/legin/fed/decret/1824-1899/decreto-1574-7-marco-1855--558500-publicacaooriginal-79829-pe.html. Acesso em: 05/08/2015.

52. Disponível em: http://www.planalto.gov.br/ccivil_03/decreto/Historicos/DIM/DIM3453.htm. Acesso em: 05/08/2015.

53. Disponível em: http://www.planalto.gov.br/ccivil_03/decreto/Historicos/DIM/DIM4824.htm. Acesso em: 05/08/2015.

54. Disponível em: http://www.planalto.gov.br/ccivil_03/decreto/1851-1899/D370.htm#art408. Acesso em: 05/08/2015.

55. LOUREIRO, Antônio Fernandes Trigo de. *Manual de appelações e aggravos ou deducção systematica dos principios mais solidos e necessarios relativos à sua materia.* Rio de Janeiro: Eduardo & Henrique Laemmert, 1872, p. 236/240.

56. Disponível em: http://legis.senado.gov.br/legislacao/ListaNormas.action?numero=9549&tipo_norma=DEC&data=18860123&link=s. Acesso em: 05/08/2015.

nas hipóteses do art. 669 do Regulamento n. 737/1850 e do art. 15 do Regulamento 143, de 1842 (art. 53); previa duas outras hipóteses de cabimento (art. 54); impunha a recorribilidade exclusiva por agravo de petição contra "despacho sobre licença para casamento, supprido o consentimento do pai ou tutor"; eliminava o agravo no auto do processo (art. 58). Segundo João Monteiro, esse regramento só era aplicável às execuções cíveis e comerciais, de sorte que a figura do agravo no auto do processo continuava a existir no processo civil, de uma forma geral[57].

Por fim, o Regulamento n. 143, de 15 de março de 1842, em seu art. 17, cuidou de extinguir o agravo de ordenação não guardada.

A análise deste primeiro período indica a presença de questões que historicamente permearam o debate acerca da recorribilidade das decisões interlocutórias.

Dentre tais elementos, podem ser destacados: a classificação das sentenças em definitivas e interlocutórias (simples e *mixtas*); o critério territorial como fator de diferenciação entre o cabimento do agravo de petição e o do agravo de instrumento; a enumeração casuística das hipóteses de cabimento dos agravos; a atenção especial à recorribilidade das "sentenças interlocutórias" que causassem dano irreparável à parte; as marchas e contramarchas no que dizia respeito à quantidade de decisões agraváveis, representando maior ou menor prestígio aos agravos, sobretudo os de petição e de instrumento.

Por fim, conclui-se que ainda não era possível defender que o agravo de instrumento era um recurso voltado propriamente à impugnação das "sentenças interlocutórias". Afirmação semelhante só passou a ser isenta de dúvidas durante a vigência do CPC/1973[58].

Essa primeira fase se encerrou com o Decreto 763, de 19 de setembro de 1890, responsável pela transformação do Regulamento n. 737/1850 em legislação geral para o processo civil brasileiro, ressalvadas algumas exceções[59].

---

57. MONTEIRO, João. *Programma do curso de processo civil ou apontamentos para as lições da 3.ª cadeira do 4.º anno da Faculdade de Direito de S. Paulo.* 2ª ed. São Paulo: Duprat & Comp., 1905, vol. III, p. 118/119.

58. Em sentido semelhante, José Carlos Van Cleef de Almeida Santos afirma que, neste período, o "ordenamento jurídico não respeitava uma correlação lógica entre espécies de pronunciamentos judicias de primeiro grau de jurisdição com caráter decisório e meios recursais" (SANTOS, José Carlos Van Cleef de Almeida. *A decisão interlocutória de mérito no processo civil brasileiro: uma visão da perspectiva do procedimento de conhecimento do processo contencioso em primeiro grau de jurisdição.* Dissertação (Mestrado em Direito). Pontifícia Universidade Católica de São Paulo, São Paulo, 2012, p. 66).

59. Art. 1º São applicaveis ao processo, julgamento e execução das causas civeis em geral as disposições do regulamento n. 737 de 25 de novembro de 1850, excepto as que se conteem no titulo 1º, no capitulo 1º do titulo 2º, nos capitulos 4º e 5º do titulo 4º, nos capitulos 2º, 3º e 4º e secções 1ª e 2ª do capitulo 5º do titulo 7º, e no titulo 8º da primeira parte. Paragrapho unico. Continuam em vigor as disposições legaes que regulam os processos especiaes, não comprehendidos no referido regulamento.

DO DECRETO 763, DE 19 DE SETEMBRO DE 1890, AO CÓDIGO DO PROCESSO DO ESTADO DA BAHIA

Em 25 de junho de 1850, foi aprovado o Código Comercial, legislação que, além das suas três partes destinadas ao comércio em geral, ao comércio marítimo e às quebras, tinha um título único, voltado à "administração da justiça nos negócios e causas comerciais"[1].

No capítulo II desse título único, voltado à ordem dos juízos nas causas comerciais, traçavam-se as linhas gerais de um processo mais breve e mais flexível quanto às formalidades[2]. Neste intento, o seu art. 26 definia, por exemplo, que não cabia recurso de apelação nas causas comerciais cujo valor não excedesse a duzentos mil réis.

Já em seu art. 27, o Título Único do Código Comercial delegou ao Poder Executivo a competência para elaborar um regulamento que determinasse, dentre outras questões, a "ordem do juízo no processo comercial".

Com base nesse permissivo, foi expedido o Regulamento 737/1850, dividido em três partes: "do processo commercial", "da execução" e a terceira, que continha dois capítulos, um ligado aos recursos e outro, às nulidades.

---

1. O Código Comercial assim reputava as causas comerciais: Art. 18 – Serão reputadas comerciais, todas as causas que derivarem de direitos e obrigações sujeitos às disposições do Código Comercial, com tanto que uma das partes seja comerciante. Art. 19 – Serão também julgadas na conformidade das disposições do Código Comercial, e pela mesma forma de processo, ainda que não intervenha pessoa comerciante: I – As questões entre particulares sobre títulos da divida pública, e outros quaisquer papéis de crédito do Governo; II – As questões de companhias ou sociedades, qualquer que seja a sua natureza ou objeto; III – As questões que derivarem de contratos de locação compreendidos nas disposições do Título X do Código Comercial, com exceção somente das que forem relativas à locação de prédios rústicos ou urbanos.
2. Nesse sentido: Art. 22 – Todas as causas comerciais devem ser processadas, em todos os Juízos e instancias, breve e sumariamente, de plano e pela verdade sabida, sem que seja necessário guardar estritamente todas as formas ordinárias, prescritas para os processos civis: sendo unicamente indispensável que se guardem as formulas e termos essenciais para que as partes possam alegar o seu direito, e produzir as suas provas.

Esse Regulamento disciplinou as competências dos tribunais e juízes comerciais, bem como tratou da ordem do juízo no processo comercial, estabelecendo um rito próprio. Como aponta Moacyr Lobo da Costa, a diferença prática entre as jurisdições civil e comercial foi extinta pelo Decreto n. 2.342, de 06 de agosto de 1873, de modo que, a partir de então, as competências passaram a ser exercidas pelo mesmo juízo, mas os processos continuavam sujeitos a legislações distintas[3].

No entanto, em 19 de setembro de 1890, foi expedido o Decreto n. 763, que cuidou de submeter, ao processo, julgamento e execuções cíveis, as regras do Regulamento n. 737/1850, excetuadas algumas disposições e as normas que regulassem "os processos especiaes, não comprehendidos no referido regulamento"[4].

Como o art. 1º do Decreto n. 763, de 1890, determinou que o processo civil seguiria, como regra geral, o Regulamento n. 737/1850, há entendimento no sentido de que ele foi o responsável pela revogação das Ordenações Filipinas, no que dizia respeito ao processo civil[5].

Não se pode afirmar, com certeza, ser essa a melhor conclusão, pois se encontra, tanto na legislação posterior, como na Lei de Organização Judiciária do Estado da Bahia (Lei 1119, de 21 de agosto de 1915[6]), quanto na doutrina posterior[7], referências a textos das Ordenações Filipinas.

Ao tratar das sentenças, o Regulamento 737/1850, ao contrário das Ordenações Filipinas, não as dividia expressamente em definitivas, interlocutórias

---

3. COSTA, Moacyr Lobo da. *Breve notícia histórica do direito processual civil brasileiro e de sua literatura.* São Paulo: Revista dos Tribunais, 1970, p. 35/36.

4. Sobre as decisões judiciais de primeiro grau nesse período, faz-se nova menção à dissertação de José Carlos Van Cleef de Almeida Santos, cujas referências bibliográficas foram fundamentais ao desenvolvimento do capítulo: SANTOS, José Carlos Van Cleef de Almeida. *A decisão interlocutória de mérito no processo civil brasileiro: uma visão da perspectiva do procedimento de conhecimento do processo contencioso em primeiro grau de jurisdição.* Dissertação (Mestrado em Direito). Pontifícia Universidade Católica de São Paulo, São Paulo, 2012, p. 68/81.

5. SANTOS, José Carlos Van Cleef de Almeida. *A decisão interlocutória de mérito no processo civil brasileiro: uma visão da perspectiva do procedimento de conhecimento do processo contencioso em primeiro grau de jurisdição.* Dissertação (Mestrado em Direito). Pontifícia Universidade Católica de São Paulo, São Paulo, 2012, p. 34. O autor reitera uma conclusão de Arruda Alvim, encontrada em: ALVIM, Arruda. *Manual de direito processual civil: parte geral.* 10ª ed. São Paulo: Editora Revista dos Tribunais, 2006, p. 53.

6. "Art. 312. O damno irreparavel deve ser entendido não só nos precisos termos da Ord. L. 3.º tit. 69 in princ. e § 1.º, mas também quando do despacho proferido resultar a nullidade insanável do feito" (ESPÍNOLA, Eduardo. *Código do processo do Estado da Bahia.* Salvador: Typographia de Cincinnato Melchiades, 1916, vol. 1, p. 256).

7. BAPTISTA, Francisco de Paula. *Compendio de theoria e pratica do processo civil comparado com o commercial e de hermeneutica juridica para uso das faculdades de direito do Imperio.* 5ª ed. Rio de Janeiro: H. Garnier, 1898, p. 240.

mixtas e interlocutórias simples. Na realidade, o regulamento apenas abordava a sentença definitiva, entre os seus arts. 230 e 235. Tal sentença seria dada quando o juiz entendesse que a causa se encontrava em estado de ser decidida e condenava ou absolvia o réu, em todo ou em parte do pedido (art. 231).

João Monteiro, ao discorrer sobre as sentenças à luz do art. 231 do Regulamento n. 737/1850 e do Decreto 763 de 1890, era claro ao dizer que ele só se ocupava das definitivas, definindo-as como a decisão final da causa[8]. Entretanto, reconhecia que, tomando-se "sentença" em sentido lato, poder-se-ia dividi-la em definitiva e interlocutória, subdividida, ainda, em simples e *mixtas*. Ele ressaltava, também, a falta de técnica do legislador ao falar, em diversos pontos, em sentenças, decisões e despachos sem nenhum rigor que separasse os conceitos[9].

Em sentido semelhante, Francisco de Paula Baptista, em obra posterior ao Decreto 763, de 19 de setembro de 1890, manteve a distinção das sentenças em definitivas e interlocutórias (simples ou *mixtas*), mencionando, ainda, as Ordenações Filipinas. A definitiva seria aquela que decidia "a questão *principal*, condemnando ou absolvendo o réo". A interlocutória seria o pronunciamento judicial sobre algum incidente e poderia ser dividida em simples, se decidisse somente o incidente, ou *mixta*, se a decisão do incidente prejudicasse a causa ou pusesse fim ao processo e à instância[10].

De acordo com essas duas obras, posteriores ao Decreto 763 de 1890, não perdeu aplicabilidade a classificação apresentada anteriormente, a qual dividia as sentenças em definitivas e interlocutórias (simples e *mixtas*)[11].

---

8. MONTEIRO, João. *Programma do curso de processo civil ou apontamentos para as lições da 3.ª cadeira do 4.º anno da Faculdade de Direito de S. Paulo.* 2ª ed. São Paulo: Duprat & Comp., 1905, vol. III, p. 21/28.

9. "O Reg. n. 737 de 1850, art. 231, preferiu usar da locução *sentença definitiva*, adjectivando assim a noção do acto judiciario de que então se occupava. Assim fizera o legislador philippino na Ord. Liv. 3.º tit. 66 *in rubr.* E foi melhor, já que no mesmo Regulamento não há fixidez alguma na qualificação ou denominação das differentes especies de decisões judiciarias. No art. 669, por ex., promiscuamente, sem criterio scientifico absolutamente nenhum, se falla de *sentença*, *decisão* e *despacho*; no § 10, não se sabendo como qualificar o acto ali previsto, chegou-se a lhe não dar denomnaição alguma. Ocorre, porém, não perder de vista que effectivamente, as sentenças, tomando-se este vocábulo em sua acepção lata, se devem distinguir em *definitivas* e *interlocutórias* e ainda estas em *simples* e *mixtas*, ou com força das definitivas (...)" (MONTEIRO, João. *Programma do curso de processo civil ou apontamentos para as lições da 3.ª cadeira do 4.º anno da Faculdade de Direito de S. Paulo.* 2ª ed. São Paulo: Duprat & Comp., 1905, vol. III, p. 27/28).

10. BAPTISTA, Francisco de Paula. *Compendio de theoria e pratica do processo civil comparado com o commercial e de hermeneutica juridica para uso das faculdades de direito do Imperio.* 5ª ed. Rio de Janeiro: H. Garnier, 1898, p. 240.

11. No mesmo sentido: SANTOS, José Carlos Van Cleef de Almeida. *A decisão interlocutória de mérito no processo civil brasileiro: uma visão da perspectiva do procedimento de conhecimento do processo contencioso em primeiro grau de jurisdição.* Dissertação (Mestrado em Direito). Pontifícia Universidade Católica de São Paulo, São Paulo, 2012, p. 73.

Quanto à recorribilidade das interlocutórias, o art. 646 do Regulamento n. 737/1850 consagrava expressamente a regra de que a apelação era o recurso cabível contra as sentenças interlocutórias com força de definitiva[12].

Já quanto ao conceito de agravo e a decisão recorrível correspondente, Francisco de Paula Baptista conceituava este recurso como "approvocação interposta do juiz inferior para o superior legitimo afim de obter-se reparação de certos gravames pelo primeiro cometidos no feito antes da sentença definitiva"[13].

A histórica opção legislativa pela enumeração casuística das decisões recorríveis por agravo de instrumento ou de petição trouxe consigo a inviabilidade de enumeração de todos os casos possíveis e certa dificuldade na definição da natureza das decisões impugnáveis por este recurso.

Nesse cenário, João Monteiro optou por definir o agravo como "recurso interposto para juiz superior afim de que este modifique ou reforme algum despacho nos casos expressamente determinados na lei"[14], posicionamento compartilhado por Martinho Garcez[15].

Segundo ele, não fazia sentido falar que o agravo era o recurso cabível contra decisões tomadas antes da sentença definitiva ou, em outras palavras, contra sentenças interlocutórias simples ou *mixtas*, como fez Francisco de Paula Baptista. João Monteiro defendia que a expressão "casos expressamente determinados na lei" tornava dispensável a menção à natureza das sentenças interlocutórias. Além disso, haveria exemplos legais de sentenças definitivas recorríveis por agravo. Por fim, para saber se era hipótese de impugnação mediante agravo, o autor sugeria a indagação: "Cabe ou não cabe aggravo? – A lei expressamente responderá. Eis tudo"[16].

Por consequência, João Monteiro preferia conceituar as hipóteses de cabimento da apelação por meio da exclusão, isto é, seria o recurso interposto

---

12. O cabimento contra sentenças com força de definitivas era um dos elementos que Francisco de Paula Baptista utiliza para conceituar a apelação: "Appellação é a *provocação interposta do juiz inferior para o superior legitimo, afim de que este reforme a sentença definitiva ou com força definitiva por aquelle proferida*" (BAPTISTA, Francisco de Paula. *Compendio de theoria e pratica do processo civil comparado com o commercial e de hermeneutica juridica para uso das faculdades de direito do Imperio*. 5ª ed. Rio de Janeiro: H. Garnier, 1898, p. 313).
13. BAPTISTA, Francisco de Paula. *Compendio de theoria e pratica do processo civil comparado com o commercial e de hermeneutica juridica para uso das faculdades de direito do Imperio.* 5ª ed. Rio de Janeiro: H. Garnier, 1898, p. 333.
14. MONTEIRO, João. *Programma do curso de processo civil ou apontamentos para as lições da 3.ª cadeira do 4.º anno da Faculdade de Direito de S. Paulo.* 2ª ed. São Paulo: Duprat & Comp., 1905, vol. III, p. 93.
15. GARCEZ, Martinho. *Dos aggravos.* Rio de Janeiro: Jacintho Ribeiro dos Santos, 1914, p. 15/16.
16. MONTEIRO, João. *Programma do curso de processo civil ou apontamentos para as lições da 3.ª cadeira do 4.º anno da Faculdade de Direito de S. Paulo.* 2ª ed. São Paulo: Duprat & Comp., 1905, vol. III, p. 93.

com o objetivo de modificar ou reformar sentença ou despacho definitivo contra o qual não coubesse agravo[17].

Tal definição fazia sentido, na medida em que, continuando o legislador a optar por uma enumeração casuística de hipóteses de cabimento de agravo, caso ele previsse ser este o recurso cabível contra alguma sentença interlocutória com força de definitiva, fatalmente não seria a apelação o recurso adequado, mostrando-se mais duradouro o conceito residual dado por João Monteiro.

Com relação às espécies de agravos, o art. 688 do Regulamento n. 737/1850 destacava que, no juízo comercial, só eram admissíveis duas espécies deste recurso: o de instrumento e o de petição, que continuavam sendo diferenciados pelo critério territorial previsto no art. 15 do Regulamento 143, de 15 de março de 1842.

Apesar da redação do art. 668 do Regulamento n. 737/1850, João Monteiro entendia não ter ocorrido a supressão do agravo no auto do processo, pois o Decreto n. 763, de 19 de setembro de 1890, não teria excluído os recursos então vigentes no processo civil[18].

Além disso, o agravo no auto do processo se encaixaria na exceção prevista no art. 1º, parágrafo único, do Decreto 763 de 1890, que manteve em vigor as "disposições legaes que regulam os processos especiaes", não compreendidos no Regulamento n. 737/1850. Segundo o autor, como este recurso objetivava a observância das regras de organização de cada ação em particular, deveria ser enquadrada na referida exceção[19].

Francisco de Paula Baptista, apesar de não apresentar crítica tão detalhada quanto à de João Monteiro, parecia compartilhar do entendimento, já que enumerava o agravo no auto do processo como um dos recursos cíveis e somente destacava não ser ele admissível nas causas comerciais, justamente pela enumeração do art. 668 do Regulamento n. 737/1850[20].

---

17. MONTEIRO, João. *Programma do curso de processo civil ou apontamentos para as lições da 3.ª cadeira do 4.º anno da Faculdade de Direito de S. Paulo.* 2ª ed. São Paulo: Duprat & Comp., 1905, vol. III, p. 136. Com base no posicionamento de João Monteiro, a presença do critério residual, nesse momento histórico, também é defendida em: SANTOS, José Carlos Van Cleef de Almeida. *A decisão interlocutória de mérito no processo civil brasileiro: uma visão da perspectiva do procedimento de conhecimento do processo contencioso em primeiro grau de jurisdição.* Dissertação (Mestrado em Direito). Pontifícia Universidade Católica de São Paulo, São Paulo, 2012, p. 75.

18. MONTEIRO, João. *Programma do curso de processo civil ou apontamentos para as lições da 3.ª cadeira do 4.º anno da Faculdade de Direito de S. Paulo.* 2ª ed. São Paulo: Duprat & Comp., 1905, vol. III, p. 98.

19. MONTEIRO, João. *Programma do curso de processo civil ou apontamentos para as lições da 3.ª cadeira do 4.º anno da Faculdade de Direito de S. Paulo.* 3ª ed. São Paulo: Duprat & Comp., 1912, vol. III, p. 110.

20. BAPTISTA, Francisco de Paula. *Compendio de theoria e pratica do processo civil comparado com o commercial e de hermeneutica juridica para uso das faculdades de direito do Imperio.* 5ª ed. Rio de Janeiro: H. Garnier, 1898, p. 351/352.

Atento à enumeração casuística das decisões impugnáveis por agravo de instrumento ou de petição, João Monteiro preferia definir o agravo no auto do processo como "o recurso interposto das sentenças méramente interlocutórias tendentes a ordenar o processo e que não estejam sujeitas aos aggravos de petição e instrumento". Segundo o autor, o conceito dado pelo art. 18, do Decreto 143, de 1842, deveria ser limitado pela ressalva final da definição acima exposta, pois alguns casos, que antes estavam sujeitos ao agravo no auto do processo, passaram a constar no rol de decisões impugnáveis por agravo de instrumento ou de petição[21].

Conforme já adiantado, o Regulamento 737/1850 manteve a opção da enumeração casuística das hipóteses de cabimento dos agravos de petição e instrumento, trazendo, em seu art. 669, dezessete decisões impugnáveis por estes recursos e uma na qual só era cabível o agravo de petição. Destaque-se que, entre as decisões agraváveis, estava a interlocutória que "contivesse" dano irreparável, decisão que, no regime das Ordenações Filipinas, era impugnável por apelação.

Com base nos Regulamentos de n. 143, de 15 de março de 1842, 737/1850 e 370, de 02 de maio de 1890, e nos Decretos n. 181, de 23 de janeiro de 1890; 917, de 24 de outubro de 1890; 434, de 04 de Julho de 1891; 169, de 19 de janeiro de 1890; 596, de 19 de Julho de 1890; 9549, de 23 de janeiro de 1886; 353, de 12 de julho de 1845; e 6.982, de 27 de julho de 1878, João Monteiro enumerou quarenta hipóteses de cabimento de agravos de petição e de instrumento, além de ter reconhecido a possibilidade de eventuais omissões[22].

A esta altura, pode-se perceber que a opção histórica pela predominância de uma enumeração casuística de decisões impugnáveis por agravos de instrumento e de petição, aliada à falta de rigor científico na definição da natureza das decisões judiciais e à ausência de correspondência coerente entre as espécies de decisões e os recursos respectivos, trouxe sérias dificuldades para uma análise sistemática da recorribilidade das decisões interlocutórias[23].

---

21. MONTEIRO, João. *Programma do curso de processo civil ou apontamentos para as lições da 3.ª cadeira do 4.º anno da Faculdade de Direito de S. Paulo.* 3ª ed. São Paulo: Duprat & Comp., 1912, vol. III, p. 109/111.

22. MONTEIRO, João. *Programma do curso de processo civil ou apontamentos para as lições da 3.ª cadeira do 4.º anno da Faculdade de Direito de S. Paulo.* 2ª ed. São Paulo: Duprat & Comp., 1905, vol. III, p. 103/117.

23. Analisando esse período histórico, José Carlos Van Cleef de Almeida Santos afirma que a legislação tornou "morta qualquer tentativa de se harmonizar a classificação da natureza dos pronunciamentos judiciais de primeiro grau com caráter decisório com os meios de impugnação disponíveis, correlacionando-os (...)" (SANTOS, José Carlos Van Cleef de Almeida. *A decisão interlocutória de mérito no processo civil brasileiro: uma visão da perspectiva do procedimento de conhecimento do processo contencioso em primeiro grau de jurisdição.* Dissertação (Mestrado em Direito). Pontifícia Universidade Católica de São Paulo, São Paulo, 2012, p. 76).

Nesse cenário, não restou alternativa senão adotar como primeiro passo a análise do rol de decisões impugnáveis por agravo de instrumento ou de petição. Em posse desses dados, o segundo passo seria a separação, dentro deste rol, das sentenças interlocutórias com força de definitivas daquelas chamadas simples. Assim, excetuadas as sentenças interlocutórias com força de definitivas que estivessem nesta listagem (agraváveis, portanto), as demais seriam impugnáveis por apelação. De forma semelhante, as sentenças meramente interlocutórias, tendentes a ordenar o processo, que não estivessem no grupo daquelas agraváveis de instrumento ou de petição, seriam recorríveis por agravo no auto do processo.

No ano seguinte à consagração do Regulamento n. 737/1850 como principal regente do direito processual civil brasileiro, foi promulgada a Constituição de 24 de fevereiro de 1891. Em seu art. 34, n. 23, a primeira Constituição da República indicou que ao Congresso Nacional cabia legislar sobre o direito processual da Justiça Federal. Por outro lado, o art. 65, n. 2, previu que era facultado aos Estados "em geral, todo e qualquer poder ou direito, que lhes não for negado por cláusula expressa ou implicitamente contida nas cláusulas expressas da Constituição"[24].

Da análise combinada destes dois dispositivos, extrai-se que foi concedida aos Estados-membros da Federação a competência para legislar sobre direito processual, ressalvada a competência da União para fazê-lo com relação à Justiça Federal. Até que fossem editadas as legislações estaduais, continuou-se aplicando o Regulamento 737/1850[25].

Consagrada essa competência estadual, a partir do Regulamento Processual Civil e Comercial do Pará (Decreto n. 1.380, de 22 de junho de 1905), foram surgindo diversos códigos estaduais de processo civil, os quais seguiram as linhas gerais do Regulamento 737/1850[26].

No Bahia, a Lei 1121, de 21 de agosto de 1915, consagrou o Código do Processo do Estado da Bahia, o que, segundo a classificação temporal adotada neste trabalho, põe fim à fase na qual o direito processual civil foi regido pelo Regulamento 737/1850.

---

24. Disponível em: http://www.planalto.gov.br/ccivil_03/Constituicao/Constituicao91.htm. Acesso em: 12/08/2015.

25. COSTA, Moacyr Lobo da. *Breve notícia histórica do direito processual civil brasileiro e de sua literatura.* São Paulo: Revista dos Tribunais, 1970, p. 63.

26. COSTA, Moacyr Lobo da. *Breve notícia histórica do direito processual civil brasileiro e de sua literatura.* São Paulo: Revista dos Tribunais, 1970, p. 63.

Capítulo 4

A REGULAMENTAÇÃO NO CÓDIGO DO PROCESSO DO ESTADO DA BAHIA

O Código do Processo do Estado da Bahia, destinado à regulamentação do Processo Criminal e Civil, foi elaborado com base no projeto de Eduardo Espínola, sendo o sexto código estadual publicado[1].

Quanto aos conceitos das sentenças, o art. 303 do Código do Processo do Estado da Bahia não cuidou de fixá-los didaticamente. Em sentido diverso, definiu que a sentença definitiva deveria "resolver todas as questões agitadas no curso do processo", salvo as que não tivessem sido decididas por alguma sentença interlocutória[2].

Há, entretanto, um aspecto curioso: apesar do silêncio na parte destinada à sentença de definitiva, o Código do Processo do Estado da Bahia, ao cuidar da apelação, trouxe um artigo específico sobre a natureza das decisões. Em seu art. 1.249, o Código prescrevia que a sentença era definitiva quando decidia a questão principal e, sendo interlocutória, tinha força de definitiva quando colocava termo ao feito[3].

Com base no art. 303 do Código do Processo do Estado da Bahia, percebe-se a presença de sentenças interlocutórias no direito processual civil baiano, já que o próprio legislador excepcionava, dentre as questões a serem resolvidas na sentença definitiva, aquelas que já teriam sido decididas por interlocutórias.

Assim, é inegável a persistência de sentenças interlocutórias que não colocavam fim ao processo. Caso contrário, o art. 303 não faria sentido, pois não poderiam existir, no mesmo processo, sentenças definitivas e

1. COSTA, Moacyr Lobo da. *Breve notícia histórica do direito processual civil brasileiro e de sua literatura.* São Paulo: Revista dos Tribunais, 1970, p. 66.
2. ESPÍNOLA, Eduardo. *Código do processo do Estado da Bahia.* Salvador: Typographia de Cincinnato Melchiades, 1916, vol. 1, p. 570/571.
3. ESPÍNOLA, Eduardo. *Código do processo do Estado da Bahia.* Salvador: Typographia de Cincinnato Melchiades, 1916, vol. 2, p. 130/131.

interlocutórias. Igualmente, parte do art. 1.249 também não teria razão de ser, já que seria desnecessário ressalvar, dentre as interlocutórias, aquelas que tinham força de definitivas por colocarem termo ao processo.

A partir da leitura destes dispositivos, portanto, pode-se fazer a seguinte classificação das sentenças: definitivas, que decidiam a questão principal; interlocutórias com força de definitivas, que punham fim ao processo sem decidir a questão principal; demais interlocutórias. Essa última categoria seria extraível por meio de um critério residual, isto é, excluindo-se aquelas que tinham força de definitivas.

Fixados os conceitos, é preciso passar-se à análise da estrutura recursal do código, com foco, sobretudo, na apelação e nos agravos.

A Constituição do Estado da Bahia, de 02 de julho de 1891, de acordo com a redação vigente em 1915, previa, como um dos órgãos da Administração da Justiça, o Tribunal Superior de Justiça, composto por doze juízes (arts. 65 e 67)[4].

Em 21 de agosto de 1915, no mesmo dia da promulgação do Código do Processo do Estado da Bahia, foi realizada reforma na organização judiciária por meio da Lei n. 1.119 de 21 de agosto de 1915. Esta lei regulava a competência do Tribunal Superior de Justiça, definindo que a ele cabia julgar, nas causas cíveis, em segunda e última instância, "as appelações interpostas das sentenças proferidas pelos juizes de direito" e "os aggravos interpostos dos despachos dos mesmos juizes de direito, compreendidos os dos executivos fiscaes". Além disso, nas causas cíveis e comerciais, competia, também, ao Tribunal julgar, em segunda e última instância, "os recursos das decisões dos juizes de direito sobre recusações ou suspeições dos juizes de paz, delegados ou subdelegados de policia e dos juizes municipaes e substitutos"[5].

O Título XI, capítulo único, da LOJ era destinado aos "recursos e distribuição do serviço no Tribunal Superior de Justiça" e, em seu art. 308, previa cinco recursos a serem intentados na primeira instância (aggravos, embargos, recursos *stricti juris*, appelação e carta testemunhável) e dois, na segunda: embargos e recurso extraordinário[6].

Já o Código do Processo do Estado da Bahia admitia cinco recursos no processo civil e comercial: embargos à sentença, apelação, agravo, carta testemunhável e recurso extraordinário, sendo que os quatro primeiros eram

---

4. ESPÍNOLA, Eduardo. *Código do processo do Estado da Bahia.* Salvador: Typographia de Cincinnato Melchiades, 1916, vol. 1, p. 23/25.

5. ESPÍNOLA, Eduardo. *Código do processo do Estado da Bahia.* Salvador: Typographia de Cincinnato Melchiades, 1916, vol. 1, p.139/146.

6. ESPÍNOLA, Eduardo. *Código do processo do Estado da Bahia.* Salvador: Typographia de Cincinnato Melchiades, 1916, vol. 1, p. 253.

cabíveis contra decisões de primeira instância e, contra as de segunda, só eram admissíveis os embargos e o recurso extraordinário (arts. 1.229 a 1.232)[7].

No que dizia respeito ao conceito de apelação, o Código manteve as linhas gerais do Regulamento 737/1850, mas se aproximou das ideias defendidas por João Monteiro, já que, em seu art. 1.248, definiu que caberia apelação de "todas as sentenças definitivas ou interlocutorias com força de definitivas, proferidas em primeira instancia, em causa cujo valor exceda a alçada do juiz, desde que por disposição expressa da lei não seja outro recurso admitido"[8].

Diante das disposições do art. 1.248 do Código, pode-se chegar à regra que a apelação era o recurso destinado à impugnação das sentenças definitivas e das interlocutórias com força de definitiva que não estivessem expressamente sujeitas a outro recurso.

Não se cuidará, neste trabalho, dos embargos, pelas seguintes razões: não eram cabíveis, em regra, antes da sentença final, contra sentenças interlocutórias ou despachos (art. 1236); os embargos de declaração não objetivavam propriamente a reforma ou invalidação da decisão, mas a correção de obscuridade, ambiguidade, contradição ou omissão (art. 1240); e os embargos de restituição tinham um cabimento restrito (arts. 1242 e 1243)[9]. Também não se falará da carta testemunhável em virtude do seu objeto de impugnação específico: a decisão do juízo *a quo* que não admitia agravo ou a criação de óbices ao prosseguimento do agravo por qualquer motivo[10].

Desta forma, como o art. 1230 só admitia a interposição de quatro recursos contra decisões proferidas em primeira instância (embargos, carta testemunhável, apelação e agravo), o estudo da recorribilidade deve pautar-se, primeiramente, nas hipóteses de cabimento do recurso de agravo para que

---

7. ESPÍNOLA, Eduardo. *Código do processo do Estado da Bahia.* Salvador: Typographia de Cincinnato Melchiades, 1916, vol. 1, p. 425.

8. ESPÍNOLA, Eduardo. *Código do processo do Estado da Bahia.* Salvador: Typographia de Cincinnato Melchiades, 1916, vol. 2, p. 430.

9. "Art. 1242. Os embargos de restituição só são admittidos, quando os embargantes não tiverem sido partes desde o principio da causa, ou esta houver corrido á revelia. (...). Art. 1243. Oppostos os embargos de restituição por meio de simples petição, mandará o juiz dar vista nos autos á outra parte por cinco dias; e, findo este prazo, designará uma das audiencias mais proximas para a producção das provas. Concluidas estas, será marcada a primeira audiencia para o debate oral, seguindo-se o julgamento na mesma ou na immediata" (ESPÍNOLA, Eduardo. *Código do processo do Estado da Bahia.* Salvador: Typographia de Cincinnato Melchiades, 1916, vol. 2, p. 428).

10. "Art. 1326. A carta testemunhável é admissivel nos casos expressos de aggravo, no intuito de tornal-o effectivo, quando denegado pelo juiz ou não fôr admitido depois de tomado por termo (...). Art. 1327. Si o juiz *a quo* não admittir a interposição do aggravo, ou obstar o seu prosseguimento por qualquer motivo, pode a parte recorrer á carta testemunhável, requerendo ao proprio juiz, ou exigindo do escrivão a copia das peças que indicar" (ESPÍNOLA, Eduardo. *Código do processo do Estado da Bahia.* Salvador: Typographia de Cincinnato Melchiades, 1916, vol. 2, p. 462/464).

se chegue, também, às interlocutórias com força de definitivas recorríveis por apelação.

Quanto às hipóteses de cabimento dos agravos de instrumento e de petição, o art. 309 da LOJ era expresso ao manter a recorribilidade nos casos já previstos no Decreto n. 143, de 15 de março de 1842, no Regulamento n. 737/1850 e nas demais legislações vigentes à época. Além disso, enumerou cinco hipóteses nas quais esses recursos tinham cabimento, sem ter muita técnica na determinação da natureza destas decisões: a) sentença que julgasse os artigos de liquidação das sentenças ilíquidas e mandasse prosseguir a execução; b) sentença que julgasse, ou não, deserta a apelação; c) despacho que concedesse ou denegasse embargo ou arresto e da sentença que afinal julgasse procedente ou improcedente os embargos opostos pelo arrestado; d) julgamento final dos embargos de terceiro opostos ao arresto; e) sete "despachos": que indeferisse a inicial; que nomeasse ou destituísse o inventariante, tutor ou curador (nos dois últimos casos, o recurso seria sempre o agravo de petição); concedesse prorrogação de prazo para inventário; deliberasse a partilha; mandasse, ou não, proceder a sequestro; concedesse ou denegasse mandados de manutenção ou proibitórios; proferidos pela junta comercial, negassem ou admitisse o registro de marcas, ou cassassem a matrícula do comerciante[11]. Essa última hipótese, claramente, tratava de uma decisão não judicial.

Eduardo Espínola apontava que essa enumeração poderia sugerir serem essas hipóteses novidades inseridas pela LOJ, mas, de fato, não o eram, pois todas já estavam previstas na legislação anterior[12].

Além disso, o art. 310 da LOJ mantinha os agravos de petição, instrumento e no auto do processo nos mesmos casos previstos na legislação então vigente, ressalvadas as modificações por ela promovidas[13].

O art. 1.325 do Código do Processo do Estado da Bahia, além de reconhecer as hipóteses de cabimento previstas em lei extravagantes, listou cinquenta e duas decisões agraváveis, demonstrando clara opção pela manutenção de uma enumeração casuística de cabimento deste recurso[14].

Entre essas hipóteses, estavam as decisões que: indeferissem a petição inicial (1.º); tratassem de competência, reconhecendo-a ou não (2.º);

11. ESPÍNOLA, Eduardo. *Código do processo do Estado da Bahia.* Salvador: Typographia de Cincinnato Melchiades, 1916, vol. 1, p. 253/254.
12. ESPÍNOLA, Eduardo. *Código do processo do Estado da Bahia.* Salvador: Typographia de Cincinnato Melchiades, 1916, vol. 1, p. 252/253.
13. ESPÍNOLA, Eduardo. *Código do processo do Estado da Bahia.* Salvador: Typographia de Cincinnato Melchiades, 1916, vol. 1, p. 254.
14. ESPÍNOLA, Eduardo. *Código do processo do Estado da Bahia.* Salvador: Typographia de Cincinnato Melchiades, 1916, vol. 2, p. 449/462.

absolvessem da instância (3.º); denegassem qualquer diligência probatória (7.º); não se mandasse proceder a sequestro, quando ele era cabível (11) ou mandassem levantá-lo (12); contivessem dano irreparável, ou seja, aquele que não poderia ser reparado pela sentença definitiva ou apelação (15); ordenassem a prévia restituição na posse, na respectiva ação (16); recebessem embargos nas ações executivas (21); julgassem a liquidação de sentença (32); anulassem a arrematação ou qualquer venda solenemente feita, que já tivesse produzido efeitos, salvo se a alienação tivesse sido em fraude à execução (35); recebessem a apelação em ambos os efeitos ou somente um deles, bem como as que não recebessem (36); julgassem deserta ou não a apelação e as que relevavam ou não a deserção (37); concedessem prorrogação de prazo para o inventário (41); concedessem ou negassem o suprimento de idade (46); e suprissem o consentimento de pai, tutor, curador ou cônjuge (47)[15].

Da leitura deste rol, percebe-se que o legislador não só utilizou diversas denominações para as decisões agraváveis (sentenças e despachos), como trouxe decisões com naturezas jurídicas distintas, podendo ser encontradas sentenças interlocutórias simples, como o "despacho" que denegasse qualquer diligência probatória (art. 1325, 7.º) e sentenças interlocutórias com forças de definitivas, como o "despacho" que indeferia a petição inicial (art. 1325, 1.º).

Desta forma, a identificação da recorribilidade de uma sentença interlocutória, se por agravo ou apelação, continuava seguindo a sistemática anterior: observava-se o rol do agravo e, caso ela estivesse lá prevista, a decisão era agravável; caso não constasse em tal lista e tivesse força de definitiva, a sentença era apelável.

Passa-se, então, ao estudo das espécies de agravo e dos cabimentos respectivos.

Como o art. 1325 do Código mencionava que, além dos casos expressamente consignados na lei civil e comercial e no próprio código, só eram admissíveis *agravos* nos casos listados, sem diferenciar as hipóteses, presume-se que os agravos de instrumento e de petição continuavam destinando-se à impugnação das mesmas espécies de decisões. Além disso, os arts. 309 e 310 da LOJ ratificavam a persistência das três espécies de agravo e das hipóteses de cabimento previstas no Decreto 143, de 15 de março de 1842, e no Regulamento 737/1850.

Entretanto, apesar de se voltarem contra as decisões com igual conteúdo, o Código do Processo do Estado da Bahia promoveu uma mudança significativa: os agravos de instrumento e o de petição deixaram de ter o seu cabimento diferenciado segundo o critério territorial.

---

15. ESPÍNOLA, Eduardo. *Código do processo do Estado da Bahia.* Salvador: Typographia de Cincinnato Melchiades, 1916, vol. 2, p. 449/462.

O art. 1.292 do Código definia que era "sempre de petição o aggravo interposto para o juiz de direito". Já o art. 1.293 dispunha que "o aggravo interposto para o Tribunal Superior de Justiça é de instrumento, salvo das decisões proferidas pelos juízes de direito da Capital e os que a lei civil e comercial ou este Codigo determinam expressamente sejam de petição"[16].

Da leitura combinada destes artigos, chega-se às seguintes conclusões: a) o agravo de petição era o recurso cabível quando presente uma dessas hipóteses: a1) o juízo competente para o julgamento do recurso fosse o juiz de direito; a2) a decisão recorrida tivesse sido proferida por juiz de direito da capital; a3) houvesse previsão legal expressa; b) o agravo seria de instrumento quando o Tribunal Superior de Justiça fosse o competente para julgamento.

Com relação à hipótese "a1)", o art. 58, § 4º da LOJ, segundo a redação vigente na época da aprovação do Código, definia que cabia ao juiz de direito "decidir os aggravos interpostos dos despachos dos mesmos juizes municipaes", redação muito semelhante à do art. 59, § 4º[17].

Para se verificar o cabimento do agravo de petição devia-se, portanto, averiguar a competência dos juízes municipais, que estavam detalhadas nos quinze parágrafos do art. 50 da antiga LOJ. Dentre as suas competências para causas civis, estava a de "preparo das causas civeis de jurisdição contenciosa, voluntaria ou administrativa, inclusive o julgamento das que não excederem de um conto e quinhentos mil réis, com appellação em ambos os effeitos para os juizes de direito", excetuando-se, ainda, as causas fiscais e as de jurisdição contenciosa que versassem sobre bens de raiz, cuja competência seria sempre do juiz de direito. Também era dado aos juízes municipais publicar e executar as sentenças cíveis, "podendo ser perante elles interpostos e preparados os recursos que no caso couberem, salvo as decisões de competência dos juizes de direito"[18].

Caso alguma das hipóteses previstas no art. 1.325 do Código ou na legislação extravagante estivesse presente nos processos de competência dos juízes municipais, o recurso seria o agravo de petição direcionado ao juiz de direito.

No que dizia respeito à situação "a2)", ligada aos juízes de direito da capital, a LOJ então vigente, em seu art. 71, definia a existência de uma vara cível, abrangendo os feitos de saúde pública, uma comercial, uma da

16. ESPÍNOLA, Eduardo. *Código do processo do Estado da Bahia.* Salvador: Typographia de Cincinnato Melchiades, 1916, vol. 2, p. 441/442.
17. ESPÍNOLA, Eduardo. *Código do processo do Estado da Bahia.* Salvador: Typographia de Cincinnato Melchiades, 1916, vol. 1, p. 88/89.
18. ESPÍNOLA, Eduardo. *Código do processo do Estado da Bahia.* Salvador: Typographia de Cincinnato Melchiades, 1916, vol. 1, p. 77/78.

provedoria e de casamentos, uma de órfãos e ausentes e outra dos feitos da Fazenda estadual e municipal, cujas competências eram discriminadas, respectivamente, nos seus arts. 77, 78/80, 82/85, 86 e 88[19].

Nessa segunda situação, estando o processo regido pelo Código do Processo do Estado da Bahia, tramitando perante um juiz de direito da capital e presente uma decisão agravável, o agravo cabível era o de petição, uma vez que o art. 1.293 excepcionava a hipótese.

Além disso, havia exceções nas quais o agravo era o de petição, independentemente de o processo tramitar perante um juiz municipal ou de direito da capital, como o "despacho" que nomeasse ou destituísse tutor ou curador (art. 309 da LOJ)[20] e a decisão sobre erros de contas, custas e salários (art. 1.325, 17, do Código)[21]. Essa seria a hipótese classificada acima como "a3)".

Por fim, o Código do Processo do Estado da Bahia, na parte destinada aos recursos, não tratou especificamente do agravo no auto do processo. No entanto, os arts. 309 e 310 da LOJ então vigente reconhecia esta espécie recursal, sendo específica ao dizer que mantinha "os aggravos de petição, de instrumento e no auto do processo nos mesmos casos da legislação actual, com as modificações desta lei". Além disso, o citado art. 1325 do Código confirmava a persistência das legislações extravagantes sobre recorribilidade mediante agravo.

Com base nestas considerações, é possível presumir que o agravo no auto do processo continuou seguindo o regime anterior, segundo o qual era cabível, no processo civil, contra sentenças meramente interlocutórias, que tendessem a ordenar o processo, só sendo admissíveis nos casos expressamente mencionados nas Ordenações, Leis e Assentos, que regulavam a ordem do Juízo, nos termos do art. 18 do Regulamento 143, de 15 de março de 1842.

Cabe, ainda, reiterar a ressalva feita por João Monteiro, segundo a qual o agravo no auto do processo era o recurso interposto contra as sentenças meramente interlocutórias, tendentes a ordenar o processo e que não estavam sujeitas aos agravos de petição e de instrumento[22], tendo em vista a manutenção da opção da enumeração casuística das hipóteses de cabimento desses dois últimos recursos.

---

19. ESPÍNOLA, Eduardo. *Código do processo do Estado da Bahia.* Salvador: Typographia de Cincinnato Melchiades, 1916, vol. 1, p. 77/125.
20. ESPÍNOLA, Eduardo. *Código do processo do Estado da Bahia.* Salvador: Typographia de Cincinnato Melchiades, 1916, vol. 1, p. 254.
21. ESPÍNOLA, Eduardo. *Código do processo do Estado da Bahia.* Salvador: Typographia de Cincinnato Melchiades, 1916, vol. 2, p. 456.
22. MONTEIRO, João. *Programma do curso de processo civil ou apontamentos para as lições da 3.ª cadeira do 4.º anno da Faculdade de Direito de S. Paulo.* 3ª ed. São Paulo: Duprat & Comp., 1912, vol. III, p. 109/111.

Esse era o panorama geral do início da vigência do Código do Processo Civil do Estado da Bahia.

Percebe-se que foram mantidas as linhas gerais do momento histórico anterior quanto à classificação das decisões judiciais, ao cabimento da apelação e à opção por uma enumeração casuística das hipóteses de cabimento dos agravos. As mesmas dificuldades para um estudo sistemático do assunto, portanto, também são encontradas neste período histórico. Houve, contudo, alteração sensível no que diz respeito às decisões recorríveis por agravo de instrumento e por agravo de petição, conforme visto acima.

Este terceiro período começou a declinar com a promulgação da Constituição de 1934, que, em seu art. 5º, XIX, fixou a competência privativa da União para legislar sobre direito processual. No mesmo sentido, o art. 11 das suas disposições transitórias determinava a criação de uma comissão de juristas para, em três meses, elaborar o projeto do Código de Processo Civil e Comercial. No entanto, o § 2º deste art. 11 indicava que, enquanto não houvesse a aprovação deste código, permaneciam em vigor os códigos estaduais nos respectivos territórios[23].

Durante a vigência da Constituição de 1934, encerrada antes da efetiva promulgação de um código nacional, Moacyr Lobo da Costa aponta poucas legislações processuais de relevo, como a Lei 319, de 25 de novembro de 1936, que regulou o recurso das decisões finais das Cortes de Apelação e de suas Câmaras, instituindo o recurso de revista para a Corte Plena e os embargos de nulidade e infringentes de julgado; a Lei 492 de 30 de agosto de 1937, destinada à regulamentação do penhor rural e da cédula pignoratícia, que criou um procedimento especial de execução pignoratícia; e a Lei 510, de 22 de setembro de 1937, que alterou o regulamento da OAB[24].

Com o golpe de estado de 1937 e a instauração do Estado Novo, foi outorgada a Constituição de 1937, que manteve a competência privativa da União para legislar sobre direito processual (art. 16, XVI)[25].

Entre a outorga desta Constituição e o exercício da citada competência legislativa pela União, Moacyr Lobo da Costa apresenta dois Decretos-leis importantes sobre direito processual civil. O primeiro deles é o de n. 960, de 17 de dezembro de 1938[26], destinado à cobrança judicial da dívida ativa

23. Disponível em: http://www.planalto.gov.br/ccivil_03/Constituicao/Constituicao34.htm. Acesso em: 17/08/2015.

24. COSTA, Moacyr Lobo da. *Breve notícia histórica do direito processual civil brasileiro e de sua literatura*. São Paulo: Revista dos Tribunais, 1970, p. 91.

25. Disponível em: http://www.planalto.gov.br/ccivil_03/Constituicao/Constituicao37.htm. Acesso em: 17/08/2015.

26. Disponível em: http://www.planalto.gov.br/ccivil_03/decreto-lei/1937-1946/Del0960.htm. Acesso em: 17/08/2015.

da Fazenda Pública e que seria moderno para época, pois adotou o despacho saneador, além dos princípios da oralidade processual, imediatidade do juiz com as provas e com as partes e o da identidade física do juiz. O segundo decreto relevante seria o de n. 1.283, de 18 de maio de 1939, sobre desapropriações[27].

Somente em 18/09/1939 foi promulgado o CPC/1939, por meio do Decreto-lei n. 1.608, que entraria em vigor, segundo o seu art. 1.052, em 01/02/1940. Entretanto, por força do Decreto-lei n. 1.965, de 16 de janeiro de 1940, o CPC/1939 só entrou em vigor em 01/03/1940[28], data que marca o fim deste terceiro período.

27. COSTA, Moacyr Lobo da. *Breve notícia histórica do direito processual civil brasileiro e de sua literatura.* São Paulo: Revista dos Tribunais, 1970, p. 94/95.

28. Disponível em: http://www.planalto.gov.br/ccivil_03/decreto-lei/1937-1946/Del1965.htm. Acesso em: 17/08/2015.

A REGULAMENTAÇÃO NO CPC/1939

5.1 CLASSIFICAÇÃO DOS ATOS DO JUIZ

5.1.1 Despachos interlocutórios, decisões terminativas e decisões definitivas

O CPC/1939 não continha um artigo específico no qual eram enumerados e definidos os atos do juiz, ao contrário do que aconteceu com os códigos de processo civil que lhe são posteriores. Assim, tal conceituação deveria ser buscada na doutrina, verificando-se se a classificação do direito anterior, que dividia as sentenças em interlocutórias (simples e *mixtas*) e definitivas, ainda persistia.

A obra de João Monteiro, atualizada por J. M. de Carvalho Santos, continuou apresentando entendimento segundo o qual, em sentido lato, as sentenças seriam divididas em definitivas (que julgavam definitivamente a causa) e interlocutórias, que, por sua vez, eram simples ou mistas (com força de definitivas)[1].

João Claudino de Oliveira e Cruz também continuava defendendo um posicionamento mais tradicional. Segundo ele, num sentido mais amplo, a sentença era o ato pelo qual o juiz decidia a questão discutida no processo, homologava o acordo feito entre as partes, reconhecia a existência de um fato ou de ume relação jurídica ou alterava uma situação existente. Em seguida, ratificava a divisão tradicional em sentenças definitivas e interlocutórias. subdividindo, ainda, as últimas em interlocutórias simples e mistas[2].

---

1. MONTEIRO, João. *Teoria do processo civil.* J. M. de Carvalho Santos (atualizador). 6ª ed. Rio de Janeiro: Editor Borsoi, 1956, t. II, p. 584.

2. CRUZ, João Claudino de Oliveira e. *Dos recursos no Código de Processo Civil.* 3ª ed. Rio de Janeiro: Forense, 1968, p. 94/96.

Gabriel de Rezende Filho preferia falar em duas categorias de atos do juiz: despachos e sentenças[3].

Os despachos, para o autor, eram aqueles atos do juiz que dispunham sobre o andamento do processo e, por isso, eram chamados de despachos ordinatórios ou de mero expediente, como o que determinava a citação do réu, a notificação dos peritos ou a realização de alguma diligência[4].

Já as sentenças eram as efetivas decisões do juiz e podiam ser divididas em três espécies: interlocutórias, terminativas e definitivas. As interlocutórias seriam aquelas decisões por meio das quais o juiz decidiria algum incidente processual, sem lhe pôr fim. As terminativas colocariam fim ao processo, mas não examinariam o seu mérito, como a decisão que julgasse procedente a exceção de coisa julgada. Por sua vez, as sentenças definitivas seriam as que decidiriam o mérito do processo, no todo ou em parte[5].

Percebe-se que essa classificação, como destacava o próprio autor[6], era diferente da apresentada na parte inicial deste trabalho, e começava a demonstrar uma maior aproximação classificatória das sentenças que resolviam o mérito e as que não o resolviam, que deixaram de ser tidas como interlocutórias.

Sem negar o avanço conceitual, na visão deste trabalho, a classificação mencionada pecava por ainda incluir, num mesmo grupo (sentenças), decisões com funções processuais distintas; isto é, para além do conteúdo do ato do juiz, defende-se, aqui, que a melhor classificação das decisões deve ter como critério primordial a possibilidade de colocar ou não fim ao processo[7-8].

Liebman, por sua vez, dividia as decisões em interlocutórias e finais[9], e tratou do tema em dois trabalhos que merecem destaque: nas notas às

---

3. REZENDE Filho, Gabriel José Rodrigues de. *Curso de direito processual civil*. Benvindo Aires (atualizador). 5ª ed. São Paulo: Saraiva, 1960, vol. III, p. 9.
4. REZENDE Filho, Gabriel José Rodrigues de. *Curso de direito processual civil*. Benvindo Aires (atualizador). 5ª ed. São Paulo: Saraiva, 1960, vol. III, p. 9.
5. REZENDE Filho, Gabriel José Rodrigues de. *Curso de direito processual civil*. Benvindo Aires (atualizador). 5ª ed. São Paulo: Saraiva, 1960, vol. III, p. 9/10.
6. REZENDE Filho, Gabriel José Rodrigues de. *Curso de direito processual civil*. Benvindo Aires (atualizador). 5ª ed. São Paulo: Saraiva, 1960, vol. III, p. 16/17.
7. Neste ponto, utiliza-se a expressão "fim ao processo" e não "fim a determinada fase do processo", como se fará em certo momento do exame do CPC/1973. Opta-se pela expressão em virtude de não se falar, no CPC/1939, em processo sincrético.
8. José Carlos Van Cleef de Almeida Santos defende que a classificação das decisões, no CPC/1939, tomou como critério principal a finalidade do ato: SANTOS, José Carlos Van Cleef de Almeida. *A decisão interlocutória de mérito no processo civil brasileiro: uma visão da perspectiva do procedimento de conhecimento do processo contencioso em primeiro grau de jurisdição*. Dissertação (Mestrado em Direito). Pontifícia Universidade Católica de São Paulo, São Paulo, 2012, p. 112.
9. LIEBMAN, Enrico Tullio. *Decisão e coisa julgada*. Revista Forense, Ano 44, vol. 109, 1945, p. 330.

"Instituições de Direito Processual Civil", de Chiovenda, e em um seus dos artigos intitulados "Decisão e Coisa Julgada", publicado no vol. 109 da Revista Forense.

As decisões interlocutórias seriam aquelas tomadas no decurso do processo, sem terminá-lo, e poderiam ser subdivididas em *despachos ordinatórios* ou *de mero expediente* e em *despachos interlocutórios*[10].

Os despachos ordinatórios ou *de mero expediente* seriam aqueles por meio dos quais o juiz apenas dispunha sobre a marcha do procedimento, sem decidir nenhuma questão, como o ato que determinava a citação do réu[11].

Já os *despachos interlocutórios* foram definidos como aqueles que decidiam "questões controversas relativas à regularidade e à marcha do processo, sem pôr-lhe fim"[12]. Exemplo de despacho interlocutório seria a decisão do juiz sobre a legitimidade do autor que resultasse na continuação do processo[13].

Já as decisões finais, como o nome sugere, seriam aquelas por meio das quais o juiz fazia terminar o processo, encerrando a sua função. Elas também poderiam ser classificadas em duas espécies: terminativas e definitivas[14].

As decisões terminativas colocariam fim ao processo, mas não resolveriam o mérito por um defeito na constituição do processo ou do procedimento ou por qualquer motivo que tornasse impossível a decisão da lide. As decisões terminativas corresponderiam, na antiga classificação, às sentenças interlocutórias com força de definitivas e, na classificação de Chiovenda, às absolutórias da observância do processo[15].

Por fim, Liebman defendia que as decisões definitivas eram aquelas que decidiam, no todo ou em parte, o mérito da causa, isto é, a lide e, por consequência, eram as *sentenças em sentido estrito*[16] ou, como chegou a afirmar, as únicas que poderiam ser chamadas de sentenças[17]. A lide, para o autor, equivaleria ao "conflito entre os pedidos contrários das partes", de

---

10. LIEBMAN, Enrico Tullio. *Decisão e coisa julgada*. Revista Forense, Ano 44, v. 109, 1945, p. 330/331.
11. LIEBMAN, Enrico Tullio. *Decisão e coisa julgada*. Revista Forense, Ano 44, v. 109, 1945, p. 330/331.
12. Cf. nota de Liebman: CHIOVENDA, Guiseppe. *Instituições de direito processual civil*. J. Guimarães Menegale (trad.). 3ª ed. São Paulo: Saraiva, 1969, vol. III, p. 30.
13. LIEBMAN, Enrico Tullio. *Decisão e coisa julgada*. Revista Forense, Ano 44, v. 109, 1945, p. 331.
14. LIEBMAN, Enrico Tullio. *Decisão e coisa julgada*. Revista Forense, Ano 44, v. 109, 1945, p. 330.
15. Cf. nota de Liebman: CHIOVENDA, Guiseppe. *Instituições de direito processual civil: a relação processual ordinária de cognição (continuação)*. J. Guimarães Menegale (trad.). São Paulo: Livraria Acadêmica – Saraiva & Cia Editores, 1945, vol. III, p. 48.
16. CHIOVENDA, Guiseppe. *Instituições de direito processual civil: a relação processual ordinária de cognição (continuação)*. J. Guimarães Menegale (trad.). São Paulo: Livraria Acadêmica – Saraiva & Cia Editores, 1945, vol. III, p. 48.
17. LIEBMAN, Enrico Tullio. *Decisão e coisa julgada*. Revista Forense, Ano 44, v. 109, 1945, p. 331.

sorte que decidi-la era se posicionar quanto à procedência ou à improcedência do pedido do autor[18].

Moacyr Amaral Santos assumia declaradamente o posicionamento de Liebman e também dividia as decisões em interlocutórias e finais. As primeiras, proferidas no curso do processo e atinentes ao processo, eram subdivididas em: a) despachos interlocutórios simples ou de mero expediente, destinados à marcha do procedimento; b) decisões interlocutórias, também chamadas de decisões interlocutórias mistas, que decidiam alguma questão processual sem pôr fim ao processo (o fato de decidirem alguma questão era justamente o que as diferenciava dos despachos de mero expediente). Já as decisões finais eram as que colocavam fim ao processo e eram subdividias em duas espécies: a) sentenças terminativas, que não resolveriam o mérito: b) sentenças definitivas, que colocariam fim ao processo resolvendo o mérito, isto é, julgando procedente ou improcedente o pedido, e que, por isso, seriam as sentenças finais por excelência ou sentenças no sentido estrito[19].

Cabe ressaltar que o conceito de decisão interlocutória mista, apresentado por Moacyr Amaral Santos, é diferente daquele utilizado pela doutrina na vigência das legislações processuais anteriores. Como o visto nos tópicos anteriores, as sentenças interlocutórias *mixtas* eram entendidas como aquelas que prejudicavam o julgamento da questão principal e que, por isso, tinham força de definitivas[20], conceito que corresponderia às decisões terminativas, segundo a classificação de Moacyr Amaral Santos e Liebman.

Apesar de as definições de Liebman e Moacyr Amaral Santos, na visão deste trabalho, serem mais claras do que a de Gabriel de Rezende Filho, percebe-se que as três apresentavam clara convergência no sentido de excluir do conceito de interlocutórias as decisões que punham fim ao processo sem decidir o mérito (antigas sentenças interlocutórias *mixtas* ou com força de definitivas).

Por consequência, houve certa convergência de sentido no conceito de interlocutórias, voltado, de uma forma geral, à decisão de questões processuais, como a regularidade e a marcha processual, nas palavras de Liebman. Sobre o tema, destaque-se que Gabriel de Rezende Filho e Moacyr Amaral Santos eram silentes quanto à possibilidade de uma decisão interlocutória

18. LIEBMAN, Enrico Tullio. *Decisão e coisa julgada*. Revista Forense, Ano 44, v. 109, 1945, p. 334.

19. SANTOS, Moacyr Amaral. *Primeiras linhas do direito processual civil*. 4ª ed. São Paulo: Max Limonad, 1971, 3v., p. 29/32.

20. SOUZA, Joaquim José Caetano Pereira e. *Primeiras linhas sobre o processo civil. Accommodadas ao fôro do Brasil até o anno de 1877 por Augusto Teixeira de Freitas (Nova edição. Seguida da reforma judiciaria da Justiça local do Districto Federal)*. Rio de Janeiro: H. Garnier, 1907, p. 215.

tratar de parte do mérito. Lopes da Costa e José Frederico Marques iam além e chegavam a afirmar que, no procedimento ordinário, não se falava em interlocutórios de mérito, já que estes só decidiam questões processuais[21]. Em sentido semelhante, Liebman defendia que a oralidade, característica do CPC/1939, impunha sempre a realização de audiência, que seria uma "garantia essencial e imprescindível de um conhecimento suficiente da causa por parte do juiz", já que permitiria o debate oral e o desenvolvimento das razões e alegações pelas partes. Por consequência, se o juiz, no momento do despacho saneador, julgasse o mérito, a sentença seria passível de anulação por ser intempestivamente proferida, uma vez que inexistiria autorização para a sua prolação sem a realização de audiência[22].

Uma visão, de certo modo, oposta era apresentada por Galeno Lacerda, para quem era possível que, por ocasião despacho saneador, o magistrado decidisse questões de mérito, dispensando-se a realização de audiência de instrução e julgamento. Para o autor, "a solução antecipada de tais questões" privilegiaria a economia processual[23].

Com o intuito de combater especificamente os argumentos de Liebman, Galeno Lacerda partia de uma visão teleológica do processo e questionava-se acerca da suposta essencialidade da audiência de instrução e julgamento, apontando três objetivos neste ato processual: provar, discutir e julgar. A finalidade de "prova" não tornaria a audiência essencial porque nem todas as provas eram nela produzidas, somente as inspeções diretas e as orais, de sorte que, quando elas fossem dispensáveis, a audiência seria inútil. Além disso, as partes e o juiz poderiam dispor sobre questões probatórias e, por consequência, a audiência nem sempre seria vital ao processo. O objetivo de "discussão" também não tornaria a audiência essencial, já que tal debate seria um ato sujeito à disponibilidade das partes. Por fim, a finalidade de "julgamento" não daria o caráter essencial à audiência de instrução e julgamento, pois seria dado ao juiz não proferir sentença em audiência quando não se sentisse habilitado para tanto. Além disso, não seria necessária autorização expressa para que fosse possível o julgamento sem a realização de audiência, mas o raciocínio deveria ser o inverso: só por disposição expressa tal conduta poderia ser proibida. Não havendo tal vedação e sendo desnecessária

---

21. COSTA, Alfredo Araújo Lopes da. *Direito processual civil brasileiro (Código de 1939)*. Rio de Janeiro: José Konfino, 1946, vol. III, p. 176; MARQUES, José Frederico. *Instituições de direito processual civil*. Rio de Janeiro: Forense, 1960, vol. IV, p. 149. O termo "procedimento ordinário" esteve presente até a vigência do CPC/2015, que deixou de tratá-lo como espécie de rito e fixou o "procedimento comum" como o de aplicação geral.

22. LIEBMAN, Enrico Tullio. *O despacho saneador e o julgamento de mérito*. Revista Forense, Ano 42, v. 104, 1945, p. 218/219.

23. LACERDA, Galeno. *Despacho saneador*. Porto Alegre: Livraria Sulina, 1953, p. 141.

a audiência, o julgamento do mérito *por ocasião* do saneador deveria ser entendido como lícito[24].

Não parece, no entanto, que Galeno Lacerda cuidasse de decisão *interlocutória* de mérito, tema cujo debate se desenvolveu na vigência do CPC/1973 e foi consolidado expressamente no CPC/2015. As ideias do autor parecem mais próximas do que o CPC/1973 tratou como *julgamento antecipado da lide*.

Neste ponto, portanto, discorda-se de José Carlos Van Cleef de Almeida Santos, para quem Galeno Lacerda já defendia, em sua obra sobre o despacho saneador, a possibilidade do fracionamento da decisão de mérito[25].

Galeno Lacerda não tratou da hipótese de parte dos pedidos depender de instrução probatória em audiência e o restante não a exigir, situação que justificaria falar-se em fracionamento da decisão de mérito. Em sentido contrário, o seu estudo pautou-se nos casos nos quais a audiência de instrução e julgamento seria um ato dispensável para o processo, não cuidando daqueles em que ela seria *parcialmente* dispensável. Como o dito, Galeno Lacerda objetivava desconstruir a tese de Liebman quanto à exigência deste ato em todos os processos e utilizou, para tanto, a demonstração de que há processos nos quais ele é dispensável.

Em verdade, Galeno Lacerda chegou a mencionar a expressão "sentenças interlocutórias de mérito"[26], mas para tratar das decisões acerca das "preliminares de mérito", expressão criticada por ele, não estudando a expressão sob o enfoque de julgamento de parte dos pedidos.

De fato, o raciocínio de Galeno Lacerda era capaz de fundamentar a tese de que, sendo necessária a instrução apenas quanto a um dos pedidos, seria possível julgar os demais de forma antecipada ou, nos termos do autor, *por ocasião do despacho saneador*, dando-se origem a um "despacho interlocutório" de mérito. No entanto, o autor não avançou tanto no debate, de sorte que não se pode falar em efetiva discussão sobre o fracionamento do julgamento do mérito na vigência do CPC/1939.

Esta conclusão sobre a falta de debate sobre despachos interlocutórios de mérito (fracionamento do julgamento de mérito) é importante para o desenvolvimento do trabalho, já que havia divergência doutrinária, na época, quanto ao conceito de mérito, sobretudo no que dizia respeito às condições

---

24. LACERDA, Galeno. *Despacho saneador*. Porto Alegre: Livraria Sulina, 1953, p. 143/146.

25. SANTOS, José Carlos Van Cleef de Almeida. *A decisão interlocutória de mérito no processo civil brasileiro: uma visão da perspectiva do procedimento de conhecimento do processo contencioso em primeiro grau de jurisdição*. Dissertação (Mestrado em Direito). Pontifícia Universidade Católica de São Paulo, São Paulo, 2012, p. 358/361.

26. LACERDA, Galeno. *Despacho saneador*. Porto Alegre: Livraria Sulina, 1953, p. 148.

da ação. A discussão trazia sérios impactos na definição do recurso cabível contra a decisão que punha fim ao processo com base em um fundamento que, para uns, não compunha o mérito (decisão terminativa) e, para outros, englobava-o (decisão definitiva).

Neste momento histórico, esta divergência não é muito significante para o trabalho, destinado aos despachos interlocutórios, mas reflete em temas a serem enfrentados, como a natureza jurídica do despacho saneador. Por conta do interesse secundário no conceito de mérito, dado que, neste momento, não se discutia efetivamente o fracionamento do seu julgamento, ele será analisado em conjunto com os demais temas abordados.

Apresentadas as principais definições dos atos do juiz, cumpre partir para o estudo de um ato que, apesar de não ser propriamente uma novidade no direito brasileiro, foi ratificado pelo CPC/1939: o despacho saneador.

5.1.2 A natureza jurídica do despacho saneador

5.1.2.1 A fase saneadora

O CPC/1939, ampliando o já feito no Decreto-Lei n. 960, de 17 de novembro de 1938 e denotando forte influência do modelo português, consagrou o despacho saneador no processo civil brasileiro.

O desenvolvimento válido e regular do processo passava pela presença dos pressupostos processuais e das condições da ação. Havia dois momentos básicos para que se fizesse este juízo de admissibilidade: o ajuizamento da petição inicial e o despacho saneador[27].

O primeiro momento, quando do recebimento da petição inicial, se ligaria ao exame da viabilidade da formação da instância, oportunidade na qual o magistrado poderia indeferir a petição inicial se ela fosse inepta, se a parte fosse ilegítima (ambas hipóteses do art. 160) ou se faltassem outros pressupostos fundamentais da relação processual[28].

O segundo momento seria o do despacho saneador, oportunidade na qual o magistrado poderia expurgar "o processo de vícios e irregularidades capazes de impedir o conhecimento do mérito da causa"[29]. Destaque-se que eventual juízo positivo de admissibilidade, quando do recebimento da petição

27. MARQUES, José Frederico. *Instituições de direito processual civil*. Rio de Janeiro: Forense, 1959, vol. III, p. 262.

28. MARQUES, José Frederico. *Instituições de direito processual civil*. Rio de Janeiro: Forense, 1959, vol. III, p. 262.

29. REZENDE Filho, Gabriel José Rodrigues de. *Curso de direito processual civil*. Benvindo Aires (atualizador). 6ª ed. São Paulo: Saraiva, 1963, vol. II, p. 156.

inicial, não tornaria preclusa a análise das matérias que poderiam levar ao indeferimento da petição inicial[30].

Galeno Lacerda defendia, ainda, a existência de um terceiro momento no qual o magistrado realizaria "atos de inspeção no feito": o julgamento das exceções[31], como as de incompetência relativa (art. 142), de suspeição (arts. 185 a 189) e de litispendência e coisa julgada (art. 182, II).

Nesse contexto, o art. 293 do CPC/1939 definia que, encerrado o prazo para contestação ou reconvenção, se houvesse, os autos deveriam ser conclusos para que o juiz prolatasse o despacho saneador. Cabe, aqui, um destaque feito por José Frederico Marques, pois, ao contrário do que a redação do art. 293 sugeria, o despacho saneador, nos casos em que houvesse reconvenção, não deveria ser proferido logo após a defesa do réu, mas depois do prazo de cinco dias que o autor/reconvindo tinha para contestar a reconvenção (art. 193)[32].

Apesar de o texto legal falar somente em despacho saneador, deve-se concordar com Moacyr Amaral Santos, que preferia se referir a uma *fase saneadora*, já que a função saneadora, em diversos casos, exigia mais de um ato a ser praticado até que o juiz declarasse saneado o processo[33].

Esta cumulação de atos na fase saneadora, chamados de atos preparatórios por José Frederico Marques[34], era perceptível, na vigência do CPC/1939, a partir da redação do seu art. 294.

Em sua versão original, o art. 294, I, definia que o juiz, no saneador, deveria decidir sobre a legitimidade das partes e da sua representação, ordenando, se fosse o caso, a citação dos litisconsortes necessários e do órgão do Ministério Público.

Sobre a parte inicial desse inciso I, ao juiz cabia analisar tanto a *legitimidade ad processum* quanto a *legitimidade ad causam*. A primeira delas correspondia à capacidade processual, isto é, observar-se-ia se estavam preenchidas as condições legais que tornavam a parte capaz de estar em juízo, como eventuais exigências de representação, assistência ou autorização. Já a verificação da *legitimidade ad causam* dizia respeito à análise da identidade

30. MARQUES, José Frederico. *Instituições de direito processual civil*. Rio de Janeiro: Forense, 1959, vol. III, p. 262.

31. LACERDA, Galeno. *Despacho saneador*. Porto Alegre: Livraria Sulina, 1953, p. 8.

32. MARQUES, José Frederico. *Instituições de direito processual civil*. Rio de Janeiro: Forense, 1959, vol. III, p. 269.

33. SANTOS, Moacyr Amaral. *Primeiras linhas do direito processual civil*. 2ª ed. São Paulo: Max Limonad, 1967, 2v., p. 218

34. MARQUES, José Frederico. *Instituições de direito processual civil*. Rio de Janeiro: Forense, 1959, vol. III, p. 270.

entre autor e réu e, respectivamente, às pessoas a quem a lei "concedia ação" e contra quem a lei o fazia[35].

Observando que faltava capacidade processual, o juiz deveria, nos três primeiros dias (art. 294, parágrafo único), conceder prazo para que os interessados tomassem as providências cabíveis[36].

Verificando a ilegitimidade *ad causam*, o juiz declararia a *carência de ação* e encerraria o processo sem decidir o mérito, já que reconheceria que o autor não teria direito a uma sentença de mérito[37].

Para Pontes de Miranda, no entanto, o art. 294, I, se referia apenas às capacidades de ser parte e processual e não à legitimidade *ad causam*, questão esta que, na sua opinião, comporia o mérito e, portanto, seria estranha ao despacho saneador[38].

Segundo Gabriel de Rezende Filho, superada a questão da legitimidade, deveria ser observada a representação das partes, nos termos dos arts. 80 a 87 do CPC/1939[39]. Tais dispositivos tratavam da representação e assistência de incapazes, da necessidade de outorga uxória para ajuizamento demandas sobre bens imóveis ou direitos a ele relativos, do litisconsórcio necessário passivo caso pessoas casadas fossem rés em demandas sobre tais direitos, da autorização do marido para a esposa comparecer em juízo e da representação, em juízo, de alguns entes despersonalizados, das pessoas jurídicas, da União, dos Estados e dos Municípios.

Cabe, no entanto, apontar uma incongruência do autor, pois, ao tratar da legitimidade *ad processum*, ele falava em "devida representação, assistência ou autorização", bem como no "consentimento da mulher", matérias tratadas entre os arts. 80 a 82, que estavam incluídos no intervalo que, segundo ele, era relativo à representação da parte.

Parece mais correta a lição de J. M. de Carvalho Santos, que vinculava a expressão à análise da atuação do procurador da parte, verificando-se a

---

35. REZENDE Filho, Gabriel José Rodrigues de. *Curso de direito processual civil*. Benvindo Aires (atualizador). 6ª ed. São Paulo: Saraiva, 1963, vol. II, p. 156. No sentido do inciso abranger a legitimidade *ad processum* e a legitimidade *ad causam*: SANTOS, J. M. de Carvalho. *Código de processo civil interpretado.* 7ª ed. São Paulo: Livraria Freitas Bastos, 1972, vol. IV, p. 174.

36. SANTOS, Moacyr Amaral. *Primeiras linhas do direito processual civil*. 2ª ed. São Paulo: Max Limonad, 1967, 2v., p. 219.

37. Nesse sentido: COSTA, Alfredo Araújo Lopes da. *Direito processual civil brasileiro (Código de 1939)*. Rio de Janeiro: José Konfino, 1946, vol. III, p. 14; MARQUES, José Frederico. *Instituições de direito processual civil*. Rio de Janeiro: Forense, 1959, vol. III, p. 290; SANTOS, Moacyr Amaral. *Primeiras linhas do direito processual civil*. 2ª ed. São Paulo: Max Limonad, 1967, 2v., p. 221.

38. MIRANDA, Francisco Cavalcanti Pontes de. *Comentários ao Código de Processo Civil*. 2ª ed. Rio de Janeiro: Revista Forense, 1959, t. IV, p. 164/165.

39. REZENDE Filho, Gabriel José Rodrigues de. *Curso de direito processual civil*. Benvindo Aires (atualizador). 6ª ed. São Paulo: Saraiva, 1963, vol. II, p. 162.

sua legitimidade, isto é, se ele era capaz de exercer o patrocínio da causa e se lhe foram regularmente outorgados poderes para tanto[40].

De forma similar à ilegitimidade *ad processum*, eventuais irregularidades na representação faziam com o que o juiz devesse, no prazo de três dias, conceder prazo para os interessados tomarem as providências cabíveis[41].

Em sequência, ainda de acordo com o art. 294, I, o juiz deveria determinar a citação dos eventuais litisconsortes necessários e, se fosse o caso, mandar ouvir o Ministério Público.

Segundo o art. 294, II, o passo seguinte da fase saneadora seria a verificação sobre alegação de fato extintivo na contestação. Sem prejuízo da redação legal, a doutrina ainda ampliava a hipótese para os casos em que a defesa apresentasse fato impeditivo. Caso houvesse alguma dessas alegações, o autor ou o réu-reconvinte (nos casos de contestação da reconvenção) deveria ser intimado para apresentação de réplica. Também deveria ser oportunizada a oitiva do autor ou do réu reconvinte para a manifestação sobre documentos apresentados na contestação (art. 223, parágrafo único)[42].

Como as providências mencionadas nos incisos I e II do art. 294 deveriam ser ordenadas pelo juiz nos três primeiros dias do prazo para o despacho saneador (art. 294, parágrafo único), José Frederico Marques considerava tais atos como "o introito do saneamento e regularização contidos nos atos preparatórios do despacho saneador"[43].

Segundo a redação original do CPC/1939, o inciso III do art. 294 determinava que o juiz pronunciasse as nulidades insanáveis e mandasse suprir as sanáveis e as irregularidades. Esse inciso, por conta das alterações promovidas pelos Decretos-Lei n. 4.565/1942 e 8.570/1946, acabou se tornando o inciso IV, mas manteve redação praticamente idêntica.

Apesar de o texto legal não ser expresso, a menção à análise das nulidades englobava também o exame dos pressupostos processuais, subjetivos e objetivos[44].

Para Galeno Lacerda, os pressupostos processuais subjetivos eram dois: a) a competência e insuspeição do juiz; b) capacidade das partes. Quanto aos primeiros, ligados à legitimação do juízo, somente a incompetência

---

40. SANTOS, J. M. de Carvalho. *Código de processo civil interpretado.* 7ª ed. São Paulo: Livraria Freitas Bastos, 1972, vol. IV, p. 174/175.

41. SANTOS, Moacyr Amaral. *Primeiras linhas do direito processual civil.* 2ª ed. São Paulo: Max Limonad, 1967, 2v., p. 219.

42. SANTOS, Moacyr Amaral. *Primeiras linhas do direito processual civil.* 2ª ed. São Paulo: Max Limonad, 1967, 2v., p. 219.

43. MARQUES, José Frederico. *Instituições de direito processual civil.* Rio de Janeiro: Forense, 1959, vol. III, p. 272.

44. SANTOS, Moacyr Amaral. *Primeiras linhas do direito processual civil.* 2ª ed. São Paulo: Max Limonad, 1967, 2v., p. 220.

absoluta poderia ser analisada em sede de despacho saneador, já que a incompetência relativa deveria ter sido arguida em exceção e a suspeição, além de dever ser arguida em exceção, mantinha o processo suspenso até o seu julgamento definitivo, o que impedia logicamente a sua decisão em conjunto com o saneador, ato posterior na marcha processual. Já o pressuposto subjetivo ligado às partes corresponderia à *legitimidade ad processum*, que envolveria a capacidade de ser parte e a de "gozar da respectiva faculdade de exercício", questão vinculada a eventual necessidade de representação, assistência ou autorização[45].

Para o autor, o primeiro pressuposto processual objetivo seria a inexistência de fatos impeditivos extrínsecos à relação jurídica processual, como a litispendência, o compromisso e omissões quanto à prática de atos exigidos legalmente para o processamento da demanda[46].

Por fim, Galeno Lacerda defendia a existência de pressupostos processuais internos, especificamente ligados à subordinação do procedimento às normas legais, traduzidos na "ausência de nulidades e vícios em geral dos atos processuais, em seu aspecto objetivo"[47].

Percebe-se que o referido autor, sob o manto dos pressupostos processuais, englobava não só a regularidade inicial do processo, isto é, aquela verificada à luz da petição inicial, mas de todos os atos processuais que lhes eram posteriores. Este conceito acabava englobando boa parte das medidas saneadoras previstas no art. 294, o que parece justificar a sua afirmação de que, no despacho saneador, o magistrado se voltava à análise dos pressupostos processuais e das condições da ação[48].

Concluindo-se pela ocorrência de nulidades insanáveis, dever-se-ia anular os atos, declarando-se a extensão da sanção[49], ou até mesmo haver a absolvição de instância[50], caso não concorresse, por exemplo, a capacidade processual e esta não fosse suprida. Já a existência de vícios sanáveis exigia medidas para a sua correção. Se elas não fossem adotadas, o juiz deveria decretar a nulidade do processo, com base no art. 84, § 3º, ou, se a irregularidade fosse tal que permitisse a absolvição da instância (art. 201), o magistrado deveria fazê-lo[51].

45. LACERDA, Galeno. *Despacho saneador.* Porto Alegre: Livraria Sulina, 1953, p. 60/65.

46. LACERDA, Galeno. *Despacho saneador.* Porto Alegre: Livraria Sulina, 1953, p. 65/68.

47. LACERDA, Galeno. *Despacho saneador.* Porto Alegre: Livraria Sulina, 1953, p. 68/69.

48. LACERDA, Galeno. *Despacho saneador.* Porto Alegre: Livraria Sulina, 1953, p. 60.

49. REZENDE Filho, Gabriel José Rodrigues de. *Curso de direito processual civil.* Benvindo Aires (atualizador). 6ª ed. São Paulo: Saraiva, 1963, vol. II, p. 163.

50. SANTOS, Moacyr Amaral. *Primeiras linhas do direito processual civil.* 2ª ed. São Paulo: Max Limonad, 1967, 2v., p. 220.

51. REZENDE Filho, Gabriel José Rodrigues de. *Curso de direito processual civil.* Benvindo Aires (atualizador). 6ª ed. São Paulo: Saraiva, 1963, vol. II, p. 165.

Com o Decreto-Lei n. 4.565/1942, o art. 294, III, passou a prever que o despacho saneador deveria analisar a ocorrência do "requisito do legítimo interesse econômico ou moral". Neste momento, o magistrado examinaria a presença do interesse de agir[52] e, caso entendesse pela sua ausência, poderia absolver o réu da instância[53].

A despeito do silencio legislativo, José Frederico Marques[54], acompanhado por Moacyr Amaral Santos[55], entendia que o despacho saneador também poderia analisar a possibilidade jurídica do pedido.

Certificada a presença dos pressupostos processuais e das condições da ação, bem como verificada a inexistência de nulidades e irregularidades ou a correção dos vícios, o juiz chegaria, enfim, ao despacho saneador, momento no qual declararia saneado o processo e admissível o julgamento do mérito da demanda.

Além disso, no despacho saneador, ordenar-se-ia a produção de demais provas, que, a depender da situação, seriam produzidas fora ou na audiência de instrução e julgamento.

Sobre o tema, a redação original do art. 294, IV, indicava que, caso fosse necessário, o magistrado deveria determinar "exames, vistorias e quaisquer outras diligências, na forma do art. 295". Com as mudanças promovidas pelos Decretos-Lei n. 4.565/1942 e 8.570/1946, este dispositivo se tornou o inciso V e sofreu alterações, passando a prever que o magistrado, de ofício ou a requerimento das partes, deveria determinar a realização de "exames, vistorias e outras quaisquer diligências, na forma do art. 295".

Caso não fosse necessária a produção de prova pericial ou de qualquer outra diligência, o art. 296 impunha que, no próprio despacho saneador, o juiz já designasse audiência de instrução e julgamento.

Entendidas as principais nuances da fase saneadora, deve-se concordar com a afirmação de Moacyr Amaral Santos, segundo o qual o despacho apresentava três finalidades: limpar o processo, expurgando vícios ou irregularidades que pudessem obstar o julgamento de mérito; liquidar o processo, quando tais vícios e questões impedissem o exame do mérito da demanda;

---

52. SANTOS, Moacyr Amaral. *Primeiras linhas do direito processual civil*. 2ª ed. São Paulo: Max Limonad, 1967, 2v., p. 221.

53. REZENDE Filho, Gabriel José Rodrigues de. *Curso de direito processual civil*. Benvindo Aires (atualizador). 6ª ed. São Paulo: Saraiva, 1963, vol. II, p. 163.

54. MARQUES, José Frederico. *Instituições de direito processual civil*. Rio de Janeiro: Forense, 1959, vol. III, p. 277/278.

55. SANTOS, Moacyr Amaral. *Primeiras linhas do direito processual civil*. 2ª ed. São Paulo: Max Limonad, 1967, 2v., p. 221.

e ordenar o processo, determinando, se fosse o caso, exames, vistorias, depoimentos e outras diligências[56].

A partir do detalhamento da fase saneadora, é possível compreender que ela era composta por diferentes atos e podia ter diversos desfechos, de modo que a natureza jurídica da decisão final era definida de acordo com a presença das condições da ação e dos pressupostos processuais, bem como estava ligada à validade dos atos processuais já praticados e à possibilidade de correção de eventuais vícios.

Como este trabalho destina-se ao estudo do conceito de decisão interlocutória e da sua recorribilidade, é preciso definir a natureza jurídica do despacho saneador, o que se faz no tópico seguinte.

5.1.2.2 A natureza jurídica do despacho saneador

A doutrina da época apresentava certa divergência quanto à natureza jurídica do despacho saneador, o que trazia reflexos relevantes na definição dos recursos cabíveis à sua impugnação. Essas diferenças de pensamentos doutrinários iam desde o conceito de despacho saneador, diferenciado dos atos da fase saneadora, até o conceito de mérito do processo.

Galeno Lacerda defendia que o despacho saneador decidia sobre o mérito do processo quando declarava inexistente a possibilidade jurídica do pedido ou a legitimidade para causa, duas das condições da ação. Isso se devia ao fato de o autor, ao contrário de Liebman, não identificar o mérito com o julgamento do pedido, mas com a "propriedade do pedido do autor conformar-se ou não com o direito e, em consequência, ser acolhido ou rejeitado", concluindo que todo juízo de valor sobre o pedido era sentença de mérito[57].

Além disso, o autor considerava como despacho saneador até mesmo os atos que determinavam diligências para saneamento do processo, defendendo que, em um só processo, poderia haver mais de um despacho saneador[58].

Por consequência, ao tratar da natureza jurídica do despacho saneador, Galeno Lacerda preferia falar em: decisão terminativa, quando houvesse absolvição de instância ou declaração de nulidade do processo; sentença, quando a fase saneadora findasse com uma decisão de mérito; decisão interlocutória simples, nos casos em que se ordenavam diligências para suprir nulidades ou irregularidades; e decisão interlocutória, quando se declarasse o

56. SANTOS, Moacyr Amaral. *Primeiras linhas do direito processual civil.* 2ª ed. São Paulo: Max Limonad, 1967, 2v., p. 215.

57. LACERDA, Galeno. *Despacho saneador.* Porto Alegre: Livraria Sulina, 1953, p. 82/83.

58. LACERDA, Galeno. *Despacho saneador.* Porto Alegre: Livraria Sulina, 1953, p. 10.

processo isento de vícios, que poderia ser simples, quando decidisse questões instrumentais, ou mista, se versasse sobre o mérito[59].

Essa classificação difere das premissas adotadas neste trabalho, segundo as quais seria mais claro falar em uma fase saneadora, composta por diversos atos e que poderia culminar num despacho saneador, entendido como aquele que declarava o feito saneado e, se fosse o caso, determinava a produção de outras provas.

Para Gabriel de Rezende Filho – que, como visto, dividia as sentenças em interlocutórias, terminativas e definitivas -, o despacho saneador era induvidosamente um ato interlocutório, mas ressalvava que a sua natureza dependeria da "natureza da questão nêle decidida". Assim, quando absolvesse o réu com base em ilegitimidade *ad causam* ou por ilegitimidade do interesse, tratar-se-ia de decisão de mérito (condições da ação), o despacho saneador teria "fôrça de sentença definitiva" e seria recorrível por apelação. Quando pusesse fim ao processo sem decidir o mérito, falar-se-ia em interlocutório simples e o recurso cabível seria o agravo de petição. Por fim, quando somente ordenasse o processo, seria interlocutório simples, impugnável por agravo no auto do processo[60].

José Frederico Marques, por sua vez, conceituava o despacho saneador como "ato decisório não terminativo do processo, mas com o caráter de sentença interlocutória mista". Para o autor, o despacho saneador deveria ser entendido como "um todo único e complexo", abrangendo o despacho saneador propriamente dito e os atos preparatórios, acima mencionados. Estes atos preparatórios desempenhariam uma função ordenadora e seriam a face de decisão interlocutória simples do despacho saneador. Já o juízo positivo de admissibilidade, característico do despacho saneador propriamente dito, teria caráter de interlocutória mista, com efeito preclusivo[61].

Como José Frederico Marques entendia que só se falava em despacho saneador quando houvesse juízo positivo de admissibilidade, ele considerava que o momento saneador poderia se findar com decisão com outra natureza jurídica, isto é, com uma decisão *terminativa*. Para ele, que defendia que o mérito coincidia com o pedido do autor, estaria caracterizada a sentença

59. LACERDA, Galeno. *Despacho saneador.* Porto Alegre: Livraria Sulina, 1953, p. 105/106.

60. REZENDE Filho, Gabriel José Rodrigues de. *Curso de direito processual civil.* Benvindo Aires (atualizador). 6ª ed. São Paulo: Saraiva, 1963, vol. II, p. 159/160.

61. MARQUES, José Frederico. *Instituições de direito processual civil.* Rio de Janeiro: Forense, 1959, vol. III, p. 282/283. Cabe destacar que José Frederico Marques reconhecia a possibilidade de haver juízo negativo de admissibilidade com relação somente a uma parte da demanda, prosseguindo o processo quanto ao restante: "O juízo de admissibilidade, no despacho saneador, pode ter, excepcionalmente, conteúdo negativo: é o que ocorre, nos processos cumulativos, quando o juiz declara o autor carecedor de uma das ações reunidas em *simultaneus processus*".

terminativa quando houvesse carência de ação, faltando legitimidade *ad causam* ou legítimo interesse econômico ou moral, ou ocorresse a absolvição de instância em sentido lato, presente nos casos em que havia nulidade insanável ou que a ilegitimidade processual não fosse suprida[62].

Em sentido próximo, Moacyr Amaral Santos diferenciava duas hipóteses de despacho saneador: declaração de saneamento do processo e encerramento do processo. Na primeira delas, falar-se-ia em decisão interlocutória mista, com efeito preclusivo e recorrível por agravo no auto do processo. Na segunda situação, se estaria diante de uma decisão terminativa, sem julgamento de mérito e impugnável por agravo de petição[63].

Nessa mesma linha de entendimento, Liebman defendia que só era despacho saneador aquele que declarava saneado o processo e lhe dava o devido prosseguimento[64].

De acordo com o exposto nos dois tópicos anteriores, este trabalho entende que é mais técnica a posição que, de uma forma geral, é compartilhada por Liebman, Moacyr Amaral Santos e José Frederico Marques: aquela que defendia que, se ao fim da fase saneadora, o magistrado concluísse pela possibilidade do julgamento do mérito, tratar-se-ia propriamente de despacho saneador, cuja natureza jurídica seria a de despacho interlocutório (Liebman), decisão interlocutória mista (Moacyr Amaral Santos) ou, ainda, sentença interlocutória mista (José Frederico Marques).

Por outro lado, caso o juízo sobre a possibilidade de julgamento do mérito fosse completamente negativo, o mais adequado seria não falar em despacho saneador, já que nada estaria saneado, mas em decisão terminativa, responsável pelo encerramento do processo sem o julgamento do mérito.

---

62. MARQUES, José Frederico. *Instituições de direito processual civil*. Rio de Janeiro: Forense, 1959, vol. III, p. 289/292. Destaque-se, neste ponto, certa divergência doutrinária sobre a absolvição de instância ser declarada de ofício pelo juiz, já que o art. 201 do CPC/1939 falava que o réu poderia "ser absolvido da instância, a requerimento seu". Diante desta redação, José Frederico Marques preferia falar em absolvição da instância em sentido estrito, quando requerido pelo réu nas hipóteses do art. 201 a 205, e em absolvição da instância em sentido lato, que poderia ser feita de ofício, quando houvesse vício insanável ou faltassem os pressupostos processuais. O autor tratava também da carência da ação, quando não estavam presentes as condições da ação (MARQUES, José Frederico. *Instituições de direito processual civil*. Rio de Janeiro: Forense, 1959, vol. III, p. 298/300). No entanto, a questão era polêmica, sendo possível encontrar autores que defendiam que não se poderia falar em absolvição da instância de ofício: SANTOS, J. M. de Carvalho. *Código de processo civil interpretado*. 6ª ed. São Paulo: Livraria Freitas Bastos, 1964, vol. III, p. 94; COSTA, Alfredo Araújo Lopes da. *Direito processual civil brasileiro (Código de 1939)*. Rio de Janeiro: José Konfino, 1947, vol. II, p. 125/126.

63. SANTOS, Moacyr Amaral. *Primeiras linhas do direito processual civil*. 2ª ed. São Paulo: Max Limonad, 1967, 2v., p. 224/226.

64. LIEBMAN, Enrico Tullio. *O despacho saneador e o julgamento de mérito*. Revista Forense, Ano 42, v. 104, 1945, p. 218.

5.2 A RECORRIBILIDADE DOS DESPACHOS INTERLOCUTÓRIOS

5.2.1 Considerações gerais

O CPC/1939 consagrou a regra da irrecorribilidade dos despachos interlocutórios[65], segundo a qual eles somente eram recorríveis nas hipóteses expressamente previstas em lei.

Em sua exposição de motivos, o CPC/1939 trazia como um dos seus traços distintivos a abolição dos recursos contra os despachos interlocutórios, pois eles serviriam para "tumultuar o processo, prolongá-lo e estabelecer confusão no seu curso" e, de uma forma geral, prestavam-se a impugnações com base em questões puramente processuais, lastreadas num ideal de processo rígido e voltado à observância exagerada de regras técnicas[66].

No entanto, como o já adiantado, a irrecorribilidade dos despachos interlocutórios não foi encarada de modo absoluto pelo legislador, que consagrou hipóteses específicas nas quais eram cabíveis certos recursos. Esta opção legislativa fez com que Alcides de Mendonça Lima afirmasse que o Brasil tinha adotado um "sistema intermediário, eclético", segundo o qual a regra era a irrecorribilidade dos interlocutórios, mas com mitigações em alguns casos, pois a sua adoção irrestrita geraria o perigo de injustiças e danos irreparáveis à parte[67].

Nesse cenário, o CPC/1939 consagrou dois recursos como adequados à impugnação dos despachos interlocutórios: o agravo de instrumento (art. 842) e o agravo no auto do processo (art. 851), vistos com mais detalhes adiante.

Com relação aos agravos, o art. 841 previa três espécies: de instrumento, de petição e no auto do processo, regulando-os, nesta ordem, até o seu art. 852.

---

65. Nesse sentido: LIMA, Alcides de Mendonça. *A recorribilidade dos despachos interlocutórios no Cód. de Proc. Civil.* Revista Forense, Ano 54, v. 173, 1957, p. 85; MARQUES, José Frederico. *Instituições de direito processual civil.* Rio de Janeiro: Forense, 1960, vol. IV, p. 377/378; SANTOS, Moacyr Amaral. *Primeiras linhas do direito processual civil.* 4ª ed. São Paulo: Max Limonad, 1971, 3v., p. 108.

66. Nas palavras da Exposição de Motivos do CPC/1939: "Quanto aos recursos, foram abolidos os dos despachos interlocutórios. Tais recursos concorriam para tumultuar o processo, prolongá-lo e estabelecer confusão no seu curso. Fundavam-se na sua generalidade em matéria de caráter puramente processual, e só se justificariam em um sistema de processo concebido de maneira rígida ou hierática, como tento por única finalidade a estrita observância das suas regras técnicas, sem atenção ao seu mérito e à sua finalidade". Disponível em: http://www2.camara.leg.br/legin/fed/declei/1930-1939/decreto-lei-1608-18-setembro-1939-411638-norma-pe.html. Acesso em: 12/09/2015.

67. LIMA, Alcides de Mendonça. *A recorribilidade dos despachos interlocutórios no Cód. de Proc. Civil.* Revista Forense, Ano 54, v. 173, 1957, p. 80/81.

No entanto, apesar de os recursos estarem agrupados pelo CPC/1939, o agravo de petição, na nova sistemática, apresentava função distinta dos demais agravos, isto é, destinava-se à impugnação das decisões terminativas, conforme o art. 846. Por não ser mais cabível contra os despachos interlocutórios, este recurso é estudado antes dos demais e de forma breve, apenas traçando-se os seus aspectos gerais[68].

De forma semelhante, o CPC/1939 não previu o cabimento de apelação contra interlocutórios, sendo expresso ao afirmar que este recurso só era cabível contra decisões definitivas de primeira instância (art. 820). Por consequência, a análise específica deste recurso escapa à finalidade deste trabalho.

Este trabalho também se furtará de analisar pormenorizadamente o conceito de mérito e, portanto, não enfrentará a caracterização da decisão como terminativa ou definitiva, uma vez que ambas eram decisões finais e, no regime do CPC/1939, a sua recorribilidade estava ligada ao agravo de petição e à apelação, não compondo o objeto deste estudo.

Justifica-se, portanto, o porquê da análise se pautar, primordialmente, nos agravos de instrumento e no auto do processo. Além disso, é destinado um tópico específico sobre as preclusões das decisões interlocutórias. Feitos os esclarecimentos, passa-se ao estudo em separado dos temas.

5.2.2 O agravo de petição

O art. 846 do CPC/1939 era claro ao definir que, salvo as hipóteses nas quais a lei expressamente previsse o cabimento do agravo de instrumento, as decisões terminativas eram recorríveis por agravo de petição, interposto nos próprios autos[69].

Percebe-se que o CPC/1939 optou por eliminar o critério territorial como forma de distinguir o agravo de petição e o agravo de instrumento, que ainda era utilizado em legislações processuais estaduais[70]. Em sentido diverso, o CPC/1939 destinou o primeiro deles à impugnação das decisões terminativas e o segundo a, via de regra, combater despachos interlocutórios.

---

68. Apesar de o agravo de petição estar, inquestionavelmente, vinculado à decisão terminativa, adiante se verá que dois dos exemplos de decisões recorríveis por agravo de petição, dados por Alfredo Buzaid, eram despachos interlocutórios. No entanto, essas exceções, bastante pontuais, não justificam o afastamento da regra geral de que este recurso era cabível contra decisões terminativas, nos termos do art. 846 do CPC/1939.

69. Art. 846. Salvo os casos expressos de agravo de instrumento, admitir-se-á agravo de petição, que se processará nos próprios autos, das decisões que impliquem a terminação do processo principal, sem lhe resolverem o mérito.

70. COSTA, Alfredo Araújo Lopes da. *Direito processual civil brasileiro (Código de 1939)*. Rio de Janeiro: José Konfino, 1946, vol. III, p. 220/222.

Segundo Alfredo Buzaid, o agravo de petição estava sujeito a dois pressupostos especiais, não exigidos dos outros recursos: a decisão terminativa e a sua prolação no processo principal[71].

O conceito de decisão terminativa foi enfrentado linhas acima, cabendo relembrar que a doutrina da época divergia sobre o conceito de mérito e, por consequência, não convergia quanto à caracterização da decisão final que se baseava, sobretudo, na "carência da ação"[72]. São dispensáveis, portanto, maiores considerações sobre o tema.

Apesar de a regra ter sido o cabimento contra decisões terminativas, eram encontradas, na legislação especial, durante a vigência do CPC/1939, previsões de cabimento de agravo de petição contra decisões definitivas, como nos executivos fiscais (art. 45, do Decreto-Lei 960 de 1938), no mandado de segurança (art. 12 da Lei 1.533/1951), em acidentes de trabalho (art. 64 do Decreto-Lei n. 7.036 de 1944), em casos expressamente previstos na Lei de Falências (Decreto-Lei n. 7.661, de 1945) e sentenças proferidas em ações de alimentos (antiga redação do art. 14 da Lei 5.478/1968)[73].

O segundo requisito, a exigência de a sentença ter sido proferida no processo principal, assegurava não caber agravo de petição quando a decisão fosse tomada em incidentes do processo, sem encerrar a instância. Assim, apesar de a redação mencionar "processo principal", também era cabível agravo de petição contra decisão terminativa tomada em processo cautelar preparatório[74].

Apesar da clara redação do art. 846, que vinculava o recurso às decisões terminativas, Alfredo Buzaid, entre os seus exemplos de decisões que poderiam ser consideradas como terminativas e impugnáveis por agravo de petição, enumerava dois que, na visão deste trabalho, mais bem se enquadrariam no conceito de despachos interlocutórios: a decisão que determinasse o sobrestamento ou suspensão do processo de forma indefinida e a que repelisse a forma executiva e determinasse que o processo

---

71. BUZAID, Alfredo. *Do agravo de petição no sistema do Código de Processo Civil.* 2ª ed. São Paulo: Saraiva, 1956, p. 131.

72. Dentre os favoráveis à caracterização da decisão como terminativa e o cabimento de agravo de petição, vale conferir: BUZAID, Alfredo. *Do agravo de petição no sistema do Código de Processo Civil.* 2ª ed. São Paulo: Saraiva, 1956, p. 135/139; MARQUES, José Frederico. *Instituições de direito processual civil.* Rio de Janeiro: Forense, 1960, vol. IV, p. 148; SANTOS, Moacyr Amaral. *Primeiras linhas do direito processual civil.* 4ª ed. São Paulo: Max Limonad, 1971, 3v., p. 142. Em sentido contrário: MARTINS, Pedro Batista. *Recursos e processos da competência originária dos tribunais.* Alfredo Buzaid (atualizador). Rio de Janeiro: Revista Forense, 1957, p. 300.

73. Nesse sentido: MARQUES, José Frederico. *Instituições de direito processual civil.* Rio de Janeiro: Forense, 1960, vol. IV, p. 146; SANTOS, Moacyr Amaral. *Primeiras linhas do direito processual civil.* 4ª ed. São Paulo: Max Limonad, 1971, 3v., p. 143.

74. BUZAID, Alfredo. *Do agravo de petição no sistema do Código de Processo Civil.* 2ª ed. São Paulo: Saraiva, 1956, p. 139/145.

seguisse o rito ordinário[75]. Tais exemplos eram acompanhados de diversos precedentes favoráveis ao cabimento do agravo de petição, a despeito de que, propriamente, essas decisões não colocavam fim ao processo. No entanto, essa situação excepcional não justifica que, neste trabalho, se negue a regra geral de que os despachos interlocutórios eram recorríveis por agravo de instrumento e no auto do processo, enquanto que o agravo de petição, nos termos do art. 846, estava ligado às decisões terminativas.

Para os fins propostos por este trabalho, é suficiente traçar linhas gerais sobre o cabimento do agravo de petição no CPC/1939, com o intuito específico de demonstrar que ele não era mais um recurso destinado à impugnação dos despachos interlocutórios, excetuados os exemplos excepcionais dados por Alfredo Buzaid.

5.2.3 O agravo de instrumento

5.2.3.1 As hipóteses de cabimento do agravo de instrumento

Ao enumerar as hipóteses de cabimento do agravo de instrumento e do agravo no auto do processo, o CPC/1939 reservou-lhes a função de proporcionar o reexame dos despachos interlocutórios. No entanto, ele também previa ser o agravo de instrumento o recurso cabível contra certas decisões terminativas e definitivas[76], como se verá adiante.

O art. 842 do CPC/1939 optou por uma enumeração casuística de decisões impugnáveis por agravo de instrumento, ressalvando, ainda, as hipóteses de cabimento previstas em outras disposições legais. O agravo de instrumento era cabível, portanto, somente nos casos expressamente previstos em lei[77].

O art. 842, I, previa ser recorrível por agravo de instrumento a decisão que não admitisse a intervenção de terceiros na causa. A hipótese envolvia o indeferimento de qualquer espécie de intervenção de terceiro, ou seja, abarcava a negativa do chamamento ou nomeação à autoria, da oposição e da intervenção do terceiro assistente[78].

---

75. BUZAID, Alfredo. *Do agravo de petição no sistema do Código de Processo Civil.* 2ª ed. São Paulo: Saraiva, 1956, p. 141/142.

76. MARQUES, José Frederico. *Instituições de direito processual civil.* Rio de Janeiro: Forense, 1960, vol. IV, p. 212.

77. Sobre a taxatividade das hipóteses de cabimento de agravo de instrumento: MARQUES, José Frederico. *Instituições de direito processual civil.* Rio de Janeiro: Forense, 1960, vol. IV, p. 213; SANTOS, Moacyr Amaral. *Primeiras linhas do direito processual civil.* 4ª ed. São Paulo: Max Limonad, 1971, 3v., p. 146.

78. FAGUNDES, M. Seabra. *Dos recursos ordinários em matéria civil.* Rio de Janeiro: Revista Forense, 1946, p. 317. Sobre o alcance da expressão "terceiro", também conferir: MIRANDA, Francisco Cavalcanti

Com relação ao tema, deve-se destacar, como fez Pontes de Miranda, que um pretenso litisconsorte, isto é, aquele que pleiteava a sua inclusão em um dos polos da demanda afirmando necessitar ser parte, era, a princípio, um terceiro, e o indeferimento do seu ingresso no processo era recorrível por agravo de instrumento com base no art. 842, I, do CPC/1939[79].

Ressalte-se que somente o despacho interlocutório que negasse a intervenção de terceiro era recorrível por agravo de instrumento. Percebe-se, portanto, que, não importava somente o conteúdo da questão decidida, mas também o sentido da decisão, favorável ou não à intervenção.

O art. 842, II, tornou recorrível por agravo de instrumento a decisão que julgasse a exceção de incompetência, seja para acolher ou rejeitar. Nota-se, portanto, que era suficiente versar sobre exceção de incompetência, não importando o sentido da decisão.

Quanto ao reconhecimento, de ofício, da incompetência e à remessa dos autos a outro juízo, havia quem afirmasse, amparado em precedente, não ser cabível o agravo de instrumento, já que a decisão não teria julgado nenhuma exceção de incompetência[80], e quem, também baseado em precedente, sustentasse que o art. 842, II, do CPC/1939 contemplava a hipótese, de sorte que "exceção" não deveria ser entendida como "alegação do excipiente", pois aludiria ao direito objetivo[81].

Já o art. 842, III, previa a recorribilidade, por agravo de instrumento, da decisão que denegasse ou concedesse medidas requeridas como preparatórias da ação.

O CPC/1939, entre os seus arts. 675 e 688, tratava das medidas preventivas, que poderiam ser intentadas como preparatórias ou na pendência da "lide". As medidas preparatórias poderiam ser necessárias, isto é,

---

Pontes de. *Comentários ao Código de Processo Civil.* 2ª ed. Rio de Janeiro: Revista Forense, 1960, t. XI, p. 313; CRUZ, João Claudino de Oliveira e. *Do recurso de agravo.* Rio de Janeiro: Revista Forense, 1950, p. 129.

79. MIRANDA, Francisco Cavalcanti Pontes de. *Comentários ao Código de Processo Civil.* 2ª ed. Rio de Janeiro: Revista Forense, 1960, t. XI, p. 314. No mesmo sentido: MARTINS, Pedro Batista. *Recursos e processos da competência originária dos tribunais.* Alfredo Buzaid (atualizador). Rio de Janeiro: Revista Forense, 1957, p. 271; MARQUES, José Frederico. *Instituições de direito processual civil.* Rio de Janeiro: Forense, 1960, vol. IV, p. 215; SANTOS, Moacyr Amaral. *Primeiras linhas do direito processual civil.* 4ª ed. São Paulo: Max Limonad, 1971, 3v., p. 147. Em sentido contrário, afirmando tratar-se de um lapso do legislador que tornou irrecorrível o indeferimento do ingresso de pretenso litisconsorte: FAGUNDES, M. Seabra. *Dos recursos ordinários em matéria civil.* Rio de Janeiro: Revista Forense, 1946, p. 317.

80. CRUZ, João Claudino de Oliveira e. *Do recurso de agravo.* Rio de Janeiro: Revista Forense, 1950, p. 131. No mesmo sentido: MARQUES, José Frederico. *Instituições de direito processual civil.* Rio de Janeiro: Forense, 1960, vol. IV, p. 215.

81. MIRANDA, Francisco Cavalcanti Pontes de. *Comentários ao Código de Processo Civil.* 2ª ed. Rio de Janeiro: Revista Forense, 1960, t. XI, p. 317.

indispensáveis à demanda futura, ou facultativas, quando o seu ajuizamento não era condição para o da demanda posterior, mas recomendável para a salvaguarda de direitos[82].

Pontes de Miranda, que falava em preparatórias necessárias ou úteis, defendia que o art. 842, III, abarcava todas as medidas preparatórias, independentemente da sua necessidade[83], posicionamento também sustentado na obra de Pedro Batista Martins, atualizada por Alfredo Buzaid[84]. O autor defendia, ainda, que o indeferimento do pedido de levantamento de medida preparatória também era impugnável por agravo de instrumento com base no inciso III, pois tal decisão equivaleria ao deferimento da medida[85].

Quanto às decisões que concedessem medidas preventivas na pendência da "lide", o recurso seria o agravo no auto do processo, conforme indicava o art. 851, III do CPC/1939[86]; as que as denegavam eram tidas como irrecorríveis[87].

Pontes de Miranda apontava, ainda, certa controvérsia quanto à recorribilidade da concessão das medidas preparatórias *inaudita altera parte*, prevista no art. 683 do CPC/1939. Para o autor, a decisão pelo adiantamento da medida era recorrível por agravo de instrumento com base nesse inciso, via pela qual se poderia sustentar a ausência de risco de ineficácia, se tivesse ocorrido a citação. Da mesma forma, contra a sentença definitiva que concedesse a medida também caberia o agravo de instrumento com base no art. 842, III, uma vez que se estaria diante da *concessão propriamente dita*[88].

Alcides de Mendonça Lima defendia que o inciso III retratava uma hipótese de sentença definitiva recorrível por agravo de instrumento[89],

---

82. MARTINS, Pedro Batista. *Recursos e processos da competência originária dos tribunais*. Alfredo Buzaid (atualizador). Rio de Janeiro: Revista Forense, 1957, p. 273/274. Nesta obra, o autor, inicialmente, ratifica o acerto de um acórdão do Tribunal de Apelação do Distrito Federal que tratava as medidas preventivas como gênero que abarcava as preparatórias e as requeridas quando da pendência da lide. No entanto, em seguida, parece separar, em dois grupos, as medidas preventivas e as preparatórias.

83. MIRANDA, Francisco Cavalcanti Pontes de. *Comentários ao Código de Processo Civil*. 2ª ed. Rio de Janeiro: Revista Forense, 1960, t. XI, p. 318/320.

84. MARTINS, Pedro Batista. *Recursos e processos da competência originária dos tribunais*. Alfredo Buzaid (atualizador). Rio de Janeiro: Revista Forense, 1957, p. 274.

85. MIRANDA, Francisco Cavalcanti Pontes de. *Comentários ao Código de Processo Civil*. 2ª ed. Rio de Janeiro: Revista Forense, 1960, t. XI, p. 321/322.

86. CRUZ, João Claudino de Oliveira e. *Do recurso de agravo*. Rio de Janeiro: Revista Forense, 1950, p. 132.

87. MARTINS, Pedro Batista. *Recursos e processos da competência originária dos tribunais*. Alfredo Buzaid (atualizador). Rio de Janeiro: Revista Forense, 1957, p. 313.

88. MIRANDA, Francisco Cavalcanti Pontes de. *Comentários ao Código de Processo Civil*. 2ª ed. Rio de Janeiro: Revista Forense, 1960, t. XI, p. 319.

89. LIMA, Alcides de Mendonça. *A recorribilidade dos despachos interlocutórios no Cód. de Proc. Civil*. Revista Forense, Ano 54, v. 173, 1957, p. 81. Destaque-se que, neste ponto, o autor faz menção ao art. 843,

entendimento também encontrado em obra de Lopes da Costa, que, utilizando como exemplo a decisão em arresto, afirmava o mesmo[90]. Já Pontes de Miranda defendia que o art. 842, III, tratava de outra subclasse de sentenças, aquelas que decidiam parte do mérito, sem exauri-lo: as sentenças preparatórias[91].

A redação original do art. 842, IV, previa como hipótese de cabimento do agravo de instrumento a decisão que não concedesse vista para os embargos de terceiro ou que os julgassem.

Assim, se o interessado requeresse vista do processo para colher dados e apresentar os seus embargos de terceiro e o magistrado a negasse, era cabível o agravo de instrumento[92]. Da mesma forma, a decisão que julgasse procedentes ou improcedentes os embargos de terceiro também era recorrível por agravo de instrumento[93], podendo ser considerada mais uma exceção que impunha esta via recursal à impugnação de decisão definitiva[94].

Quanto à rejeição *in limine* dos embargos de terceiro, João Claudino de Oliveira e Cruz sustentava que o recurso cabível também era o agravo de instrumento, pois esta decisão equivaleria à denegação[95]. Por outro lado, Pontes de Miranda, apresentando precedente do Tribunal de Justiça de Santa Catarina, defendia ser esta a via recursal correta, a menos que a decisão se baseasse em infração a regra jurídica processual, quando seria cabível o agravo de petição[96].

Por meio do Decreto-Lei 4.672/1965, essa hipótese de cabimento foi alterada e o art. 842, IV, do CPC/1939 passou a prever a recorribilidade por agravo de instrumento apenas da decisão que recebesse ou rejeitasse *in limine* os embargos de terceiro. Em obra posterior à mudança legislativa,

---

III, do CPC/1939. No entanto, era o art. 842 do CPC/1939 que tratava das hipóteses de cabimento do agravo de instrumento, enquanto o art. 843, destinado aos possíveis efeitos suspensivos deste recurso, sequer continha inciso.

90. COSTA, Alfredo de Araujo Lopes da. *Direito processual civil brasileiro (Código de 1939)*. Rio de Janeiro: José Konfino, 1946, vol. III, p. 225.

91. MIRANDA, Francisco Cavalcanti Pontes de. *Comentários ao Código de Processo Civil.* 2ª ed. Rio de Janeiro: Revista Forense, 1960, t. XI, p. 322. A conotação de decidir parte do mérito, nesta passagem, não equivale às decisões parciais de mérito adiante estudadas, isto é, àquelas em que o magistrado, por meio de uma decisão interlocutória, decide, em cognição exauriente, sobre parte do mérito.

92. CRUZ, João Claudino de Oliveira e. *Do recurso de agravo.* Rio de Janeiro: Revista Forense, 1950, p. 133.

93. MIRANDA, Francisco Cavalcanti Pontes de. *Comentários ao Código de Processo Civil.* 2ª ed. Rio de Janeiro: Revista Forense, 1960, t. XI, p. 325/326. No mesmo sentido: MARQUES, José Frederico. *Instituições de direito processual civil*. Rio de Janeiro: Forense, 1960, vol. IV, p. 216.

94. MARQUES, José Frederico. *Instituições de direito processual civil*. Rio de Janeiro: Forense, 1960, vol. IV, p. 212.

95. CRUZ, João Claudino de Oliveira e. *Do recurso de agravo.* Rio de Janeiro: Revista Forense, 1950, p. 133.

96. MIRANDA, Francisco Cavalcanti Pontes de. *Comentários ao Código de Processo Civil.* 2ª ed. Rio de Janeiro: Revista Forense, 1960, t. XI, p. 327.

Moacyr Amaral Santos defendia que a hipótese abarcava o recebimento liminar, previsto no art. 709 do CPC/1939[97], e a rejeição, também liminar, dos embargos de terceiro, de modo que, contra a decisão definitiva, o recurso seria o de apelação[98].

O inciso V do art. 842 cuidava da recorribilidade por agravo de instrumento da decisão que denegasse ou revogasse o benefício da gratuidade. Esta hipótese não englobava a concessão do benefício, apenas a denegação, a revogação ou qualquer outra restrição à concessão pleiteada[99].

Este inciso foi tacitamente revogado pela Lei n. 1.060/1950, que regulou a "concessão de assistência judiciária aos necessitados" e, na redação original do seu art. 17, definiu que, havendo decisão baseada nela, o recurso cabível seria o de agravo de instrumento, salvo fosse denegatória da assistência, caso em que o agravo seria o de petição[100].

O art. 842, VI, do CPC/1939 indicava ser recorrível por agravo de instrumento a decisão que ordenasse a prisão, medida ainda prevista, por exemplo, nos seus arts. 369 e 920, § 3º. Destaque-se que somente a decisão que efetivamente ordenasse a prisão era recorrível por agravo de instrumento, de sorte que a decisão judicial que ordenava a prática de um ato, cominando a prisão em caso de seu descumprimento, não poderia ser impugnada por este recurso, pois não teria, de fato, ordenado a prisão[101].

Quanto à negativa de prisão, havia divergência doutrinária quanto à recorribilidade do ato. Na obra de Pedro Batista Martins, atualizada por

---

97. Art. 709. Recebendo, in limine, os embargos de terceiro, senhor e possuidor, ou apenas possuidor, poderá o juiz, se julgar suficientemente provada a posse, mandar expedir, em favor do embargante, mandado de manutenção, sustando-lhe, porém, o cumprimento, até que o embargante preste caução que assegure, no caso de improcedência dos embargos, a restituição dos bens e seus rendimentos.

98. SANTOS, Moacyr Amaral. *Primeiras linhas do direito processual civil.* 4ª ed. São Paulo: Max Limonad, 1971, 3v., p. 147.

99. CRUZ, João Claudino de Oliveira e. *Do recurso de agravo.* Rio de Janeiro: Revista Forense, 1950, p. 135. No sentido da impossibilidade de extensão da hipótese de cabimento à concessão do benefício: MARTINS, Pedro Batista. *Recursos e processos da competência originária dos tribunais.* Alfredo Buzaid (atualizador). Rio de Janeiro: Revista Forense, 1957, p. 274/275.

100. Sobre a revogação do art. 842, V, do CPC/1939 pela Lei n. 1.060/1950: MARQUES, José Frederico. *Instituições de direito processual civil.* Rio de Janeiro: Forense, 1960, vol. IV, p. 215; SANTOS, Moacyr Amaral. *Primeiras linhas do direito processual civil.* 4ª ed. São Paulo: Max Limonad, 1971, 3v., p. 148. Por conta da Lei n. 6.014/1973, o art. 17 da Lei n. 1.060/1950 foi novamente alterado e ficou com a seguinte redação: "Art. 17. Caberá apelação das decisões proferidas em consequência da aplicação desta lei; a apelação será recebida somente no efeito devolutivo quando a sentença conceder o pedido".

101. MARTINS, Pedro Batista. *Recursos e processos da competência originária dos tribunais.* Alfredo Buzaid (atualizador). Rio de Janeiro: Revista Forense, 1957, p. 276; MIRANDA, Francisco Cavalcanti Pontes de. *Comentários ao Código de Processo Civil.* 2ª ed. Rio de Janeiro: Revista Forense, 1960, t. XI, p. 329; MARQUES, José Frederico. *Instituições de direito processual civil.* Rio de Janeiro: Forense, 1960, vol. IV, p. 216/217; FAGUNDES, M. Seabra. *Dos recursos ordinários em matéria civil.* Rio de Janeiro: Revista Forense, 1946, p. 325.

Alfredo Buzaid, encontra-se posicionamento no sentido de que a recorribilidade dependia da natureza da decisão. Em regra, o despacho denegatório equivaleria ao indeferimento da inicial. Nos outros casos, dever-se-ia concluir pela irrecorribilidade dos despachos interlocutórios que negassem a prisão, pois seria esse seria o princípio dominante quanto às decisões ordinatórias[102]. Já para Pontes de Miranda, a irrecorribilidade não poderia ser presumida de tal forma, já que a prisão poderia ser requerida como medida cautelar, preparatória da ação, e o seu indeferimento se encaixaria na hipótese do art. 842, III, bem como a medida poderia ser necessária à defesa do autor, estando aberta a recorribilidade por agravo no auto do processo (art. 851, II)[103].

O art. 842, VII, cuidava da recorribilidade da decisão que nomeasse ou destituísse o inventariante, tutor, curador, testamenteiro ou liquidante. Para Seabra Fagundes, deveriam ser considerados incluídas na hipótese as decisões que, de modo implícito, os nomeassem ou destituíssem, como as que indeferiam a escusa da tutela ou curatela, as que rejeitavam a impugnação da qualidade do inventariante ou as que designavam depositário para os bens do espólio, pois as duas primeiras teriam os mesmos efeitos da nomeação de tutor ou curador e de inventariante e a terceira equivaleria à destituição do inventariante[104].

Com base na redação legal, defendia-se que a decisão que mantivesse o inventariante, tutor, curador, testamenteiro ou liquidante não era agravável[105]. No entanto, Seabra Fagundes argumentava que o agravo de instrumento deveria ser admitido tanto quando houvesse a nomeação do tutor, curador ou inventariante como quando se recusasse a escusa apresentada, no caso da tutela e curatela, ou não se acolhesse a impugnação da qualidade de inventariante. Se assim não fosse, sustentava o autor, prejudicar-se-ia o direito de recorrer da nomeação ou o de se opor a ela, por meio da escusa ou impugnação, conforme o caso. Por fim, também sustentava que a rejeição da recusa alegada por tutor ou curador, com base em motivo superveniente, também seria agravável, pois tal decisão equivaleria à renomeação[106].

---

102. MARTINS, Pedro Batista. *Recursos e processos da competência originária dos tribunais*. Alfredo Buzaid (atualizador). Rio de Janeiro: Revista Forense, 1957, p. 276/277.

103. MIRANDA, Francisco Cavalcanti Pontes de. *Comentários ao Código de Processo Civil.* 2ª ed. Rio de Janeiro: Revista Forense, 1960, t. XI, p. 329.

104. FAGUNDES, M. Seabra. *Dos recursos ordinários em matéria civil.* Rio de Janeiro: Revista Forense, 1946, p. 325/326.

105. SANTOS, Moacyr Amaral. *Primeiras linhas do direito processual civil.* 4ª ed. São Paulo: Max Limonad, 1971, 3v., p. 148; CRUZ, João Claudino de Oliveira e. *Do recurso de agravo.* Rio de Janeiro: Revista Forense, 1950, p. 138.

106. FAGUNDES, M. Seabra. *Dos recursos ordinários em matéria civil.* Rio de Janeiro: Revista Forense, 1946, p. 325/327. Sobre a recorribilidade por agravo de instrumento dos despachos que não admitissem a

Já Pontes de Miranda, fazendo menção ao art. 604, inserido no título destinado à "nomeação e remoção dos tutores e curadores", defendia que, como pedido de remoção era objeto de ação constitutiva negativa e era julgado em audiência para instrução e julgamento, o recurso cabível contra o indeferimento da remoção era o de apelação. Para o autor, o fato de o art. 842, VII tornar agravável a decisão que destituísse o inventariante, tutor, curador, testamenteiro ou liquidante não significava que a decisão que não o fizesse era irrecorrível, de modo que se deveria, no caso, aplicar a regra do art. 820, segundo a qual o recurso contra sentença definitiva era a apelação[107]. Seguindo a lógica do pensamento de Pontes de Miranda, seria inevitável dizer que a decisão que optasse pela destituição, em sede de pedido de remoção feito em ação autônoma, seria mais um exemplo de sentença definitiva agravável.

O art. 842, VIII, mantinha como impugnável por agravo de instrumento a decisão que arbitrasse ou deixasse de arbitrar a remuneração dos liquidantes ou a vintena dos testamenteiros.

Pontes de Miranda apresentava precedentes que defendiam ser este um rol exemplificativo, também abarcando as remunerações do inventariante e do depositário[108], posicionamento refutado por Pedro Batista Martins, que defendia que as hipóteses do art. 842 não admitiam a interpretação extensiva em virtude da regra da irrecorribilidade dos interlocutórios[109].

Destaque-se, ainda, que parte da doutrina ressaltava que a hipótese abarcava apenas o arbitramento realizado no curso do processo em que os liquidantes ou testamenteiros atuassem, de sorte que, se as quantias fossem fixadas em sede de ação autônoma visando a sua cobrança, o recurso seria o de apelação[110].

---

escusa e os que nomeassem depositário para os bens do espólio, conferir: SANTOS, J. M. de Carvalho. *Código de processo civil interpretado.* 6ª ed. São Paulo: Livraria Freitas Bastos, 1964, vol. IX, p. 297/298.

107. MIRANDA, Francisco Cavalcanti Pontes de. *Comentários ao Código de Processo Civil.* 2ª ed. Rio de Janeiro: Revista Forense, 1960, t. XI, p. 330.

108. MIRANDA, Francisco Cavalcanti Pontes de. *Comentários ao Código de Processo Civil.* 2ª ed. Rio de Janeiro: Revista Forense, 1960, t. XI, p. 332.

109. MARTINS, Pedro Batista. *Recursos e processos da competência originária dos tribunais.* Alfredo Buzaid (atualizador). Rio de Janeiro: Revista Forense, 1957, p. 277. No mesmo sentido, João Claudino da Cruz criticava a interpretação extensiva, mas justificava-se numa interpretação literal do dispositivo, que só previa a recorribilidade das decisões que arbitrassem ou não a remuneração dos liquidantes ou a vintena dos testamenteiros: CRUZ, João Claudino de Oliveira e. *Do recurso de agravo.* Rio de Janeiro: Revista Forense, 1950, p. 141.

110. FAGUNDES, M. Seabra. *Dos recursos ordinários em matéria civil.* Rio de Janeiro: Revista Forense, 1946, p. 328; MARTINS, Pedro Batista. *Recursos e processos da competência originária dos tribunais.* Alfredo Buzaid (atualizador). Rio de Janeiro: Revista Forense, 1957, p. 277; SANTOS, Moacyr Amaral. *Primeiras linhas do direito processual civil.* 4ª ed. São Paulo: Max Limonad, 1971, 3v., p. 148. Jorge Americano não mencionava expressamente "apelação", mas indicava que a hipótese do art. 842, VIII, abarcava apenas os despachos interlocutórios tomados na própria causa. Caso houvesse cobrança

O art. 842, IX, do CPC/1939, tratava da recorribilidade da decisão que denegasse a apelação, inclusive a de terceiro prejudicado, a julgasse deserta, ou a relevasse da deserção.

A primeira parte do inciso IX tratava do indeferimento da apelação por parte do magistrado de primeiro grau, mas não abarcava o recebimento da apelação pelo juízo *a quo*, decisão que era irrecorrível[111].

A denegação da apelação ou o julgamento pela sua deserção, segundo a doutrina da época, refletiam a preocupação do CPC/1939 com a economia processual, mas era ressalvado o direito de a parte recorrer por meio do agravo de instrumento, que não tinha efeito suspensivo como regra[112]. Já recorribilidade da decisão por meio da qual o juiz relevava a deserção era considerada por Seabra Fagundes como inconveniente, pois valorizar-se-ia mais a economia processual se a opção do juiz de relevar a deserção, que equivalia à admissão da apelação, fosse deixada ao exame do juízo *ad quem* quando do julgamento do apelo[113].

Em sua redação original, o art. 842, X, do CPC/1939 tornava agravável por instrumento a decisão a respeito de erros de conta. O Decreto-Lei 4.565/1942, dando nova redação ao inciso, passou a prever como agraváveis as decisões a respeito de erros de conta ou de cálculo, alteração que ratificou o posicionamento jurisprudencial que estendia a hipótese original às decisões sobre erros de cálculo[114].

Os erros de conta seriam aqueles decorrentes de operações aritméticas, enquanto os de cálculo diriam respeito à inclusão ou exclusão de parcelas

---

em ação própria, o recurso seria aquele instituído para a própria ação em que tivesse sido deduzido tal pedido: AMERICANO, Jorge. *Código de Processo Civil do Brasil.* 2ª ed. São Paulo: Edição Saraiva, 1960, 4º vol., p. 57.

111. MARQUES, José Frederico. *Instituições de direito processual civil.* Rio de Janeiro: Forense, 1960, vol. IV, p. 218; CRUZ, João Claudino de Oliveira e. *Do recurso de agravo.* Rio de Janeiro: Revista Forense, 1950, p. 142.

112. FAGUNDES, M. Seabra. *Dos recursos ordinários em matéria civil.* Rio de Janeiro: Revista Forense, 1946, p. 328; MARTINS, Pedro Batista. *Recursos e processos da competência originária dos tribunais.* Alfredo Buzaid (atualizador). Rio de Janeiro: Revista Forense, 1957, p. 277.

113. FAGUNDES, M. Seabra. *Dos recursos ordinários em matéria civil.* Rio de Janeiro: Revista Forense, 1946, p. 329. No mesmo sentido: CRUZ, João Claudino de Oliveira e. *Do recurso de agravo.* Rio de Janeiro: Revista Forense, 1950, p. 143.

114. Na obra de Pedro Batista Martins, atualizada por Alfredo Buzaid, eram apresentados acórdãos do Tribunal de Alçada do Distrito Federal que estenderiam o cabimento aos casos de erros de cálculo: MARTINS, Pedro Batista. *Recursos e processos da competência originária dos tribunais.* Alfredo Buzaid (atualizador). Rio de Janeiro: Revista Forense, 1957, p. 278. J. M. Carvalho Santos apresentava acórdão do STF que dava ao conceito de erros de conta uma amplitude que chegava a abarcar aquele que Seabra Fagundes, conforme nota seguinte, dava aos erros de cálculo: SANTOS, J. M. de Carvalho. *Código de processo civil interpretado.* 6ª ed. São Paulo: Livraria Freitas Bastos, 1964, vol. IX, p. 299.

indevidas, total ou parcialmente[115]. Destaque-se, como fez J. M. Carvalho Santos, com base em precedente do STF, que o recurso era contra a decisão do juiz sobre a conta e não contra a própria conta, que não era ato do juiz, mas do contador[116].

Os incisos XI, XII e XIII do art. 842 envolviam a impugnação, por agravo de instrumento, de decisões tomadas em processos de execução[117]. O fato de tratar-se de decisão tomada em execução, como se verá, permaneceu como hipótese de cabimento de agravo de instrumento nas legislações posteriores, seja implicitamente, como no CPC/1973, ou explicitamente, conforme ocorrido no CPC/2015.

O inciso XI definia que eram agraváveis as decisões que concedessem ou não a adjudicação ou a remição de bens. Odilon de Andrade ressaltava que o agravo era contra a decisão que concedia a adjudicação ou a remição, não contra aquela que apenas homologava o ato já concedido anteriormente. O autor apresentava e criticava, ainda, acórdão do STF que teria estendido a hipótese à impugnação de decisão que autorizara a remição da execução (não só de bens)[118], crítica que era acompanhada por João Claudino de Oliveira e Cruz, que não aceitava interpretação que ampliasse as hipóteses de cabimento do agravo de instrumento[119].

O art. 842, XII do CPC/1939 indicava que cabia agravo de instrumento contra a decisão que anulasse a arrematação, adjudicação ou remição cujos efeitos legais já tivessem se produzido.

Segundo Jorge Americano, a única interpretação que conferiria aplicabilidade ao inciso XII era a de que a hipótese deveria abarcar as decisões tomadas em sede de embargos do executado (art. 1.009, II e 1.011) ou de embargos de terceiro (art. 708), bem como no caso previsto no art. 979. Segundo o autor, os embargos do executado ou de terceiro eram opostos com a suspensão da expedição da carta de arrematação, adjudicação ou remição e, por consequência, a decisão era proferida antes da produção de efeitos destes atos. Da mesma forma, o desfazimento da arrematação com base no art. 979 era anterior à expedição da carta, isto é, sem a produção

115. FAGUNDES, M. Seabra. *Dos recursos ordinários em matéria civil.* Rio de Janeiro: Revista Forense, 1946, p. 329.

116. SANTOS, J. M. de Carvalho. *Código de processo civil interpretado.* 6ª ed. São Paulo: Livraria Freitas Bastos, 1964, vol. IX, p. 299.

117. MARQUES, José Frederico. *Instituições de direito processual civil.* Rio de Janeiro: Forense, 1960, vol. IV, p. 218;

118. ANDRADE, Odilon de. *Comentários ao Código de Processo Civil.* Rio de Janeiro: Revista Forense, 1946, vol. IX, p. 254.

119. CRUZ, João Claudino de Oliveira e. *Do recurso de agravo.* Rio de Janeiro: Revista Forense, 1950, p. 142.

dos seus efeitos. Para ele, a despeito de o CPC/1939 inserir a exigência de produção dos efeitos da arrematação, adjudicação ou remição, a interpretação apresentada seria a possível, pois, após a produção dos efeitos, ter-se-ia escoado o prazo para anular tais atos dentro do processo, sendo necessária uma ação anulatória para tanto[120].

Pontes de Miranda, no entanto, discordava do posicionamento de Jorge Americano e ressaltava que o CPC/1939, quanto ao tema, havia instituído dois regimes, a depender da produção dos efeitos do ato. Se a decisão que desconstituísse o ato fosse anterior à eficácia, o recurso seria o de apelação; se posterior, agravo de instrumento. Especificamente quanto às críticas de Jorge Americano, que reputava um tanto injustas, lembrava que poderia ocorrer anulação resultante de embargos do executado ou de terceiro que não tivessem efeito suspensivo, de sorte que a anulação ocorreria depois da produção dos efeitos[121].

João Claudino de Oliveira e Cruz, rebatendo o posicionamento de Jorge Americano, chegava a afirmar que, ainda que a anulação ocorresse em sede de ação ordinária de nulidade, o recurso cabível seria o agravo de instrumento, pois o inciso XII do art. 842 representava mais uma exceção nas quais uma decisão definitiva era agravável[122].

O inciso XIII do art. 842 do CPC/1939 tratava como hipótese de cabimento de agravo de instrumento a decisão que admitisse ou não o concurso de credores e a que ordenasse a inclusão ou exclusão de créditos.

Quanto à admissão ou inadmissão do concurso de credores, Odilon de Andrade afirmava não haver controvérsias sobre a recorribilidade do despacho interlocutório por agravo de instrumento e que a divergência seria quanto ao cabimento contra a sentença que julgasse o concurso[123].

As controvérsias principais estavam relacionadas à impugnação da decisão que ordenasse a inclusão ou exclusão dos créditos, já que o art. 977, § 2º, *b*, do CPC/1939 definia que o preço da arrematação não seria

---

120. AMERICANO, Jorge. *Código de Processo Civil do Brasil*. 2ª ed. São Paulo: Edição Saraiva, 1960, 4º vol., p. 58.

121. MIRANDA, Francisco Cavalcanti Pontes de. *Comentários ao Código de Processo Civil*. 2ª ed. Rio de Janeiro: Revista Forense, 1960, t. XI, p. 337. No mesmo sentido: MARTINS, Pedro Batista. *Recursos e processos da competência originária dos tribunais*. Alfredo Buzaid (atualizador). Rio de Janeiro: Revista Forense, 1957, p. 279/280.

122. CRUZ, João Claudino de Oliveira e. *Do recurso de agravo*. Rio de Janeiro: Revista Forense, 1950, p. 151/152.

123. ANDRADE, Odilon de. *Comentários ao Código de Processo Civil*. Rio de Janeiro: Revista Forense, 1946, vol. IX, p. 256. A incontrovérsia jurisprudencial é afirmada em: MARTINS, Pedro Batista. *Recursos e processos da competência originária dos tribunais*. Alfredo Buzaid (atualizador). Rio de Janeiro: Revista Forense, 1957, p. 280.

levantado sem caução enquanto pendesse *apelação* contra a sentença que tivesse julgado o concurso de credores.

A despeito da redação do art. 977, § 2º, parece que prevalecia o entendimento de que o recurso cabível era o agravo de instrumento, uma vez que o inciso XIII do art. 842, ao falar em decisão que incluísse ou excluísse créditos, tratava da que julgasse o concurso. Teria sido, portanto, um lapso do legislador falar em apelação no art. 977, § 2º, *b*, ao mesmo tem em que tinha destinado uma regra específica sobre a recorribilidade, prevista no art. 842, III[124].

Seabra Fagundes, defendia, ainda, que o inciso abarcava também as decisões que negassem ou concedessem preferências aos créditos em questão. Por fim, o autor sustentava que o julgamento sobre a procedência de cada crédito e as respectivas preferências caracterizava mais um exemplo de decisão definitiva recorrível por agravo de instrumento[125].

Por fim, Odilon de Andrade afirmava ser cabível o agravo de petição, e não o de instrumento, contra a decisão que, em sede de concurso de credores, o considerasse inadmissível, encerrando-o sem julgar o seu mérito[126]. Ao que parece, o autor tratava da hipótese de o concurso ter sido admitido e, posteriormente, ter-se percebido a sua inadmissibilidade. Não parece, contudo, ser muito coerente essa afirmação, já que o próprio Odilon de Andrade utilizava o texto legal (incluir ou excluir créditos) para justificar o cabimento do agravo de instrumento contra o julgamento do concurso de credores, sem dar muita importância à natureza da decisão. Seguindo-se a sua lógica, o autor deveria afirmar caber agravo de instrumento e não o de petição, pois a hipótese seria de inadmissão do concurso de credores, também prevista no art. 842, XIII[127].

Em sua redação original, o art. 842, XIV tratava da possibilidade de impugnação, mediante agravo de instrumento, da decisão que julgasse ou não prestadas as contas.

---

124. ANDRADE, Odilon de. *Comentários ao Código de Processo Civil.* Rio de Janeiro: Revista Forense, 1946, vol. IX, p. 256/257. No sentido da recorribilidade por agravo de instrumento: MARTINS, Pedro Batista. *Recursos e processos da competência originária dos tribunais.* Alfredo Buzaid (atualizador). Rio de Janeiro: Revista Forense, 1957, p. 280/281; CRUZ, João Claudino de Oliveira e. *Do recurso de agravo.* Rio de Janeiro: Revista Forense, 1950, p. 152/153.

125. FAGUNDES, M. Seabra. *Dos recursos ordinários em matéria civil.* Rio de Janeiro: Revista Forense, 1946, p. 331/333.

126. ANDRADE, Odilon de. *Comentários ao Código de Processo Civil.* Rio de Janeiro: Revista Forense, 1946, vol. IX, p. 258. Alfredo Buzaid também entendia que a decisão que anulasse o concurso de credores era passível de impugnação por agravo de petição: BUZAID, Alfredo. *Do agravo de petição no sistema do Código de Processo Civil.* 2ª ed. São Paulo: Saraiva, 1956, p. 143.

127. Destaque-se que, na visão deste trabalho, uma vez admitido o concurso de credores e ausente a impugnação por agravo de instrumento, haveria preclusão quanto à questão e o magistrado não poderia decidi-la novamente. O tema de ausência de recursos e preclusões é enfrentado mais adiante.

Para o estudo desta hipótese de cabimento e a diferenciação das que entendia apeláveis, Seabra Fagundes examinava algumas variáveis. A primeira situação era aquela na qual o obrigado a prestar contas ajuizava a ação, que envolveria apenas uma sentença. Desta situação, seriam extraíveis três possibilidades: a) a demonstração apresentada na inicial seria aceita pela outra parte e seguia-se para a sentença, que julgaria as contas prestadas ou não; b) a parte adversa não aceitaria expressamente as contas, mas deixaria de contestar, passando-se à sentença, que julgaria prestadas ou não as constas; c) contestadas as contas e transcorrido o rito ordinário, a sentença julgaria as contas. Nos dois primeiros casos, o autor defendia ser cabível o agravo de instrumento; no terceiro, apelação[128].

A segunda hipótese envolveria a ação ajuizada para pedir contas e desembocaria em duas sentenças: a primeira, que julgaria sobre a existência do dever de prestar contas, e a segunda, após o curso completo da ação, quando se julgariam as contas prestadas. Nestas circunstâncias, quatro situações seriam possíveis, sendo duas na primeira fase e duas na segunda. Na primeira fase, destinada à verificação da obrigação de prestar contas: a) o réu se defenderia afirmando não ter obrigação de prestar as contas e os seus embargos seriam acolhidos; b) o réu não se defenderia ou teria os seus embargos rejeitados. Nos dois casos, o recurso seria o de apelação, pois equivaleriam, respectivamente, ao julgamento de improcedência ou de procedência. Na segunda fase: c) o réu ou o autor ofereciam as contas, elas não seriam impugnadas e o juiz as julgaria prestadas ou não; d) as contas apresentadas (pelo réu ou pelo autor) seriam impugnadas e, seguindo-se o procedimento ordinário, elas seriam julgadas. No primeiro dos casos da segunda fase, o recurso seria o agravo de instrumento; no segundo, apelação[129].

Para fundamentar esse seu posicionamento, Seabra Fagundes afirmava existirem três critérios: o teor do art. 842, XIV, a natureza da decisão e a adoção do curso ordinário. A sentença que decidisse sobre a obrigação de prestar contas seria definitiva e não se encaixaria na previsão do art. 842, XIV. Se a sentença tomasse as contas como prestadas ou não, sem adotar o rito ordinário, o recurso seria agravo de instrumento por supostamente haver adequação ao art. 842, XIV. A adoção do rito ordinário nos casos de divergências e julgamento das contas (arts. 307, § 2º, e 308, § 2º), segundo o autor, seria suficiente para afastar a recorribilidade por agravo de instrumento e impor a apelação como recurso cabível, pois seria nítido o intuito do legislador em possibilitar um maior debate e uma melhor dedução das

---

128. FAGUNDES, M. Seabra. *Dos recursos ordinários em matéria civil.* Rio de Janeiro: Revista Forense, 1946, p. 335/336.

129. FAGUNDES, M. Seabra. *Dos recursos ordinários em matéria civil.* Rio de Janeiro: Revista Forense, 1946, p. 335/338.

provas, o que seria incompatível com o agravo de instrumento. Quando houvesse aquiescência expressa ou tática por falta de impugnação, estaria caracterizada a hipótese do art. 842, XIV[130].

J. M. Carvalho Santos trazia um precedente do Tribunal de Apelação de São Paulo no sentido defendido por Seabra Fagundes, especificamente quanto à adoção do rito ordinário, em virtude da impugnação, gerar complexidade suficiente para afastar a recorribilidade por agravo de instrumento. No entanto, o autor criticava a tese, lembrando que o CPC/1939 apresentava decisões definitivas recorríveis por agravo de instrumento, permitidas inclusive pelo art. 820, de sorte que o art. 842, XIV deveria ser encarado como mais uma dessas exceções, não se podendo falar em apelação, mas em agravo de instrumento[131].

A previsão contida neste inciso, no entanto, não teve longa vigência e acabou sendo revogada pelo Decreto-Lei n. 8.570/1946.

O art. 842, XV, indicava que era agravável por instrumento a decisão que julgasse os processos mencionados nos Títulos XV a XXII do Livro V ou os respectivos incidentes, ressalvadas as exceções expressas. Os processos mencionados nestes títulos eram os seguintes: habilitação incidente, do dinheiro a risco, da vistoria de fazendas avariadas, da apreensão de embarcações, das avarias, das arribadas forçadas e da restauração de autos. Segundo Jorge Americano, somente a decisão em habilitação incidente era, de fato, interlocutória e as demais seriam outros exemplos de decisões definitivas recorríveis por agravo de instrumento[132].

Já o art. 842, XVI, tornava agraváveis as decisões que negassem os alimentos provisionais. De acordo com Pontes de Miranda, o inciso só era aplicável aos alimentos provisionais, de sorte que, negando-se alimentos que não os provisionais, o recurso seria o de apelação[133].

Pontes de Miranda sustentava, ainda, que, havendo concessão de alimentos provisionais, antes da lide, o recurso também seria o agravo de

---

130. FAGUNDES, M. Seabra. *Dos recursos ordinários em matéria civil.* Rio de Janeiro: Revista Forense, 1946, p. 338/340.

131. SANTOS, J. M. de Carvalho. *Código de processo civil interpretado.* 6ª ed. São Paulo: Livraria Freitas Bastos, 1964, vol. IX, p. 300/301.

132. AMERICANO, Jorge. *Código de Processo Civil do Brasil.* 2ª ed. São Paulo: Edição Saraiva, 1960, 4º vol., p. 59. No sentido de que o art. 842, XV, conter decisões definitivas agraváveis: CRUZ, João Claudino de Oliveira e. *Do recurso de agravo.* Rio de Janeiro: Revista Forense, 1950, p. 157; MARTINS, Pedro Batista. *Recursos e processos da competência originária dos tribunais.* Alfredo Buzaid (atualizador). Rio de Janeiro: Revista Forense, 1957, p. 283; MARQUES, José Frederico. *Instituições de direito processual civil.* Rio de Janeiro: Forense, 1960, vol. IV, p. 218.

133. MIRANDA, Francisco Cavalcanti Pontes de. *Comentários ao Código de Processo Civil.* 2ª ed. Rio de Janeiro: Revista Forense, 1960, t. XI, p. 337. No mesmo sentido: MARQUES, José Frederico. *Instituições de direito processual civil.* Rio de Janeiro: Forense, 1960, vol. IV, p. 219.

instrumento, mas com base no art. 842, III[134], tese refutada por quem entendia que, como o CPC/1939 havia destacado um inciso somente para os alimentos provisionais, ele desejava dar-lhes tratamento diverso daquele instituído genericamente no art. 842, III, tornando irrecorríveis as decisões concessivas dos alimentos provisionais, quando requeridos como preparatórios da ação[135].

Comentando o tema após a vigência da Lei de Alimentos (Lei n. 5.478/1968), Moacyr Amaral Santos defendia que as decisões sobre alimentos não provisionais eram recorríveis por agravo de petição, conforme a redação original do art. 14 da referida lei. Já as decisões que negassem os alimentos provisionais, antes ou no curso da ação de desquite ou anulação de casamento, estariam sujeitas ao agravo de instrumento, com base no inciso XVI do art. 842. As decisões que concedessem alimentos provisionais como medidas preparatórias, para o autor, eram recorríveis por agravo de instrumento com fundamento no art. 842, III, enquanto que as que os concedessem, quando pendentes as ações de desquite ou de anulação de casamento, eram agraváveis no auto do processo, com base no art. 851, III[136].

O último dos incisos do art. 842, o inciso XVII, impunha o agravo de instrumento como recurso cabível contra a decisão que, sem caução idônea, ou independentemente de sentença anterior, autorizasse a entrega de dinheiro ou quaisquer outros bens, ou a alienação, hipoteca, permuta, sub-rogação ou arrendamento de bens.

Frente à inexistência de sentença anterior ou, sendo caso de ela existir, mas também haver recurso com efeito suspensivo, não era possível a entrega. Caso já proferida sentença e pendente recurso dotado de efeito meramente devolutivo, a entrega era possível, mas mediante caução idônea[137]. Havendo decisão que ordenasse alguma das medidas previstas no art. 842, XVII sem estar caracterizada uma das hipóteses mencionadas, cabia agravo de instrumento.

Para J. M. Carvalho Santos, valendo-se de precedente do Tribunal de Apelação do Distrito Federal, a entrega necessária à caracterização da hipótese do art. 842, XVII, era aquela que implicava a transferência de propriedade, não sendo suficiente a perda da posse[138], entendimento que encontrava

---

134. MIRANDA, Francisco Cavalcanti Pontes de. *Comentários ao Código de Processo Civil.* 2ª ed. Rio de Janeiro: Revista Forense, 1960, t. XI, p. 337.

135. MARTINS, Pedro Batista. *Recursos e processos da competência originária dos tribunais.* Alfredo Buzaid (atualizador). Rio de Janeiro: Revista Forense, 1957, p. 283/284.

136. SANTOS, Moacyr Amaral. *Primeiras linhas do direito processual civil.* 4ª ed. São Paulo: Max Limonad, 1971, 3v., p. 149.

137. MARTINS, Pedro Batista. *Recursos e processos da competência originária dos tribunais.* Alfredo Buzaid (atualizador). Rio de Janeiro: Revista Forense, 1957, p. 284.

138. SANTOS, J. M. de Carvalho. *Código de processo civil interpretado.* 6ª ed. São Paulo: Livraria Freitas Bastos, 1964, vol. IX, p. 301. No mesmo sentido: FAGUNDES, M. Seabra. *Dos recursos ordinários em matéria civil.* Rio de Janeiro: Revista Forense, 1946, p. 342.

discordância em quem defendia que, não fazendo a lei qualquer limitação neste sentido, não caberia ao intérprete realizar esta restrição[139].

5.2.3.2 Problemas decorrentes da enumeração do art. 842 do CPC/1939

Ao longo do tópico anterior, percebeu-se que o CPC/1939 optou por uma enumeração casuística das hipóteses de cabimento do agravo de instrumento e ficaram demonstradas divergências doutrinárias quanto à possibilidade de ampliação de algumas dessas hipóteses para alcançar situações similares.

Sobre o tema, Jorge Americano sugeria que o CPC/1939, quanto ao agravo de instrumento, tinha tornado expressos os casos de danos irreparáveis nos quais entendia cabível o recurso, fugindo à histórica opção de prevê-lo, de forma genérica, para os casos de *dano irreparável*. Além disso, o recurso exerceria função reiterativa quando atuava como apelação[140].

Além disso, notou-se que o CPC/1939 preferiu fixar hipóteses de cabimento de acordo com o conteúdo da *questão* decidida, isto é, tomou como parâmetro o ponto controvertido sobre o qual o magistrado se manifestava. Em alguns casos, foi além e também fixou como requisito o sentido mesmo deste ato, ou seja, o sentido no qual o magistrado decidia, como nos incisos I, VI, XII, XVI e XVII.

Esta postura difere substancialmente da opção feita no decorrer da vigência do CPC/1973, que, como se verá, em dado momento histórico, pautou a sua hipótese mais genérica de cabimento de agravo de instrumento no *resultado possível* da decisão interlocutória – susceptibilidade de causar à parte lesão grave e de difícil reparação – (similarmente às Ordenações Filipinas, ao Reg. 737/1850 (art. 669, § 15) e ao Código do Processo do Estado da Bahia, por exemplo), pouco importando o conteúdo da questão decidida ou o sentido da decisão.

Nesse contexto enumerativo e específico do CPC/1939, alguns autores, como De Plácido e Silva[141] e José Claudino Oliveira e Cruz[142], defenderam

---

139. Assim, também mencionando precedente da "antiga Côrte de Apelação do Distrito Federal": MARTINS, Pedro Batista. *Recursos e processos da competência originária dos tribunais.* Alfredo Buzaid (atualizador). Rio de Janeiro: Revista Forense, 1957, p. 284.

140. "No estado atual, segundo o Código, agravo é um recurso especial, iterativo nos casos de decisão interlocutória contendo dano irreparável definido expressamente, reiterativo nos casos em que vale como apelação e, de mera ressalva, quando para não passar em julgado o despacho do gravame" (AMERICANO, Jorge. *Código de Processo Civil do Brasil.* 2ª ed. São Paulo: Edição Saraiva, 1960, 4º vol., p. 51). Esta última função era reservada ao agravo no auto do processo, como se verá.

141. SILVA, De Plácido e. *Comentários ao Código de Processo Civil.* Curitiba: Editora Guaíra, 1940, p. 561.

142. CRUZ, João Claudino de Oliveira e. *Do recurso de agravo.* Rio de Janeiro: Revista Forense, 1950, p. 162.

expressamente a impossibilidade de interpretação que estendesse as hipóteses do art. 842 a situações não previstas taxativamente.

Ainda que se admitisse uma flexibilização das hipóteses previstas no art. 842 para abarcar situações similares às ali elencadas, fatalmente ficariam de fora inúmeras decisões interlocutórias cujo teor não poderia ser enquadrado em nenhum dos incisos analisados.

José Frederico Marques abordou de forma clara os problemas decorrentes da opção legislativa, afirmando que o CPC/1939 tinha tornado irrecorríveis múltiplas decisões que poderiam afetar, relevante e gravemente, a decisão final e o direito das partes, além de não permitir recurso contra decisões temporárias que causariam gravames significativos, como as providências liminares tomadas em interditos proibitórios[143].

Para o autor, que demonstrava aceitar a irrecorribilidade caso o juízo de primeiro grau fosse formado por um órgão colegiado, a irrecorribilidade das interlocutórias não condizia com o nível geral da magistratura, supostamente incompatível com o arbítrio que lhe era conferido[144].

Como o CPC/1939 não teria considerado esses fatores, teria sido necessária a utilização de meios para "ventilar a sufocante atmosfera oriunda do princípio da irrecorribilidade das interlocutórias". Tais vias seriam a correição parcial, os procedimentos disciplinares de reclamação e o mandado de segurança[145].

A correição parcial, que, no antigo Distrito Federal, era chamada de reclamação, era um sucedâneo recursal, previsto em legislações estaduais e tratado como suposta "providência disciplinar", cuja utilização era voltada à correção de erros, abusos ou inversões tumultuárias da ordem legal do processo, quando cometidos em decisões irrecorríveis[146].

Por mais que a sua utilidade em promover a reanálise de despachos interlocutórios irrecorríveis e a flexibilização do rigor do CPC/1939 fosse reconhecida, o instituto era tido pela doutrina como inconstitucional, uma vez que previsto em legislações estaduais, notadamente nas Leis de Organização Judiciária. A correição parcial também era criticada por resultar numa

---

143. MARQUES, José Frederico. *Instituições de direito processual civil*. Rio de Janeiro: Forense, 1960, vol. IV, p. 378/379.

144. MARQUES, José Frederico. *Instituições de direito processual civil*. Rio de Janeiro: Forense, 1960, vol. IV, p. 379/380.

145. MARQUES, José Frederico. *Instituições de direito processual civil*. Rio de Janeiro: Forense, 1960, vol. IV, p. 380.

146. MARQUES, José Frederico. *Instituições de direito processual civil*. Rio de Janeiro: Forense, 1960, vol. IV, p. 387/389; SANTOS, Moacyr Amaral. *Primeiras linhas do direito processual civil*. 4ª ed. São Paulo: Max Limonad, 1971, 3v., p. 214/215.

situação curiosa e inconcebível: por meio de uma "providência disciplinar", de cunho supostamente administrativo, alterava-se uma decisão judicial tomada em um processo. Por isso, reiterava-se a *função recursal* exercida pelo sucedâneo de recurso[147].

Por outro lado, encontrava-se, também, quem defendesse, como Barachisio Lisbôa, a constitucionalidade da reclamação, que, na sua visão, teria caráter disciplinar, e, por isso, não seria recurso e não haveria invasão da competência da União para legislar sobre processo, sendo lícita a sua previsão em legislações estaduais. Para o citado autor, tratando da legislação baiana da época, a reclamação corresponderia à concretização do direito constitucional de representação contra abusos dos juízes no cumprimento da legislação processual, nas hipóteses em que não houvesse recurso específico[148]. Barachisio Lisbôa concluía ressaltando que a ausência de previsão de agravo de instrumento nos casos de dano irreparável era um dos fatores que tornavam imprescindível a reclamação[149].

Parece, todavia, mais coerente a visão de José Frederico Marques e Moacyr Amaral Santos, não sendo lógico aceitar que uma sanção administrativa culminasse em reanálise de decisão judicial. No entanto, os próprios autores ratificavam o acolhimento da correição parcial pela jurisprudência brasileira da época[150].

Por fim, o art. 5º, II, da Lei n. 1.533/1951, sobre o mandado de segurança, indicava que ele poderia ser impetrado contra despacho ou decisão judicial, desde que não houvesse recurso cabível contra o ato nem possibilidade de modificação por via de correição. Sobre o termo "correição", José Frederico Marques entendia que essa "ligeira referência" não fazia com que este instituo deixasse de ser um sucedâneo recursal que atentava contra as "fontes normativas do processo civil"[151]. Já J. M. Othon Sidou tratava a expressão "via de correição" como uma "referência mal dissimulada à praxe jurisprudencial da 'reclamação'" e afirmava que a exigência de que o ato não pudesse ser modificado por correição tornava de difícil

147. Sobre a inconstitucionalidade da correição parcial e a sua aplicação, conferir: MARQUES, José Frederico. *Instituições de direito processual civil*. Rio de Janeiro: Forense, 1960, vol. IV, p. 384/389; SANTOS, Moacyr Amaral. *Primeiras linhas do direito processual civil*. 4ª ed. São Paulo: Max Limonad, 1971, 3v., p. 214/215.

148. LISBÔA, Barachisio. *Da reclamação*. Bahia: Tipografia Naval, 1952, p. 31.

149. LISBÔA, Barachisio. *Da reclamação*. Bahia: Tipografia Naval, 1952, p. 53.

150. MARQUES, José Frederico. *Instituições de direito processual civil*. Rio de Janeiro: Forense, 1960, vol. IV, p. 384; SANTOS, Moacyr Amaral. *Primeiras linhas do direito processual civil*. 4ª ed. São Paulo: Max Limonad, 1971, 3v., p. 212/213.

151. MARQUES, José Frederico. *Instituições de direito processual civil*. Rio de Janeiro: Forense, 1960, vol. IV, p. 384.

ocorrência a hipótese de cabimento de mandado de segurança contra atos judiciais, mas não o suficiente para afastar a sua admissibilidade[152-153]. De qualquer forma, era expressamente permitida a impetração de mandado de segurança contra despacho ou decisão irrecorrível, desde que preenchidos os demais requisitos.

Essa consideração acerca da utilização dos sucedâneos recursais é importante para se compreender que a opção legislativa por tornar, como regra, irrecorríveis os despachos interlocutórios para, segundo a sua exposição de motivos, evitar tumulto processual, o seu prolongamento ou confusão no seu curso, não foi verdadeiramente eficaz.

Justifica-se: visando evitar os prolongamentos, os "tumultos" e as confusões decorrentes de recursos contra os despachos interlocutórios, o CPC/1939, tornando-os, como regra, irrecorríveis, abriu caminho para a utilização dos sucedâneos recursais, que eram ainda mais prejudiciais a um processo que pretendia ser livre de tumultos e confusões.

As exposições acerca da correição parcial e da reclamação, sobretudo quanto à discussão sobre a sua falta de lógica e a sua inconstitucionalidade, bem como o fato de o mandado de segurança dar ensejo a um novo processo, são aspectos que indicam não terem sido, de fato, eficazes as medidas tomadas pelo CPC/1939 para evitar "tumultos" e "confusões".

As necessidades práticas exigiram, portanto, a utilização de vias (indesejáveis) para que as partes se esquivassem da rigidez estabelecida pelo CPC/1939. Tais considerações são importantes para, mais adiante, se analisar a opção feita pelo CPC/2015.

Por fim, um último aspecto sobre a opção legislativa fixada no art. 842 do CPC/1939.

Apesar de ser inegável a fixação de inúmeros despachos interlocutórios como recorríveis por agravo de instrumento, o art. 842 não foi expresso quanto à destinação específica do recurso à impugnação desta espécie de ato do juiz, como fizeram o art. 522 de CPC/1973, implicitamente desde a promulgação e inquestionavelmente depois da Lei 9.139/1995, e o art. 1.015 do CPC/2015. Com isso se quer dizer que o CPC/1939 não tornou o agravo

152. SIDOU, J. M. Othon. *Do mandado de segurança*. 2ª ed. São Paulo: Livraria Freitas Bastos, 1959, p. 136.

153. Sobre o termo "correição", deve-se destacar que as obras de José Frederico Marques e J. M. Othon Sidou fazem menção expressa ao termo, bem como a versão da Lei n. 1.533/1951 disponibilizada no *site* da Câmara dos Deputados. No entanto, a versão da lei disponibilizada no *site* do Planalto fala em "correção". A versão do *site* da Câmara dos Deputados está disponível em: http://www2.camara.leg.br/legin/fed/lei/1950-1959/lei-1533-31-dezembro-1951-362109-publicacaooriginal-1-pl.html. Acesso em: 28/09/2015. A versão do *site* do Planalto, em: http://www.planalto.gov.br/ccivil_03/LEIS/L1533impressao.htm. Acesso em: 29/09/2015.

de instrumento um recurso voltado à impugnação dos despachos interlocutórios, o que fez com que não se questionasse, primeiramente, a natureza da decisão para depois se concluir sobre o recurso cabível.

Assim, na falta da análise do binômio (natureza jurídica da decisão + questão decidida), o cabimento era, muitas vezes, defendido apenas com base na adequação a um dos incisos do art. 842, o que fazia com que algumas sentenças definitivas fossem agraváveis e causava algumas das discordâncias doutrinárias vistas acima.

Este panorama muda substancialmente no decorrer da história processual brasileira, que assume como regra geral a vinculação de um tipo de decisão a cada recurso, ganhando destaque, para fins de cabimento recursal, a análise da natureza jurídica da decisão impugnada.

5.2.4 O agravo no auto do processo

O CPC/1939 destinava o art. 851 para tratar das hipóteses de cabimento do agravo no auto do processo, recurso que tinha como objetivos evitar a preclusão e não gastar tempo ou, nas exatas palavras de Pontes de Miranda, "não procrastinar nem sacrificar a reapreciação de certas decisões"[154].

Ao contrário do agravo de instrumento, o conhecimento do agravo no auto do processo pressupunha a tramitação de posterior apelação e o seu julgamento era feito como preliminar do julgamento daquele que impugnasse a decisão final (art. 852). Apesar de o art. 852 mencionar apenas apelação, havia quem defendesse que, se o recurso contra a decisão final fosse outro, como o agravo de instrumento ou o de petição, ainda assim o agravo no auto do processo poderia ser conhecido[155], quem ampliasse somente ao agravo de instrumento interposto contra decisão definitiva[156] e, por fim, aqueles que optavam por uma interpretação literal do artigo[157].

O art. 851, I, indicava que eram recorríveis, por agravo no auto do processo, as decisões que julgassem improcedentes as exceções de litispendência e coisa julgada. Note-se que o inciso falava apenas em decisões que as julgassem improcedentes, de sorte que aquelas que as acolhessem,

154. MIRANDA, Francisco Cavalcanti Pontes de. *Comentários ao Código de Processo Civil.* 2ª ed. Rio de Janeiro: Revista Forense, 1960, t. XI, p. 394/395.

155. MIRANDA, Francisco Cavalcanti Pontes de. *Comentários ao Código de Processo Civil.* 2ª ed. Rio de Janeiro: Revista Forense, 1960, t. XI, p. 409/411.

156. MARTINS, Pedro Batista. *Recursos e processos da competência originária dos tribunais.* Alfredo Buzaid (atualizador). Rio de Janeiro: Revista Forense, 1957, p. 323/324.

157. FAGUNDES, M. Seabra. *Dos recursos ordinários em matéria civil.* Rio de Janeiro: Revista Forense, 1946, p. 365/366; CRUZ, João Claudino de Oliveira e. *Do recurso de agravo.* Rio de Janeiro: Revista Forense, 1950, p. 223/225.

caracterizadas como decisões terminativas, estavam sujeitas ao agravo de petição[158]. O inciso tratava, portanto, somente de despachos interlocutórios.

Relembre-se que, contra a decisão sobre exceção de incompetência, o recurso cabível era o agravo de instrumento, conforme previsão do art. 842, II, do CPC/1939. A doutrina justificava esse tratamento diferenciado na necessidade de julgamento breve da exceção de incompetência[159].

Já o inciso II do art. 851 indicava que o agravo no auto do processo era o recurso cabível contra a decisão que não admitisse a prova requerida ou cerceasse, de qualquer forma, a defesa do interessado. Destaque-se que a primeira parte, de certo modo, estava incluída na segunda, pois a inadmissão da prova requerida implicava potencial cerceamento da defesa da parte[160].

Como o art. 117 do CPC/1939 permitia que o magistrado indeferisse as diligências inúteis em relação ao objeto do processo ou requeridas com propósitos manifestamente protelatórios, bem como permitia a dispensa de testemunhas (art. 237, parágrafo único), o indeferimento de perguntas direcionadas a elas (art. 246) e o indeferimento de quesitos impertinentes ao perito (art. 254, parágrafo único), também possibilitava à parte recorrer contra tais decisões, o que ocorria por meio do agravo no auto do processo.

Quanto ao cerceamento de defesa, o CPC/1939 instituiu uma hipótese de cabimento bastante abrangente, pois abarcava decisões que, de *qualquer forma*, implicassem cerceamento, dentre as quais estavam incluídas, por exemplo, as que não admitiam a defesa e as que mandavam desentranhar documentos[161].

O inciso III do art. 851 qualificava o agravo no auto do processo como o recurso destinado à impugnação da decisão que concedesse, na pendência da lide, medidas preventivas.

Como já visto quando do estudo do art. 842, III, o CPC/1939 destinava os seus arts. 675 a 688 às medidas preventivas, que poderiam ser requeridas como preparatórias ou na pendência da "lide".

---

158. MARTINS, Pedro Batista. *Recursos e processos da competência originária dos tribunais*. Alfredo Buzaid (atualizador). Rio de Janeiro: Revista Forense, 1957, p. 311; MARQUES, José Frederico. *Instituições de direito processual civil*. Rio de Janeiro: Forense, 1960, vol. IV, p. 228; MIRANDA, Francisco Cavalcanti Pontes de. *Comentários ao Código de Processo Civil*. 2ª ed. Rio de Janeiro: Revista Forense, 1960, t. XI, p. 399.

159. MARTINS, Pedro Batista. *Recursos e processos da competência originária dos tribunais*. Alfredo Buzaid (atualizador). Rio de Janeiro: Revista Forense, 1957, p. 312; MIRANDA, Francisco Cavalcanti Pontes de. *Comentários ao Código de Processo Civil*. 2ª ed. Rio de Janeiro: Revista Forense, 1960, t. XI, p. 399.

160. Nesse sentido: MARQUES, José Frederico. *Instituições de direito processual civil*. Rio de Janeiro: Forense, 1960, vol. IV, p. 229; MIRANDA, Francisco Cavalcanti Pontes de. *Comentários ao Código de Processo Civil*. 2ª ed. Rio de Janeiro: Revista Forense, 1960, t. XI, p. 403.

161. Nesse sentido: MARTINS, Pedro Batista. *Recursos e processos da competência originária dos tribunais*. Alfredo Buzaid (atualizador). Rio de Janeiro: Revista Forense, 1957, p. 313; SANTOS, J. M. de Carvalho. *Código de processo civil interpretado*. 6ª ed. São Paulo: Livraria Freitas Bastos, 1964, vol. IX, p. 322.

Quando requeridas como preparatórias, o art. 842, III, indicava ser cabível o agravo de instrumento contra as decisões que denegassem ou concedessem tais medidas.

Já o art. 851, III, indicava que, sendo requeridas na pendência da lide, as decisões concessivas eram recorríveis por agravo no auto do processo. Por outro lado, as que as denegassem, quando requeridas pendente a lide, eram consideradas irrecorríveis[162].

Por fim, o art. 851, IV, tornava impugnável por agravo no auto do processo a decisão que considerasse, ou não, saneado o processo, ressalvado, quanto à última hipótese, o cabimento do agravo de petição, previsto contra decisões terminativas (art. 846).

No tópico 5.1.2.2 deste trabalho, foram expostas as discussões em torno da natureza jurídica do despacho saneador, sendo desnecessária nova abordagem detalhada do tema, mostrando-se suficiente a fixação da regra geral, segundo a qual o agravo no auto do processo era o recurso cabível contra ele, salvo se se estivesse diante de uma decisão terminativa, contra a qual cabia agravo de petição[163].

Relembre-se, porém, a já demonstrada divergência doutrinária quanto ao conceito de mérito durante a vigência do CPC/1939. Por isso, encontrava-se, na obra de Pedro Batista Martins, atualizada por Alfredo Buzaid, posicionamento no sentido de que, se o juiz reconhecesse a falta de legítimo interesse ou de legitimidade *ad causam,* bem como a ilicitude do objeto da ação, haveria uma decisão de mérito impugnável por apelação[164]. Entendimento semelhante era defendido por Pontes de Miranda, que, utilizando como exemplo o reconhecimento da ilicitude ou imoralidade do objeto, mencionava ser cabível a apelação e não o agravo de petição[165].

Essa discussão, todavia, não é essencial para este trabalho, pois se voltava à recorribilidade de uma decisão final tomada no termo da fase saneadora, debatendo-se se ela era terminativa ou definitiva. Por outro lado, nesta parte do trabalho, estuda-se a recorribilidade dos *despachos interlocutórios.* Por isso, basta definir que, tendo a decisão natureza jurídica de despacho interlocutório, o recurso era o agravo no auto do processo.

---

162. MARTINS, Pedro Batista. *Recursos e processos da competência originária dos tribunais.* Alfredo Buzaid (atualizador). Rio de Janeiro: Revista Forense, 1957, p. 313; ANDRADE, Odilon de. *Comentários ao Código de Processo Civil.* Rio de Janeiro: Revista Forense, 1946, vol. IX, p. 298.

163. Ressalte-se, contudo, que, na visão deste trabalho, não se poderia falar propriamente em despacho saneador quando houvesse uma decisão final, conforme já enfrentado anteriormente.

164. MARTINS, Pedro Batista. *Recursos e processos da competência originária dos tribunais.* Alfredo Buzaid (atualizador). Rio de Janeiro: Revista Forense, 1957, p. 315.

165. MIRANDA, Francisco Cavalcanti Pontes de. *Comentários ao Código de Processo Civil.* 2ª ed. Rio de Janeiro: Revista Forense, 1960, t. XI, p. 407.

Por fim, José Frederico Marques defendia que o ato de considerar não saneado o processo nem sempre resultaria numa decisão terminativa, pois o reconhecimento da impossibilidade do julgamento de mérito poderia alcançar apenas parte da demanda apresentada de forma cumulada. Nesta hipótese, não seria cabível o agravo de petição, mas o agravo no auto do processo[166]. Haveria, portanto, um despacho interlocutório, não uma decisão terminativa.

Essas são as principais considerações acerca do cabimento do agravo no auto do processo no CPC/1939, um dos recursos previstos para a impugnação dos despachos interlocutórios.

5.2.5 As preclusões e os despachos interlocutórios

Neste ponto do trabalho, aborda-se um ponto fundamental: as preclusões decorrentes da ausência de interposição de recurso contra os despachos interlocutórios, estudo voltado a saber se as questões decididas podiam ser reanalisadas posteriormente pelo próprio juiz ou em sede de julgamento de recurso contra a decisão final.

José Frederico Marques, analisando o cabimento de agravo no auto do processo contra o despacho saneador, advogava a tese do seu efeito preclusivo quanto às questões decididas, mas excetuava as matérias que pudessem ser alegadas em qualquer tempo ou instância. O agravo no auto do processo seria o meio para evitar tais preclusões[167].

Posicionamento semelhante era encontrado na obra de Pedro Batista Martins, atualizada por Alfredo Buzaid, segundo o qual a ausência de interposição de agravo no auto do processo contra o despacho saneador implicava preclusão e impedia a rediscussão das matérias decididas, exceto se houvesse nulidade insanável, como a violação à coisa julgada[168].

Galeno Lacerda, tratando do despacho saneador, trazia entendimento similar, defendendo que a existência de preclusão dependeria da natureza da questão decidida e detalhando a sua visão sobre as preclusões e os despachos saneadores decisórios[169].

---

166. MARQUES, José Frederico. *Instituições de direito processual civil*. Rio de Janeiro: Forense, 1960, vol. IV, p. 232/233.

167. MARQUES, José Frederico. *Instituições de direito processual civil*. Rio de Janeiro: Forense, 1960, vol. IV, p. 232. Em sentido semelhante: SANTOS, Moacyr Amaral. *Primeiras linhas do direito processual civil*. 2ª ed. São Paulo: Max Limonad, 1967, 2v, p. 225.

168. MARTINS, Pedro Batista. *Recursos e processos da competência originária dos tribunais*. Alfredo Buzaid (atualizador). Rio de Janeiro: Revista Forense, 1957, p. 315.

169. Galeno Lacerda falava também em despachos saneadores ordinatórios, que seriam aqueles voltados à ordenação da marcha do processo, no sentido de suprimento ou não de determinado vício, até que sobreviesse o despacho saneador decisório. Os despachos saneadores ordinatórios, na sua

O autor enfrentava a questão com base na sua esquematização acerca das nulidades, que seriam de três espécies: *absolutas*, entendidas como infrações de norma imperativas que visavam interesse público; *relativas*, qualificadas como violações a normas imperativas, mas protetoras do interesse das partes; *anulabilidades*, caracterizadas como infrações a normas dispositivas em relação à parte. As preclusões das decisões interlocutórias, isto é, das não terminativas, dependeriam da disponibilidade das partes quanto à questão decidida, de sorte que, sendo ela indisponível, a ausência de interposição de recurso não seria capaz de impedir a reanálise da matéria, inclusive pelo próprio juiz prolator[170].

Como partia da análise da disponibilidade, para Galeno Lacerda, de uma forma geral, só as infrações caracterizadas como *anulabilidades* poderiam ter o seu reexame vedado, caso a parte não interpusesse o recurso cabível. Como só neste caso estar-se-ia dentro da esfera de disponibilidade da parte, só nele a aquiescência manifestada pela ausência de recurso impediria o reexame da questão[171].

Em sequência, Galeno Lacerda defendia que o art. 289 do CPC/1939[172], que impedia a reanálise das questões decididas, era aplicável somente àquelas ligadas ao mérito do pedido. No entanto, ainda quanto às questões de mérito, o autor utilizava como critério a disponibilidade das partes. Assim, entendia que as questões de mérito ligadas exclusivamente à relação *material*, que comportariam disposição pelas partes, uma vez decididas por decisão interlocutória não recorrida, não poderiam ser reexaminadas, inclusive em outro processo, como a que repelisse a alegação de coisa julgada ou outra "defesa baseada em fato extintivo do pedido". Por outro lado, haveria questões de mérito que interessariam à relação *processual*: possibilidade jurídica do pedido e legitimidade *ad causam* (condições da ação que, na visão de

---

visão, seguiam a regra da irrecorribilidade dos interlocutórios e podiam ser revistos pelo prolator (LACERDA, Galeno. *Despacho saneador.* Porto Alegre: Livraria Sulina, 1953, p. 160/161).

170. LACERDA, Galeno. *Despacho saneador.* Porto Alegre: Livraria Sulina, 1953, p. 160/161.

171. Sobre a regra geral acerca da ausência de preclusão quando a questão decidida pela interlocutória fosse qualificada como *nulidade absoluta* ou *relativa* e a irrelevância da ausência de recurso nestes casos, para fins de reexame da questão: LACERDA, Galeno. *Despacho saneador.* Porto Alegre: Livraria Sulina, 1953, p. 161/164.

172. Em sua redação original: "Art. 289. Nenhum juiz poderá decidir novamente as questões já decididas, relativas à mesma lide, salvo: I – nos casos expressamente previstos; II – quando o juiz tiver decidido de acordo com a equidade determinada relação entre as partes, e estas reclamarem a reconsideração por haver-se modificado o estado de fato". O Decreto-Lei n. 4.565/1942 deu nova redação ao artigo, promovendo mudanças no inciso II: "Art. 289. Nenhum juiz poderá decidir novamente as questões já decididas, relativas à mesma lide, salvo: I, nos casos expressamente previstos; II, quando o juiz tiver decidido, de acordo com a equidade, determinada relação entre as partes, e estas reclamarem a revisão por haver-se modificado o estado de fato".

Galeno Lacerda, comporiam o mérito). A ausência de recurso contra a decisão interlocutória que repelisse tais alegações não vedaria a reanálise de tais matérias, pois elas não estariam no campo da disponibilidade das partes[173].

Seabra Fagundes era expresso ao sustentar que, caso não houvesse a interposição de agravo no auto do processo, a questão decidida no despacho saneador não poderia ser reexaminada em sede de apelação, sem excetuar nenhuma matéria. O autor também defendia que as decisões irrecorríveis por agravo de instrumento ou no auto do processo poderiam ser reapreciadas no julgamento da apelação[174].

Odilon de Andrade defendia que, havendo previsão de agravo contra qualquer despacho interlocutório, a ausência de interposição de recurso impossibilitava a rediscussão da matéria decidida. O autor era expresso, ainda, ao aplicar esse raciocínio ao despacho saneador, ressaltando que a falta de impugnação recursal obstaria a renovação das questões por ele decididas[175].

Liebman, tratando da possibilidade de modificação das decisões interlocutórias, defendia três regras básicas: a) se ela fosse recorrível, a ausência de recurso tornaria inviável a sua modificação; b) a confirmação da decisão, pelo julgamento do recurso cabível, também impediria a sua alteração; c) sendo irrecorrível, o avanço do processo poderia impedir a reanálise da questão decidida quando o progresso na marcha fosse tal que atingisse uma "situação que seria incompatível com a modificação". Nos demais casos de decisões interlocutórias irrecorríveis, o magistrado teria liberdade para alterá-las[176].

Quanto às preclusões em virtude da ausência de apresentação de agravo contra despachos interlocutórios recorríveis, eram mais corretas as lições de Seabra Fagundes, Odilon de Andrade e Liebman, pois defender a reapreciação de questões decididas, mesmo que ausente o recurso contra o despacho interlocutório, era tornar inútil a previsão recursal[177].

---

173. LACERDA, Galeno. *Despacho saneador.* Porto Alegre: Livraria Sulina, 1953, p. 166/169.

174. FAGUNDES, M. Seabra. *Dos recursos ordinários em matéria civil.* Rio de Janeiro: Revista Forense, 1946, p. 361/362.

175. ANDRADE, Odilon de. *Comentários ao Código de Processo Civil.* Rio de Janeiro: Revista Forense, 1946, vol. IX, p. 292/294. No mesmo sentido: LIMA, Alcides de Mendonça. *A recorribilidade dos despachos interlocutórios no Cód. de Proc. Civil.* Revista Forense, Ano 54, v. 173, 1957, p. 83/84; REZENDE Filho, Gabriel José Rodrigues de. *Curso de direito processual civil.* Benvindo Aires (atualizador). 5ª ed. São Paulo: Saraiva, 1960, vol. III, p. 55/56.

176. LIEBMAN, Enrico Tullio. *Decisão e coisa julgada.* Revista Forense, Ano 44, vol. 109, 1945, p. 332. Neste trabalho, não se concorda com a ideia de que o fato de a decisão ser irrecorrível permite ao magistrado revê-la a qualquer tempo. Na visão deste trabalho, somente a partir da alteração do contexto fático que justificou a decisão interlocutória é que seria possível a modificação da decisão.

177. Sobre a possibilidade de rediscussão da questão decidida e não impugnada por recurso equivaler à inutilidade da previsão de agravo para a hipótese, conferir: ANDRADE, Odilon de. *Comentários ao Código de Processo Civil.* Rio de Janeiro: Revista Forense, 1946, vol. IX, p. 293; FAGUNDES, M. Seabra.

Além do mais, segundo a visão deste trabalho, dizer que há questões que podem ser conhecidas a qualquer momento não equivale à possibilidade de que tais matérias sejam *rediscutidas* a qualquer momento, ainda que sem recurso, isto é, entende-se que há matérias cuja *ausência* de alegação não gera preclusão e que podem ser *decididas* a qualquer momento. No entanto, uma vez *decididas* e passíveis de recurso, a inércia do legitimado impede a sua rediscussão. Em resumo: tais questões podem ser decididas a qualquer tempo e independentemente de provocação, mas não podem ser *novamente* decididas quando não recorridas, apesar de sujeitas a tal meio de impugnação.

Destaque-se, ainda, como bem fez Seabra Fagundes[178], que as preclusões quanto à rediscussão dos despachos interlocutórios não estavam ligadas somente à ausência de impugnação por agravo no auto do processo, mas seus efeitos alcançavam também as questões decididas que, sujeitas a agravo de instrumento, não eram impugnadas por esse recurso. Desta forma, por exemplo, inadmitida a intervenção de terceiro na causa e não interposto o agravo de instrumento (art. 842, I), esta intervenção não poderia mais ser deferida.

Questão controversa envolvia a preclusão oriunda de "decisão implícita do juiz". Segundo Liebman, o legislador impunha a certos despachos interlocutórios uma função específica, que somente poderia ser realizada a partir de decisões sobre questões prévias. Nesses casos, a prolação destes despachos interlocutórios, mesmo que omissos quanto a alguma das questões prévias, implicaria necessariamente a decisão sobre elas, estando caracterizada uma "decisão implícita do juiz"[179].

O maior exemplo seria o despacho saneador, cuja função saneadora pressupunha a decisão sobre a regularidade do processo, nos termos detalhados no art. 294 do CPC/1939. Para Liebman, declarado saneado o processo, ainda que sem ter sido expressamente decidida alguma das questões mencionadas no art. 294, a preclusão decorrente da ausência de interposição de recurso impediria a discussão sobre todas as questões passíveis de decisão no despacho saneador, inclusive aquelas não expressamente decididas, pois elas seriam prévias à função desempenhada pelo despacho saneador[180].

Dos recursos ordinários em matéria civil. Rio de Janeiro: Revista Forense, 1946, p. 361; LIMA, Alcides de Mendonça. *A recorribilidade dos despachos interlocutórios no Cód. de Proc. Civil.* Revista Forense, Ano 54, v. 173, 1957, p. 84.

178. FAGUNDES, M. Seabra. *Dos recursos ordinários em matéria civil.* Rio de Janeiro: Revista Forense, 1946, p. 363.

179. LIEBMAN, Enrico Tullio. *Decisão e coisa julgada.* Revista Forense, Ano 44, vol. 109, 1945, p. 333.

180. LIEBMAN, Enrico Tullio. *Decisão e coisa julgada.* Revista Forense, Ano 44, vol. 109, 1945, p. 333. No mesmo sentido: REZENDE Filho, Gabriel José Rodrigues de. *Curso de direito processual civil.* Benvindo Aires (atualizador). 5ª ed. São Paulo: Saraiva, 1960, vol. III, p. 56.

Desta forma, uma vez declarado saneado o processo sem ter sido enfrentada a questão da legitimidade *ad causam*, ela não poderia, na visão de Liebman, ser discutida em sede de apelação, caso não houvesse sido interposto o agravo no auto do processo.

Odilon de Andrade entendia que, doutrinariamente, Liebman estava correto, mas opinava em sentido contrário. Segundo ele, a prática apresentava casos nos quais os juízes, expressa ou implicitamente, deixavam para decidir na decisão final questões que, a princípio, eram para ser decididas na fase saneadora, não se podendo presumir o silêncio do magistrado como repulsa a possíveis defeitos e irregularidades. Assim, o autor defendia que eventual preclusão só poderia impedir a análise daquelas questões expressamente resolvidas no despacho saneador[181].

Quanto ao tema, Galeno Lacerda voltava a utilizar o critério da disponibilidade, de sorte que, para ele, só se poderia falar em saneamento implícito e impossibilidade de reexame nos casos de anulabilidade contra a qual não fora interposto recurso, além das meras irregularidades e vícios não essenciais. Nos demais casos, haveria a necessidade de motivação e a possibilidade de a decisão exigir prova em audiência. Reiterava, ainda, a ausência de preclusão quanto às questões ligadas às nulidades absoluta e relativa[182].

Dentre as posições, a de Odilon de Andrade se apresentava como mais coerente, pois, na visão deste trabalho, é sempre preferível falar que as preclusões impedem a reanálise das questões *decididas* e, para se caracterizar uma decisão, deve haver manifestação de vontade do magistrado sobre o ponto controvertido.

Por meio deste tópico, demonstrou-se que a falta de interposição de um recurso previsto para impugnar certo despacho interlocutório tinha como efeito uma preclusão que impedia o reexame da matéria decidida, seja pelo juiz prolator ou pelo tribunal, quando do julgamento do recurso contra a decisão final.

---

181. ANDRADE, Odilon de. *Comentários ao Código de Processo Civil*. Rio de Janeiro: Revista Forense, 1946, vol. IX, p. 294/295.

182. LACERDA, Galeno. *Despacho saneador*. Porto Alegre: Livraria Sulina, 1953, p. 172/175.

Capítulo 6

A REGULAMENTAÇÃO NO CÓDIGO DE PROCESSO CIVIL DE 1973

6.1 CONSIDERAÇÕES GERAIS

No ano de 1961, o então Ministro da Justiça, Oscar Pedroso Horta, convidou Alfredo Buzaid para elaborar um anteprojeto de Código de Processo Civil, que foi apresentado em 1964, quando o Ministro da Justiça já era Milton Campos[1].

Em 02 de agosto de 1972, época em que o Ministro da Justiça era o próprio Alfredo Buzaid, o anteprojeto foi enviado ao Congresso Nacional, acompanhado da exposição de motivos. Após discussão e votação, foi sancionada a Lei 5.869, de 11 de janeiro de 1973, que instituiu um novo Código de Processo Civil[2].

De acordo com o seu art. 1.020, a data de 01/01/1974 marcou o início da produção dos efeitos do CPC/1973 e, por consequência, representou o começo desta nova fase do direito processual civil brasileiro.

Destaque-se que, antes mesmo de entrar em vigor, o CPC/1973 passou por alterações, promovidas pela Lei n. 5.925/1973, que acabou modificando alguns dispositivos importantes, entre os quais estavam os arts. 522 e 523, destinados aos agravos, como será adiante analisado.

Na visão deste trabalho, o estudo da recorribilidade das decisões interlocutórias na vigência do CPC/1973 deve ser dividido em três partes, assim denominadas: classificação dos atos do juiz, a recorribilidade das decisões interlocutórias e questões controversas.

1. PACHECO, José da Silva. *Evolução do processo civil brasileiro: desde as origens até o advento do novo milênio* 2ª ed. Rio de Janeiro: Renovar, 1999, p. 250.

2. PACHECO, José da Silva. *Evolução do processo civil brasileiro: desde as origens até o advento do novo milênio* 2ª ed. Rio de Janeiro: Renovar, 1999, p. 271.

Quanto à classificação dos atos do juiz, há de ser feita uma nova divisão, frente à alteração no conceito legal de sentença promovida pela Lei 11.232/2005. Por esse motivo, a classificação dos atos do juiz é feita com base em dois momentos históricos, antes e depois da Lei 11.232/2005.

No que diz respeito à recorribilidade das decisões interlocutórias, houve três leis que, depois que o CPC/1973 entrou em vigor, alteraram consideravelmente o regime jurídico dos agravos: a Lei n. 9.139/1995, a Lei n. 10.352/2001 e a Lei 11.187/2005. Por consequência, o tema é analisado em cinco momentos históricos distintos: entre 01/01/1974 e a Lei n. 9.139/1995; entre a Lei n. 9.139/1995 e a Lei n. 10.352/2001; entre a Lei n. 10.352/2001 e a Lei n. 11.187/2005; e após a Lei 11.187/2005.

Na quarta parte do estudo deste período histórico, são enfrentados alguns temas que geraram controvérsia, na vigência do CPC/1973, sobre a natureza jurídica de certas decisões e o cabimento dos agravos em algumas hipóteses.

Por fim, estuda-se uma questão importante ligada à recorribilidade das decisões interlocutórias: a ocorrência de preclusões resultantes da ausência de interposição de recurso contra essas decisões.

Este quinto período e, por consequência, a análise histórica se encerram com a entrada em vigor do CPC/2015 (Lei 13.105, de 16 de março de 2015), ou, mais precisamente, em 18/03/2016[3].

6.2 CLASSIFICAÇÃO DOS ATOS DO JUIZ

6.2.1 Classificação dos atos do juiz até a Lei n. 11.232/2005

6.2.1.1 Considerações gerais

Ao contrário do CPC/1939, o CPC/1973 tinha uma seção denominada "atos do juiz" (Seção III, do Capítulo I, do Título V, do Livro I). Segundo o *caput* do art. 162, os atos do juiz consistiam em sentenças, decisões interlocutórias e despachos, enquanto o art. 163 denominava acórdão o julgamento feito pelos tribunais. A opção legislativa, apesar representar um avanço, era problemática, como se verá.

3. Após certa polêmica doutrinária sobre a melhor interpretação do art. 1.045 do CPC/2015, o STJ fixou, em sessão administrativa, que a vigência do CPC/2015 se iniciaria em 18/03/2016: http://www.stj.jus.br/sites/STJ/default/pt_BR/Comunica%C3%A7%C3%A3o/Not%C3%ADcias/Not%C3%ADcias/Pleno-do-STJ-define-que-o-novo-CPC-entra-em-vigor-no-dia-18-de-mar%C3%A7o. Acesso em 02/06/2016.

O art. 162 do CPC/1973 não só enumerava os atos do juiz, mas também os definia, da seguinte forma: a) a *sentença* era tida como o ato pelo qual o juiz punha termo ao processo, decidindo ou não o mérito da causa (art. 162, § 1º); b) a *decisão interlocutória* era definida como o ato pelo qual o juiz, no curso do processo, resolvia questão incidente (art. 162, § 2º); c) os *despachos* eram considerados todos os demais atos do juiz praticados no processo, de ofício ou a requerimento da parte, a cujo respeito a lei não estabelecesse outra forma (art. 162, § 3º).

Antes de se partir para o estudo destes conceitos, são necessárias algumas ressalvas.

A primeira delas indica que, apesar da classificação contida no art. 162, o CPC/1973 não era sempre precisamente técnico na utilização destes termos, como a menção ao "despacho saneador" (redação original do art. 338) e ao despacho que deferisse ou não a "medida liminar" nas ações de manutenção ou reintegração de posse (art. 930, parágrafo único), todos casos de verdadeiras decisões interlocutórias[4].

A segunda ressalva envolve a constatação de que o art. 162 do CPC/1973, apesar de seu intuito exaustivo, não mencionava todos os atos do juiz, só cuidando dos seus *pronunciamentos*. No decorrer do processo, o magistrado praticava atos que não eram mencionados no art. 162, como o interrogatório das partes, a inquirição de testemunhas e a inspeção judicial. Portanto, o título da seção – "atos do juiz" – era mais amplo do que o conteúdo efetivamente abarcado, restrito apenas aos pronunciamentos do juiz[5].

A terceira ressalva é a de que os acórdãos, definidos como o "julgamento proferido pelos tribunais" poderiam tanto se encaixar na definição de sentença, como na de decisão interlocutória. A diferença entre tais atos residia no órgão prolator (juízes de primeiro grau ou tribunais), não na função ou conteúdo. Este tema será analisado com maior detalhe no estudo dos pronunciamentos do juiz segundo o CPC/2015.

Feitas essas ressalvas, pode-se partir ao estudo dos atos mencionados no art. 162 do CPC/1973.

---

4. Carlos Silveira Noronha ratificava que, para definir certo pronunciamento do juiz, o importante era verificar a sua natureza jurídica, não a nomenclatura legal, que não era uniforme. No entanto, como se verá adiante, o próprio autor chega a descuidar dessa afirmativa ao mencionar uma categoria de despachos (despachos interlocutórios), composta por atos com natureza jurídica de decisão interlocutória, mas que eram legalmente referidos como despachos. Conferir: NORONHA, Carlos Silveira. *Do agravo de instrumento*. Rio de Janeiro: Forense, 1976, p. 224 e ss.

5. Nesse sentido: MOREIRA, José Carlos Barbosa. *Comentários ao Código de Processo Civil*. Rio de Janeiro: Forense, 1974, vol. V, p. 201; ARAGÃO, Egas Dirceu Moniz de. *Comentários ao Código de Processo Civil*. Rio de Janeiro: Forense, 1974, vol. II, p. 37; NORONHA, Carlos Silveira. *Do agravo de instrumento*. Rio de Janeiro: Forense, 1976, p. 124/125; WAMBIER, Teresa Arruda Alvim. *Nulidades do processo e da sentença*. 4ª ed. São Paulo: Editora Revista dos Tribunais, 1997, p. 26.

6.2.1.2 O conceito de sentença

Como visto, o art. 162, § 1º, em sua redação original, definia a sentença como o ato pelo qual o juiz punha termo ao processo, decidindo ou não o mérito da causa. Note-se que o conceito legal coincidia com o de "decisão final", dado por Liebman e apresentado quando do estudo do CPC/1939[6].

Apesar da redação legal, cabe pontuar uma conclusão de José Frederico Marques: o processo não se encerrava com a sentença, mas com a coisa julgada formal. Por isso, o autor preferia falar em sentença como o ato processual dos juízos monocráticos de primeiro grau que punha fim ao processo de conhecimento na instância inferior[7].

De acordo com o texto legal, a expressão "sentença" passou a abarcar todas as decisões finais, fossem ou não de mérito.

Egas Dirceu Moniz de Aragão criticava o conceito dado pelo CPC/1973, defendendo que somente deveria ser considerado como sentença o pronunciamento final sobre o mérito, excluindo-se do conceito as decisões finais que não o julgassem. No entanto, o próprio autor reconhecia que, do ponto de vista prático, a unificação das duas espécies de decisão num só conceito foi útil, já que encerrou as dúvidas doutrinárias e jurisprudenciais, presentes na vigência do CPC/1939, sobre a natureza de certa decisão final (terminativa ou definitiva) e o recurso cabível na hipótese (apelação ou agravo de petição). Com o CPC/1973, toda decisão final era considerada sentença e impugnável por apelação, nos termos do seu art. 513[8].

Com relação ao conceito original de sentença no CPC/1973, vale destacar que ele levou em conta a *função* exercida pela decisão judicial: pôr fim ao processo ou, de acordo com as ressalvas feitas por José Frederico Marques, colocar termo ao processo em primeiro grau. Só se exercia a função de

---

6. Detalhe também percebido em: SANTOS, Moacyr Amaral. *Primeiras linhas de direito processual civil*. 7ª ed. São Paulo: Saraiva, 1984, v. 3, p. 7.

7. MARQUES, José Frederico. *Manual de direito processual civil*. São Paulo: Saraiva, 1975, vol. III, 2ª parte, p. 25. No mesmo sentido: JORGE, Flávio Cheim. "Sentença cível". *Revista de Processo*. Ano 26, n. 104, 2001, p. 114. Arruda Alvim não fazia expressamente essa ressalva, mas definia a sentença de forma semelhante: "A sentença é o ato final do juiz – no direito brasileiro positivo – que encerra o procedimento em primeiro grau de jurisdição, com ou sem julgamento de mérito (art. 162, § 1.º)" (ALVIM, Arruda. "Sentença no processo civil". *Revista de Processo*. Ano 1, n. 2, 1976, p. 14).

8. ARAGÃO, Egas Dirceu Moniz de. *Comentários ao Código de Processo Civil*. Rio de Janeiro: Forense, 1974, vol. II, p. 32/33. Adroaldo Furtado Fabricio não se posicionou sobre o acerto da opção legislativa, mas reconheceu que, abandonando os critérios mais técnicos do CPC/1939, o CPC/1973 apresentou vantagens de ordem prática, reduzindo o número de recursos e tornando o cabimento do recurso contra a sentença independente das controvérsias doutrinárias sobre determinados conceitos, como o de mérito: FABRICIO, Adroaldo Furtado. *A ação declaratória incidental*. Rio de Janeiro: Forense, 1976, p. 197.

colocar fim ao processo em primeiro grau de duas maneiras: extinção sem exame do mérito (art. 267) e com resolução do mérito (art. 269)[9].

A definição de *sentença* abarcava, então, dois tipos de decisão: a) decisão final de extinção sem exame do mérito, que conjugava a presença de três fatores: função (*pôr fim ao processo*) + objeto (*questão sobre a possibilidade do julgamento de mérito*) + sentido (*negativa ao julgamento de mérito, por inadmissibilidade da demanda ou desistência, por exemplo*); b) decisão final de mérito, que pressupunha a ocorrência de *dois* fatores: função (*pôr fim ao processo*) + objeto (*pedido*, pouco importando o sentido (procedência, improcedência), ou *homologação de autocomposição*).

Da intersecção entre as duas espécies, percebe-se que a definição de sentença só levava em conta um fator: a *função* exercida pela decisão.

Destaque-se que, em termos lógicos, o *esgotamento* das respostas que deviam ser dadas pelo Poder Judiciário, em primeiro grau, não pressupunha a *concentração* dos julgamentos numa mesma decisão, de sorte que a redação do art. 162, § 1º não continha, logicamente, a exclusividade sobre o decidido (presença dos elementos que permitiam o enfrentamento do mérito ou a sua resolução). O questionamento acerca da suposta exclusividade é importante para se verificar se os conceitos de sentença e de decisão interlocutória, dados pelo texto legal, eram mutuamente excludentes. Tal tema é enfrentado mais à frente, no estudo das decisões interlocutórias e das questões controversas, sobretudo acerca do julgamento parcial de mérito.

Teresa Arruda Alvim entendia que o art. 162, § 1º, do CPC representava uma tautologia, já que, segundo ela, ao se perguntar qual o era o ato do juiz que punha fim ao procedimento em primeiro grau de jurisdição, respondia-se: "a sentença". Da mesma forma, se fosse questionado o conceito de sentença, afirmava-se que era o ato do juiz que punha fim ao procedimento em primeiro grau de jurisdição[10]. Não parece, contudo, que era acertada essa afirmação, pois nada impede que uma classificação de atos leve em conta uma das suas funções.

Para a citada autora, mesmo antes da Lei n. 11.232/2005, eram os possíveis conteúdos da sentença (arts. 267 e 269) os responsáveis pela sua definição[11]. Como se verá adiante, tal premissa garantiria um caráter mutuamente

---

9. José Carlos Barbosa Moreira, ao invés de falar no critério da *função* de colocar fim ao processo, mencionava um critério *topológico* de pôr fim ao processo (MOREIRA, José Carlos Barbosa. *Comentários ao Código de Processo Civil.* Rio de Janeiro: Forense, 1974, vol. V, p. 198).

10. WAMBIER, Teresa Arruda Alvim. *Nulidades do processo e da sentença.* 4ª ed. São Paulo: Editora Revista dos Tribunais, 1997, p. 24/26.

11. WAMBIER, Teresa Arruda Alvim. *Nulidades do processo e da sentença.* 4ª ed. São Paulo: Editora Revista dos Tribunais, 1997, p. 26.

excludente entre os conceitos de sentença e de decisão interlocutória, mas, de qualquer modo, não encontrava respaldo expresso no texto legal.

Para os fins deste trabalho, não são necessárias maiores considerações, neste momento, sobre o conceito de sentença no CPC/1973.

6.2.1.3 Os conceitos de decisões interlocutórias e despachos

As definições dos pronunciamentos do juiz ganhavam contornos mais controvertidos quando tratavam das decisões interlocutórias e dos despachos, divergências decorrentes principalmente das redações dos arts. 162, §§ 2º e 3º, 504 e 522. Antes de adentrar tais controvérsias, cumpre tecer considerações acerca dos conceitos de decisão interlocutória e despacho.

Segundo o art. 162, § 2º, as decisões interlocutórias eram aquelas pelas quais o juiz, no curso do processo, resolvia questão incidente. Neste conceito, portanto, não era utilizado só o critério manejado para definir a sentença (*função*). O art. 162, § 2º valia-se, também, de outro critério: o objeto decidido. Assim, era decisão interlocutória o pronunciamento do juiz que, no curso do processo (sem encerrá-lo – critério da *função*), resolvia questão incidente (objeto da decisão). Logo, a definição legal de decisão interlocutória derivava da conjugação de dois fatores: ser tomada no curso do processo (*sem a função de encerrá-lo*) e decidir questão incidente.

Quanto ao conceito de questão incidente, José Frederico Marques a definia como a dúvida ou a controvérsia surgida no curso do processo e que era resolvida pelo juiz através de decisão interlocutória ou sentença terminativa. O incidente exigiria um acréscimo de atos processuais no procedimento e poderia dizer respeito a questões ligadas ao processo, que o juiz deveria resolver para preparar ou completar a sentença final, bem como para que o processo caminhasse sem irregularidade. Sendo isto impossível, chegar-se-ia a uma sentença terminativa. As questões incidentes também poderiam estar ligadas ao mérito, o que ocorria com as prejudiciais e as preliminares de mérito[12].

As definições de sentença e decisões interlocutórias só seriam mutuamente excludentes se se entendesse que o mérito (questão principal e, portanto, não incidente) só poderia ser julgado por sentença. Com base nesta premissa, dever-se-ia entender que a parte final do art. 162, § 2º ("resolve questão incidente") era inútil, pois as decisões tomadas *no curso do processo* só poderiam decidir justamente tais questões. Caso se entendesse que o mérito não precisaria ser necessariamente decidido por sentença, seria

12. MARQUES, José Frederico. *Manual de direito processual civil.* São Paulo: Saraiva, 1975, vol. III, 2ª parte, p. 50.

forçoso reconhecer uma omissão na definição legislativa, já que as decisões *tomadas no curso do processo* poderiam ser classificadas em dois grupos: as que resolviam questões incidentes, mencionadas na parte final do art. 162, § 2º, e as que julgavam o mérito, não referidas expressamente no texto legal. A possibilidade de julgamento de mérito por decisão interlocutória é analisada mais à frente, no tópico destinado às questões controversas envolvendo o CPC/1973[13].

Percebe-se, então, mais um problema nas definições dadas pelo CPC/1973, pois o legislador não seguiu um critério claro para distinguir os atos decisórios, deixando um vazio no qual se poderia questionar a natureza jurídica de uma decisão que, sem encerrar o processo, julgasse o mérito. Se se entendesse que o mérito poderia ser julgado fora da sentença, seria forçoso passar por uma interpretação contrária ao que sugeria o texto legal, incluindo "questão principal" onde se leria somente "questão incidente".

Além das sentenças e das decisões interlocutórias, o CPC/1973 conceituava os despachos, utilizando de parâmetros também problemáticos. Segundo o art. 162, § 3º, do CPC/1973, os despachos eram "todos os demais atos do juiz praticados no processo, de ofício ou a requerimento da parte, a cujo respeito a lei não estabelece outra forma".

José Carlos Barbosa Moreira era preciso ao indicar a infelicidade da definição legal, pois ela partia de um critério residual, definindo os despachos por exclusão, para, na parte final, inserir um critério formal, cujo alcance não foi bem delineado[14].

Como o mencionado acima, algumas controvérsias decorriam do art. 504 e do art. 522, segundo a redação dada pela Lei 5.925/1973.

Já se viu que o art. 162, § 2º cuidava das *decisões interlocutórias*, definindo-as como os atos pelos quais o juiz, no curso do processo, resolvia questão incidente. Já os *despachos* eram tidos como todos os demais atos do juiz praticados no processo, de ofício ou a requerimento da parte, a cujo respeito a lei não estabelecesse outra forma.

Por outro lado, o art. 504 tornava irrecorríveis os despachos *de mero expediente* e o art. 522, segundo a redação dada pela Lei n. 5.925/1973, indicava serem agraváveis todas as decisões que não se encaixassem nas previsões do

---

13. José Carlos Barbosa Moreira não aprofundava a discussão, mas mencionava que a diferença entre os conceitos de sentença e decisão interlocutória, segundo o art. 162, §§ 1º e 2º, do CPC/1973, era inspirada no critério *topológico* de pôr fim ao processo ou ser proferida no curso do processo (MOREIRA, José Carlos Barbosa. *Comentários ao Código de Processo Civil.* Rio de Janeiro: Forense, 1974, vol. V, p. 198).

14. MOREIRA, José Carlos Barbosa. *Comentários ao Código de Processo Civil.* Rio de Janeiro: Forense, 1974, vol. V, p. 199.

art. 504 e do art. 513, dispositivo este que afirmava que as sentenças eram apeláveis. Portanto, a redação do art. 522 não falava em agravo contra decisões *interlocutórias*, mas apenas contra *decisões*, excetuados os casos dos arts. 504 (despachos de *mero expediente*) e 513 (*sentenças*) do CPC/1973.

Isso fez com que parte da doutrina passasse trabalhar com a ideia de duas espécies de despachos: os de mero expediente e os demais. Nesse sentido, Egas Dirceu Moniz de Aragão, baseado em premissas utilizadas por Pietro-Castro, defendia que os despachos de mero expediente eram aqueles que visavam unicamente ao impulso processual, sem causar qualquer lesão ao direito das partes. Já os despachos que excedessem esse limite e causassem ônus ou afetassem direitos não poderiam ser enquadrados como despachos de mero expediente e eram recorríveis[15].

Entendimento semelhante era encontrado na obra de Carlos Silveira Noronha, para quem os despachos podiam ser divididos em duas espécies: de mero expediente e os interlocutórios. Segundo o autor, os despachos de mero expediente eram aqueles praticados sem controvérsia entre as partes, que possuíam natureza meramente formal e que eram proferidos pelo juiz no interesse do Estado com o propósito de instaurar, desenvolver, ordenar e fiscalizar a relação processual para conduzi-la à sentença final. Esses despachos, apesar de importantes no desenvolvimento do processo, não traduziriam interesses das partes suficientes para que se permitisse a sua impugnação pela via recursal[16].

Por outro lado, segundo o autor, o CPC/1973 teria conservado a nomenclatura de "despachos" para designar alguns atos que seriam mais bem encaixados no conceito de decisão interlocutória, previsto no art. 162, § 2º. Para ele, eram alguns exemplos: o *despacho* saneador (redação original do art. 338), o *despacho* concessivo ou denegatório de "medida liminar" em ação de manutenção ou reintegração de posse (art. 930, parágrafo único) e o *despacho* de deliberação de partilha (art. 1.022)[17].

De acordo com a visão de Carlos Silveira Noronha, os despachos de mero expediente e os interlocutórios se diferenciavam pela existência ou não de controvérsia na matéria objeto de pronunciamento judicial ou pelo fato de causar ou não prejuízo às partes. Caso inexistisse controvérsia sobre a matéria objeto do despacho e não houvesse prejuízo resultante dele, tratar-se-ia de despacho de mero expediente (irrecorrível), já se estivesse presente uma das duas hipóteses (controvérsia sobre a matéria ou gravame

15. ARAGÃO, Egas Dirceu Moniz de. *Comentários ao Código de Processo Civil.* Rio de Janeiro: Forense, 1974, vol. II, p. 45.
16. NORONHA, Carlos Silveira. *Do agravo de instrumento.* Rio de Janeiro: Forense, 1976, p. 223/224.
17. NORONHA, Carlos Silveira. *Do agravo de instrumento.* Rio de Janeiro: Forense, 1976, p. 224/227.

aos litigantes), estaria caracterizado o despacho interlocutório, recorrível por agravo de instrumento[18].

No entanto, o próprio autor reconhecia que o intérprete, para classificar um ato, deveria se desprender da nomenclatura legal e avaliar a sua natureza jurídica. Por consequência, o autor reconhecia que os despachos interlocutórios eram, na realidade, de natureza interlocutória[19].

O desapego à estrita nomenclatura legal e a busca por uma simplicidade no tratamento da matéria fazem com que este trabalho se alinhe às ideias defendidas por José Carlos Barbosa Moreira, no que dizia respeito às supostas categorias dos despachos. Para o autor, a expressão "despacho" deveria ser reservada aos que chamava de "*verdadeiros despachos*", isto é, àqueles que representavam "atos de puro e simples impulso processual", como as aberturas de prazo para manifestação, designação de data para audiência etc. Tais atos seriam irrecorríveis[20].

Por outro lado, o autor defendia que os despachos, referidos implicitamente no art. 522 como integrantes de uma categoria maior ("decisões"), seriam aqueles atos com conteúdo decisório aos quais o CPC/1973 reservava, equivocadamente, a nomenclatura de despacho, como o "despacho saneador" (redação original do art. 338) e o "despacho" concessivo ou denegatório de "medida liminar" em ação de manutenção ou reintegração de posse (art. 930). Estes atos seriam típicas decisões interlocutórias e deveriam receber o mesmo tratamento jurídico delas, sobretudo quanto à recorribilidade[21].

Na visão deste trabalho, era prescindível utilizar o recurso da "referência implícita", como o feito por José Carlos Barbosa Moreira, sobretudo porque, mesmo após a alteração promovida pela Lei n. 9.139/1995, que vinculou os agravos às decisões *interlocutórias*, tais "despachos" continuaram sendo impugnáveis por esta via recursal. Desta forma, entende-se que era melhor simplesmente compreender que o legislador se equivocou em nomeá-los como despachos, pois eram verdadeiras decisões interlocutórias e como tal deveriam ser tratadas. Por consequência, seria possível equiparar as "decisões" do art. 522 às decisões interlocutórias.

---

18. NORONHA, Carlos Silveira. *Do agravo de instrumento*. Rio de Janeiro: Forense, 1976, p. 223.
19. NORONHA, Carlos Silveira. *Do agravo de instrumento*. Rio de Janeiro: Forense, 1976, p. 224.
20. MOREIRA, José Carlos Barbosa. *Comentários ao Código de Processo Civil*. Rio de Janeiro: Forense, 1974, vol. V, p. 202.
21. MOREIRA, José Carlos Barbosa. *Comentários ao Código de Processo Civil*. Rio de Janeiro: Forense, 1974, vol. V, p. 200/202. José Frederico Marques também rejeitava a criação de espécies de despachos, defendendo que "despacho suscetível de agravo, por não ser de mero expediente, é decisão interlocutória, pois do contrário não seria admissível aquele recurso (art. 522)" (MARQUES, José Frederico. *Manual de direito processual civil*. São Paulo: Saraiva, 1975, vol. III, 2ª parte, p. 43). No mesmo sentido: MONTEIRO, João Baptista. "O conceito de decisão". *Revista de Processo*. Ano 6, n. 23, 1981, p. 77.

Com relação ao conteúdo decisório, cumpre antecipar uma divergência entre este trabalho e a doutrina de José Carlos Barbosa Moreira: admite-se que todos os pronunciamentos do juiz tinham, em alguma medida, conteúdo decisório, inclusive os despachos, entendendo-se também que as sentenças e as decisões interlocutórias se diferenciavam deles porque apresentavam *relevância na resolução da questão*. Mais à frente, o tema voltará a ser analisado.

Portanto, era desnecessária a criação de espécies de *despachos*, sendo suficiente partir da premissa de que o CPC/1973 nomeava como despachos certas decisões interlocutórias. Atentando-se à natureza jurídica do ato, poder-se-ia trabalhar apenas com três tipos de pronunciamentos do juiz de primeiro grau (sentenças, decisões interlocutórias e despachos), evitando-se confusões classificatórias.

Destaque-se que, em edição posterior às críticas, sobretudo as de José Carlos Barbosa Moreira e de José Frederico Marques, Egas Dirceu Moniz de Aragão ratificou a sua opinião, argumentando que as ideias defendidas pelos seus críticos levariam a três resultados inaceitáveis: a) tornavam ocioso o art. 504 do CPC/1973, já que, sendo recorríveis somente as decisões (art. 522), não faria sentido dizer que os despachos de mero expediente eram irrecorríveis, já que todos o eram; b) forçariam a leitura de "despacho" como "decisão interlocutória" somente em alguns casos, já que, em outros, a mesma expressão deveria ser entendida como "despacho de mero expediente", ainda que sem esse complemento; c) se o intérprete somente aceitasse a ideia de que todos os despachos eram irrecorríveis e se recusasse a entender como "decisão interlocutória" o vocábulo "despacho", acabaria sendo forçado a reconhecer que algumas "decisões", denominadas de despachos, eram irrecorríveis[22].

De fato, a negação das espécies de despachos gerava a consequência prevista no argumento de alínea *a*. Ao se defender a ideia de José Carlos Barbosa Moreira, é necessário reconhecer que havia redundância legislativa, pois o art. 522 seria suficiente para tornar irrecorríveis os despachos: se todos eram *de mero expediente*, não faria sentido manter um dispositivo específico (art. 504). Isso seria um óbice se o CPC/1973 não apresentasse outros exemplos de redundância, como ocorria com a ineficácia, em relação ao processo, da alienação da coisa litigiosa a terceiros (arts. 42 e 626) ou com a suspensão processual decorrente da apresentação de exceção de incompetência (arts. 265, III, e 306). É preciso reconhecer que, em diversos casos, a legislação apresenta dispositivos que nada acrescentam, pois as normas que prescrevem são igualmente extraídas de outros textos legais.

---

22. ARAGÃO, Egas Dirceu Moniz de. *Comentários ao Código de Processo Civil*. 8ª ed. Rio de Janeiro: Forense, 1995, vol. II, p. 39/40.

A conclusão da alínea *b* não era uma crítica capaz de abalar a tese defendida por José Carlos Barbosa Moreira, já que as ideias de Egas Dirceu Moniz de Aragão também exigiam que, em alguns casos, onde o CPC/1973 falasse despacho, se lesse "despacho que excede o âmbito do mero expediente", enquanto que, em outros, a mesma expressão era compreendida como "despacho de mero expediente". O exercício mental e a insegurança gerada eram os mesmos, modificava-se apenas o termo substituto. Além disso, a tese de Egas Dirceu Moniz de Aragão também pressupunha exercício semelhante quando pregava que, em um artigo específico (art. 522), onde se lia "decisão", era preciso extrair interpretação que englobasse também os despachos que não fossem de mero expediente.

Por fim, o argumento previsto na alínea *c* não é suficiente para afastar as ideias aqui defendidas, pois cuidava de adesão *parcial* a elas. Neste trabalho, pressupõe-se a aceitação de todas as premissas: a de que há "despachos" com conteúdo de decisões interlocutórias, que eles recebem o mesmo tratamento delas, sobretudo quanto à recorribilidade, e que é desnecessária a criação de uma nova categoria de despachos para abarcá-los.

Já Moacyr Amaral Santos, além dos despachos de mero expediente, falava também em *despachos mistos*, que seriam aqueles que diriam respeito ao desenvolvimento do processo, mas que afetavam "direito processual de um dos litigantes" e que, por isso, eram recorríveis por agravo de instrumento. O autor dava alguns exemplos: os atos que negassem a produção de determinada prova, que mandassem ou não suprir nulidades sanáveis, que não concedessem prazo dobrado para contestação quando houvesse litisconsórcio passivo com procuradores diferentes e os que não permitissem a substituição de debates orais por memoriais, quando a causa fosse de complexidade fática que o justificasse[23].

Essa categoria também não se sustentava. Primeiramente, alguns *despachos mistos* eram, na realidade, decisões interlocutórias, pois decidiam questões incidentes e pressupunham fundamentação, como a produção de provas, a possibilidade de correção de determinado vício e a substituição de alegações finais orais por memoriais escritos. Em segundo lugar, a não concessão de prazo de defesa dobrado para litisconsortes com diferentes procuradores poderia manifestar-se em diferentes tipos de pronunciamentos. Caso o magistrado, no despacho inicial, não tivesse atentado à existência de litisconsórcio e apenas indicasse o prazo de quinze dias para defesa, sem mencionar a possibilidade de procuradores distintos, ter-se-ia apenas um despacho de mero expediente. Nessa hipótese, se um dos réus alegasse, em tempo hábil, a irregularidade e

23. SANTOS, Moacyr Amaral. *Primeiras linhas de direito processual civil*. 7ª ed. São Paulo: Saraiva, 1984, v. 3, p. 7.

o magistrado reiterasse o prazo simples, ter-se-ia uma decisão interlocutória, pois teria sido decidida uma questão incidente (prazo dobrado ou simples para os litisconsortes) com expectativa de fundamentação. Já se a questão fosse enfrentada mais à frente, para se decidir sobre a tempestividade das defesas apresentadas, isso poderia ocorrer tanto em decisão interlocutória (na fase saneadora, reconhecendo-se a revelia, ou indeferindo-se a reconvenção, por exemplo) quanto em sentença, que poderia, no seu interior, reconhecer a intempestividade da defesa apresentada. Por isso, era desnecessário e, em certa medida, equivocado falar em *despachos mistos*.

Por isso, na visão deste trabalho, era desnecessária a criação de uma subcategoria, entre os despachos, para abarcar as decisões interlocutórias que eram denominadas de despachos. Melhor seria, portanto, reconhecer a falta de técnica do legislador ao nomear alguns pronunciamentos como *despachos* e inseri-los no rol das decisões interlocutórias, justamente pela natureza jurídica de tais atos.

A redação original do art. 522 também refletia em divergência doutrinária para definir quais dos pronunciamentos do art. 162 poderiam ser qualificados como "decisão".

Por conta do citado artigo, João Baptista Monteiro defendia que o termo "decisão" poderia ser encarado em sentido lato e em sentido estrito. Na acepção lata, extraída do art. 165 do CPC/1973, a expressão englobaria as sentenças, as decisões interlocutórias, os despachos e os acórdãos. Já em sentido estrito, por conta das disposições do art. 522, o termo abarcaria somente as decisões interlocutórias e os despachos[24].

Arruda Alvim, por outro lado, excluía os despachos do conceito de atos decisórios. Para ele, as decisões em sentido lato eram as sentenças e as decisões interlocutórias, sendo que essas últimas correspondiam às decisões em sentido estrito. No entanto, mais à frente, o autor dividia os despachos em de *mero expediente* e de *não mero expediente*. Os primeiros seriam irrecorríveis e os outros, que teriam um "conteúdo decisório mínimo", seriam recorríveis, já que o art. 522 falaria somente em "decisões" e a política recursal do legislador teria sido liberal[25]. Não parecia, portanto, muito segura a abordagem de Arruda Alvim, já que, num primeiro momento, excluía os despachos do rol

24. MONTEIRO, João Baptista. "O conceito de decisão". *Revista de Processo*. Ano 6, n. 23, 1981, p. 64. Apesar de se concordar com muito do que foi defendido por João Baptista Monteiro no citado artigo, discorda-se dele em dois pontos desta afirmativa: o art. 165 não poderia ser entendido como aplicável aos despachos, já que pressuporia a fundamentação, ainda que concisa, dos despachos citatórios, por exemplo e o art. 522 não deveria ter o termo "decisão" estendido aos despachos, pois isto forçaria a subdivisão deles, sob pena de todos os despachos serem considerados recorríveis.

25. ALVIM, Arruda. "Sentença no processo civil". *Revista de Processo*. Ano 1, n. 2, 1976, p. 20/21.

dos atos decisórios e, em seguida, inseria uma suposta espécie de despacho no conceito de decisão, para fins do art. 522 do CPC/1973.

Em sentido semelhante, José Carlos Barbosa Moreira também retirava os despachos do conceito dos atos decisórios. Segundo o autor, as decisões interlocutórias e as sentenças poderiam agrupar-se num conjunto maior de "decisões", contrapostas aos despachos[26].

Esse trabalho defende que os despachos possuíam um conteúdo decisório mínimo, como se verá adiante. Assim, concorda-se com a divisão em *atos decisórios em sentido lato* (equivalentes aos pronunciamentos do juiz) e em *atos decisórios em sentido estrito* (sentenças e decisões interlocutórias). Todavia, não se pode negar que a doutrina majoritária não qualificava os despachos como atos decisórios[27]. Então, por conta do uso corrente, ressalvadas as ponderações feitas adiante, o trabalho utilizará a expressão "atos decisórios" como gênero que abarcava apenas as sentenças e as decisões interlocutórias.

Além disso, não se estende aos despachos o termo "decisão", contido no art. 522, entendido como sinônimo de decisão interlocutória. Caso se entendesse que essa expressão abarcava também abarcava os despachos, forçosamente voltar-se-ia a criar subespécies deles, a menos que se admitisse o absurdo de que até o mais singelo despacho fosse recorrível.

Por todo o exposto, ressalvada a existência de conteúdo decisório mínimo no despacho, acredita-se que se privilegiava a coerência e a simplicidade ao se partir da premissa que equiparava as "decisões" do art. 522 às decisões interlocutórias e os despachos aos despachos de mero expediente, mencionados no art. 504 do CPC/1973. Defendendo-se essa premissa, a única questão que se mantinha pertinente era a de como se diferenciar os despachos das decisões interlocutórias, livrando-se, por outro lado, de qualquer subclassificação dos despachos, cujos grupos, muitas vezes, apresentavam nítidas características de decisões interlocutórias.

6.2.1.4 Propostas para a distinção entre as decisões interlocutórias e os despachos

A fixação de um critério claro para distinguir decisão interlocutória e despacho era um tema tormentoso que interessava a toda a vigência do

26. MOREIRA, José Carlos Barbosa. *Comentários ao Código de Processo Civil.* Rio de Janeiro: Forense, 1974, vol. V, p. 198. No mesmo sentido: DIDIER Jr., Fredie; BRAGA, Paula Sarno; OLIVEIRA, Rafael. *Curso de direito processual civil: teoria da prova, direito probatório, teoria do precedente, decisão judicial, coisa julgada e antecipação dos efeitos da tutela.* 6ª ed. Salvador: JusPodivm, 2011, vol. 2, p. 281/282. A ausência de conteúdo decisório nos despachos também era defendida por Alexandre Freitas Câmara: CÂMARA, Alexandre Freitas. *Lições de direito processual civil.* 25ª ed. São Paulo: Editora Altas, 2014, vol. 1, p. 278.

27. Nesse sentido, conferir nota de rodapé anterior.

CPC/1973, já que a reforma promovida pela Lei n. 11.232/2005 somente alterou o conceito de sentença, mantendo intactas as redações dos arts. 162, §§ 2º e 3º.

A partir do que foi exposto, era preciso definir o limite a partir do qual o pronunciamento do juiz apresentava carga decisória suficiente para caracterizar-se como decisão interlocutória, não como despacho.

O critério que mais repercutiu era semelhante àquele utilizado por Egas Dirceu Moniz de Aragão para diferenciar o que ele entendia por "despachos de mero expediente" dos demais despachos. Segundo o autor, com base em Pietro-Castro, a ocorrência de danos, decorrentes de ônus ou afetação de direitos por conta de um pronunciamento judicial, era o que descaracterizava um despacho como de mero expediente e sujeitava-o a recurso[28].

Nesse sentido, o critério do *efeito* do pronunciamento do juiz acabou sendo acolhido doutrinariamente como mais uma forma de distinguir os despachos e as decisões interlocutórias, isto é, quando o pronunciamento judicial tivesse conteúdo decisório capaz de causar dano à parte ou ao interessado, ele se caracterizaria como uma decisão interlocutória, não como um despacho[29].

De forma semelhante, o STJ manteve posicionamento no sentido de que a diferença entre as decisões interlocutórias e os despachos residia no fato de que as primeiras apresentavam conteúdo decisório e eram aptas a causar prejuízo à parte[30].

---

28. Nas palavras de Egas Dirceu Moniz de Aragão: "Aí está uma solução hábil a superar a dificuldade com que se defrontará o intérprete brasileiro: todos os despachos que visem unicamente à realização do impulso processual, sem causar qualquer lesão ao direito das partes, serão de mero expediente. Caso, porém, ultrapassem esse limite e acarretem ônus ou afetem direitos, causando algum dano (máxime irreparável), deixarão de ser de mero expediente e ensejarão recurso" (ARAGÃO, Egas Dirceu Moniz de. *Comentários ao Código de Processo Civil.* Rio de Janeiro: Forense, 1974, vol. II, p. 45.). No mesmo sentido: THEODORO Júnior, Humberto. *Curso de Direito Processual Civil.* 31ª ed. Rio de Janeiro: Forense, 2000, vol. I, p. 202.

29. Nesse sentido: NERY Junior, Nelson. *Teoria geral dos recursos.* 7ª ed. São Paulo: Editora Revista dos Tribunais, 2014, p. 227; DIDIER Jr., Fredie; CUNHA, Leonardo Carneiro da. *Curso de direito processual civil. Meios de impugnação às decisões judiciais e processos nos tribunais.* 12ª ed. Salvador: JusPodivm, 2014, vol. 3, p. 30; SOUZA, Bernardo Pimentel. *Introdução aos recursos cíveis e à ação rescisória.* 10ª ed. São Paulo: Saraiva, 2014, p. 373.

30. Nesse sentido: AgRg no REsp 1309949/MS. Terceira Turma. Rel. Min. João Otávio de Noronha. DJe: 12/11/2015; AgRg na PET na AR 4.824/RJ. Primeira Seção. Rel. Min. Mauro Campbell Marques. DJe: 21/05/2014; REsp 1307481/MA. Terceira Turma. Rel. Ministra Nancy Andrighi. DJe: 24/05/2013; REsp 1219082/GO. Terceira Turma. Rel. Ministra Nancy Andrighi. DJe: 10/04/2013; EDcl no AgRg no Ag 512.272/PA. Primeira Turma. Rel. Min. José Delgado. DJ 02/05/2005, p. 157; REsp 651.001/SP. Quarta Turma. Rel. Min. Barros Monteiro. DJ: 27/06/2005, p. 407; REsp 603.266/PB. Quinta Turma. Rel. Min. Gilson Dipp. DJ: 01/07/2004, p. 269; AgRg na Rcl 1.014/PE. Terceira Seção. Rel. Min. Gilson Dipp. DJ: 18/11/2002, p. 155; REsp 351.659/SP. Quarta Turma. Rel. Min. Sálvio de Figueiredo Teixeira.

Deste modo, doutrina e jurisprudência acrescentaram um fator ao critério de distinção entre os despachos e as decisões interlocutórias, isto é, eles não se diferenciariam apenas pelo conteúdo decisório, mas também pela possibilidade de ensejar gravame à parte.

Apesar deste acréscimo, pode-se afirmar que a existência de prejuízo, em algumas decisões, é que foi determinante para fins de diferenciação entre os pronunciamentos do juiz, já que, a despeito da reiterada alegação do conteúdo decisório como critério distintivo, nem sempre houve detalhamento de quais elementos indicavam a presença de tal conteúdo, apenas ressaltando-se o gravame concreto.

No julgamento do EDcl no AgRg no Ag n. 512272/PA pelo STJ, por exemplo, discutiu-se a natureza jurídica de um pronunciamento de juiz que, em sede de ação de desapropriação, tinha determinado que o Estado do Pará complementasse o pagamento de honorários periciais no importe de 50 salários mínimos. O acórdão é expresso ao definir que não se tratava "de mero despacho de expediente, e sim, de decisão interlocutória, pois gerou gravame à parte embargante, notadamente, ao erário público". Logo, o prejuízo foi tratado como o critério distintivo entre as duas espécies de pronunciamentos do juiz, já que o ato só foi considerado como decisão interlocutória *em razão* do gravame.

Na análise do REsp n. 1187805/AM, por sua vez, debateu-se o conteúdo decisório de um "despacho" que, em sede de execução provisória, tinha intimado o executado a pagar R$ 264.867,40 no prazo de quinze dias, sob pena de incidência da multa de 10%, prevista no art. 475-J do CPC/1973. No voto vencedor, a ministra relatora chegou a apresentar precedentes que indicavam que o ato que dava impulso à execução era considerado despacho e, portanto, irrecorrível. No entanto, em seguida, admitiu que a recorribilidade do "despacho" em questão porque ele tinha imposto o pagamento de elevada quantia e indicado a incidência da multa do art. 475-J do CPC/1973 em sede de execução provisória, o que não seria aceito pelo STJ[31]. Note-se

---

DJ: 02/09/2002, p. 195; REsp 195.848/MG. Quarta Turma. Rel. Min. Sálvio de Figueiredo Teixeira. DJ: 18/02/2002, p. 448.

31. Nos termos do acórdão: "9.- Todavia, no caso em análise, conforme bem salientado pela recorrente, o ato judicial de fls. 70 (e-STJ) possui caráter decisório, na medida em que impõe o pagamento de vultosa importância em dinheiro, no âmbito de execução provisória, a qual sequer admite a incidência da multa prevista no art. 475-J do CPC, podendo causar gravame à companhia, ainda que seja possível combater a irregularidade por meio de impugnação ao cumprimento de sentença. Destarte, constata-se que o ato judicial possui conteúdo decisório e, por isso, pode ser combatido por meio da interposição do Agravo de Instrumento. 10.- Ante o exposto, dá-se provimento ao Recurso Especial para reconhecer a recorribilidade do ato combatido, e determinar o retorno dos autos à origem, para que o Tribunal a quo prossiga no julgamento do recurso, como entender de direito." (STJ. REsp 1307481/MA. Terceira Turma. Rel. Ministra Nancy Andrighi. DJe 24/05/2013).

que, apesar de o acórdão utilizar o argumento da cumulação do conteúdo decisório e do gravame para fins de enquadramento no conceito de decisão interlocutória, não havia diferença de cunho decisório entre o impulso correto e o incorreto de uma execução: eram atos substancialmente idênticos, diferenciados apenas pelo equívoco de um deles, que, em sede de execução provisória, poderia causar gravame ao executado.

De qualquer forma, afirmar que decisão interlocutória pressupunha conteúdo decisório capaz de gerar gravame não resolvia o problema de identificação do marco a partir do qual um pronunciamento do juiz apresentava carga decisória.

Ao se acrescentar o fator "possibilidade de causar gravame à parte" para fins de caracterização de um ato como decisão interlocutória, chegava-se a duas situações possíveis.

A primeira delas indicava que, se realmente se tratasse de um acréscimo, haveria pronunciamentos que, a despeito de terem conteúdo decisório, não seriam considerados como decisões interlocutórias, já que não poderiam causar gravame. Tais atos ficariam num espaço de difícil classificação, pois não seriam despachos (classe que era considerada como sem carga decisória) nem decisões interlocutórias, pois incapazes de gerar prejuízo.

A segunda situação exigiria a admissão de que, onde houvesse conteúdo decisório, também haveria capacidade de ensejar gravame às partes. Nesse caso, o prejuízo seria uma forma de identificar a carga decisória. Por consequência, não haveria propriamente um acréscimo de fator de caracterização de decisão interlocutória, mas a indicação de uma forma de identificá-la.

Dentre tais possibilidades, a segunda revelava-se menos problemática, pois, na medida em que decidir pressupunha opções apresentadas ao magistrado que levassem a desfechos diferentes, era de se imaginar que, ao se decidir por uma das alternativas, chegava-se à imposição de potencial gravame a quem tinha o outro caminho como mais favorável.

Contudo, não sendo possível estabelecer uma ligação tal que garantisse que, sempre que houvesse conteúdo decisório num ato, haveria gravame e vice-versa, a inclusão do "critério do gravame" revelava-se pouco útil para fins de identificação do conteúdo decisório de um ato.

Assim, apesar de inegavelmente prático para fins de determinação da recorribilidade de um ato, a ideia de capacidade de ensejar prejuízo não poderia ser aceita para a indicação da existência de conteúdo decisório, questão que permanecia problemática.

O caminho proposto por este trabalho pressupõe a admissão de uma premissa básica: qualquer pronunciamento do juiz passava, ao menos, por um juízo acerca da sua adequação ao momento processual correspondente e pela definição por praticar o ato ou não, apresentando, por consequência, um conteúdo decisório mínimo.

O argumento encontra respaldo na doutrina de João Baptista Monteiro, mas dela se afasta em certa medida.

O autor definia decisão como "o ato jurídico pelo qual o juiz resolve uma questão ou um conjunto de questões surgidas no processo"[32]. Nesse contexto, João Baptista Monteiro classificava as questões como *atuais*, quando o juiz fosse obrigado a conhecê-las de ofício ou o réu tivesse oposto afirmativa contrária à alegação do autor, e como *potenciais*, quando isso não ocorresse; também as dividia em *de forma* ou *processuais*, contrapondo-as às *de fundo* ou *de mérito*; e igualmente as repartia em *questões de fato* ou de *direito*[33].

Mais à frente, ao reconhecer um conteúdo decisório mínimo nos despachos, o autor definia que eles também resolviam questões, ainda que singelas, como o pedido de remessa dos autos ao contador, e que, por isso, a resolução de questão não poderia ser o critério distintivo[34].

Diante do reconhecimento de que o conteúdo decisório não seria critério suficiente para distinguir despacho e decisão interlocutória, João Baptista Monteiro era expresso ao afirmar que o prejuízo era o critério distintivo para fins de recorribilidade e de diferenciação entre os despachos e as decisões interlocutórias. Nesse sentido, afirmava que os despachos de mero expediente não eram recorríveis desde que, na sua prolação, fosse respeitada a lei processual ou os princípios que a informavam[35].

Concorda-se perfeitamente com a tese de João Baptista Monteiro no que diz respeito ao conteúdo decisório mínimo dos despachos e à necessidade de busca de outro critério distintivo. No entanto, a conclusão dele parece pecar em dois pontos: a) a questão do respeito à lei processual ou aos princípios dela superaria a admissibilidade recursal (recorribilidade do ato, em específico), dizendo respeito ao próprio mérito do recurso, como quando se discutisse eventual *error in procedendo*; b) falar-se genericamente

32. MONTEIRO, João Baptista. "O conceito de decisão". *Revista de Processo*. Ano 6, n. 23, 1981, p. 74.

33. MONTEIRO, João Baptista. "O conceito de decisão". *Revista de Processo*. Ano 6, n. 23, 1981, p. 71/72.

34. MONTEIRO, João Baptista. "O conceito de decisão". *Revista de Processo*. Ano 6, n. 23, 1981, p. 79.

35. Nas suas palavras: "Entendemos, portanto, que os despachos de mero expediente integram a categoria de atos decisórios, embora de conteúdo decisório mínimo, sendo irrecorríveis desde que, na sua prolação, seja respeitada a lei processual e os princípios que a informam. No caso de o despacho de mero expediente se contrário à letra ou ao espírito da lei, causando, por isso, ofensa ao direito da parte, entendemos ser cabível o recurso de agravo de instrumento. Nem se diga que tal entendimento colide com a letra do art. 504. É que o despacho que causou gravame à parte, de molde a justificar, objetivamente, a utilização do recurso, pode ter parecido, à primeira vista, como despacho de mero expediente. Mas, na realidade, tal qualificação não lhe cabia, já que os despachos de mero expediente se hão de entender como aqueles insuscetíveis de ofender direitos das partes ou de terceiros" (MONTEIRO, João Baptista. "O conceito de decisão". *Revista de Processo*. Ano 6, n. 23, 1981, p. 80).

em possibilidade de prejuízo como critério distintivo levaria a problemas sérios, já que tornaria agraváveis todos os despachos iniciais em execuções por quantia certa contra devedor solvente, nos casos de títulos extrajudiciais, por exemplo, pois, não pago o valor em três dias, seria possível que o oficial de justiça procedesse à penhora de tantos bens quanto bastassem (art. 652, § 1º, conforme redação dada pela Lei n. 11.382/2006).

Já se viu que não era possível diferenciar os dois pronunciamentos com base na existência de conteúdo decisório nem com fundamento puro e simples na possibilidade de prejuízo.

Também não se poderia diferenciá-los pela natureza da questão decidida, uma vez que a mesma controvérsia poderia ser resolvida por despacho ou decisão interlocutória. Um exemplo dessa afirmativa seria um despacho que, em vez de mandar o réu responder em quinze dias, fixasse em dez dias tal prazo. O magistrado, ao emanar tal ato, teve que decidir, no mínimo, duas questões: a adequação do momento processual ao ato citatório e o prazo concedido ao réu para resposta. Nesse primeiro momento, dificilmente se defenderia ser uma decisão interlocutória em vez de um despacho. No entanto, após provocação, por parte do réu, acerca do prazo para se defender, facilmente se concluiria que a ratificação, por parte do magistrado, caracterizaria uma decisão interlocutória. Logo, os dois pronunciamentos versariam sobre o mesmo objeto: prazo para defesa.

O melhor, na visão deste trabalho, seria afirmar que decisões interlocutórias e despachos se diferenciavam na medida em que as primeiras apresentavam uma *relevância maior na resolução de questão.* O problema passaria, então, para a identificação da *relevância da resolução da questão* para fins de enquadramento do pronunciamento do juiz.

De acordo com o ordenamento jurídico vigente à época do CPC/1973, especialmente após a CF/1988, seria possível dizer que a resolução uma questão seria relevante quando pressupunha fundamentação expressa por parte do magistrado para se chegar ao comando do seu pronunciamento.

Defende-se, então, que o critério deveria ser o da *expectativa de fundamentação expressa.* Utiliza-se propositadamente o termo "expectativa", uma vez que a efetiva fundamentação adentraria aspectos de validade da decisão interlocutória, não da sua existência como tal.

Esse era um critério jurídico-positivo, isto é, era extraído do ordenamento jurídico brasileiro, que já previa que todas as decisões deveriam ser fundamentadas, a exemplo do art. 93, IX, da CF e 165 do CPC/1973.

Poderia se objetar que, ao se considerar que os despachos também apresentavam conteúdo decisório mínimo, a expectativa de fundamentação não seria um critério pertinente para diferenciá-los das decisões interlocutórias, uma vez que os dispositivos acima citados falavam apenas em "decisões", termo que também abrangeria os despachos, que passariam a pressupor fundamentação.

Contudo, não se pode ignorar que, na linguagem corrente desenvolvida ao longo do CPC/1973, os despachos não integravam o rol dos atos decisórios, de sorte que as menções à exigência de fundamentação não lhes visavam[36]. Além disso, tentar estender as exigências de fundamentação aos despachos pressuporia o reconhecimento de invalidade de um sem número de despachos vistos na prática, tendo em consideração, por exemplo, ser inegável que os citatórios não continham fundamentação que embasasse a ordem de "cite-se". Obviamente, não se poderia chegar a esse extremo, ainda que se tivesse em mente que os despachos, no fim das contas, também possuíam caráter decisório. Portanto, mostra-se pertinente entender que a exigência de fundamentação não alcançava os despachos.

Acima, afirmou-se que o critério era jurídico-positivo. Por consequência, não se pretende oferecer um critério atemporal ou que pudesse ser questionado à luz de outros ordenamentos. De acordo com o defendido neste trabalho, não se poderia chegar a um conceito lógico-jurídico de decisão interlocutória que pudesse ser oposto ao de despachos, uma vez que a distinção entre eles é justamente uma questão de opção legislativa.

A *resolução relevante de uma questão*, portanto, era aquela da qual se tinha uma *expectativa de fundamentação expressa.*

No exemplo anterior, ligado ao prazo de defesa dado a menor pelo magistrado, o enquadramento do primeiro ato como despacho e o segundo como decisão interlocutória seria facilmente apreendido, já que a ratificação pressuporia uma fundamentação pela qual o magistrado expusesse ser aquele o prazo correto.

A ideia de expectativa de fundamentação também justificava o enquadramento como despacho do ato pelo qual um juiz, por exemplo, somente

36. Fredie Didier Jr., Paula Sarno Braga e Rafael Oliveira, por exemplo, no capítulo destinado à teoria da decisão judicial, onde abordavam temas ligados à fundamentação, eram expressos ao subdividir as decisões judiciais em sentenças e decisões interlocutórias: DIDIER Jr., Fredie; BRAGA, Paula Sarno; OLIVEIRA, Rafael. *Curso de direito processual civil: teoria da prova, direito probatório, teoria do precedente, decisão judicial, coisa julgada e antecipação dos efeitos da tutela.* 6ª ed. Salvador: JusPodivm, 2011, vol. 2, p. 282. Luiz Guilherme Marinoni e Daniel Mitidiero afirmavam que os despachos não tinham conteúdo decisório e, ao tratarem da previsão de fundamentação concisa, contida no art. 165 do CPC/1973, só a relacionavam às sentenças terminativas e às decisões interlocutórias, silenciando-se quanto aos despachos: MARINONI, Luiz Guilherme; MITIDIERO, Daniel. *Código de processo civil: comentado artigo por artigo.* 6ª ed. São Paulo: Editora Revista dos Tribunais, 2014, p. 197/199. Humberto Theodoro Júnior, apesar de inicialmente inserir o despacho no rol dos atos decisórios, expressamente defendia que a exigência de fundamentação, prevista no art. 165, só alcançava as decisões interlocutórias, não os despachos, pois estes seriam voltados apenas a dar andamento ao processo: THEODORO Júnior, Humberto. *Curso de Direito Processual Civil.* 31ª ed. Rio de Janeiro: Forense, 2000, vol. I, p. 200/204.

determinasse a expedição de mandado de reintegração de posse cujo direito fora reconhecido à parte por alguma decisão anterior. Nesse caso, ainda que houvesse iminente prejuízo fático ao futuro desapossado, não se esperaria que o magistrado fundamentasse a ordem de expedição do mandado, pois só estaria viabilizando a concretização da decisão anterior.

De forma semelhante, poder-se-ia dizer que, no caso da imposição de que o Estado do Pará arcasse com a complementação dos honorários periciais, estava-se diante de decisão interlocutória porque o magistrado teria de fundamentar expressamente para decidir questões ligadas à responsabilidade pelo pagamento de tais despesas.

O outro exemplo mencionado, ligado à cominação de multa do art. 475-J em sede de execução provisória, era de mais difícil elucidação, enquadrando-se dentre os "casos-limite", de mais tormentosa definição. No entanto, este trabalho não compartilha da mesma conclusão do STJ. O ato de dar início à execução provisória, indicando a incidência da multa do art. 475-J, na visão deste trabalho, não pressupunha efetiva fundamentação. Não havendo o pagamento no prazo mencionado, o executado poderia alegar excesso na execução quanto à questão e, neste momento, o magistrado resolveria a questão por meio de decisão interlocutória, pressupondo fundamentação.

Não se negue, contudo, que a expectativa de fundamentação estava muito ligada a decisões que poderiam causar gravame às partes, ao menos processual, uma vez que o CPC/1973 trabalhava com um regime de preclusões de decisões interlocutórias, conforme o seu art. 473. No entanto, como dito, não parecia ser esse o melhor critério, pois, além da possibilidade de gravames decorrentes de despachos, discutia-se, como se verá, se havia preclusões quanto a determinadas questões resolvidas em decisões interlocutórias, o que afastaria a ligação umbilical entre elas.

Todavia, é preciso reconhecer que o critério persistia problemático, uma vez que a *expectativa* de fundamentação expressa apresentava certo caráter subjetivo, isto é, era possível divergir sobre a incidência de tal dever diante de um pronunciamento do juiz. No entanto, ao longo desta pesquisa, não se vislumbrou como se chegar a um marco divisório mais claro, sendo preciso, portanto, trabalhar com essa zona sombria que aceitava casos de difícil definição.

Apesar de toda essa exposição, relembre-se que esta tese não encontrava respaldo na jurisprudência do STJ e nas doutrinas analisadas, apesar de algumas delas sequer mencionarem a ideia do gravame, resumindo-se à diferenciação com base no conteúdo decisório, sem maiores detalhes[37].

---

37. A título de exemplo, Cândido Rangel Dinamarco: "A comparação entre as três espécies de provimentos jurisdicionais revela inicialmente que a decisão interlocutória e o despacho se diferenciam pelo

De acordo com o exposto neste tópico, precisamente sobre as decisões interlocutórias, chega-se a algumas conclusões: a) o art. 162, § 2º, as definia como os pronunciamentos do juiz que, no curso do processo, resolviam questões incidentes; b) as decisões interlocutórias se diferenciavam das sentenças pela *função* exercida no processo (não colocavam fim ao processo); c) era possível questionar se, além de diferenciarem-se pela *função*, as sentenças e as decisões interlocutórias também poderiam ser separadas pelo objeto da sua decisão, isto é, se a decisão sobre o mérito era exclusividade da sentença; d) havia alguns pronunciamentos denominados pelo CPC/1973 como despachos, mas que, na realidade, eram decisões interlocutórias; e) segundo entendimento prevalecente no STJ e na doutrina, o pronunciamento judicial que, sem colocar fim ao processo, tivesse conteúdo decisório e pudesse causar prejuízo a uma das partes era considerado como decisão interlocutória.

Das considerações acerca dos pronunciamentos do juiz, feitas acima, essas são as principais premissas que devem ser fixadas para o estudo da recorribilidade das decisões interlocutórias na vigência do CPC/1973.

No entanto, houve alterações legislativas que disseram respeito aos conceitos dos pronunciamentos do juiz. Por mais que elas não tenham refletido diretamente no conceito de decisão interlocutória, cabe estudá-las, sobretudo em razão de a nova definição de sentença ter implicado uma das controvérsias vistas adiante, ligada à recorribilidade do julgamento parcial e antecipado do mérito.

6.2.2 Classificação dos atos do juiz após a Lei n. 11.232/2005

Em sua redação original, o CPC/1973 optou por destinar um processo autônomo à execução de sentença, contraposto àquele no qual haveria a certificação do direito a ser satisfeito.

A separação, todavia, não era de todo absoluta, uma vez que havia procedimentos que permitiam a prática de atos executivos durante o processo de conhecimento, como o mandado de segurança e os destinados à proteção processual da posse[38].

Essa divisão em processos autônomos foi paulatinamente mitigada pelas reformas processuais operadas no CPC/1973. Nesse sentido, a Lei n. 8.952/1994, dando nova redação aos arts. 273 e 461, generalizou a antecipação dos efeitos da tutela e possibilitou que as sentenças que reconhecessem

---

conteúdo decisório, que aquela tem e este, não; mas esses atos judiciais têm em comum a *ausência de eficácia de definir a causa*, que só a sentença tem (...)" (DINAMARCO, Cândido Rangel. *Instituições de direito processual civil*. 6ª ed. São Paulo: Malheiros Editores, 2009, vol. II, p. 512).

38. DIDIER, Jr. Fredie; CUNHA, Leonardo Carneiro da; BRAGA, Paula Sarno; OLIVEIRA, Rafael. *Curso de direito processual civil: execução*. 4ª ed. Salvador: JusPodivm, 2012, vol. 5, p. 30.

obrigação de fazer ou não fazer fossem efetivadas no mesmo processo, dispensando-se um processo autônomo de execução. Passou-se a se falar, então, que as execuções de tais sentenças eram promovidas como *fase complementar*, de sorte que esses processos passaram a ser designados como *sincréticos*, *mistos* ou *multifuncionais*, uma vez que voltavam-se a duas finalidades: certificar e efetivar[39].

Posteriormente, a Lei n. 10.444/2002 inseriu o art. 461-A no CPC/1973, determinando a aplicação do regime jurídico acima mencionado às execuções fundadas em título judicial que buscassem a satisfação de obrigação de dar coisa distinta de dinheiro, deixando somente as decisões que impusessem a obrigação de pagar quantia sujeitas, como regra, à execução em processo autônomo.

Nesse contexto, a Lei n. 11.232/2005 cuidou de harmonizar a questão, inserindo um capítulo denominado "cumprimento de sentença", destinado a concretizar a desnecessidade de processo autônomo para a execução de decisão que reconhecesse a obrigação de pagar quantia certa[40].

Como a Lei n. 11.232/2005 encerrou as transformações da execução de título judicial quanto à necessidade de processo autônomo ou à tramitação como fase processual, consagrando o processo sincrético como regra, cumpria a ela redefinir o conceito de sentença, pois a redação originária do CPC/1973 a ela se referia como o *ato que punha termo ao processo*, decidindo ou não o mérito da causa.

Assim, a Lei 11.232/2005 deu nova redação ao art. 162, § 1º, definindo a sentença como o ato do juiz que implicava "alguma das situações previstas nos arts. 267 e 269" do CPC/1973.

Desta forma, poderia se dizer que a sentença passou a ser definida, segundo uma primeira leitura do texto legal, apenas pelo seu conteúdo, isto

---

39. DIDIER, Jr. Fredie; CUNHA, Leonardo Carneiro da; BRAGA, Paula Sarno; OLIVEIRA, Rafael. *Curso de direito processual civil: execução*. 4ª ed. Salvador: JusPodivm, 2012, vol. 5, p. 30. No mesmo sentido da opção originária por uma separação entre os processos de conhecimento e de execução e da superação por reformas legislativas, conferir: MOREIRA, José Carlos Barbosa. *O novo processo civil brasileiro*. 25ª ed. Rio de Janeiro: Forense, 2007, p. 3.

40. Destaque-se que, mesmo após a Lei 11.232/2005, persistiu, no ordenamento brasileiro, a execução fundada em título judicial que pressupunha processo autônomo, como as que tinham como base sentença penal condenatória transitada em julgado, sentença arbitral, sentença estrangeira homologada pelo STJ ou acórdão que julgasse procedente revisão criminal. Sobre estas exceções, as confusões terminológicas promovidas pela Lei 11.232/2005 e as alterações mencionadas neste tópico, conferir: DIDIER, Jr. Fredie; CUNHA, Leonardo Carneiro da; BRAGA, Paula Sarno; OLIVEIRA, Rafael. *Curso de direito processual civil: execução*. 4ª ed. Salvador: JusPodivm, 2012, vol. 5, p. 29/33. Sobre os problemas terminológicos, também conferir: MOREIRA, José Carlos Barbosa. "Observações sobre a estrutura e a terminologia do CPC após as reformas das Leis 11.232/2005 e 11.382/2006". *Revista de Processo*. Ano 32, n. 154, 2007, p. 16/19.

é, pelo fato de se fundamentar no art. 267 ou 269 do CPC/1973, sendo que a função de pôr fim ao processo não estaria necessariamente presente, de sorte que o ato não poderia ser mais conceituado a partir dela[41].

A modificação do conceito legal, então, se compatibilizaria ao defendido por Teresa Arruda Alvim, para quem, mesmo antes da Lei n. 11.232/2005, a sentença era definida pelo seu conteúdo (arts. 267 e 269), não pelo fato de colocar fim ao processo[42]. Daniel Mitidiero fazia ressalvas a esse entendimento, já que, para ele, a caracterização da sentença não levaria em conta somente o conteúdo (arts. 267 e 269), mas também a irrevogabilidade do ato (art. 463)[43].

Vale, no entanto, uma primeira ressalva: a Lei n. 11.232/2005 não promoveu alterações no conceito de sentença terminativa, uma vez que, por mais que tenha modificado o art. 162, § 1º, retirando a menção ao encerramento do processo, manteve a ideia no art. 267, destinado à *extinção do processo*, sem resolução do mérito[44].

Por isso, pode-se dizer que, após a Lei n. 11.232/2005, o texto legal tratava duas decisões como sentenças: a) aquela que, com base no art. 267, pusesse fim ao processo; b) aquela que implicasse alguma das hipóteses do art. 269.

De fato, caso se apegasse ao texto legal, o critério da *função de encerrar o processo em primeiro grau* não poderia mais ser utilizado para definição do conceito de sentença, pois o art. 269 não pressupunha tal função. Todavia, isso não queria dizer que a mera aplicação do art. 267 indicasse tratar-se de sentença, ou seja, que só o conteúdo bastasse para a adequação ao conceito legal.

Logo, a definição legal qualificava como sentença dois grupos de decisões: aquelas que, dentre as que aplicavam o art. 267, encerrassem o processo, representáveis pela seguinte expressão: *função* (encerramento do processo)

---

41. José Carlos Barbosa Moreira também defendia que, na nova sistemática, o conceito de sentença tinha deixado de "fundar-se em critério topológico para ligar-se ao conteúdo do ato" (MOREIRA, José Carlos Barbosa. "A nova definição de sentença". *Revista de Processo*. Ano 31, n. 136, 2006, p. 272). No mesmo sentido: ASSIS, Araken de. *Cumprimento de sentença*. Rio de Janeiro: Forense, 2006, p. 20; VARGAS, Jorge de Oliveira. "Novo conceito de sentença e o recurso daquela que não extingue o processo: apelação ou agravo de instrumento?". *Revista de Processo*. Ano 32, n. 148, 2007, p. 114/115.

42. WAMBIER, Teresa Arruda Alvim. *Nulidades do processo e da sentença*. 4ª ed. São Paulo: Editora Revista dos Tribunais, 1997, p. 25/26.

43. MITIDIERO, Daniel. "Conceito de sentença". In: OLIVEIRA, Carlos Alberto Alvaro de (Coord.). *A nova execução: comentários à Lei nº 11.232, de 22 de dezembro de 2005*. Rio de Janeiro: Forense, 2006, p. 7.

44. A manutenção do conceito de sentença terminativa também foi percebida por Araken de Assis, que só ressalvou que não haveria propriamente encerramento do processo, uma vez que seria possível a execução das obrigações decorrentes da sucumbência: ASSIS, Araken de. *Cumprimento de sentença*. Rio de Janeiro: Forense, 2006, p. 19. No sentido da manutenção do conceito das sentenças terminativas, conferir: CUNHA, Alcides Munhoz da. "Sentenças interlocutórias desafiando apelação". *Revista de Processo*. Ano 35, n. 185, 2010, p. 214.

+ *objeto* (possibilidade de julgamento de mérito) + *sentido* (negação ao enfrentamento do mérito), e as que utilizassem o art. 269 (*objeto = mérito*).

A partir desse esclarecimento, vê-se que os dois grupos não guardavam grandes semelhanças. Ao contrário do conteúdo, pode-se afirmar que a única característica comum e remota entre eles era o encerramento da atividade jurisdicional de primeiro grau, ainda que quanto a parte da demanda.

No caso das decisões terminativas, somente se o encerramento envolvesse toda a atividade jurisdicional, extinguindo o processo, é que se falaria em sentenças. Já no que dizia respeito às decisões de mérito, o encerramento da atividade do juiz de primeiro grau quanto a uma parte dos pedidos seria suficiente para a caracterização do pronunciamento como sentença, uma vez que isso era reflexo da aplicação do art. 269.

Percebe-se que não se podia dizer que a nova redação do art. 162, § 1º optou por unir grupos de decisões a partir de um único critério que as diferenciasse das demais.

Falar que as sentenças e as decisões interlocutórias, a partir da Lei n. 11.232/2005, se diferenciavam apenas pelo conteúdo era, portanto, precipitado, pois uma decisão interlocutória poderia ter conteúdo previsto no art. 267 (objeto + sentido) sem encerrar o processo. Esta situação se daria sem que houvesse contrariedade ao disposto no art. 162, § 1º e no art. 267.

Em vez de se buscar somente um critério distintivo, a interpretação literal do CPC/1973, após a Lei n. 11.232/2005, pressupunha a divisão das decisões em dois grandes grupos, com base no objeto (mérito ou não). Todas as decisões que compusessem o primeiro grupo, ou seja, as que resolvessem o mérito, deveriam ser classificadas como sentenças, por força do art. 162, § 1º. Neste caso, colocar fim ao processo seria irrelevante para fins classificatórios. Já dentro do segundo grupo, as decisões deveriam ser novamente divididas, agora com base na *função* de encerrar o processo ou não. Somente as que pusessem fim a ele poderiam ser classificadas como sentenças. As demais seriam decisões interlocutórias.

A ideia de que a Lei n. 11.232/2005 não interferiu na definição de sentença terminativa era ratificada pelo posicionamento do STJ, que, no que dizia respeito à natureza jurídica da decisão que excluía um dos litisconsortes no curso do processo, era indiferente às alterações mencionadas e, tanto antes quanto depois dela, afirmava que se tratava de decisão interlocutória, não sendo caso sequer de aplicação do princípio da fungibilidade recursal[45],

45. Nesse sentido: REsp 78.041/RS. Quarta Turma. Rel. Min. Ruy Rosado de Aguiar, DJ: 18/03/1996, p. 7579; AgRg no Ag 126.734/SP. Quarta Turma. Rel. Min. Sálvio de Figueiredo Teixeira. DJ: 18/08/1997, p. 37889; REsp 119.300/TO. Quarta Turma. Rel. Min. Ruy Rosado de Aguiar, DJ: 22/09/1997, p. 46482;

entendimento em parte compartilhado por Cândido Rangel Dinamarco[46] e José Carlos Barbosa Moreira[47].

Essa manutenção conceitual fazia sentido, uma vez que as sentenças terminativas, excetuados os capítulos ligados à sucumbência, não ficavam sujeitas ao cumprimento de sentença. Assim, como a Lei n. 11.232/2005 visou adequar o conceito de sentença ao modelo de processo sincrético, em prol da execução nos mesmos autos, não faria sentido alterar a definição de sentença terminativa, não sujeita a tal regime em sua parcela mais significativa[48].

Por outro lado, deve-se lembrar que, além de já se admitir a resolução parcial da demanda sem exame do mérito, como a decorrente da exclusão de um litisconsorte no curso do processo, a Lei n. 10.444/2002 inseriu o § 6º ao art. 273, permitindo a "antecipação de tutela" quando houvesse incontroversa quanto a um ou mais pedidos ou a uma parcela deles, dispositivo que serviu de base para discussões mais aprofundadas sobre a decisão parcial de mérito.

Caso o conceito de sentença, nos termos da nova redação do art. 162, § 1º, fosse levado à risca, teria que se admitir que um processo poderia conter várias sentenças, já que, no caso do art. 273, § 6º, a decisão se enquadraria no art. 269, ainda que não colocasse fim ao processo em primeiro grau[49]. Tal

---

REsp 164.729/SP. Quarta Turma. Rel. Min. Sálvio de Figueiredo Teixeira. DJ: 01/06/1998, p. 142; REsp 170.519/SP. Quarta Turma. Rel. Min. Barros Monteiro. DJ: 21/09/1998, p. 208; REsp 181.761/SP. Quarta Turma. Rel. Min. Sálvio de Figueiredo Teixeira. DJ: 18/12/1998, p. 365; REsp 229.140/RJ. Primeira Turma. Rel. Min. Garcia Vieira. DJ: 07/02/2000, p. 132; REsp 645.388/MS. Quarta Turma. Rel. Min. Hélio Quaglia Barbosa. DJ: 02/04/2007, p. 277; AgRg no Ag 1329466/MG. Quarta Turma. Rel. Min. João Otávio de Noronha DJe: 19/05/2011; EDcl no AREsp 304.741/MG. Quarta Turma. Rel. Min. Maria Isabel Gallotti. DJe: 16/05/2013; AgRg no AgRg no AREsp 616.226/RJ. Terceira Turma. Rel. Min. Marco Aurélio Bellizze. DJe: 21/05/2015.

46. Apesar de, neste ponto, não analisar detidamente os conceitos do art. 162, §§ 1º e 2º do CPC/1973, Cândido Rangel Dinamarco, antes e depois da Lei n. 11.232/2005, tratava como decisão interlocutória o pronunciamento do juiz que excluía um litisconsorte, pois, no caso, não haveria extinção do processo, não se falando, portanto, em sentença. Em obra anterior à Lei n. 11.232/2005, o posicionamento é encontrado em: DINAMARCO, Cândido Rangel. *Litisconsórcio.* 7ª ed. São Paulo: Malheiros Editores, 2002, p. 36/37. Quanto à obra posterior à Lei n. 11.232/2005, conferir: DINAMARCO, Cândido Rangel. *Instituições de direito processual civil.* 6ª ed. São Paulo: Malheiros Editores, 2009, vol. II, p. 352.

47. O autor também defendia tratar-se de decisão interlocutória. Em obra anterior à Lei n. 11.232/2005: MOREIRA, José Carlos Barbosa. *Comentários ao Código de Processo Civil.* 7ª ed. Rio de Janeiro: Forense, 1998, vol. V, p. 409.

48. Destaque-se que era possível pensar em outros exemplos de processos que, por mais que contivessem sentença terminativa, poderiam apresentar fase executiva, como no caso de responsabilidade civil por danos decorrentes de antecipação dos efeitos da tutela não confirmada em sentença.

49. No sentido da admissibilidade das "sentenças parciais": MITIDIERO, Daniel. "Conceito de sentença". In: OLIVEIRA, Carlos Alberto Alvaro de (Coord.). *A nova execução: comentários à Lei nº 11.232, de 22 de dezembro de 2005.* Rio de Janeiro: Forense, 2006, p. 7/8; VARGAS, Jorge de Oliveira. "Novo conceito de sentença e o recurso daquela que não extingue o processo: apelação ou agravo de instrumento?". *Revista de Processo.* Ano 32, n. 148, 2007, p. 115; CUNHA, Alcides Munhoz da. "Sentenças interlocutórias desafiando apelação". *Revista de Processo.* Ano 35, n. 185, 2010, p. 231.

conclusão, no entanto, geraria um embaraço no estudo recursal, pois o art. 513 era claro ao indicar a apelação como recurso cabível contra a sentença e tal recurso pressupunha a remessa dos autos ao juízo superior, enquanto ainda havia atividade judicial a ser desenvolvida no primeiro grau. Por outro lado, o agravo de instrumento, nesta época, já era voltado expressamente à impugnação das decisões interlocutórias, de modo que defender o cabimento deste recurso geraria problemas teóricos, uma vez que a decisão se enquadraria no conceito do art. 162, § 1º do CPC/1973.

Desta forma, era preciso desconsiderar o texto legal em algum dos dois pontos, isto é, ou eram relevados os conceitos dados pelo art. 162, §§ 1º e 2º, ou eram flexibilizados os dispositivos recursais[50].

Por conta destas questões, a alteração da redação do art. 162, § 1º, do CPC/1973 não passou imune às críticas doutrinárias.

Ainda analisando o Projeto de Lei n. 3.253/2004, que posteriormente se converteu na Lei n. 11.232/2005, José Henrique Mouta Araújo alertava para a necessidade de serem repensados os conceitos de sentença e de decisão interlocutória, especialmente no que dizia respeito à distinção entre eles, já que a sentença poderia não colocar fim ao processo e a decisão interlocutória, na sua visão, poderia ensejar tutela de mérito. Neste cenário, o autor sugeria que se entendesse como sentença o ato que refletisse o ponto final da fase de conhecimento do processo, funcionando como ponte entre ela e a etapa executiva. Por outro lado, a decisão interlocutória resolveria questão incidente (fazendo ou não coisa julgada material, resolvendo ou não parte do mérito)[51].

Nelson Nery Junior e Rosa Maria de Andrade Nery defendiam que a Lei n. 11.232/2005 não havia alterado os conceitos dos pronunciamentos do juiz e a sua recorribilidade. Para os autores, não seria possível uma interpretação literal do art. 162, § 1º, sendo necessário buscar o conceito de sentença a partir de um critério misto, unindo o conteúdo do art. 267 ou 269 à extinção do processo. Assim, reconheciam que, em última análise, mesmo após a Lei n. 11.232/2005, a sentença era o ato que encerrava o processo[52].

---

50. O tema ligado à natureza jurídica e à recorribilidade das decisões parciais de mérito é analisado mais à frente, cabendo, neste momento, apenas indicar problemas oriundos da redação dada pela Lei 11.232/2005.

51. ARAÚJO, José Henrique Mouta. "O cumprimento da sentença e a 3.ª etapa da reforma processual – primeiras impressões". *Revista de Processo*. Ano 30, n. 123, 2005, p. 156/157. Em sentido semelhante, Leonardo Greco afirmava que teria ficado implícito o elemento comum a todas as sentenças, que consistiria no fato de ser um "pronunciamento conclusivo da fase cognitiva do processo", havendo ou não o julgamento da pretensão de direito material (GRECO, Leonardo. "Primeiros comentários sobre a reforma da execução oriunda da Lei 11.232/05". *Revista Dialética de Direito Processual*. n. 36, 2006, p. 71).

52. NERY Junior, Nelson; NERY, Rosa Maria de Andrade. *Código de processo civil comentado e legislação extravagante*. 11ª ed. São Paulo: Editora Revista dos Tribunais, 2010, p. 447/448.

Em sentido semelhante, Luiz Guilherme Marinoni e Sérgio Cruz Arenhart lembravam que as alterações promovidas pela Lei n. 11.232/2005 visavam à "aglutinação dos processos de conhecimento e de execução em um único processo com duas fases distintas", não pretendendo que todo pronunciamento de mérito no interior da fase de conhecimento fosse considerado como sentença, apesar de a redação do art. 162, § 1º sugerir este raciocínio. Assim, os autores propunham uma interpretação conforme as razões que justificaram a Lei n. 11.232/2005 e a racionalidade do sistema recursal, mantendo o conceito de sentença ligado ao encerramento do processo ou da fase de conhecimento[53].

Fredie Didier Jr., Paula Sarno Braga e Rafael Oliveira confirmavam as ideias de José Henrique Mouta Araújo, aprofundando as suas ponderações. Inicialmente, ressaltavam a intenção da Lei n. 11.232/2005 de destacar que a sentença não mais encerrava o processo, sendo possível a continuidade da atividade do magistrado na fase executiva. Em seguida, ratificavam a impossibilidade de se conceituar sentença com base em seu conteúdo (arts. 267 ou 269), pois nem toda decisão que aplicasse tais artigos teria natureza jurídica de sentença e poderiam ser, na realidade, decisões interlocutórias, como as que indeferissem parcialmente a petição inicial, as que declarassem a decadência de parte dos pedidos ou as que excluíssem um dos litisconsortes[54].

O avanço da visão dos autores, que aprimorava o defendido por José Henrique Mouta Araújo, consistia no seguinte: eles não só ratificavam a ligação entre sentença e encerramento de uma etapa (cognitiva ou executiva), mas propunham uma nova definição de decisão interlocutória, principalmente pelo fato de haver questões principais decididas no curso do processo, como o indeferimento de um dos pedidos iniciais com base em prescrição ou o julgamento de parcela incontroversa da demanda, conforme permissivo do art. 273, § 6º, inserido pela Lei n. 10.444/2002. Dessa forma, propunham que a diferença entre decisões interlocutórias e sentenças não deveria ser vista à luz do conteúdo do pronunciamento, mas tendo como base o fato de encerrarem ou não uma etapa do procedimento em primeira instância[55].

---

53. MARINONI, Luiz Guilherme; ARENHART, Sérgio Cruz. *Processo de conhecimento*. 7ª ed. São Paulo: Editora Revista dos Tribunais, 2008, p. 410/411. No mesmo sentido, Alexandre Freitas Câmara defendia que, mesmo após a Lei n. 11.232/2005, o critério *topológico* continuava a ser utilizado para a definição de sentença, entendida como o ato do juiz que punha "fim a um módulo processual, resolvendo ou não o mérito da causa" (CÂMARA, Alexandre Freitas. *Lições de direito processual civil*. 25ª ed. São Paulo: Editora Altas, 2014, vol. 1, p. 469/473).

54. DIDIER Jr., Fredie; BRAGA, Paula Sarno; OLIVEIRA, Rafael. *Curso de direito processual civil: teoria da prova, direito probatório, teoria do precedente, decisão judicial, coisa julgada e antecipação dos efeitos da tutela*. 6ª ed. Salvador: JusPodivm, 2011, vol. 2, p. 283/285.

55. Nas palavras dos autores: "Sendo assim, como conclusão deste tópico, tem-se que, a despeito das incorreções técnicas da lei e da reforma por que ela passou, *decisão interlocutória* é o

Percebe-se que esta definição se afastava das redações dos arts. 162, §§ 1º e 2º do CPC/1973, uma vez que desconsiderava a desvinculação entre sentença e encerramento da atividade do magistrado em primeiro grau, feita pela Lei n. 11.232/2005, bem como ignorava a expressão "questão incidente", utilizada pelo legislador para conceituar decisão interlocutória.

No entanto, tendo em vista as razões que motivaram a promulgação da Lei n. 11.232/2005, a positivação do julgamento parcial e antecipado do mérito (art. 273, § 6º) e a necessidade de escolher entre mitigar o art. 162 ou o sistema recursal, era mais coerente o posicionamento acima mencionado, segundo o qual as sentenças e as decisões interlocutórias, neste cenário, deveriam ser diferenciadas a partir da função de colocarem ou não fim ao processo.

Destaque-se, ainda, que a Lei n. 11.276/2006 aboliu a expressão "de mero expediente" contida na antiga redação do art. 504, que passou a prever que os despachos eram irrecorríveis, pondo fim à controvérsia ligada às supostas espécies de despachos, vista em tópico anterior. No entanto, divergência semelhante já havia sido implantada pela Lei n. 8.852/1994, que permitiu que *atos meramente ordinatórios* fossem praticados, de ofício, pelo servidor do Poder Judiciário, com a possibilidade de revisão pelo magistrado[56].

Dessa forma, a partir das alterações promovidas e das considerações feitas acima, conclui-se que o melhor conceito de decisão interlocutória envolvia dois fatores: conteúdo decisório relevante (o que as diferenciava dos despachos) e não colocar fim a uma das fases do processo (elemento que as distinguia das sentenças).

Feitas essas considerações, pode-se partir ao estudo da recorribilidade das decisões interlocutórias no regime do CPC/1973.

---

pronunciamento pelo qual o juiz resolve questão (incidente ou principal, pouco importa) sem pôr fim ao procedimento em primeira instância ou a qualquer de suas etapas. Já a *sentença* é o pronunciamento pelo qual o juiz, analisando ou não o mérito da causa, põe fim a uma etapa (cognitva ou executiva) do procedimento em primeira instância" (DIDIER Jr., Fredie; BRAGA, Paula Sarno; OLIVEIRA, Rafael. *Curso de direito processual civil: teoria da prova, direito probatório, teoria do precedente, decisão judicial, coisa julgada e antecipação dos efeitos da tutela.* 6ª ed. Salvador: JusPodivm, 2011, vol. 2, p. 285/286). Luiz Guilherme Marinoni e Sérgio Cruz Arenhart não eram tão expressos na releitura da definição de decisão interlocutória, mas afirmavam que o conceito de "questão incidente" nunca excluiu a possibilidade do julgamento de mérito por decisão interlocutória, como o reconhecimento de prescrição ou decadência de um dos pedidos formulados: MARINONI, Luiz Guilherme; ARENHART, Sérgio Cruz. *Processo de conhecimento.* 7ª ed. São Paulo: Editora Revista dos Tribunais, 2008, p. 410/411.

MARINONI, Luiz Guilherme; ARENHART, Sérgio Cruz. *Processo de conhecimento.* 7ª ed. São Paulo: Editora Revista dos Tribunais, 2008, p. 411.

56. WAMBIER, Teresa Arruda Alvim. *Nulidades do processo e da sentença.* 4ª ed. São Paulo: Editora Revista dos Tribunais, 1997, p. 27/32.

6.3 A RECORRIBILIDADE DAS DECISÕES INTERLOCUTÓRIAS

6.3.1 Considerações gerais

Ao longo do estudo sobre o CPC/1939, notou-se certos problemas no sistema recursal, dentre os quais dois se destacavam: a) a dificuldade de indicar o recurso cabível contra algumas sentenças (agravo de petição ou apelação), em virtude da dificuldade de se conceituar "mérito"; b) a suposta taxatividade do rol das decisões impugnáveis por agravo de instrumento, o que acabou ensejando a utilização de outros meios para combater decisões que não estavam mencionadas no texto legal.

O primeiro destes problemas foi solucionado pelo art. 513 do CPC/1973, que indicava ser apelação o recurso cabível contra sentença, sem distinguir o fato de ser ela de mérito ou não[57]. Por consequência, o CPC/1973 aboliu o agravo de petição.

No que dizia respeito à impugnação das decisões interlocutórias, foi possível observar, do histórico já apresentado, que as legislações brasileiras tradicionalmente optavam por uma enumeração casuística das hipóteses nas quais tais decisões eram recorríveis em separado, reservando, todavia, uma previsão genérica ligada àquelas capazes de causar "dano irreparável" ou alguma disposição semelhante. O CPC/1939 foi dissonante quanto à regulamentação da matéria, pois, apesar de preservar a opção por uma enumeração casuística de "despachos interlocutórios" agraváveis, não tornou recorríveis aqueles que causassem dano irreparável, abrindo espaço para a utilização de correições parciais, reclamações e mandados de segurança.

O CPC/1973, inicialmente, tomou caminho absolutamente oposto ao do CPC/1939 e contrário à tradição histórica, no que dizia respeito à recorribilidade das decisões interlocutórias.

Na sua redação original, antes e depois da Lei n. 5.925/1973, o art. 522 do CPC/1973 abdicou da enumeração casuística e previu que eram agraváveis todas as decisões (excetuadas as sentenças e os despachos previstos no art. 504), disposição genérica que, obviamente, abarcava aquelas que causassem dano irreparável. A opção, como bem apontava Tomás Pará Filho, buscava corrigir as anomalias do sistema anterior, trazendo para a esfera recursal a impugnação das decisões interlocutórias[58].

---

57. Sobre a simplificação do sistema recursal, promovida pelo CPC/1973, no que dizia respeito à recorribilidade das sentenças, conferir: PARÁ Filho, Tomás. "A recorribilidade das decisões interlocutórias no novo Código de Processo Civil". *Revista de Processo*. Ano 2, n. 5, 1977, p. 15/17.

58. PARÁ Filho, Tomás. "A recorribilidade das decisões interlocutórias no novo Código de Processo Civil". *Revista de Processo*. Ano 2, n. 5, 1977, p. 18.

O tema ligado à recorribilidade das interlocutórias sempre esteve envolvido com a questão da oralidade do procedimento, na medida em que ela, na visão de Chiovenda, pressupunha a irrecorribilidade em separado das decisões interlocutórias[59]. Na Exposição de Motivos do CPC/1973, Alfredo Buzaid reconhecia que o ideal seria atingir a oralidade em sua forma plena, mas que não se poderia sacrificar a realidade nacional em prol do amor aos princípios, como o da oralidade. Por isso, em virtude das "esdrúxulas formas de impugnação" às decisões interlocutórias vivenciadas na vigência do CPC/1939, Alfredo Buzaid afirmava a opção por prever o agravo de instrumento contra todas as decisões interlocutórias[60].

No decorrer da vigência do CPC/1973, o regime dos agravos passou por significativas modificações, alterações que trataram desde o cabimento do recurso à sua tramitação. Nos tópicos seguintes, serão analisados os principais aspectos ligados ao cabimento dos agravos contra decisões interlocutórias durante o período de vigência do CPC/1973.

Antes de adentrar o estudo mais detalhado, duas ressalvas: o CPC/1973 mencionava agravos contra decisão que inadmitia recurso especial ou extraordinário (art. 544) e contra decisão monocrática de relator (inicialmente no art. 557, parágrafo único, e posteriormente, no § 1º do mesmo artigo, além de previsão no art. 527, II, revogada ainda na vigência do CPC/1973). Como estes recursos não impugnavam decisões interlocutórias, não serão estudados adiante; b) além de não prever mais o agravo de petição, o CPC/1973 também não mencionava o agravo no auto do processo, instituindo o "agravo retido", com funções semelhantes[61].

---

59. CHIOVENDA, Guiseppe. *Instituições de direito processual civil: a relação processual ordinária de cognição (continuação)*. J. Guimarães Menegale (trad.). São Paulo: Livraria Acadêmica – Saraiva & Cia Editores, 1945, vol. III, p. 81. A visão de Chiovenda sobre o princípio da oralidade é enfrentada de forma mais detida quando do estudo do CPC/2015, na parte destinada às "Considerações gerais" do tópico "Decisões interlocutórias recorríveis ao final", para onde se remete.

60. Nos termos da Exposição de Motivos do CPC/1973: "Outro ponto é o da irrecorribilidade, em separado, das decisões interlocutórias. A aplicação deste princípio entre nós provou que os litigantes, impacientes de qualquer demora no julgamento do recurso, acabaram por engendrar esdrúxulas formas de impugnação. Podem ser lembradas, a título de exemplo, a correição parcial e o mandado de segurança. Não sendo possível modificar a natureza das coisas, o projeto preferiu admitir agravo de instrumento de todas as decisões interlocutórias. É mais uma exceção. O projeto a introduziu para ser fiel à realidade da prática nacional." Disponível em: http://www2.senado.leg.br/bdsf/item/id/177828. Acesso em: 23/12/2015. Sobre a relação entre a oralidade e o agravo, conferir: TALAMINI, Eduardo. "A nova disciplina do agravo e os princípios constitucionais do processo". *Revista de Processo*. Ano 20, n. 80, 1995, p. 126/132.

61. No sentido da semelhança entre os recursos, conferir: MARQUES, José Frederico. *Manual de direito processual civil*. São Paulo: Saraiva, 1975, vol. III, 2ª parte, p. 151; BERMUDES, Sérgio. *Comentários ao Código de Processo Civil*. São Paulo: Editora Revista dos Tribunais, 1975, vol. VII, p. 153; SANTOS, Moacyr Amaral. *Primeiras linhas de direito processual civil*. 7ª ed. São Paulo: Saraiva, 1984, v. 3, p. 128. Carlos Silveira Noronha, no entanto, defendia não ser possível essa comparação, pois o agravo

6.3.2 O cabimento dos agravos até a Lei n. 9.139/1995

Em sua redação aprovada originariamente, o *caput* do art. 522 do CPC/1973 indicava que cabia agravo de instrumento contra todas as decisões proferidas no processo, exceto os casos mencionados no art. 504 (despachos de mero expediente) e no art. 513 (sentenças).

O tema ligado ao conceito de "decisão", para fins do art. 522, já foi enfrentado acima, quando do estudo dos pronunciamentos do juiz, oportunidade na qual se apresentou a opinião deste trabalho: o termo deveria ser entendido como sinônimo de decisão interlocutória.

Percebe-se, aqui, um avanço em comparação com o CPC/1939, uma vez que o CPC/1973, ao contrário da legislação anterior, vinculou o agravo de instrumento à impugnação das decisões interlocutórias, assim como fez com a apelação, ligando-a ao combate a sentenças (art. 513). Desse modo, o ponto de partida para verificar o cabimento de um recurso era o questionamento acerca da natureza do ato impugnado. A partir desta conclusão, chegava-se ao recurso adequado. Note-se que essa tarefa era muito mais simples do que aquela necessária durante a vigência do CPC/1939, momento em que se verificava, inicialmente, se a decisão estava contida no rol das agraváveis (art. 842), independentemente da sua natureza, para depois se concluir pelo recurso cabível.

Como o recurso, nos primeiros anos de vigência do CPC/1973, era apresentado em primeiro grau, cabendo ao escrivão a formação do instrumento (arts. 523 a 525), o agravante podia solicitar que ele ficasse retido nos autos, situação na qual seria conhecido pelo tribunal como preliminar de apelação (art. 522, § 1º).

A Lei n. 5.925/1973, que alterou o CPC/1973 antes mesmo da sua vigência, manteve a redação do *caput* do art. 522, mas inseriu, no § 1º do artigo, a necessidade de ratificação do agravo, por parte do recorrente, quando das razões ou contrarrazões à apelação.

Como o agravo retido não fazia com que a impugnação fosse julgada imediatamente, mas só quando do julgamento da apelação, falava-se que ele objetivava impedir a preclusão quanto à análise da questão[62].

---

retido e o agravo no auto do processo se diferenciariam "não só pela origem, pela denominação e pela maneira de interposição diversas, mas pelo cabimento genérico", presentes no agravo retido e ausentes no agravo no auto do processo (NORONHA, Carlos Silveira. *Do agravo de instrumento*. Rio de Janeiro: Forense, 1976, p. 243/246).

62. Nesse sentido: MARQUES, José Frederico. *Manual de direito processual civil*. São Paulo: Saraiva, 1975, vol. III, 2ª parte, p. 155; SANTOS, Moacyr Amaral. *Primeiras linhas de direito processual civil*. 7ª ed. São Paulo: Saraiva, 1984, v. 3, p. 137.

Destaque-se que, originariamente, o CPC/1973 indicava que o recurso era o *agravo de instrumento* (art. 496, II, e art. 522), não mencionando expressamente o agravo retido. O equívoco foi parcialmente corrigido pela Lei n. 8.950/1994, que alterou o art. 496, II, para que lá constasse somente *agravo*, e eliminado pela Lei n. 9.139/1995, que ressaltou que, contra as decisões *interlocutórias*, cabia *agravo*, retido nos autos ou por instrumento.

Carlos Silveira Noronha, ainda nos primeiros anos de vigência do CPC/1973, defendia que o recurso, de fato, era o agravo de instrumento, que podia ser dividido em duas espécies: *agravo de subida imediata* e *agravo retido*[63], entendimento conflitante com o de Teresa Arruda Alvim, para quem o recurso era somente um: agravo, que poderia ter dois regimes, por instrumento ou retido. Para ela não faria sentido falar em 'agravo de instrumento retido'[64]. Considerando que o agravo de instrumento, como o nome sugeria, pressupunha a formação de um instrumento, a opinião de Teresa Arruda Alvim era mais coerente.

De qualquer forma, o CPC/1973 inicialmente consagrou todas as decisões interlocutórias eram agraváveis e que o recurso era apresentado no juízo *a quo*, sendo facultado ao recorrente optar pelo regime da retenção ou pelo processamento por instrumento (art. 522, §§ 1º e 2º).

Em virtude da ausência de designação de decisões especificamente recorríveis por um ou outro agravo e da redação do art. 522, § 1º então vigente, podia-se afirmar a ampla liberdade de o agravante escolher entre impugnar as decisões interlocutórias por meio do agravo de instrumento ou do retido[65].

6.3.3 O cabimento dos agravos entre a Lei n. 9.139/1995 e a Lei n. 10.352/2001

A Lei n. 9.139/1995 promoveu alterações no regime jurídico dos agravos, a começar pela eliminação da impropriedade mencionada acima, passando a indicar que o recurso era o de *agravo*, que poderia ser retido nos autos ou por instrumento (art. 522, *caput*).

---

63. NORONHA, Carlos Silveira. *Do agravo de instrumento*. Rio de Janeiro: Forense, 1976, p. 236.

64. WAMBIER, Teresa Arruda Alvim. "Novos contornos do recurso de agravo". *Revista de Processo*. Ano 20, n. 80, 1995, p. 111. Moacyr Amaral Santos mencionava ser imprópria a designação do agravo retido como de instrumento, uma vez que se processaria e seria decidido nos mesmos autos da decisão agravada: SANTOS, Moacyr Amaral. *Primeiras linhas de direito processual civil*. 7ª ed. São Paulo: Saraiva, 1984, v. 3, p. 129.

65. Nesse sentido: MARQUES, José Frederico. *Manual de direito processual civil*. São Paulo: Saraiva, 1975, vol. III, 2ª parte, p. 154; NORONHA, Carlos Silveira. *Do agravo de instrumento*. Rio de Janeiro: Forense, 1976, p. 239; SANTOS, Moacyr Amaral. *Primeiras linhas de direito processual civil*. 7ª ed. São Paulo: Saraiva, 1984, v. 3, p. 137.

Quanto ao cabimento, só houve duas modificações: a) explicitação do termo "interlocutórias", no art. 522; b) indicação expressa de que, contra decisões posteriores à sentença, somente era admissível o agravo retido, exceto contra aquelas que inadmitissem a apelação, que seriam impugnáveis por agravo de instrumento (art. 523, § 4º).

A exceção prevista na parte final do art. 523, § 4º, com redação dada pela Lei n. 9.139/1995, deveria ser estendida à impugnação da decisão que versasse sobre os efeitos nos quais a apelação seria recebida, já que o regime da retenção tornaria o agravo inútil por não haver posterior apelação[66].

As demais alterações disseram respeito a outros requisitos de admissibilidade e ao processamento dos recursos, como: a) aumento do prazo para recorrer e apresentar contrarrazões para 10 dias (arts. 522, *caput*, e 527, III); b) regulamentação mais detalhada do agravo retido no art. 523, inclusive com a positivação da opção pela sua interposição na forma oral contra decisões tomadas em audiência (art. 523, § 2º)[67]; c) interposição do agravo de instrumento diretamente no tribunal, cabendo ao agravante a formação do instrumento (arts. 524 e 525); d) necessidade de informação, no juízo *a quo*, acerca da interposição do agravo de instrumento (art. 526); e) possibilidade de indeferimento liminar do agravo de instrumento (art. 527); f) atribuição de efeito suspensivo (art. 527, I); g) fim da vedação do juízo de admissibilidade no juízo *a quo* (antiga redação do art. 528).

Durante esta fase, houve a inclusão de outra exceção à liberdade de escolha por parte do recorrente: a Lei n. 9.245/1995 inseriu o inciso III no art. 280 do CPC/1973, passando a prever que, no procedimento sumário, das decisões sobre matéria probatória ou proferidas em audiência, o agravo era sempre retido[68].

Percebe-se que, excetuadas as decisões tomadas após a sentença, situações nas quais a Lei n. 9.139/1995 indicava qual dos recursos era cabível, e as mencionadas no art. 280, III, segundo a redação dada pela Lei n. 9.245/1995, o CPC/1973 continuou sem delimitar decisões que somente seriam impugnáveis por agravo de instrumento e outras que só o seriam por agravo retido.

---

66. Nesse sentido: MOREIRA, José Carlos Barbosa. *Comentários ao Código de Processo Civil.* 7ª ed. Rio de Janeiro: Forense, 1998, vol. V, p. 490; CARNEIRO, Athos Gusmão. *O novo recurso de agravo e outros estudos.* 3ª ed. Rio de Janeiro: Editora Forense, 1998, p. 24/25.

67. No sentido da facultatividade da interposição oral: BERMUDES, Sérgio. *A reforma do Código de Processo Civil; observações às Leis 8.950, 8.951, 8.952 e 8.953, de 13-12-1994, 9.079, de 14-7-1995, 9.139, de 30-11-1995, e 9.245, de 26-12-1995, que alteraram o CPC.* 2ª ed. São Paulo: Saraiva, 1995, p. 84; MOREIRA, José Carlos Barbosa. *Comentários ao Código de Processo Civil.* 7ª ed. Rio de Janeiro: Forense, 1998, vol. V, p. 490/491.

68. Esse dispositivo foi revogado pela Lei n. 10.444/2002, que deu nova redação ao art. 280 do CPC/1973.

Por isso, pode-se falar que, neste período, a regra continuou a ser a de que o agravante tinha liberdade para optar por recorrer segundo o regime jurídico do agravo de instrumento ou do agravo retido[69].

Contudo, pode-se perceber, a partir da ponderação de José Carlos Barbosa Moreira quanto ao cabimento de agravo de instrumento contra decisão sobre os efeitos nos quais a apelação era recebida, a despeito do silêncio legislativo, que já se começava a desenhar uma das premissas que embasará este trabalho não só quanto à recorribilidade das decisões interlocutórias no restante da vigência do CPC/1973, mas, feitas as devidas adaptações, também no CPC/2015: o agravo de instrumento era o recurso cabível quando a tramitação segundo o regime da retenção fosse incompatível com a impugnação.

No entanto, mesmo após a Lei n. 9.139/2005, o regime inicial da recorribilidade de interlocutórias, no CPC/1973, consagrava a liberdade de escolha entre o regime da retenção e o processamento por instrumento. Esse cenário começou a se modificar a partir da Lei n. 10.352/2001, como se verá adiante.

6.3.4 O cabimento dos agravos entre a Lei n 10.352/2001 e a Lei n. 11.187/2005

A Lei n. 10.352/2001 promoveu mudanças significativas no regime jurídico dos agravos, alterações que foram desde o cabimento até a tramitação recursal, além de conter disposições sobre reexame necessário, apelação, embargos infringentes, recursos especiais e extraordinário, agravo de instrumento do art. 544 e julgamento de apelação e agravo nos tribunais.

Com relação ao cabimento dos agravos, a Lei n. 10.352/2001 trouxe modificações que nortearam os rumos que o assunto tomou até o fim da vigência do CPC/1973.

Inicialmente, o art. 523, § 4º, que indicava que só cabia agravo retido contra as decisões tomadas após a sentença, exceto aquela que inadmitisse a apelação (impugnável por agravo de instrumento), teve a sua redação sensivelmente alterada.

A partir da Lei n. 10.352/2001, o art. 523, § 4º passou a dispor que era "retido o agravo das decisões proferidas na audiência de instrução e julgamento e das posteriores à sentença, salvo nos casos de dano de difícil e de incerta reparação, nos de inadmissão da apelação e nos relativos aos efeitos em que a apelação é recebida".

---

69. Nesse sentido: MOREIRA, José Carlos Barbosa. *Comentários ao Código de Processo Civil.* 7ª ed. Rio de Janeiro: Forense, 1998, vol. V, p. 489/490; THEODORO Júnior, Humberto. *Curso de Direito Processual Civil.* 31ª ed. Rio de Janeiro: Forense, 2000, vol. I, p. 513; WAMBIER, Teresa Arruda Alvim. *Os agravos no CPC brasileiro.* 4ª ed. São Paulo: Editora Revista dos Tribunais, 2006, p. 84.

Por conta deste dispositivo, Arruda Alvim reconhecia que estava instituída a regra de que, contra as decisões proferidas em audiência de instrução e julgamento e as posteriores à sentença, era cabível somente o agravo retido, salvo nos casos de urgência. Além disso, não se aplicaria o regime da retenção quando a impugnação se voltasse à inadmissão da apelação ou aos efeitos nos quais ela era recebida[70].

Note-se, portanto, que foi eliminada a liberdade de escolha entre a interposição de agravo retido ou de instrumento contra decisões interlocutórias proferidas em audiência de instrução e julgamento, mas foi expressamente excetuada a hipótese de a decisão gerar dano de difícil e incerta reparação, quando seria admissível o agravo de instrumento.

Também se inseriu a recorribilidade por agravo de instrumento das decisões sobre os efeitos nos quais a apelação era recebida, o que já era defendido anteriormente por José Carlos Barbosa Moreira[71].

Além disso, ao dar nova redação ao art. 527, II, a Lei n. 10.352/2001 previu que, quando fosse interposto agravo de instrumento em casos em que não houvesse provimento jurisdicional de urgência ou perigo de lesão grave e de difícil ou incerta reparação, o relator *poderia* converter o agravo de instrumento em retido, remetendo-o ao juízo *a quo*. Contra essa decisão cabia "agravo interno".

A partir da conjugação do art. 523, § 4º, que instituía hipóteses nas quais só se admitiria ao agravo retido, e do art. 527, II, que tratava da conversão do agravo de instrumento em retido nos casos que não apresentassem urgência, Fredie Didier Jr. defendia que a Lei n. 10.352/2001 pusera fim à possibilidade de escolha, por parte do recorrente, entre o agravo retido e o de instrumento[72].

Desta forma, o autor argumentava que não havia mais decisões que poderiam ser impugnáveis por agravo de instrumento ou por agravo retido, ou seja, para cada decisão interlocutória só seria aplicável um destes regimes recursais. Por consequência, haveria três critérios para se determinar se o recurso era o agravo de instrumento: a) existência de urgência; b) situações nas quais, a despeito da presença da urgência, a lei determinasse a interposição

70. ALVIM, Arruda. "Notas sobre algumas das mutações verificadas com a Lei 10.352/2001". In: NERY Junior, Nelson; WAMBIER, Teresa Arruda Alvim (Coord.). *Aspectos polêmicos e atuais dos recursos e de outros meios de impugnação às decisões judiciais*. São Paulo: Editora Revista dos Tribunais, 2002, v. 6, p. 93.

71. MOREIRA, José Carlos Barbosa. *Comentários ao Código de Processo Civil.* 7ª ed. Rio de Janeiro: Forense, 1998, vol. V, p. 490.

72. DIDIER Jr, Fredie. "Questões controvertidas sobre o agravo (após as últimas reformas processuais)". *Revista Dialética de Direito Processual*. n. 4, 2003, p. 55. Em sentido semelhante: CUNHA, Leonardo Carneiro da. "As recentes 'modificações' no agravo". *Revista Dialética de Direito Processual*. n. 33, 2005, p. 65/66.

do recurso por instrumento; c) hipóteses nas quais não houvesse compatibilidade do agravo retido com a situação concreta[73].

Apesar de não ter sido categórico em afirmar a obrigação do relator de proceder à conversão[74], era possível extrair que Fredie Didier Jr. defendia que tal dever existia, pois expressamente afirmava não haver decisões que pudessem ser impugnadas por agravo retido e também por agravo de instrumento. Para ele e Leonardo Carneiro da Cunha, desde a Lei n. 10.352/2001, não se falava mais em liberdade de escolha por parte do agravante no que dizia respeito aos regimes dos agravos[75].

Quanto à obrigatoriedade da conversão, Leonardo Carneiro da Cunha era mais incisivo, afirmando que, apesar de a Lei n. 10.352/2001 ter utilizado a expressão "poderá converter", não se poderia falar em faculdade, já que o magistrado não as teria no processo, possuindo *poderes*. Assim, para o autor, tratava-se de um *poder-dever* e, portanto, cabia ao relator converter o agravo de instrumento em retido nos casos que não exigissem "análise breve ou imediata pelo tribunal"[76].

Contudo, a doutrina majoritária da época, seja analisando a Lei n. 10.352/2001[77] ou as alterações promovidas pela Lei n. 11.187/2005[78], defendia

73. DIDIER Jr, Fredie. "Questões controvertidas sobre o agravo (após as últimas reformas processuais)". *Revista Dialética de Direito Processual*. n. 4, 2003, p. 55.

74. Nesse sentido: "Se se interpuser agravo de instrumento em situação que não é de urgência, poderá o relator, e certamente o fará, converter o agravo de instrumento em agravo retido, mandando que desça o instrumento do agravo ao juízo *a quo*, para que seja apensado aos autos principais" (DIDIER Jr, Fredie. "Questões controvertidas sobre o agravo (após as últimas reformas processuais)". *Revista Dialética de Direito Processual*. n. 4, 2003, p. 55).

75. DIDIER Jr., Fredie; CUNHA, Leonardo Carneiro da. *Curso de direito processual civil. Meios de impugnação às decisões judiciais e processos nos tribunais*. 12ª ed. Salvador: JusPodivm, 2014, vol. 3, p. 142.

76. CUNHA, Leonardo Carneiro da. "As recentes 'modificações' no agravo". *Revista Dialética de Direito Processual*. n. 33, 2005, p. 67.

77. Nesse sentido: GOMES Junior, Luiz Manoel. "A Lei 10.352 de 26.12.2001 – reforma do Código de Processo Civil – alterações na remessa obrigatória e no processamento dos recursos cíveis". *Revista de Processo*. Ano 27, n. 105, 2002, p. 117. Arruda Alvim não apresentava um posicionamento contundente, pois, apesar de afirmar que o art. 527, II, permitia a conversão e que se admitia a *possibilidade* de conversão, mais à frente ele defendia que, não sendo caso de urgência, o relator converteria o agravo em retido. Por fim, afirmava que a expressão "poderá" indicava que se tratava de possibilidade justamente porque, nos casos duvidosos, deveria ser mantida a tramitação por instrumento (ALVIM, Arruda. "Notas sobre algumas das mutações verificadas com a Lei 10.352/2001". In: NERY Junior, Nelson; WAMBIER, Teresa Arruda Alvim (Coord.). *Aspectos polêmicos e atuais dos recursos e de outros meios de impugnação às decisões judiciais*. São Paulo: Editora Revista dos Tribunais, 2002, v. 6, p. 93/94).

78. No sentido de que a Lei n. 11.187/2005 encerrou o regime da facultatividade da conversão: ALVIM, J. E. Carreira; CABRAL, Luciana Gontijo Carreira Alvim. "Nova mexida nos agravos retido e de instrumento". In: NERY Junior, Nelson; WAMBIER, Teresa Arruda Alvim (Coord.). *Aspectos polêmicos e atuais dos recursos cíveis e assuntos afins*. São Paulo: Editora Revista dos Tribunais, 2006, v. 9, p. 284; NUNES, Dierle José Coelho. "Primeiros comentários à Lei 11.187, de 19.10.2005, que altera a sistemática

que se tratava de uma *faculdade* conferida ao relator, afastando-se a obrigatoriedade da conversão nos casos que não apresentassem urgência.

Flávio Cheim Jorge apresentava uma solução intermediária, pois, apesar de afirmar que, após a Lei n. 10.352/2001, o agravo de instrumento só seria admitido nos casos de urgência e naqueles em que não houvesse interesse recursal na impugnação segundo o regime da retenção, também defendia que não havia obrigatoriedade de conversão do agravo de instrumento em agravo retido na hipótese do art. 527, II[79].

Como a maior parte da doutrina defendia que a conversão não era obrigatória, percebe-se que ela continuava conferindo margem para o recorrente optar entre impugnar uma decisão interlocutória por agravo retido ou de instrumento, ressalvadas as hipóteses então previstas no art. 523, § 4º. Se não houvesse decisões que comportassem a escolha entre um dos regimes, a conversão teria de ser obrigatória[80].

Esse raciocínio, contudo, gerava uma situação curiosa, pois o recorrente teria liberdade de escolha entre os dois regimes de agravo na maioria dos casos, mas o relator, caso não houvesse urgência, inadmissão da apelação ou decisão sobre seus efeitos, teria a liberdade de convertê-lo em retido. O recorrente, por sua vez, estaria num estado de sujeição, uma vez que não poderia se insurgir contra a conversão para simplesmente fazer valer a sua "liberdade de escolha", mas apenas para provar urgência, inadmissão da apelação ou haver decisão sobre os efeitos dela, hipóteses nas quais não era dada a conversão.

---

do recurso de agravo, e à aplicação da cláusula geral *lesão grave e de difícil reparação* do novo art. 522 do CPC". *Revista de Processo.* Ano 31, n. 134, 2006, p. 66; NETTO, Nelson Rodrigues. "Recurso de agravo: generalização de sua interposição sob a modalidade retida". *Revista Dialética de Direito Processual.* n. 33, 2005, p. 85; NERY Junior, Nelson; NERY, Rosa Maria de Andrade. *Código de processo civil comentado e legislação extravagante.* 11ª ed. São Paulo: Editora Revista dos Tribunais, 2010, p. 929. José Henrique Mouta Araújo, apesar de não se posicionar expressamente quanto ao tema, afirmava que a Lei n. 11.187/2005 pôs fim à controvérsia acerca da facultatividade: ARAÚJO, José Henrique Mouta. "O recurso de agravo e as diretrizes estabelecidas pela Lei 11.187/2005". *Revista de Processo.* Ano 30, n. 130, 2005, p. 120/121.

79. JORGE, Flávio Cheim. "Os recursos em geral – Lei n. 10.352, de 26 de dezembro de 2001". In: JORGE, Flávio Cheim; DIDIER Jr., Fredie; RODRIGUES, Marcelo Abelha. *A nova reforma processual: as mudanças introduzidas no CPC pelas Leis ns. 10.352 e 10.358, de dezembro de 2001.* São Paulo: Saraiva, 2002, p. 95/101.

80. Nesse sentido, José Carlos Barbosa Moreira afirmava que, antes da Lei n. 11.187/2005, cabia, em regra, ao agravante optar entre um dos regimes: MOREIRA, José Carlos Barbosa. *O novo processo civil brasileiro.* 25ª ed. Rio de Janeiro: Forense, 2007, p. 146. Em sentido contrário, Teresa Arruda Alvim, apesar de não falar no dever de conversão, defendia que a Lei n. 10.352/2001 já havia restringido o agravo de instrumento às situações de urgência: WAMBIER, Teresa Arruda Alvim. "O novo recurso de agravo, na perspectiva do amplo acesso à Justiça, garantido pela Constituição Federal". *Revista de Processo.* Ano 31, n. 134, 2006, p. 103.

Parece mais coerente, entretanto, partir da premissa de que o magistrado exerce poderes, entendidos como a capacidade de produzir efeitos sobre a esfera jurídica das partes, que são acompanhados dos respectivos deveres[81]. Por isso, a posição defendida por Fredie Didier Jr. e Leonardo Carneiro da Cunha, segundo a qual o art. 527, II, ao consagrar um poder de conversão, também impunha ao relator o correlato dever de exercê-lo. Porém, como o visto, esse entendimento era minoritário.

A Lei n. 10.352/2001 promoveu outras alterações no regime jurídico dos agravos, ainda que não relacionados ao cabimento, como: a) fim da previsão de prazo para juízo de retratação no agravo retido (art. 523, § 2º); b) indicação de que, não havendo informação no juízo *a quo*, no prazo de três dias, acerca da interposição de agravo de instrumento, o recurso não seria admitido, desde que arguido e provado pelo agravante (art. 526, parágrafo único); c) fixação de um "roteiro" para o processamento do agravo de instrumento no art. 527, contando com a indicação expressa da possibilidade de concessão de "efeito suspensivo ativo" (art. 527, III).

Sobre a Lei n. 10.352/2001, Heitor Vitor Mendonça Sica fazia ponderações importantes, defendendo que ela teve resultados decepcionantes. Primeiramente, ao impor o agravo retido como o recurso cabível contra decisões proferidas em audiência de instrução e julgamento, o legislador não teria obtido grandes resultados em virtude da ausência do costume de se proferir decisões em audiência, exceto no que dizia respeito às perguntas feitas, o que teria importância secundária[82].

Além disso, como o art. 527, II, indicava caber agravo interno contra a decisão de conversão em agravo retido, era mais prático ao relator permitir a tramitação do agravo de instrumento do que ordenar a conversão e acabar tendo que fazer novo relatório para o agravo interno e designar sessão para o seu julgamento[83]. Logo, a conversão não seria verdadeiramente eficaz para reduzir o número de recursos.

81. Sobre os poderes-deveres do juiz, conferir: DINAMARCO, Cândido Rangel. *Instituições de direito processual civil.* 6ª ed. São Paulo: Malheiros Editores, 2009, vol. II, p. 211/212.

82. SICA, Heitor Vitor Mendonça. "O agravo e o "mito de Prometeu": considerações sobre a Lei 11.187/2005". In: NERY Junior, Nelson; WAMBIER, Teresa Arruda Alvim (Coord.). *Aspectos polêmicos e atuais dos recursos cíveis e assuntos afins*. São Paulo: Editora Revista dos Tribunais, 2006, v. 9, p. 194.

83. SICA, Heitor Vitor Mendonça. "O agravo e o "mito de Prometeu": considerações sobre a Lei 11.187/2005". In: NERY Junior, Nelson; WAMBIER, Teresa Arruda Alvim (Coord.). *Aspectos polêmicos e atuais dos recursos cíveis e assuntos afins*. São Paulo: Editora Revista dos Tribunais, 2006, v. 9, p. 194. José Henrique Mouta Araújo fazia ponderações semelhantes, atribuindo a pouca utilização da conversão a duas razões: a) à locução verbal "poderá converter", que poderia ensejar a interpretação de se tratar de uma faculdade; b) à possibilidade de agravo interno contra a decisão da conversão, o que não diminuía o trabalho do relator do agravo de instrumento: ARAÚJO, José Henrique Mouta. "O recurso de agravo e as diretrizes estabelecidas pela Lei 11.187/2005". *Revista de Processo.* Ano 30, n. 130, 2005, p. 120/121.

Diante deste cenário, foi promulgada a Lei n. 11.187/2005, que modificou sensivelmente o regime jurídico dos agravos, concretizando a delimitação de incidência de cada um deles e avançando no caminho traçado pela Lei n. 10.352/2001.

6.3.5 O cabimento dos agravos após a Lei n. 11.187/2005

Na Exposição de Motivos do PL 4.727/2004, posteriormente convertido, com alterações, na Lei n. 11.187/2005, o então Ministro da Justiça, Marcio Thomaz Bastos, afirmava que a proposta tinha como objetivo "alterar a sistemática de agravos, tornando regra o agravo retido" e reservando o agravo de instrumento para hipóteses específicas[84].

Assim, a Lei n. 11.187/2005 modificou o art. 522 para indicar que as decisões interlocutórias eram recorríveis por agravo na forma retida, salvo aquelas que: a) fossem capazes de causar à parte lesão grave e de difícil reparação; b) inadmitissem a apelação; c) decidissem sobre os efeitos nos quais a apelação era recebida. Nestes últimos três casos, o recurso seria o agravo de instrumento. Por consequência, o art. 523, § 4º, que tratava da matéria, foi revogado.

Posteriormente, a Lei n. 11.232/2005 indicou que cabia agravo de instrumento contra a decisão em liquidação de sentença (art. 475-H). Esta hipótese de cabimento é enfrentada em tópico específico, mais à frente.

A Lei n. 11.187/2005 também tornou o art. 527, II, harmônico com o art. 522 e pôs fim à controvérsia sobre à suposta facultatividade na conversão em agravo retido, isto é, deixou claro que o relator *converteria* (não utilizando mais o verbo "poder") o agravo de instrumento em agravo retido quando a decisão impugnada não fosse suscetível de causar à parte lesão grave e de difícil reparação, não fosse de inadmissão da apelação ou não tratasse dos efeitos nos quais ela era recebida (art. 527, II).

As alterações também impuseram a irrecorribilidade da decisão que convertesse o agravo de instrumento em retido, conforme nova redação do art. 527, parágrafo único.

Nesse novo cenário, a doutrina convergia ao reconhecer que o agravo retido era a regra no que dizia respeito à impugnação das decisões interlocutórias[85] e

84. CALMON Filho, Petrônio (Org.). *Reforma infraconstitucional do processo civil.* São Paulo: Instituto Brasileiro de Direito Processual, 2005, vol. 4, p. 123.

85. Nesse sentido: WAMBIER, Teresa Arruda Alvim. *Os agravos no CPC brasileiro.* 4ª ed. São Paulo: Editora Revista dos Tribunais, 2006, p. 97; NUNES, Dierle José Coelho. "Primeiros comentários à Lei 11.187, de 19.10.2005, que altera a sistemática do recurso de agravo, e à aplicação da cláusula geral *lesão grave e de difícil reparação* do novo art. 522 do CPC". *Revista de Processo.* Ano 31, n. 134, 2006, p. 65;

que o relator estava obrigado a converter o agravo de instrumento em retido nas hipóteses do art. 527, II[86].

No que dizia respeito ao agravo retido, são necessárias apenas breves considerações, já que a descoberta das suas hipóteses de cabimento era alcançada por exclusão, isto é, não sendo caso de impugnação por agravo de instrumento, deveria se seguir o regime da retenção.

A primeira consideração está ligada à supressão, por parte da Lei n. 11.187/2005, do cabimento restrito de agravo retido contra decisões posteriores à sentença, excetuadas as que inadmitissem apelação ou versassem sobre os efeitos nos quais ela era recebida.

Quanto ao tema, deve-se concordar com Flávio Cheim Jorge, que, antes mesmo da Lei n. 11.187/2005, afirmava que não havia muita utilidade na previsão de agravo retido contra decisões posteriores à sentença, período no qual notadamente só havia prolação de duas delas: sobre a admissibilidade da apelação e sobre os seus efeitos[87]. A primeira delas já havia sido excepcionada pela Lei n. 9.139/1995 e a segunda o foi pela Lei n. 10.352/2001. Desta forma, não havia decisões relevantes posteriores à sentença. Ademais, mostrava-se incompatível recorrer por agravo retido, uma vez que não haveria apelação posterior na qual se pudesse ratificá-lo.

GOMES Junior, Luiz Manoel. "O novo regime do agravo de instrumento (Lei 11.187, de 19.10.2005)". *Revista de Processo*. Ano 31, n. 134, 2006, p. 113; SOUZA, Bernardo Pimentel. *Introdução aos recursos cíveis e à ação rescisória*. 10ª ed. São Paulo: Saraiva, 2014, p. 364; NETTO, Nelson Rodrigues. "Recurso de agravo: generalização de sua interposição sob a modalidade retida". *Revista Dialética de Direito Processual*. n. 33, 2005, p. 80/81; MARINONI, Luiz Guilherme; ARENHART, Sérgio Cruz. *Processo de conhecimento*. 7ª ed. São Paulo: Editora Revista dos Tribunais, 2008, p. 543; NERY Junior, Nelson; NERY, Rosa Maria de Andrade. *Código de processo civil comentado e legislação extravagante*. 11ª ed. São Paulo: Editora Revista dos Tribunais, 2010, p. 912. Em sentido contrário, Fredie Didier Jr. e Leonardo Carneiro da Cunha defendiam que não era possível falar em primazia de algum dos regimes, mas apenas em delimitação da incidência de cada um, sem opção para o recorrente: DIDIER Jr., Fredie; CUNHA, Leonardo Carneiro da. *Curso de direito processual civil. Meios de impugnação às decisões judiciais e processos nos tribunais*. 12ª ed. Salvador: JusPodivm, 2014, vol. 3, p. 136.

86. Nesse sentido: ALVIM, J. E. Carreira; CABRAL, Luciana Gontijo Carreira Alvim. "Nova mexida nos agravos retido e de instrumento". In: NERY Junior, Nelson; WAMBIER, Teresa Arruda Alvim (Coord.). *Aspectos polêmicos e atuais dos recursos cíveis e assuntos afins*. São Paulo: Editora Revista dos Tribunais, 2006, v. 9, p. 284; NUNES, Dierle José Coelho. "Primeiros comentários à Lei 11.187, de 19.10.2005, que altera a sistemática do recurso de agravo, e à aplicação da cláusula geral *lesão grave e de difícil reparação* do novo art. 522 do CPC". *Revista de Processo*. Ano 31, n. 134, 2006, p. 66; GOMES Junior, Luiz Manoel. "O novo regime do agravo de instrumento (Lei 11.187, de 19.10.2005)". *Revista de Processo*. Ano 31, n. 134, 2006, p. 117; NETTO, Nelson Rodrigues. "Recurso de agravo: generalização de sua interposição sob a modalidade retida". *Revista Dialética de Direito Processual*. n. 33, 2005, p. 85; NERY Junior, Nelson; NERY, Rosa Maria de Andrade. *Código de processo civil comentado e legislação extravagante*. 11ª ed. São Paulo: Editora Revista dos Tribunais, 2010, p. 929.

87. JORGE, Flávio Cheim. "Os recursos em geral – Lei n. 10.352, de 26 de dezembro de 2001". In: JORGE, Flávio Cheim; DIDIER Jr., Fredie; RODRIGUES, Marcelo Abelha. *A nova reforma processual: as mudanças introduzidas no CPC pelas Leis ns. 10.352 e 10.358, de dezembro de 2001*. São Paulo: Saraiva, 2002, p. 87/89.

Sobre esse tema, J. E. Carreira Alvim chegou a sustentar que as decisões posteriores à sentença, salvo as duas exceções mencionadas, estavam sujeitas ao agravo de instrumento ou ao retido, sendo livre a escolha por parte do recorrente[88]. Na visão deste trabalho, tal posicionamento não era o mais correto, uma vez que não havia compatibilidade do agravo retido com eventual decisão posterior à sentença.

A segunda ressalva dizia respeito à interposição oral contra decisão em audiência de instrução e julgamento, que passou a ser obrigatória, não se admitindo a interposição por escrito (art. 523, § 3º). Sobre ela, é preciso ponderar que, havendo risco de lesão grave ou de difícil reparação, o agravo de instrumento era cabível, uma vez que, não sendo caso de agravo retido, não faria sentido exigir interposição oral[89].

Ademais, ressalte-se que havia precedentes do STJ afirmando que a interposição oral só era exigida em audiência de instrução e julgamento, de sorte que era possível interpor o recurso na forma escrita quando a decisão fosse tomada em audiência de conciliação[90], o que contrariava o defendido por Fredie Didier Jr. e Leonardo Carneiro da Cunha, para quem o recurso deveria ser interposto oralmente, pois a intenção seria prestigiar a oralidade e a celeridade[91].

Feitas essas duas considerações, pode-se partir para o estudo do agravo de instrumento neste último período de vigência do CPC/1973.

A primeira hipótese de cabimento de agravo de instrumento, segundo o art. 522, *caput*, envolvia a impugnação de decisão interlocutória suscetível de causar à parte lesão grave e de difícil reparação.

A doutrina afirmava que "lesão grave e de difícil reparação" era um conceito vago ou indeterminado, cuja aferição se daria à luz do caso concreto[92].

---

88. ALVIM, J. E. Carreira. "Agravo retido e agravo de instrumento – nova mini-reforma do Código de Processo Civil". *Revista de Processo*. Ano 30, n. 130, 2005, p. 88/90.

89. No sentido da admissibilidade do agravo de instrumento: ARAÚJO, José Henrique Mouta. "O recurso de agravo e as diretrizes estabelecidas pela Lei 11.187/2005". *Revista de Processo*. Ano 30, n. 130, 2005, p. 114; DIDIER Jr., Fredie; CUNHA, Leonardo Carneiro da. *Curso de direito processual civil. Meios de impugnação às decisões judiciais e processos nos tribunais*. 12ª ed. Salvador: JusPodivm, 2014, vol. 3, p. 137; ASSIS, Araken de. *Manual dos recursos*. 7ª ed. São Paulo: Editora Revista dos Tribunais, 2015, p. 582/583.

90. Nesse sentido: AgRg no AREsp 354975 / SP. Segunda Turma. Rel. Min. Herman Benjamin. DJe 06/03/2014; REsp 1288033/MA. Terceira Turma. Rel. Min. Sidnei Beneti. DJe: 19/10/2012.

91. DIDIER Jr., Fredie; CUNHA, Leonardo Carneiro da. *Curso de direito processual civil. Meios de impugnação às decisões judiciais e processos nos tribunais*. 12ª ed. Salvador: JusPodivm, 2014, vol. 3, p. 137.

92. Nesse sentido: NERY Junior, Nelson; NERY, Rosa Maria de Andrade. *Código de processo civil comentado e legislação extravagante*. 11ª ed. São Paulo: Editora Revista dos Tribunais, 2010, p. 912; DIDIER Jr., Fredie; CUNHA, Leonardo Carneiro da. *Curso de direito processual civil. Meios de impugnação às decisões judiciais e processos nos tribunais*. 12ª ed. Salvador: JusPodivm, 2014, vol. 3, p. 144. Dierle

Teresa Arruda Alvim defendia que o conceito de "lesão", além do dano iminente, pressupunha a demonstração de *fumus boni iuris*, isto é, da probabilidade de provimento do recurso, uma vez que só seria lesado quem tivesse algum direito[93]. Essa tese, contudo, não encontrava respaldo no restante da doutrina, que só fazia menção à ideia de urgência[94] ou de risco de dano[95] ou referia-se genericamente ao perigo de "lesão grave ou de difícil reparação", sem qualquer ressalva semelhante[96].

Perceba-se que essa primeira hipótese não estava relacionada ao conteúdo da decisão interlocutória, isto é, ao objeto decidido, mas a um *efeito possível* do pronunciamento do juiz.

A segunda e a terceira espécies de decisões impugnáveis por agravo de instrumento, nos termos do art. 522, *caput*, eram as que inadmitissem a apelação e as que decidissem sobre os efeitos nos quais elas eram recebidas.

O art. 518, *caput*, indicava que, interposta a apelação, o magistrado declararia os efeitos nos quais ela era recebida e mandaria dar vista ao apelado para responder. Na sistemática do CPC/1973, conforme dispunha o art. 520, a apelação era recebida, em regra, com efeitos devolutivo e suspensivo, excetuadas algumas hipóteses, nas quais só teria o primeiro deles (art. 520, I a VII). A decisão do juiz de primeiro grau sobre tais efeitos era recorrível por agravo de instrumento.

O recurso de apelação, na vigência do CPC/1973, estava sujeito a um duplo juízo de admissibilidade: a análise poderia ser feita pelo juízo *a quo* e, em caso de admissão por parte dele, não havia prejuízo à possibilidade de o juízo *ad quem* também realizar tal controle.

José Coelho Nunes falava em "cláusula geral": NUNES, Dierle José Coelho. "Primeiros comentários à Lei 11.187, de 19.10.2005, que altera a sistemática do recurso de agravo, e à aplicação da cláusula geral lesão grave e de difícil reparação do novo art. 522 do CPC". *Revista de Processo.* Ano 31, n. 134, 2006, p. 71.

93. WAMBIER, Teresa Arruda Alvim. "O agravo e o conceito de sentença". *Revista de Processo.* Ano 32, n. 144, 2007, p. 247.

94. DIDIER Jr., Fredie; CUNHA, Leonardo Carneiro da. *Curso de direito processual civil. Meios de impugnação às decisões judiciais e processos nos tribunais.* 12ª ed. Salvador: JusPodivm, 2014, vol. 3, p. 144.

95. SICA, Heitor Vitor Mendonça. "O agravo e o "mito de Prometeu": considerações sobre a Lei 11.187/2005". In: NERY Junior, Nelson; WAMBIER, Teresa Arruda Alvim (Coord.). *Aspectos polêmicos e atuais dos recursos cíveis e assuntos afins.* São Paulo: Editora Revista dos Tribunais, 2006, v. 9, p. 197/198. O autor, contudo, fazia ressalvas quanto à ideia de "gravidade" do dano para fins de cabimento do agravo de instrumento.

96. MARINONI, Luiz Guilherme; ARENHART, Sérgio Cruz. *Processo de conhecimento.* 7ª ed. São Paulo: Editora Revista dos Tribunais, 2008, p. 543; NERY Junior, Nelson; NERY, Rosa Maria de Andrade. *Código de processo civil comentado e legislação extravagante.* 11ª ed. São Paulo: Editora Revista dos Tribunais, 2010, p. 912.

Nesse sentido, o art. 518, parágrafo único, incluído pela Lei n. 8.950/1994, indicava que, apresentada a resposta à apelação, era facultado ao juiz o reexame dos "pressupostos de admissibilidade" do recurso.

Posteriormente, a Lei n. 11.276/2006 modificou o art. 518, mantendo o seu *caput* com a redação dada pela mesma Lei n. 8.950/1994. Por consequência da alteração, o § 1º do art. 518 indicava que o juiz não receberia a apelação quando a sentença estivesse em conformidade com súmula do STJ ou do STF. Já o § 2º manteve redação semelhante à do antigo parágrafo único, indicando que, após apresentada resposta, o juiz poderia, no prazo de cinco dias, reexaminar os "pressupostos de admissibilidade" do recurso.

Contra a decisão do juiz de primeiro grau que inadmitisse a apelação cabia agravo de instrumento, conforme dispunha a parte final do art. 522, *caput*, do CPC/1973.

Após a Lei n. 11.187/2005, o CPC/1973 continha mais duas hipóteses expressas de cabimento de agravo de instrumento, contidas no art. 475-H e no art. 475-M, § 3º. A primeira dessas decisões será analisada em tópico específico, mais adiante. Neste momento, examina-se apenas a hipótese do art. 475-M, § 3º.

Como já se falou, a Lei n. 11.232/2005 impôs como a regra a *fase processual* de execução de obrigação de pagar quantia fundada em título judicial, reservando o processo autônomo a algumas exceções. Nesse sentido, passou a regular a fase de "cumprimento de sentença" entre os arts. 475-I a 475-R.

Por consequência, a regra passou a ser que a defesa em tais execuções deveria ser feita mediante impugnação ao cumprimento de sentença, apresentada nos próprios autos, não mais por embargos à execução (arts. 475-J, § 1º, 475-L e 475-M).

Como a impugnação poderia ser total ou parcial, bem como ser totalmente acolhida, parcialmente procedente ou rejeitada em sua íntegra, os seus resultados possíveis variavam entre dois extremos: a manutenção da execução em todos os seus termos (rejeição total da impugnação) e extinção da execução (acolhimento integral da impugnação). Dessa forma, a decisão sobre a impugnação poderia encerrar ou não a fase executiva.

Anteriormente, pode-se definir que a sentença pressupunha o encerramento do processo ou de alguma de suas fases, enquanto a decisão interlocutória, não. Por isso, a decisão em impugnação de sentença só deveria ser entendida como sentença quando extinguisse a fase executiva. Nos demais casos, seria decisão interlocutória e a fase continuaria em prol da satisfação da obrigação. Por consequência, havendo extinção da execução, o recurso seria a apelação (art. 513) e, nos demais, o agravo seria o recurso cabível (art. 522).

Tornando esse raciocínio mais claro, o art. 475-M, § 3º, definia que a decisão que resolvesse a impugnação era recorrível mediante agravo de instrumento, salvo quando importasse extinção da execução, caso em que caberia apelação.

Como se viu, tratava-se de dispositivo dispensável. Além do mais, a menção à recorribilidade desta decisão interlocutória por agravo *de instrumento* também era até certo ponto desnecessária, uma vez que clara a absoluta incompatibilidade do agravo retido na medida em que a sentença futura (da qual se poderia apelar e ratificar o agravo retido) só seria proferida após a satisfação do débito, o que poderia pressupor até mesmo expropriação. Esse tema, no entanto, será enfrentado em seguida.

Neste momento, cumpre destacar que esses eram os casos expressamente previstos no CPC/1973 nos quais era cabível a impugnação de decisão interlocutória por agravo de instrumento.

Além deles, havia hipóteses em que, apesar de inexistir urgência ou expressa previsão legal, a recorribilidade da decisão interlocutória deveria se dar por agravo de instrumento, não por agravo retido. Isto decorria da incompatibilidade do agravo retido com a impugnação em questão.

O caso mais evidente era o das decisões interlocutórias proferidas em execução, em que a doutrina[97] e o STJ[98] entendiam que o recurso cabível era o agravo de instrumento.

A justificativa era bem simples: o julgamento do agravo retido pressupunha a ratificação em sede de apelação ou contrarrazões. Ocorre que o processo de execução caminhava em prol da satisfação do crédito e a sentença, se tudo estivesse em ordem, declararia a *anterior* satisfação do crédito. Logo, quando fosse apresentado um pronunciamento apelável e possibilitada a ratificação do agravo, o executado, por exemplo, já teria sofrido com todos os atos tendentes à satisfação do crédito, como medidas coercitivas e atos expropriatórios, por exemplo[99].

---

97. Nesse sentido: MOREIRA, José Carlos Barbosa. *O novo processo civil brasileiro*. 25ª ed. Rio de Janeiro: Forense, 2007, p. 146; MARINONI, Luiz Guilherme; ARENHART, Sérgio Cruz. *Processo de conhecimento*. 7ª ed. São Paulo: Editora Revista dos Tribunais, 2008, p. 544; DIDIER Jr., Fredie; CUNHA, Leonardo Carneiro da. *Curso de direito processual civil. Meios de impugnação às decisões judiciais e processos nos tribunais*. 12ª ed. Salvador: JusPodivm, 2014, vol. 3, p. 147; SOUZA, Bernardo Pimentel. *Introdução aos recursos cíveis e à ação rescisória*. 10ª ed. São Paulo: Saraiva, 2014, p. 365.

98. Assim, por exemplo: AgRg no AREsp 5.997/RS. Primeira Turma. Rel. Min. Benedito Gonçalves. DJe: 16/03/2012; RMS 27.227/RS, Rel. Min. Laurita Vaz. DJe: 24/02/2012; RMS 27.194/RS. Quinta Turma. Rel. Min. Arnaldo Esteves Lima. DJe: 15/03/2010.

99. Nesse sentido: DIDIER Jr., Fredie; CUNHA, Leonardo Carneiro da. *Curso de direito processual civil. Meios de impugnação às decisões judiciais e processos nos tribunais*. 12ª ed. Salvador: JusPodivm, 2014, vol. 3, p. 136/137.

Neste caso, não era de todo incompatível o agravo retido, uma vez que, negada uma substituição de penhora requerida pelo executado e interposto agravo retido, por exemplo, seria possível a sua ratificação em contrarrazões se a sentença posterior decretasse a prescrição do crédito executado e houvesse apelação do exequente. Todavia, como a execução voltava-se à satisfação do crédito e havia alta probabilidade de a sentença apenas reconhecer anterior pagamento, deveria se entender que só era cabível agravo de instrumento contra as decisões interlocutórias nesses procedimentos[100].

A doutrina apresentava outros casos de incompatibilidade do agravo retido, como o indeferimento da intervenção do assistente[101], o indeferimento parcial da petição inicial[102] e a decisão em exceção de incompetência relativa[103].

Assim, além das hipóteses previstas nos arts. 522, 475-H, 475-M, § 3º, do CPC/1973, eram agraváveis por instrumento as decisões interlocutórias cuja impugnação mediante o regime da retenção fosse incompatível.

Cabem, ainda, algumas considerações.

É importante frisar que, havendo a interposição de agravo de instrumento em casos nos quais o regime adequado era o da retenção, o CPC/1973 não impunha a inadmissibilidade do recurso, mas a simples conversão em agravo retido, que poderia ter seu mérito futuramente julgado. Esse raciocínio já era pertinente desde a vigência da Lei n. 10.352/2001.

Situação peculiar era aquela na qual, a despeito da obrigatoriedade da interposição de agravo de instrumento, era apresentado o agravo retido.

Teresa Arruda Alvim defendia que, nesses casos, o magistrado não deveria fazer nada, uma vez que o juízo de admissibilidade do agravo caberia somente ao tribunal[104]. Nelson Nery Junior e Rosa Maria de Andrade Nery chegavam a acompanhar o mesmo entendimento, afirmando que o juiz só deveria analisar os requisitos de admissibilidade do agravo retido para fins

---

100. Em sentido semelhante, Luiz Guilherme Marinoni e Sérgio Cruz Arenhart falavam da incompatibilidade do agravo retido quando não fosse "usual a interposição de apelação contra a sentença finalmente dada", o que ocorreria na fase de cumprimento de sentença e no processo de execução: MARINONI, Luiz Guilherme; ARENHART, Sérgio Cruz. *Processo de conhecimento.* 7ª ed. São Paulo: Editora Revista dos Tribunais, 2008, p. 544.

101. NERY Junior, Nelson; NERY, Rosa Maria de Andrade. *Código de processo civil comentado e legislação extravagante.* 11ª ed. São Paulo: Editora Revista dos Tribunais, 2010, p. 917.

102. DIDIER Jr., Fredie; CUNHA, Leonardo Carneiro da. *Curso de direito processual civil. Meios de impugnação às decisões judiciais e processos nos tribunais.* 12ª ed. Salvador: JusPodivm, 2014, vol. 3, p. 147.

103. MARINONI, Luiz Guilherme; ARENHART, Sérgio Cruz. *Processo de conhecimento.* 7ª ed. São Paulo: Editora Revista dos Tribunais, 2008, p. 544; SOUZA, Bernardo Pimentel. *Introdução aos recursos cíveis e à ação rescisória.* 10ª ed. São Paulo: Saraiva, 2014, p. 366.

104. WAMBIER, Teresa Arruda Alvim. "O agravo e o conceito de sentença". *Revista de Processo.* Ano 32, n. 144, 2007, p. 248.

do juízo de retratação, não podendo indeferi-lo, ainda que fosse caso de agravo de instrumento, deixando-o nos autos para análise em julgamento de futura apelação[105]. No entanto, mais à frente, afirmavam que, como não era possível a conversão do agravo retido em de instrumento, o juiz deveria indeferir o agravo retido quando fosse o caso de interposição de agravo de instrumento[106].

A ideia de o juiz *a quo* ser indiferente ao agravo retido e deixá-lo nos autos para julgamento em futura apelação não resolvia todos os casos, pois nem sempre haveria espaço para futura apelação. Isto é evidente no caso das decisões interlocutórias, sujeitas a agravo de instrumento, que inadmitissem a apelação ou resolvessem os efeitos nos quais elas eram recebidas. Havendo impugnação por agravo retido, ele não poderia ser ratificado posteriormente, já que não haveria outra apelação.

Araken de Assis apresentava uma solução diferente: para o autor, deveria ser aplicado o art. 527, II, na forma inversa, isto é, o juiz poderia ordenar a conversão do agravo retido em agravo de instrumento, determinando a sua interposição direta no tribunal, observados os demais requisitos de admissibilidade[107].

Essa tese, contudo, não parecia a mais correta frente à nítida excepcionalidade do art. 527, II, do CPC/1973, que fugia a toda a organização recursal no que dizia respeito à admissibilidade.

Na visão deste trabalho, o mais coerente seria permitir que o magistrado de primeiro grau fizesse um juízo de admissibilidade quanto ao tema, podendo indeferir os agravos retidos interpostos contra decisões impugnáveis por agravo de instrumento, conforme indicado também por Nelson Nery Junior e Rosa Maria de Andrade Nery. Essa decisão de inadmissibilidade poderia, da mesma forma que a primeira, ser recorrida por agravo de instrumento, no qual se discutiria o cabimento do agravo retido anterior.

Por fim, ressalte-se que a Lei n. 11.187/2005 promoveu outras alterações no regime dos agravos, mas relacionadas a aspectos formais do agravo retido (art. 523, § 3º, parte final) e à tramitação do agravo de instrumento (art. 527, V, VI e parágrafo único).

Após toda a exposição, conclui-se que, no regime do CPC/1973, a recorribilidade das decisões interlocutórias passou da livre escolha do

---

105. NERY Junior, Nelson; NERY, Rosa Maria de Andrade. *Código de processo civil comentado e legislação extravagante*. 11ª ed. São Paulo: Editora Revista dos Tribunais, 2010, p. 914/915.

106. NERY Junior, Nelson; NERY, Rosa Maria de Andrade. *Código de processo civil comentado e legislação extravagante*. 11ª ed. São Paulo: Editora Revista dos Tribunais, 2010, p. 918.

107. ASSIS, Araken de. *Manual dos recursos*. 7ª ed. São Paulo: Editora Revista dos Tribunais, 2015, p. 521.

recorrente entre impugná-las mediante agravo de instrumento ou retido até à delimitação específica de grupos de decisões recorríveis por um ou por outro regime de agravo.

6.4 OUTRAS QUESTÕES CONTROVERSAS

6.4.1 A natureza jurídica e a recorribilidade das decisões parciais de mérito

Ao longo deste tópico, analisar-se-á a natureza jurídica e a recorribilidade das decisões que, embora se encaixassem em uma das previsões do art. 269 do CPC/1973, não colocavam fim ao processo ou a uma de suas fases. Note-se, portanto, que não se trata de todas as decisões sobre matéria ligada ao mérito, como as que rejeitavam alegações de prescrição, mas das que efetivamente o decidiam, configurando alguma das hipóteses do art. 269.

Durante a pesquisa realizada, a referência mais antiga sobre o tema foi encontrada na obra de Adroaldo Furtado Fabricio, específica sobre a ação declaratória incidental, prevista no art. 5º do CPC/1973 e destinada a fazer com que uma questão prejudicial, que seria resolvida incidentalmente, o fosse como questão principal, sujeita à formação da coisa julgada material. No caso, não haveria processo novo, mas exercício de novo direito de ação num processo já existente, sendo as duas demandas (inicial e ulterior) julgadas, a princípio, na mesma sentença[108].

A tese de Adroaldo Furtado Fabricio partia de considerações acerca do art. 265, IV, alínea *c*, do CPC/1973, que indicava haver suspensão do processo quando a sentença de mérito houvesse "por pressuposto o julgamento de questão de estado, requerido como declaração incidente".

Como consequência da suspensão processual quanto ao pedido inicial, ocorreria, nestes casos, a quebra do processamento simultâneo e ter-se-ia a cisão formal do julgamento da ação declaratória incidental e do pedido inicial, que seriam resolvidos por decisões autônomas. Desta forma, havendo o julgamento de mérito de ambos os pedidos, o autor questionava-se acerca da natureza jurídica do ato que julgou a ação declaratória incidental e do recurso cabível na hipótese[109].

Em um momento em que ainda era vigente a redação original do art. 162, § 1º do CPC/1973, Adroaldo Furtado Fabricio relembrava que a

---

108. Sobre a ação declaratória incidental, inclusive quanto à possibilidade de seu julgamento antecipado e em separado do pedido inicial, conferir: MOREIRA, José Carlos Barbosa. *O novo processo civil brasileiro*. 25ª ed. Rio de Janeiro: Forense, 2007, p. 92/94.

109. FABRICIO, Adroaldo Furtado. *A ação declaratória incidental*. Rio de Janeiro: Forense, 1976, p. 203.

caracterização de um ato como sentença pressupunha a extinção do processo. Como, no caso analisado, a decisão da ação declaratória incidental não colocava fim ao processo, o autor negava que se tratava de sentença, refutando igualmente ser a apelação o recurso cabível[110].

Para Adroaldo Furtado Fabricio, o caso era de decisão agravável, uma vez que a apelação pressupunha impugnação de sentença[111]. Todavia, o autor não afirmava que se tratava de decisão interlocutória, pois ele não equiparava as decisões agraváveis (art. 522) às decisões interlocutórias (art. 162, § 2º)[112].

Apesar destas considerações anteriores, o tema das decisões parciais de mérito ganhou mais relevo com a Lei n. 10.444/2002, que inseriu o art. 273, § 6º no CPC/1973. Esse dispositivo permitia uma suposta antecipação dos efeitos da tutela "quando um ou mais dos pedidos cumulados, ou parcela deles" mostrava-se "incontroverso".

A despeito dos termos utilizados no dispositivo, o art. 273, § 6º consagrava, na realidade, uma hipótese de tutela definitiva, fundada em cognição exauriente, que resolvia o mérito de forma parcial e antecipada[113]. Assim, estava positivada a possibilidade de uma decisão julgar parte do mérito sem encerrar a atuação do magistrado de primeiro grau.

Durante os primeiros anos de vigência da Lei n. 10.444/2002, quando o art. 162, § 1º ainda ligava expressamente o conceito de sentença à extinção do processo, falava-se, mais tranquilamente, que a decisão que aplicasse o art. 273, § 6º era interlocutória, sujeita ao recurso de agravo de instrumento[114].

---

110. FABRICIO, Adroaldo Furtado. *A ação declaratória incidental*. Rio de Janeiro: Forense, 1976, p. 204.

111. FABRICIO, Adroaldo Furtado. *A ação declaratória incidental*. Rio de Janeiro: Forense, 1976, p. 204/207.

112. FABRICIO, Adroaldo Furtado. *A ação declaratória incidental*. Rio de Janeiro: Forense, 1976, p. 196/198.

113. Nesse sentido: DIDIER Jr., Fredie. "Inovações na antecipação dos efeitos da tutela e a resolução parcial do mérito". *Revista de Processo*. Ano 28, n. 110, 2003, p. 233/236; MITIDIERO, Daniel Francisco. "Sentenças parciais de mérito e resolução definitiva-fracionada da causa (lendo um ensaio de Fredie Didier Júnior)". *Gênesis – Revista de Direito Processual Civil*. Ano VIII, n. 31, 2004, p. 26; ARENHART, Sérgio Cruz. "A antecipação de tutela e as alterações da Lei 10.444/2002". In: MARINONI, Luiz Guilherme (Coord.). *Estudos de direito processual civil*. São Paulo: Editora Revista dos Tribunais, 2005, p. 283; SANT'ANNA, Paulo Afonso de Souza. "Antecipação da tutela na reforma do CPC (Lei nº 10.444/02)". *Revista Dialética de Direito Processual*. n. 12, 2004, p. 143/146; CALEFFI, Patrícia. *A resolução parcial do mérito: análise crítica do § 6º, art. 273 do CPC*. Monografia (Graduação em Direito). Universidade Federal da Bahia, Salvador, 2005, p. 111/112; SANTOS, José Carlos Van Cleef de Almeida. "O trânsito em julgado progressivo das decisões de mérito: uma visão da ótica das decisões interlocutórias". *Revista de Processo*. Ano 36, n. 202, 2011, p. 392.

114. Nesse sentido: DIDIER Jr, Fredie. "Questões controvertidas sobre o agravo (após as últimas reformas processuais)". *Revista Dialética de Direito Processual*. n. 4, 2003, p. 62/65; SANT'ANNA, Paulo Afonso de Souza. "Antecipação da tutela na reforma do CPC (Lei nº 10.444/02)". *Revista Dialética de Direito Processual*. n. 12, 2004, p. 148/149; CALEFFI, Patrícia. *A resolução parcial do mérito: análise crítica do § 6º, art. 273 do CPC*. Monografia (Graduação em Direito). Universidade Federal da Bahia, Salvador, 2005, p. 154/155. Sérgio Cruz Arenhart não falava na recorribilidade por agravo de instrumento,

A questão ganhou novos contornos com a alteração do art. 162, § 1º, promovida pela Lei n. 11.232/2005, que, para o conceito de sentença, dispensou a referência expressa à extinção do processo, nos casos de decisões de mérito, bastando implicar alguma das situações do art. 269, justamente o que acontecia com o julgamento previsto art. 273, § 6º.

Como exposto anteriormente, para alguns autores, o conceito de sentença estava ligado à extinção de alguma das fases do processo, a despeito da nova redação do art. 162, § 1º. Por consequência, o pronunciamento do juiz que aplicasse o art. 273, § 6º do CPC/1973 tinha natureza jurídica de decisão interlocutória, já que, apesar de configurar uma das situações previstas no art. 269, não punha fim à fase de conhecimento em primeiro grau[115].

A partir da definição do ato como decisão interlocutória, os autores indicavam que ela era recorrível por agravo de instrumento[116].

Como a tramitação do agravo era mais restrita do que o da apelação (não havia previsão expressa de cabimento de embargos infringentes (art. 530), não cabia sustentação oral (art. 554) e não havia revisor (art. 551)), por exemplo, questionava-se se estas limitações estariam presentes mesmo quando o agravo de instrumento impugnasse uma decisão interlocutória de mérito.

Considerando que as mesmas razões que justificavam tal procedimento na apelação estariam presentes no agravo de instrumento contra decisão interlocutória de mérito, alguns autores defendiam que a tramitação deste recurso deveria ser semelhante à daquele, permitindo-se, por exemplo, a

---

mas dava a entender que se posicionava no sentido de ser decisão interlocutória, uma vez que, após utilizar o termo "sentença parcial", afirmava, em nota de rodapé: "O vocábulo sentença, aqui, é empregado de forma imprecisa, já que, nos termos do Código, sentença é apenas o ato que põe fim ao processo (art. 162, § 1.º), o que, no caso, evidentemente, não ocorria. A assimilação desta forma de decisão à ideia de sentença se dá, sobretudo, por conta da natural vinculação leiga feita entre seu conteúdo mais frequente (análise do mérito) e aquele que se tem na decisão ora examinada (...)" (ARENHART, Sérgio Cruz. "A antecipação de tutela e as alterações da Lei 10.444/2002". In: MARINONI, Luiz Guilherme (Coord.). *Estudos de direito processual civil.* São Paulo: Editora Revista dos Tribunais, 2005, p. 283). Em sentido contrário, Daniel Mitidiero, mesmo antes da vigência da Lei n. 11.232/2005, defendia que o art. 273, § 6º, consagrava a *sentença parcial de mérito*: MITIDIERO, Daniel Francisco. "Sentenças parciais de mérito e resolução definitiva-fracionada da causa (lendo um ensaio de Fredie Didier Júnior)". *Gênesis – Revista de Direito Processual Civil.* Ano VIII, n. 31, 2004, p. 26/27.

115. Nesse sentido: SANTOS, José Carlos Van Cleef de Almeida. "O trânsito em julgado progressivo das decisões de mérito: uma visão da ótica das decisões interlocutórias". *Revista de Processo.* Ano 36, n. 202, 2011, p. 386/393; CÂMARA, Alexandre Freitas. *Lições de direito processual civil.* 25ª ed. São Paulo: Editora Altas, 2014, vol. 1, p. 471/472.

116. DIDIER Jr., Fredie; BRAGA, Paula Sarno; OLIVEIRA, Rafael. *Curso de direito processual civil: teoria da prova, direito probatório, teoria do precedente, decisão judicial, coisa julgada e antecipação dos efeitos da tutela.* 6ª ed. Salvador: JusPodivm, 2011, vol. 2, p. 542; MARINONI, Luiz Guilherme; MITIDIERO, Daniel. *Código de processo civil: comentado artigo por artigo.* 6ª ed. São Paulo: Editora Revista dos Tribunais, 2014, p. 278.

sustentação oral, a possibilidade de interposição de embargos infringentes, caso houvesse reforma não-unânime da decisão impugnada, e a remessa dos autos a revisor[117].

Por outro lado, Teresa Arruda Alvim, para quem, mesmo antes da Lei n. 11.232/2005, a sentença era definida pelo seu "conteúdo" (art. 267 e 269), entendia que os pronunciamentos que se enquadrassem no art. 273, § 6º ou que, de algum outro modo, julgassem parte do mérito de forma antecipada, como o reconhecimento da prescrição de parte dos pedidos, tinham conteúdo de sentença e assim eram caracterizados. No entanto, para ela, estas sentenças estavam sujeitas ao recurso de agravo de instrumento[118]. Posteriormente, a autora acabou modificando parte do seu entendimento, isto é, ratificou a premissa de tratar-se de sentença, mas passou a defender que ela era recorrível por uma "apelação por instrumento", com todos os atributos inerentes a este recurso, como o efeito suspensivo automático, atuação de revisor e sustentação oral. Segundo Teresa Arruda Alvim, assim estaria preservada a isonomia entre a situação da parte que via o pedido ser julgado de forma antecipada e parcial e aquela que, em situação semelhante, veria a questão resolvida na sentença ("na hora normal")[119].

Em sentido semelhante, Jorge de Oliveira Vargas defendia que a Lei n. 11.232/2005 tinha promovido alteração no conceito de sentença, de sorte que a resolução parcial do mérito, decorrente do reconhecimento de prescrição de parte dos pedidos, por exemplo, era caracterizada como sentença. Quanto à recorribilidade, ele sustentava ser cabível a apelação, afirmando que optar por agravo seria violar o princípio da correspondência, uma vez que haveria uma sentença agravável, em confronto com os arts. 513 e 522, e o princípio da igualdade, em virtude das diferenças de tramitação dos recursos. Por fim, defendia que argumentos de ordem prática não poderiam favorecer o cabimento de agravo de instrumento em detrimento da apelação, sugerindo que ela subisse por translado, à semelhança do recurso em sentido estrito da pronúncia do direito processual penal, aceitando a ideia da "apelação por instrumento"[120].

---

117. Nesse sentido: DIDIER Jr., Fredie; BRAGA, Paula Sarno; OLIVEIRA, Rafael. *Curso de direito processual civil: teoria da prova, direito probatório, teoria do precedente, decisão judicial, coisa julgada e antecipação dos efeitos da tutela.* 6ª ed. Salvador: JusPodivm, 2011, vol. 2, p. 543/544; MARINONI, Luiz Guilherme; MITIDIERO, Daniel. *Código de processo civil: comentado artigo por artigo.* 6ª ed. São Paulo: Editora Revista dos Tribunais, 2014, p. 278/279.

118. WAMBIER, Teresa Arruda Alvim. *Os agravos no CPC brasileiro.* 4ª ed. São Paulo: Editora Revista dos Tribunais, 2006, p. 112/113.

119. WAMBIER, Teresa Arruda Alvim. "O agravo e o conceito de sentença". *Revista de Processo.* Ano 32, n. 144, 2007, p. 251/252.

120. VARGAS, Jorge de Oliveira. "Novo conceito de sentença e o recurso daquela que não extingue o processo: apelação ou agravo de instrumento?". *Revista de Processo.* Ano 32, n. 148, 2007, p. 112/117.

Daniel Mitidiero apresentava solução intermediária, defendendo que a decisão parcial de mérito, com base no art. 273, § 6º, era um exemplo de sentença parcial. Todavia, enquanto o ordenamento brasileiro não previsse uma apelação parcial por instrumento, o recurso cabível para impugná-la era o agravo de instrumento. Entretanto, o autor ressaltava que, em substância, tratava-se de apelação, de sorte que as disposições relativas aos embargos infringentes, à sustentação oral e ao revisor deveriam ser aplicadas[121].

Como este trabalho adota a premissa segundo a qual, mesmo após a Lei n. 11.232/2005, só deveria ser qualificado como sentença o pronunciamento do juiz de primeiro grau que encerrasse alguma das fases do processo, deve-se concluir que a decisão parcial de mérito era um exemplo de decisão interlocutória, sujeita ao agravo de instrumento, portanto.

Ressalte-se que eram pertinentes as considerações acerca da incidência de algumas normas relativas à apelação na tramitação do agravo de instrumento, sobretudo quanto ao efeito suspensivo automático (exceto nos casos do art. 520), à presença do revisor, aos embargos infringentes e à sustentação oral.

Admite-se isso com base num raciocínio simples: tais questões já estariam maduras para julgamento na fase de saneamento, de sorte que, sobre elas, não haveria mais produção de provas. Por consequência, ficava a critério do juiz optar por julgá-la imediatamente ou, *com base no mesmo lastro probatório*, fazê-lo em conjunto com os demais pedidos, que pressupunham maior atividade probatória. Não faria sentido que a mesma "decisão", se tomada antecipadamente ou após a instrução probatória ligada aos demais pedidos, ficasse sujeita a dois regimes jurídicos recursais tão diversos, quando se diferenciavam apenas pelo momento em que eram proferidas. Por isso, concordava-se com a tese de que o agravo de instrumento deveria ter efeito suspensivo automático nestes casos (excetuados os casos previstos no art. 520), contar com a presença do revisor e permitir a sustentação oral, além de eventual decisão estar sujeita aos embargos infringentes, caso preenchidos os requisitos pertinentes.

Por fim, destaque-se que só era aplicável, na hipótese, o regime do agravo de *instrumento*, não sendo caso de agravo retido, pois a retenção tornaria inútil a decisão parcial de mérito, uma vez que ela objetivava que aquele capítulo decidido tivesse um desfecho antecipado com relação aos

---

Em sentido próximo, Alcides Munhoz da Cunha ratificava que o pronunciamento era uma sentença e que se sujeitaria à apelação, não havendo óbice para a formação do instrumento no juízo *a quo*. No entanto, vislumbrando possível resistência jurisprudencial, afirmava que deveria ser aplicado o princípio da fungibilidade, inclusive quanto ao prazo, o que resultaria na admissibilidade da apelação nestas hipóteses: CUNHA, Alcides Munhoz da. "Sentenças interlocutórias desafiando apelação". *Revista de Processo*. Ano 35, n. 185, 2010, p. 217/219.

121. MITIDIERO, Daniel. "Conceito de sentença". In: OLIVEIRA, Carlos Alberto Alvaro de (Coord.). *A nova execução: comentários à Lei nº 11.232, de 22 de dezembro de 2005*. Rio de Janeiro: Forense, 2006, p. 8.

demais. Ao forçar que a impugnação só fosse julgada em conjunto com a apelação, a antecipação do julgamento seria verdadeiramente inútil. Assim, este era mais um exemplo de cabimento de agravo de instrumento fora das hipóteses do art. 522, em virtude da incompatibilidade da tramitação retida[122].

6.4.2 A natureza jurídica e a recorribilidade da decisão em liquidação de sentença

Na sistemática anterior à Lei n. 11.232/2005, a liquidação de sentença estava regulada entre os arts. 603 a 611 do CPC/1973, consistindo, como regra, em processo autônomo, preparatório para a execução.

Apesar de a regra ter sido o processo autônomo de liquidação, alguns autores defendiam a possibilidade de ela ocorrer de forma incidental em certas hipóteses, como quando se destinava à apuração de perdas e danos por inviabilidade do cumprimento específico da prestação, nos casos de obrigação de dar coisa, fazer e não fazer[123].

Originariamente, eram previstas três espécies de liquidação: por cálculo do contador (arts. 604 e 605), por arbitramento (arts. 606 e 607) e por artigos (arts. 608 e 609)[124].

Posteriormente, a Lei n. 8.898/1994, dando nova redação ao art. 604, indicou que, nos casos em que a apuração do valor devido dependesse apenas de cálculos aritméticos, o credor deveria proceder de logo ao processo de execução, anexando à petição inicial memória atualizada e discriminada dos cálculos, exceto quando os elementos necessários para tanto estivessem em mãos do suposto devedor ou de terceiro (art. 604, § 1º, posteriormente incluído pela Lei n. 10.444/2002). A Lei n. 8.948/1994 também conferiu semelhante direito ao devedor que desejasse pagar o débito (art. 605 do CPC/1973). Dessa forma, foi abolida a liquidação por cálculo do contador, de sorte que eventuais divergências de cálculos deveriam ser discutidas no bojo dos embargos à execução, não mais num processo preparatório de liquidação.

---

122. Nesse sentido: DIDIER Jr., Fredie; BRAGA, Paula Sarno; OLIVEIRA, Rafael. *Curso de direito processual civil: teoria da prova, direito probatório, teoria do precedente, decisão judicial, coisa julgada e antecipação dos efeitos da tutela*. 6ª ed. Salvador: JusPodivm, 2011, vol. 2, p. 542.

123. Nesse sentido: ZAVASCKI, Teori Albino. *Título executivo e liquidação*. São Paulo: Editora Revista dos Tribunais, 1999, p. 171; DIDIER, Jr. Fredie; CUNHA, Leonardo Carneiro da; BRAGA, Paula Sarno; OLIVEIRA, Rafael. *Curso de direito processual civil: execução*. 4ª ed. Salvador: JusPodivm, 2012, vol. 5, p. 121/122.

124. Sobre a liquidação na sistemática original do CPC/1973, conferir: LIMA, Alcides de Mendonça. *Comentários ao Código de Processo Civil*. Rio de Janeiro: Forense, 1974, vol. VI, t. II, p. 569/619.

Com relação à natureza jurídica da decisão que julgasse a liquidação, havia convergência doutrinária no sentido de que se tratava de sentença[125], o que era ratificado até mesmo pela redação original do art. 605, parágrafo único, que, cuidando da antiga liquidação por cálculo do contador, dispunha que do mandado executivo constaria, "além do cálculo, a sentença". Ressalve-se, contudo, a opinião de Teori Albino Zavascki, para quem a chamada *liquidação incidental* era julgada por *decisão interlocutória*, sujeita ao recurso de agravo[126].

Por consequência, defendia-se, com base no art. 513, que a apelação era o recurso cabível conta a decisão final em liquidação, sem prejuízo de as decisões interlocutórias serem agraváveis[127].

Ao longo deste trabalho, já se viu que a Lei n. 11.232/2005 consagrou o processo sincrético, pondo fim à regra de que a execução de obrigação de pagar quantia fosse feita por processo autônomo, passando a ser uma fase processual.

Em consequência, não faria sentido o CPC/1973 manter, como regra, que as liquidações por arbitramento e por artigos se dessem como processos autônomos num momento em que a execução de sentença não mais seguia este rumo. Por isso, a Lei n. 11.232/2005 revogou o capítulo que tratava da liquidação de sentença (arts. 603 a 611) e passou a tratar do tema entre os seus arts. 475-A e 475-H.

Desta forma, a liquidação passou a ser, em regra, uma fase processual. Quanto às espécies, a Lei n. 11.232/2005 manteve as linhas gerais dadas pela Lei n. 8.848/1994, isto é: a) manteve as liquidações por arbitramento e por artigos como espécies autônomas, sujeitas a uma fase específica; b) não destinou uma fase autônoma para a chamada "liquidação por cálculos", de sorte que, quando a apuração do valor devido dependesse de simples cálculos,

---

125. Nesse sentido: LIMA, Alcides de Mendonça. *Comentários ao Código de Processo Civil*. Rio de Janeiro: Forense, 1974, vol. VI, t. II, p. 577; THEODORO Júnior, Humberto. *Curso de Direito Processual Civil*. 28ª ed. Rio de Janeiro: Forense, 2000, vol. II, p. 81; FURTADO, Paulo. *Execução*. 2ª ed. São Paulo: Saraiva, 1991, p. 110/118.

126. ZAVASCKI, Teori Albino. *Título executivo e liquidação*. São Paulo: Editora Revista dos Tribunais, 1999, p. 171/172.

127. Nesse sentido: THEODORO Júnior, Humberto. *Curso de Direito Processual Civil*. 28ª ed. Rio de Janeiro: Forense, 2000, vol. II, p. 83; FURTADO, Paulo. *Execução*. 2ª ed. São Paulo: Saraiva, 1991, p. 109/110. Alcides de Mendonça Lima defendia que o recurso cabível contra a sentença em liquidação era apelação, mas não fazia a ressalva genérica quanto às decisões interlocutórias O autor só fazia ressalva semelhante quando, cuidando da liquidação por cálculo do contador, afirmava ser agravável a decisão que repelisse alguma objeção do devedor quanto à forma da liquidação, sem encerrar o processo: LIMA, Alcides de Mendonça. *Comentários ao Código de Processo Civil*. Rio de Janeiro: Forense, 1974, vol. VI, t. II, p. 617 e 594.

o exequente deveria anexar ao pedido de cumprimento de sentença uma memória discriminada e atualizada de cálculo, exceto quando os elementos necessários para tanto estivessem em poder do executado ou de terceiros (art. 475-B, *caput* e § 1º)[128].

No que dizia respeito à recorribilidade da decisão que julgasse a liquidação, o art. 475-H tinha uma regra muito clara: contra tal decisão cabia agravo de instrumento.

Esta previsão gerava um questionamento acerca de ser essa uma hipótese de sentença agravável ou mais um caso de decisão interlocutória sujeita a agravo de instrumento. A pergunta voltava-se, então, à natureza jurídica do pronunciamento que julgasse a liquidação.

Sobre o tema, a doutrina costumava continuar defendendo que a liquidação, mesmo quando fase, era julgada por sentença[129].

Já Alexandre Freitas Câmara, por outro lado, partia da premissa de que a liquidação era um mero incidente processual, de natureza cognitiva, que estava entre os módulos processuais de conhecimento (condenatório) e executivo. Em virtude de supostamente ser um mero incidente processual, a liquidação seria julgada por decisão interlocutória, o que teria sido ratificado pelo CPC/1973 ao prever, em seu art. 475-H, a recorribilidade por agravo de instrumento[130].

Nelson Nery Junior e Rosa Maria de Andrade Nery reconheciam que o julgamento de liquidação representava resolução de *pretensão* e, por isso, julgamento de mérito (art. 269, I). No entanto, como não extinguia

---

128. Ressalte-se que, mesmo após a Lei n. 11.232/2005, continuou sendo possível a liquidação como processo autônomo, como as que tinham como base sentença penal condenatória transitada em julgado, sentença arbitral, sentença estrangeira homologada pelo STJ ou acórdão que julgasse procedente revisão criminal, conforme indicava o art. 475-N do CPC/1973. Nesse sentido: ASSIS, Araken de. *Cumprimento de sentença.* Rio de Janeiro: Forense, 2006, p. 106; DIDIER, Jr. Fredie; CUNHA, Leonardo Carneiro da; BRAGA, Paula Sarno; OLIVEIRA, Rafael. *Curso de direito processual civil: execução.* 4ª ed. Salvador: JusPodivm, 2012, vol. 5, p. 121.

129. Nesse sentido: WAMBIER, Teresa Arruda Alvim. "O agravo e o conceito de sentença". *Revista de Processo.* Ano 32, n. 144, 2007, p. 255. DINAMARCO, Cândido Rangel. *Instituições de direito processual civil.* 6ª ed. São Paulo: Malheiros Editores, 2009, vol. II, p. 512; DIDIER, Jr. Fredie; CUNHA, Leonardo Carneiro da; BRAGA, Paula Sarno; OLIVEIRA, Rafael. *Curso de direito processual civil: execução.* 4ª ed. Salvador: JusPodivm, 2012, vol. 5, p. 120. Destaque-se que Daniel Mitidiero, para quem, após a Lei n. 11.232/2005, a sentença era conceituada a partir do seu conteúdo somado à irreversibilidade, a decisão de liquidação era sentença parcial, pois julgava irrevogavelmente questão ligada ao mérito da causa, encerrando uma fase processual (MITIDIERO, Daniel. "Conceito de sentença". In: OLIVEIRA, Carlos Alberto Alvaro de (Coord.). *A nova execução: comentários à Lei nº 11.232, de 22 de dezembro de 2005.* Rio de Janeiro: Forense, 2006, p. 8).

130. CÂMARA, Alexandre Freitas. *Lições de direito processual civil.* 23ª ed. São Paulo: Editora Atlas, 2014, vol. 2, p. 244. Em sentido semelhante: SOUZA, Bernardo Pimentel. *Introdução aos recursos cíveis e à ação rescisória.* 10ª ed. São Paulo: Saraiva, 2014, p. 365.

o *processo*, o pronunciamento do juiz deveria ser entendido como decisão interlocutória[131].

Araken de Assis apresentava outra opinião sobre o assunto, diferenciando a natureza jurídica do ato a partir das espécies de liquidação que se processavam como fase. Para o autor, como a liquidação por artigos estava expressamente subordinada, no que coubesse, ao procedimento comum (art. 475-F), não haveria sentido em não submetê-la à regra geral de apelação. Ele ressaltava, ainda, que esta espécie de liquidação era julgada por sentença[132]. Dessa forma, o art. 475-H seria afastado, incidindo o art. 513.

Já no que dizia respeito à liquidação por arbitramento, Araken de Assis defendia que ela consistiria, em princípio, num incidente resolvido por decisão interlocutória, de modo que o art. 475-H seria aplicado plenamente[133].

Na visão deste trabalho, era mais correta a tese daqueles que defendiam tratar-se de sentença, uma vez que, considerando que a sentença ilíquida derivava de um pedido ilíquido (art. 459, parágrafo único), devia-se concordar que, ao postular a liquidação, havia o exercício de uma nova pretensão, com nova causa de pedir e outro pedido (liquidação – não feito quando do ajuizamento da demanda inicial). Por consequência, haveria uma nova fase processual, destinada ao julgamento desta pretensão, de sorte que, como a sentença era conceituada com o ato que colocava fim a uma das fases do processo, era assim que deveria ser definido o pronunciamento em questão[134].

Ademais, não faria sentido, como propunha Araken de Assis, fazer incidir na hipótese o art. 513, que tratava da apelação, uma vez que o art. 475-H, indiferente à discussão acerca da natureza jurídica do ato, era expresso ao indicar a recorribilidade da decisão mediante agravo de instrumento.

A partir do exposto, pode-se afirmar que, embora o art. 475-H indicasse que a decisão que julgasse a liquidação era agravável, ela não poderia

131. NERY Junior, Nelson; NERY, Rosa Maria de Andrade. *Código de processo civil comentado e legislação extravagante.* 11ª ed. São Paulo: Editora Revista dos Tribunais, 2010, p. 761.

132. ASSIS, Araken de. *Cumprimento de sentença.* Rio de Janeiro: Forense, 2006, p. 128.

133. ASSIS, Araken de. *Cumprimento de sentença.* Rio de Janeiro: Forense, 2006, p. 135.

134. Em sentido semelhante: "d) A liquidação, embora seja uma mera fase do procedimento, inicia-se por uma *demanda,* que contém objeto próprio, a ser examinado pelo juiz, mediante atividade desenvolvida em contraditório e cooperação com as partes, mediante uma *nova cognição.* (...) e) A decisão que encerra a fase de liquidação em primeiro grau de jurisdição é *sentença* (em sentido estrito), porque finaliza uma fase cognitiva do procedimento em primeira instância, complementando a norma jurídica individualizada estabelecida na decisão liquidanda. De fato, na primeira fase de conhecimento, o magistrado certifica alguns elementos da obrigação; nesta fase, certifica-se o elemento restante (normalmente, o *quantum debeatur*)" (DIDIER, Jr. Fredie; CUNHA, Leonardo Carneiro da; BRAGA, Paula Sarno; OLIVEIRA, Rafael. *Curso de direito processual civil: execução.* 4ª ed. Salvador: JusPodivm, 2012, vol. 5, p. 119/120).

ser classificada como decisão interlocutória, sendo um exemplo de sentença recorrível mediante agravo de instrumento.

6.5 AS PRECLUSÕES E AS DECISÕES INTERLOCUTÓRIAS

Um dos temas intimamente ligados à recorribilidade das decisões interlocutórias era o da ocorrência de preclusão quanto à questão decidida, caso não fosse interposto o recurso cabível, impedindo-se o reexame da matéria. Essa controvérsia estava envolvida especialmente com três dispositivos do CPC/1973: os arts. 473, 515, *caput* e § 1º, e 516.

O art. 473 manteve a mesma redação durante toda a vigência do CPC/1973 e estabelecia que era "defeso à parte discutir, no curso do processo, as questões já decididas, a cujo respeito se operou a preclusão".

O art. 515 cuidava do efeito devolutivo da apelação. Em seu *caput*, indicava que a apelação devolvia ao tribunal o julgamento da matéria impugnada (efeito devolutivo em sentido horizontal). A ideia era complementada pelo § 1º, que definia que podiam ser objeto de apreciação e julgamento pelo tribunal todas as questões suscitadas e discutidas no processo, ainda que a sentença não as tivesse julgado por inteiro (efeito devolutivo visto em profundidade – efeito translativo). Tanto o *caput* quanto o § 1º do art. 515 mantiveram a mesma redação durante toda a vigência do CPC/1973.

O art. 516, também ligado à apelação, indicava, em sua redação original, que ficavam "também submetidas ao tribunal as questões anteriores à sentença final, salvo as impugnáveis por agravo de instrumento". A Lei n. 8.950/1994 alterou a sua redação, passando a dispor que ficavam "também submetidas ao tribunal as questões anteriores à sentença, ainda não decididas".

A redação original do art. 516 era criticada por duas razões. A primeira delas era a de que, na época, toda sentença era final, havendo redundância no dispositivo. A segunda era a de que, ao contrário do que sugeria a redação original do art. 516, não eram as questões que poderiam ser impugnáveis por agravo de instrumento, mas as decisões sobre elas[135]. Por isso, a Lei n. 8.950/1994 corrigiu os defeitos redacionais mencionados, mas o sentido continuou o mesmo[136].

---

135. Nesse sentido: MOREIRA, José Carlos Barbosa. *Comentários ao Código de Processo Civil.* 7ª ed. Rio de Janeiro: Forense, 1998, vol. V, p. 442; WAMBIER, Teresa Arruda Alvim. *Nulidades do processo e da sentença.* 4ª ed. São Paulo: Editora Revista dos Tribunais, 1997, p. 190; BERMUDES, Sérgio. *A reforma do Código de Processo Civil; observações às Leis 8.950, 8.951, 8.952 e 8.953, de 13-12-1994, 9.079, de 14-7-1995, 9.139, de 30-11-1995, e 9.245, de 26-12-1995, que alteraram o CPC.* 2ª ed. São Paulo: Saraiva, 1995, p. 75.

136. BERMUDES, Sérgio. *A reforma do Código de Processo Civil; observações às Leis 8.950, 8.951, 8.952 e 8.953, de 13-12-1994, 9.079, de 14-7-1995, 9.139, de 30-11-1995, e 9.245, de 26-12-1995, que alteraram o CPC.* 2ª ed. São Paulo: Saraiva, 1995, p. 75; MOREIRA, José Carlos Barbosa. *Comentários ao Código de Processo Civil.* 7ª ed. Rio de Janeiro: Forense, 1998, vol. V, p. 445. Teresa Arruda Alvim não era expressa

Ressalte-se que havia controvérsia quanto ao fato de o art. 516 estar ligado à eventual preclusão por não ter sido interposto recurso contra decisão interlocutória, sobretudo por conta da sua redação original.

José Carlos Barbosa Moreira, comentando a redação original, identificava inicialmente que ela não poderia tratar das questões que constituíam premissa lógica da decisão de mérito, pois elas já seriam alvo de devolução por conta do art. 515, §§ 1º e 2º. Assim, as "questões anteriores à sentença final" seriam as questões incidentes resolvidas no curso do processo, o que pressuporia uma harmonização com a parte final do art. 516, que excetuava as impugnáveis por agravo de instrumento. Como todas as questões incidentes decididas pelo juiz estavam sujeitas ao agravo, o autor defendia que o art. 516 não se referia às questões resolvidas por decisões interlocutórias (agraváveis, portanto), mas àquelas que, anteriores à sentença, não foram decididas pelo juiz e, por conta da ausência de decisão, não poderiam ser rediscutidas em agravo, não se falando em preclusão, como a questão atinente ao valor da causa eventualmente não resolvida. De acordo com a sua opinião, não faria sentido o CPC/1973 conter um artigo só para ratificar que a questão decidida por interlocutória não agravada não poderia ser reanalisada pelo tribunal[137].

Segundo José Carlos Barbosa Moreira, a alteração promovida pela Lei n. 8.950/1994 teria acolhido a sua opinião e passado a se referir claramente às questões que, embora eventualmente discutidas em primeiro grau, não chegaram a ser resolvidas, podendo ser decididas em sede de julgamento da apelação[138].

Nelson Nery Junior discordava da opinião, defendendo que a redação original do art. 516, ao mencionar "salvo as impugnáveis por agravo de instrumento", se referia às questões efetivamente decididas, mas que não estavam sujeitas à preclusão. As questões não decididas, segundo o autor, já seriam objeto de devolução por causa do art. 515, §§ 1º a 3º. No entanto, ele reconhecia que a alteração decorrente da Lei n. 8.950/1994 acolheu as ideias de José Carlos Barbosa Moreira, o que não o impediu de continuar defendendo a ausência de preclusão quanto a determinadas questões, mas com base em outro dispositivo, como se verá adiante[139].

---

ao ratificar a manutenção do sentido da norma extraída do dispositivo, mas sugeria que a alteração se deu em prol do acolhimento das críticas mencionadas: WAMBIER, Teresa Arruda Alvim. *Nulidades do processo e da sentença.* 4ª ed. São Paulo: Editora Revista dos Tribunais, 1997, p. 190.

137. MOREIRA, José Carlos Barbosa. *Comentários ao Código de Processo Civil.* 7ª ed. Rio de Janeiro: Forense, 1998, vol. V, p. 443/444.

138. MOREIRA, José Carlos Barbosa. *Comentários ao Código de Processo Civil.* 7ª ed. Rio de Janeiro: Forense, 1998, vol. V, p. 444/446. Em sentido semelhante: BERMUDES, Sérgio. *Comentários ao Código de Processo Civil.* São Paulo: Editora Revista dos Tribunais, 1975, vol. VII, p. 127/129.

139. NERY Junior, Nelson. *Teoria geral dos recursos.* 7ª ed. São Paulo: Editora Revista dos Tribunais, 2014, p. 460/462.

A questão central a ser debatida neste tópico envolve a possibilidade de reanálise, em sede de julgamento de apelação, de questão decidida por decisão interlocutória contra a qual não foi interposto agravo de instrumento.

A doutrina majoritária defendia que as chamadas "questões de ordem pública", cognoscíveis de ofício, não ficavam sujeitas à preclusão, ainda que resolvidas por decisão interlocutória não agravada, de sorte que o efeito translativo da apelação as alcançaria[140].

Para embasar esta tese, era comumente utilizado o art. 267, § 3º do CPC/1973, que impunha ao magistrado o dever de conhecer de ofício dos pressupostos processuais de validade e das condições da ação[141].

Teresa Arruda Alvim chegou a defender que o órgão *ad quem* não estava sujeito à preclusão nem mesmo quando ele tivesse decidido a questão anteriormente, isto é, se o tribunal, em julgamento de agravo de instrumento, tivesse ratificado a legitimidade da parte, por exemplo, ele poderia, ao decidir a apelação, extinguir o processo sem exame do mérito por ilegitimidade da parte[142].

José Frederico Marques apresentava uma posição um pouco diferente, segundo a qual haveria preclusão do reexame da questão decidida no *mesmo juízo* (ainda que "de ordem pública"), isto é, independentemente da natureza da questão, uma vez decidida pelo magistrado de primeiro grau, ele não poderia revê-la em virtude da preclusão. No entanto, o juízo *ad quem* só não estaria sujeito a essa preclusão quando se estivesse diante de matérias ligadas

---

140. Nesse sentido: WAMBIER, Teresa Arruda Alvim. *Nulidades do processo e da sentença.* 4ª ed. São Paulo: Editora Revista dos Tribunais, 1997, p. 187/192; MARINONI, Luiz Guilherme; ARENHART, Sérgio Cruz. *Processo de conhecimento.* 7ª ed. São Paulo: Editora Revista dos Tribunais, 2008, p. 530; NERY Junior, Nelson. *Teoria geral dos recursos.* 7ª ed. São Paulo: Editora Revista dos Tribunais, 2014, p. 460/462; SOUZA, Bernardo Pimentel. *Introdução aos recursos cíveis e à ação rescisória.* 10ª ed. São Paulo: Saraiva, 2014, p. 306/307; ASSIS, Araken de. *Manual dos recursos.* 7ª ed. São Paulo: Editora Revista dos Tribunais, 2015, p. 441/442. Heitor Vitor Mendonça Sica não tratava do devolutivo da apelação, mas defendia que o próprio magistrado poderia rever suas decisões interlocutórias sobre pressupostos processuais, condições da ação e as "nulidades absolutas": SICA, Heitor Vitor Mendonça. *Preclusão processual civil.* 2ª ed. São Paulo: Atlas, 2008, p. 230/239.

141. Mencionavam expressamente o art. 267, § 3º em sua argumentação: WAMBIER, Teresa Arruda Alvim. *Nulidades do processo e da sentença.* 4ª ed. São Paulo: Editora Revista dos Tribunais, 1997, p. 188; NERY Junior, Nelson. *Teoria geral dos recursos.* 7ª ed. São Paulo: Editora Revista dos Tribunais, 2014, p. 460/462; SICA, Heitor Vitor Mendonça. *Preclusão processual civil.* 2ª ed. São Paulo: Atlas, 2008, p. 230/234. Arruda Alvim não mencionava expressamente a reanálise em apelação, mas indicava não haver preclusão quanto às matérias do art. 267, § 3º, e que era possível o próprio juiz reexaminá-las: ALVIM, Arruda. *Manual de direito processual civil: parte geral.* 10ª ed. São Paulo: Editora Revista dos Tribunais, 2006, p. 469.

142. WAMBIER, Teresa Arruda Alvim. *Nulidades do processo e da sentença.* 4ª ed. São Paulo: Editora Revista dos Tribunais, 1997, p. 189. No mesmo sentido: ASSIS, Araken de. *Manual dos recursos.* 7ª ed. São Paulo: Editora Revista dos Tribunais, 2015, p. 442.

ao "controle jurisdicional sobre a sua própria atividade no processo", como a competência, a existência de coisa julgada anterior e a validade da citação[143].

No sentido oposto, havia autores que defendiam que, não interposto agravo contra uma decisão interlocutória, ocorria preclusão quanto à análise da questão decidida, que não poderia ser reapreciada nem mesmo em julgamento de apelação[144].

Concorda-se com estes últimos autores. O art. 267, § 3º, do CPC/1973 autorizava que algumas questões fossem conhecidas de ofício e a qualquer tempo, isto é, o magistrado não precisava de provocação da parte nem se falaria em preclusão temporal por não se ter decidido tais questões anteriormente. Situação bem diferente (não prevista no art. 267, § 3º) seria a autorização para *reapreciar* tais questões, quando já decididas, ou seja: o CPC/1973 permitia que elas fossem *decididas* a qualquer tempo, não que fossem *novamente decididas*. Não haveria, portanto, exceção à regra do art. 473 do CPC/1973[145].

Todavia, não foi esse o entendimento adotado pelo STJ, que firmou jurisprudência no sentido da ausência de preclusão quanto às "questões de ordem pública" eventualmente decididas em despacho saneador/decisão de saneamento, de sorte que elas poderiam ser reapreciadas em sede de apelação, independentemente de agravo anterior[146].

Desta forma, prevalecia, doutrinaria e jurisprudencialmente, o entendimento de que não havia preclusão quando a decisão interlocutória não recorrida versasse sobre "questão de ordem pública", de sorte que o efeito translativo da apelação permitiria a reanálise do ponto.

---

143. MARQUES, José Frederico. *Manual de direito processual civil.* São Paulo: Saraiva, 1974, vol. II, 1ª parte, p. 172/173.

144. BERMUDES, Sérgio. *Comentários ao Código de Processo Civil.* São Paulo: Editora Revista dos Tribunais, 1975, vol. VII, p. 127/129; PASSOS, José Joaquim Calmon de. *Comentários ao Código de Processo Civil.* 5ª ed. Rio de Janeiro: Forense, 1988, vol. III, p. 502. Analisaram o tema sob a ótica da "eficácia preclusiva" do despacho saneador/decisão de saneamento: MOREIRA, José Carlos Barbosa. *O novo processo civil brasileiro.* 25ª ed. Rio de Janeiro: Forense, 2007, p. 53; DIDIER Junior, Fredie Souza. *O juízo de admissibilidade do processo: os "pressupostos processuais" e as condições da ação.* Tese (Doutorado em Direito). Pontifícia Universidade Católica de São Paulo, São Paulo, 2005, p. 74/80.

145. Nesse exato sentido: DIDIER Jr., Fredie. *Curso de direito processual civil: introdução ao direito processual civil e processo de conhecimento.* 16ª ed. Salvador: JusPodivm, 2014, vol. 1, p. 574.

146. Nesse sentido: AgRg no REsp 1377422/PR. Terceira Turma. Rel. Min. Rel. Ricardo Villas Bôas Cueva, DJe: 17/04/2015; REsp 1254589/SC. Terceira Turma. Rel. Min. Nancy Andrighi. DJe: 30/09/2011; REsp 847.390/SP. Primeira Turma. Rel. Min. Teori Albino Zavascki, DJ: 22/03/2007, p. 302; REsp 261.651/PR. Terceira Turma. Rel. Min.Castro Filho. DJ: 23/05/2005, p. 266.

SEGUNDA PARTE

O CÓDIGO DE PROCESSO CIVIL DE 2015

Capítulo 7

CONSIDERAÇÕES GERAIS

A segunda parte deste trabalho é voltada à análise da recorribilidade das decisões interlocutórias a partir da vigência do CPC/2015 (Lei n. 13.105/2015), iniciada em 18/03/2016, conforme entendimento do STJ[1].

Em 30/09/2009, considerando principalmente a valorização dos direitos fundamentais, sobretudo os do acesso à justiça e da razoável duração do processo, e a perda da sistematicidade do CPC/1973 depois de sucessivas alterações legislativas, o Senado Federal, por meio do Ato do Presidente n. 379, de 2009, instituiu uma comissão de juristas com o papel de apresentar um anteprojeto de Código de Processo Civil, no prazo de 180 dias. A Comissão de Juristas era presidida por Luiz Fux e composta pelos seguintes membros: Adroaldo Furtado Fabrício, Bruno Dantas, Elpídio Donizete Nunes, Humberto Theodoro Junior, Jansen Fialho de Almeida, José Miguel Garcia Medina, José Roberto dos Santos Bedaque, Marcus Vinicius Furtado Coelho, Paulo Cezar Pinheiro Carneiro e Teresa Arruda Alvim (relatora-geral)[2].

O encerramento do trabalho da Comissão de Juristas resultou, em 08/06/2010, no protocolo legislativo do anteprojeto do Código de Processo Civil, numerado como Projeto de Lei do Senado n. 166, de 2010 (PLS 166/2010).

A Comissão de Juristas, ao apresentar o anteprojeto, trouxe Exposição de Motivos, segundo a qual haveria a busca pela simplificação do sistema recursal, inclusive quanto à recorribilidade das decisões interlocutórias, o que teria se dado pela extinção do agravo retido e pela alteração no regime de preclusões ligadas às decisões interlocutórias[3]. Todavia, como se verá adiante, a opção legislativa, quanto ao tema, não passou imune às críticas.

1. Após certa polêmica doutrinária sobre a melhor interpretação do art. 1.045 do CPC/2015, o STJ fixou, em sessão administrativa, que a vigência do CPC/2015 se iniciaria em 18/03/2016: http://www.stj.jus.br/sites/STJ/default/pt_BR/Comunica%C3%A7%C3%A3o/Not%C3%ADcias/Not%C3%ADcias/Pleno-do-STJ-define-que-o-novo-CPC-entra-em-vigor-no-dia-18-de-mar%C3%A7o. Acesso em 02/06/2016.

2. Ato disponível em: http://www.senado.gov.br/senado/novocpc/pdf/ATO%20DO%20PRESIDENTE%20N%C2%BA%20379.pdf.

3. Nesse sentido: "Bastante simplificado foi o sistema recursal. Essa simplificação, todavia, em momento algum significou restrição ao direito de defesa. Em vez disso deu, de acordo com o objetivo tratado

Após a formação de comissão temporária de senadores, da anexação a outros projetos de lei sobre o tema e de toda a tramitação restante, o Senado Federal aprovou o texto substitutivo em 15/12/2010, enviando, no dia 21/12/2010, ofício à Câmara dos Deputados, casa revisora[4].

Na Câmara dos Deputados, o projeto de lei ficou numerado como PL 8.046/2010, tendo igualmente sido formada comissão especial e apensados outros projetos de lei sobre a matéria. Depois da tramitação pertinente, a Câmara dos Deputados, em 26/03/2014, aprovou, com modificações, o PL 8.046/2010, remetendo-o novamente ao Senado Federal por ofícios datados de 27/03/2014 e 07/04/2014[5].

A matéria voltou a tramitar no Senado Federal sob a denominação de Substitutivo da Câmara dos Deputados 166 2010 (SCD 166/2010). Após nova formação de comissão temporária e de toda a tramitação, o SCD 166/2010 foi aprovado, com alterações, em votações realizadas em 16 e 17/12/2014, tendo sido encaminhado ofício para a sanção presidencial em 24/02/2015[6].

Por fim, no Diário Oficial da União de 17/03/2015, foi publicada a sanção presidencial do projeto de lei, dada no dia anterior, com veto parcial, promulgando-se a Lei n. 13.105/2015, o CPC/2015. Os vetos presidenciais foram mantidos, quando deliberados no Senado Federal[7].

Destaque-se que, de forma semelhante ao que aconteceu com o CPC/1973, a redação original do CPC/2015 foi alterada antes mesmo de encerrada a sua *vacatio legis*. Assim, a Lei n. 13.256/2016 alterou dispositivos especialmente ligados aos recursos especial e extraordinário e à obediência à ordem cronológica para prática de atos processuais pelos magistrados e servidores (arts. 12 e 53 do CPC/2015).

---

no item seguinte, maior rendimento a cada processo individualmente considerado. Desapareceu o agravo retido, tendo, correlatamente, alterado-se o regime das preclusões. Todas as decisões anteriores à sentença podem ser impugnadas na apelação. Ressalte-se que, na verdade, o que se modificou, nesse particular, foi exclusivamente o momento da impugnação, pois essas decisões, de que se recorria, no sistema anterior, por meio de agravo retido, só eram mesmo alteradas ou mantidas quando o agravo era julgado, como preliminar de apelação. Com o novo regime, o momento de julgamento será o mesmo; não o da impugnação". Disponível em: http://www.senado.gov.br/senado/novocpc/pdf/Anteprojeto.pdf. Acesso em: 30/03/2016.

4. A tramitação do PLS 166/2010 encontra-se disponível em: http://www25.senado.leg.br/web/atividade/materias/-/materia/97249.

5. A tramitação do PL 8.046/2010 encontra-se disponível em: http://www.camara.gov.br/proposicoesWeb/fichadetramitacao?idProposicao=490267.

6. A tramitação do SCD 166/2010 encontra-se disponível em: http://www25.senado.leg.br/web/atividade/materias/-/materia/116731.

7. Sobre o Ato do Presidente n. 379/2009 e as tramitações do PLS 166/2010 e do PL 8.046/2010, conferir: SANTOS, José Carlos Van Cleef de Almeida. "O projeto do novo Código de Processo Civil e a (re)afirmação da decisão interlocutória de mérito". *Revista dos Tribunais*. Ano 103, v. 950, 2014, p. 45/46; NETTO, Nelson Rodrigues. "A carta de Salvador e o recurso de apelação no projeto do Código de Processo Civil". *Revista de Processo*. Ano 39, v. 229, 2014, p. 246.

São essas as considerações mais importantes sobre a tramitação legislativa que inseriu o CPC/2015 no ordenamento jurídico brasileiro.

Seguindo caminho semelhante àqueles percorridos quando da análise das legislações processuais revogadas, partir-se-á inicialmente da conceituação dos pronunciamentos do juiz segundo o CPC/2015 para, posteriormente, dedicar-se ao estudo do cabimento dos recursos destinados à impugnação das decisões interlocutórias.

Neste primeiro momento, portanto, a atenção se voltará principalmente ao art. 203 do CPC/2015, específico sobre os pronunciamentos do juiz, oportunidade na qual serão estudados os conceitos, as diferenças e as semelhanças entre as sentenças, as decisões interlocutórias, os despachos, as decisões monocráticas e os acórdãos.

Fixadas essas premissas, adentrar-se-á o tratamento da recorribilidade das decisões interlocutórias dado pelo CPC/2015, a começar pela instituição do regime de decisões interlocutórias impugnáveis ao final, ocasião em que se enfrentará uma série de nuances e controvérsias sobre a questão.

No terceiro momento, o foco estará no cabimento do agravo de instrumento, instituído principalmente pelo art. 1.015, oportunidade na qual serão analisadas as hipóteses previstas no citado rol e se questionará a sua taxatividade. Por fim, voltar-se-á à questão da ocorrência de preclusão quando a decisão interlocutória, inserida no rol do art. 1.015, não for impugnada por agravo de instrumento.

Esses são as três grandes questões a serem enfrentadas nesta parte do trabalho, sendo que cada uma delas se desdobra em outras. Apesar de o foco se manter apenas no cabimento dos recursos contra as decisões interlocutórias, algumas questões marginais serão abordadas, sobretudo quanto aos efeitos recursais e à tramitação em certas hipóteses.

Capítulo 8

OS PRONUNCIAMENTOS DO JUIZ

8.1 SENTENÇAS E DECISÕES INTERLOCUTÓRIAS

O CPC/2015 é mais técnico do que o seu antecessor e, na seção correspondente, trata dos "pronunciamentos do juiz", denominação mais específica e correta do que "atos do juiz", expressão utilizada no CPC/1973[1].

Assim, o *caput* do art. 203 define que os pronunciamentos do juiz consistem em sentenças, decisões interlocutórias e despachos.

Detalhando os conceitos do *caput*, o § 1º do art. 203 define que, ressalvadas as disposições expressas nos procedimentos especiais, a "sentença é o pronunciamento por meio do qual o juiz, com fundamento nos arts. 485 e 487, põe fim à fase cognitiva do procedimento comum, bem como extingue a execução".

A partir do texto legal, é preciso fazer quatro ponderações iniciais.

A primeira delas é a de que o termo "execução", previsto no art. 203, § 1º, é utilizado em sentido amplo, englobando tanto a execução que se dá por processo autônomo, como as fundadas em título executivo extrajudicial e em alguns títulos executivos judiciais, quanto a tramita por meio da *fase de cumprimento de sentença*, regra entre as que se baseiam em títulos executivos judiciais.

---

1. Como visto em momento anterior, a expressão "atos do juiz" era mais abrangente do que o efetivamente abordado nos arts. 162 e seguintes do CPC/1973. Os atos do juiz não só os seus pronunciamentos, mas abrangem também o interrogatório das partes, a inspeção judicial e a oitiva de testemunhas, por exemplo. Sobre o tema, conferir: MOREIRA, José Carlos Barbosa. *Comentários ao Código de Processo Civil.* Rio de Janeiro: Forense, 1974, vol. V, p. 201; ARAGÃO, Egas Dirceu Moniz de. *Comentários ao Código de Processo Civil.* Rio de Janeiro: Forense, 1974, vol. II, p. 37. A melhora também é percebida em: STRECK, Lenio Luiz; DELFINO, Lúcio. "Seção IV. Dos pronunciamentos do Juiz". In: STRECK, Lenio Luiz; NUNES, Dierle; CUNHA, Leonardo Carneiro da (Org.); FREIRE, Alexandre (Coord. Executivo). *Comentários ao Código de Processo Civil.* São Paulo: Saraiva, 2016, p. 322.

A segunda consideração é a de que a sentença não coloca necessariamente fim à fase cognitiva, à fase executiva ou à execução, uma vez que, havendo recurso, o estado de litispendência se prolonga. Dessa forma, a definição legal merece um acréscimo: a sentença é o pronunciamento do juiz pelo qual é encerrada uma fase processual (cognitiva ou executiva) ou a execução autônoma *em primeira instância*[2].

A terceira ponderação diz respeito à suposta exceção contida na parte inicial do dispositivo ("ressalvadas as disposições expressas nos procedimentos especiais"). Apesar de a redação legal sugerir conclusão diversa, o conceito do art. 203, § 1º, também abarca as decisões que encerrem fases de procedimentos especiais. Acontece que alguns deles, como o de falências, o de exigir contas e o de demarcação de terras, apresentam mais de uma fase, justamente o que o dispositivo tenta alertar. Tal fato, por si só, não os afasta do conceito de sentença previsto no art. 203, § 1º, isto é: a decisão judicial que encerrar qualquer uma dessas fases deve ser qualificada como sentença, uma vez que é esta característica *funcional* que a diferencia dos demais pronunciamentos do juiz. Assim, a ressalva inicial do dispositivo é incapaz de afastar o alcance da definição legal de sentença[3].

A quarta ponderação indica que a execução pode encerrar-se com base no art. 485, mas também com fundamento no art. 924, que lhe é específico. Esse artigo, apesar de restrito à execução, não é exaustivo, isto é, ela pode ter fim, sem exame do mérito, com base em hipóteses do art. 485 não repetidas no art. 924. Nesse sentido, o inciso I do art. 924 indica que a execução se extingue quando a petição inicial é indeferida, enquanto que os demais incisos não tratam da ausência dos requisitos de validade do processo, por exemplo. Assim, havendo vícios que ensejariam o indeferimento da inicial, mas que só foram reconhecidos após a citação do executado, ou defeitos que tornam inválido o procedimento (litispendência, por exemplo), ocorre a extinção da execução sem exame do mérito com base no art. 485, não com fundamento no art. 924.

A partir de uma primeira leitura, poderia se imaginar que o CPC/2015, especialmente quanto à fase cognitiva, conceitua sentença a partir da presença de dois fatores: fundamento (art. 485 ou 487) e função (pôr fim à fase cognitiva). Quanto à fase executiva e à execução em processo autônomo, o CPC/2015 indica somente ser relevante a *função*.

---

2. Em sentido semelhante: DIDIER Jr., Fredie; BRAGA, Paula Sarno; OLIVEIRA, Rafael Alexandria de. *Curso de direito processual civil: teoria da prova, direito probatório, ações probatórias, decisão, precedente, coisa julgada e antecipação dos efeitos da tutela.* 10ª ed. Salvador: Juspodivm, 2015, vol. 2, p. 306.

3. DIDIER Jr., Fredie; BRAGA, Paula Sarno; OLIVEIRA, Rafael Alexandria de. *Curso de direito processual civil: teoria da prova, direito probatório, ações probatórias, decisão, precedente, coisa julgada e antecipação dos efeitos da tutela.* 10ª ed. Salvador: Juspodivm, 2015, vol. 2, p. 305/306.

No entanto, ao se perceber que a fase cognitiva só se encerra com base no art. 485 ou 487, conclui-se que a menção ao fundamento, feita pelo art. 203, § 1º, é redundante, pois a utilização destes artigos é pressuposto necessário ao encerramento da fase cognitiva.

Desta forma, quanto à fase cognitiva, a definição de *sentença* engloba dois tipos de decisão: a) a decisão final de extinção sem resolução do mérito, que conjuga a presença de três fatores: função (*pôr fim à fase cognitiva ou executiva*) + objeto (*questão sobre a possibilidade do julgamento de mérito*) + sentido (*negação à resolução do mérito*); b) decisão final de mérito, que pressupõe a ocorrência de *dois* fatores: função (*pôr fim à fase cognitiva ou executiva*) + objeto (*pedido* ou *homologação de ato das partes*)[4].

Percebe-se, então, que a intersecção entre os dois grupos de pronunciamentos do juiz reside na presença de um fator, comum a ambos: a função de colocar fim a uma das fases processuais.

No fim das contas, o essencial para que um pronunciamento do juiz seja encarado como sentença é a função de encerrar uma *fase do procedimento* em primeira instância ou o *processo de execução*[5]. Utiliza-se, portanto, um critério *funcional* (pôr fim à fase cognitiva, à fase executiva ou ao processo de execução), *finalístico*[6] *ou topológico*[7].

Esta premissa, contudo, não é pacífica.

Como primeira dissidência, pode ser relembrada a antiga crítica de Teresa Arruda Alvim, direcionada à redação original do art. 162, § 1º, do CPC/1973, que qualificava a sentença como o ato pelo qual o juiz punha *termo ao processo*. Para ela, esta definição representava uma tautologia, já que, ao se perguntar qual o era o ato do juiz que punha fim ao procedimento em primeiro grau de jurisdição, respondia-se: "a sentença". Da mesma forma, se

---

4. Não cabe, neste trabalho, a discussão acerca da existência de mérito na execução. Todavia, saliente-se que se concorda com a tese que defende tal presença, uma vez que há pretensão (interesse na satisfação do crédito) e um pedido neste sentido, que compõe o mérito. Também não se esqueça que, quando o juiz homologa transação, também há resolução de mérito, mas por autocomposição.

5. Nesse sentido: DIDIER Jr., Fredie; BRAGA, Paula Sarno; OLIVEIRA, Rafael Alexandria de. *Curso de direito processual civil: teoria da prova, direito probatório, ações probatórias, decisão, precedente, coisa julgada e antecipação dos efeitos da tutela*. 10ª ed. Salvador: Juspodivm, 2015, vol. 2, p. 305.

6. Nesse sentido: SANTOS, José Carlos Van Cleef de Almeida. "O projeto do novo Código de Processo Civil e a (re)afirmação da decisão interlocutória de mérito". *Revista dos Tribunais*. Ano 103, v. 950, 2014, p. 94; ABELHA, Marcelo. *Manual de direito processual civil*. 6ª ed. Rio de Janeiro: Forense, 2016, p. 337.

7. O termo "topológico" era utilizado por José Carlos Barbosa Moreira ao analisar a definição inicial da pelo CPC/1973 à sentença: MOREIRA, José Carlos Barbosa. *Comentários ao Código de Processo Civil*. Rio de Janeiro: Forense, 1974, vol. V, p. 198. No sentido da adoção do critério *topológico*, analisando o tema à luz do SCD 166/2010: SIQUEIRA, Thiago Ferreira. "A fragmentação do julgamento do mérito no novo Código de Processo Civil". *Revista de Processo*. Ano 39, v. 229, 2014, p. 155.

fosse questionado o conceito de sentença, afirmava-se que era o ato do juiz que punha fim ao procedimento em primeiro grau de jurisdição[8].

De forma semelhante ao que acontecia na vigência do CPC/1973, esta afirmação não parece acertada, pois nada impede que uma classificação de atos leve em conta uma das suas funções.

Araken de Assis reitera as críticas de Teresa Arruda Alvim no que diz respeito à petição de princípio supostamente verificada na versão original do CPC/1973, afirmando, ainda, que nenhuma condição extrínseca pode definir o conceito de sentença e que o seu conteúdo (arts. 485 e 487) é que a define. No entanto, o autor parece trabalhar com a conjugação de dois fatores para a caracterização da sentença (conteúdo e aptidão para encerrar fase processual), na medida em que defende que "representará sentença o ato decisório, posto que subsumido nas hipóteses dos arts. 485 e 487, a virtualidade de encerrar a fase do processo, dando cabo de sua função de conhecimento ou de execução"[9].

Marcelo Alves Dias de Souza também discorda do puro critério da finalidade e defende expressamente que o CPC/2015 adotou um critério misto, envolvendo dois fatores (momento e conteúdo): a) ser uma decisão final, encerrando a fase cognitiva ou a execução (momento); b) estar baseada no art. 485 ou 487 (conteúdo)[10]. Discorda-se da adoção do critério misto, uma vez que o encerramento da fase tem como pressuposto lógico e inafastável a presença do art. 485 ou 487, sendo a finalização da fase o marco característico da sentença.

José Henrique Mouta Araújo, tratando do PLS 166/2010, cuja redação quanto ao tema era bastante similar à do art. 203 do CPC/2015, também defende que se estaria de um critério misto, englobando os efeitos (encerramento de

---

8. WAMBIER, Teresa Arruda Alvim. *Nulidades do processo e da sentença.* 4ª ed. São Paulo: Editora Revista dos Tribunais, 1997, p. 24/26.

9. ASSIS, Araken de. *Processo civil brasileiro: parte geral: institutos fundamentais.* São Paulo: Editora Revista dos Tribunais, 2015, vol. II, t. II, p. 865/870.

10. SOUZA, Marcelo Alves Dias de. "Dos pronunciamentos do juiz". In: WAMBIER, Teresa Arruda Alvim; DIDIER Jr., Fredie; TALAMINI, Eduardo; DANTAS, Bruno (Coord.). *Breves comentários ao Novo Código de Processo Civil.* São Paulo: Editora Revista dos Tribunais, 2015, p. 626. Em sentido muito próximo, Nelson Nery Junior e Rosa Maria de Andrade Nery falam da conjugação entre *conteúdo* e *finalidade*: NERY Junior, Nelson; NERY, Rosa Maria de Andrade. *Comentários ao Código de Processo Civil.* São Paulo: Editora Revista dos Tribunais, 2015, p. 716. Também: NETTO, Nelson Rodrigues. "A carta de Salvador e o recurso de apelação no projeto do Código de Processo Civil". *Revista de Processo.* Ano 39, v. 229, 2014, ´. 249/252. Ronaldo Cramer também defende posição semelhante e, analisando o PLS 166/2010, falava na cumulação de conteúdo e consequência: CRAMER, Ronaldo. "Decisão interlocutória de mérito". In: ROSSI, Fernando; RAMOS, Glauco Gumerato; GUEDES, Jefferson Carús; DELFINO, Lúcio; MOURÃO, Luiz Eduardo Ribeiro (Coord.). *O futuro do processo civil no Brasil: uma análise crítica ao Projeto do Novo CPC.* Belo Horizonte: Fórum, 2011, p. 578.

fase ou da execução) e a recorribilidade (apelação)[11]. Não se adota esta premissa porque não seria razoável afirmar que eventual alteração no regime recursal da sentença modificaria o seu conceito. Da mesma forma, eventual regresso ao regime da recorribilidade das decisões interlocutórias vigente no CPC/1973, por exemplo, não alteraria a definição feita no art. 203, § 2º, do CPC/2015.

A união dos dois posicionamentos anteriores é encontrada em obra de José Miguel Garcia Medina, que, comentando o tema à luz do projeto do CPC/2015, afirmava que a definição sentença havia congregado o conteúdo do pronunciamento e o encerramento da fase cognitiva do procedimento comum. Em seguida, defendia que a definição projetada era feita "sob a perspectiva da recorribilidade"[12]. As razões apresentadas para refutar os argumentos anteriores são aplicáveis, na visão deste trabalho, para afastar as ideias defendidas por José Miguel Garcia Medina.

Ronaldo Cramer, por sua vez, analisado o PLS 166/2010, criticava o conceito do atual art. 203, § 1º, ao falar em encerramento de *fase cognitiva*, pois haveria processos que não ensejariam mais de uma fase e, segundo ele, tal finalização seria restrita às sentenças condenatórias, sendo o conceito legal insuficiente às declaratórias e constitutivas[13]. A tese parece pecar por algumas razões. A primeira delas indica que, desde a vigência do CPC/1973, aceita-se a execução de sentenças oriundas de algumas demandas declaratórias negativas[14] ou constitutivas, como a de despejo[15]. Além disso, pode-se pensar na fase

11. ARAÚJO, José Henrique Mouta. *O conceito de sentença e o projeto do novo CPC*. Revista Síntese: direito civil e processual civil. Ano XII, n. 70, 2011, p. 114. No mesmo sentido, falando da conjugação entre *função e conteúdo*: STRECK, Lenio Luiz; DELFINO, Lúcio. "Seção IV. Dos pronunciamentos do Juiz". In: STRECK, Lenio Luiz; NUNES, Dierle; CUNHA, Leonardo Carneiro da (Org.); FREIRE, Alexandre (Coord. Executivo). *Comentários ao Código de Processo Civil*. São Paulo: Saraiva, 2016, p. 323.

12. MEDINA, José Miguel Garcia. *Código de processo civil comentado: com remissões e notas comparativas ao projeto do novo CPC*. São Paulo: Editora Revista dos Tribunais, 2011, p. 178.

13. CRAMER, Ronaldo. "Decisão interlocutória de mérito". In: ROSSI, Fernando; RAMOS, Glauco Gumerato; GUEDES, Jefferson Carús; DELFINO, Lúcio; MOURÃO, Luiz Eduardo Ribeiro (Coord.). *O futuro do processo civil no Brasil: uma análise crítica ao Projeto do Novo CPC*. Belo Horizonte: Fórum, 2011, p. 578.

14. Nesse sentido, ainda na vigência do CPC/1973: REsp 1481117/PR. Terceira Turma. Rel. Min. João Otávio de Noronha. DJe: 10/03/2015; AgRg no REsp 1446433/SC. Terceira Turma. Rel. Min. Sidnei Beneti. DJe: 09/06/2014; REsp 1300213/RS. Primeira Turma. Rel. Min. Teori Albino Zavascki. DJe: 18/04/2012; REsp 588.202/PR. Primeira Turma. Rel. Min. Teori Albino Zavascki. DJ: 25/02/2004, p. 123. No mesmo sentido, no plano doutrinário: ZAVASCKI, Teori Albino. "Executividade das sentenças de improcedência em ações declaratórias negativas". *Revista de Processo*. Ano 37, vol. 208, 2012, p. 13/20. Tomando como base o CPC/2015, a executividade das sentenças de improcedência em demandas declaratórias negativas é defendida em: ATAÍDE Jr., Jaldemiro Rodrigues. "A execução da sentença de improcedência diante do NCPC". In: DIDIER Jr, Fredie (Coord. Geral); MACÊDO, Lucas Buril de; PEIXOTO, Ravi; FREIRE, Alexandre (Org.). *Novo CPC doutrina selecionada: execução*. Salvador: Juspodivm, 2015, vol. 5, p. 325/338.

15. Sobre o tema, conferir: DIDIER Jr., Fredie. "Sentença constitutiva e execução forçada". *Revista de Processo*. Ano 33, n. 159, 2008, p. 65/76.

executiva ligada à obrigação de pagar custas judiciais e honorários advocatícios. A segunda razão reside no fato de que nada impede que a fase cognitiva seja a única: falar que a sentença encerra fase processual não pressupõe logicamente que sempre exista mais de uma delas. Por esses motivos, entende-se que a crítica de Ronaldo Cramer, neste ponto, não é pertinente.

A controvérsia mais relevante, todavia, é aquela ligada ao julgamento antecipado parcial de mérito, definitivamente consagrado no art. 356 do CPC/2015. Como este debate gira em torno da qualificação desta decisão como sentença ou decisão interlocutória, o estudo fica mais claro quando esta última já foi conceituada. Reserva-se o estudo da controvérsia, portanto, para a parte final deste tópico.

O art. 203, § 2º, do CPC/2015 indica que a decisão interlocutória é "todo pronunciamento judicial de natureza decisória que não se enquadre no § 1º", isto é, que não se encaixe no conceito de sentença.

Primeiramente, deve-se elogiar a postura do CPC/2015 que, diferentemente do CPC/1973, trouxe, de forma clara, definições mutuamente excludentes de sentenças e decisões interlocutórias, na medida em que inicialmente definiu as sentenças (art. 203, § 1º) e, através de um critério residual, indicou o que entende por decisão interlocutória (art. 203, § 2º).

Com relação a este ponto, Fredie Didier Jr., Paula Sarno Braga e Rafael Alexandria de Oliveira criticam a redação legal e defendem que melhor seria definir as decisões interlocutórias como os pronunciamentos judiciais com conteúdo decisório que não põem fim à fase do procedimento em primeira instância[16]. A sugestão dos autores aparentemente não gera grandes consequências práticas (mantém o caráter mutuamente excludente), mas não é a melhor solução. Como o visto da análise histórica do CPC/1973, o direito processual civil brasileiro já apresentou mudança no conceito legal de sentença (Lei n. 11.232/2005) sem que se fizesse o mesmo com a definição de decisão interlocutória. Caso se adotasse a sugestão dada pelos autores citados, abrir-se-ia margem para a perda do caráter mutuamente excludente da definição legal se alteração semelhante acontecesse novamente. A partir da vinculação do conceito de decisão interlocutória ao resíduo deixado pela definição do art. 203, § 1º, o CPC/2015 se previne de problemas que ocorreriam com alteração somente do conceito de sentença, isto é: modificando-se eventualmente a definição de sentença, o texto legal do art. 203, § 2º, permite, de forma direta, uma alteração da norma jurídica que conceitua a decisão interlocutória, mantendo claro e duradouro o caráter mutuamente excludente das definições legais.

---

16. DIDIER Jr., Fredie; BRAGA, Paula Sarno; OLIVEIRA, Rafael Alexandria de. *Curso de direito processual civil: teoria da prova, direito probatório, ações probatórias, decisão, precedente, coisa julgada e antecipação dos efeitos da tutela.* 10ª ed. Salvador: Juspodivm, 2015, vol. 2, p. 306.

Em segundo lugar, é preciso se atentar ao fato de o CPC/2015 indicar como decisão interlocutória todo o pronunciamento com *natureza decisória* que não se encaixe no conceito de sentença. Este ponto sugere que os despachos, definidos no art. 203, § 3º, não possuem natureza decisória, uma vez que, caso tivessem, seriam abarcados pela previsão do art. 203, § 2º (conceito de decisão interlocutória), pois teriam carga decisória e não seriam sentenças. Esta questão precisa ser analisada com o devido cuidado e voltará a ser estudada no tópico seguinte, quando se buscará distinguir os despachos das decisões interlocutórias, tal qual o feito quando do estudo do CPC/1973.

Para finalizar a definição de decisão interlocutória, deve-se voltar à questão ligada ao julgamento antecipado parcial de mérito, possível quando um ou mais dos pedidos formulados ou parcela dele: a) for incontroverso; b) for passível de julgamento imediato, nos termos do art. 355.

Alguns doutrinadores, como Fredie Didier Jr., Paula Sarno Braga, Rafael Alexandria de Oliveira[17], José Carlos Van Cleef de Almeida Santos[18] e Ricardo Alexandre da Silva[19], defendem que o critério distintivo entre as sentenças e as decisões interlocutórias é o encerramento da fase processual, de modo que o julgamento antecipado parcial de mérito, por não finalizar nenhuma fase, caracteriza uma decisão interlocutória, não uma sentença parcial.

Há autores que compartilham a mesma conclusão (decisão interlocutória de mérito), mas discordam quanto às premissas. José Henrique Mouta Araújo, como o exposto, define que se adotou um critério misto para a definição de sentença, baseado nos seus efeitos e na sua recorribilidade, de modo que, como eles não estão presentes no julgamento antecipado parcial do mérito, o pronunciamento judicial seria uma decisão interlocutória de mérito[20].

---

17. DIDIER Jr., Fredie; BRAGA, Paula Sarno; OLIVEIRA, Rafael Alexandria de. *Curso de direito processual civil: teoria da prova, direito probatório, ações probatórias, decisão, precedente, coisa julgada e antecipação dos efeitos da tutela.* 10ª ed. Salvador: Juspodivm, 2015, vol. 2, p. 306/307.

18. Analisando o tema à luz do PLS 166/2010 e do SCD 166/2010: SANTOS, José Carlos Van Cleef de Almeida. "O projeto do novo Código de Processo Civil e a (re)afirmação da decisão interlocutória de mérito". *Revista dos Tribunais.* Ano 103, v. 950, 2014, p. 93/98.

19. SILVA, Ricardo Alexandre da. "VII. Natureza do pronunciamento que julga parcialmente o mérito". In: WAMBIER, Teresa Arruda Alvim; DIDIER Jr., Fredie; TALAMINI, Eduardo; DANTAS, Bruno (Coord.). *Breves comentários ao Novo Código de Processo Civil.* São Paulo: Editora Revista dos Tribunais, 2015, p. 963.

20. Sobre a questão, com base no PLS 166/2010: ARAÚJO, José Henrique Mouta. *O conceito de sentença e o projeto do novo CPC.* Revista Síntese: direito civil e processual civil. Ano XII, n. 70, 2011, p. 114/115. A afirmação de que se trata de decisão interlocutória de mérito é reiterada pelo autor em outro artigo, também com base no PLS 166/2010: ARAÚJO, José Henrique Mouta. "Decisão interlocutória de mérito no projeto do novo CPC: reflexões necessárias". In: DIDIER Jr, Fredie; ARAÚJO, José Henrique Mouta; KLIPPEL, Rodrigo (Coord.). *O projeto do novo Código de Processo Civil: estudos em homenagem ao professor José de Albuquerque Rocha.* Salvador: Juspodivm, 2011, p. 226/227.

Como o também já visto, Marcelo Alves Dias de Souza[21] e Ronaldo Cramer[22] defendem que a definição de sentença não utiliza somente um critério do encerramento da fase, mas um critério misto (conteúdo e momento ou consequência). A partir deste critério misto, não se falaria em "sentença parcial" por lhe faltar o momento/consequência, mas em decisão interlocutória de mérito.

Por outro lado, Luiz Guilherme Marinoni, Sérgio Cruz Arenhart e Daniel Mitidiero defendem que a sentença pode ser *total*, quando resolve toda a controvérsia, ou *parcial*, como nos casos de julgamento antecipado parcial do mérito. O ponto crucial para qualificar um pronunciamento como sentença, segundo os autores, é a resolução definitiva de uma questão, isto é, a solução da questão que encerra a atividade jurisdicional quanto àquele ponto, ainda que a fase cognitiva ou executiva continue quanto aos pedidos não resolvidos. O encerramento completo da fase, portanto, não seria o que qualificaria um pronunciamento do juiz como sentença[23].

Araken de Assis, apesar de sugerir a conjugação dos fatores *conteúdo* e *encerramento de fase* para a caracterização da sentença, como o visto acima, defende que o art. 356 do CPC/2015 consagrou a *sentença parcial* agravável[24].

De acordo com o texto do art. 203, §§ 1º e 2º, não há como refutar que o critério distintivo entre a sentença e a decisão interlocutória é o encerramento

21. SOUZA, Marcelo Alves Dias de. "Dos pronunciamentos do juiz". In: WAMBIER, Teresa Arruda Alvim; DIDIER Jr., Fredie; TALAMINI, Eduardo; DANTAS, Bruno (Coord.). *Breves comentários ao Novo Código de Processo Civil.* São Paulo: Editora Revista dos Tribunais, 2015, p. 627.

22. CRAMER, Ronaldo. "Decisão interlocutória de mérito". In: ROSSI, Fernando; RAMOS, Glauco Gumerato; GUEDES, Jefferson Carús; DELFINO, Lúcio; MOURÃO, Luiz Eduardo Ribeiro (Coord.). *O futuro do processo civil no Brasil: uma análise crítica ao Projeto do Novo CPC.* Belo Horizonte: Fórum, 2011, p. 578.

23. MARINONI, Luiz Guilherme; ARENHART, Sérgio Cruz; MITIDIERO, Daniel. *Novo curso de processo civil: tutela dos direitos mediante procedimento comum.* São Paulo: Editora Revista dos Tribunais, 2015, vol. 2, p. 112/113. Este ponto de vista representa uma alteração do entendimento inicial de dois dos autores citados. Luiz Guilherme Marinoni e Daniel Mitidiero, analisando o PLS 166/2010, tinham opinião diversa sobre o assunto. O PLS 166/2010, quanto à definição de sentença, trazia redação praticamente idêntica à do art. 203, § 1º do CPC/2015, o que era criticado por eles, que defendiam que o legislador deveria optar por um "conceito mais amplo de sentença", que reconhecesse a existência de sentenças que tratassem "definitivamente apenas de parcela do litígio ao longo do procedimento comum". Os autores, no entanto, reconheciam que o projeto tinha optado por qualificar a resolução parcial do mérito como decisão interlocutória, chegando a apresentar proposta para retirar do conceito de sentença a vinculação à ideia de *encerramento de fase*, de sorte que ela passaria a ser definida como "a decisão por meio da qual o juiz exerce a sua função de conhecimento, de execução ou cautelar pronunciando-se, no todo ou em parte, sobre o mérito da causa, ou exaure-a mediante resolução terminativa do feito". Como o texto aprovado é praticamente idêntico ao do projeto e os autores já não reconhecem a mesma opção legislativa, há que se concordar que houve mudança no entendimento. Esta opinião é encontrada em: MARINONI, Luiz Guilherme; MITIDIERO, Daniel. *O projeto do CPC: críticas e propostas.* São Paulo: Editora Revista dos Tribunais, 2010, p. 91/92.

24. ASSIS, Araken de. *Processo civil brasileiro: parte geral: institutos fundamentais.* São Paulo: Editora Revista dos Tribunais, 2015, vol. II, t. II, p. 873.

de uma fase processual (cognitiva ou executiva) ou a execução autônoma. Por consequência, o julgamento antecipado parcial de mérito, que não finaliza nenhuma fase processual, deve ser entendido como decisão interlocutória, não como sentença parcial.

Some-se a isso o fato de o art. 1.015, *caput* e inciso II, indicar ser agravável a *decisão interlocutória* que verse sobre o *mérito do processo*. Fica evidente, então, a opção legislativa por qualificar como decisão interlocutória o pronunciamento do juiz que julga o mérito de forma antecipada e parcial, nos termos do art. 356 do CPC/2015.

Pode-se afirmar, portanto, que o conteúdo não diferencia a sentença e a decisão interlocutória, uma vez que esta pode versar sobre a mesma matéria que aquela, servindo como critério distintivo o encerramento da fase processual.

Esclareça-se, no entanto, que, apesar de a decisão interlocutória poder ter o mesmo conteúdo da sentença, a recíproca não é verdadeira, isto é, há matérias que são reservadas às decisões interlocutórias, uma vez que o julgamento delas é necessariamente anterior ao encerramento da fase processual. A questão relativa ao incidente de desconsideração da personalidade jurídica é um exemplo, pois, segundo o texto legal, ele suspende o processo (art. 134, § 3º), o que impede a prolação de sentença, e é resolvido por decisão interlocutória (art. 136).

Dessa forma, a decisão interlocutória é conceituada por meio da exclusão, sendo possível defini-la como o pronunciamento judicial de primeira instância que tem conteúdo decisório relevante e não encerra o processo nem alguma das fases processuais.

Fixados os conceitos de sentença e decisão interlocutória e esclarecido o critério que as diferencia, é preciso compará-las com os demais pronunciamentos do juiz e dos tribunais, bem como entender como todos eles se distinguem.

O tópico seguinte é destinado à terceira espécie de pronunciamento do juiz de primeiro grau: os despachos.

8.2 DESPACHOS

Neste tópico, há duas questões a serem enfrentadas: a) o conceito dos despachos; b) o que os diferencia dos outros dois pronunciamentos do juiz (sentenças e decisões interlocutórias).

O primeiro ponto encontra resposta no art. 203, § 3º, do CPC/2015, que define os despachos como "todos os demais pronunciamentos do juiz praticados no processo, de ofício ou a requerimento da parte". Seriam exemplos os pronunciamentos que ordenam a citação do réu, designam data para audiência, intimam as partes acerca do retorno dos autos da instância superior etc.

Percebe-se que a definição parte de um critério residual, conceituando os despachos a partir da exclusão daquilo que se entende por sentenças e decisões interlocutórias, o que conduz à questão mencionada na alínea *b*.

Antes disso, é preciso notar a melhora da definição legal, quando comparada à do CPC/1973. O art. 162, § 3º, do CPC/1973 acrescentava uma ressalva final ("a cujo respeito a lei não estabelece outra forma"), o que era problemático, pois inseria um critério formal, não bem definido, a um critério residual inicialmente estabelecido[25].

Voltando ao critério residual, poderia se imaginar que existiria alguma confusão nas definições, uma vez que as decisões interlocutórias também são conceituadas a partir da exclusão, como o visto.

Isto não ocorre porque o art. 203, § 1º, indica que as decisões interlocutórias são todos os pronunciamentos judiciais *com natureza decisória* que não se enquadram no conceito de sentença. Enquanto isso, os despachos são definidos como os pronunciamentos que não se encaixam no conceito de sentença nem no de decisão interlocutória.

A partir da definição legal dos despachos, é preciso perceber que se formam, inicialmente, dois grandes grupos de pronunciamentos do juiz, cuja separação é feita com base na *suposta* existência de conteúdo decisório em apenas um deles. São eles: a) pronunciamentos decisórios (sentenças e decisões interlocutórias); b) pronunciamentos não decisórios (despachos).

O critério residual utilizado pelo legislador para a definição do despacho tem como base esta primeira classificação, cujo critério é a *suposta* restrição do conteúdo decisório às sentenças e às decisões interlocutórias.

Já o critério residual manejado para conceituar as decisões interlocutórias atua no interior do primeiro grupo, isto é, dentro daqueles pronunciamentos tidos como exclusivos portadores de conteúdo decisório. Desta forma, o art. 203, § 1º, define qual pronunciamento considera sentença, enquanto o art. 203, § 2º, por meio da exclusão, conceitua a decisão interlocutória.

Destaque-se que é possível pensar a classificação dos pronunciamentos do juiz sob outro enfoque: a divisão segundo o critério do encerramento da fase processual. Assim, são formados dois grupos: a) os que encerram fase cognitiva ou executiva (sentenças); b) os que não finalizam fases processuais (despachos e decisões interlocutórias).

---

25. MOREIRA, José Carlos Barbosa. *Comentários ao Código de Processo Civil*. Rio de Janeiro: Forense, 1974, vol. V, p. 199.

Dentro deste segundo grupo, os pronunciamentos do juiz são separados segundo o suposto critério da carga decisória, que só estaria presente nas decisões interlocutórias.

Além de o texto legal sugerir isso (art. 203, § 2º), a doutrina também costuma defender que os despachos não possuem natureza decisória, que seria restrita à sentença e às decisões interlocutórias[26], ratificando o que se disse acima. No entanto, é possível encontrar entendimento diverso, incluindo os despachos no rol dos atos decisórios[27].

É neste ponto que residem duas questões relevantes: a) os despachos não têm conteúdo decisório?; b) como apurar a existência de conteúdo decisório para fins de classificação de um pronunciamento judicial como despacho ou decisão interlocutória?

Na visão deste trabalho, a resposta à primeira questão deve ser buscada em artigo de João Baptista Monteiro, que reconhecia um conteúdo decisório mínimo nos despachos.

O autor afirma que o magistrado, durante todo o procedimento, depara-se com inúmeras *questões* que devem ser resolvidas e que podem sofrer algumas classificações. A primeira delas as divide em *atuais*, quando o juiz deve conhecê-la de ofício ou o réu se contrapôs à afirmação do autor, e em *potenciais*, quando isso não ocorre. A segunda reparte as questões em *de forma/processuais*, quando dizem respeito ao objeto do processo, e *de fundo/de mérito*, que formam o mérito. Por fim, elas também podem ser classificadas em questões de fato e de direito[28].

Firmadas essas premissas, João Baptista Monteiro define a decisão como "o ato jurídico pelo qual o juiz resolve uma questão ou um conjunto de questões surgidas no processo"[29].

Dando continuidade ao seu raciocínio, o autor lembra que, ainda quando o magistrado determina medidas de simples impulso processual, como a ordem de citação, a intimação para manifestação sobre documentos etc., ele se depara, ao menos, com a questão ligada à adequação da medida

---

26. Nesse sentido: DIDIER Jr., Fredie; BRAGA, Paula Sarno; OLIVEIRA, Rafael Alexandria de. *Curso de direito processual civil: teoria da prova, direito probatório, ações probatórias, decisão, precedente, coisa julgada e antecipação dos efeitos da tutela.* 10ª ed. Salvador: Juspodivm, 2015, vol. 2, p. 304; MARINONI, Luiz Guilherme; ARENHART, Sérgio Cruz; MITIDIERO, Daniel. *Novo curso de processo civil: tutela dos direitos mediante procedimento comum.* São Paulo: Editora Revista dos Tribunais, 2015, vol. 2, p. 113; NERY Junior, Nelson; NERY, Rosa Maria de Andrade. *Comentários ao Código de Processo Civil.* São Paulo: Editora Revista dos Tribunais, 2015, p. 722/723.

27. ASSIS, Araken de. *Processo civil brasileiro: parte geral: institutos fundamentais.* São Paulo: Editora Revista dos Tribunais, 2015, vol. II, t. I, p. 1.313.

28. MONTEIRO, João Baptista. "O conceito de decisão". *Revista de Processo.* Ano 6, n. 23, 1981, p. 71/72.

29. MONTEIRO, João Baptista. "O conceito de decisão". *Revista de Processo.* Ano 6, n. 23, 1981, p. 74.

ao momento processual. Logo, há uma atividade mental de escolha e opção quando é proferido o mais simples pronunciamento do juiz, o despacho[30].

Assim, como a natureza decisória não se mede pela importância da decisão ou pela sua repercussão processual, mas sim pela solução de uma questão processual ou material, potencial ou atual, de direito ou de fato, não há como negar que o despacho possui um conteúdo decisório mínimo[31].

Na visão deste trabalho, as considerações de João Baptista Monteiro, neste ponto, são inteiramente pertinentes, devendo ser vista com ressalvas a menção feita no art. 203, § 2º, do CPC/2015, segundo a qual é decisão interlocutória "todo pronunciamento judicial de natureza decisória que não se enquadre no § 1º", uma vez que os despachos têm conteúdo decisório (mínimo) e não são sentenças nem decisões interlocutórias.

Araken de Assis apresenta entendimento semelhante, afirmando que os despachos possuem um conteúdo decisório "ralo" e que, comparando--os com as decisões interlocutórias, verifica-se que lhes falta um "conteúdo decisório expressivo"[32].

No entanto, como mencionado acima, trata-se de posicionamento minoritário, uma vez que os doutrinadores costumam defender que só há conteúdo decisório nas decisões interlocutórias e nas sentenças[33].

A premissa aceita por este trabalho conduz a uma segunda indagação: *como apurar a carga decisória suficiente para que um pronunciamento do juiz, que não encerra fase processual, seja definido como despacho ou decisão interlocutória?*

A questão se mantém pertinente ainda que se refute o conteúdo decisório mínimo dos despachos, apenas devendo ser reformulada, nos termos transcritos mais acima: *como apurar a existência de conteúdo decisório para fins de classificação de um pronunciamento judicial como despacho ou decisão interlocutória?*

---

30. MONTEIRO, João Baptista. "O conceito de decisão". *Revista de Processo*. Ano 6, n. 23, 1981, p. 78/79.

31. MONTEIRO, João Baptista. "O conceito de decisão". *Revista de Processo*. Ano 6, n. 23, 1981, p. 79.

32. ASSIS, Araken de. *Processo civil brasileiro: parte geral: institutos fundamentais*. São Paulo: Editora Revista dos Tribunais, 2015, vol. II, t. I, p. 1.321.

33. Assim, tratando do CPC/2015: DIDIER Jr., Fredie; BRAGA, Paula Sarno; OLIVEIRA, Rafael Alexandria de. *Curso de direito processual civil: teoria da prova, direito probatório, ações probatórias, decisão, precedente, coisa julgada e antecipação dos efeitos da tutela*. 10ª ed. Salvador: Juspodivm, 2015, vol. 2, p. 304; MARINONI, Luiz Guilherme; ARENHART, Sérgio Cruz; MITIDIERO, Daniel. *Novo curso de processo civil: tutela dos direitos mediante procedimento comum*. São Paulo: Editora Revista dos Tribunais, 2015, vol. 2, p. 113; CÂMARA, Helder Moroni (Coord.). *Código de processo civil comentado*. São Paulo: Almedina, 2016, p. 337; ABELHA, Marcelo. *Manual de direito processual civil*. 6ª ed. Rio de Janeiro: Forense, 2016, p. 337; LESSA, Guilherme Thofehrn. "Irrecorribilidade das decisões interlocutórias e regime de agravo no projeto do novo CPC". *Revista de Processo*. Ano 39, v. 230, 2014, p. 200.

Araken de Assis utiliza o critério do gravame para diferenciar os despachos e as decisões interlocutórias, uma vez que aqueles teriam conteúdo decisório "tão ralo" que não seriam capazes de gerar prejuízo às partes. Caso pudessem ofender direitos das partes ou de terceiros, deixariam de ser despachos[34]. Trata-se, portanto, de um critério de *efeito potencial* do pronunciamento do juiz.

Em sentido próximo, Nelson Nery Junior e Rosa Maria de Andrade Nery, apesar de não falarem em conteúdo decisório dos despachos, também defendem que o gravame é que os diferencia das decisões interlocutórias, pois somente elas poderiam causar prejuízos à parte ou aos interessados[35].

Como já visto quando da análise do CPC/1973, falar-se genericamente na possibilidade de prejuízo como critério distintivo leva a problemas sérios, já que exigiria que fossem considerados como decisões interlocutórias, por exemplo, os despachos iniciais em execuções por quantia certa, nos casos de títulos extrajudiciais, pois, não pago o valor em três dias, é possível que o oficial de justiça proceda à penhora de tantos bens quanto bastem (art. 829), ou, não sendo encontrado o executado, é lícito o arresto dos bens suficientes à garantia da execução (art. 830, *caput*).

Além de um prejuízo de ordem material, poderia se pensar em danos processuais, como o decorrente do pronunciamento do juiz que, em vez de conceder o prazo de 15 dias para o autor se manifestar sobre preliminares da contestação (art. 351), o intimar para fazê-lo em 10 dias. Apesar de inegável prejuízo, dificilmente alguém defenderia se tratar de decisão interlocutória.

---

34. ASSIS, Araken de. *Processo civil brasileiro: parte geral: institutos fundamentais*. São Paulo: Editora Revista dos Tribunais, 2015, vol. II, t. I, p. 1.321/1.322. Em sentido semelhante, analisando o CPC/1973, João Baptista Monteiro defendia que o prejuízo era o critério distintivo entre as decisões interlocutórias e os despachos: Nas suas palavras: "Entendemos, portanto, que os despachos de mero expediente integram a categoria de atos decisórios, embora de conteúdo decisório mínimo, sendo irrecorríveis desde que, na sua prolação, seja respeitada a lei processual e os princípios que a informam. No caso de o despacho de mero expediente se contrário à letra ou ao espírito da lei, causando, por isso, ofensa ao direito da parte, entendemos ser cabível o recurso de agravo de instrumento. Nem se diga que tal entendimento colide com a letra do art. 504. É que o despacho que causou gravame à parte, de molde a justificar, objetivamente, a utilização do recurso, pode ter parecido, à primeira vista, como despacho de mero expediente. Mas, na realidade, tal qualificação não lhe cabia, já que os despachos de mero expediente se hão de entender como aqueles insuscetíveis de ofender direitos das partes ou de terceiros" (MONTEIRO, João Baptista. "O conceito de decisão". *Revista de Processo*. Ano 6, n. 23, 1981, p. 80).

35. NERY Junior, Nelson; NERY, Rosa Maria de Andrade. *Comentários ao Código de Processo Civil*. São Paulo: Editora Revista dos Tribunais, 2015, p. 723/724. No mesmo sentido, Flávio Cheim Jorge inicialmente nega que o despacho tenha conteúdo decisório e, em seguida, afirma que eles são incapazes de gerar prejuízos às partes. Caso fossem, teriam conteúdo decisório relevante e não seriam despachos: JORGE, Flávio Cheim. "Dos recursos". In: WAMBIER, Teresa Arruda Alvim; DIDIER Jr., Fredie; TALAMINI, Eduardo; DANTAS, Bruno (Coord.). *Breves comentários ao Novo Código de Processo Civil*. São Paulo: Editora Revista dos Tribunais, 2015, p. 2.226.

Todavia, uma vez questionado o prazo mencionado, afirma-se com tranquilidade que eventual ratificação teria natureza de decisão interlocutória. Isso indica que também não é possível diferenciar os pronunciamentos simplesmente com base na questão decidida, pois a mesma controvérsia poderia ser resolvida por despacho ou decisão interlocutória. No exemplo dado, o prazo para se manifestar sobre preliminares de defesa é uma questão decidida tanto por despacho quanto por decisão interlocutória, caso se suscite a regularidade do prazo inicialmente dado.

Defender que o prejuízo ou a violação de direito é o critério distintivo para caracterizar um ato como decisão interlocutória e não como despacho traz outro entrave: a recorribilidade do ato (admissibilidade recursal) fica adstrita ao seu acerto (mérito recursal).

Portanto, não é possível diferenciar os despachos e a decisão interlocutória com base somente na existência de conteúdo decisório (ambos o possuem) nem com fundamento puro e simples na possibilidade de prejuízo ou de violação ao direito da parte ou de terceiro, bem como com base na questão decidida.

Marcelo Alves Dias de Souza compartilha de premissas semelhantes, reiterando a carga decisória mínima dos despachos e os problemas do "critério do prejuízo". No entanto, ao contrário do entendimento exposto no presente trabalho, o autor afirma que "apesar das críticas, esse critério do prejuízo, até por questões de ordem práticas, é o melhor que temos"[36].

O melhor, na visão deste trabalho, seria afirmar que decisões interlocutórias e despachos se diferenciam na medida em que as primeiras apresentam uma *maior relevância na resolução de questão.* O problema passa, então, para a identificação da *relevância da resolução da questão* para fins de enquadramento do pronunciamento do juiz.

De acordo com a CF (art. 93, IX) e com o CPC/2015 (arts. 11 e 489), pode-se dizer que a resolução de uma questão é relevante quando pressupõe fundamentação expressa por parte do magistrado para se chegar ao comando do seu pronunciamento.

Defende-se, então, que o critério deve ser o da *expectativa de fundamentação expressa.* Utiliza-se propositadamente o termo "expectativa", uma vez que a efetiva fundamentação adentra aspectos de validade da decisão interlocutória, não da sua existência como tal.

Este é um critério jurídico-positivo, isto é, é extraído do ordenamento jurídico brasileiro, que prevê que todas as decisões devem ser fundamentadas, a exemplo do art. 93, IX, da CF e dos arts. 11 e 489 do CPC/2015.

---

36. SOUZA, Marcelo Alves Dias de. "Dos pronunciamentos do juiz". In: WAMBIER, Teresa Arruda Alvim; DIDIER Jr., Fredie; TALAMINI, Eduardo; DANTAS, Bruno (Coord.). *Breves comentários ao Novo Código de Processo Civil.* São Paulo: Editora Revista dos Tribunais, 2015, p. 628.

Poderia se objetar que, ao se considerar que os despachos também apresentam conteúdo decisório mínimo, a expectativa de fundamentação não seria um critério pertinente para diferenciá-los das decisões interlocutórias, uma vez que dois dos dispositivos acima citados (art. 93, IX, da CF e art. 11 do CPC/2015) falam apenas em "decisões", termo que também abrangeria os despachos, que passariam a pressupor fundamentação.

Contudo, não se pode ignorar que, na linguagem corrente, os despachos não integram o rol dos atos decisórios, de sorte que as menções à exigência de fundamentação não lhes visam[37]. Além disso, tentar estender as exigências de fundamentação aos despachos pressuporia o reconhecimento de defeitos em um sem número de despachos vistos na prática, tendo em consideração, por exemplo, ser inegável que os citatórios não contêm fundamentação que embase a ordem de "cite-se". Obviamente, não se pode chegar a esse extremo, ainda que se tenha em mente que os despachos, no fim das contas, também possuem caráter decisório. Portanto, mostra-se pertinente entender que a exigência de fundamentação não alcança os despachos.

Acima, afirmou-se que o critério é jurídico-positivo. Por consequência, não se pretende oferecer um critério atemporal ou que possa ser questionado à luz de outros ordenamentos. De acordo com o defendido neste trabalho, não se pode chegar a um conceito lógico-jurídico de decisão interlocutória que possa ser oposto ao de despachos, uma vez que a distinção entre eles é justamente uma questão de opção legislativa.

A *resolução relevante de uma questão,* portanto, é aquela da qual se tem uma *expectativa de fundamentação expressa.*

No exemplo dado, ligado ao prazo para manifestação sobre preliminares da contestação (art. 351), fica clara a razão pela qual o ato de intimar para fazê-lo em 10 dias seria despacho e a ratificação seria decisão interlocutória: a confirmação pressuporia uma fundamentação pela qual o magistrado expusesse ser aquele o prazo correto.

O mesmo raciocínio se aplica ao despacho inicial em uma execução de obrigação de pagar quantia fundada título extrajudicial, pois, por mais que seja iminente o prejuízo ao executado, o despacho não pressupõe fundamentação expressa.

A ideia de expectativa de fundamentação também justifica o enquadramento como despacho do ato pelo qual um juiz, por exemplo, somente

37. Fredie Didier Jr., Paula Sarno Braga e Rafael Alexandria de Oliveira, por exemplo, no capítulo destinado à decisão judicial, onde abordam temas ligados à fundamentação e definem que as decisões devem ser fundamentadas, são expressos ao subdividir as decisões judiciais em sentenças e decisões interlocutórias: DIDIER Jr., Fredie; BRAGA, Paula Sarno; OLIVEIRA, Rafael Alexandria de. *Curso de direito processual civil: teoria da prova, direito probatório, ações probatórias, decisão, precedente, coisa julgada e antecipação dos efeitos da tutela.* 10ª ed. Salvador: Juspodivm, 2015, vol. 2, p. 304.

determina a expedição de mandado de reintegração de posse cujo direito foi reconhecido à parte por alguma decisão anterior. Neste caso, ainda que haja iminente prejuízo fático ao futuro desapossado, não se espera que o magistrado fundamente a ordem de expedição do mandado, pois só estaria viabilizando a concretização da decisão anterior.

Não se negue, contudo, que a expectativa de fundamentação está muito ligada a decisões que podem causar gravames às partes, ao menos processual. No entanto, como dito, não parece ser o "prejuízo" o melhor critério, pois há a possibilidade de gravames decorrentes de despachos.

Todavia, é preciso reconhecer que o critério persiste problemático, uma vez que a *expectativa* de fundamentação expressa apresenta certo caráter subjetivo, isto é, é possível divergir sobre a incidência de tal dever diante de um pronunciamento do juiz. No entanto, ao longo desta pesquisa, não se vislumbrou como se chegar a um marco divisório mais claro, sendo preciso, portanto, trabalhar com essa zona sombria que aceita casos de difícil definição.

Apesar de toda essa exposição, relembre-se que esta tese não encontrava respaldo na jurisprudência do STJ e nas doutrinas analisadas, apesar de algumas delas sequer mencionarem a ideia do gravame, resumindo-se à diferenciação com base no conteúdo decisório, sem maiores detalhes[38].

Apesar das ressalvas feitas quanto ao "conteúdo decisório mínimo", como a doutrina costuma excluir os despachos do rol dos atos decisórios[39], quando se mencionar "decisão judicial" ou "atos decisórios", não serão abrangidos os despachos, permitindo-se uma facilitação na comunicação das ideias.

De acordo com o que foi exposto neste tópico, pode se extrair algumas conclusões: a) os despachos não são pronunciamentos que encerram fase processual; b) a doutrina majoritária defende que os despachos não possuem carga decisória, apesar de haver entendimentos, compartilhados por este

38. A título de exemplo, Cândido Rangel Dinamarco, na vigência do CPC/1973, definia: "A comparação entre as três espécies de provimentos jurisdicionais revela inicialmente que a decisão interlocutória e o despacho se diferenciam pelo *conteúdo decisório*, que aquela tem e este, não; mas esses atos judiciais têm em comum a *ausência de eficácia de definir a causa,* que só a sentença tem (...)" (DINAMARCO, Cândido Rangel. *Instituições de direito processual civil.* 6ª ed. São Paulo: Malheiros Editores, 2009, vol. II, p. 512).

39. Nesse sentido: DIDIER Jr., Fredie; BRAGA, Paula Sarno; OLIVEIRA, Rafael Alexandria de. *Curso de direito processual civil: teoria da prova, direito probatório, ações probatórias, decisão, precedente, coisa julgada e antecipação dos efeitos da tutela.* 10ª ed. Salvador: Juspodivm, 2015, vol. 2, p. 304; MARINONI, Luiz Guilherme; ARENHART, Sérgio Cruz; MITIDIERO, Daniel. *Novo curso de processo civil: tutela dos direitos mediante procedimento comum.* São Paulo: Editora Revista dos Tribunais, 2015, vol. 2, p. 113; CÂMARA, Helder Moroni (Coord.). *Código de processo civil comentado.* São Paulo: Almedina, 2016, p. 337; ABELHA, Marcelo. *Manual de direito processual civil.* 6ª ed. Rio de Janeiro: Forense, 2016, p. 337; LESSA, Guilherme Thofehrn. "Irrecorribilidade das decisões interlocutórias e regime de agravo no projeto do novo CPC". *Revista de Processo.* Ano 39, v. 230, 2014, p. 200.

trabalho, que afirmam um conteúdo decisório mínimo; c) a redação legal do CPC/2015 sugere que a diferença entre despachos e decisões interlocutórias estaria presente no caráter decisório, presente somente nestas últimas; d) a doutrina majoritária e o STJ costumam indicar que um dos critérios para diferenciação entre despachos e decisões interlocutórias é o de que estas últimas podem causar gravame; e) na visão deste trabalho, a diferença está no fato de que as decisões interlocutórias gozam de *expectativa de fundamentação*, enquanto os despachos, não.

8.3 ACÓRDÃOS E DECISÕES MONOCRÁTICAS

O art. 204 do CPC/2015 define acórdão como "o julgamento colegiado proferido pelos tribunais". Já as chamadas decisões monocráticas não possuem um artigo que as definam, mas a sua existência está prevista em diversas passagens do CPC/2015, como nos arts. 932, 955, 982, 989, I, 1.011 e 1.019.

Inicialmente, é preciso ponderar que o art. 203, § 2º, aparenta uma abrangência maior do que efetivamente possui. Apesar de definir que todo pronunciamento judicial de natureza decisória que não se enquadre no conceito de sentença é considerado como decisão interlocutória, o art. 203, § 2º, não abarca no seu conceito os *acórdãos* e as *decisões monocráticas*, que podem não ter o conteúdo de sentença e não se encaixar propriamente na definição de decisão interlocutória.

Essa constatação exige outra ressalva, ligada ao conceito de acórdão dado pelo art. 204, que poderia fazer crer que ele é completamente estranho aos conteúdos mencionados nos parágrafos do art. 203.

É preciso ponderar que os acórdãos, definidos como "o julgamento proferido pelos tribunais", diferenciam-se das sentenças e das decisões interlocutórias não pelos conteúdos mencionados no art. 203, §§ 1º e 2º, mas pelo órgão jurisdicional responsável pelo ato.

Como o dito, o art. 203 utiliza-se de um critério *funcional* para distinguir dois tipos de decisão judicial: as que põem fim à fase cognitiva ou à execução (denominadas sentenças) e as que não o fazem (decisões interlocutórias).

Essa é uma definição perfeita para os pronunciamentos dos juízes *de primeira instância*, não para os de todos os magistrados. Logo, as definições do art. 203 não são suficientes para o tratamento mais técnico dos pronunciamentos dos juízes (no sentido de magistrados), já que pecam ao ligar as *funções* enumeradas nos §§ 1º e 2º aos atos praticados pelos juízes de *primeira instância*.

Uma leitura mais atenta mostra que há duas classificações distintas e independentes dos pronunciamentos dos "juízes", cada uma com o seu critério: a) segundo o critério da função processual, eles são divididos em sentenças e decisões interlocutórias (art. 203, §§ 1º e 2º); b) segundo o critério do órgão jurisdicional, os atos são divididos em: b1) sentenças e decisões interlocutórias (primeira a instância); b2) em acórdãos e decisões monocráticas (tribunais).

Note-se que, apesar de "sentenças e decisões interlocutórias" estarem mencionadas nas duas classificações, elas desempenham funções distintas em cada uma delas, o que permite que os acórdãos e as decisões monocráticas, presentes apenas na segunda classificação, encaixem-se nos conceitos de sentenças ou decisões interlocutórias, no sentido da primeira classificação.

O acórdão que, em sede de julgamento de apelação, julgue o recurso e ordene alguma diligência complementar (seja por invalidação da decisão ou por reforma de sentença terminativa em causa ainda não madura), tem natureza jurídica de "decisão interlocutória", já que não põe fim à fase cognitiva ou à execução. Logo, encaixa-se no segundo grupo da primeira classificação, segundo a *função* do pronunciamento. Já o acórdão que conhece do recurso e mantém a sentença de primeiro grau, por exemplo, tem natureza jurídica de "sentença", pois se encaixa na previsão do art. 203, § 1º. É perceptível, portanto, que os pronunciamentos de tribunais podem se exercer as funções mencionadas nos §§ 1º e 2º do art. 203 sem se caracterizarem como sentenças ou decisões interlocutórias.

Por isso, tecnicamente, a melhor classificação dos pronunciamentos do juiz deve levar em conta os dois critérios seguintes: a) de acordo com a *função* processual exercida (colocar ou não fim à fase cognitiva ou à execução): decisões finais e decisões intermediárias; b) segundo a hierarquia do órgão jurisdicional prolator: decisões de primeira instância e decisões de tribunais.

Interligando as duas classificações, quanto às *decisões de primeira instância*, elas poderiam ser finais (sentenças) ou intermediárias (decisões interlocutórias). Assim, a sentença e as decisões interlocutórias envolvem a conjugação de dois fatores: serem proferidas em primeira instância e serem decisões finais (sentenças) ou intermediárias (decisões interlocutórias).

No que diz respeito às decisões de tribunais, elas ainda comportam uma subdivisão, também de acordo com prolator, sendo repartidas em acórdãos (decisões colegiadas) e decisões monocráticas (tomadas individualmente). Da mesma forma, conjugando-se todas as classificações, tanto os acórdãos quanto as decisões monocráticas podem ser finais ou intermediárias, dependendo da função processual que exerçam.

Quanto à possibilidade de uma decisão monocrática ter natureza jurídica de decisão final, o CPC/2015 é muito claro a respeito, tornando possível o julgamento monocrático de recurso, nos termos do seu art. 932, por exemplo.

Da mesma forma, o CPC/2015, em seu art. 932, II, prevê a possibilidade de o relator conceder tutela provisória nos recursos ou nas causas de competência originária do tribunal, sendo evidente a existência de decisões monocráticas com função de decisões intermediárias.

Já quanto aos acórdãos com natureza jurídica de "decisão interlocutória", certamente um dos exemplos mais utilizados é o do acórdão que, julgando apelação, anula a sentença e determina a remessa dos autos ao juízo *a quo*, naqueles casos em que a causa ainda não está madura. Outro exemplo notório é o acórdão que, julgando apelação contra sentença que extinguiu o processo sem exame do mérito prematuramente (indeferimento da inicial, por exemplo), reforma a decisão e, pelo fato de o processo não estar pronto para julgamento de mérito, determina o regresso dos autos ao juízo de primeiro grau.

No entanto, destaque-se que o ordenamento brasileiro convive, há muito, com acórdãos que, sem anular ou reformar decisão anterior, têm clara natureza de "decisão interlocutória".

O art. 10 da Lei n. 9.868/1999, por exemplo, prevê que, salvo nos casos de recesso, as medidas cautelares em sede de ADI e ADC só podem ser concedidas pela *maioria absoluta* dos membros do STF.

De forma semelhante, o art. 5º da Lei n. 9.882/1999 prevê que as "medidas liminares" em ADPF só podem ser deferidas pela maioria absoluta dos membros do STF, sendo expresso, ainda, ao afirmar a necessidade de ratificação, por parte do Tribunal Pleno, quando elas forem concedidas monocraticamente, nos casos em que isso é possível (recesso, extrema urgência ou perigo de lesão grave).

A classificação proposta deixa claro que os pronunciamentos dos tribunais não se distinguem das sentenças e decisões interlocutórias segundo a redação do art. 203, §§ 1º e 2º, mas pelo órgão prolator. São duas classificações distintas, portanto, cuja conjugação dá ensejo às sentenças, às decisões interlocutórias, aos acórdãos que são decisões finais, aos acórdãos intermediários, às decisões monocráticas finais e às decisões monocráticas intermediárias.

Não se diga que o art. 203 do CPC/2015 trata apenas dos pronunciamentos do *juiz* (decisão de primeira instância, não de desembargadores ou ministros), estando subentendida a classificação feita acima.

Esse argumento parece não ser suficiente para afastar a tese apresentada por três fatores: a) a CF não fala em desembargadores federais, do trabalho ou da Justiça Eleitoral, mas em *juízes* dos Tribunais Regionais Federais (art. 107), dos Tribunais Regionais do Trabalho (art. 115) e dos Tribunais Regionais Eleitorais (art. 120), também não tratando de Ministros do TSE, mas de juízes (art. 119), reservando o termo desembargador apenas aos Tribunais de Justiça (arts. 37, IX e § 12, e 103-B, IV, por exemplo); b) não haveria definição clara das funções que podem ser exercidas pelos acórdãos e decisões monocráticas de tribunais; c) os despachos, previstos no art. 203, § 3º, não são atos privativos dos juízes de primeira instância, mas também acontecem na tramitação dos recursos e das causas de competência originária dos tribunais.

Assim, o art. 203, §§ 1º e 2º, seria mais técnico se indicasse tratar das decisões de *primeira instância*. A seu turno, o art. 204 teria melhor redação se deixasse claro que os acórdãos podem exercer as funções dos pronunciamentos mencionados nos §§ 1º e 2º do art. 203. Por fim, o art. 203, § 3º, deveria ser destacado dos dispositivos ligados aos pronunciamentos do juiz de primeira instância e ligado aos atos de *magistrados*.

A classificação proposta, apesar de deixar os conceitos mais claros, é de questionável utilidade prática. A apontada confusão entre os conceitos somente causaria dificuldades na análise da natureza jurídica do acórdão e das decisões monocráticas, já que as sentenças e as decisões interlocutórias estão bem definidas nos arts. 203, §§ 1º e 2º. A omissão apontada, contudo, não traz efeitos concretos relevantes ao processo, pois não interfere num ponto crucial: a esfera recursal correspondente.

Como o cabimento dos recursos contra decisões de tribunais não considera a sua natureza jurídica, mas o órgão prolator, isto é, se é acórdão ou decisão monocrática, não há prejuízo se o legislador não for claro ao dizer que as decisões monocráticas e os acórdãos podem ser finais ou intermediários.

O cabimento do agravo interno é um exemplo de ausência de prejuízo prático, já que é definido apenas como o recurso cabível contra decisão proferida pelo relator (art. 1.021), sem indicar a necessidade de ser decisão final ou intermediária.

O tratamento dos recursos especiais e extraordinários também ratifica o que se expôs acima. Com a extinção do regime de retenção destes recursos, consagrado no art. 542, § 3º, do CPC/1973, também se perde muito da utilidade prática do esclarecimento feito, pois é suficiente se tratar de acórdão de tribunal e haver o esgotamento das vias ordinárias de discussão das matérias respectivas para que o recurso tramite imediatamente, não importando saber se a decisão tem caráter de intermediário ou final.

A situação é diferente quando se questiona se o pronunciamento do tribunal foi de mérito ou não, quando, sem dúvidas, há reflexos, bastando como exemplos a identificação do efeito substitutivo do julgamento de recursos e a competência para processar e julgar ação rescisória. No entanto, isso é outra questão, que não abarca a definição dos pronunciamentos dos magistrados na forma dos arts. 203 e 204, mas sobre o conceito de mérito e o regime jurídico da coisa julgada.

Assim, a omissão legislativa em identificar que os pronunciamentos dos tribunais podem se encaixar nas funções do art. 203, §§ 1º e 2º, não traz relevantes prejuízos processuais, mas exige, contudo, um esclarecimento doutrinário. A nomenclatura utilizada pelo art. 203, §§ 1º e 2º, só diz respeito aos pronunciamentos do *juiz de primeira instância*. Isso não impede, todavia, que os acórdãos e as decisões monocráticas exerçam as mesmas funções. De forma semelhante, os despachos não são atos privativos de *juiz* (de primeira instância), estando presentes também nos processos que tramitam nos tribunais.

Feitas essas considerações e sugestões, ressalte-se que, deste ponto em diante, sempre que se falar em decisões interlocutórias e sentenças, falar-se-á em decisões de juiz de primeira instância.

8.4 SISTEMATIZAÇÃO DAS CLASSIFICAÇÕES DOS PRONUNCIAMENTOS DO JUIZ

8.4.1 Considerações gerais

A partir do exposto ao longo deste tópico, é possível chegar a três classificações diferentes dos pronunciamentos do juiz, cada uma com o seu critério: *função processual, carga decisória* e *órgão prolator.*

Nos tópicos seguintes, estas classificações são sistematizadas e, ao final, conjugadas, para que sejam esclarecidos os conceitos dos pronunciamentos do juiz.

8.4.2 Classificação de acordo com a função processual

Segundo o critério da *função processual de colocar fim à fase cognitiva ou à execução*, os pronunciamentos do juiz podem ser divididos em: a) pronunciamentos intermediários (não colocam fim à fase cognitiva ou à execução (fase ou processo autônomo)); b) pronunciamentos finais (colocam fim à fase cognitiva ou à execução (fase ou processo autônomo)).

Essa classificação é importante porque permite a delimitação da atividade decisória do magistrado, na medida em que, exceto nos casos do art. 494 ou quando o recurso eventualmente interposto o permitir, não é dado ao magistrado que proferiu o pronunciamento final praticar outro ato decisório naquela fase processual.

8.4.3 Classificação de acordo com a carga decisória

De acordo com o critério da carga decisória, é proposta a seguinte classificação: a) pronunciamentos com carga decisória *relevante*; b) pronunciamentos com carga decisória *mínima*.

A classificação é útil em razão do fato de que somente os pronunciamentos com carga decisória *relevante* são recorríveis, exceto quanto aos embargos de declaração, que, na visão deste trabalho, podem ser interpostos contra qualquer pronunciamento judicial.

8.4.4 Classificação de acordo com o órgão prolator

Considerando o órgão prolator como critério, os pronunciamentos do juiz podem ser divididos em: a) do magistrado de primeira instância; b) de tribunais.

Também levando em consideração o órgão prolator, os pronunciamentos dos tribunais ainda podem ser subdivididos em: b1) decisões monocráticas; b2) acórdãos.

A importância desta classificação repousa no fato de que, a partir dela, é possível definir o recurso cabível para a hipótese. Assim, a apelação, o agravo de instrumento e o recurso ordinário, no caso do art. 1.027, II, *b*, destinam-se à impugnação de pronunciamentos de primeira instância. Por outro lado, o agravo interno e o agravo em recurso especial e em recurso extraordinário voltam-se contra decisões monocráticas (tribunais). Por fim, o recurso especial, o recurso extraordinário, recurso ordinário (excetuado o art. 1.027, II, *b*) e os embargos de divergência são meios de impugnação de acórdãos. A exceção fica por conta dos embargos de declaração, que podem ser interpostos contra qualquer pronunciamento judicial.

8.4.5 Conjugação das classificações e os pronunciamentos do juiz

A partir da conjugação das classificações dos pronunciamentos do juiz, é possível esclarecer a definição de cada um deles, segundo os parâmetros estabelecidos pelo legislador.

Assim, o *despacho* é o *pronunciamento intermediário,* com *carga decisória mínima* e que pode ser proferido por *qualquer órgão jurisdicional.*

As *decisões interlocutórias*, por sua vez, representam os *pronunciamentos intermediários,* com *carga decisória relevante* e que são proferidos pelo *magistrado de primeira instância.*

As sentenças estão incluídas nos grupos dos *pronunciamentos finais,* dos que possuem *carga decisória relevante* e daqueles que são proferidos pelo *magistrado de primeira instância.*

As decisões monocráticas, segundo a primeira classificação, podem ser *intermediários* ou *finais*. Além disso, são pronunciamentos com *carga decisória relevante* e *proferidos nos tribunais, isoladamente por um de seus membros.*

Por fim, os acórdãos, tendo como parâmetro a primeira classificação, também podem ser *intermediários* ou *finais*. São pronunciamentos com *carga decisória relevante* e *proferidos nos tribunais, de forma colegiada.*

Capítulo 9

AS DECISÕES INTERLOCUTÓRIAS RECORRÍVEIS AO FINAL

9.1 CONSIDERAÇÕES GERAIS

Ao analisar detidamente o princípio da oralidade, Chiovenda enumerava cinco princípios que indicariam a adoção de um procedimento oral: a) prevalência da palavra como meio de expressão combinada com uso de meios escritos de preparação e documentação; b) imediação da relação entre o juiz e as pessoas cujas declarações deva apreciar; c) identidade das pessoas físicas que constituem o juiz durante a condução da causa; d) concentração da causa num único período (debate) a desenvolver-se numa audiência ou em poucas audiências contíguas; e) irrecorribilidade das interlocutórias em separado[1].

Tendo como base as considerações de Chiovenda, pode-se dizer que o procedimento comum consagrado pelo CPC/2015 não é um procedimento oral.

Ao tratar da *prevalência da palavra como meio de expressão combinada com uso de meios escritos de preparação e documentação*, Chiovenda afirmava inicialmente o equívoco de se falar num processo misto, uma vez que seria difícil conceber um processo oral que não admitisse a escrita em certa medida e vice-versa, sendo inviável a caracterização de um processo exclusivamente oral ou escrito. A questão se resolveria no espaço atribuído à escrita ou à oralidade, bem como a forma pela qual a segunda seria praticada[2].

---

1. CHIOVENDA, Guiseppe. *Instituições de direito processual civil: a relação processual ordinária de cognição (continuação)*. J. Guimarães Menegale (trad.). São Paulo: Livraria Acadêmica – Saraiva & Cia Editores, 1945, vol. III, p. 74/81.

2. CHIOVENDA, Guiseppe. *Instituições de direito processual civil: a relação processual ordinária de cognição (continuação)*. J. Guimarães Menegale (trad.). São Paulo: Livraria Acadêmica – Saraiva & Cia Editores, 1945, vol. III, p. 74/75.

Em um processo oral, para o autor, a escrita só desempenharia duas funções: preparar o debate e documentar o que fosse importante para a causa, especialmente o que acontecesse na audiência. Quanto à preparação dos debates, a escrita serviria apenas para que as partes anunciassem as alegações que fariam em audiência, momento no qual seriam feitas as declarações juridicamente relevantes[3].

Pode-se afirmar que o CPC/2015 se afastou deste primeiro princípio, uma vez que as alegações mais importantes das partes se fazem de forma escrita, na petição inicial (art. 319) ou na resposta do réu (art. 335 e 343, por exemplo), a ponto de que haver previsão de presunção de veracidade dos fatos narrados na inicial em caso de revelia (art. 344) e de esses mesmos fatos, quando não impugnados na contestação, serem presumidos verdadeiros (art. 341).

O segundo princípio, o da *imediação da relação entre o juiz e as pessoas cujas declarações deva apreciar*, de acordo com Chiovenda, constitui a essência do processo oral e pressupõe que o magistrado responsável pela sentença seja aquele que tenha acompanhado a produção das provas necessárias ao julgamento e que tenha estabelecido contato direto com as partes, testemunhas, peritos e objetos do processo, possibilitando que o julgador cumpra seu dever a partir de uma impressão imediata, não por meio de informações prestadas por outros[4].

O art. 132 do CPC/1973 consagrava a regra da "identidade física do juiz", mas impunha uma série de exceções que o mitigavam profundamente. O CPC/2015 sequer repetiu a regra do art. 132 do CPC/1973, de modo que se pode concluir pelo seu afastamento do segundo "princípio" indicado por Chiovenda.

O autor falava também na *identidade das pessoas físicas que constituem o juiz durante a condução da causa*, que dependeria da conjugação entre os dois "princípios" anteriores, uma vez que "tanto a oralidade quanto a imediação são impraticáveis se os diversos atos processuais se desenvolvem perante pessoas físicas a cada trecho variadas"[5].

---

3. CHIOVENDA, Guiseppe. *Instituições de direito processual civil: a relação processual ordinária de cognição (continuação)*. J. Guimarães Menegale (trad.). São Paulo: Livraria Acadêmica – Saraiva & Cia Editores, 1945, vol. III, p. 76/77.

4. CHIOVENDA, Guiseppe. *Instituições de direito processual civil: a relação processual ordinária de cognição (continuação)*. J. Guimarães Menegale (trad.). São Paulo: Livraria Acadêmica – Saraiva & Cia Editores, 1945, vol. III, p. 78.

5. CHIOVENDA, Guiseppe. *Instituições de direito processual civil: a relação processual ordinária de cognição (continuação)*. J. Guimarães Menegale (trad.). São Paulo: Livraria Acadêmica – Saraiva & Cia Editores, 1945, vol. III, p. 78.

Como o visto acima, o CPC/2015 não consagrou a "identidade física do juiz", muito menos impôs que o mesmo magistrado acompanhe todo o desenvolvimento do procedimento. Logo, afastou-se também desse terceiro princípio.

Chiovenda também defendia a ligação entre o princípio da oralidade e a *concentração do conhecimento da causa num único período (debate) a desenvolver-se numa audiência ou em poucas audiências contíguas* ou simplesmente *princípio da concentração*, que seria a "principal característica exterior do processo oral" e o mais influente na abreviação procedimental. Este quarto "princípio" seria necessário à aplicação dos anteriores, uma vez que minimizaria falhas de memória do magistrado e facilitaria a manutenção da identidade física do juiz[6].

A importância dada a este princípio por Chiovenda era tamanha que ele afirmava que "o mesmo é dizer oralidade que concentração" e o tratava como o efetivo ponto de distanciamento entre o processo oral e o escrito: enquanto naquele os atos tenderiam a se restringir a poucas audiências próximas, nas quais se desenvolveriam todas as atividades processuais, neste haveria uma divisão mais alongada em fases, havendo certa indiferença quanto ao lapso temporal entre a realização de um ato processual e outro[7].

Em mais um ponto, o CPC/2015 se distancia do princípio da oralidade, uma vez que prevê a prática desconcentrada dos atos processuais, estabelecendo um caminho que começa pela petição inicial e que pode passar por uma série de atos importantes praticados fora da audiência, como a resposta do réu, a eventual manifestação sobre a defesa, a decisão de saneamento e a produção de prova pericial, por exemplo.

Por fim, o quinto princípio apontado por Chiovenda é o da *irrecorribilidade das interlocutórias em separado*. A concretização da oralidade e da concentração teria como pressuposto que as decisões incidentes não fossem recorríveis à parte da resolução da questão principal, ressalvadas algumas exceções[8].

Já se teve oportunidade de observar que o CPC/1973 originariamente tomou posição diametralmente oposta à irrecorribilidade das decisões

6. CHIOVENDA, Guiseppe. *Instituições de direito processual civil: a relação processual ordinária de cognição (continuação)*. J. Guimarães Menegale (trad.). São Paulo: Livraria Acadêmica – Saraiva & Cia Editores, 1945, vol. III, p. 79/80.

7. CHIOVENDA, Guiseppe. *Instituições de direito processual civil: a relação processual ordinária de cognição (continuação)*. J. Guimarães Menegale (trad.). São Paulo: Livraria Acadêmica – Saraiva & Cia Editores, 1945, vol. III, p. 80.

8. CHIOVENDA, Guiseppe. *Instituições de direito processual civil: a relação processual ordinária de cognição (continuação)*. J. Guimarães Menegale (trad.). São Paulo: Livraria Acadêmica – Saraiva & Cia Editores, 1945, vol. III, p. 81.

interlocutórias em separado, permitindo o agravo contra todas elas, conforme anunciado na própria Exposição de Motivos feita por Alfredo Buzaid[9]. Com o passar dos anos, notou-se uma atuação restritiva por parte do legislador em busca de uma racionalização do uso dos agravos, medidas oriundas da grande quantidade de agravos de instrumento em tramitação nos tribunais. Assim, ao longo da vigência do CPC/1973, o agravo retido tornou-se regra quanto à impugnação das decisões interlocutórias, sendo julgado somente no momento da análise da apelação, e o agravo de instrumento ficou reservado a algumas hipóteses. De todo modo, estava presente a recorribilidade em separado das decisões interlocutórias, seja por agravo retido ou de instrumento, ficando a diferença ligada ao reexame imediato ou postergado[10].

Se, quanto aos demais princípios, o CPC/2015 se afastou da oralidade descrita por Chiovenda, neste ponto houve certa aproximação. O legislador tornou a regulamentação da matéria mais ligada à irrecorribilidade em separado das decisões interlocutórias[11], aproximando em alguma medida o CPC/2015 da realidade do processo do trabalho[12] e dos processos

---

9. Nos termos da Exposição de Motivos do CPC/1973: "Outro ponto é o da irrecorribilidade, em separado, das decisões interlocutórias. A aplicação deste princípio entre nós provou que os litigantes, impacientes de qualquer demora no julgamento do recurso, acabaram por engendrar esdrúxulas formas de impugnação. Podem ser lembradas, a título de exemplo, a correição parcial e o mandado de segurança. Não sendo possível modificar a natureza das coisas, o projeto preferiu admitir agravo de instrumento de todas as decisões interlocutórias. É mais uma exceção. O projeto a introduziu para ser fiel à realidade da prática nacional." Disponível em: http://www2.senado.leg.br/bdsf/item/id/177828. Acesso em: 18/02/2016.

10. Quanto ao tema, remete-se ao tópico "6.3 A RECORRIBILIDADE DAS DECISÕES INTERLOCUTÓRIAS", quando ele é analisado detalhadamente à luz do CPC/1973.

11. A aproximação entre a recorribilidade das decisões interlocutórias no CPC/2015 e o princípio da oralidade também é percebida em: MARINONI, Luiz Guilherme; ARENHART, Sérgio Cruz; MITIDIERO, Daniel. *Novo curso de processo civil: tutela dos direitos mediante procedimento comum.* São Paulo: Editora Revista dos Tribunais, 2015, vol. 2, p. 527.

12. O art. 893, § 1º, da CLT consagra a regra da irrecorribildiade em separado das decisões interlocutórias no processo do trabalho e define que "os incidentes do processo são resolvidos pelo próprio Juízo ou Tribunal, admitindo-se a apreciação do merecimento das decisões interlocutórias somente em recursos da decisão definitiva". O TST, interpretando tal dispositivo, aprovou o enunciado n. 214 da sua súmula, segundo o qual cabe recurso imediato contra decisão interlocutória: "a) de Tribunal Regional do Trabalho contrária à Súmula ou Orientação Jurisprudencial do Tribunal Superior do Trabalho; b) suscetível de impugnação mediante recurso para o mesmo Tribunal; c) que acolhe exceção de incompetência territorial, com a remessa dos autos para Tribunal Regional distinto daquele a que se vincula o juízo excepcionado, consoante o disposto no art. 799, § 2º, da CLT". Dentre elas, somente a da alínea *c* representa decisão interlocutória no sentido utilizado neste trabalho (decisão de primeiro grau que não se encaixa no conceito de sentença). Carlos Henrique Bezerra Leite cuida dessas hipóteses e defende, ainda, a impugnação imediata da decisão interlocutória que acolhe preliminar de incompetência absoluta e determina a remessa dos autos a outra estrutura do Poder Judiciário: LEITE, Carlos Henrique Bezerra. *Curso de direito processual do trabalho.* 11ª ed. São Paulo: LTr, 2013, p. 780/782.

que tramitam nos Juizados Especiais Cíveis Estaduais[13], Federais[14] e da Fazenda Pública[15].

No entanto, é preciso deixar claras duas afirmações, que não se excluem: a) por um lado, o CPC/2015 foi oposto ao CPC/1973 e consagrou inúmeras hipóteses de decisões interlocutórias irrecorríveis *em separado*; b) por outro lado, o CPC/2015 abandonou uma tendência de restrição das hipóteses de agravo de instrumento, verificada no período final do CPC/1973, passando a inserir, dentre as hipóteses sujeitas a este recurso, algumas decisões interlocutórias que, nos últimos anos da codificação anterior, estavam sujeitas ao agravo retido.

Quanto à recorribilidade das decisões interlocutórias, o CPC/2015 trouxe duas regras básicas, uma contida no art. 1.009, § 1º e outra no art. 1.015.

---

13. A Lei n. 9.099/1995 não prevê recurso imediato contra as decisões interlocutórias, mas elas podem ser impugnadas pelo recurso inominado, interposto ao final. Nesse sentido (apesar de, em outra passagem da obra, falar que as decisões interlocutórias nos Juizados Especiais são *irrecorríveis*, mesmo reconhecendo a possibilidade de ataque por recurso inominado): SODRÉ, Eduardo. *Juizados Especiais Cíveis. Processo de conhecimento.* Rio de Janeiro: Editora Lumen Juris, 2005, p. 111/112. Alexandre Freitas Câmara também fala em *irrecorribilidade das decisões interlocutórias,* mas igualmente indica que as matérias decididas podem ser rediscutidas em "apelação". O autor parte da premissa de que as Leis n. 9.099/1995 e 10.259/2001 formam um *Estatuto dos Juizados Especiais Cíveis*, de modo que as previsões dos arts. 4º e 5º da Lei n. 10.259/2001, que permitem recurso imediato contra decisão interlocutória que defere "medida cautelar", deveriam ser interpretadas extensivamente para alcançar todas as decisões interlocutórias sobre medidas de urgência e também seriam aplicáveis aos processos sujeitos à Lei n. 9.099/1995: CÂMARA, Alexandre Freitas. *Juizados Especiais Cíveis Estaduais e Federais – Uma Abordagem Crítica.* 7ª ed. Rio de Janeiro: Editora Lumen Juris, 2012, p. 140/142.
14. A Lei n. 10.259/2001, que regula os Juizados Especiais Federais Cíveis, indica, em seu art. 5º, que, ressalvada a hipótese do art. 4º, "somente será admitido recurso de sentença definitiva". O art. 4º, por sua vez, dispõe que o juiz pode, de ofício ou a requerimento, "deferir medidas cautelares no curso do processo, para evitar dano de difícil reparação". Nesses casos, portanto, é admissível a interposição de agravo de instrumento. Alexandre Freitas Câmara propõe interpretação ampliativa, para que a conjugação dos arts. 4º e 5º alcance qualquer decisão sobre tutela de urgência (cautelar ou "antecipada") e independa do seu sentido (deferimento ou indeferimento): CÂMARA, Alexandre Freitas. *Juizados Especiais Cíveis Estaduais e Federais – Uma Abordagem Crítica.* 7ª ed. Rio de Janeiro: Editora Lumen Juris, 2012, p. 241/242. Joel Dias Figueira Júnior, de modo ainda mais ampliativo, defende o cabimento do agravo de instrumento nos casos em que houver o fracionamento da audiência de conciliação, instrução e julgamento, na medida em que haveria uma mitigação ao "princípio da concentração": FIGUEIRA JÚNIOR, Joel Dias; TOURINHO NETO, Fernando da Costa. *Juizados Especiais Federais Cíveis e Criminais: Comentários à Lei 10.259, de 10.07.2001.* 2ª ed. São Paulo: Editora Revista dos Tribunais, 2007, p. 288/292.
15. O art. 4º da Lei n. 12.153/2009, que cuida dos Juizados Especiais da Fazenda Pública, indica que, ressalvada a hipótese do art. 3º, "somente será admitido recurso contra a sentença". O art. 3º, por sua vez, possibilita que o juiz, de ofício ou a requerimento, defira "quaisquer providências cautelares e antecipatórias no curso do processo, para evitar dano de difícil ou de incerta reparação". Como indicado na nota de rodapé anterior, Alexandre Freitas Câmara defende que a recorribilidade imediata dessa decisão interlocutória deve alcançar também a hipótese de *indeferimento* das medidas de urgência: CÂMARA, Alexandre Freitas. *Juizados Especiais Cíveis Estaduais e Federais – Uma Abordagem Crítica.* 7ª ed. Rio de Janeiro: Editora Lumen Juris, 2012, p. 241.

O art. 1.009, § 1º, define que as questões resolvidas na fase de conhecimento, cujas decisões não forem agraváveis, não são cobertas pela preclusão e devem ser "suscitadas" em preliminar de apelação, eventualmente interposta contra a sentença, ou nas contrarrazões. Assim, previu que certas decisões interlocutórias são recorríveis ao final.

Por outro lado, o art. 1.015 do CPC/2015 traz um rol de decisões interlocutórias agraváveis, sendo o principal artigo da legislação processual civil brasileira sobre o cabimento do agravo de instrumento.

Note-se, no entanto, que ele não é exaustivo, já que possui uma norma de fechamento (art. 1.015, XIII), há outras previsões de cabimento no CPC/2015 (art. 1.037, § 13, I, por exemplo) e na legislação extravagante (art. 100 da Lei n. 11.101/2005, por exemplo), e que, neste trabalho, como se verá, defende-se que, além das hipóteses expressamente previstas em lei, cabe agravo de instrumento quando a impugnação da decisão interlocutória for incompatível com a tramitação da apelação[16].

A partir do art. 1.009, § 1º, do CPC/2015, não se pode afirmar que o agravo de instrumento é *o* recurso adequado para a impugnação de decisões interlocutórias, mas que é apenas *um* deles, cujo cabimento está restrito a hipóteses pontuais (não raras). Também é equivocado dizer que a sentença é o pronunciamento típico a ser impugnado em apelação, pois esse recurso também passou a combater algumas decisões interlocutórias.

O mais adequado é afirmar que o CPC/2015 enumerou decisões interlocutórias que estão sujeitas ao agravo de instrumento e, a partir de um critério residual, fixou o cabimento de apelação para impugnar essa espécie de pronunciamento do juiz.

Nesse sentido, acredita-se que é precipitado afirmar que o CPC/2015 tornou a recorribilidade por apelação como regra quanto à impugnação das decisões interlocutórias[17]. Tal assertiva pressuporia a certeza de que a abrangência do art. 1.015 é reduzida frente ao espaço residual deixado à apelação.

---

16. Feita essa ressalva quanto à natureza exemplificativa do rol do art. 1.015, destaque-se que se falará, em diversas oportunidades, na "enumeração casuística" do art. 1.015. Com a utilização do termo, que facilita a comunicação, não se sugere que ela é uma enumeração exaustiva.

17. Em sentido contrário, Rogério Licastro Torres de Mello afirma: "O CPC/2015, portanto, torna absolutamente excepcionais as hipóteses de interposição de recurso em separado (agravo de instrumento) em face de decisões interlocutórias, determinando que sua impugnação se dê, em regra, no recurso de apelação ou nas contrarrazões a este apresentadas, (...)." (MELLO, Rogério Licastro Torres de. "2. Ampliação de escopo da apelação em virtude da extinção da regra da recorribilidade em separado das decisões interlocutórias". In: WAMBIER, Teresa Arruda Alvim; DIDIER Jr., Fredie; TALAMINI, Eduardo; DANTAS, Bruno (Coord.). *Breves comentários ao Novo Código de Processo Civil.* São Paulo: Editora Revista dos Tribunais, 2015, p. 2.235/2.236).

No entanto, a análise do rol do artigo não conduz a essa conclusão, uma vez que contém doze incisos e um parágrafo único dedicados à matéria, nos quais estão muitas das decisões interlocutórias mais vistas na prática, como as que versam sobre tutela provisória (art. 1.015, I), as que rejeitam ou revogam o pedido de gratuidade de justiça (art. 1.015, V), as que decidem sobre a admissibilidade da intervenção de terceiros (art. 1.015, IX) e todas as proferidas em execução e cumprimento de sentença (art. 1.015, parágrafo único).

Assim, é mais seguro afirmar que houve a fixação de um critério residual a partir do qual algumas decisões interlocutórias são recorríveis por apelação.

Como consequência da opção legislativa, é preciso concluir que o CPC/2015 mitigou a forte correlação entre os pronunciamentos do juiz e os recursos, presente no CPC/1973. Tal desvinculação é perceptível quando se estuda a recorribilidade das decisões interlocutórias no CPC/2015, em razão da conjugação dos arts. 1.009, § 1º, e 1.015.

A partir destas considerações, chega-se a três conclusões iniciais: a) o CPC/2015 dá mais destaque à irrecorribilidade em separado das decisões interlocutórias, sujeitando algumas delas à impugnação em apelação (recorribilidade ao final); b) o CPC/2015 enumerou hipóteses de cabimento do agravo de instrumento no seu art. 1.015; c) o CPC/2015 extinguiu o agravo retido.

9.2 ALGUMAS CRÍTICAS À OPÇÃO LEGISLATIVA PELA RECORRIBILIDADE DAS DECISÕES INTERLOCUTÓRIAS AO FINAL

Acima se viu que dois fatores são interligados e permitem a recorribilidade das decisões interlocutórias ao final: a extinção do agravo retido e a inexistência de preclusão imediata quanto às decisões interlocutórias não agraváveis.

A opção legislativa, todavia, não é imune às críticas e, ao contrário do que sugere Teresa Arruda Alvim[18], a mudança tem impactos relevantes,

18. Nas palavras da autora, analisando o PL 8.046/2010, ainda em trâmite na Câmara dos Deputados: "Extingue-se o agravo retido, e, correlatamente, altera-se o regime de preclusões no primeiro grau de jurisdição. Trata-se de recurso cuja principal função é obstar a preclusão e que embora tenha prazo para ser interposto, só é julgado como preliminar de apelação, se e quando houver apelação a ser julgada. Portanto, de rigor, a alteração que houve não é relevante: no regime que consta do projeto, e que foi mantido pelo substitutivo, estas questões também serão decididas quando do julgamento da apelação. Ficou mais confortável, isto sim, a situação da parte, que não precisa recorrer. E tem hoje, como terá à luz do eventual novo Código, que esperar até o momento do julgamento

sobretudo quanto à segurança jurídica proporcionada pela preclusão imediata das decisões interlocutórias.

Ainda sob a vigência do CPC/1973, Eduardo Talamini defendia que a previsão do agravo retido contra decisões interlocutórias era solução mais adequada do que subordiná-las ao reexame quando do julgamento do recurso final, oportunidade na qual a resolução de algumas questões anteriores já não interessaria às partes. Havendo a consagração do agravo retido, as partes teriam o ônus de indicar as decisões cujas revisões lhes interessariam[19].

Em sentido semelhante, a partir das considerações de Chiovenda e Eduardo Talamini sobre a oralidade, Daniel de Araujo Gallo critica a opção por uma codificação que consagre um procedimento fragmentado e, ao mesmo tempo, adote como regra a irrecorribilidade em separado das decisões interlocutórias, medida peculiar aos procedimentos essencialmente orais, que contam com atos concentrados[20].

Concorda-se com as considerações acima, no sentido de que a previsão de agravo retido contra decisões interlocutórias é melhor opção do que deixá-las simplesmente passíveis de reexame no julgamento do recurso contra a sentença. No entanto, as razões que mais pesam para tanto são outras, ligadas à segurança jurídica.

A exigência de interposição de agravo retido por aquele que deseja rediscutir futuramente uma questão torna o curso do procedimento mais claro às partes, pois elas tomam conhecimento de quais decisões se tornaram estáveis e quais podem ser modificadas no tribunal. O regime de preclusões proporcionado pela recorribilidade mediante agravo retido era útil por conferir segurança às partes e não retardar o andamento do processo.

Nesse sentido, as críticas de Fredie Didier Jr. são precisas. O autor destaca que as preclusões favorecem a duração razoável do processo, a segurança jurídica e a boa-fé ao proteger a confiança na estabilidade da relação processual. A opção do CPC/2015 faz com que as preclusões quanto à reanálise das

---

da apelação, para ver estas questões decididas pelo Tribunal (preclusão)" (WAMBIER, Teresa Arruda Alvim. "Reforma do processo civil: são os recursos o grande vilão?". IN: FREIRE, Alexandre; DANTAS, Bruno; NUNES, Dierle; DIDIER Jr., Fredie; MEDINA, José Miguel Garcia; FUX, Luiz; CAMARGO, Luiz Henrique Volpe; OLIVEIRA, Pedro Miranda de (Coord.). *Novas tendências do processo civil: estudos sobre o Projeto do Novo Código de Processo Civil*. Salvador: Juspodivm, 2013, p. 748/749).

19. TALAMINI, Eduardo. "A nova disciplina do agravo e os princípios constitucionais do processo". *Revista de Processo*. Ano 20, n. 80, 1995, p. 129.

20. GALLO, Daniel de Araujo. "A impugnação das decisões interlocutórias no novo código de processo civil: é preciso mudar?". *Entre Aspas: revista da Unicorp/Tribunal de Justiça do Estado da Bahia*, ano 3, vol. 3. Salvador: Universidade Corporativa do TJBA, 2013, p. 136. No mesmo sentido: GUEDES, Cintia Regina. "Os recursos cíveis no projeto de novo Código de Processo Civil". *Revista de Processo*. Ano 37, v. 207, 2012, p. 271.

decisões interlocutórias só possam ocorrer, em muitos casos, após a sentença e não brevemente, como acontecia na vigência do CPC/1973, promovendo uma "perene situação de instabilidade" e ofendendo a segurança jurídica. A opção legislativa retira a finalidade peculiar da decisão sobre determinada questão: "tornar certo aquilo que é controvertido"[21].

Apesar das críticas, a elaboração do CPC/2015 refutou categoricamente a opção pelo agravo retido ou outro expediente similar.

O art. 1.022 do SCD 166/2010, correspondente ao art. 1.009, § 1º, do CPC/2015, dava tratamento um pouco diferente à matéria. O art. 1.022, § 1º, do SCD 166/2010 indicava que as decisões interlocutórias que não estivessem sujeitas ao agravo de instrumento seriam impugnáveis em apelação ou contrarrazões. Já o § 2º do artigo deixava expresso que a recorribilidade das decisões interlocutórias em apelação ou contrarrazões pressupunha um protesto específico, feito pela parte, no primeiro momento que lhe coubesse falar nos autos após a decisão interlocutória, sob pena de preclusão.

Este regramento não foi aprovado na versão final, deliberada pelo Senado Federal. No relatório do Senador Vital do Rêgo, menciona-se que o protesto restabeleceria a lógica do agravo retido e iria de encontro ao que norteou a regulamentação recursal do CPC/2015[22].

Assim, houve a extinção do agravo retido, a fixação de hipóteses de recorribilidade de decisões interlocutórias por agravo de instrumento e, a partir de um critério residual, a indicação de ser a apelação o recurso cabível para impugnação de determinadas decisões interlocutórias.

---

21. Nas palavras de Fredie Didier Jr.: "De acordo com o primeiro relatório divulgado pela Comissão de Juristas para o novo CPC, um dos vetores da reforma é a flexibilização do sistema de estabilidade da demanda, permitindo acréscimos e alterações do processo, em seus aspectos objetivo e subjetivo, com mais facilidade do que o sistema atual. Mitiga-se a preclusão neste ponto. A proposta merece elogios no particular. Está em consonância com os principais ordenamentos jurídicos estrangeiros e com a melhor doutrina. Note, porém, a diferença: uma coisa é enfraquecer a preclusão para permitir decisões mais justas e favorecer a economia processual, tornando o procedimento mais flexível, como é o caso. Trata-se de tornar o caminho mais adaptável às peculiaridades do caso concreto. Nada tem a ver com relativizar a preclusão das decisões: a decisão não é caminho, é chegada, ainda que seja interlocutória (em relação àquela questão, chegou-se a uma solução). Se a solução de uma questão ficar em permanente situação de instabilidade, uma das funções do processo se frustra: tornar certo aquilo que é controvertido" (DIDIER Jr., Fredie. *Editorial 82: Preclusão e decisão interlocutória. Anteprojeto do Novo CPC. Análise da proposta da Comissão.* Disponível em: http://www.frediedidier.com.br/editorial/editorial-82/. Acesso em: 18/02/2016).

22. Nas exatas palavras do relatório: "É forçoso excluir os §§ 1º e 2º do art. 1.022 do SCD, com o consequente resgate do parágrafo único do art. 963 do PLS, em razão de, ao criar um protesto, com rígida preclusão, estar a restabelecer a lógica do 'agravo retido', embora com outro nome, indo de encontro à filosofia simplificadora do PLS em matéria recursal.". Disponível em: http://www.senado.leg.br/atividade/rotinas/materia/getPDF.asp?t=157375&tp=1. Acesso em: 17/02/2016.

9.3 UMA RESSALVA NECESSÁRIA: AS DECISÕES INTERLOCUTÓRIAS SUJEITAS A RECURSO ORDINÁRIO CONSTITUCIONAL

De acordo com o apresentado no tópico anterior, o CPC/2015 estabelece que as decisões interlocutórias que não estão sujeitas a agravo de instrumento são impugnáveis ao final, em "preliminar de apelação" ou em contrarrazões.

Ocorre que nem todas as sentenças são recorríveis ao final por apelação e, por consequência, nem sempre há contrarrazões a tal recurso[23].

O art. 105, II, da CF indica o cabimento de recurso ordinário para o STJ nas "causas em que forem partes Estado estrangeiro ou organismo internacional, de um lado, e, do outro, Município ou pessoa residente ou domiciliada no País", dispositivo praticamente idêntico ao art. 1.027, II, "b", do CPC/2015.

Ao cuidar da competência da Justiça Federal, a CF indicou que cabe aos juízes federais de primeiro grau processar e julgar "as causas entre Estado estrangeiro ou organismo internacional e Município ou pessoa domiciliada ou residente no País", justamente aquelas que estão sujeitas a recurso ordinário para o STJ.

Quanto à recorribilidade das decisões interlocutórias proferidas em tais processos, o CPC/2015 regula parcialmente a matéria, indicando, no seu art. 1.027, § 1º, que elas estão sujeitas a agravo de instrumento, quando se adequarem a uma das hipóteses do art. 1.015.

No que diz respeito às decisões interlocutórias que não estão no rol das agraváveis, não há dispositivo específico sobre a questão. No entanto, como a sentença está sujeita ao recurso ordinário direcionado ao STJ, é claro que deve ser aplicado analogicamente o art. 1.009, § 1º, do CPC/2015, isto é, as decisões interlocutórias proferidas em tais processos, quando não agraváveis, são recorríveis ao final por recurso ordinário ao STJ ou nas contrarrazões correspondentes.

9.4 DA RECORRIBILIDADE DAS DECISÕES INTERLOCUTÓRIAS EM "PRELIMINAR DE APELAÇÃO"

O art. 1.009, § 1º, indica que as decisões interlocutórias não agraváveis devem ser "suscitadas em preliminar de apelação", sugerindo que a pretensão recursal à reforma ou à invalidação destas decisões não comporia o mérito da apelação, mas uma questão de admissibilidade (preliminar).

23. A ideia de desenvolver esse tópico deve-se a ponderação feita pelo professor Rodrigo da Cunha Lima Freire, em aula ministrada no curso de pós-graduação *lato sensu* em Direito Processual Civil da Faculdade Baiana de Direito, no ano de 2015.

No entanto, é preciso destacar que, apesar de o texto legal sugerir o contrário, a impugnação da decisão interlocutória compõe o mérito da apelação, em conjunto com a pretensão de reforma ou invalidação da sentença ou isoladamente. O termo "preliminar" indica apenas que a impugnação da decisão interlocutória deve ser feita antes daquela voltada à sentença, o que se justifica tendo em vista a ordem cronológica das decisões[24].

Como bem constatam Leonardo Carneiro da Cunha e Fredie Didier Jr., a escolha pelo termo "suscitar" demonstra uma mentalidade ainda ligada ao CPC/1973, realidade em que a prática forense tinha consagrado o termo como sinônimo da ratificação do agravo retido em preliminar de apelação[25].

É importante ressaltar que a impugnação de uma decisão interlocutória pode representar toda a pretensão recursal manifestada em uma apelação.

Há dois exemplos que deixam bem clara essa possibilidade: a) a impugnação da decisão interlocutória que rejeita a impugnação à concessão de gratuidade de justiça àquele que, ao final, restou responsável pelo pagamento das despesas processuais e dos honorários advocatícios; b) o recurso contra decisão interlocutória que rejeita alguma preliminar (processual ou de mérito), como a alegação de litispendência e de prescrição.

O primeiro exemplo reflete o caso em que a parte, durante o curso do procedimento, formula requerimento de gratuidade de justiça, que é deferido e mantido após a impugnação do seu adversário (art. 100). Mais adiante, o julgamento totalmente desfavorável lhe impõe o pagamento de despesas processuais e honorários advocatícios, cuja exigibilidade fica suspensa pelo prazo de cinco anos seguintes ao trânsito em julgado (art. 98, §§ 2º e 3º).

Diante deste cenário, o credor dessas verbas tem interesse recursal em impugnar especificamente a decisão interlocutória que rejeitou a impugnação à concessão de gratuidade de justiça, mantendo tal benefício àquele que, ao final, resultou obrigado a arcar com as despesas processuais e os honorários advocatícios. Tal interesse é independente do recurso contra a sentença.

Note-se que, neste caso, o intuito do vencedor é alterar um *capítulo acessório* da sentença (suspensão da exigibilidade da obrigação de pagar as despesas judiciais e os honorários advocatícios), cujo fundamento determinante é uma decisão interlocutória anterior.

---

24. CUNHA, Leonardo Carneiro da; DIDIER Jr., Fredie. "Apelação contra decisão interlocutória não agravável: a apelação do vencido e a apelação subordinada do vencedor. Duas novidades do CPC/2015". *Revista de Processo*. Ano 40, v. 241, 2015, p. 234. No sentido do cúmulo de pretensões recursais: KOZIKOSKI, Sandro Marcelo. *Sistema recursal CPC/2015: em conformidade com a Lei 13.256/2016*. Salvador: Juspodivm, 2016, p. 148.

25. CUNHA, Leonardo Carneiro da; DIDIER Jr., Fredie. "Apelação contra decisão interlocutória não agravável: a apelação do vencido e a apelação subordinada do vencedor. Duas novidades do CPC/2015". *Revista de Processo*. Ano 40, v. 241, 2015, p. 235.

O segundo exemplo está presente naqueles casos em que uma das matérias de defesa é uma preliminar, como a litispendência, a coisa julgada e a prescrição. Havendo decisão interlocutória que rejeite a alegação, pode ser que o réu, vencido, apele apenas para rediscutir tais questões, isto é, impugne apenas a decisão interlocutória. Neste caso, ao contrário do anterior, o intuito do apelante é modificar um *capítulo principal da sentença* pela reforma de uma decisão interlocutória[26].

Em ambos os casos, o capítulo da sentença vinculado à decisão interlocutória recorrida fica sob condição suspensiva: o seu trânsito em julgado fica condicionado ao insucesso da apelação contra a decisão interlocutória que lhe é antecedente. Havendo provimento do recurso, a sentença se resolve quanto ao capítulo condicionado pela manutenção da decisão interlocutória[27].

Estas são as principais considerações acerca da impugnação de decisão interlocutória por meio de preliminar de apelação, interposta por quem está interessado na reforma ou invalidação da sentença.

9.5 DA RECORRIBILIDADE DAS DECISÕES INTERLOCUTÓRIAS EM "CONTRARRAZÕES À APELAÇÃO"

A parte final do art. 1.009, § 1º, do CPC/2015 define que as decisões interlocutórias também podem ser impugnadas em contrarrazões de apelação, isto é, elas podem ser *recorridas* por meio da resposta à apelação.

Destaque-se que não se trata de nova espécie recursal, mas de uma *apelação* interposta no momento em que o recorrido é intimado a apresentar as contrarrazões ao recurso original[28].

Nesse cenário, as contrarrazões apresentam uma natureza mista ou híbrida, isto é, representam dois atos jurídicos: a resposta à apelação e a interposição de recurso contra as decisões interlocutórias não agraváveis[29].

---

26. Ressalte-se que, como se verá no tópico destinado ao estudo do art. 1.015, II, o STJ tem admitido a interposição de agravo de instrumento contra a decisão interlocutória que *rejeita* a alegação de prescrição.

27. Sobre a apelação contra a exclusivamente voltada à impugnação de decisão interlocutória, o julgamento de questão preliminar e prejudicial e a ideia de "condição suspensiva", conferir: CUNHA, Leonardo Carneiro da; DIDIER Jr., Fredie. "Apelação contra decisão interlocutória não agravável: a apelação do vencido e a apelação subordinada do vencedor. Duas novidades do CPC/2015". *Revista de Processo*. Ano 40, v. 241, 2015, p. 235.

28. CUNHA, Leonardo Carneiro da; DIDIER Jr., Fredie. "Apelação contra decisão interlocutória não agravável: a apelação do vencido e a apelação subordinada do vencedor. Duas novidades do CPC/2015". *Revista de Processo*. Ano 40, v. 241, 2015, p. 237.

29. Nesse sentido: CUNHA, Leonardo Carneiro da; DIDIER Jr., Fredie. "Apelação contra decisão interlocutória não agravável: a apelação do vencido e a apelação subordinada do vencedor. Duas novidades do CPC/2015". *Revista de Processo*. Ano 40, v. 241, 2015, p. 237; MELLO, Rogério Licastro Torres de. "3. Impugnação da decisão interlocutória nas contrarrazões". In: WAMBIER, Teresa Arruda Alvim; DIDIER Jr., Fredie; TALAMINI, Eduardo; DANTAS, Bruno (Coord.). *Breves comentários ao Novo Código de Processo Civil.* São Paulo:

Essa forma de interposição é utilizada por aquele que tem interesse na manutenção da sentença, já que não apresentou apelação anterior, na qual impugnaria a sentença e/ou decisão interlocutória. É preciso, portanto, esclarecer o que se entende por *interesse na manutenção da sentença.*

Além do interesse resultante da satisfação integral do seu interesse, pode-se falar que também deseja manter a sentença aquele que, podendo recorrer autonomamente, não o faz, deixando para fazê-lo, por exemplo, adesivamente (art. 997).

Haveria, então, dois tipos de interesse na manutenção da sentença: a) o *absoluto/definitivo*, frente à ausência total de interesse em apelar para modificar um capítulo principal ou acessório da sentença, ainda que por impugnação de decisão interlocutória; b) o *relativo/prima facie*, presente naqueles casos em que a parte, a despeito da presença do interesse original em apelar contra sentença ou decisão interlocutória, não se manifesta, deixando para fazê-lo, se for o caso, futuramente.

Nos casos de interesse *absoluto* na manutenção da sentença, o apelado, por óbvio, só teria interesse em impugnar eventuais decisões interlocutórias, não o tendo com relação à sentença. Seria o caso do réu que, após ter rejeitado, por decisão interlocutória, o requerimento de produção de determinado meio de prova, viu os pedidos autorais serem julgados totalmente improcedentes por sentença. Neste caso, há aplicação clara do art. 1.009, § 1º, podendo o recorrido apresentar apelação contra as decisões interlocutórias que lhe forem desfavoráveis.

A distinção é importante quando se analisa a questão sob o prisma do *interesse relativo na manutenção da sentença.* Nessas hipóteses, quando das contrarrazões, o apelado pode ter interesse em impugnar decisões interlocutórias independentes do capítulo da sentença recorrido, além de eventualmente desejar apresentar recurso contra uma parte da sentença.

Assim, deve-se questionar como o apelado pode impugnar as decisões que deseja, isto é, se pode fazê-lo em contrarrazões ou deve apresentar apelação independente.

Editora Revista dos Tribunais, 2015, p. 2.236; KOZIKOSKI, Sandro Marcelo. *Sistema recursal CPC/2015: em conformidade com a Lei 13.256/2016.* Salvador: Juspodivm, 2016, p. 148. Em sentido diverso, Rodrigo Barioni afirma: "Não se trata de transformar as contrarrazões de apelação em recurso – até porque seria absurdo condicionar a apresentação de contrarrazões ao cumprimento de determinados requisitos de admissibilidade recursal (...). Antes, verifica-se que as contrarrazões, quando veiculam matéria não sujeita a preclusão, permitem a atuação pelo *órgão ad quem ao julgar o próprio recurso de apelação interposto pela parte contrária.* O objeto da apelação é simplesmente ampliado pelas contrarrazões. Em outras palavras: a apelação interposta por uma das partes é meio hábil a devolver as matérias contidas no próprio recurso e nas contrarrazões, quando disser respeito a questão solucionada em decisão interlocutória, sobre a qual não haja preclusão" (BARIONI, Rodrigo. "Preclusão diferida, o fim do agravo retido e a ampliação do objeto da apelação no Código de Processo Civil". *Revista de Processo.* Ano 40, vol. 243, 2015, p. 276/277).

Como já se viu, é possível apelar somente contra alguma decisão interlocutória, mantendo a sentença sob condição suspensiva. De forma semelhante, deve-se concluir que o apelado também pode fazê-lo em contrarrazões, utilizando o permissivo da parte final do art. 1.009, § 1º.

Com isto se afirma que a impugnação em contrarrazões de apelação pode versar sobre decisão interlocutória desvinculada do capítulo de sentença recorrido originariamente, como aquela que rejeita a impugnação à concessão de gratuidade de justiça. Nessa hipótese, como visto anteriormente, o apelado deseja a alteração de um capítulo da sentença cuja resolução decorre de uma decisão interlocutória anterior. Por consequência, o capítulo de sentença correspondente fica sob condição suspensiva até o julgamento do recurso apresentado em contrarrazões.

A situação é diversa quando o recorrido também deseja apelar contra algum capítulo da sentença. Como o art. 1.009, § 1º, trata de recorribilidade das *decisões interlocutórias* em *contrarrazões de apelação*, ele não pode ser aplicado à hipótese. Resta, contudo, a *apelação adesiva*, prevista no art. 997 e pensada para impugnação da sentença no prazo de resposta à apelação.

Por consequência, fica uma última dúvida: *as decisões interlocutórias desfavoráveis ao apelado e vinculadas ao capítulo objeto de apelação adesiva devem ser impugnadas nesta última ou podem sê-lo em contrarrazões ao recurso principal?*

Na visão deste trabalho, deve-se entender que há uma faculdade estabelecida para o apelado. Essa faculdade, contudo, diz respeito somente à forma de interposição, isto é, é possível impugnar a decisão interlocutória em contrarrazões, mas o interesse recursal deve ser visto em conjunto com o da apelação contra a sentença[30].

Por exemplo, numa demanda de despejo fundada duas causas de pedir (desvirtuamento da locação e inadimplência) e cumulada com pedido de indenização por danos materiais, é possível que uma decisão interlocutória negue a produção de prova testemunhal, solicitada pelo réu, com relação ao desvirtuamento da utilização do imóvel e, em sentença, julgue procedente o pedido de despejo, afirmando que estavam presentes os dois fatos utilizados como causa de pedir, e improcedente o indenizatório. Havendo apelação do locador quanto ao pedido condenatório, o locatário/apelado pode impugnar, em contrarrazões, a decisão interlocutória sobre a prova testemunhal, mas deve também apelar contra a sentença, combatendo os argumentos ligados à outra causa de pedir, sob pena da apelação apresentada em contrarrazões ser inútil.

30. Em sentido semelhante, tratando da cumulação de pretensões na mesma apelação: CUNHA, Leonardo Carneiro da; DIDIER Jr., Fredie. "Apelação contra decisão interlocutória não agravável: a apelação do vencido e a apelação subordinada do vencedor. Duas novidades do CPC/2015". *Revista de Processo*. Ano 40, v. 241, 2015, p. 238.

Fixadas as premissas acerca da natureza recursal e da legitimidade para a interposição, é preciso estudar alguns reflexos da apelação interposta em contrarrazões.

Leonardo Carneiro da Cunha e Fredie Didier Jr., inicialmente, consideram que se trata de um *recurso subordinado*, isto é, a sua admissibilidade estaria subordinada à da apelação principal[31].

Para os autores, o CPC/2015 teria consagrado duas espécies de recurso subordinado: o *adesivo* (art. 997, § 1º) e a apelação subordinada prevista na parte final do art. 1.009, § 1º. Eles apontam duas razões que justificariam a diferenciação: a) o adesivo seria cabível em apelação, recurso extraordinário e recurso especial, enquanto que o recurso do art. 1.009, § 1º, parte final, só o seria na apelação; b) o recurso adesivo pressupõe sucumbência recíproca, inexistente na hipótese de apelação em contrarrazões[32].

A primeira justificativa não parece sustentar a diferenciação. O simples fato de vários recursos poderem ser interpostos de forma adesiva não impede que a interposição adesiva da apelação possa ser dividida em duas espécies: a) independente (art. 997, § 1º); b) em contrarrazões (art. 1.009, § 1º).

Por outro lado, concorda-se com a segunda razão, mas é utilizado outro argumento, que parece ser a raiz daquele que Leonardo Carneiro da Cunha e Fredie Didier Jr. se valeram.

A apelação adesiva, prevista no art. 997, § 1º, destina-se à impugnação das sentenças e, por isso, pressupõe sucumbência recíproca. Já a do art. 1.009, § 1º, é voltado à impugnação das decisões interlocutórias não agraváveis. Diferem, portanto, quanto ao objeto da apelação.

Como, em decisões interlocutórias, só se fala em sucumbência recíproca no julgamento antecipado parcial de mérito (art. 356) e tais decisões estão sujeitas a agravo de instrumento, a apelação do art. 1.009, § 1º, não pressupõe sucumbência em razão do ato impugnado.

Essa classificação do recurso subordinado como gênero, no entanto, é de questionável utilidade prática, uma vez que ambas as espécies mencionadas estão sujeitas às regras gerais do art. 997, § 2º, como reconhecido por Leonardo Carneiro da Cunha e Fredie Didier Jr.[33]. Apesar disso, para facilitar

31. CUNHA, Leonardo Carneiro da; DIDIER Jr., Fredie. "Apelação contra decisão interlocutória não agravável: a apelação do vencido e a apelação subordinada do vencedor. Duas novidades do CPC/2015". *Revista de Processo*. Ano 40, v. 241, 2015, p. 237.

32. CUNHA, Leonardo Carneiro da; DIDIER Jr., Fredie. "Apelação contra decisão interlocutória não agravável: a apelação do vencido e a apelação subordinada do vencedor. Duas novidades do CPC/2015". *Revista de Processo*. Ano 40, v. 241, 2015, p. 237/238.

33. CUNHA, Leonardo Carneiro da; DIDIER Jr., Fredie. "Apelação contra decisão interlocutória não agravável: a apelação do vencido e a apelação subordinada do vencedor. Duas novidades do CPC/2015". *Revista de Processo*. Ano 40, v. 241, 2015, p. 238.

a compreensão da matéria, cabe ressaltar as diferenças entre as formas de interposição adesiva de apelação.

Como é um recurso subordinado, a apelação interposta em contrarrazões deve preencher os requisitos de admissibilidade da apelação (art. 997, § 2º, I) e só será conhecida se não houver desistência do recurso principal e ele preencher os demais requisitos de admissibilidade (art. 997, § 2º, II).

Estas considerações, no entanto, não são pacíficas.

Ricardo Licastro Torres de Mello defende que não há subordinação e que, se persistir interesse na impugnação da decisão interlocutória, o recurso apresentado em contrarrazões deve ser analisado como "autêntico recurso" do art. 1.009, § 1º[34]. Para o autor, as regras do recurso adesivo são excepcionais e assim devem ser interpretadas[35].

Destaque-se que a impugnação de uma decisão interlocutória apelável só tem interesse recursal independente quando não diz respeito ao capítulo de sentença impugnado originariamente. Com isto se afirma que só há interesse autônomo nos casos em que a impugnação da decisão interlocutória poderia ter sido apresentada no prazo da apelação. Esta constatação é importante para se concluir para a necessidade de tratamento similar ao da apelação adesiva.

O pensamento de Ricardo Licastro Torres de Mello caminha para uma contradição insustentável: a) quando o apelado, que já poderia ter recorrido anteriormente, resolve, no prazo das contrarrazões, apelar *adesivamente* contra a sentença, seria observado indistintamente o regramento do art. 997, II; b) quando o apelado, que poderia ter impugnado anteriormente a decisão interlocutória, resolve fazê-lo em contrarrazões, o seu recurso seria independente da apelação principal, desde que presente o interesse recursal autônomo.

As duas situações apresentam semelhanças cruciais: a) os apelados têm interesse recursal autônomo na impugnação da decisão (sentença (art. 997, § 1º) ou decisão interlocutória (art. 1.009, § 1º)); b) os apelados poderiam ter recorrido anteriormente; c) a impugnação é apresentada no prazo das contrarrazões à apelação.

Nesse cenário, a diferença da apelação adesiva do art. 997, § 1º, e a apresentada em contrarrazões de apelação (art. 1.009, § 1º) se resume à forma (peça autônoma ou no bojo das contrarrazões) e ao ato impugnado (sentença ou decisão interlocutória).

---

34. MELLO, Rogério Licastro Torres de. "3. Impugnação da decisão interlocutória nas contrarrazões". In: WAMBIER, Teresa Arruda Alvim; DIDIER Jr., Fredie; TALAMINI, Eduardo; DANTAS, Bruno (Coord.). *Breves comentários ao Novo Código de Processo Civil.* São Paulo: Editora Revista dos Tribunais, 2015, p. 2.236.

35. MELLO, Rogério Licastro Torres de. "4. Ainda sobre a impugnação de decisões interlocutórias em contrarrazões e seu caráter de não dependência relativamente ao recurso do apelante". In: WAMBIER, Teresa Arruda Alvim; DIDIER Jr., Fredie; TALAMINI, Eduardo; DANTAS, Bruno (Coord.). *Breves comentários ao Novo Código de Processo Civil.* São Paulo: Editora Revista dos Tribunais, 2015, p. 2.237.

Esses dois fatores não parecem justificar o tratamento diferenciado para os casos. Desta forma, concorda-se com a tese de que a apelação apresentada em contrarrazões é um recurso subordinado.

Leonardo Carneiro da Cunha e Fredie Didier Jr. também defendem que a apelação do *vencedor*, apresentada em contrarrazões, é uma espécie de *recurso condicionado*, no sentido de que ela só será analisada se a apelação principal for acolhida[36].

Assim, se o autor requereu uma prova pericial, que foi indeferida, mas, ainda assim, viu o seu pedido ser julgado totalmente procedente, a sua apelação interposta em contrarrazões contra essa decisão interlocutória fica com a sua análise *condicionada* ao acolhimento da apelação interposta pelo réu.

Isso gera certa complexidade no julgamento, pois primeiro é julgada a impugnação da sentença. Caso pertinente, é analisada a apelação contra a decisão interlocutória, que pode gerar um retrocesso na marcha processual ou até mesmo encerrar a fase (acolhimento de preliminar de prescrição, rejeitada em primeiro grau, por exemplo).

Contudo, esse condicionamento nem sempre estará presente nas apelações interpostas em contrarrazões. Quando esse recurso impugnar decisão interlocutória desvinculada do capítulo de sentença apelado (rejeição da impugnação à concessão da gratuidade de justiça, por exemplo), o condicionamento não estará presente.

Na realidade, só se estará diante de um *recurso condicionado* quando o interesse recursal na impugnação da decisão interlocutória depender da modificação da sentença apelada. Quando o interesse for independente desta circunstância, não se falará que a apelação interposta em contrarrazões é um recurso condicionado.

No exemplo da prova pericial, citado acima, a apelação do autor fica condicionada porque, havendo manutenção da sentença, não existiria interesse recursal na modificação da decisão interlocutória.

Já no caso de apelação em contrarrazões contra a rejeição da impugnação ao pedido de gratuidade de justiça, a pretensão recursal não está *condicionada* ao acolhimento da apelação principal. Neste exemplo, fala-se em um recurso *subordinado*, mas *incondicionado*.

O condicionamento, portanto, está ligado ao interesse recursal na impugnação da decisão interlocutória.

Após estas considerações, é possível chegar a algumas conclusões sobre a impugnação das decisões interlocutórias em contrarrazões de apelação: a)

---

36. CUNHA, Leonardo Carneiro da; DIDIER Jr., Fredie. "Apelação contra decisão interlocutória não agravável: a apelação do vencido e a apelação subordinada do vencedor. Duas novidades do CPC/2015". *Revista de Processo*. Ano 40, v. 241, 2015, p. 239.

é uma forma de *interposição de apelação*; b) é interposta pelo interessado na manutenção da sentença, absoluta ou relativamente; c) pode impugnar decisões interlocutórias ligadas ao capítulo de sentença apelado ou estranhas a ele; d) é um recurso subordinado; e) diferencia-se da apelação adesiva em virtude do objeto da impugnação; f) no entanto, está sujeita ao regime jurídico da apelação adesiva; g) dependendo do interesse recursal, pode ser um recurso condicionado.

9.6 O PROBLEMA DO TERCEIRO INTERESSADO E DO MINISTÉRIO PÚBLICO ATUANDO COMO FISCAL DA ORDEM JURÍDICA

O art. 996 do CPC/2015 consagra a legitimidade recursal do terceiro prejudicado e do Ministério Público, quando atua como fiscal da ordem jurídica e como parte. O terceiro prejudicado e o Ministério Público, funcionando como fiscal da ordem jurídica, não são partes processuais e, por isso, não são tecnicamente partes vencedoras ou vencidas no processo. Por outro lado, além de terem legitimidade para impugnar as decisões interlocutórias, eles podem ter interesse na manutenção ou na alteração da sentença.

Assim, o Ministério Público, atuando como fiscal da ordem jurídica em processo que envolva incapaz (art. 178, II) pode ter interesse potencial em impugnar uma decisão interlocutória que indeferiu a produção de certo meio de prova, que beneficiaria o incapaz. Por outro lado, o seu interesse em recorrer vai depender do sentido da decisão final. Se o mérito for julgado contra o incapaz, o Ministério Público teria interesse para impugnar a sentença e a decisão interlocutória. Caso contrário, sendo o mérito decidido em favor do incapaz, mesmo sem a produção do meio de prova requerido, o Ministério Público não teria razão para apelar imediatamente contra a decisão interlocutória.

Em virtude dessa variação, percebe-se que o interesse recursal do terceiro prejudicado e do Ministério Público, atuando como fiscal da ordem jurídica, em impugnar uma decisão interlocutória pode ficar caracterizado somente após a apelação da parte vencida. No exemplo citado, havendo apelação do vencido, estaria caracterizado o interesse recursal do Ministério Público em impugnar a decisão interlocutória que indeferiu a produção da prova solicitada.

Como, nestes casos, eles não apresentam contrarrazões, chega-se ao seguinte dilema: a) exigir que a interposição de apelação contra a decisão interlocutória se dê no momento em que o interesse recursal ainda não está presente; b) permitir que, no prazo de contrarrazões do recorrido, o terceiro prejudicado e o Ministério Público (fiscal da ordem jurídica) possam interpor apelação contra a decisão interlocutória.

A primeira opção tem o evidente problema de exigir que seja interposto um recurso quando o recorrente ainda não possui direito ao julgamento do mérito da pretensão recursal, frente à ausência macroscópica de um dos requisitos de admissibilidade (interesse recursal), ou seja: impõe-se a interposição de um recurso claramente inadmissível e cujo preenchimento dos requisitos necessários está sujeito a evento incerto (interposição de apelação contra a sentença).

A segunda alternativa, por sua vez, vai de encontro à redação do art. 997, § 2º, do CPC/2015, pois ela autoriza apenas *autor* e *réu* a recorrer adesivamente e pressupõe sucumbência recíproca (terceiro prejudicado e Ministério Público, quando atua como fiscal da ordem jurídica, não sucumbem)[37].

A segunda opção poderia se justificar com base no art. 1.009, § 1º, mas esbarraria também na exigência de que a interposição da apelação se dê em contrarrazões, peça processual que o terceiro prejudicado e Ministério Público, no caso, não são legitimados a apresentar.

Dentre as alternativas, a última mostra-se mais correta, pois a primeira exige a interposição de um recurso quando ainda não há chance *razoável* de a impugnação da decisão interlocutória ser analisada. Note-se que a apelação interposta em contrarrazões, quando *condicionada*, apresenta probabilidade aceitável de julgamento, pois já há manifestação do adversário no sentido de modificar a sentença.

Diante da ausência de interesse recursal no primeiro momento, é mais lógico possibilitar que a apelação do terceiro prejudicado ou do Ministério Público (fiscal da ordem jurídica) contra decisão interlocutória, nos casos em que eles são favoráveis à manutenção da sentença, possa se dar de forma adesiva, no momento em que o recorrido é intimado a apresentar contrarrazões.

37. José Afonso da Silva, analisando o tema à luz do CPC/1973, defendia que não era admissível o recurso adesivo interposto pelo terceiro prejudicado ou pelo Ministério Público, quando atuasse como "fiscal da lei", justamente pela restrição às figuras do "autor" e do "réu", também presente no art. 500 do CPC/1973. Em sequência, autor defendia uma possibilidade teórica de recurso adesivo interposto pelo terceiro prejudicado: "Teoricamente, haveria possibilidade de o terceiro prejudicado interpor recurso adesivo. Suponha-se um caso de sucumbência recíproca. Um terceiro prejudicado ingressa com recurso no prazo legal assumindo a posição de autor que não recorrera. Outro terceiro, que não teria tido interesse em apresentar recurso independente porque estaria disposto a sofrer o gravame tal como decorreu da sentença, sente-se, agora- com sua posição jurídica ameaçada pela interposição do recurso principal do terceiro, daí surgiria seu interesse em recorrer adesivamente. Talvez fosse conveniente ter-lhe dado essa oportunidade" (SILVA, José Afonso da. *Do recurso adesivo no processo civil brasileiro*. 2ª ed. São Paulo: Editora Revista dos Tribunais, 1977, p. 174/175). Na vigência do CPC/1973, também defendiam a inadmissibilidade do recurso adesivo interposto pelo terceiro prejudicado ou pelo Ministério Público, atuando como "fiscal da lei": MOREIRA, José Carlos Barbosa. *Comentários ao Código de Processo Civil.* 7ª ed. Rio de Janeiro: Forense, 1998, vol. V, p. 316; SOUZA, Ernani Vieira de. "O recurso adesivo, o Ministério Público e o terceiro prejudicado". *Revista Brasileira de Direito Processual,* Ano III, v. 10, 1977, p. 64/66. Fredie Didier Jr., com relação ao recurso do terceiro prejudicado, à luz do CPC/1973, defendia que só era admissível quando interposto por quem poderia ter sido assistente litisconsorcial: DIDIER Jr., Fredie. *Recurso de terceiro: juízo de admissibilidade.* 2ª ed. São Paulo: Editora Revista dos Tribunais, 2005, p. 66/67.

Nesse contexto, é necessário que o Ministério Público também seja intimado da interposição de apelação, possibilitando-se, assim, o exercício do seu direito de recorrer (como, aliás, exige o art. 179, I). Com relação ao terceiro prejudicado, essa medida não pode ser exigida, uma vez que a sua existência foge ao conhecimento do magistrado.

Quanto ao enquadramento desta apelação dentre as formas de interposição dos recursos subordinados, já se viu a dificuldade em encaixá-la como *adesiva* ou *apresentada em contrarrazões*. Seria possível pensar, então, em uma terceira espécie: *apelação subordinada interposta como peça autônoma*.

Há, então, três espécies de apelação subordinada: a) *adesiva*, interposta contra sentença e prevista no art. 997, § 1º; b) *subordinada apresentada em contrarrazões*, que impugna decisões interlocutórias, nos termos do art. 1.009, § 1º; c) *subordinada interposta em peça autônoma*, aquela apresentada contra decisões interlocutórias pelo terceiro prejudicado ou pelo Ministério Público (fiscal da ordem jurídica) quando eles têm interesse na manutenção da sentença.

9.7 A RECORRIBILIDADE DAS DECISÕES INTERLOCUTÓRIAS AO FINAL E A REMESSA NECESSÁRIA

O CPC/2015 cuida da remessa necessária em seu art. 496, modificando a nomenclatura utilizada pelo CPC/1973, que tratava o instituto sob a denominação de reexame necessário.

Há algumas controvérsias doutrinárias sobre a natureza jurídica da remessa necessária, especialmente sobre o seu enquadramento no conceito de recurso.

Nelson Nery Junior e Rosa Maria de Andrade Nery, por exemplo, defendem que se trata de *condição de eficácia da sentença*, de modo que ela só seria eficaz após eventual confirmação por parte do tribunal. A remessa necessária não poderia ser classificada como recurso, segundo os autores, por lhe faltarem tipicidade, voluntariedade, tempestividade, dialeticidade, legitimidade, interesse recursal e preparo, características dos recursos[38]. Por outro lado, Araken de Assis[39], Fredie Didier Jr. e Leonardo Carneiro

38. NERY Junior, Nelson; NERY, Rosa Maria de Andrade. *Comentários ao Código de Processo Civil*. São Paulo: Editora Revista dos Tribunais, 2015, p. 1.172/1.173. No mesmo sentido: MARINONI, Luiz Guilherme; ARENHART, Sérgio Cruz; MITIDIERO, Daniel. *Novo código de processo civil comentado*. São Paulo: Editora Revista dos Tribunais, 2015, p. 501; KOZIKOSKI, Sandro Marcelo. *Sistema recursal CPC/2015: em conformidade com a Lei 13.256/2016*. Salvador: Juspodivm, 2016, p. 39. Defendendo este posicionamento com base no CPC/1973: CUNHA, Leonardo Carneiro da. *A fazenda pública em juízo*. 10ª ed. São Paulo: Dialética, 2012, p. 205/207.

39. ASSIS, Araken de. *Processo civil brasileiro: parte especial: procedimento comum (da demanda à coisa julgada)*. São Paulo: Editora Revista dos Tribunais, 2015, vol. III, p. 1.329/1.334.

da Cunha[40] defendem que a remessa necessária é um *recurso de ofício*. Os detalhes desta discussão são dispensáveis para os fins deste trabalho, que, neste tópico, tem por objetivo estudar os pronunciamentos judiciais que podem ser revistos em sede de remessa necessária.

O art. 496 do CPC/2015 indica em quais casos a *sentença* está sujeita à remessa necessária. Segundo os seus incisos, a remessa necessária se aplica às *sentenças*: a) proferidas contra a União, os Estados, o Distrito Federal, os Municípios e suas respectivas autarquias e fundações de direito público (inciso I); b) que julguem procedentes, no todo ou em parte, os embargos à execução fiscal (inciso II).

Para fins de incidência do inciso I, não importa se a pretensão dirigida contra a Fazenda Pública era declaratória, constitutiva ou condenatória, de modo que o vocábulo "contra" deve ser entendido de forma a impor a remessa necessária às sentenças proferidas *contrariamente ao interesse* da Fazenda Pública[41].

A ideia de *contrariedade ao interesse* da Fazenda Pública gera certas controvérsias. Se não há dúvidas da sua incidência no caso de procedência dos pedidos direcionados à Fazenda Pública, as controvérsias aparecem quando ela é autora e há *improcedência* dos seus pedidos ou a extinção do processo sem resolução do mérito.

Quanto à primeira hipótese, Araken de Assis[42] e Leonardo Carneiro da Cunha (analisando o tema à luz do CPC/1973)[43] defendem que deva ser aplicado o regramento da remessa necessária às sentenças de improcedência dos pedidos formulados pela Fazenda Pública, uma vez que elas, obviamente, são *contrárias* à Fazenda Pública.

O STJ, na vigência do CPC/1973, tinha precedente neste sentido, oriundo de demanda ajuizada por município em face da União. Assim, no julgamento do REsp 1144732/BA, o voto do ministro Castro Meira (relator) argumentou que não seria possível excluir a incidência do reexame necessário

---

40. DIDIER Jr., Fredie; CUNHA, Leonardo Carneiro da. *Curso de direito processual civil: meios de impugnação às decisões judiciais e processos nos tribunais*. 13ª ed. Salvador: Juspodivm, 2016, vol. 3, p. 404. Este posicionamento é uma revisão daquele que os autores apresentavam na vigência do CPC/1973, quando consideravam que a remessa necessária era uma *condição de eficácia da sentença*: DIDIER Jr., Fredie; CUNHA, Leonardo Carneiro da. *Curso de direito processual civil. Meios de impugnação às decisões judiciais e processos nos tribunais*. 12ª ed. Salvador: JusPodivm, 2014, vol. 3, p. 481/482; CUNHA, Leonardo Carneiro da. *A fazenda pública em juízo*. 10ª ed. São Paulo: Dialética, 2012, p. 205/207.

41. ASSIS, Araken de. *Processo civil brasileiro: parte especial: procedimento comum (da demanda à coisa julgada)*. São Paulo: Editora Revista dos Tribunais, 2015, vol. III, p. 1.334/1.335.

42. ASSIS, Araken de. *Processo civil brasileiro: parte especial: procedimento comum (da demanda à coisa julgada)*. São Paulo: Editora Revista dos Tribunais, 2015, vol. III, p. 1.335.

43. CUNHA, Leonardo Carneiro da. *A fazenda pública em juízo*. 10ª ed. São Paulo: Dialética, 2012, p. 210.

nos casos em que a Fazenda Pública fosse autora e houvesse sentença de improcedência, uma vez que o legislador não teria excluído expressamente esta situação para fins do "duplo grau obrigatório"[44].

Na visão deste trabalho, este posicionamento é o correto, especialmente quando se tem em mente que a sentença de improcedência de um pedido condenatório tem a mesma natureza da *procedência de um pedido declaratório negativo* formulado pela outra parte. Se, neste segundo caso, falar-se-ia na incidência da remessa necessária, deve-se fazer o mesmo na primeira hipótese.

O panorama é diferente nos casos das sentenças terminativas.

Sobre o tema, Nelson Nery Junior e Rosa Maria de Andrade Nery alertam que o propósito da remessa necessária é conferir maior segurança às sentenças mencionadas no art. 496. Assim, como a sentença terminativa, na visão dos autores, só implicaria a obrigação de pagar honorários à parte contrária, não haveria sentido em falar de remessa necessária, restrita ao julgamento *de mérito* desfavorável à Fazenda Pública[45].

Nesse sentido, o STJ, na vigência do CPC/1973, firmou jurisprudência apontando a inaplicabilidade da remessa necessária às sentenças terminativas[46].

Essa orientação precisa ser revista, especialmente por conta da redação do art. 486, § 1º, do CPC/2015, dispositivo que impede que a parte, sem correção do vício, reproponha a demanda quando a sentença terminativa se fundar em: indeferimento da petição inicial (art. 485, I); ausência de pressupostos de constituição e de desenvolvimento válido e regular do processo (art. 485, IV); ausência de legitimidade ou de interesse processual (art. 485, VI); existência de convenção de arbitragem ou reconhecimento da competência pelo juízo arbitral (art. 485, VII).

Trata-se de dispositivo que sujeita a sentença terminativa com base no art. 485, I, IV, VI e VII a cláusula similar à *rebus sic stantibus* e que fixa uma estabilidade com regime jurídico igual ao da coisa julgada[47].

---

44. Nas palavras do relator: "Nada obstante, se o legislador não excluiu expressamente a submissão ao duplo grau quando o ente público – autor da demanda de conhecimento – for vencido, não cabe ao intérprete excluí-la de maneira mais gravosa à parte. Aplica-se, in casu, a máxima 'inclusio unius alterius exclusio'" (STJ. REsp 1144732/BA. Segunda Turma. Rel. Min. Castro Meira. DJe: 15/10/2009).

45. NERY Junior, Nelson; NERY, Rosa Maria de Andrade. *Comentários ao Código de Processo Civil.* São Paulo: Editora Revista dos Tribunais, 2015, p. 1.173.

46. Assim, por exemplo: AgRg no AREsp 601.881/RJ. Primeira Turma. Rel. Min. Benedito Gonçalves. DJe: 24/09/2015; AgRg no AREsp 335.868/CE. Segunda Turma. Rel. Min. Herman Benjamin. DJe: 09/12/2013; REsp 927.624/SP. Primeira Turma. Rel. Min. Luiz Fux. DJe: 20/10/2008.

47. DIDIER Jr., Fredie; BRAGA, Paula Sarno; OLIVEIRA, Rafael Alexandria de. *Curso de direito processual civil: teoria da prova, direito probatório, decisão, precedente, coisa julgada e tutela provisória.* 11ª ed. Salvador: Juspodivm, 2016, vol. 2, p. 543/545.

Se o objetivo do legislador é dar maior segurança às sentenças proferidas contra a Fazenda Pública, inclusive nos casos em que ela é autora, não faz sentido protegê-la quando a sentença julga improcedente o pedido condenatório porque não ficou provado, por exemplo, o ato ilícito praticado pelo réu, e desprotegê-la quando é reconhecida a ilegitimidade passiva da parte. Em ambos os casos, a Fazenda Pública não poderá repropor a demanda em face daquele réu e, por consequência, o benefício econômico pleiteado não poderá ser buscado no patrimônio daquele demandado.

Ressalvada a hipótese do art. 485, I, quando a causa não for repetida nos incisos IV, VI e VII, defende-se que todas as sentenças terminativas mencionadas no art. 486, § 1º, devem sujeitar-se à regra geral da remessa necessária, fixada no art. 496. Isso se justifica na medida em que elas são dotadas de estabilidade igual à das sentenças de mérito (coisa julgada), não merecendo, portanto, tratamento diferente.

Não parece correta, então, a ligação estrita entre remessa necessária e decisões de mérito[48].

O art. 496, II, traz outra hipótese de remessa necessária: contra sentença que julga procedentes, no todo ou em parte, os embargos à execução fiscal. Trata-se de decisão de mérito proferida em processo cognitivo direcionado ao combate à pretensão executiva da Fazenda Pública. Em sua essência, a previsão do inciso II está abarcada pela disposição do inciso I, uma vez que a sentença de procedência, ainda que parcial, dos embargos à execução fiscal é um exemplo de decisão *contrária* à Fazenda Pública. A única diferença é que, neste caso, há uma demanda executiva ajuizada pela pessoa jurídica de direito público. Este tema voltará a ser analisado adiante, quando se discutir a remessa necessária e a rejeição à impugnação ao cumprimento de sentença apresentada pela Fazenda Pública.

O art. 496, §§ 3º e 4º, cuida das hipóteses nas quais a remessa necessária é dispensada. No § 3º, utiliza como critérios a condenação ou o benefício econômico e o fato de se tratar de Fazenda Pública federal, estadual ou municipal. Já o § 4º impõe a dispensa tendo em vista o fundamento da sentença. Estes temas não são abordados com maior profundidade por serem dispensáveis à discussão importante para este tópico.

Feitas essas considerações, é possível chegar a uma primeira indagação: *havendo julgamento antecipado parcial de mérito (art. 356) ou a resolução*

---

48. Esta relação é encontrada em: NERY Junior, Nelson; NERY, Rosa Maria de Andrade. *Comentários ao Código de Processo Civil.* São Paulo: Editora Revista dos Tribunais, 2015, p. 1.173; DIDIER Jr., Fredie; CUNHA, Leonardo Carneiro da. *Curso de direito processual civil: meios de impugnação às decisões judiciais e processos nos tribunais.* 13ª ed. Salvador: Juspodivm, 2016, vol. 3, p. 402. Na vigência do CPC/1973, Leonardo Carneiro da Cunha defendia a remessa necessária nos casos de sentenças terminativas desfavoráveis à Fazenda Pública: CUNHA, Leonardo Carneiro da. *A fazenda pública em juízo.* 10ª ed. São Paulo: Dialética, 2012, p. 210.

parcial do processo sem exame do mérito (art. 354, parágrafo único, primeira parte, e art. 485, IV, VI e VII) que resulte em alguma das situações do art. 496, I e II, deve ocorrer a remessa necessária?

A resposta é positiva[49].

Considerando que o objetivo da remessa necessária é proteger o patrimônio da Fazenda Pública contra decisões definitivas e levando em conta que as decisões interlocutórias podem ter o mesmo conteúdo das sentenças, não há razão para interpretar literalmente o art. 496, quando ele menciona a submissão das *sentenças* à remessa necessária.

Como o dito, a remessa necessária pressupõe a *resolução definitiva da demanda* que, em alguma medida, foi contrária ao interesse da Fazenda Pública.

Como *resolução definitiva*, consideram-se as seguintes hipóteses: a) julgamento do mérito de todos os pedidos formulados pela Fazenda Pública ou contra ela; b) julgamento de parcela dos pedidos formulados pela Fazenda Pública ou contra ela, nos termos do art. 356 do CPC/2015; c) extinção do processo sem exame do mérito, nas demandas movidas pela Fazenda Pública, com base no art. 485, IV, VI e VII; d) resolução parcial do processo sem exame do mérito, nas demandas ajuizadas pela Fazenda Pública, com base no art. 354, parágrafo único, primeira parte, e no art. art. 485, IV, VI e VII.

São essas as decisões que são tomadas de forma *contrária* aos interesses da Fazenda Pública para fins de incidência do art. 496. As hipóteses de dispensa previstas no art. 496, § 3º, indicam justamente isso, uma vez que a vinculam à condenação ou ao conteúdo econômico prejudicial à Fazenda Pública, o que somente é verificado nas decisões acima indicadas.

Assim, a remessa necessária está ligada aos pronunciamentos do juiz que encerram, ainda que em parte, a sua atividade nos processos que envolvam a Fazenda Pública.

Nas hipóteses de julgamento antecipado parcial de mérito e resolução parcial do processo sem exame do mérito, a remessa necessária deve dar-se imediatamente, ainda que o processo siga para a resolução da parcela da demanda que restou pendente. Essa conclusão pode justificar-se pela aplicação análoga do art. 1.015, II, e do art. 354, parágrafo único, segunda parte, que indicam que tais decisões são recorríveis por agravo de instrumento. Se o recurso contra elas é interposto e processado imediatamente, a remessa também deve sê-lo. Caso contrário, seria possível chegar-se a uma situação insustentável: a Fazenda Pública interpõe agravo de instrumento

49. No sentido da necessidade de remessa necessária nos casos de julgamento antecipado parcial de mérito: DIDIER Jr., Fredie; CUNHA, Leonardo Carneiro da. *Curso de direito processual civil: meios de impugnação às decisões judiciais e processos nos tribunais.* 13ª ed. Salvador: Juspodivm, 2016, vol. 3, p. 405.

contra todos os capítulos da decisão, o recurso é processado e julgado, mas o tribunal teria que repetir a mesma atividade cognitiva quando da remessa necessária ao final. Além disso, postergar a remessa necessária tornaria inútil a resolução parcial do mérito e a extinção de parte da demanda, quando contrárias à Fazenda Pública.

Contudo, é preciso ressaltar que o STJ, na vigência do CPC/1973, apresentou precedente com interpretação restritiva do cabimento da remessa necessária, limitando-o ao reexame das sentenças, conforme literalidade do texto art. 475 do CPC/1973, cuja redação era bastante semelhante à do art. 496 do CPC/2015. Assim, negou-se a remessa necessária a uma decisão interlocutória que extinguiu parcialmente a execução fiscal em virtude da prescrição[50].

Feitas essas considerações, deve-se partir para a segunda indagação (a determinante para este tópico): *as decisões interlocutórias que não resolvem parcialmente o processo (com ou sem exame do mérito) podem ser reanalisadas em remessa necessária?*

A resposta é negativa[51].

Como se disse acima, a remessa necessária é voltada ao reexame das decisões que encerrem a atividade do magistrado quanto a parte ou à totalidade da demanda, apreciando ou não o seu mérito.

Considerando que as decisões interlocutórias que não se enquadram no art. 354, parágrafo único, e no art. 356 não são contrárias à Fazenda Pública no sentido de encerrarem a atividade do magistrado quanto a parte da demanda, elas não implicam prejuízo a ponto de justificarem a ausência de preclusão e a possibilidade de revisão em sede de remessa necessária.

O STJ, na vigência do CPC/1973, se manifestou nesse sentido, restringindo a remessa necessária à reanálise da sentença e sustentando a sua inaplicabilidade às decisões interlocutórias que antecipassem a tutela final[52].

Quanto ao tema, o CPC/2015 não trouxe nenhuma mudança. Na realidade, ele não tornou *isentas* de preclusão as decisões interlocutórias não agraváveis, só postergou a estabilidade para o momento da apelação ou contrarrazões, nos termos do art. 1.009, § 1º.

---

50. REsp 1460980/RS. Segunda Turma. Rel. Min. Humberto Martins. DJe 03/03/2015.

51. Rodrigo Barioni afirma genericamente a não sujeição das decisões interlocutórias ao reexame necessário: BARIONI, Rodrigo. "Preclusão diferida, o fim do agravo retido e a ampliação do objeto da apelação no Código de Processo Civil". *Revista de Processo*. Ano 40, vol. 243, 2015, p. 277. Ressalvados os casos de resolução parcial do processo (com ou sem exame do mérito), concorda-se com o entendimento de Rodrigo Barioni.

52. Nesse sentido: AgRg no REsp 867.619/PR. Sexta Turma. Rel. Min. Paulo Medina. DJ: 23/04/2007, p. 326; REsp 659.200/DF. Sexta Turma. Rel. Min. Hélio Quaglia Barbosa, DJ: 11/10/2004, p. 384; REsp 505.022/MG. Quinta Turma. Rel. Min. José Arnaldo da Fonseca. DJ: 23/08/2004, p. 264.

Assim, as decisões interlocutórias contrárias à Fazenda Pública (excetuadas as do art. 354, parágrafo único, e do art. 356) devem ser impugnadas no momento oportuno (art. 1.009, § 1º), sob pena de preclusão, não podendo ser revistas em sede de remessa necessária.

Por fim, uma terceira indagação: *a decisão interlocutória que rejeita a impugnação ao cumprimento de sentença apresentada pela Fazenda Pública está sujeita à remessa necessária?*

A resposta é negativa.

Primeiramente, os incisos do art. 496 tratam de processos cognitivos, nada mencionando acerca das decisões tomadas em processo ou fase executiva.

Este, no entanto, não é o argumento determinante, uma vez que, caso esta premissa fosse levada ao extremo, também não haveria remessa necessária quando uma execução fiscal fosse extinta em razão do acolhimento de exceção de pré-executividade. Todavia, é inegável que essa situação equivale ao acolhimento dos embargos à execução fiscal[53] e como tal deve ser tratada, como reconhecido pelo STJ na vigência do CPC/1973[54].

Também seria insuficiente afirmar que, por se tratar de decisão interlocutória, não se poderia falar em remessa necessária[55], uma vez que já se viu que, nos casos dos arts. 354, parágrafo único, e 356, deve haver remessa necessária.

O ponto determinante, na visão deste trabalho, reside no grau do risco processual ao qual a Fazenda Pública está sujeita. Tratando-se de impugnação ao cumprimento de sentença, a cognição do magistrado é severamente reduzida (art. 535), de modo que o campo de discussões também sofre redução.

Os casos do art. 496 mencionam hipóteses nas quais não há prévia atividade do magistrado em prol da certificação da obrigação a ser cumprida. Por isso, a atividade cognitiva do magistrado é mais ampla e, por consequência, a reanálise do caso é mais importante, já que há mais pontos que podem ser mal resolvidos em primeira instância ou sequer enfrentados.

A eficácia preclusiva da coisa julgada nas demandas dos incisos I e II, por exemplo, abrange muito mais questões passíveis de alegação do que

---

53. DIDIER Jr., Fredie; CUNHA, Leonardo Carneiro da. *Curso de direito processual civil: meios de impugnação às decisões judiciais e processos nos tribunais.* 13ª ed. Salvador: Juspodivm, 2016, vol. 3, p. 408.

54. Nesse sentido: STJ. REsp 1415603/CE. Segunda Turma. Rel. Ministro Herman Benjamin. DJe: 20/06/2014; REsp 1385172/SP. Segunda Turma. Rel. Min. Eliana Calmon. DJe: 24/10/2013; REsp 1212201/SP. Segunda Turma. Rel. Ministro Herman Benjamin. DJe: 04/02/2011; EDcl no REsp 1018785/SP. Segunda Turma. Rel. Min. Castro Meira. DJe: 04/09/2008.

55. Este posicionamento é encontrado em: DIDIER Jr., Fredie; CUNHA, Leonardo Carneiro da. *Curso de direito processual civil: meios de impugnação às decisões judiciais e processos nos tribunais.* 13ª ed. Salvador: Juspodivm, 2016, vol. 3, p. 408.

aquelas que podem ser alegadas pela Fazenda Pública ao se defender no cumprimento de sentença.

Por isso, o fato de a decisão interlocutória que rejeita a impugnação ao cumprimento de sentença apresentada pela Fazenda Pública estar sujeita ao agravo de instrumento (art. 1.015, parágrafo único) assegura o ente público a contento. É desnecessária uma dupla proteção à Fazenda Pública (recurso + remessa necessária).

No entanto, é provável que o STJ mantenha entendimento semelhante ao fixado na vigência do CPC/1973, quando a Fazenda Pública se defendia, mesmo nas execuções fundadas em título judicial, por meio de embargos de devedor.

Naquela época, o STJ refutava a remessa necessária quando a Fazenda Pública resistia à execução, seja de título extrajudicial ou judicial, fazendo-o com base em inciso equivalente ao art. 496, II. Segundo o tribunal, não caberia a remessa necessária de sentença oriunda de embargos de devedor, já que a previsão do art. 475, II, do CPC/1973 era restrita ao julgamento dos embargos à execução fiscal[56]. Havia acórdãos que justificavam o não cabimento da remessa necessária em virtude do art. 520, V, do CPC/1973 prever que a apelação contra a sentença que julgasse embargos à execução só seria recebida no efeito devolutivo, sendo necessária uma compatibilização com o regime da remessa necessária[57].

Dessa forma, é provável que o STJ mantenha o mesmo entendimento, fazendo as devidas adaptações, de modo que a remessa necessária, no que diz respeito à atividade executiva, só deve ser aceita pelo tribunal quando houver a extinção da execução fiscal.

Como se disse acima, concorda-se com a conclusão, mas discorda-se da fundamentação. Defende-se que não deve ocorrer a remessa necessária contra decisão interlocutória que rejeitar a impugnação ao cumprimento de sentença apresentada pela Fazenda Pública porque a dupla proteção, no particular, é exagerada.

56. Nesse sentido: AgRg no AREsp 766.072/PR Primeira Turma. Rel. Min. Benedito Gonçalves, DJe 05/02/2016; REsp 900.987/CE. Segunda Turma. Rel. Min. Mauro Campbell Marques. DJe: 24/08/2010; EDcl no REsp 802.805/RJ. Segunda Turma. Rel. Ministro Herman Benjamin. DJe: 21/08/2009; EREsp 522.904/MS. Primeira Seção. Rel. Min. José Delgado. DJ 24/10/2005, p. 159; REsp 206.669/RS. Segunda Turma. Rel. Ministro Castro Meira. DJ 16/08/2004, p. 160; EREsp 251.841/SP. Corte Especial. Rel. Min. Edson Vidigal, DJ: 03/05/2004, p. 85; EREsp 258.616/PR. Corte Especial. Rel. Min. Sálvio de Figueiredo Teixeira. DJ: 12/11/2001, p. 121.

57. Nesse sentido: AgRg no Ag 808.057/DF. Quinta Turma. Rel. Min. Felix Fischer. DJ: 02/04/2007, p. 302; AgRg no Ag 255.393/SP. Quinta Turma. Rel. Min. Felix Fischer. DJ: 10/05/2004, p. 326; AgRg no REsp 311.013/SP. Sexta Turma. Rel. Min. Hamilton Carvalhido. DJ: 04/02/2002, p. 596.

9.8 OUTRAS QUESTÕES PROBLEMÁTICAS

9.8.1 A intimação do art. 10, o silêncio da parte e a recorribilidade da decisão interlocutória

O art. 10 do CPC/2015 consagra o dever de consulta e define que é proibido ao magistrado decidir, em qualquer grau de jurisdição, com base em fundamento sobre o qual as partes não puderam manifestar-se, mesmo que seja uma matéria sobre a qual deva decidir de ofício. Note-se que o art. 10 não se restringe à sentença, mas abrange todas as decisões judiciais.

Assim, vislumbrando a intempestividade da contestação, quando não discutida entre as partes, o magistrado deve intimá-las para que se manifestem sobre a questão. Só depois desta oportunidade é que a decisão interlocutória que decretar a revelia do réu não será defeituosa.

A partir da leitura do art. 10 e da conclusão pela sua incidência sobre as decisões interlocutórias, chega-se à questão a ser enfrentada neste tópico: *o silêncio da parte, após a intimação prevista no art. 10, implica a inadmissibilidade do recurso posterior contra a decisão interlocutória?*

A resposta é negativa.

Parece haver uma razão simples para essa conclusão: a omissão relevante, para fins de estabilidade de um ato decisório, há de ser sempre *posterior* a ele.

Não se pode presumir que o silêncio da parte, quando o magistrado ainda não decidiu sobre a questão, seja equiparado à aceitação do que porventura seja decidido. De igual forma, não parece lógico pensar que a omissão tem como efeito jurídico a estabilidade de uma decisão que ainda não existe e que pode nem ser prejudicial ao silente.

Caso se partisse de premissa contrária, seria preciso admitir, também, que a ausência de contrarrazões recursais ensejaria a impossibilidade de impugnar a decisão que desse provimento ao recurso, o que claramente não é pertinente.

Além disso, deve-se ponderar que o CPC/2015 trouxe como regra geral a ausência de preclusão inicial quanto às decisões interlocutórias apeláveis, sem condicioná-la a qualquer manifestação das partes. Se não há exigência de inconformismo imediatamente posterior, não faz sentido exigir uma manifestação anterior à decisão interlocutória para que não se opere a preclusão.

Quando o legislador resolveu dar tratamento diferente, o fez expressamente, consignando a possibilidade de estabilização de certas decisões interlocutórias apeláveis, como a decisão de saneamento e organização do processo (art. 357, § 1º), como se verá mais à frente. O próprio art. 357, § 1º, reforça o argumento anterior, pois a estabilidade da decisão de saneamento decorre da ausência de solicitação de esclarecimentos ou ajustes nos cinco dias *posteriores* a ela.

Desta forma, a opção por um modelo cooperativo que impõe o dever de consulta às partes não define que a ausência de manifestação, no caso do art. 10, impede a admissibilidade da apelação contra a decisão interlocutória.

9.8.2 A recorribilidade da decisão interlocutória com capítulos, nem todos apeláveis ou agraváveis

9.8.2.1 Breves considerações sobre a teoria dos capítulos de sentença, segundo Cândido Rangel Dinamarco

De acordo com Cândido Rangel Dinamarco, um capítulo de sentença é uma "unidade elementar autônoma" de uma decisão, isto é, expressa uma deliberação específica, distinta das demais e resultante da verificação de pressupostos próprios, igualmente diferentes dos analisados nas outras deliberações da mesma decisão[58].

Destaque-se que o autor é claro ao diferenciar *autonomia* de *independência*. Assim, alerta que, ao afirmar que a *autonomia* é característica do capítulo de sentença, não está sugerindo que cada deliberação específica poderia constituir objeto de julgamento separado, em processo autônomo e por mais de uma sentença. Este atributo só ocorreria dentre os capítulos de mérito, que teriam uma *autonomia absoluta* ou, em outras palavras, uma *independência*. Logo, "autonomia não é sinônimo de independência"[59].

Apesar de não usar este termo, Cândido Rangel Dinamarco classifica os capítulos de sentença com base no *objeto decidido* (mérito ou processual). Assim, fala em capítulos *heterogêneos* ou *homogêneos*, relembrando o conceito de *pretensão bifronte* (pretensão ao *julgamento de mérito* e ao bem da vida pleiteado). Há *capítulos heterogêneos* quando o magistrado repele as preliminares suscitadas (capítulo sobre a pretensão ao julgamento de mérito) e julga a pretensão ao bem da vida (capítulo de mérito)[60]. Pode-se falar em *capítulos homogêneos* quando a decisão somente contém decisões de mérito sobre pedidos diferentes[61]. Ressalvado o capítulo sobre condenação ao pagamento das despesas processuais e honorários advocatícios, Cândido Rangel Dinamarco não admite que uma decisão judicial que acolhe alguma(s) preliminar(es) e nega integralmente o direito ao julgamento de mérito seja

58. DINAMARCO, Cândido Rangel. *Capítulos de sentença*. 5ª ed. São Paulo: Malheiros Editores, 2013, p. 35.

59. DINAMARCO, Cândido Rangel. *Capítulos de sentença*. 5ª ed. São Paulo: Malheiros Editores, 2013, p. 35.

60. DINAMARCO, Cândido Rangel. *Capítulos de sentença*. 5ª ed. São Paulo: Malheiros Editores, 2013, p. 80.

61. DINAMARCO, Cândido Rangel. *Capítulos de sentença*. 5ª ed. São Paulo: Malheiros Editores, 2013, p. 35.

dividida em capítulos, pois o imperativo seria único, não importando os seus fundamentos[62].

Dentro do estudo dos capítulos de mérito, o autor os classifica com base na origem da cumulação de pedidos. Assim, há a *cumulação presente na demanda inicial*, englobando o cúmulo simples, o sucessivo, o alternativo e o eventual, e a *cumulação ulterior*, resultante de reconvenção ou denunciação da lide, por exemplo[63].

Mesmo diante de pedido único, Cândido Rangel Dinamarco indica ser possível a repartição da sentença em capítulos, a partir de uma *decomposição ideal* do objeto do processo. Isso seria possível em dois casos: a) quando o bem da vida pleiteado ou o conjunto deles for decomponível, isto é, seja possível atribuir apenas parcela dele à parte (procedência parcial do pedido), havendo um capítulo de procedência e outro de improcedência; b) quando o bem da vida desejado, apesar de único, seja divisível, nos termos do Código Civil, possibilitando que seja concedida apenas parte dele[64].

Por fim, o autor fala em *cisão jurídica do pedido*, o que permite uma divisão da decisão em capítulos. A primeira hipótese decorreria de uma "dissolução analítica do provimento pedido", presente nos casos em que se formule pedido condenatório e o magistrado se limite a proferir mera declaração sobre a existência do direito, indeferindo a parcela propriamente condenatória do pedido. O segundo caso de cisão jurídica do pedido representaria o pedido de reconhecimento do dever de pagamento (*an debeatur*) e de fixação do valor devido (*quantum debeatur*), o que permitiria a divisão da decisão em dois capítulos: um sobre a declaração da existência da obrigação e outro ligado à quantia devida[65].

Apesar de mencionar diversas vezes o termo "capítulo de sentença", Cândido Rangel Dinamarco admite que as decisões interlocutórias também podem ser divididas em capítulos, sempre que contiverem mais de um preceito imperativo na sua parte dispositiva, como a que rejeita as preliminares e também concede uma tutela provisória[66].

Essas considerações sobre a teoria dos capítulos de sentença são suficientes para abordar a questão que interessa ao trabalho, o que é feito no tópico seguinte.

---

62. DINAMARCO, Cândido Rangel. *Capítulos de sentença.* 5ª ed. São Paulo: Malheiros Editores, 2013, p. 42.
63. DINAMARCO, Cândido Rangel. *Capítulos de sentença.* 5ª ed. São Paulo: Malheiros Editores, 2013, p. 65/69.
64. DINAMARCO, Cândido Rangel. *Capítulos de sentença.* 5ª ed. São Paulo: Malheiros Editores, 2013, p. 71/74.
65. DINAMARCO, Cândido Rangel. *Capítulos de sentença.* 5ª ed. São Paulo: Malheiros Editores, 2013, p. 74/76.
66. DINAMARCO, Cândido Rangel. *Capítulos de sentença.* 5ª ed. São Paulo: Malheiros Editores, 2013, p. 49.

9.8.2.2 A recorribilidade da decisão interlocutória com capítulos, nem todos apeláveis ou agraváveis

Feita essa breve exposição acerca da doutrina de Cândido Rangel Dinamarco sobre os capítulos de sentença, chega-se à indagação pertinente a este tópico: *como se dá a recorribilidade da decisão interlocutória que contém um(uns) capítulo(s) previsto(s) no art. 1.015 do CPC/2015 e outro(s) que, se decidido(s) isoladamente, estaria(m) sujeitos à apelação?*

Na visão deste trabalho, somente os capítulos agraváveis, isto é, aqueles previstos no art. 1.015, podem ser impugnados por agravo de instrumento. Os demais estão sujeitos à recorribilidade por apelação, nos termos do art. 1.009, § 1º.

Cabe ressaltar que não se fala em capítulos quando a decisão só possui uma "unidade elementar autônoma", uma vez que o termo *capítulo* pressupõe a divisão em *porções* ou *partes*[67]. Por consequência, havendo uma decisão interlocutória que decida somente uma questão e que se enquadre em alguma das hipóteses do art. 1.015, a resposta sobre a sua recorribilidade é bem óbvia: ela é integralmente agravável.

A questão posta aqui é outra e envolve a existência de dois ou mais capítulos na decisão interlocutória, nem todos, a princípio, agraváveis ou apeláveis. A resposta se encontra na recorribilidade fundada nos capítulos decisórios.

Antes de se avançar neste estudo, cabe uma segunda ressalva: defende-se que o rol do art. 1.015 é exemplificativo e que o agravo de instrumento é cabível quando o regime da apelação for incompatível com a impugnação. Assim, as considerações que agora se faz quanto aos capítulos previstos no art. 1.015 são aplicáveis às decisões que contenham capítulos cuja impugnação seja incompatível com o regime do art. 1.009, § 1º.

Feitas essas duas considerações, volta-se à justificativa da afirmação inicial.

Parte-se de uma premissa: ressalvados o inciso XIII e o parágrafo único, o art. 1.015 elenca não só a espécie de decisão impugnável por agravo de instrumento (decisão interlocutória), mas indica ser determinante a questão decidida para fins de cabimento do recurso.

Em casos mais extremos, o CPC/2015 exige um terceiro requisito: o sentido da decisão, como nos incisos III, V e VII do art. 1.015.

Assim, o determinante para que uma decisão interlocutória com capítulos seja integralmente agravável é que todos eles envolvam as questões elencadas entre os incisos I a XI do art. 1.015 ou, isolada ou cumulativamente, haja incompatibilidade com o regime da apelação.

---

67. DINAMARCO, Cândido Rangel. *Capítulos de sentença*. 5ª ed. São Paulo: Malheiros Editores, 2013, p. 36.

É possível imaginar alguns exemplos de decisões com capítulos agraváveis e apeláveis, como a que indefere a impugnação à concessão da gratuidade de justiça e concede tutela provisória ou a que retifica o valor da causa nos embargos à execução e declara os efeitos em que os recebe.

Em todos esses casos, defende-se que a solução do problema está na separação da decisão em capítulos.

Há um dado decisivo para essa conclusão: a decisão de saneamento, prevista no art. 357 do CPC/2015 e claramente interlocutória, é dotada a possuir vários capítulos, resolvendo as seguintes questões: a) as questões processuais pendentes; b) delimitação das questões de fatos a serem objeto de atividade probatória e os meios de prova utilizados; c) *distribuição do ônus da prova*; d) delimitação das questões de direito relevantes ao julgamento de mérito; e) necessidade de designação de audiência de instrução e julgamento.

Note-se, portanto, que a questão acerca da *distribuição do ônus da prova* é vocacionada a ser resolvida por uma decisão interlocutória com vários capítulos.

O art. 373, § 1º, por sua vez, trata da possibilidade de o juiz redistribuir o ônus da prova, desde que preenchidos os requisitos lá previstos.

Da conjugação das informações anteriores, chega-se à conclusão de que, via de regra, a possibilidade de redistribuição do ônus da prova é decidida na decisão de saneamento, exemplo de decisão interlocutória com vários capítulos, nem todos previstos no art. 1.015 do CPC/2015 ou incompatíveis com a impugnação por apelação.

Por outro lado, o art. 1.015 não optou por consagrar a sujeição da decisão de saneamento ao agravo de instrumento, mas por indicar que é agravável a decisão interlocutória que verse sobre "redistribuição do ônus da prova nos termos do art. 373, § 1º".

Assim, o foco do legislador se voltou ao capítulo da decisão interlocutória que verse sobre alguma das hipóteses do art. 1.015, I a XI, agregando fatores à natureza jurídica do pronunciamento impugnado.

Poderia se objetar que a redação do art. 1.015, XI, não exclui logicamente a recorribilidade integral da decisão de saneamento por agravo de instrumento, desde que trate da redistribuição do ônus da prova. De fato, não há uma incompatibilidade lógica, uma vez que, nestas circunstâncias, ela "versa sobre" a questão, como o exigido literalmente pelo *caput* do art. 1.015.

Todavia, uma interpretação mais atenta do rol do art. 1.015, como se fará adiante, demonstra que o legislador indicou algumas questões cuja postergação de revisão, segundo a sua lógica, prejudicaria o melhor andamento do processo, dentre as quais está a decisão acerca da redistribuição do ônus da prova e *não* estão as demais questões sujeitas à decisão de saneamento.

Não parece razoável afirmar que o simples fato de um capítulo da decisão de saneamento tratar da possibilidade de redistribuição do ônus probatório seja capaz de fazer com que todos os outros, apeláveis em regra, possam ser impugnados por agravo de instrumento.

Essa não é uma solução propriamente inovadora.

Na vigência do CPC/1973, José Carlos Barbosa Moreira, tratando dos acórdãos com mais de um capítulo, algum(ns) sujeito(s) a recurso extraordinário ou especial e outro(s) aos embargos infringentes, afirmava que não se estava diante de uma exceção à regra da unicidade do recurso, segundo a qual não se poderia interpor mais de um recurso contra a mesma decisão. Para o autor, "para fins de recorribilidade, cada capítulo é considerado como uma decisão *per se*"[68].

Também não se trata de questão tipicamente surgida com o CPC/2015, pois também era encontrada no CPC/1973, mas com contornos diferentes. Como no direito anterior o recurso contra decisão interlocutória era um só (agravo), sujeito a dois regimes jurídicos distintos (retido ou por instrumento), a discussão não dizia respeito ao cabimento de dois recursos contra a mesma decisão, mas era voltada a duas formas de interposição do *mesmo* recurso contra uma decisão interlocutória.

Em conclusão: contra uma decisão interlocutória que possua capítulos, nem todos agraváveis ou apeláveis, será cabível agravo de instrumento para impugnar os capítulos que se enquadrem no rol do art. 1.015 ou cuja impugnação seja incompatível com o regime da apelação. Os demais capítulos seguem a regra do art. 1.009, § 1º, isto é, são recorríveis por apelação.

9.8.3 A estabilidade da decisão de saneamento e organização do processo

Entre os seus arts. 347 e 353, o CPC/2015 destina um capítulo denominado "das providências preliminares e do saneamento" e o divide em três seções: a) da não incidência dos efeitos da revelia; b) do fato impeditivo, modificativo ou extintivo do direito do autor; c) das alegações do réu.

Em seguida, nos arts. 354 a 357, o legislador traz outro capítulo, chamado de "do julgamento conforme o estado do processo" e repartido em quatro seções: a) da extinção do processo; b) do julgamento antecipado do mérito; c) do julgamento antecipado parcial do mérito; d) do saneamento e da organização do processo.

---

68. MOREIRA, José Carlos Barbosa. *Comentários ao Código de Processo Civil*. 7ª ed. Rio de Janeiro: Forense, 1998, vol. V, p. 247.

Estes artigos regulam a chamada *fase de saneamento* ou *de ordenamento do processo*, marcada pela sucessão de atos mencionados entre os arts. 347 e 357[69].

É da decisão de saneamento, especialmente da estabilidade prevista no art. 357, § 1º, que se cuidará neste momento.

O art. 357, I, indica que cabe ao magistrado, na decisão de saneamento e de organização processual, "resolver as questões processuais pendentes, se houver".

Essas questões processuais envolvem tanto aquelas que podem ser conhecidas de ofício pelo juiz, como a existência de litispendência ou de a coisa julgada, quanto as que dependem de provocação da parte, como a arguição de incompetência relativa ou de abandono da causa pelo autor.

Desde o início do processo, é dado ao magistrado controlar a presença dos requisitos processuais de validade[70]. Assim, o legislador permite, por exemplo, o indeferimento da petição inicial nos casos do art. 330, e o controle a qualquer tempo de tais questões (art. 485, § 3º), desde que, na visão deste trabalho, não haja decisão anterior sobre elas. A decisão de saneamento e organização do processo é mais uma dessas oportunidades conferidas pelo legislador[71].

O art. 139, IX, do CPC/2015 impõe ao magistrado o dever de zelar pela regularidade processual, incumbindo-lhe de, uma vez verificada a ausência de um pressuposto processual ou a existência de algum vício, determinar a

---

69. DIDIER Jr., Fredie. *Curso de direito processual civil: introdução ao direito processual civil, parte geral e processo de conhecimento.* 17ª ed. Salvador: Juspodivm, 2015, vol. 1, p. 685. Em sentido semelhante: FERNANDES, Luís Eduardo Simardi. "Seção IV. Do Saneamento e da Organização do Processo". In: WAMBIER, Teresa Arruda Alvim; DIDIER Jr., Fredie; TALAMINI, Eduardo; DANTAS, Bruno (Coord.). *Breves comentários ao Novo Código de Processo Civil.* São Paulo: Editora Revista dos Tribunais, 2015, p. 969.

70. O termo "requisitos processuais de validade" abarca as antigas "condições da ação", pois se concorda com Fredie Didier Jr. que, analisando ainda o PL 8.046/2010, lembrava que não era mencionado o termo "condições da ação", o que se manteve na versão final do CPC/2015. Segundo o autor, excepcionado o caso da "impossibilidade jurídica do pedido", tratada como questão de mérito, as demais "condições da ação" (legitimidade e interesse de agir), já previstas no CPC/1973, devem ser entendidas como *requisitos de admissibilidade da demanda*: DIDIER Jr., Fredie. "Será o fim da categoria 'condição da ação'? Um elogio ao projeto do novo código de processo civil". *Revista de Processo.* Ano 36, vol. 197, 2011, p. 255/260. Luiz Guilherme Marinoni, Sérgio Cruz Arenhart e Daniel Mitidiero defendem que, no CPC/2015 as condições da ação e que a legitimidade e o interesse processual devem ser encarados como "requisitos para a apreciação do mérito": MARINONI, Luiz Guilherme; ARENHART, Sérgio Cruz; MITIDIERO, Daniel. *Novo curso de processo civil: teoria do processo civil.* São Paulo: Editora Revista dos Tribunais, 2015, vol. 1, p. 204/205.

71. No mesmo sentido: DIDIER Jr., Fredie. *Curso de direito processual civil: introdução ao direito processual civil, parte geral e processo de conhecimento.* 17ª ed. Salvador: Juspodivm, 2015, vol. 1, p. 685.

correspondente complementação ou correção. Trata-se de concretização do princípio da primazia da decisão de mérito[72].

Assim, caso o magistrado verifique que o autor, apesar de afirmar advogar em causa própria, não indicou o número de sua inscrição na OAB, afetando a comprovação da sua capacidade postulatória, deve, antes de proferir decisão terminativa, conceder prazo para que a parte comprove que é advogado. Caso ocorra a comprovação, considera-se sanado o vício e o processo segue. Se isto não ocorrer, deve ser proferida decisão terminativa.

A conclusão pela ausência de algum dos pressupostos de validade do processo pode resultar na resolução do processo (total ou parcial), como na maioria dos casos, ou na remessa ao juízo competente, caso reconhecida a incompetência (absoluta ou relativa).

Verificando a possibilidade do julgamento do mérito da demanda, ainda que de apenas parte dele, cabe ao magistrado declarar saneado o processo quanto àquilo que pode ter o mérito analisado.

Perceba-se, portanto, que a decisão de saneamento não exerce propriamente a atividade de sanear o processo. Na realidade, ela é o ponto final dos atos que o magistrado poderia praticar para extirpar o processo de invalidades[73]. Caso exitoso nessa tarefa, ainda que parcialmente, passa-se à decisão de saneamento. Se não obteve sucesso na atividade de sanear, deve haver a resolução do processo, total ou parcial, ou a remessa dos autos ao juízo competente.

Em seguida, o art. 357, II, impõe ao magistrado o dever de "delimitar as questões de fato sobre as quais recairá a atividade probatória, especificando os meios de prova admitidos". Este inciso objetiva organizar a atividade instrutória, identificando quais os fatos controvertidos e quais os meios de prova que serão utilizados para a comprovação de cada um deles[74]. Evita-se, assim, a produção de provas quanto a fatos que a dispensariam, como os notórios, incontroversos, irrelevantes e impertinentes[75].

---

72. DIDIER Jr., Fredie. *Curso de direito processual civil: introdução ao direito processual civil, parte geral e processo de conhecimento.* 17ª ed. Salvador: Juspodivm, 2015, vol. 1, p. 136.

73. Nesse sentido: FERNANDES, Luís Eduardo Simardi. "Seção IV. Do Saneamento e da Organização do Processo". In: WAMBIER, Teresa Arruda Alvim; DIDIER Jr., Fredie; TALAMINI, Eduardo; DANTAS, Bruno (Coord.). *Breves comentários ao Novo Código de Processo Civil.* São Paulo: Editora Revista dos Tribunais, 2015, p. 969.

74. DIDIER Jr., Fredie. *Curso de direito processual civil: introdução ao direito processual civil, parte geral e processo de conhecimento.* 17ª ed. Salvador: Juspodivm, 2015, vol. 1, p. 691.

75. FERNANDES, Luís Eduardo Simardi. "Seção IV. Do Saneamento e da Organização do Processo". In: WAMBIER, Teresa Arruda Alvim; DIDIER Jr., Fredie; TALAMINI, Eduardo; DANTAS, Bruno (Coord.). *Breves comentários ao Novo Código de Processo Civil.* São Paulo: Editora Revista dos Tribunais, 2015, p. 971.

O art. 357, III, por sua vez, indica que o magistrado, na decisão de saneamento, deve decidir acerca da distribuição do ônus da prova, nos termos do art. 373.

O CPC/2015 adota, como regra, a distribuição estática do ônus probatório, definindo que cabe ao autor a comprovação dos fatos constitutivos do seu direito (art. 373, I) e ao réu, a dos fatos impeditivos, modificativos ou extintivos do direito do autor (art. 373, II).

A legislação processual brasileira tem exemplos de distribuição estática e abstrata que segue outros parâmetros, como o previsto no art. 38 do CDC, segundo o qual "o ônus da prova da veracidade e correção da informação ou comunicação publicitária cabe a quem as patrocina". Neste caso, não há *inversão do ônus da prova*, mas distribuição estática de forma diversa àquela estabelecida pelo CPC/2015[76].

Também é possível que as partes convencionem acerca da distribuição do ônus da prova, realizando um negócio jurídico processual típico, previsto no art. 373, § 3º[77]. Segundo este artigo, a distribuição convencional só não pode ocorrer em duas situações: a) quando recair sobre direito indisponível da parte; b) se tornar excessivamente difícil a uma das partes o exercício do direito.

Por fim, é possível que a distribuição do ônus probatório seja redefinida pelo magistrado por meio da chamada *distribuição dinâmica do ônus da prova*, feita caso a caso. Esta é uma medida excepcional e depende da presença dos requisitos do art. 373, § 1º ou, se for o caso, daqueles fixados no art. 6º, VIII do CDC[78].

O art. 373, § 1º, do CPC/2015 define que é possível que o magistrado, por meio de decisão fundamentada, atribua o ônus da prova diversa à fixada nos incisos I e II nos casos previstos legalmente ou quando perceber que as peculiaridades do caso tornem impossível ou excessivamente difícil a parte se desincumbir do ônus probatório segundo a distribuição estática, bem como nos casos em que a outra parte tenha maior facilidade de obtenção de prova do fato contrário. Em qualquer hipótese, deve ser dada à parte prejudicada com a inversão do ônus probatório a possibilidade de se desincumbir dele e não é lícita a redistribuição que torne impossível ou excessivamente difícil

76. DIDIER Jr., Fredie; BRAGA, Paula Sarno; OLIVEIRA, Rafael Alexandria de. *Curso de direito processual civil: teoria da prova, direito probatório, ações probatórias, decisão, precedente, coisa julgada e antecipação dos efeitos da tutela.* 10ª ed. Salvador: Juspodivm, 2015, vol. 2, p. 113/114.

77. DIDIER Jr., Fredie; BRAGA, Paula Sarno; OLIVEIRA, Rafael Alexandria de. *Curso de direito processual civil: teoria da prova, direito probatório, ações probatórias, decisão, precedente, coisa julgada e antecipação dos efeitos da tutela.* 10ª ed. Salvador: Juspodivm, 2015, vol. 2, p. 120/122.

78. DIDIER Jr., Fredie; BRAGA, Paula Sarno; OLIVEIRA, Rafael Alexandria de. *Curso de direito processual civil: teoria da prova, direito probatório, ações probatórias, decisão, precedente, coisa julgada e antecipação dos efeitos da tutela.* 10ª ed. Salvador: Juspodivm, 2015, vol. 2, p. 122/130.

à outra parte a prova dos fatos correspondentes (art. 373, § 2º). Os temas ligados à distribuição estática e dinâmica são analisados detalhadamente mais adiante, quando se cuidar da recorribilidade por agravo instrumento das decisões interlocutórias que versam sobre a redistribuição do ônus probatório, nos termos do art. 373, § 1º (art. 1.015, XI).

Neste momento, é preciso apenas afirmar que, apesar de poder ser feita a qualquer momento (desde que possibilitado à parte se desincumbir do ônus probatório)[79], a decisão de saneamento e de organização do processo foi eleita pelo legislador como o momento propício para resolver acerca da redistribuição do ônus probatório[80].

A decisão sobre a redistribuição do ônus probatório neste momento, mantendo ou não a distribuição estática, é agravável, nos termos do art. 1.015, XI.

O art. 357, IV, por sua vez, indica que a decisão de saneamento e de organização deve delimitar as questões de direito relevantes para a decisão de mérito.

Como bem aponta Luís Eduardo Simardi Fernandes, só faz sentido falar em delimitação das questões de direito quando a demanda envolver fatos controvertidos, uma vez que, havendo discordância das partes apenas quanto às questões de direito, o caso é de julgamento conforme o estado do processo, não de decisão de organização e saneamento[81]. Deve-se fazer apenas uma ressalva, ainda que a controvérsia não envolva os fatos, pode ser que o magistrado opte por julgar com base em um fundamento jurídico não discutido pelas partes. Nessa hipótese, é necessária uma decisão de organização que, com base no art. 10, intime as partes a se manifestar sobre o fundamento vislumbrado pelo magistrado.

Essa regra do art. 357, IV, é justamente uma concretização do disposto no art. 10, ao impor ao magistrado o dever de consultar as partes sobre as questões de direito que entende relevantes para julgamento da demanda e vinculá-lo a elas. Caso futuramente verifique outra questão de direito determinante, deve novamente intimar as partes para se manifestarem[82].

---

79. DIDIER Jr., Fredie; BRAGA, Paula Sarno; OLIVEIRA, Rafael Alexandria de. *Curso de direito processual civil: teoria da prova, direito probatório, ações probatórias, decisão, precedente, coisa julgada e antecipação dos efeitos da tutela.* 10ª ed. Salvador: Juspodivm, 2015, vol. 2, p. 125.

80. DIDIER Jr., Fredie. *Curso de direito processual civil: introdução ao direito processual civil, parte geral e processo de conhecimento. 17ª ed.* Salvador: Juspodivm, 2015, vol. 1, p. 692.

81. FERNANDES, Luís Eduardo Simardi. "Seção IV. Do Saneamento e da Organização do Processo". In: WAMBIER, Teresa Arruda Alvim; DIDIER Jr., Fredie; TALAMINI, Eduardo; DANTAS, Bruno (Coord.). *Breves comentários ao Novo Código de Processo Civil.* São Paulo: Editora Revista dos Tribunais, 2015, p. 973.

82. DIDIER Jr., Fredie. *Curso de direito processual civil: introdução ao direito processual civil, parte geral e processo de conhecimento.* 17ª ed. Salvador: Juspodivm, 2015, vol. 1, p. 692.

Por fim, o art. 357, V, indica que, sendo necessária a produção de prova em audiência de instrução e julgamento, o magistrado deve designá-la.

Verifica-se, claramente, que se trata de uma decisão interlocutória, uma vez que não encerra a fase cognitiva.

O art. 357, § 1º, define que, "realizado o saneamento, as partes têm o direito de pedir esclarecimentos ou solicitar ajustes, no prazo comum de 5 (cinco) dias, findo o qual a decisão se torna estável".

Chega-se ao principal ponto abordado neste tópico: *o CPC/2015, ao indicar que a decisão se torna estável, está dispondo que a falta de pedido de esclarecimento ou de ajustes, no prazo de cinco dias, faz com que a decisão fique irrecorrível?*

A resposta é positiva[83].

O pedido de esclarecimento e a solicitação de ajustes, previstos no art. 357, § 1º, funcionam como recursos e a admissibilidade da apelação contra a decisão de saneamento e organização do processo está condicionada a essa impugnação anterior.

O próprio legislador que, no art. 1.009, § 1º, afastou a preclusão imediata quanto às decisões interlocutórias não agraváveis, fixou a estabilidade de uma delas: a decisão de saneamento e organização que não tenha sido objeto de solicitação de ajustes ou pedido de esclarecimentos.

Essa estabilidade tem como objetivo conferir segurança jurídica à decisão de saneamento e organização do processo, decisão interlocutória de grande importância para a regularização processual, delimitação da atividade probatória e fixação dos pontos de fato e de direito relevantes ao julgamento[84].

A questão, todavia, não é tão simples. É preciso aprofundar o que se entende por "pedir esclarecimento ou solicitar ajustes".

Primeiramente, é preciso ponderar que "pedir esclarecimentos" é objeto específico dos embargos de declaração. Esclarecer, segundo umas das definições do dicionário Aurélio[85], é tornar compreensível, justamente uma das

---

83. No mesmo sentido: DIDIER Jr., Fredie. *Curso de direito processual civil: introdução ao direito processual civil, parte geral e processo de conhecimento.* 17ª ed. Salvador: Juspodivm, 2015, vol. 1, p. 692; FERNANDES, Luís Eduardo Simardi. "Seção IV. Do Saneamento e da Organização do Processo". In: WAMBIER, Teresa Arruda Alvim; DIDIER Jr., Fredie; TALAMINI, Eduardo; DANTAS, Bruno (Coord.). *Breves comentários ao Novo Código de Processo Civil.* São Paulo: Editora Revista dos Tribunais, 2015, p. 974.

84. Em sentido semelhante, Fredie Didier Jr. alerta que "a estabilidade da decisão de saneamento é fundamental para evitar retrocessos processuais" (DIDIER Jr., Fredie. *Curso de direito processual civil: introdução ao direito processual civil, parte geral e processo de conhecimento.* 17ª ed. Salvador: Juspodivm, 2015, vol. 1, p. 693).

85. FERREIRA, Aurélio Buarque de Holanda. *Novo dicionário Aurélio da língua portuguesa.* Maria Baird Ferreira; Margarida dos Anjos (Coord.). 4ª ed. Curitiba: Ed. Positivo, 2009. p. 790.

funções conferidas aos embargos de declaração: a eliminação de obscuridades (art. 1.022, I, *primeira parte*). Note-se que o *pedido de esclarecimentos* e a interposição de embargos de declaração estão sujeitos ao mesmo prazo de cinco dias, conforme arts. 357, § 1º, e 1.023, *caput*, respectivamente.

Dessa forma, há características comuns aos embargos de declaração e ao pedido de esclarecimentos: a) objetivo; b) prazo; c) desnecessidade de pagamento de despesas; d) cabíveis contra a decisão de saneamento e organização do processo (decisão interlocutória).

Com isso, afirma-se que não há diferença ontológica entre os embargos de declaração opostos para eliminar obscuridade da decisão de saneamento e organização e o pedido de esclarecimentos previsto no art. 357, § 1º. Há equivalência entre os institutos, isto é, o art. 357, § 1º, cuida dos embargos de declaração para sanar obscuridade da decisão de saneamento e organização do processo.

Fredie Didier Jr. discorda, afirmando que o pedido de ajustes ou esclarecimento não constitui embargos de declaração e que, por isso, "não se devem exigir maiores formalidades"[86].

A questão das formalidades parece justamente apontar no sentido da coincidência dos institutos. Não se pode negar que o pedido de esclarecimentos deve ser direcionado ao juízo do processo, conter a indicação daquilo que precisa ser esclarecido e apresentar o correspondente pedido. Esses são justamente os requisitos formais dos embargos de declaração, que, segundo o art. 1.023, *caput*, devem ser interpostos "em petição dirigida ao juiz, com indicação do erro, obscuridade, contradição ou omissão".

A não ser pelo nome, não há, portanto, como diferenciar o pedido de esclarecimento (art. 357, § 1º) dos embargos de declaração. O art. 357, § 1º, cuida, portanto, de embargos de declaração para sanar obscuridade da decisão de saneamento e organização do processo.

Havendo a apresentação de embargos de declaração fundados em obscuridade (pedidos de esclarecimento), não se opera a estabilidade do art. 357, § 1º, quanto ao capítulo tido por obscuro.

Já a solicitação de ajustes é independente da existência do vício da obscuridade. Aquele que deseja ajustar uma decisão tem um propósito claro: *consertar* o pronunciamento do juiz ou, segundo duas das definições do dicionário Aurélio, *adaptar* ou *acomodar*[87].

---

86. DIDIER Jr., Fredie. *Curso de direito processual civil: introdução ao direito processual civil, parte geral e processo de conhecimento.* 17ª ed. Salvador: Juspodivm, 2015, vol. 1, p. 693.

87. FERREIRA, Aurélio Buarque de Holanda. *Novo dicionário Aurélio da língua portuguesa.* Maria Baird Ferreira; Margarida dos Anjos (Coord.). 4ª ed. Curitiba: Ed. Positivo, 2009. p. 80.

Quem deseja sanar contradição, omissão ou erro material de uma decisão está, por óbvio, pleiteando ajustes nela. Logo, a apresentação de embargos de declaração pelas demais hipóteses também é capaz de afastar a estabilidade do art. 357, § 1º, uma vez que está abarcada pela expressão "solicitar ajustes".

Dessa forma, a apresentação de embargos de declaração supre o exigido pelo art. 357, § 1º, enquadrando-se no pedido de esclarecimento ou na solicitação de ajustes. Nesses casos, os embargos de declaração funcionam como recurso e como pressuposto de admissibilidade extrínseco da apelação futura.

Pondere-se, no entanto, que a solicitação de ajustes é expressão mais ampla do que a indicação dos vícios sanáveis por embargos de declaração. Aquele que simplesmente busca a reforma ou a invalidação de uma decisão por não concordar com ela também busca o seu ajuste voltado ao entendimento que defende.

Assim, basta apenas que a parte apresente embargos de declaração ou demonstre seu inconformismo quanto a alguma das questões resolvidas na decisão de saneamento e organização para que não se opere a estabilidade prevista no art. 357, § 1º, quanto àquele capítulo.

Esse pedido de ajustes, apesar de não estar inserido no rol do art. 994, tem clara natureza recursal, pois é um remédio voluntário que se presta a impugnar uma decisão interlocutória no mesmo processo em que ela foi proferida, enquadrando-se no conceito conhecido de José Carlos Barbosa Moreira[88].

Em parágrafo anterior, chamou-se a atenção para o fato de que o impedimento à estabilidade é restrito aos capítulos da decisão de saneamento e organização que forem objeto de pedidos de esclarecimento ou solicitação de ajustes. Esse destaque tem uma razão de ser: da mesma forma que se pode pensar em "coisa julgada progressiva", defende-se que a estabilidade da decisão de saneamento e organização do processo também pode dar-se de forma progressiva, isto é, é plenamente possível que um dos seus capítulos se torne estável após os cinco dias e outro(s) somente em segundo grau[89].

Por consequência, se algum dos capítulos da decisão de saneamento e organização não for objeto de embargos de declaração ou de solicitação de ajustes, passará a ser estável e não poderá ser revisto posteriormente.

---

88. Segundo definição de José Carlos Barbosa Moreira, dada na vigência do CPC/1973, recurso é o "remédio voluntário idôneo a ensejar, dentro do mesmo processo, a reforma, a invalidação, o esclarecimento ou a integração da decisão judicial que se impugna" (MOREIRA, José Carlos Barbosa. *Comentários ao Código de Processo Civil.* 7ª ed. Rio de Janeiro: Forense, 1998, vol. V, p. 231).

89. Sobre os capítulos de sentença e diferentes momentos do trânsito em julgado, conferir: DINAMARCO, Cândido Rangel. *Capítulos de sentença.* 5ª ed. São Paulo: Malheiros Editores, 2013, p. 118/120.

Cabem, ainda, cinco últimas ressalvas.

A primeira delas explica a razão de, nos parágrafos anteriores, só se ter vinculado o pedido de esclarecimento e a solicitação de ajustes aos capítulos *apeláveis* da decisão de saneamento e organização do processo. Como o objetivo da estabilidade prevista no art. 357, § 1º, é conferir segurança jurídica, não faz sentido aplicá-la quando o agravo de instrumento é interposto no prazo de quinze dias (art. 1.003, § 5º), sob pena de preclusão. O capítulo sobre eventual redistribuição do ônus probatório, portanto, pode ser agravado independentemente de pedido de esclarecimento ou de ajustes, exigíveis apenas dos capítulos apeláveis.

Pondere-se, contudo, que, como os embargos de declaração interrompem o prazo para a interposição de recurso, sem discriminação do capítulo impugnado, havendo a apresentação dos embargos de declaração contra a decisão de saneamento e organização, também é interrompido o prazo recursal para eventual agravo de instrumento, cuja admissibilidade, repita-se, é independente da efetiva apresentação dos embargos de declaração[90].

A segunda ressalva destaca que a estabilidade do art. 357, § 1º, é restrita aos capítulos tipicamente resolvidos pela decisão de saneamento e organização do processo[91]. Trata-se de exceção à regra geral de ausência de preclusão imediata quanto às decisões interlocutórias não agraváveis e especificamente direcionada às matérias enumeradas no art. 357, I a V.

A terceira ressalva representa uma discordância do posicionamento de Fredie Didier Jr., para quem o prazo previsto no art. 357, § 1º, só se aplica às decisões de saneamento escritas, de modo que, sendo proferida em audiência, presentes as partes, os esclarecimentos e ajustes devem ser solicitados até o fim da sessão, sob pena de preclusão[92].

Discorda-se porque o art. 357, § 1º, estabeleceu claramente o prazo de cinco dias, não fazendo nenhuma ressalva quanto à forma como foi proferida a decisão de saneamento (escrita ou oral). Não parece possível aplicar regime semelhante ao do agravo retido na forma oral, previsto no art. 523, § 3º do CPC/1973, porque o próprio CPC/1973 reconhecia ser essa uma exceção à regra geral de agravo interposto por petição escrita no prazo de dez dias, a

---

90. Fredie Didier Jr., apesar de não apresentar as mesmas justificativas, também defende que os capítulos agraváveis não estão sujeitos à estabilidade do art. 357, § 1º: DIDIER Jr., Fredie. *Curso de direito processual civil: introdução ao direito processual civil, parte geral e processo de conhecimento.* 17ª ed. Salvador: Juspodivm, 2015, vol. 1, p. 693.

91. DIDIER Jr., Fredie. *Curso de direito processual civil: introdução ao direito processual civil, parte geral e processo de conhecimento.* 17ª ed. Salvador: Juspodivm, 2015, vol. 1, p. 693.

92. DIDIER Jr., Fredie. *Curso de direito processual civil: introdução ao direito processual civil, parte geral e processo de conhecimento.* 17ª ed. Salvador: Juspodivm, 2015, vol. 1, p. 693.

ponto de destacar um artigo específico para ressalvar a excepcionalidade, que, inclusive, tinha aplicação restritiva pelo STJ[93]. Além disso, como o visto, os pedidos de esclarecimento ou ajustes podem ser feitos por embargos de declaração, recurso que, nos procedimentos regulados no CPC/2015, deve ser interposto de forma escrita (art. 1.023, *caput*).

Diante do estabelecimento de uma regra geral com um prazo determinado (art. 357, § 1º) e do silêncio legislativo quanto às decisões tomadas em audiência, parece mais adequado entender que o pedido de esclarecimentos ou de ajustes pode ser feito na forma escrita, no prazo de cinco dias, mesmo quando o saneamento ocorra em audiência.

A quarta ressalva diz respeito à possibilidade de as partes apresentarem ao juiz, solicitando a sua homologação, a delimitação consensual das questões de fato e de direito que, se homologada, vincula as partes e o juiz (art. 357, § 2º). A decisão interlocutória que homologa essa delimitação consensual é, quanto a esses capítulos, irrecorrível, valendo a antiga regra de que as partes não podem recorrer de decisões a que deram causa[94].

Por fim, a quinta ressalva diz respeito ao saneamento ocorrido em audiência com a cooperação das partes para este fim (art. 357, § 3º). A estabilidade desta decisão depende da participação dos envolvidos, isto é, havendo concordância quanto às questões de fato e de direito, aplica-se a irrecorribilidade mencionada acima, ligada à delimitação consensual. Não sendo o caso, segue-se o regime geral do art. 357, § 1º.

De todo o exposto neste tópico, é possível extrair as seguintes conclusões acerca da decisão de saneamento e organização do processo: a) é uma decisão interlocutória; b) ressalvado o capítulo que versar sobre redistribuição o ônus da prova (agravável), é recorrível por apelação; c) quanto aos capítulos apeláveis, a falta de pedido de esclarecimento ou solicitação de ajustes gera a estabilidade da decisão, que não pode ser posteriormente

93. Assim, entendendo que, quando a decisão interlocutória fosse tomada em audiência de conciliação, o agravo retido poderia ser interposto na forma escrita: AgRg no AREsp 354975 / SP. Segunda Turma. Rel. Min. Herman Benjamin. DJe 06/03/2014; REsp 1288033/MA. Terceira Turma. Rel. Min. Sidnei Beneti. DJe: 19/10/2012.

94. Nas palavras de José Carlos Barbosa Moreira: "A ninguém é dado usar as vias recursais para perseguir determinado fim, se o obstáculo ao atingimento desse fim, representado pela decisão impugnada, se originou o ato praticado por aquele mesmo que pretende impugná-la; no fundo, trata-se de aspecto particular do princípio que proíbe o *venire contra factum proprium*, e o impedimento ao recurso, em perspectiva dogmática, subsume-se na figura denominada *preclusão lógica*, que consiste, como é sabido, na perda de um direito ou de uma faculdade processual pelo fato de se haver realizado atividade incompatível com o respectivo exercício" (MOREIRA, José Carlos Barbosa. *Comentários ao Código de Processo Civil*. 7ª ed. Rio de Janeiro: Forense, 1998, vol. V, p. 338).

alterada; d) a solicitação de esclarecimentos ou de ajustes, que é recurso e um pressuposto de admissibilidade extrínseco da apelação contra a decisão de saneamento e organização, pode ser feita por embargos de declaração ou por pedido autônomo.

9.8.4 A recorribilidade das decisões interlocutórias ao final e as "nulidades relativas"

9.8.4.1 Classificação dos defeitos dos atos processuais

O processo pode ser encarado como um ato jurídico complexo de formação sucessiva, na medida em que é um conjunto de atos jurídicos (atos processuais) relacionados entre si em prol de um mesmo objetivo: a tutela jurisdicional[95].

Como esclarece Marcos Bernardes de Mello, no ato jurídico complexo há um *ato final*, que o caracteriza e define a sua natureza, e *ato(s) condicionante(s)*, que se relaciona(m) entre si como partes integrantes de um processo destinado a certo fim. Os atos condicionantes são preparatórios do ato final e constituem pressupostos de validade ou eficácia deste último[96].

Mais precisamente, José Joaquim Calmon de Passos definia o processo como um *tipo complexo de formação sucessiva*, uma vez que os atos que o compõem se sucedem numa ordem prefixada e necessária[97].

Como só os *atos jurídicos* estão sujeitos ao plano de validade[98], tanto o processo, no sentido de procedimento (ato jurídico complexo), quanto os atos jurídicos processuais que o compõem estão sujeitos à análise do plano de validade.

Quanto ao conceito de *ato processual*, Pontes de Miranda o definia como todo ato que pudesse promover o processo, interferir na formação, no desenvolvimento e na terminação da relação jurídica processual ou definir

95. DIDIER Jr., Fredie. *Sobre a teoria geral do processo, essa desconhecida*. 2ª ed. Salvador: Juspodivm, 2013, p. 64/65. Em sentido semelhante, Pontes de Miranda definia que "todo processo é série de atos encadeados com mais ou menos coesão tendente à preparação final indispensável à atividade julgadora ou de entrega da prestação jurisdicional" (MIRANDA, Francisco Cavalcanti Pontes de. *Comentários ao Código de processo civil*. Rio de Janeiro: Forense, 1974, t. III, p. 16).

96. MELLO, Marcos Bernardes de. *Teoria do fato jurídico: plano da existência*. 13ª ed. São Paulo: Saraiva, 2007, p. 160/161.

97. PASSOS, José Joaquim Calmon de. *Esboço de uma teoria das nulidades aplicadas às nulidades processuais*. Rio de Janeiro: Forense, 2009, p. 83.

98. MIRANDA, Francisco Cavalcanti Pontes de. *Tratado de direito privado*. Vilson Rodrigues Alves (atualizador). Campinas: Bookseller, 2000, t. IV, p. 39.

o processo, ainda que não praticado dentro dele[99], entendimento que não era pacífico na doutrina[100].

Desenvolvendo o conceito de Pontes de Miranda, Fredie Didier Jr. e Pedro Henrique Pedrosa Nogueira falam em *fatos processuais* e em *atos ou fatos do processo*. Esses últimos são praticados dentro do processo e exemplos dos primeiros. Assim, os fatos jurídicos praticados dentro do processo são uma categoria dos *fatos processuais*, que abarcam também os fatos ou atos praticados fora do processo, mas que nele repercutem, como a escolha convencional do foro[101].

Dessa forma, os autores definem que os fatos jurídicos *lato sensu* processuais são os eventos contemporâneos a um procedimento a que se refiram, descritos em norma jurídica processual. O conceito de "eventos", para fins de caracterização dos fatos jurídicos *lato sensu* processuais engloba as manifestações de vontade, condutas e fatos da natureza[102].

Os fatos processuais em sentido lato podem ser classificados primeiramente em *lícitos* e *ilícitos*. Os fatos processuais lícitos, por sua vez, podem ser classificados em: a) *fatos jurídicos strictu sensu processuais*; b) *atos-fatos jurídicos processuais*; c) atos jurídicos *strictu sensu* processuais; d) negócios jurídicos processuais[103].

---

99. Nas exatas palavras de Pontes de Miranda: "Todos os atos de promoção e incoação do processo, de formação da relação jurídica processual, da definição ou definitivação do processo, de desenvolvimento e de terminação da relação jurídica processual e de terminação do processo (nem sempre contemporâneas), são *atos processuais*. Há atos que vêm de fora, do direito material pré-processual, ou do direito material da *res in iudicium deducta*, e entram no processo, *revestindo-se* de processualidade, (...)" (MIRANDA, Francisco Cavalcanti Pontes de. *Comentários ao Código de processo civil*. Rio de Janeiro: Forense, 1974, t. III, p. 17).

100. José Joaquim Calmon de Passos era contrário à ideia de *atos processuais* praticados fora do processo. Para o autor, a caracterização de um ato como processual dependia da concorrência de três fatores: sede processual, produção de efeitos processuais e que só no processo possa ser praticado: "A relevância da sede para caracterização do ato processual parece conclusão correta, desde que atendido quanto exposto. Não há atos processuais praticados fora do processo. Só atividade desenvolvida no processo pode consubstanciar-se em atos processuais que se colocam sob disciplina (teoria geral) comum aos atos processuais, o que não significa, entretanto, sejam processuais todos os atos praticados no processo. *Somente são atos processuais aqueles que também produzem, no processo, efeitos processuais.* Tanto não basta, contudo. Ainda se faz necessário cuidar-se de ato que *só no processo pode ser praticado. Atos processuais, por conseguinte, são os atos jurídicos praticados no processo, pelos sujeitos da relação processual ou pelos sujeitos do processo, capazes de produzir efeitos processuais e que só no processo podem ser praticados*" (PASSOS, José Joaquim Calmon de. *Esboço de uma teoria das nulidades aplicadas às nulidades processuais*. Rio de Janeiro: Forense, 2009, p. 53).

101. DIDIER Jr., Fredie; NOGUEIRA, Pedro Henrique Pedrosa. *Teoria dos fatos jurídicos processuais*. Salvador: Juspodivm, 2011, p. 30/31.

102. DIDIER Jr., Fredie; NOGUEIRA, Pedro Henrique Pedrosa. *Teoria dos fatos jurídicos processuais*. Salvador: Juspodivm, 2011, p. 31.

103. DIDIER Jr., Fredie; NOGUEIRA, Pedro Henrique Pedrosa. *Teoria dos fatos jurídicos processuais*. Salvador: Juspodivm, 2011, p. 38.

Os *fatos jurídicos processuais em sentido estrito* são aqueles para os quais não concorre um ato humano e que repercutem processualmente, como a morte da parte. Os *atos-fatos jurídicos processuais*, a seu turno, são os que pressupõem um ato humano, mas que a norma tem como irrelevante a vontade de praticá-lo, como a perda de um prazo. Os *atos jurídicos processuais em sentido estrito* são aqueles nos quais há vontade humana na sua prática, mas cujos efeitos são pré-determinados, isto é, independem da vontade do sujeito, como a penhora e a citação. Já os *negócios jurídicos processuais* são *atos* processuais nos quais a vontade humana é considerada tanto na prática do ato quanto para os seus efeitos, como a suspensão convencional do processo[104].

Como neste tópico interessa o plano de validade, trabalhar-se-á apenas com os atos processuais em sentido estrito e com os negócios jurídicos processuais. Conforme esclarecido acima, o procedimento (ato jurídico complexo) deve preencher os requisitos de validade, assim como os atos processuais que o compõem.

À validade do procedimento dá-se o nome de *admissibilidade*. A inadmissibilidade pressupõe a ocorrência dos chamados *vícios de fundo*[105], isto é, de defeitos ligados ao preenchimento dos requisitos de admissibilidade do processo e das condições da ação (para quem defende a permanência desta categoria autônoma). Também pode se falar nos vícios de fundo quanto à admissibilidade dos demais atos postulatórios, como os recursos[106].

Para os fins deste trabalho, interessam os defeitos ligados aos atos processuais que compõem o procedimento, não os do ato jurídico complexo.

Antes de adentrar a classificação dos defeitos processuais e da sua relação com a recorribilidade das decisões interlocutórias, é necessária a fixação algumas premissas.

Primeiramente, ressalte-se que o ato inválido existe, mas é defeituoso[107]. Ele supera o plano da existência, isto é, apresenta um preenchimento *suficiente* do suporte fático (plano da existência), mas *deficiente* (plano de validade)[108].

104. DIDIER Jr., Fredie; NOGUEIRA, Pedro Henrique Pedrosa. *Teoria dos fatos jurídicos processuais*. Salvador: Juspodivm, 2011, p. 39/64.

105. WAMBIER, Teresa Arruda Alvim. *Nulidades do processo e da sentença*. 4ª ed. São Paulo: Editora Revista dos Tribunais, 1997, p. 159.

106. DIDIER Jr., Fredie; NOGUEIRA, Pedro Henrique Pedrosa. *Teoria dos fatos jurídicos processuais*. Salvador: Juspodivm, 2011, p. 87.

107. MIRANDA, Francisco Cavalcanti Pontes de. *Tratado de direito privado*. Vilson Rodrigues Alves (atualizador). Campinas: Bookseller, 2000, t. IV, p. 54/55.

108. Nesse sentido: MIRANDA, Francisco Cavalcanti Pontes de. *Tratado de direito privado*. Vilson Rodrigues Alves (atualizador). Campinas: Bookseller, 2000, t. IV, p. 35/36; DIDIER Jr., Fredie; NOGUEIRA, Pedro Henrique Pedrosa. *Teoria dos fatos jurídicos processuais*. Salvador: Juspodivm, 2011, p. 70.

Em segundo lugar, destaque-se que a invalidação é sanção decorrente de um defeito. Assim, a anulação é diferente do *defeito*, que lhe é pressuposto. Nem todo ato defeituoso é inválido, mas todo ato inválido é defeituoso[109].

Por fim, não há "nulidade processual de pleno direito", isto é, toda invalidade processual é decretada e o ato processual defeituoso produz efeitos até que lhe seja aplicada a sanção de invalidade[110].

Quanto à classificação dos defeitos do ato processual, podem ser enumeradas quatro espécies.

Em primeiro lugar, há defeitos que não tornam o ato passível de anulação. São as chamadas *meras irregularidades*, como a ausência de utilização de vestes talares pelo advogado em sustentação oral[111].

Em segundo lugar, há defeitos processuais que não ensejam a anulação do ato processual de ofício pelo magistrado, devendo ser alegados pela parte no primeiro momento em que lhe couber falar nos autos, sob pena de preclusão (art. 278, *caput*). Esses defeitos estão normalmente ligados aos vícios de fundo do procedimento e dos atos postulatórios, como a prorrogação de competência por ausência de alegação da incompetência relativa e a arguição do art. 1.018, § 3º, do CPC/2015[112].

Em terceiro lugar, há os defeitos que permitem a invalidação dos atos processuais de ofício, como a falta de preenchimento dos requisitos processuais de admissibilidade[113].

Por fim, há uma quarta espécie de defeito do ato processual: aquele que permite a anulação de ofício pelo magistrado, mas que, não havendo

---

109. DIDIER Jr., Fredie; NOGUEIRA, Pedro Henrique Pedrosa. *Teoria dos fatos jurídicos processuais*. Salvador: Juspodivm, 2011, p. 73/74.

110. Nesse sentido: DIDIER Jr., Fredie; NOGUEIRA, Pedro Henrique Pedrosa. *Teoria dos fatos jurídicos processuais*. Salvador: Juspodivm, 2011, p. 76; ASSIS, Araken de. *Processo civil brasileiro: parte geral: institutos fundamentais*. São Paulo: Editora Revista dos Tribunais, 2015, vol. II, t. I, p. 1.631. Teresa Arruda Alvim afirma que "o ato nulo tem uma espécie de 'vida artificial', até o dia em que seja efetivada a sua invalidação" (WAMBIER, Teresa Arruda Alvim. *Nulidades do processo e da sentença*. 4ª ed. São Paulo: Editora Revista dos Tribunais, 1997, p. 128).

111. Nesse sentido: TALAMINI, Eduardo. "Notas sobre a Teoria das Nulidades no Processo Civil". *Revista Dialética de Direito Processual*. n. 29, 2009, p. 47; DIDIER Jr., Fredie; NOGUEIRA, Pedro Henrique Pedrosa. *Teoria dos fatos jurídicos processuais*. Salvador: Juspodivm, 2011, p. 78. Teresa Arruda Alvim também ratifica a impossibilidade de invalidação decorrente das meras irregularidades e as qualifica como "nulidades relativas *latissimo sensu*", mas dá tratamento diverso às duas situações: WAMBIER, Teresa Arruda Alvim. *Nulidades do processo e da sentença*. 4ª ed. São Paulo: Editora Revista dos Tribunais, 1997, p. 160/162.

112. DIDIER Jr., Fredie; NOGUEIRA, Pedro Henrique Pedrosa. *Teoria dos fatos jurídicos processuais*. Salvador: Juspodivm, 2011, p. 79.

113. DIDIER Jr., Fredie; NOGUEIRA, Pedro Henrique Pedrosa. *Teoria dos fatos jurídicos processuais*. Salvador: Juspodivm, 2011, p. 80.

impugnação pela parte prejudicada, no primeiro momento em que lhe couber falar nos autos, se opera a preclusão. Seriam exemplos a abusividade da cláusula contratual de eleição de foro (art. 63, §§ 3º e 4º) e a falta de intimação de uma das partes para uma audiência[114].

Alguns autores preferem falar, além das *meras irregularidades*, em *nulidades absolutas ou relativas*, como Teresa Arruda Alvim[115], Eduardo Talamini[116] e Araken de Assis[117], por exemplo. De uma forma geral, as nulidades absolutas seriam aquelas que poderiam ser conhecidas de ofício pelo juiz a qualquer tempo, enquanto que as relativas não o poderiam e deveriam ser alegadas pelo prejudicado no primeiro momento em que lhe coubesse falar nos autos, sob pena de preclusão. A nomenclatura parece não ser a mais adequada porque, como o visto, a nulidade é sanção, aplicável a todos os atos cujos defeitos não possam ser sanados. A diferença não reside na espécie de sanção, que é a mesma (invalidação), mas no regime jurídico do reconhecimento do defeito. Apesar dessas considerações, é inegável que a doutrina e a jurisprudência contemplam amplamente esta classificação.

Feitas essas considerações sobre as diversas espécies de vícios dos atos processuais, deve-se passar ao estudo de uma das regras sobre os defeitos dos atos processuais, ligada justamente ao reconhecimento de ofício e à preclusão. Essa análise se fará no tópico seguinte, em conjunto com a abordagem do tema central.

---

114. Nesse sentido: DIDIER Jr., Fredie; NOGUEIRA, Pedro Henrique Pedrosa. *Teoria dos fatos jurídicos processuais*. Salvador: Juspodivm, 2011, p. 80/81.

115. O tema é enfrentado à luz do CPC/1973 em: WAMBIER, Teresa Arruda Alvim. *Nulidades do processo e da sentença*. 4ª ed. São Paulo: Editora Revista dos Tribunais, 1997, p. 1609/192. Utilizando os termos *nulidades relativas* e *nulidades absolutas* no estudo do CPC/2015: WAMBIER, Teresa Arruda Alvim. "Nulidades". In: WAMBIER, Teresa Arruda Alvim; DIDIER Jr., Fredie; TALAMINI, Eduardo; DANTAS, Bruno (Coord.). *Breves comentários ao Novo Código de Processo Civil*. São Paulo: Editora Revista dos Tribunais, 2015, p. 737.

116. Nas palavras do autor: "Em síntese, propõe-se a seguinte classificação das nulidades: (...) b) a nulidade relativa: deriva da ofensa a uma norma dispositiva – vale dizer, uma norma que tutela um interesse disponível da parte. Não pode ser declarada de ofício. Depende de argüição da parte interessada, no prazo legalmente previsto. (...). Além disso, a lei pode estabelecer forma específica para a sua argüição (...). Não havendo a argüição pelo legitimado no prazo e forma previstos, o ato eivado do defeito é convalidado. Ou seja, a lei atribui-lhe retroativamente valor integral. (...). c) a nulidade absoluta: decorre da violação da norma cogente, que tutela interesse indisponível da parte ou do próprio Estado-Jurisdição. Pode e deve ser declarada de ofício e a todo o tempo. Bem, por isso, no curso do processo, elas não são passíveis de pura e simples convalidação" (TALAMINI, Eduardo. "Notas sobre a Teoria das Nulidades no Processo Civil". *Revista Dialética de Direito Processual*, n. 29, 2009, p. 47/48).

117. ASSIS, Araken de. *Processo civil brasileiro: parte geral: institutos fundamentais*. São Paulo: Editora Revista dos Tribunais, 2015, vol. II, t. I, p. 1.631/636.

9.8.4.2 A recorribilidade das decisões interlocutórias ao final e as "nulidades relativas"

O art. 278, *caput*, do CPC/2015 indica que a "nulidade dos atos" deve ser arguida na primeira oportunidade em que couber à parte se manifestar nos autos, sob pena de preclusão. Por sua vez, o parágrafo único do mesmo art. 278 define que tal regime não se aplica "às nulidades que o juiz deva decretar de ofício, nem prevalece a preclusão provando a parte legítimo impedimento".

Assim, havendo intimação irregular dos advogados para a manifestação sobre a contestação (vício que pode inicialmente ser conhecido de ofício), a parte prejudicada deve praticar o referido ato processual arguindo o defeito em sede preliminar (art. 272, § 8º). Havendo o reconhecimento do vício, o ato é considerado tempestivo. Caso a parte se manifeste posteriormente nos autos e não suscite tal defeito, há preclusão, nos termos do art. 278, *caput*. Trata-se de defeito incluído na quarta espécie, segundo a classificação vista acima.

De forma semelhante, a realização de audiência de instrução e julgamento sem a intimação de uma das partes é um defeito processual que pode ser conhecido de ofício pelo magistrado. Todavia, havendo manifestação posterior do prejudicado em que nada suscite, também ocorrerá preclusão.

Após esses esclarecimentos, chega-se à questão central deste tópico: *como conciliar a exigência de manifestação sobre os defeitos processuais, sob pena de preclusão, prevista no art. 278,* caput, *com a redação do art. 1.009, § 1º, que indica não haver preclusão quanto às decisões interlocutórias não agraváveis?*

A melhor solução está na origem do defeito processual[118].

O regime do art. 1.009, § 1º, deve ser aplicado aos defeitos processuais causados por decisões interlocutórias. Assim, quando um *error in procedendo* for causado por uma decisão interlocutória não agravável, não é necessária manifestação específica no primeiro momento em que couber ao prejudicado falar nos autos, uma vez que o regime da preclusão é expressamente excepcionado.

Um exemplo bem claro é a negação da produção de determinado meio de prova. Caso o meio de prova seja realmente necessário, esta decisão interlocutória culmina num vício de atividade que, a princípio, contamina o restante

118. Guilherme Thofehrn Lessa não defende o posicionamento que se apresentará, mas já aponta para alguma diferenciação entre a estabilidade dos defeitos processuais (art. 278) e a das decisões interlocutórias apeláveis: "Não há de se confundir a preclusão de impugnação das decisões interlocutórias com outras preclusões presentes no Projeto do novo CPC, em especial a do art. 278, que determina que as nulidades que não forem alegadas na primeira oportunidade ficarão preclusas. No caso das nulidades a preclusão atinge o ônus de *alegação*, não o ônus de *impugnação*" (LESSA, Guilherme Thofehrn. "Irrecorribilidade das decisões interlocutórias e regime de agravo no projeto do novo CPC". *Revista de Processo*. Ano 39, v. 230, 2014, p. 196/197).

do procedimento. Em virtude da preclusão para o juiz, trata-se de um vício cujo reconhecimento pressupõe a arguição da parte, sob pena de preclusão também para ela. Todavia, por conta do regime específico do art. 1.009, § 1º, a impugnação só deve ocorrer no momento da apelação ou das contrarrazões à apelação, não incidindo, portanto, a regra do art. 278, *caput*, do CPC/2015.

Por outro lado, quando os defeitos processuais se originarem em outros atos processuais, que não as decisões interlocutórias, o art. 278, *caput*, incide plenamente, desde que sejam vícios que, após a primeira manifestação da parte prejudicada, não possam mais ser conhecidos de ofício (da segunda e da quarta espécies, conforme classificação anterior).

Os dois exemplos dados acima (intimação deficiente e realização de audiência de instrução e julgamento sem a comunicação de uma das partes) são casos claros de defeitos no procedimento que não são causados por decisões interlocutórias. Como o procedimento é um ato jurídico complexo, tais vícios, a princípio, também contaminam o restante do procedimento. Contudo, o seu reconhecimento segue a regra geral do art. 278, *caput*: havendo o silêncio do prejudicado na primeira oportunidade que lhe couber falar nos autos, opera-se a preclusão e há a convalidação dos atos processuais que, a princípio, seriam afetados.

Cabe, ainda, uma ressalva: havendo arguição do vício, a decisão interlocutória que versar sobre ele segue a regra geral do art. 1.009, § 1º, só necessitando de impugnação ao final do procedimento em primeira instância.

Em sentido contrário, Fredie Didier Jr. e Leonardo Carneiro da Cunha defendem que a prévia suscitação é pressuposto para a admissibilidade da futura apelação contra a decisão interlocutória, no caso do art. 278, *caput*. Para os autores, a boa-fé objetiva impede que a parte não suscite o defeito processual no primeiro momento em que lhe couber falar e futuramente o alegue em sede de apelação. O silêncio inicial geraria uma expectativa legítima de que a questão não seria discutida futuramente[119].

Não parece seguro afirmar que o silêncio geraria uma expectativa legítima quando o próprio art. 1.009, § 1º, define que a parte não precisa tomar nenhuma atitude imediata para poder apelar contra a decisão interlocutória. O problema da falta de segurança quanto à estabilidade das decisões

---

119. DIDIER Jr., Fredie; CUNHA, Leonardo Carneiro da. *Curso de direito processual civil: meios de impugnação às decisões judiciais e processos nos tribunais.* 13ª ed. Salvador: Juspodivm, 2016, vol. 3, p. 226. A interpretação proposta por Fredie Didier Jr. e Leonardo Carneiro da Cunha é similar à aplicada no processo do trabalho, como explica Carlos Henrique Bezerra Leite: "Em linha de princípio, portanto, somente na interposição de recursos contra a decisão final, poderá o recorrente suscitar, como matéria preliminar de suas razões recursais, todas as decisões interlocutórias proferidas no curso do processo, desde que tenha manifestado o seu inconformismo nos termos do art. 795, *in fine*, da CLT, sob pena de preclusão" (LEITE, Carlos Henrique Bezerra. *Curso de direito processual do trabalho.* 11ª ed. São Paulo: LTr, 2013, p. 783).

interlocutórias deriva justamente da opção legislativa consagrada no art. 1.009, § 1º, isto é, o legislador optou por possibilitar "reviravoltas surpreendentes" quanto a algumas decisões interlocutórias apeláveis, deixando para trás o benefício do agravo retido de conferir certeza de inalterabilidade de decisões interlocutórias não recorridas imediatamente.

Assim, não é a impugnação posterior ao silêncio inicial que trai a expectativa da outra parte, mas a opção pela extinção do agravo retido e pela recorribilidade ao final, que modifica o regime das preclusões quanto às decisões interlocutórias e retira segurança jurídica do procedimento. Por mais que seja uma escolha legislativa criticável, não há como fugir dela para fazer incidir o art. 278 quanto aos vícios contidos e causados por decisões interlocutórias.

Marcela Melo Perez, analisando conjuntamente o art. 1.000 e o art. 1.009, § 1º, apresenta posicionamento que converge ao defendido neste trabalho. Para ela, a postergação da preclusão quanto às decisões interlocutórias apeláveis dispensa a apresentação do "protesto antipreclusivo" e torna de difícil ocorrência a configuração da aquiescência prevista no art. 1.000 para fins de inadmissibilidade da apelação contra decisão interlocutória[120].

Também não parece possível adotar o outro extremo: o de ignorar a incidência do art. 278, *caput*, e dispensar a suscitação dos defeitos pela parte prejudicada.

A intenção legislativa ao inserir o art. 1.009, § 1º, não foi alterar o regime de reconhecimento de vícios processuais, mas modificar a recorribilidade das decisões interlocutórias, extinguindo o agravo retido e postergando a impugnação de algumas decisões interlocutórias a momento posterior à sentença. Por consequência, só indiretamente as alterações devem impactar no regime das invalidações dos atos processuais, isto é, devem restringir-se àqueles vícios decorrentes de decisões interlocutórias.

A interpretação proposta, portanto, compatibiliza as redações do art. 278, *caput*, e do art. 1.009, § 1º, preservando a utilidade de ambos e delimitando a incidência de cada um deles.

9.8.5 As decisões interlocutórias anteriores à resolução parcial do processo (com ou sem exame do mérito)

Durante o curso do processo em primeira instância, pode ser proferida uma decisão interlocutória não agravável e, em momento posterior, uma que resolva parcialmente a demanda, com ou sem exame do mérito.

---

120. PEREZ, Marcela Melo. *A recorribilidade diferida das decisões interlocutórias no CPC/15 e preclusão lógica.* Disponível em: http://processualistas.jusbrasil.com.br/artigos/342797352/a-recorribilidade-diferida-das-decisoes-interlocutorias-no-cpc-15-e-preclusao-logica?ref=home. Acesso em: 05/06/2016.

Pode-se pensar num seguinte exemplo: o magistrado rejeita a impugnação à concessão de gratuidade de justiça logo após a sua apresentação, e, depois da manifestação do autor sobre a contestação, exclui um dos réus. A primeira decisão é apelável e a segunda, agravável (art. 1.015, VII).

Diante deste cenário, chega-se ao problema enfrentado neste tópico: *havendo decisão interlocutória apelável anterior à agravável que resolve parcialmente a demanda (com ou sem exame do mérito), o agravo de instrumento deve impugnar também as decisões interlocutórias apeláveis, sob pena de preclusão, numa aplicação por analogia do art. 1.009, § 1º?*[121]

Antes de se iniciar a exposição, duas ressalvas: a) a questão será enfrentada sob a ótica do agravante (interessado na reforma da decisão interlocutória "agravável"), mas todas as considerações acerca da impugnação de decisão interlocutória apelável em contrarrazões pelo apelado podem ser aplicáveis, por analogia, à situação do agravado; b) para facilitar a comunicação, a decisão apelável será chamada de *decisão anterior* e a agravável, de *decisão posterior*[122].

As respostas para esse problema estão expostas em editorial de autoria de Fredie Didier Jr. e Leonardo Carneiro da Cunha, cujas conclusões coincidem com as defendidas neste trabalho.

Nesse contexto, há três situações possíveis: *a) a decisão anterior* pode dizer respeito exclusivamente ao resolvido na *decisão posterior*; b) a *decisão anterior* pode relacionar-se apenas com o decidido na sentença, sendo completamente alheia à *decisão posterior*; c) a decisão anterior pode dizer respeito tanto àquilo decidido pela *decisão posterior* quanto ao resolvido em sentença[123].

No primeiro caso, parece claro que a *decisão anterior* só pode ser impugnada nas razões ou contrarrazões de agravo de instrumento, sob

121. Note-se que esse não é um problema propriamente novo, podendo ser adaptado à realidade do CPC/1973. A questão seria: *havendo decisão interlocutória, sujeita a agravo retido, anterior à resolução parcial do processo (com ou sem resolução do mérito), o agravo de instrumento contra esta segunda decisão deve conter preliminar de ratificação do agravo retido contra a primeira, sob pena de preclusão, numa aplicação por analogia do art. 523, § 1º do CPC/1973?*

122. A utilização dos termos é inspirada em Fredie Didier Jr. e Leonardo Carneiro da Cunha, que dividem em *decisão anterior* e *decisão parcial*: DIDIER Jr., Fredie; CUNHA, Leonardo Carneiro da. *Editorial 188: CPC-2015. O problema das decisões interlocutórias não agraváveis anteriores e o agravo de instrumento contra decisão parcial.* Disponível em: http://www.frediedidier.com.br/editorial/editorial-188/. Acesso em: 02/03/2016. As premissas são reiteradas em: DIDIER Jr., Fredie; CUNHA, Leonardo Carneiro da. *Curso de direito processual civil: meios de impugnação às decisões judiciais e processos nos tribunais.* 13ª ed. Salvador: Juspodivm, 2016, vol. 3, p. 228/230.

123. DIDIER Jr., Fredie; CUNHA, Leonardo Carneiro da. *Editorial 188: CPC-2015. O problema das decisões interlocutórias não agraváveis anteriores e o agravo de instrumento contra decisão parcial.* Disponível em: http://www.frediedidier.com.br/editorial/editorial-188/. Acesso em: 02/03/2016.

pena de preclusão, raciocínio ratificado pelo enunciado n. 611 do Fórum Permanente de Processualistas Civis[124]. Defender que a *decisão anterior* segue a regra geral de sujeição à apelação pode gerar a esdrúxula situação de uma decisão interlocutória não agravada, que resolva parcialmente o processo e possua uma *decisão anterior apelável* que só diga respeito ao pedido cujo mérito não será julgado, permaneça sob condição suspensiva e só transite em julgado após a tramitação de todos os recursos contra a sentença, cujo conteúdo lhe é totalmente estranho[125].

Quanto a esse primeiro caso, pode-se pensar no seguinte exemplo: um autor ajuíza uma demanda de manutenção de posse cumulada com pedido de indenização danos morais contra determinado réu, alegando ter sido agredido fisicamente ao tentar uma solução extrajudicial do conflito. Em audiência de justificação prévia, o demandado alega o impedimento de uma testemunha cujo depoimento visava provar a ameaça à posse do autor. A decisão sobre essa questão é interlocutória e apelável. Sendo posteriormente noticiada a desapropriação do imóvel com a imissão na posse pelo ente público, haverá resolução parcial do processo sem exame do mérito no que diz ao pedido de manutenção da posse, em virtude da perda do interesse de agir. Caso alguma das partes deseje recorrer desta segunda decisão interlocutória (agravável), a decisão sobre a contradita à testemunha, ligada exclusivamente ao pedido de manutenção de posse, deve ser recorrida nas razões ou contrarrazões do agravo de instrumento.

Quanto ao segundo caso, aquele no qual a *decisão anterior* diz respeito unicamente ao resolvido na sentença, deve-se seguir a regra geral do art. 1.009, § 1º, isto é, a decisão interlocutória é apelável[126].

Ainda utilizando o exemplo acima, pode-se imaginar a arguição de preliminar de prescrição quanto ao pedido de indenização por danos morais. A decisão interlocutória sobre esta questão é apelável e, no caso do exemplo, independente do pedido de manutenção de posse, de modo que a resolução parcial do processo por conta da desapropriação não lhe diz respeito. Assim, ela seria impugnada por apelação.

---

124. Enunciado n. 611 do Fórum Permanente de Processualistas Civis. Na hipótese de decisão parcial com fundamento no art. 485 ou no art. 487, as questões exclusivamente a ela relacionadas e resolvidas anteriormente, quando não recorríveis de imediato, devem ser impugnadas em preliminar do agravo de instrumento ou nas contrarrazões.

125. Nesse sentido: DIDIER Jr., Fredie; CUNHA, Leonardo Carneiro da. *Editorial 188: CPC-2015. O problema das decisões interlocutórias não agraváveis anteriores e o agravo de instrumento contra decisão parcial.* Disponível em: http://www.frediedidier.com.br/editorial/editorial-188/. Acesso em: 02/03/2016.

126. Nesse sentido: DIDIER Jr., Fredie; CUNHA, Leonardo Carneiro da. *Editorial 188: CPC-2015. O problema das decisões interlocutórias não agraváveis anteriores e o agravo de instrumento contra decisão parcial.* Disponível em: http://www.frediedidier.com.br/editorial/editorial-188/. Acesso em: 02/03/2016.

Já o terceiro caso, no qual a *decisão anterior* diz respeito àquilo resolvido na *decisão posterior* e também na sentença, a situação é mais complicada.

Pense-se num exemplo simples: o magistrado rejeita a impugnação à concessão da gratuidade de justiça ao autor e, em momento posterior, julga antecipadamente algum dos pedidos.

Nesse contexto, Fredie Didier Jr. e Leonardo Carneiro da Cunha pensam em três alternativas: a) a *decisão anterior* teria que ser impugnada em agravo de instrumento e também na apelação; b) a *decisão anterior* seria impugnada apenas na apelação; c) a *decisão anterior* seria recorrível apenas por agravo de instrumento contra a *decisão posterior*[127].

A primeira alternativa é inconveniente por tornar a mesma unidade decisória recorrível em dois momentos e por dois recursos diferentes. Além disso, como ambos os recursos trariam a mesma pretensão, haveria litispendência, caso a apelação e o agravo de instrumento tramitassem simultaneamente, ou coisa julgada, caso o primeiro já tivesse sido julgado[128]. Por fim, pode-se afirmar que isso iria de encontro à preclusão consumativa, uma vez que o exercício do direito de recorrer contra aquela unidade decisória, quando feito pela primeira vez, não esgotaria a possibilidade de fazê-lo.

A segunda solução também é problemática por possibilitar longa postergação do trânsito em julgado da *decisão posterior*, como o visto mais acima[129]. Além do que já foi exposto, deve-se destacar que essa alternativa retiraria muito da utilidade da resolução parcial do processo (com ou sem exame do mérito) quando houvesse uma decisão interlocutória anterior apelável comum àquilo resolvido na *decisão posterior* e na sentença, pois o trânsito em julgado da *decisão posterior* ficaria condicionado à definitiva resolução da apelação e dos recursos posteriores.

A terceira alternativa é a melhor, uma vez que prestigia a segurança jurídica, ao permitir a resolução definitiva mais rápida da *decisão anterior* e ao reduzir o risco de que a *decisão posterior* permaneça com o seu trânsito em julgado pendente[130].

---

127. DIDIER Jr., Fredie; CUNHA, Leonardo Carneiro da. *Editorial 188: CPC-2015. O problema das decisões interlocutórias não agraváveis anteriores e o agravo de instrumento contra decisão parcial.* Disponível em: http://www.frediedidier.com.br/editorial/editorial-188/. Acesso em: 02/03/2016.

128. DIDIER Jr., Fredie; CUNHA, Leonardo Carneiro da. *Editorial 188: CPC-2015. O problema das decisões interlocutórias não agraváveis anteriores e o agravo de instrumento contra decisão parcial.* Disponível em: http://www.frediedidier.com.br/editorial/editorial-188/. Acesso em: 02/03/2016.

129. DIDIER Jr., Fredie; CUNHA, Leonardo Carneiro da. *Editorial 188: CPC-2015. O problema das decisões interlocutórias não agraváveis anteriores e o agravo de instrumento contra decisão parcial.* Disponível em: http://www.frediedidier.com.br/editorial/editorial-188/. Acesso em: 02/03/2016.

130. Com a mesma conclusão e por razões semelhantes: DIDIER Jr., Fredie; CUNHA, Leonardo Carneiro da. *Editorial 188: CPC-2015. O problema das decisões interlocutórias não agraváveis anteriores e o agravo*

Desta forma, são extraídas as seguintes conclusões: a) quando a *decisão anterior* disser respeito apenas àquilo resolvido na *decisão posterior*, ela deve ser impugnada por agravo de instrumento; b) quando a *decisão anterior* se relacionar a questão exclusivamente ligada ao decidido na sentença, ela segue a regra geral de recorribilidade por apelação; c) quando a *decisão anterior* resolver questão comum ao resolvido na *decisão posterior* e na sentença, ela deve ser impugnada por agravo de instrumento, sob pena de preclusão.

9.8.6 As preclusões e a ausência de recurso contra as decisões interlocutórias não agraváveis

Ao longo deste trabalho, o problema das preclusões decorrentes de ausência de recursos contra decisões interlocutórias foi enfrentado com base no CPC/1939[131] e no CPC/1973[132], merecendo estudo também sob o prisma do CPC/2015.

Quando o problema foi analisado à luz do CPC/1973, demonstrou-se que a doutrina majoritária defendia que as chamadas "questões de ordem pública", cognoscíveis de ofício, não ficavam sujeitas à preclusão, ainda que resolvidas por decisão interlocutória não recorrida, de sorte que o efeito translativo da apelação as alcançaria[133]. Como fundamento, era comumente utilizado o art. 267, § 3º, do CPC/1973, que impunha ao magistrado o dever de conhecer de ofício dos pressupostos processuais de validade e das condições da ação[134].

O CPC/2015 tem dispositivo similar ao art. 267, § 3º, do CPC/1973: o art. 485, § 3º.

---

de instrumento contra decisão parcial. Disponível em: http://www.frediedidier.com.br/editorial/editorial-188/. Acesso em: 02/03/2016.

131. Sobre o tema, conferir o tópico "5.2.5 As preclusões e os despachos interlocutórios".

132. Sobre o tema, conferir o tópico "6.5 AS PRECLUSÕES E AS DECISÕES INTERLOCUTÓRIAS".

133. Nesse sentido: WAMBIER, Teresa Arruda Alvim. *Nulidades do processo e da sentença.* 4ª ed. São Paulo: Editora Revista dos Tribunais, 1997, p. 187/192; MARINONI, Luiz Guilherme; ARENHART, Sérgio Cruz. *Processo de conhecimento.* 7ª ed. São Paulo: Editora Revista dos Tribunais, 2008, p. 530; NERY Junior, Nelson. *Teoria geral dos recursos.* 7ª ed. São Paulo: Editora Revista dos Tribunais, 2014, p. 460/462; SOUZA, Bernardo Pimentel. *Introdução aos recursos cíveis e à ação rescisória.* 10ª ed. São Paulo: Saraiva, 2014, p. 306/307; ASSIS, Araken de. *Manual dos recursos.* 7ª ed. São Paulo: Editora Revista dos Tribunais, 2015, p. 441/442. Heitor Vitor Mendonça Sica, apesar de não tratar do efeito devolutivo da apelação, defendia que algumas questões, como os pressupostos processuais, as condições da ação e as "nulidades absolutas" não estavam sujeitas à preclusão: SICA, Heitor Vitor Mendonça. *Preclusão processual civil.* 2ª ed. São Paulo: Atlas, 2008, p. 230/239.

134. Mencionavam expressamente o art. 267, § 3º em sua argumentação: WAMBIER, Teresa Arruda Alvim. *Nulidades do processo e da sentença.* 4ª ed. São Paulo: Editora Revista dos Tribunais, 1997, p. 188; NERY Junior, Nelson. *Teoria geral dos recursos.* 7ª ed. São Paulo: Editora Revista dos Tribunais, 2014, p. 460/462.

O art. 485 define hipóteses nas quais o magistrado deve resolver, total ou parcialmente, a demanda. Dentre as causas que autorizam tal decisão estão: a) a "ausência de pressupostos de constituição e de desenvolvimento válido e regular do processo" (inciso IV); b) a perempção (inciso V); c) a litispendência (inciso V); d) a coisa julgada (inciso V); e) ausência de interesse de agir (inciso VI); f) falta de legitimidade processual (inciso VI); g) havendo a morte da parte, o direito for intransmissível (inciso IX).

O art. 485, § 3º, indica que o magistrado deve conhecer de ofício das matérias elencadas acima, "em qualquer tempo e grau de jurisdição, enquanto não ocorrer o trânsito em julgado".

O tema deve ser enfrentado também com base nos arts. 505 e 507 do CPC/2015. O art. 505, *caput,* estabelece, como regra geral, a vedação de que o juiz decida novamente as questões que já foram resolvidas no curso do processo. O art. 507, por sua vez, proíbe que as partes discutam, no curso do processo, as questões já decididas a cujo respeito se operou a preclusão.

Analisando o tema à luz do CPC/2015, Araken de Assis define que o art. 505, *caput,* é restrito à coisa julgada e que as partes não podem rediscutir as questões já resolvidas e ligadas aos pressupostos processuais e às "condições da ação", por força do art. 507. No entanto, para o autor, o art. 485, § 3º, autoriza que o órgão judiciário reexamine tais matérias a qualquer tempo, não se falando em preclusão quanto a elas[135].

Em sentido semelhante, Luiz Guilherme Marinoni, Sérgio Cruz Arenhart e Daniel Mitidiero não fazem a restrição à suscitação pelas partes, mas são expressos ao afirmar que as questões de ordem pública, dentre as quais os pressupostos processuais e as condições da ação seriam exemplos, "são insuscetíveis de preclusão e podem voltar a ser examinadas pelo órgão jurisdicional dentro do mesmo grau de jurisdição ainda que já decididas"[136].

José Maria Tesheiner, por sua vez, alia o dever de conhecer de ofício das matérias do art. 485, § 3º, ao fato de que essas hipóteses autorizam o ajuizamento de ação rescisória para defender que o juiz e o tribunal podem reexaminar a decisão interlocutória sobre elas, ainda que a parte não tenha interposto o recurso correspondente[137].

Como já defendido anteriormente, essa não é a melhor intepretação.

---

135. ASSIS, Araken de. *Processo civil brasileiro: parte geral: institutos fundamentais.* São Paulo: Editora Revista dos Tribunais, 2015, vol. II, t. I, p. 1.412/1.413.

136. MARINONI, Luiz Guilherme; ARENHART, Sérgio Cruz; MITIDIERO, Daniel. *Novo código de processo civil comentado.* São Paulo: Editora Revista dos Tribunais, 2015, p. 520.

137. TESHEINER, José Maria. "Art. 507". In: STRECK, Lenio Luiz; NUNES, Dierle; CUNHA, Leonardo Carneiro da (Org.); FREIRE, Alexandre (Coord. Executivo). *Comentários ao Código de Processo Civil.* São Paulo: Saraiva, 2016, p. 731/732.

Em primeiro lugar, o art. 485, § 3º, permite o *exame* daquelas matérias de ofício, a qualquer tempo e em qualquer grau de jurisdição. Essa permissão, por óbvio, não alcança a possibilidade do seu *reexame*. A aplicação do art. 485, § 3º, pressupõe que o processo ainda esteja em curso e que não se tenha operado a preclusão[138].

Além disso, o art. 505, *caput*, impõe uma preclusão consumativa ao órgão jurisdicional: havendo decisão sobre uma questão, via de regra, é vedado revê-la. As exceções ficam por conta dos incisos do art. 505 e, obviamente, no caso de recurso contra a referida decisão. Note-se que o art. 505 não faz nenhuma ressalva quanto à matéria decidida. Ele é categórico ao impor, independentemente do tema, a preclusão consumativa.

Por último, o art. 507 cria uma preclusão para as partes: proíbe-se a rediscussão de questão resolvida por decisão e sobre a qual já tenha se operado a preclusão.

Da conjugação dos arts. 505 e 507, chega-se à forma mais clara de resolução do problema ligado à preclusão das decisões interlocutórias apeláveis.

Com fundamento no art. 505, pode-se afirmar que, após proferir a decisão, é vedado ao magistrado reexaminar a questão, salvo nos casos dos incisos e da interposição de recurso. Conclui-se, então, que a preclusão consumativa, para o magistrado de primeira instância, ocorre com a prolação da decisão (ressalvado o cabimento de embargos de declaração) e, para todos os órgãos jurisdicionais que atuarem naquele processo, com a ausência de apelação contra aquela decisão interlocutória.

Já com base no art. 507, pode-se analisar a preclusão direcionada às partes. Como o dispositivo indica não ser possível que a parte rediscuta questão quando já houve a preclusão, cabe questionar quando há a preclusão quanto à rediscussão das decisões interlocutórias não agraváveis. Neste ponto, o art. 1.009, § 1º, é claro ao postergar o momento preclusivo ligado à impugnação das decisões interlocutórias apeláveis para a apresentação das razões ou contrarrazões à apelação.

Diante das duas considerações acima, chega-se à conclusão de que a ausência de impugnação da decisão interlocutória não agravável em sede de apelação ou contrarrazões (art. 1.009, § 1º) veda o reexame da matéria, independentemente de ela ser "de ordem pública" ou não. O silêncio dos legitimados a recorrer, neste momento, implica preclusão para as partes e para todos os órgãos jurisdicionais que atuarem naquele processo[139].

---

138. DIDIER Jr., Fredie. *Curso de direito processual civil: introdução ao direito processual civil, parte geral e processo de conhecimento.* 18ª ed. Salvador: Juspodivm, 2016, vol. 1, p. 710/711.

139. No sentido da preclusão decorrente da falta de apelação contra a decisão interlocutória não agravável, conferir: CUNHA, Leonardo Carneiro da; DIDIER Jr., Fredie. "Apelação contra decisão interlocutória

Antonio do Passo Cabral analisa a questão com base somente no art. 507, mas não é expresso quanto à possibilidade de o tribunal reexaminar decisão interlocutória não apelada. Para o autor, a proibição do art. 507 alcança também o magistrado, de modo que "ao Estado-juiz é proibido rever suas decisões, na mesma instância, sem que haja um incremento cognitivo". Quanto às "matérias de ordem pública", ele lembra o entendimento que elas também podem ser alcançadas pela preclusão consumativa, vedando-se a rediscussão e a reanálise pelo juízo, *na mesma instância*, sem alterações fáticas ou jurídicas que as justifiquem[140].

O autor, com grande clareza, apresenta as confusões doutrinárias que vinculam a *cognoscibilidade de ofício* de algumas questões à ausência de preclusão. Assim, lembra que *cognoscibilidade de ofício* representa a desnecessidade de provocação da parte para que o juiz conheça de determinada matéria; a *cognoscibilidade a qualquer tempo* significa que não há preclusão temporal; e a *possibilidade de reexame* é que está ligada à ausência de preclusão consumativa, permitindo a reabertura de cognição sobre uma matéria[141].

Nesse cenário, as matérias do art. 485, § 3º, independem de provocação da parte para serem conhecidas (cognoscíveis de ofício) e não estão sujeitas à preclusão temporal (cognoscíveis a qualquer tempo). Por outro lado, o dispositivo não é capaz de torná-las livres da preclusão consumativa.

Como o dito acima, na visão deste trabalho, a impossibilidade de reanálise pelo juízo que proferiu a decisão interlocutória decorre do art. 505, *caput*. A ocorrência dessa preclusão consumativa em desfavor dos demais órgãos jurisdicionais que atuarem no processo está sujeita a uma condição suspensiva: a preclusão temporal para a parte, que, no caso das decisões interlocutórias não agraváveis, só ocorre com a ausência de apelação contra elas, conforme interpretação conjunta dos arts. 507 e 1.009, § 1º.

Deve-se lembrar, contudo, que o STJ, na vigência do CPC/1973, firmou entendimento no sentido de não haver preclusões quanto às "questões de ordem pública" eventualmente decididas no saneamento processual, de sorte que elas poderiam ser reapreciadas em sede de apelação, ainda que não houvesse agravo retido anterior[142].

---

não agravável: a apelação do vencido e a apelação subordinada do vencedor. Duas novidades do CPC/2015". *Revista de Processo*. Ano 40, v. 241, 2015, p. 233.

140. CABRAL, Antonio do Passo. "Coisa julgada". In: WAMBIER, Teresa Arruda Alvim; DIDIER Jr., Fredie; TALAMINI, Eduardo; DANTAS, Bruno (Coord.). *Breves comentários ao Novo Código de Processo Civil*. São Paulo: Editora Revista dos Tribunais, 2015, p. 1.307/1.308.

141. CABRAL, Antonio do Passo. "Questões processuais no julgamento do Mensalão: valoração da prova indiciária e preclusão para o juiz de matérias de ordem pública". *Revista dos Tribunais*, Ano 102, n. 933, 2013, p. 137/138.

142. Nesse sentido: AgRg no REsp 1377422/PR. Terceira Turma. Rel. Min. Rel. Ricardo Villas Bôas Cueva, DJe: 17/04/2015; REsp 1254589/SC. Terceira Turma. Rel. Min. Nancy Andrighi. DJe: 30/09/2011; REsp 847.390/SP. Primeira Turma. Rel. Min. Teori Albino Zavascki, DJ: 22/03/2007, p. 302; REsp 261.651/PR. Terceira Turma. Rel. Min.Castro Filho. DJ: 23/05/2005, p. 266.

AS DECISÕES INTERLOCUTÓRIAS AGRAVÁVEIS

10.1 CONSIDERAÇÕES GERAIS

Ao longo da abordagem histórica, verificou-se que a legislação brasileira tem como marca a enumeração casuística das hipóteses de cabimento do agravo de instrumento, sendo o CPC/1973 uma exceção quanto ao tema. Nesse contexto, o CPC/2015 cede à tradição histórica e, em seu art. 1.015, destaca um rol de decisões sujeitas ao agravo de instrumento.

Apesar disso, ele se afasta dos problemas apresentados nas legislações anteriores ao CPC/1973, especificamente no que dizia respeito à falta de vinculação do agravo de instrumento a uma espécie de decisão judicial. Assim, tal qual o art. 522 do CPC/1973, o CPC/2015 vinculou o agravo de instrumento às decisões interlocutórias e fixou a regra de que as sentenças são apeláveis, permitindo um estudo mais organizado do tema.

A análise histórica também mostrou que a enumeração casuística das legislações anteriores ao CPC/1939 padecia de um grave problema: o grande número de hipóteses de cabimento do agravo de instrumento impedia um estudo organizado do assunto. Neste ponto, há um grande avanço do CPC/2015, pois, apesar de ceder à tradição enumerativa, o legislador reuniu quase todas as hipóteses no art. 1.015, que conta apenas com doze incisos e um parágrafo único para fixar as decisões agraváveis.

O estudo das decisões interlocutórias agraváveis começa justamente a partir da análise das hipóteses de cabimento do art. 1.015. Nesta caminhada, cada uma delas será vista em separado, oportunidade em que serão estudadas as suas principais nuances e se questionará quais as razões que podem justificar o seu reexame imediato.

Nesse contexto, a opção pelo reexame imediato é analisada a partir da eventual aptidão da apelação para tutelar satisfatoriamente o direito possivelmente violado.

De uma forma geral, a apelação é considerada inapta quando se responde positivamente, ao menos, a uma dessas questões: a) *a decisão interlocutória pressupõe o reexame imediato, isto é, a sujeição ao agravo de instrumento é uma decorrência da decisão interlocutória?*; b) *faltaria interesse recursal à futura apelação, isto é, ela seria incapaz de promover um resultado útil ao recorrente?*; c) *a postergação do reexame implicaria a assunção de riscos processuais relevantes ou poderia impor prejuízo considerável às partes?*

Com relação aos riscos processuais mencionados, eles passam por uma análise de coerência legislativa, isto é, se, como regra, o CPC/2015 assume os riscos decorrentes do reexame postergado de decisões interlocutórias sobre determinada matéria, a apelação é considerada como meio de impugnação hábil e, por consequência, a inclusão de hipótese semelhante no rol do art. 1.015 é tida como uma má escolha legislativa.

A resposta positiva a uma das questões mencionadas indica a inaptidão da apelação para tutelar satisfatoriamente a hipótese e, portanto, o acerto na inclusão da decisão no rol das agraváveis.

Em seguida, passar-se-á a uma discussão fruto do renascimento da enumeração casuística, na medida em que ela traz consigo um questionamento muito enfrentado na vigência do CPC/1939: o caráter taxativo ou exemplificativo do rol de decisões agraváveis.

Por fim, à semelhança do já feito em outros momentos deste trabalho, é reservado um tópico ligado à estabilidade decorrente da ausência de interposição de agravo de instrumento contra decisão interlocutória.

10.2 AS HIPÓTESES DE CABIMENTO EXPRESSAS

10.2.1 Tutelas provisórias

10.2.1.1 Considerações gerais

O CPC/2015 destina um livro às chamadas tutelas provisórias, regulando-as entre os seus arts. 294 e 311. A tutela provisória é aquela que, concedida mediante cognição sumária, antecipa os efeitos de uma possível tutela definitiva. Já esta segunda (tutela definitiva) é obtida após cognição exauriente, apta à produção da coisa julgada[1].

A tutela provisória tem como principal finalidade reduzir os prejuízos que o tempo do processo impõe às partes e garantir a efetividade da

1. Nesse sentido: ZAVASCKI, Teori Albino. *Antecipação da tutela*. 2ª ed. São Paulo: Editora Saraiva, 1999, p. 17/39; DIDIER Jr., Fredie; BRAGA, Paula Sarno; OLIVEIRA, Rafael Alexandria de. *Curso de direito processual civil: teoria da prova, direito probatório, decisão, precedente, coisa julgada e tutela provisória*. 11ª ed. Salvador: Juspodivm, 2016, vol. 2, p. 575/582.

jurisdição[2], representando uma *inversão do ônus de suportá-lo*, isto é, aquele que, a princípio, só alcançaria os benefícios pleiteados após a concessão da tutela definitiva, passa a gozá-los de forma antecipada[3].

A tutela definitiva pode ser de duas espécies: *satisfativa* (certificadora de direitos ou efetivadora) ou *cautelar* (asseguradora de direitos). Por consequência, a tutela provisória se sujeita à mesma classificação[4].

Com relação aos seus fundamentos, o art. 294, *caput*, do CPC/2015 indica que a tutela provisória pode se embasar na *urgência* ou na *evidência*.

Já no que diz respeito à espécie de medida adotada, a *tutela de urgência* é dividida, nos termos do art. 294, parágrafo único, em *antecipada* (satisfativa, segundo classificação acima) e *cautelar*. Já a tutela de evidência é sempre satisfativa[5].

Nesse contexto, cabe destacar uma impropriedade legislativa: o CPC/2015 trata a tutela antecipada como sinônimo de tutela provisória satisfativa. Ocorre que a *tutela antecipada*, corretamente designada, representa sinônimo de *tutela provisória*, isto é, é uma técnica de antecipação de efeitos de uma tutela definitiva[6], conforme reconhecia o enunciado n. 28 do Fórum Permanente de Processualistas Civis, cancelado em virtude da

---

2. DIDIER Jr., Fredie; BRAGA, Paula Sarno; OLIVEIRA, Rafael Alexandria de. *Curso de direito processual civil: teoria da prova, direito probatório, decisão, precedente, coisa julgada e tutela provisória.* 11ª ed. Salvador: Juspodivm, 2016, vol. 2, p. 581. A relação entre a tutela provisória e o tempo necessário para a concessão da tutela definitiva também é enfrentada, mas à luz do CPC/1973, em: ZAVASCKI, Teori Albino. *Antecipação da tutela.* 2ª ed. São Paulo: Editora Saraiva, 1999, p. 27/30.

3. Luiz Guilherme Marinoni, analisando a tutela antecipatória prevista no CPC/1973, afirmava: "A tutela antecipatória, expressamente prevista no Código de Processo Civil (art. 273), é fruto da visão da doutrina processual moderníssima, que foi capaz de enxergar o equívoco de um procedimento destituído de uma técnica de distribuição do ônus do tempo do processo. (...). Desta forma, concretiza-se o princípio de que a demora do processo não pode prejudicar o autor que tem razão e, mais do que isso, restaura-se a ideia – que foi apagada pelo cientificismo de uma teoria distante do direito material – de que o tempo do processo não pode ser um ônus suportado unicamente pelo autor" (MARINONI, Luiz Guilherme. *Antecipação da tutela.* 9ª ed. São Paulo: Revista dos Tribunais, 2006, p. 41).

4. DIDIER Jr., Fredie; BRAGA, Paula Sarno; OLIVEIRA, Rafael Alexandria de. *Curso de direito processual civil: teoria da prova, direito probatório, decisão, precedente, coisa julgada e tutela provisória.* 11ª ed. Salvador: Juspodivm, 2016, vol. 2, p. 575/583.

5. No sentido de a tutela de evidência sempre ser satisfativa, não cautelar: DIDIER Jr., Fredie; BRAGA, Paula Sarno; OLIVEIRA, Rafael Alexandria de. *Curso de direito processual civil: teoria da prova, direito probatório, decisão, precedente, coisa julgada e tutela provisória.* 11ª ed. Salvador: Juspodivm, 2016, vol. 2, p. 584; MEDINA, José Miguel Garcia. *Direito processual civil moderno.* São Paulo: Editora Revista dos Tribunais, 2015, p. 445/446.

6. Nesse sentido: DIDIER Jr., Fredie; BRAGA, Paula Sarno; OLIVEIRA, Rafael Alexandria de. *Curso de direito processual civil: teoria da prova, direito probatório, decisão, precedente, coisa julgada e tutela provisória.* 11ª ed. Salvador: Juspodivm, 2016, vol. 2, p. 581.

redação do código[7]. Assim, bem utilizados os termos, a tutela antecipada/provisória seria classificada em *satisfativa* ou *cautelar*, a depender da espécie de tutela concedida. Apesar dessas considerações, quando se falar em *tutela antecipada*, tratar-se-á da *tutela provisória satisfativa*.

Uma vez concedida a tutela provisória, ela conserva a sua eficácia durante todo o processo, salvo se, a qualquer tempo, for reformada ou modificada (art. 296, *caput*). A redação legal deve ser explicada: não interposto agravo de instrumento contra a decisão interlocutória que concedeu a tutela provisória, há preclusão e ela só pode ser revista ou reformada quando o magistrado indicar a ocorrência de fatos novos ou de novos elementos que conduzam ao reexame[8].

Nas disposições gerais acerca da tutela provisória, o CPC/2015 traz outras previsões, de importância secundária para este trabalho: a) dispensa de pagamento de custas quando o requerimento for feito incidentalmente (art. 295); b) conservação, a princípio, dos efeitos da tutela provisória durante a suspensão processual (art. 296, parágrafo único); c) amplos poderes de efetivação da decisão que concedeu a tutela provisória (art. 297); d) necessidade de fundamentação para a concessão da tutela provisória (art. 298); e) competência para decidir sobre o requerimento de tutela provisória (art. 299).

Após destinar um título às disposições gerais, o legislador trouxe outro, ligado às tutelas de urgência.

Como primeira diferença com relação ao CPC/1973, houve unificação dos requisitos para a concessão das duas espécies de tutela de urgência (cautelar e antecipada)[9], como reconhecido no enunciado n. 143 do Fórum

---

7. Enunciado n. 28 do Fórum Permanente de Processualistas Civis (cancelado). Tutela antecipada é uma técnica de julgamento que serve para adiantar efeitos de qualquer tipo de provimento, de natureza cautelar ou satisfativa, de conhecimento ou executiva.

8. DIDIER Jr., Fredie; BRAGA, Paula Sarno; OLIVEIRA, Rafael Alexandria de. *Curso de direito processual civil: teoria da prova, direito probatório, decisão, precedente, coisa julgada e tutela provisória.* 11ª ed. Salvador: Juspodivm, 2016, vol. 2, p. 598/599. Em sentido semelhante, à luz do CPC/1973, Teori Albino Zavascki, ao cuidar da precariedade da tutela provisória, afirmava que ela não estava submetida à "imutabilidade da coisa julgada, podendo ser modificada ou revogada a qualquer tempo, desde que haja mudança no estado de fato (que acarrete o desaparecimento, o surgimento ou a modificação de urgência que lhe serve de pressuposto) ou no estado da prova (que acarrete mudança de juízo sobre os fatos e o direito afirmado)" (ZAVASCKI, Teori Albino. *Antecipação da tutela.* 2ª ed. São Paulo: Editora Saraiva, 1999, p. 38/39).

9. Nesse sentido: TALAMINI, Eduardo. "Tutela de urgência no Projeto de novo Código de Processo Civil: a estabilização da medida urgente e a 'monitorização' do processo civil brasileiro". *Revista de Processo.* Ano 37, vol. 209, 2012, p. 16; DIDIER Jr., Fredie; BRAGA, Paula Sarno; OLIVEIRA, Rafael Alexandria de. *Curso de direito processual civil: teoria da prova, direito probatório, decisão, precedente, coisa julgada e tutela provisória.* 11ª ed. Salvador: Juspodivm, 2016, vol. 2, p. 607.

Permanente de Processualistas Civis[10]. Com o CPC/2015, a concessão das tutelas de urgência passou a exigir a probabilidade do direito e o risco de dano (art. 300, *caput*) ou a prática de ilícito (art. 497, parágrafo único).

A segunda diferença foi a inclusão de um procedimento de *tutela antecipada requerida em caráter antecedente*, que, por conta de peculiaridades ligadas à decisão interlocutória que a concede, é estudada em tópico específico mais à frente.

A terceira diferença foi a extinção dos procedimentos cautelares específicos, cujas medidas, quando requeridas de forma antecedente, passam a seguir o mesmo rito, previsto entre os arts. 305 e 310. Como este procedimento não apresenta especificidades relacionadas à decisão interlocutória que versa sobre a tutela provisória, as considerações genéricas que se fizer lhe alcançam.

Há, ainda, outros dispositivos ligados às tutelas de urgência: a) possibilidade de exigência de contracautela para a sua concessão (art. 300, § 1º); b) previsão de que elas podem ser concedidas liminarmente ou após justificação prévia (art. 300, § 2º); c) vedação, ao menos em princípio, da antecipação de tutela que seja irreversível (art. 300, § 3º); d) casos de responsabilidade da parte pelos prejuízos causados pela efetivação da tutela de urgência (art. 302).

A tutela da evidência, que sempre é satisfativa e dispensa a presença da urgência, como visto, é regulada pelo art. 311, e pode ser concedida quando: a) se caracterizar abuso de direito de defesa ou manifesto propósito protelatório da parte (inciso I); b) as alegações de fato só puderem ser provadas documentalmente e houver tese firmada em sede de julgamento de casos repetitivos ou em súmula vinculante (inciso II); c) o pedido for reipersecutório e estiver fundado em prova documental adequada do contrato de depósito (inciso III); d) a petição inicial for instruída com prova suficiente dos fatos constitutivos do direito do autor e o réu não tiver oposto prova capaz de gerar dúvida razoável (inciso IV). Nos casos dos incisos II e III, a tutela da evidência pode ser concedida liminarmente, nos termos do art. 311, parágrafo único.

Como o propósito da abordagem é estudar a recorribilidade da decisão interlocutória sobre tutela provisória, essas considerações gerais são suficientes para se prosseguir no estudo.

---

10. Enunciado n. 143 do Fórum Permanente de Processualistas Civis. A redação do art. 300, caput, superou a distinção entre os requisitos da concessão para a tutela cautelar e para a tutela satisfativa de urgência, erigindo a probabilidade e o perigo na demora a requisitos comuns para a prestação de ambas as tutelas de forma antecipada.

10.2.1.2 A recorribilidade da decisão interlocutória sobre tutela provisória

O art. 1.015, I, indica que está sujeita ao agravo de instrumento a decisão interlocutória que versa sobre tutela provisória.

Primeiramente, deve-se destacar que o agravo de instrumento volta-se à impugnação da *decisão interlocutória* sobre tutela provisória. Caso a questão seja resolvida por sentença, a apelação é o recurso cabível, nos termos do art. 1.013, § 5º.

Em segundo lugar, é preciso ponderar que o art. 1.015, I, é indiferente ao sentido da decisão interlocutória que versa sobre tutela provisória, isto é, independentemente de conceder, indeferir, modificar ou revogar a tutela provisória, ela é impugnável por agravo de instrumento.

A terceira observação fica por conta do fato de o CPC/2015 não exigir, para a admissibilidade do agravo de instrumento, que o direito alegado pelo agravante seja evidente, provável ou que haja algum tipo de perigo a ele ou ao resultado útil do processo.

Em quarto lugar, deve-se observar que essa é a única hipótese de cabimento em que o legislador expressamente previu a possibilidade de sustentação oral no procedimento de agravo de instrumento (art. 937, VIII)[11].

A quinta observação indica que, não interposto o agravo de instrumento, há preclusão e só é lícita decisão posterior sobre o tema quando o magistrado apresentar novos fatos ou elementos para tanto[12].

Na visão deste trabalho, há acerto legislativo em prever que a decisão interlocutória sobre tutela provisória, independentemente do sentido, da "evidência" do direito ou do risco de dano, está sujeita ao agravo de instrumento.

Em sexto lugar, é preciso destacar algumas considerações feitas pela Terceira Turma do STJ no julgamento do REsp 1752049/PR[13].

Nos termos do voto da Ministra Relatora Nancy Andrighi, o inciso I, ao mencionar a decisão interlocutória que versa sobre tutela provisória, possui um "núcleo essencial", ligado aos pronunciamentos sobre a presença dos requisitos exigidos pelo CPC/2015 (art. 300 ou 311) e que, portanto,

11. A despeito dessa previsão, defende-se a sustentação oral no agravo de instrumento contra a decisão interlocutória de mérito, conforme visto no tópico 10.2.2.3 do trabalho e permitido no art. 187, I, do Regimento Interno do TJBA.

12. DIDIER Jr., Fredie; BRAGA, Paula Sarno; OLIVEIRA, Rafael Alexandria de. *Curso de direito processual civil: teoria da prova, direito probatório, decisão, precedente, coisa julgada e tutela provisória.* 11ª ed. Salvador: Juspodivm, 2016, vol. 2, p. 598/599. Nesse sentido, comentando o tema à luz da antecipação da tutela prevista no CPC/1973: MARINONI, Luiz Guilherme. *Antecipação da tutela.* 9ª ed. São Paulo: Revista dos Tribunais, 2006, p. 202/203.

13. STJ. REsp 1752049/PR. Terceira Turma. Rel. Min. Nancy Andrighi. DJe 15/03/2019.

deferem, indeferem, modificam ou revogam a tutela provisória. Tais decisões são, inegavelmente, recorríveis por agravo de instrumento.

Por outro lado, a Terceira Turma do STJ entendeu que há decisões que, embora não se encaixem nesse "núcleo essencial", estão intimamente ligadas à tutela provisória. Como exemplos, são mencionadas as que tratam sobre prazo para concretização, modo de efetivação, técnicas executivas a adotar, garantias exigidas etc.

Para o órgão, o inciso I consagrou uma "cláusula de cabimento de amplo espectro", de sorte que são agraváveis não só as decisões interlocutórias que se encaixam no "núcleo essencial" (deferimento, indeferimento, modificação ou revogação da tutela provisória), mas também são recorríveis imediatamente aquelas que cuidam de "aspectos acessórios que estão umbilicalmente vinculados a ela, porque, em todas essas situações, há urgência que justifique o imediato reexame da questão em 2º grau de jurisdição".

No caso concreto, a Terceira Turma entendeu que a decisão interlocutória sobre o custeio das despesas decorrentes da tutela provisória concedida não guarda relação imediata com o deferimento anterior e, portanto, não é agravável[14].

Como visto, a tutela antecipada está intimamente ligada à determinação de quem deve suportar o ônus da demora do processo para ver satisfeito o direito discutido em juízo. Já a tutela cautelar representa a possibilidade de adoção de medidas em prol da segurança de um direito, o que resulta, por exemplo, na restrição da utilização de certo bem ou de determinada quantia.

Essas decisões, independentemente do sentido, são *potencialmente* causadoras de dano (seja para inverter ou não o ônus da demora) e a apelação nem sempre poderia tutelar satisfatoriamente as situações. Em termos precisos, a sujeição ao agravo de instrumento só é razoável nas hipóteses em que a decisão interlocutória cause dano que não justifique o reexame ao final. Chegar-se-ia, então, a situação semelhante ao último período do CPC/1973, cujo art. 522 previa caber agravo de instrumento contra decisão

14. Nos termos do voto da Relatora: "Tais providências, todavia, não se relacionam, direta e nem mesmo indiretamente, com a tutela provisória objeto da decisão interlocutória impugnável, mas, sim, com a execução, operacionalização e implementação fática da providência que já foi requerida e obtida, descabendo discutir, em âmbito de tutela provisória, a questão relacionada ao fato de a parte beneficiária da tutela arcar com as despesas e, ao final, ser ressarcida pelo vencido, inclusive como decorrência lógica da necessidade de plena reintegração que permeia a tutela jurisdicional efetiva. Conclui-se que a relação estabelecida entre a decisão interlocutória que disciplina o modo de custeio da execução da tutela provisória e a decisão interlocutória que versa sobre tutela provisória é, pois, muitíssimo distante e dissociada, quase inexistente, não se podendo enquadrar a primeira na hipótese de cabimento do art. 1.015, I, do CPC/15, por mais amplo que seja o seu espectro" (STJ. REsp 1752049/PR. Terceira Turma. Rel. Min. Nancy Andrighi. DJe 15/03/2019).

interlocutória que pudesse causar à parte "lesão grave e de difícil reparação". No entanto, esse conceito traria incerteza a um grande número de casos e prejudicaria o cabimento do recurso, já que muitas situações semelhantes, a depender do órgão julgador, poderiam se sujeitar à impugnação ao final ou imediatamente. Além do mais, com o fim do agravo retido, haveria problemas com relação à inadmissão do agravo de instrumento, a menos que se afastasse a preclusão consumativa decorrente da primeira impugnação.

Por essas razões, pode-se afirmar que a apelação, no mais das vezes, é incapaz de tutelar as hipóteses ligadas às tutelas provisórias e que houve acerto legislativo na fixação do art. 1.015, I.

10.2.1.3 A postergação da decisão sobre a tutela provisória requerida

A realidade prática apresenta casos nos quais o magistrado, diante de um requerimento liminar de tutela provisória, expressamente posterga a sua análise para outro momento (após a resposta do réu, por exemplo).

Na vigência do CPC/1973, Teresa Arruda Alvim defendia que poderia se falar em "ato omissivo recorrível quando a omissão do magistrado ocorresse num contexto comissivo" e utilizava como exemplo o pronunciamento pelo qual o magistrado deixava de analisar o pedido de antecipação de tutela, afirmando que o faria após a contestação[15]. Já para Araken de Assis, mesmo as postergações que resultassem gravame não autorizariam a interposição de agravo de instrumento, uma vez que, por serem omissões, nada decidiriam e poderiam ser impugnadas somente por embargos de declaração[16].

Na visão deste trabalho, devem ser diferenciadas duas situações possíveis quando o magistrado está diante de um requerimento de tutela provisória: a) a simples omissão, designando audiência de conciliação ou mediação e determinando a citação do réu, por exemplo; b) a expressa opção pela postergação do exame do requerimento, ainda que sem a devida motivação.

Na primeira hipótese, o magistrado nada diz acerca do requerimento de tutela provisória e, portanto, nada decide. Nesse caso, o recurso cabível é apenas os embargos de declaração fundados na omissão[17].

---

15. WAMBIER, Teresa Arruda Alvim. *Os agravos no CPC brasileiro.* 4ª ed. São Paulo: Editora Revista dos Tribunais, 2006, p. 147.
16. ASSIS, Araken de. *Manual dos recursos.* 7ª ed. São Paulo: Editora Revista dos Tribunais, 2015, p. 528.
17. Em sentido contrário, analisando o tema à luz do CPC/1973, Marcos Paulo Passoni entende que a continuada omissão do magistrado em decidir alguma questão no curso do processo se caracterizava como uma decisão interlocutória recorrível. Segundo ele, a decisão interlocutória "pode surgir por um ato comissivo ou omisso, sem, por evidência, pôr fim à lide. O juízo que falta à decisão, por continuada inação, exara ato interlocutório omissivo" (PASSONI, Marcos Paulo. "A continuada inação judicial equivale a ato omissivo recorrível". *Revista de Processo.* Ano 35, n. 184, 2010, p. 297).

Já no segundo caso, a atitude do magistrado de "se reservar a apreciar o requerimento em outro momento" equivale à afirmação de que, num primeiro momento, ele ainda não vislumbra elementos suficientes à concessão da tutela provisória. Nesse caso, o magistrado expressamente resolve o requerimento: afirma, por outras palavras, que a tutela provisória não será concedida naquele momento.

Nessa segunda hipótese, portanto, há decisão interlocutória sobre tutela provisória, sujeita ao agravo de instrumento, conforme consolidado no enunciado de n. 29 do Fórum Permanente de Processualistas Civis[18] e no enunciado n. 70 da I Jornada de Direito Processual Civil do CJF[19].

Como consequência do caráter decisório do pronunciamento que posterga o exame do requerimento de tutela provisória, a decisão pelo adiamento, para que seja considerada válida (não necessariamente correta), deve ser fundamentada, como consolidado no enunciado de n. 30 do Fórum Permanente de Processualistas Civis[20].

10.2.1.4 A tutela antecipada requerida em caráter antecedente e a ausência de "recurso"

Uma das grandes novidades do CPC/2015 é o procedimento da tutela antecipada requerida em caráter antecedente e a ele estão ligadas algumas das maiores controvérsias do código, notadamente a estabilidade decorrente da ausência de recurso. Há duas questões ligadas à estabilidade que ganham notoriedade para este trabalho: a) o que se entende pelo "recurso", previsto no art. 304, *caput*; b) a natureza da estabilidade fixada no art. 304, § 6º.

A cada um desses temas se dedicará um tópico, a começar pela abrangência do termo "recurso", contido no art. 304, *caput*. Para tanto, é preciso traçar os aspectos gerais da tutela antecipada requerida em caráter antecedente.

De acordo com o art. 303, *caput*, quando a situação de urgência for contemporânea à propositura da demanda, "a petição inicial pode limitar-se ao requerimento da tutela antecipada e à indicação do pedido de tutela

---

18. Enunciado n. 29 do Fórum Permanente de Processualistas Civis. A decisão que condicionar a apreciação da tutela provisória incidental ao recolhimento de custas ou a outra exigência não prevista em lei equivale a negá-la, sendo impugnável por agravo de instrumento. No mesmo sentido: MITIDIERO, Daniel. "Livro V. Da tutela provisória". In: WAMBIER, Teresa Arruda Alvim; DIDIER Jr., Fredie; TALAMINI, Eduardo; DANTAS, Bruno (Coord.). *Breves comentários ao Novo Código de Processo Civil.* São Paulo: Editora Revista dos Tribunais, 2015, p. 775.

19. Enunciado n. 70. É agravável o pronunciamento judicial que postergar a análise de pedido de tutela provisória ou condicioná-la a qualquer exigência

20. Enunciado n. 30 do Fórum Permanente de Processualistas Civis. O juiz deve justificar a postergação da análise liminar da tutela provisória sempre que estabelecer a necessidade de contraditório prévio.

final", indicando a causa de pedir, o direito que pretende realizar e o perigo de dano ou o risco ao resultado útil do processo. De logo, percebe-se que este rito só se aplica à tutela de urgência, não à de evidência. Além disso, é o regramento voltado à concessão de tutela antecipada (a tutela cautelar requerida em caráter antecedente tem procedimento próprio, regulado entre os arts. 305 e 310).

Caso pretenda utilizar o procedimento da tutela antecipada requerida em caráter antecedente, a parte deve destacar, na petição inicial, que está se valendo deste rito (art. 303, § 5º), indicar o valor da causa tendo em vista o pedido final e recolher as custas judiciais correspondentes a ele (art. 303, § 4º).

Se o magistrado entender que não estão presentes os requisitos necessários à concessão da tutela provisória, deve intimar o autor para "emendar" a petição inicial em cinco dias, sob pena de ela ser indeferida e o processo ser extinto sem exame do mérito (art. 303, § 6º)[21]. Trata-se de decisão interlocutória que indefere o requerimento de tutela provisória e que, por consequência, está sujeita à recorribilidade por agravo de instrumento (art. 1.015, I)[22].

Por outro lado, caso concedida a tutela requerida em caráter antecedente, o CPC/2015 traz três disposições iniciais: a) o autor deve aditar a petição inicial, no prazo de quinze dias ou em outro fixado pelo juiz, complementando a sua argumentação, juntando novos documentos e confirmando o pedido de tutela final (art. 303, § 1º, I); b) o réu deve ser citado e intimado para comparecer à audiência de conciliação ou de mediação, se for o caso (art. 303, § 1º, II); c) não havendo autocomposição, o prazo para contestar é contado na forma do art. 335 (art. 303, § 1º, III).

O aditamento mencionado deve ocorrer nos mesmos autos em que foi concedida a tutela antecipada, independentemente do pagamento de novas custas judiciais, e, caso o autor não o promova, o processo é extinto sem resolução do mérito (art. 303, §§ 2º e 3º).

Como se verá adiante, a opção por fixar que o início do prazo para aditamento se dá com a concessão da tutela de urgência gera um descompasso com relação à possível estabilidade, prevista mais à frente.

---

21. Como bem aponta Daniel Mitidiero, não se trata verdadeiramente de *emenda*, mas de *aditamento* à petição inicial: MITIDIERO, Daniel. "Autonomização e Estabilização da Antecipação da Tutela no Novo Código de Processo Civil". *Revista Magister de Direito Civil e Processual Civil*. Ano XI, n. 63, 2014, p. 25/26. Em sentido semelhante, sobre a atecnia do uso da expressão "emendar": MEDINA, José Miguel Garcia. *Direito processual civil moderno*. São Paulo: Editora Revista dos Tribunais, 2015, p. 479.

22. No mesmo sentido: SOUZA, Artur César de. "Análise da Tutela Antecipada prevista no Relatório Final da Câmara dos Deputados em relação ao novo CPC: Da Tutela de Evidência e da Tutela Satisfativa – Última parte". *Revista de Processo*. Ano 39, vol. 235, 2014, p. 181/182.

Nos termos do art. 304, *caput* e § 1º, caso o réu não interponha recurso contra a decisão interlocutória que concedeu a tutela antecipada requerida em caráter antecedente, ela torna-se estável e o processo é extinto. O agravo de instrumento é o recurso adequado para impugnar a decisão interlocutória concessiva (art. 1.015, I).

Apesar dessa estabilidade, qualquer das partes pode demandar a outra para rever, reformar ou invalidar a tutela antecipada estabilizada, direito que se extingue dois anos após a ciência da decisão que extinguiu o processo anterior, aquele no qual foi concedida a tutela antecipada requerida em caráter antecedente (art. 304, §§ 2º e 3º). O art. 304, § 4º, define, ainda, a prevenção do juízo anterior e que qualquer das partes pode requerer o desarquivamento do primeiro processo para instruir a petição inicial da nova demanda.

Por fim, o art. 304, § 6º, indica que a decisão que concede a tutela antecipada requerida em caráter antecedente não faz coisa julgada, mas a sua estabilidade só é afastada pela ação autônoma mencionada no § 2º do mesmo artigo. Esta questão é enfrentada no tópico seguinte.

Nesse momento, cumpre voltar ao descompasso entre o prazo para aditamento e a estabilidade prevista no art. 304. Considerando a grande chance de a intimação do autor sobre a concessão, por meio do seu advogado, ser anterior ao início do prazo do réu para recorrer, que pressupõe a juntada aos autos do comprovante de citação/intimação, em muitos casos o autor terá de aditar a petição inicial sem saber se haverá ou não a estabilização do art. 304. Melhor opção legislativa seria prever que o prazo para aditamento se iniciaria com a intimação do autor para responder ao recurso, falar sobre a resposta do réu ou se manifestar sobre outro meio de impugnação utilizado pelo demandado[23].

Diante desse descompasso, Bruno Garcia Redondo sugere que a expressão "concedida", prevista no art. 303, § 1º, deve ser entendida como "efetivada", em aplicação por analogia do art. 308, de modo que, antes do prazo para aditar, o autor saberia acerca da estabilização, o que poderia tornar dispensável o aditamento[24]. Essa não parece ser a interpretação que mais se aproxime do sentido imediato extraível do texto do art. 303, § 1º.

Na visão deste trabalho, diante da opção legislativa, o prazo deve ser, de fato, contado da intimação acerca da concessão da tutela antecipada e eventual estabilização deve ser considerada como um fato superveniente que influencia

---

23. Nesse sentido: REDONDO, Bruno Garcia. "Estabilização, modificação e negociação da tutela de urgência antecipada antecedente: principais controvérsias". *Revista de Processo*. Ano 40, vol. 244, 2015, p. 180.

24. REDONDO, Bruno Garcia. "Estabilização, modificação e negociação da tutela de urgência antecipada antecedente: principais controvérsias". *Revista de Processo*. Ano 40, vol. 244, 2015, p. 179.

o julgamento do mérito (art. 493), devendo o autor ser intimado para manifestar o seu desejo no prosseguimento do processo para o julgamento do pedido principal, em aplicação do art. 10. Defende-se esta intimação porque, se o CPC/2015 tolera, sem maiores requisitos, que o autor ajuíze ação autônoma para buscar ratificação da tutela antecipada, não há razão para impor a extinção com base na estabilidade quando o próprio demandante, após aditar a petição inicial, ratifica o desejo do prosseguimento do processo[25-26].

Após essas considerações, chega-se ao ponto central deste tópico: *o que se entende por "recurso" para impedir a estabilização do art. 304?*

Artur César de Souza apresenta uma visão restritiva, vinculando o impedimento à estabilização ao agravo de instrumento e defendendo que, não interposto o recurso, a parte sequer poderia contestar, uma vez que o processo seria extinto[27]. Em sentido semelhante, Marcelo Abelha destaca que o legislador não vinculou a estabilidade à falta de contestação, mas à ausência de agravo de instrumento, que seria o primeiro momento para o réu falar no processo, de modo que, faltando o recurso, haveria certeza da estabilidade[28]. Eduardo José da Fonseca Costa, partindo da premissa de que o prazo para resposta não é concomitante ao recursal, defende que só a interposição de agravo de instrumento ou o aditamento pelo autor (que pode pretender prosseguir com o processo) são capazes de inviabilizar a estabilização[29].

---

25. Em sentido semelhante, defendendo a possibilidade de o autor, após aditar a inicial e mesmo diante da inércia do réu, requerer o prosseguimento do processo: COSTA, Eduardo José da Fonseca. "Livro V. Da tutela provisória". In: STRECK, Lenio Luiz; NUNES, Dierle; CUNHA, Leonardo Carneiro da (Org.); FREIRE, Alexandre (Coord. Executivo). *Comentários ao Código de Processo Civil*. São Paulo: Saraiva, 2016, p. 425/426.

26. Em sentido contrário, Araken de Assis defende: "Verificado, porém, o pressuposto do art. 304, *caput*, a vontade dos litigantes em prosseguir na contenta revelar-se-á irrelevante, ao menos no que tange ao pedido de tutela antecipada. (...). Convém sublinhar a irrelevância da vontade do autor nesses domínios. Em que pese o domínio das partes, quanto à formação do processo e do objeto litigioso, o art. 304, § 1.º, é norma imperativa, restando-lhes a possibilidade de controverter a regra jurídica concreta através de ação própria" (ASSIS, Araken de. *Processo civil brasileiro: parte geral: institutos fundamentais*. São Paulo: Editora Revista dos Tribunais, 2015, vol. II, t. II, p. 492). Apesar de não ser tão incisivo quanto Araken de Assis, Leonardo Greco parece sugerir não haver opção para o autor: "Por outro lado, se, concedida a tutela liminarmente, o autor aditar a petição inicial para 'confirmar o pedido de tutela final', e o réu não recorrer da liminar, nem contestar a ação, o processo será extinto (art. 303, § 1º), ficando prejudicado o pedido principal por falta de um provimento final, e estabilizada a decisão liminar sem coisa julgada" (GRECO, Leonardo. "A tutela da urgência e a tutela da evidência no Código de Processo Civil de 2015". In: RIBEIRO, Darci Guimarães; JOBIM, Marco Félix (Org.). *Desvendando o novo CPC*. Porto Alegre: Livraria do Advogado Editora, 2015, p. 118).

27. O tema é enfrentado pelo autor à luz do projeto do CPC/2015: SOUZA, Artur César de. "Análise da Tutela Antecipada prevista no Relatório Final da Câmara dos Deputados em relação ao novo CPC: Da Tutela de Evidência e da Tutela Satisfativa – Última parte". *Revista de Processo*. Ano 39, vol. 235, 2014, p. 182/183.

28. ABELHA, Marcelo. *Manual de direito processual civil*. 6ª ed. Rio de Janeiro: Forense, 2016, p. 419.

29. COSTA, Eduardo José da Fonseca. "Livro V. Da tutela provisória". In: STRECK, Lenio Luiz; NUNES, Dierle; CUNHA, Leonardo Carneiro da (Org.); FREIRE, Alexandre (Coord. Executivo). *Comentários ao Código de Processo Civil*. São Paulo: Saraiva, 2016, p. 426.

Já outros autores, como Daniel Mitidiero[30], Fredie Didier Jr., Paula Sarno Braga e Rafael Alexandria de Oliveira[31], Leonardo Greco[32], Bruno Garcia Redondo[33] e Ravi Peixoto[34], possuem visão mais ampliativa, defendendo que a demonstração de resistência por parte do réu, como a apresentação de resposta antecipadamente ou a utilização de alguns meios de impugnação, é suficiente para afastar a estabilidade prevista no art. 304.

Concorda-se com esse posicionamento mais abrangente. Com relação à contestação, utiliza-se raciocínio semelhante ao apresentado acima sobre a ratificação do aditamento pelo autor. Se o réu pode, em ação autônoma e sem maiores requisitos, rediscutir a tutela de urgência e obter provimento sobre a tutela final, não há razão para extinguir o processo original quando ele já ofereceu resistência ao pedido principal por meio da contestação. Nesta hipótese, todavia, há preclusão quanto ao reexame da tutela de urgência concedida, que só pode ser revista a partir da alteração do estado de fato ou do surgimento de novos elementos[35].

No julgamento do REsp 1760966/SP, a Terceira Turma do STJ acompanhou o posicionamento mais abrangente, definindo que "a estabilização somente ocorrerá se não houver qualquer tipo de impugnação pela parte contrária".

Para o STJ, a redação do art. 304, *caput*, disse menos do que gostaria, de sorte que seria necessária uma interpretação extensiva para se atingir a finalidade do texto legal. Nesse cenário, não seria razoável exigir que a insurgência do réu se manifestasse apenas por agravo de instrumento, o que poderia estimular a interposição de tal recurso, sobrecarregando os

---

30. MITIDIERO, Daniel. "Autonomização e Estabilização da Antecipação da Tutela no Novo Código de Processo Civil". *Revista Magister de Direito Civil e Processual Civil.* Ano XI, n. 63, 2014, p. 26.

31. DIDIER Jr., Fredie; BRAGA, Paula Sarno; OLIVEIRA, Rafael Alexandria de. *Curso de direito processual civil: teoria da prova, direito probatório, decisão, precedente, coisa julgada e tutela provisória.* 11ª ed. Salvador: Juspodivm, 2016, vol. 2, p. 621/622.

32. GRECO, Leonardo. "A tutela da urgência e a tutela da evidência no Código de Processo Civil de 2015". In: RIBEIRO, Darci Guimarães; JOBIM, Marco Félix (Org.). *Desvendando o novo CPC.* Porto Alegre: Livraria do Advogado Editora, 2015, p. 118.

33. REDONDO, Bruno Garcia. "Estabilização, modificação e negociação da tutela de urgência antecipada antecedente: principais controvérsias". *Revista de Processo.* Ano 40, vol. 244, 2015, p. 174/176.

34. PEIXOTO, Ravi. "Por uma análise dos remédios jurídicos processuais aptos a impedir a estabilização da tutela antecipada antecedente de urgência". In: DIDIER Jr., Fredie (Coord. Geral); COSTA, Eduardo José da Fonseca; PEREIRA, Mateus Costa Pereira; GOUVEIA FILHO, Roberto P. Campos (Coord.). *Grandes temas do Novo CPC: tutela provisória.* Salvador: Juspodivm, 2016, vol. 6, p. 250/256.

35. No sentido de que a revogação e a modificação da tutela provisória pressupõem alterações fáticas ou o advento de novo elemento: DIDIER Jr., Fredie; BRAGA, Paula Sarno; OLIVEIRA, Rafael Alexandria de. *Curso de direito processual civil: teoria da prova, direito probatório, decisão, precedente, coisa julgada e tutela provisória.* 11ª ed. Salvador: Juspodivm, 2016, vol. 2, p. 598/600. Nesse sentido, comentando o tema à luz da antecipação da tutela prevista no CPC/1973: MARINONI, Luiz Guilherme. *Antecipação da tutela.* 9ª ed. São Paulo: Revista dos Tribunais, 2006, p. 202/203.

tribunais, em situações nas quais o inconformismo poderia ser demonstrado por simples resistência do réu.

Assim, a Terceira Turma do STJ admitiu que a apresentação de contestação é suficiente para impedir a estabilização dos efeitos da tutela antecipada prevista no art. 304[36].

Desta forma, a ausência de interposição do agravo de instrumento não traz irremediavelmente consigo a estabilização da tutela antecipada e a extinção do processo, pois atos do autor (ratificação do pedido inicial) e do réu (contestação) podem dar continuidade ao processo para a resolução do pedido principal.

Além disso, Eduardo Talamini, analisando o tema à luz do SCD 166/2010, defende que a ausência de impugnação pessoal por parte do réu não gera a estabilidade do art. 304 em três outras situações: a) se for o caso de nomeação de curador especial, que teria o dever funcional de defender os interesses do réu; b) se o direito for indisponível; c) se o demandado for a Fazenda Pública[37].

A estabilização também não deve ocorrer quando, a despeito do silêncio do réu, o assistente simples impugnar a decisão, conforme sedimentando no enunciado n. 501 do Fórum Permanente de Processualistas Civis[38].

Por fim, se a impugnação não alcançar todos os capítulos da decisão que concedeu a tutela antecipada, a parcela não impugnada está sujeita à estabilidade[39]. Esta afirmação deve ser vista em conjunto com o que já se falou sobre a intimação do autor, isto é, a estabilização só deve ocorrer se o demandante, após o aditamento, não manifestar o desejo de prosseguir com o processo.

Enfrentadas as principais questões ligadas à impugnação da decisão que concede a tutela antecipada requerida em caráter antecedente, destina-se

---

36. (STJ. REsp 1760966/SP, Terceira Turma. Rel. Min. Marco Aurélio Bellizze., DJe 07/12/2018).

37. TALAMINI, Eduardo. "Tutela de urgência no Projeto de novo Código de Processo Civil: a estabilização da medida urgente e a 'monitorização' do processo civil brasileiro". *Revista de Processo.* Ano 37, vol. 209, 2012, p. 25/26. No sentido da ausência de estabilização nos casos de nomeação de curador especial: DIDIER Jr., Fredie; BRAGA, Paula Sarno; OLIVEIRA, Rafael Alexandria de. *Curso de direito processual civil: teoria da prova, direito probatório, decisão, precedente, coisa julgada e tutela provisória.* 11ª ed. Salvador: Juspodivm, 2016, vol. 2, p. 622.

38. Enunciado n. 501 do Fórum Permanente de Processualistas Civis. A tutela antecipada concedida em caráter antecedente não se estabilizará quando for interposto recurso pelo assistente simples, salvo se houver manifestação expressa do réu em sentido contrário.

39. TALAMINI, Eduardo. "Tutela de urgência no Projeto de novo Código de Processo Civil: a estabilização da medida urgente e a 'monitorização' do processo civil brasileiro". *Revista de Processo.* Ano 37, vol. 209, 2012, p. 30. No mesmo sentido: DIDIER Jr., Fredie; BRAGA, Paula Sarno; OLIVEIRA, Rafael Alexandria de. *Curso de direito processual civil: teoria da prova, direito probatório, decisão, precedente, coisa julgada e tutela provisória.* 11ª ed. Salvador: Juspodivm, 2016, vol. 2, p. 623.

o tópico seguinte a problemas sobre o reexame desta decisão, quando estabilizada nos termos do art. 304.

10.2.1.5 O reexame da decisão estabilizada nos termos do art. 304

Como visto, estabilizada a decisão que concedeu a tutela antecipada requerida em caráter antecedente, qualquer das partes pode demandar a outra para rever, reformar ou invalidar a decisão anterior (art. 304, § 2º). Até que tais medidas ocorram, a tutela antecipada continua produzindo os seus efeitos (art. 304, § 3º).

Nos termos do art. 304, § 5º, o direito de rever, reformar ou invalidar a tutela antecipada estabilizada extingue-se após dois anos, contados da ciência da decisão que extinguiu o processo em decorrência da falta de impugnação.

Desta forma, a ausência de impugnação impede o reexame da decisão interlocutória no mesmo processo, mas não veda a rediscussão em demanda autônoma nos dois anos seguintes, via que não exige maiores requisitos de admissibilidade.

Em complemento a essa regra, o art. 304, § 6º, define que a decisão estabilizada não faz coisa julgada, mas os seus efeitos só podem ser afastados por decisão tomada na demanda ajuizada pelas partes em prol da sua revisão, reforma ou invalidação, nos termos do § 2º do mesmo artigo.

Assim, percebe-se que o legislador confere dois tratamentos ao reexame da decisão que se estabilizou: um no biênio seguinte à extinção do processo original e outro depois de tal prazo.

No primeiro biênio, não há coisa julgada, como informa o art. 304, § 6º, e a decisão pode ser reexaminada pela demanda autônoma de que trata o art. 304, § 2º.

Após o biênio, alguns autores defendem a formação da coisa julgada[40], enquanto outros sustentam se tratar de estabilidade diversa[41]. De qualquer

---

40. Nesse sentido: GRECO, Leonardo. "A tutela da urgência e a tutela da evidência no Código de Processo Civil de 2015". In: RIBEIRO, Darci Guimarães; JOBIM, Marco Félix (Org.). *Desvendando o novo CPC*. Porto Alegre: Livraria do Advogado Editora, 2015, p. 119; ASSIS, Araken de. *Processo civil brasileiro: parte geral: institutos fundamentais*. São Paulo: Editora Revista dos Tribunais, 2015, vol. II, t. II, p. 491; REDONDO, Bruno Garcia. "Estabilização, modificação e negociação da tutela de urgência antecipada antecedente: principais controvérsias". *Revista de Processo*. Ano 40, vol. 244, 2015, p. 186/187; GAIO JÚNIOR, Antônio Pereira. "Apontamentos para a tutela provisória (urgência e evidência) no novo Código de Processo Civil brasileiro". *Revista de Processo*. Ano 41, vol. 254, 2016, p. 206; ABELHA, Marcelo. *Manual de direito processual civil*. 6ª ed. Rio de Janeiro: Forense, 2016, p. 420.

41. DIDIER Jr., Fredie; BRAGA, Paula Sarno; OLIVEIRA, Rafael Alexandria de. *Curso de direito processual civil: teoria da prova, direito probatório, decisão, precedente, coisa julgada e tutela provisória*. 11ª ed. Salvador: Juspodivm, 2016, vol. 2, p. 625/626; MEDINA, José Miguel Garcia. *Direito processual civil moderno*. São Paulo: Editora Revista dos Tribunais, 2015, p. 483.

forma, esgotado tal prazo, há decadência do direito de provocar o reexame e nem mesmo por ação rescisória a decisão pode ser revista[42], conforme consolidado no enunciado n. 33 do Fórum Permanente de Processualistas Civis[43].

Desta forma, conclui-se que a ausência de agravo de instrumento, aliada à falta de resposta imediata, pode causar a estabilidade da decisão concessiva da tutela antecipada requerida em caráter antecedente, impedindo o seu reexame no mesmo processo. Além disso, decorrido o biênio posterior à extinção do processo, a inércia veda a reanálise da decisão original em qualquer demanda.

10.2.2 Mérito do processo

10.2.2.1 As decisões interlocutórias de mérito recorríveis por agravo de instrumento

O art. 1.015, II, do CPC/2015 sujeita ao agravo de instrumento as decisões interlocutórias que versem sobre o *mérito do processo*, o que é ratificado pelo art. 356, § 5º, que indica que a decisão que julga o mérito de forma antecipada e parcial é recorrível por agravo de instrumento[44]. A sujeição da

---

42. Nesse sentido: SOUZA, Artur César de. "Análise da Tutela Antecipada prevista no Relatório Final da Câmara dos Deputados em relação ao novo CPC: Da Tutela de Evidência e da Tutela Satisfativa – Última parte". *Revista de Processo*. Ano 39, vol. 235, 2014, p. 186; DIDIER Jr., Fredie; BRAGA, Paula Sarno; OLIVEIRA, Rafael Alexandria de. *Curso de direito processual civil: teoria da prova, direito probatório, decisão, precedente, coisa julgada e tutela provisória*. 11ª ed. Salvador: Juspodivm, 2016, vol. 2, p. 626; PEIXOTO, Ravi. "Por uma análise dos remédios jurídicos processuais aptos a impedir a estabilização da tutela antecipada antecedente de urgência". In: DIDIER Jr., Fredie (Coord. Geral); COSTA, Eduardo José da Fonseca; PEREIRA, Mateus Costa Pereira; GOUVEIA FILHO, Roberto P. Campos (Coord.). *Grandes temas do Novo CPC: tutela provisória*. Salvador: Juspodivm, 2016, vol. 6, p. 246/247. Em sentido contrário, defendendo caber ação rescisória mesmo após o biênio: REDONDO, Bruno Garcia. "Estabilização, modificação e negociação da tutela de urgência antecipada antecedente: principais controvérsias". *Revista de Processo*. Ano 40, vol. 244, 2015, p. 189; ABELHA, Marcelo. *Manual de direito processual civil*. 6ª ed. Rio de Janeiro: Forense, 2016, p. 420. Daniel Mitidiero defende a inconstitucionalidade da coisa julgada decorrente da tutela antecipada requerida em caráter antecedente, de modo que, para ele, "passado o prazo de dois anos, continua sendo possível o exaurimento da cognição até que os prazos previstos no direito material para a estabilização das situações jurídicas atuem sobre a esfera jurídica das partes" (MITIDIERO, Daniel. "Autonomização e Estabilização da Antecipação da Tutela no Novo Código de Processo Civil". *Revista Magister de Direito Civil e Processual Civil*. Ano XI, n. 63, 2014, p. 28/29).

43. Enunciado n. 33 do Fórum Permanente de Processualistas Civis. Não cabe ação rescisória nos casos estabilização da tutela antecipada de urgência.

44. Ressalte-se que o TST, por meio da Resolução n. 203, de 15 de março de 2015, editou a Instrução Normativa nº 39 e ratificou a compatibilidade do julgamento antecipado parcial de mérito com o processo trabalhista, sujeitando a decisão à imediata impugnação por recurso ordinário. No entanto, ao contrário do defendido neste trabalho à luz do CPC/2015, a decisão foi qualificada como "sentença". Eis o teor do art. 5º da referida Resolução: Art. 5° Aplicam-se ao Processo do Trabalho as normas do art. 356, §§ 1º a 4º, do CPC que regem o julgamento antecipado parcial do mérito, cabendo recurso ordinário de imediato da sentença.

decisão parcial regulada pelo art. 356, § 5º, ao agravo de instrumento é ratificada no enunciado n. 103 do Fórum Permanente de Processualistas Civis[45].

Quando do estudo dos pronunciamentos judiciais, verificou-se a controvérsia sobre a natureza jurídica da decisão que julga o mérito de forma antecipada e parcial, demonstrando-se haver quem entenda se tratar de decisão interlocutória e quem defenda a caracterização como sentença. Na oportunidade, fixou-se que este trabalho se filia ao posicionamento daqueles que acreditam que o caso é de decisão interlocutória, uma vez que ela não é capaz de encerrar a fase cognitiva. Como o tema foi enfrentando anteriormente, é dispensável novo detalhamento quanto ao ponto.

O art. 356 autoriza o julgamento antecipado parcial de mérito em duas situações, quando um ou mais pedidos ou parcela deles: a) for(em) incontroverso(s); b) estiver(em) em condições de imediato julgamento, na forma do art. 355, dispositivo que cuida do julgamento antecipado do mérito que põe fim à fase cognitiva em primeiro grau.

Essa ressalva básica deve ser feita: o art. 1.015, II, bem como o art. 356, § 5º, dizem respeito ao julgamento antecipado *parcial* de mérito, isto é, aquele que não encerra a fase cognitiva em primeira instância. Caso a finalizasse, falar-se-ia em *sentença*, impugnável por *apelação*.

Dessa premissa decorre uma exigência lógica para o julgamento antecipado parcial do mérito: a *divisibilidade do objeto do processo*. Esta divisibilidade pode resultar de diversos fatores, como a cumulação de pedidos, a possibilidade de decomposição do único pedido formulado, a existência de litisconsórcio não unitário e a apresentação de reconvenção[46].

O art. 356, I, indica caber o julgamento antecipado parcial de mérito quando houver incontrovérsia quanto a um ou mais pedidos ou a parcela deles.

Trata-se de hipótese na qual há homologação de autocomposição parcial e, por isso, não há propriamente julgamento antecipado de mérito, mas *resolução parcial de mérito* (art. 487, III, e art. 354, parágrafo único)[47]. A autocomposição parcial pode ter três origens diversas: a) transação; b) renúncia ao direito sobre o qual se funda a demanda; c) reconhecimento da procedência do pedido, por parte do demandado (submissão)[48].

---

45. Enunciado n. 103 do Fórum Permanente de Processualistas Civis. A decisão parcial proferida no curso do processo com fundamento no art. 487, I, sujeita-se a recurso de agravo de instrumento.

46. SIQUEIRA, Thiago Ferreira. "A fragmentação do julgamento do mérito no novo Código de Processo Civil". *Revista de Processo*. Ano 39, v. 229, 2014, p. 139/141.

47. DIDIER Jr., Fredie. *Curso de direito processual civil: introdução ao direito processual civil, parte geral e processo de conhecimento.* 18ª ed. Salvador: Juspodivm, 2016, vol. 1, p. 701.

48. DIDIER Jr., Fredie. *Curso de direito processual civil: introdução ao direito processual civil, parte geral e processo de conhecimento.* 18ª ed. Salvador: Juspodivm, 2016, vol. 1, p. 743.

Thiago Ferreira Siqueira apresenta visão diferente, segundo a qual o art. 356, I, cuida das seguintes hipóteses: a) não há questões de fato a serem resolvidas; b) o réu negou apenas os fundamentos jurídicos apresentados pelo autor; c) o réu apenas alegou fatos constitutivos, modificativos ou extintivos do direito do autor e este não os refutou; d) a prova dos autos é suficiente para a decisão; f) houve autocomposição pelas partes, a despeito de eventuais questões de fato ou de direito[49].

A vinculação do art. 356, I, à inexistência de questões de fato, como feita por Thiago Ferreira Siqueira, parece não se justificar na medida em que, nos casos em que há somente questões de direito, o pedido continua controverso. É a resolução de tais questões que se propõe a pôr fim à controvérsia quanto aos pedidos, determinando a sua procedência ou improcedência.

Assim, nessas hipóteses, a resistência à pretensão continua e, por consequência, o pedido se mantém controverso. A persistência da controvérsia é tão clara que se admite recurso contra a decisão cuja fundamentação resolva somente questões de direito, o que demonstra que as partes mantêm discordância quanto à procedência dos pedidos.

O pedido só deixa de ser controverso em duas situações: a) quando as partes expressamente concordam com os fatos alegados e com as consequências jurídicas pleiteadas (renúncia ou submissão); b) quando há transação. Estes casos são as hipóteses de autocomposição, como o visto acima.

O art. 356, II, por sua vez, permite o julgamento antecipado parcial de mérito nos mesmos casos do art. 355, dispositivo que cuida do julgamento antecipado de mérito que põe fim à fase cognitiva em primeira instância.

A partir da conjugação entre os arts. 356, II, e 355, I, percebe-se que é possível o julgamento antecipado parcial de mérito quando, para decidir parte do(s) pedido(s) ou algum(ns) dele(s), seja desnecessária a produção de mais provas.

O art. 374 dispensa a produção de provas sobre os *fatos*: a) *notórios* (inciso I); b) afirmados por uma parte e confessados pela parte contrária (inciso II); c) admitidos, no curso do processo, como incontroversos (inciso III); d) em cujo favor milita presunção legal de existência ou de veracidade (inciso IV).

A justificativa é bem clara: se os atos processuais posteriores à fase saneadora se voltam ao esclarecimento de questões de fato, a ausência delas torna tais atos dispensáveis e permite a abreviação procedimental.

49. SIQUEIRA, Thiago Ferreira. "A fragmentação do julgamento do mérito no novo Código de Processo Civil". *Revista de Processo*. Ano 39, v. 229, 2014, p. 143/144.

Além das hipóteses do art. 374, é possível o julgamento antecipado parcial de mérito quando os fatos, apesar de controvertidos e pressuporem comprovação, não podem ser provados por outro meio de prova que não o documental[50].

Como a instrução probatória seguinte ao momento de saneamento e organização destina-se à produção de prova pericial, testemunhal ou ao depoimento das partes, não faz sentido prolongar o procedimento quando tais meios de prova não são hábeis à comprovação do fato controvertido.

Por fim, a leitura combinada do art. 356, II, e do art. 355, II, define caber o julgamento antecipado parcial de mérito quando, apesar de ocorrida a revelia, ela não tenha operado o seu efeito material e o réu revel não tenha formulado pedido de produção de provas, na forma do art. 349.

Ressalte-se, ainda, que o art. 354, parágrafo único, reflete duas das hipóteses vistas acima, isto é, indica que são agraváveis as decisões interlocutórias que reconhecem prescrição ou decadência parcial do direito afirmado pelo autor e as que homologam autocomposição parcial.

A justificativa para o cabimento de agravo de instrumento contra as decisões mencionadas neste tópico é bem clara: só há sentido em julgar o mérito de forma parcial e antecipada se a decisão correspondente for hábil a transitar em julgado antes da sentença. Caso tal decisão se sujeitasse à apelação, não faria sentido julgar o mérito parcial e antecipadamente, seria melhor deixar a resolução para a sentença.

Portanto, o julgamento antecipado parcial do mérito pressupõe a possibilidade de reexame imediato e a consequente chance de estabilização anterior ao trânsito em julgado da sentença, de modo que a apelação não tutelaria satisfatoriamente a hipótese.

Por fim, ressalte-se uma peculiaridade do julgamento do agravo de instrumento contra a decisão interlocutória de mérito: havendo reforma não unânime da decisão recorrida, deve ser aplicada a técnica de ampliação de colegiado prevista no art. 942, *caput*, conforme dispõe o art. 942, § 3º, II.

10.2.2.2 As decisões interlocutórias que rejeitam a alegação de prescrição e de decadência

A partir do exposto acima, nota-se que, na visão deste trabalho, a decisão interlocutória que versa sobre o mérito, para fins de impugnação

50. Em sentido diferente, Thiago Ferreira Siqueira defende ser esse um caso de ausência de controvérsia quanto ao pedido, fazendo incidir o art. 356, I: SIQUEIRA, Thiago Ferreira. "A fragmentação do julgamento do mérito no novo Código de Processo Civil". *Revista de Processo*. Ano 39, v. 229, 2014, p. 143/144.

por agravo de instrumento, é aquela que *reduz o objeto do processo*, isto é, aquela que efetivamente resolve, por auto ou heterocomposição, parte do(s) pedido(s) formulado(s) pelas partes.

Há uma equiparação, portanto, entre a hipótese do art. 1.015, II, e a do art. 356, § 5º, do CPC/2015.

Assim, quanto às alegações de prescrição e decadência, só seriam agraváveis as decisões interlocutórias que as acolhessem, na medida em que resolveriam efetivamente parte do mérito (entendido como pedido), reduzindo o objeto do processo a ser decidido por sentença.

No entanto, tais conclusões não são pacíficas.

Em determinado momento de sua obra, Araken de Assis faz outra leitura do art. 1.015, II. Assim, a resolução parcial de mérito estaria sujeita ao agravo de instrumento por força do art. 356, § 5º, em conjunto com o art. 1.015, XIII, enquanto que o art. 1.015, II, abarcaria outras decisões sobre o mérito, como a decisão interlocutória que rejeita a alegação de prescrição ou decadência[51].

Heitor Vitor Mend onça Sica[52], Fredie Didier Jr. e Leonardo Carneiro da Cunha[53] têm posicionamento parcialmente semelhante ao de Araken de Assis: apesar de ratificarem que o art. 1.015, II, abarca também a previsão do art. 356, § 5º, os autores defendem que a decisão que rejeita alegação de prescrição ou decadência também é "decisão de mérito" para fins do art. 1.015, II.

Por mais que se trate de decisão sobre o mérito, a decisão interlocutória que rejeita a alegação de prescrição ou decadência é exemplo típico de pronunciamento que não pressupõe uma imediata reanálise.

A ausência de prejuízo na postergação é tamanha que, na vigência do CPC/1973, era habitual haver a conversão monocrática do agravo de

51. ASSIS, Araken de. *Processo civil brasileiro: parte geral: institutos fundamentais*. São Paulo: Editora Revista dos Tribunais, 2015, vol. II, t. II, p. 867. Todavia, em outro momento da sua obra, Araken de Assis defende que a decisão de saneamento, via de regra, não é agravável, ressalvado aquilo que versar sobre rejeição da alegação de convenção de arbitragem (art. 1.015, III), rejeição ou revogação do benefício da gratuidade (art. 1.015, V), exclusão de litisconsorte (art. 1.015, VII), rejeição do pedido de limitação do litisconsórcio (art. 1.015, VII) e redistribuição do ônus probatório (art. 1.015, XI): ASSIS, Araken de. *Processo civil brasileiro: parte especial: procedimento comum (da demanda à coisa julgada)*. São Paulo: Editora Revista dos Tribunais, 2015, vol. III, p. 416.

52. SICA, Heitor Vitor Mendonça. "Capítulo III. Do agravo de instrumento". In: STRECK, Lenio Luiz; NUNES, Dierle; CUNHA, Leonardo Carneiro da (Org.); FREIRE, Alexandre (Coord. Executivo). *Comentários ao Código de Processo Civil*. São Paulo: Saraiva, 2016, p. 1.333/1.334.

53. DIDIER Jr., Fredie; CUNHA, Leonardo Carneiro da. *Curso de direito processual civil: meios de impugnação às decisões judiciais e processos nos tribunais*. 13ª ed. Salvador: Juspodivm, 2016, vol. 3, p. 213.

instrumento em retido nos casos de impugnação de decisão interlocutória que rejeitasse a preliminar de prescrição[54].

Admitir que tal decisão é agravável implica a admissão de uma incongruência no sistema, já que decisões cuja reanálise postergada é igualmente gravosa estão sujeitas à recorribilidade ao final.

Dois exemplos claros são a rejeição da produção de determinado meio de prova e o acolhimento da contradita a testemunha, decisões que podem causar *error in procedendo*, ensejar a invalidação da sentença e exigir a produção do meio de prova ou repetição da audiência para a oitiva da testemunha.

Quando se percebe que a modificação da decisão que rejeitou a alegação de prescrição ou decadência não causa tamanho impacto, mas apenas a reforma da decisão interlocutória e a extinção do processo com exame do mérito, fica nítido o tratamento díspar.

Nos dois casos, há o risco de prática de atos processuais desnecessários em primeiro grau, não havendo razão para tratamento diferenciado.

Caso ainda mais grave é o da decisão interlocutória que reconhece a revelia, apta a gerar impactos processuais relevantes, como a presunção de veracidade dos fatos narrados pelo autor. Eventual equívoco desta decisão também representa *error in procedendo* e, como provavelmente não ocorreu a produção de provas, acarreta a remessa dos autos novamente ao juízo *a quo*. Tal decisão, apesar destes contornos, não é agravável.

Sem dúvida, o art. 1.015, II, e o art. 356, § 5º, tratam da mesma hipótese: cabimento de agravo de instrumento contra decisão que julga o mérito de forma parcial e antecipada[55].

O STJ inicialmente enfrentou o tema pela sua Segunda Turma, no julgamento do REsp 1695936/MG, oportunidade na qual foi admitida a interposição de agravo de instrumento contra uma decisão interlocutória que rejeitou a alegação de prescrição, sob a tese de que ela seria uma decisão de mérito e não faria sentido restringir o cabimento recursal apenas à decisão que acolhe

---

54. Nesse sentido, vale conferir decisões monocráticas proferidas nos seguintes processos: TJRJ. Agravo de Instrumento n. 0009890-02.2016.8.19.0000. Décima Sexta Câmara Cível. Rel. Des. Carlos José Martins Gomes. J: 17/03/2016; TJRJ. Agravo de Instrumento n. 0009248-29.2016.8.19.0000. Quarta Câmara Cível. Rel. Des. Antônio Iloízio Barros Bastos. J: 29/02/2016; TJRS. Agravo de Instrumento n. 70068287275. Décima Sétima Câmara Cível. Rel. Desa. Liege Puricelli Pires. J: 16/02/2016; TJSP. Agravo de Instrumento n. 2254614-15.2015.8.26.0000. 2ª Câmara de Direito Privado. Rel. Desa. Rosangela Telles. J: 07/12/2015; TJMG. Agravo de Instrumento n. 0888253-69.2015.8.13.0000. 9ª Câmara Cível. Rel. Des. Pedro Bernardes. DJe: 16/11/2015.

55. Sandro Marcelo Kozikoski não faz a diferenciação defendida por Araken de Assis: KOZIKOSKI, Sandro Marcelo. *Sistema recursal CPC/2015: em conformidade com a Lei 13.256/2016*. Salvador: Juspodivm, 2016, p. 168/169.

tal alegação. Além disso, o voto vencedor baseou sua conclusão no risco da utilização do mandado de segurança, que seria prejudicial aos tribunais[56].

Essa questão foi novamente discutida no STJ, agora por sua Terceira Turma, no julgamento do REsp 1738756/MG.

Em seu voto, a Min. Relatora Nancy Andrighi ressaltou que o art. 487, II, do CPC/2015 definiu que há resolução de mérito quando o juiz decide "*sobre a ocorrência de decadência ou prescrição*", sem fazer nenhum condicionamento ao sentido da decisão, ao contrário do que fazia o art. 269, VI, do CPC/1973, que restringia a resolução de mérito aos casos nos quais o juiz *pronunciava* a prescrição ou a decadência.

Assim, o art. 487, II, teria abarcado, como decisão de mérito, todo pronunciamento que acolhesse ou rejeitasse a alegação de prescrição ou decadência.

Por consequência, como o art. 1.015, II, indica que são agraváveis as decisões interlocutórias que versam sobre o *mérito* do processo, o STJ entende que cabe agravo de instrumento contra a decisão interlocutória que rejeita a alegação de prescrição ou decadência[57].

A Quarta Turma do STJ, nos julgamentos do REsp 1778237/RS[58] e do REsp 1772839/SP[59], decidiu no mesmo sentido, entendendo que a decisão interlocutória que rejeita a alegação de prescrição ou decadência é tida como uma decisão de mérito e, portanto, agravável com fundamento no art. 1.015, II, do CPC/2015.

Diante de tais posicionamentos, é preciso considerar que as *questões de mérito* não se confundem com o mérito (objeto do processo).

Como expõe Cândido Rangel Dinamarco, o mérito do processo (objeto do processo) corresponde ao *pedido* formulado, matéria sobre a qual o Poder Judiciário é chamado a decidir com definitividade[60]. Para exercer tal atividade, o magistrado enfrenta e resolve uma série de questões, que podem estar ligadas ao mérito (questões de mérito) ou aos requisitos de

---

56. STJ. REsp 1695936/MG. Segunda Turma. Rel. Min. Herman Benjamin. DJe 19/12/2017.

57. STJ. REsp 1738756/MG. Terceira Turma. Rel. Min. Nancy Andrighi. DJe 22/02/2019.

58. STJ. REsp 1778237/RS, Quarta Turma. Rel. Luis Felipe Salomão. DJe 28/03/2019.

59. STJ. REsp 1772839/SP,Quarta Turma. Rel. Min. Antonio Carlos Ferreira. DJe 23/05/2019.

60. Nas palavras de Cândido Rangel Dinamarco: "Objeto do processo é a *pretensão a um bem da vida, quando apresentada ao Estado-juiz em busca de reconhecimento ou satisfação.* (...). O vocábulo *mérito*, de uso corrente e empregado muitas vezes no Código de Processo Civil, *expressa o próprio objeto do processo.* A pretensão ajuizada, que em relação ao processo é seu objeto, constitui o mérito das diversas espécies de processos. (...) o objeto do processo consiste exclusivamente *no pedido* formulado pelo demandante." (DINAMARCO, Cândido Rangel. *Instituições de direito processual civil.* 6ª ed. São Paulo: Malheiros Editores, 2009, vol. II, p. 185/189).

admissibilidade processual. Essas resoluções, nas quais são acolhidas ou rejeitadas as questões, no entanto, são feitas *para que, ao final (se superadas as questões de admissibilidade), julgue-se o mérito (pedido)*[61].

As questões ligadas à prescrição e à decadência, ao se relacionarem com a pretensão (no primeiro caso) ou com o direito potestativo (no segundo caso), sem dúvida, dizem respeito ao direito invocado pela parte e, portanto, são questões de mérito, como sugere o art. 487, II, do CPC/2015.

Apesar de a redação do art. 487, II, indicar que há resolução do mérito quando há decisão sobre prescrição ou decadência, independentemente do seu sentido, é preciso interpretar o dispositivo em sua íntegra.

Nota-se que os demais incisos do art. 487 estão ligados às hipóteses nas quais há *efetiva decisão sobre o mérito* (pedido da parte) ou uma postura das partes que põe fim ao conflito (inciso III), representando um *esgotamento da atividade cognitiva sobre o pedido formulado.*

Nesse cenário, a decisão interlocutória que *rejeita* a alegação de prescrição e decadência enfrenta uma questão de mérito, mas não reduz o objeto do processo (mérito), na medida em que o pedido continua pendente de decisão. Assim, tal pronunciamento judicial apenas resolve *uma questão de mérito*, não o *mérito propriamente dito.*

A partir desse conceito de mérito e da premissa de que o art. 487 envolve decisões que esgotam a atividade cognitiva quanto a um ou mais pedidos, conclui-se que a decisão prevista no art. 1.015, II, é justamente aquela proferida em julgamento antecipado e parcial do mérito, pois, somente nessa hipótese, enfrenta-se efetivamente o mérito (pedido).

É justamente o fato de resolver parcial e antecipadamente o mérito que justifica a sujeição da decisão interlocutória ao agravo de instrumento, pois só faz sentido resolver parcialmente parte do(s) pedido(s) se for possível a formação de coisa julgada (com a impugnação via agravo de instrumento) em momento anterior àquele ligado aos demais pedidos, cuja sentença será apelável.

Ressalte-se, ainda, que a decisão interlocutória que rejeita a alegação de prescrição e decadência, quando equivocada, traz apenas parte dos

---

61. Vale transcrever outro trecho de Cândido Rangel Dinamarco: "Essa é uma indevida confusão entre *mérito* e *questões de mérito*. Uma coisa é a *pretensão* vinda da vida comum e que constituirá o material em torno do qual girarão as atividades processuais, recebendo solução na parte dispositiva da sentença; outra, o conjunto de *dúvidas* (questões) a serem resolvidas no *iter* de formação daquela conclusão final. Tal é o *objeto do conhecimento do juiz*, de cunho puramente lógico e que não coincide com o *objeto do processo* (...). Ora, resolver as *questões* que na dinâmica do processo surgem das controvérsias em torno dos fatos e do direito não é o mesmo que julgar a *pretensão* posta na demanda do autor (ou seja, o mérito)." (DINAMARCO, Cândido Rangel. *Capítulos de sentença.* 5ª ed. São Paulo: Malheiros Editores, 2013, p. 61/63).

prejuízos que podem ser provocados pela decisão que rejeita a alegação de litispendência ou coisa julgada.

Em ambos os casos, haveria prática desnecessária de atos processuais em primeiro grau. No entanto, as decisões interlocutórias que rejeitam as alegações de litispendência ou coisa julgada ainda fazem o processo conviver com o risco de decisões contraditórias. Se, nesse último caso, a decisão interlocutória não é agravável, não há razão para, no primeiro caso, sê-lo.

No entanto, como se viu, o posicionamento adotado neste livro, quanto ao ponto, é minoritário e, ao menos até o momento, não foi acolhido pelo STJ.

Assim, prevalece o defendido por Fredie Didier Jr., para quem a mudança na redação do art. 487, II, foi proposital e teve como finalidade definir que a rejeição à alegação de prescrição e decadência se dá por decisão de mérito, já que ela não acolheria um contradireito afirmado pelo réu[62].

10.2.2.3 Efeitos do agravo de instrumento e sustentação oral

Há, ainda, duas questões relevantes sobre o agravo de instrumento contra a decisão que julga parcial e antecipadamente o mérito da demanda: a) os efeitos nos quais o recurso é recebido; b) a (im)possibilidade de sustentação oral. Como as premissas utilizadas para resolvê-las são similares, elas são enfrentadas neste tópico.

A abordagem do primeiro ponto começa pelo art. 356, §§ 2º e 3º.

O art. 356, § 2º, garante a execução imediata da obrigação reconhecida pela decisão que julga o mérito de forma parcial e antecipada, independentemente de caução e da pendência de recurso contra ela. Já o art. 356, § 3º, indica que, após o trânsito em julgado da decisão, a execução é definitiva, de modo que, até tal momento, ela é provisória.

Esses dois parágrafos indicam que o agravo de instrumento contra a decisão que julga o mérito de forma antecipada e parcial não goza de efeito suspensivo automático, apenas podendo obtê-lo por decisão judicial (art. 1.019, I).

Contudo, a aplicação direta desses dispositivos vai frontalmente de encontro ao princípio da isonomia, uma vez que situações semelhantes passam a ser tratadas de forma diversa[63].

---

62. DIDIER Jr., Fredie. "Contradireitos, objeto litigioso do processo e improcedência no CPC-2015". In: DIDIER Jr., Fredie (Coord. Geral); MOUZALAS, Rinaldo; SILVA, Beclaute Oliveira; MARINHO, Rodrigo Saraiva (Coord.). *Grandes temas do Novo CPC: improcedência*. Salvador: Juspodivm, 2015, v. 4, p. 71/72.

63. O problema também é percebido em: SICA, Heitor Vitor Mendonça. "Capítulo III. Do agravo de instrumento". In: STRECK, Lenio Luiz; NUNES, Dierle; CUNHA, Leonardo Carneiro da (Org.); FREIRE, Alexandre (Coord. Executivo). *Comentários ao Código de Processo Civil*. São Paulo: Saraiva, 2016, p. 1.339.

Para mais bem explicar essa discriminação injustificada, serão analisadas cada uma das hipóteses de julgamento antecipado parcial de mérito.

O art. 356, I, cuida do julgamento antecipado parcial de mérito decorrente de autocomposição parcial. Se, quando o magistrado reconhece a autocomposição total e profere sentença, a apelação (que discuta a efetiva existência da autocomposição, por exemplo) tem efeito suspensivo automático (art. 1.012, *caput* e § 1º), não há razão para que o recurso contra a sentença que homologa autocomposição parcial não o tenha. As duas situações são praticamente idênticas: suposto ato das partes ensejou a resolução do mérito, só variando em extensão[64].

A segunda possibilidade de julgamento antecipado parcial de mérito envolve as mesmas hipóteses que permitem o julgamento antecipado do mérito, mas dizem respeito à sua resolução parcial.

Sobre o tema, valem as considerações feitas acima: se a apelação contra o julgamento antecipado tem efeito suspensivo, não há razão para o agravo de instrumento, nos casos do art. 356, não ter. Nas duas hipóteses, a decisão versa sobre parte/integralidade do mérito que dispensa realização de outros meios de prova.

Some-se a isso outro argumento, que parece definitivo.

Na prática, verifica-se que nem sempre ocorre o julgamento antecipado parcial de mérito, não obstante parte do mérito não dependa da realização de perícia ou de produção de provas em audiência. Nessas hipóteses, o pedido que já poderia ser decidido acaba sendo-o juntamente com os demais, na sentença. Note-se, então, que tudo se resume a uma questão de organização processual do magistrado, que analisaria imediatamente parte do mérito ou postergaria a sua decisão[65].

É importante perceber que, tanto na resolução imediata quanto na postergada, a parte do mérito é decidida com base *no mesmo conjunto probatório*, só variando quanto ao momento.

Pois bem. Admitir que o simples fato de parte do mérito ser julgada de forma antecipada seja suficiente para retirar o efeito suspensivo do recurso é igualmente admitir que a organização processual ditada pelo magistrado pode interferir na possibilidade de execução da obrigação reconhecida. Assim, em

---

64. A análise do efeito suspensivo do recurso contra estas decisões é bastante infrutífera, uma vez que a impugnação só seria admissível se tratasse de aspectos formais do ato, pois, quanto aos termos da autocomposição homologada, incidiria a regra de que não se pode recorrer contra a decisão a que se deu causa.

65. Veja-se que, neste ponto, não se discute o dever de o magistrado julgar o mérito de forma antecipada e parcial nos casos do art. 356, mas parte-se de um fato (postergação para julgamento ao final).

processos semelhantes, sujeitos a juízos distintos, seria possível tolerar que: a) a parte fique sujeita à execução provisória se o seu processo tramitar num órgão que opte pelo julgamento antecipado parcial de mérito; b) a parte não fique sujeita à execução provisória se o seu processo tramitar em juízo que decide todo o mérito na sentença. Em ambos os casos, a causa de pedir e as provas produzidas seriam semelhantes, mas o regramento quanto ao efeito suspensivo seria inaceitavelmente diferente.

É isso que precisa ficar claro: o *momento* da decisão, por ser alheio à comprovação dos fatos que compõem a causa de pedir, não pode ser determinante para fins de atribuição de efeito suspensivo, sob pena de se ferir o princípio da isonomia.

A solução para a conciliação entre o princípio da isonomia e o art. 356, §§ 2º e 3º, está no art. 311, IV.

A tutela da evidência prevista no art. 311, IV, pressupõe que o autor colacione prova documental suficiente à comprovação dos fatos constitutivos do seu direito e que o réu não traga prova documental que possa ensejar dúvida razoável. Essa dúvida razoável pode relacionar-se tanto à ocorrência dos fatos constitutivos quanto à dos impeditivos, modificativos ou extintivos do direito do autor[66].

A previsão engloba, portanto, as causas sujeitas a prova basicamente documental. Uma interpretação extensiva permite que o art. 311, IV, alcance aquelas cujos fatos independem de prova (notórios, incontroversos e confessados)[67].

A partir do afirmado acima, pode-se concluir que a previsão do art. 311, IV, é adequada à concessão de tutela de evidência naqueles processos cujo mérito pode ser julgado de forma antecipada, uma vez que envolve a dispensa outros meios de prova que não o documental[68].

---

66. DIDIER Jr., Fredie; BRAGA, Paula Sarno; OLIVEIRA, Rafael Alexandria de. *Curso de direito processual civil: teoria da prova, direito probatório, decisão, precedente, coisa julgada e tutela provisória.* 11ª ed. Salvador: Juspodivm, 2016, vol. 2, p. 642.

67. DIDIER Jr., Fredie; BRAGA, Paula Sarno; OLIVEIRA, Rafael Alexandria de. *Curso de direito processual civil: teoria da prova, direito probatório, decisão, precedente, coisa julgada e tutela provisória.* 11ª ed. Salvador: Juspodivm, 2016, vol. 2, p. 641.

68. Nesse sentido, Eduardo José da Fonseca Costa afirma, analisando a hipótese do art. 311, IV: "Isso ocorrerá com especial relevo nos processos *ocasionalmente* documentais, em que os fatos constitutivo, impeditivo, modificativo e extintivo do direito do autor somente se puderem provar na inicial e na contestação por meio pré-constituídos: nesse caso, se o pedido for julgado procedente e se na sentença houver concessão de tutela antecipada de evidência, a apelação não terá efeito suspensivo" (COSTA, Eduardo José da Fonseca. "Livro V. Da tutela provisória". In: STRECK, Lenio Luiz; NUNES, Dierle; CUNHA, Leonardo Carneiro da (Org.); FREIRE, Alexandre (Coord. Executivo). *Comentários ao Código de Processo Civil.* São Paulo: Saraiva, 2016, p. 452). No sentido da vinculação do art. 311, IV, às hipóteses de julgamento antecipado do mérito: DIDIER Jr., Fredie; BRAGA, Paula Sarno;

Quando impugna uma sentença que julga o mérito de forma antecipada, a apelação só não tem efeito suspensivo quando concedida tutela provisória, nos termos do art. 1.012, § 1º, V. Assim, o julgamento antecipado do mérito só retira o efeito suspensivo da apelação quando o magistrado confere tutela provisória, sendo que o art. 311, IV, cuida justamente da tutela da evidência nos casos de abreviamento do procedimento em primeiro grau. No silêncio do magistrado, o recurso tem efeito suspensivo.

Uma interpretação sistemática do CPC/2015 e conforme a Constituição indica que o art. 356, §§ 2º e 3º, deve ser entendido em conjunto com o art. 311, IV, e o art. 1.012, *caput* e § 1º, V.

Com isso se defende que, tal qual acontece com o julgamento antecipado do mérito, o recurso contra a decisão que julga o mérito de forma antecipada e *parcial* só não deve ter efeito suspensivo quando for expressamente conferida tutela da evidência[69].

Assim, o art. 356, §§ 2º e 3º, só deve ser aplicado quando presente a exceção do art. 1.012, § 1º, V, isto é, quando a decisão conferir tutela provisória.

Desta forma, o *momento* da decisão deixa de ser relevante para fins da possibilidade de execução provisória e o determinante passa a ser a *concessão da tutela da evidência.*

Veja-se que o problema é deslocado e passa a abarcar indistintamente todas as causas que estão sujeitas, parcial ou totalmente, ao julgamento antecipado do mérito: a necessidade de o juiz fixar a tutela da evidência na decisão interlocutória ou sentença, a depender do caso.

Desta forma, resolvem-se dois problemas: a) é conferido tratamento igual a todas as hipóteses de julgamento antecipado do mérito (total e parcial); b) o fato de o magistrado postergar a possibilidade de julgamento antecipado parcial do mérito para a sentença torna-se irrelevante para os efeitos recursais.

As razões apresentadas acima também fundamentam a premissa de que deve ser permitida a sustentação oral no julgamento do agravo de instrumento contra a decisão interlocutória de mérito, a despeito do silêncio do art. 937[70]. Não há sentido em permiti-la na análise da apelação contra

---

OLIVEIRA, Rafael Alexandria de. *Curso de direito processual civil: teoria da prova, direito probatório, decisão, precedente, coisa julgada e tutela provisória.* 11ª ed. Salvador: Juspodivm, 2016, vol. 2, p. 642.

69. Em sentido contrário, Edilton Meireles defende o acerto do legislador em não conferir efeito suspensivo ao recurso, pois ele iria de encontro à lógica do julgamento antecipado parcial de mérito: MEIRELES, Edilton. "Julgamento antecipado parcial do mérito". *Revista de Processo.* Ano 41, vol. 252, 2016, p. 140.

70. No mesmo sentido: MEIRELES, Edilton. "Julgamento antecipado parcial do mérito". *Revista de Processo.* Ano 41, vol. 252, 2016, p. 139/140.

sentença de mérito e não o fazer quando o recurso se originar do julgamento antecipado parcial de mérito. O determinante para a sustentação oral não pode ser a espécie recursal, mas o objeto da decisão recorrida. Nesse contexto, apesar da omissão do CPC/2015, o art. 187, I, do Regimento Interno do TJBA permite a sustentação oral nessas hipóteses[71].

No mesmo sentido, o enunciado n. 61 da I Jornada de Direito Processual Civil do CJF dispõe que deve ser permitida a sustentação oral no julgamento do agravo de instrumento contra decisão interlocutória que julga o mérito de forma antecipada e parcial[72].

10.2.3 Rejeição da alegação de convenção de arbitragem

10.2.3.1 Considerações gerais

O art. 1.015, III, indica que cabe agravo de instrumento contra a decisão interlocutória que rejeita a alegação de convenção de arbitragem.

A convenção de arbitragem é gênero que abarca o compromisso arbitral e a cláusula compromissória e constitui matéria que deve ser arguida pelo réu em preliminar de contestação (art. 337, X), não podendo ser conhecida de ofício pelo magistrado (art. 337, § 5º).

Trata-se, portanto, de *exceção processual* (defesa que não pode ser conhecida de ofício), o que harmoniza o CPC/2015 e a Convenção de Nova York de 1958, que dispõe sobre o reconhecimento e a execução de sentenças arbitrais estrangeiras e foi incorporada ao ordenamento brasileiro pelo Decreto Legislativo n. 52/2002[73-74].

---

71. Eis o texto do art. 187, I, do TJBA, publicado no DJe de 31/03/2016: "Art. 187 – A parte, por seu Advogado, poderá sustentar suas razões oralmente pelo prazo: I – de 15 (quinze) minutos nos julgamentos de apelação cível, ação rescisória, mandado de segurança, reclamação, agravo de instrumento interposto contra decisão interlocutória que resolva parcialmente o mérito ou verse sobre tutela provisória e agravo interno interposto contra decisão do Relator que extinguiu ação de competência originária do Tribunal de Justiça; (...)".

72. Enunciado n. 61. Deve ser franqueado às partes sustentar oralmente as suas razões, na forma e pelo prazo previsto no art. 937, caput, do CPC, no agravo de instrumento que impugne decisão de resolução parcial de mérito (art. 356, § 5º, do CPC).

73. A Convenção de Nova York indica que a remessa ao juízo arbitral é feita *a pedido* da parte, segundo o seu artigo II, n. 3: "O tribunal de um Estado signatário, quando de posse de ação sobre matéria com relação à qual as partes tenham estabelecido acordo nos termos do presente artigo, a pedido de uma delas, encaminhará as partes à arbitragem, a menos que constate que tal acordo é nulo e sem efeitos, inoperante ou inexequível".

74. Nesse sentido: FICHTNER, José Antonio; MANNHEIMER, Sergio Nelson; MONTEIRO, André Luís. *Cinco pontos sobre a arbitragem no projeto do novo Código de Processo Civil. Revista de Processo.* Ano 37, vol. 205, 2015, p. 312; DIDIER Jr., Fredie. *Curso de direito processual civil: introdução ao direito processual civil, parte geral e processo de conhecimento.* 18ª ed. Salvador: Juspodivm, 2016, vol. 1, p. 653/655.

Além de unificar o tratamento dado à matéria, a previsão do art. 337, § 5º, justifica-se na medida em que protege a autonomia privada das partes, que, da mesma forma que optam pela convenção de arbitragem, podem livremente escolher não exercer o direito de levar o seu litígio a um juízo arbitral[75].

O acolhimento da alegação de convenção de arbitragem leva à extinção do processo sem resolução do mérito, nos termos do art. 485, VII, do CPC/2015. Destaque-se que, como a alegação de convenção de arbitragem pode dizer respeito apenas a parte da demanda, pode ocorrer de o reconhecimento pelo magistrado resultar em decisão interlocutória que resolva parte da demanda. Situação semelhante se dá quando, a despeito da alegação de convenção de arbitragem sobre todo o litígio, o magistrado acolhe parcialmente a exceção processual.

Desta forma, quando o réu alega que há convenção de arbitragem sobre toda a demanda, é possível que o magistrado adote três posturas diferentes: a) acolha-a integralmente, extinguindo o processo sem resolução do mérito; b) rejeite-a integralmente; c) acolha-a apenas em parte, resolvendo a demanda parcialmente.

No primeiro caso, a decisão do juiz é uma sentença e, por isso, apelável (art. 1.009, *caput*). Assim, a decisão que *acolhe* a alegação de convenção de arbitragem e *extingue o processo* sem resolução do mérito é apelável.

No segundo caso (rejeição total da alegação de convenção de arbitragem), há incidência do art. 1.015, III, já que se está diante de *decisão interlocutória* que *rejeita* a alegação de convenção de arbitragem. Nessa hipótese, o processo prossegue e, ressalvada a caracterização de alguma outra situação do art. 485, deverá ter o seu mérito analisado.

Na terceira hipótese, tanto o autor quanto o réu podem interpor agravo de instrumento, mas com fundamentos diferentes. O autor pode fazê-lo com base no art. 354, parágrafo único, já que há decisão interlocutória que resolve parcialmente o processo sem exame do mérito. Já o réu pode recorrer imediatamente com base no art. 1.015, III, uma vez que a decisão interlocutória rejeitou, ainda que parcialmente, a alegação de convenção de arbitragem.

---

75. FICHTNER, José Antonio; MANNHEIMER, Sergio Nelson; MONTEIRO, André Luís. *Cinco pontos sobre a arbitragem no projeto do novo Código de Processo Civil. Revista de Processo.* Ano 37, vol. 205, 2015, p. 313/314. No mesmo sentido: "A premissa legislativa é óbvia: a convenção de arbitragem é cláusula negocial firmada por pessoas capazes, envolvendo direitos disponíveis. Se uma das partes desobedece a essa disposição negocial, demandando perante o Poder Judiciário, cabe à parte adversária alegar esse descumprimento, demonstrando a existência da convenção de arbitragem; se não o fizer, é como se aceitasse a jurisdição estatal, de resto provocada pela parte autora, que, por isso, também renunciou tacitamente à jurisdição arbitral; assim, ambas as partes, ao aceitarem a jurisdição estatal, abdicam da convenção de arbitragem, em um distrato tácito" (DIDIER Jr., Fredie. *Curso de direito processual civil: introdução ao direito processual civil, parte geral e processo de conhecimento.* 18ª ed. Salvador: Juspodivm, 2016, vol. 1, p. 654).

A situação se resolve de forma semelhante quando a alegação da existência de convenção de arbitragem diz respeito a parte da demanda.

Havendo total acolhimento da alegação de convenção de arbitragem nesse caso, há resolução parcial do processo sem exame do mérito, podendo o autor interpor agravo de instrumento com base no art. 354, parágrafo único.

Já se o magistrado rejeitar integralmente a alegação da existência de convenção de arbitragem, a decisão interlocutória é agravável por força do art. 1.015, III.

Por fim, havendo acolhimento parcial nesses casos, cada parte pode agravar autonomamente, o autor com fundamento no art. 354, parágrafo único, e o réu, baseado no art. 1.015, III.

Feitas essas considerações gerais sobre a recorribilidade das decisões sobre a alegação de existência de convenção de arbitragem, é preciso analisar as razões que podem justificar a opção legislativa pela recorribilidade imediata desta decisão interlocutória. Como há algumas razões possíveis, o estudo fica mais claro com a destinação de um tópico específico.

10.2.3.2 Justificativas possíveis para a recorribilidade imediata

10.2.3.2.1 A regra da competência-competência do juízo arbitral

Pode-se pensar em quatro razões para o CPC/2015 permitir o cabimento de agravo de instrumento contra essa decisão.

A primeira é a mútua influência que a legislação promove entre o juízo arbitral e o Poder Judiciário, o que exigiria que essa questão fosse resolvida com brevidade.

Essa mútua influência entre a Lei n. 9.307/1996 (Lei de Arbitragem) e o CPC/2015 diz respeito, principalmente, à regra da competência-competência do juízo arbitral.

O art. 8º, parágrafo único, da Lei de Arbitragem define que cabe "ao árbitro decidir de ofício, ou por provocação das partes, as questões acerca da existência, validade e eficácia da convenção de arbitragem e do contrato que contenha a cláusula compromissória".

Por sua vez, o art. 475, VII, do CPC/2015 indica que o magistrado deve extinguir o processo sem exame do mérito "quando o juízo arbitral reconhecer sua competência", o que é ratificado pelo enunciado n. 434 do Fórum Permanente de Processualistas Civis[76].

76. Enunciado n. 434 do Fórum Permanente de Processualistas Civis. O reconhecimento da competência pelo juízo arbitral é causa para a extinção do processo judicial sem resolução de mérito.

De acordo com alguns doutrinadores, o art. 8º, parágrafo único, da Lei de Arbitragem consagra a regra da competência-competência do juízo arbitral e impõe que, havendo controvérsia sobre a sujeição da demanda ao juízo arbitral ou ao Poder Judiciário, cabe ao primeiro uma precedência temporal no enfrentamento da questão. Caso o árbitro entenda-se competente, o juiz estatal só poderia enfrentar a questão quando da demanda anulatória, prevista no art. 33 da Lei de Arbitragem[77].

Segundo Pedro Batista Martins, a competência-competência do juízo arbitral, ao lado da autonomia da cláusula compromissória, compõe o "fecho jurídico de uma cadeia de efeitos que assegura plena eficácia à cláusula compromissória"[78]. Nesse contexto, a regra da competência-competência protegeria as convenções de arbitragem das interferências do Poder Judiciário, que poderiam se originar de simples arguições de invalidade ou ineficácia do negócio jurídico[79].

Fredie Didier Jr., que segue o entendimento acima apresentado, faz algumas considerações específicas sobre o CPC/2015 e a regra da *Kompetenzkompetenz* do juízo arbitral.

Para o autor, instaurado o procedimento arbitral antes da propositura da demanda no Poder Judiciário, este último processo deve ser

---

77. Nesse sentido: MARTINS, Pedro Batista. "PODER JUDICIÁRIO – Princípio da Autonomia da Cláusula Compromissória – Princípio da Competência-Competência – Convenção de Nova Iorque – Outorga de poderes para firmar cláusula compromissória – Determinação dalei aplicável ao conflito – Julgamento pelo Tribunal Arbitral". *Revista de Arbitragem e Mediação.* Ano 2, n. 7, 2005, p. 175/179; FONSECA, Rodrigo Garcia da. "O princípio da competência-competência na arbitragem". *Revista de Arbitragem e Mediação.* Ano 3, n. 9, 2006, p. 287/289; DIDIER Jr., Fredie. *Curso de direito processual civil: introdução ao direito processual civil, parte geral e processo de conhecimento.* 18ª ed. Salvador: Juspodivm, 2016, vol. 1, p. 656. Arnoldo Wald, apesar de não mencionar no art. 8º da Lei de Arbitragem, também defende uma "prioridade cronológica": WALD, Arnoldo. "As *anti-suit injunctions* no direito brasileiro". *Revista de Arbitragem* e Mediação, Ano 3, n. 9, 2006, p. 31. Esse posicionamento de precedência temporal é encontrado na doutrina internacional: BOISSESON, Mathieu de. "As *anti-suit injunction* e o princípio da 'competência-competência'". *Revista de Arbitragem e Mediação.* Ano 2, n. 7, 2005, p. 141. Em sentido contrário, analisando o tema durante a vigência do CPC/1973, Carlos Alberto Carmona defendia que "a forma mais sensata de resolver este tipo de impasse será suspender o processo arbitral até a decisão, pelo juiz togado, da questão preliminar que lhe terá sido submetida, até porque, ao final e ao cabo, tocará ao juiz togado enfrentar a questão da validade da convenção de arbitragem na demanda, que será certamente movida pela parte resistente com base no art. 32 da Lei" (CARMONA, Carlos Alberto. *Arbitragem e processo: um comentário à Lei nº 9.307/96.* 3ª ed. São Paulo: Atlas, 2009, p. 176).
78. MARTINS, Pedro Batista. "PODER JUDICIÁRIO – Princípio da Autonomia da Cláusula Compromissória – Princípio da Competência-Competência – Convenção de Nova Iorque – Outorga de poderes para firmar cláusula compromissória – Determinação dalei aplicável ao conflito – Julgamento pelo Tribunal Arbitral". *Revista de Arbitragem e Mediação.* Ano 2, n. 7, 2005, p. 174.
79. FONSECA, Rodrigo Garcia da. "O princípio da competência-competência na arbitragem". *Revista de Arbitragem e Mediação.* Ano 3, n. 9, 2006, p. 292.

suspenso à espera da definição, por parte do juízo arbitral, acerca da sua competência[80].

De forma semelhante, ele acompanha o enunciado de n. 153 do Fórum Permanente de Processualistas Civis[81] e ratifica que a superveniência de processo arbitral, quando anterior à decisão sobre a alegação da existência de convenção de arbitragem, exige a suspensão do processo em trâmite no Poder Judiciário até decisão do juízo arbitral sobre a sua competência[82].

Nesse contexto, o enunciado n. 435 do Fórum Permanente de Processualistas Civis indica caber agravo de instrumento, com base no art. 1.015, III, contra a decisão interlocutória que recusa a extinção do processo sem exame do mérito depois de o juízo arbitral reconhecer a própria competência[83].

Assim, somente na ausência de procedimento arbitral é que caberia ao Poder Judiciário decidir imediatamente a questão[84].

Nesse contexto, seria possível argumentar que caberia ao Poder Judiciário resolver com maior brevidade a questão ligada à existência, à validade e à eficácia da convenção de arbitragem, nos casos em que não houvesse procedimento arbitral instaurado, na medida em que traria a certeza necessária acerca da tramitação do processo em primeira instância. Caso houvesse a postergação, haveria maior chance de a instauração do processo arbitral implicar suspensão e extinção do processo em trâmite no Poder Judiciário.

Na visão deste trabalho, essa justificativa não se sustenta, uma vez que as premissas apresentadas acima não parecem condizentes com a ordem constitucional brasileira.

---

80. DIDIER Jr., Fredie. *Curso de direito processual civil: introdução ao direito processual civil, parte geral e processo de conhecimento.* 18ª ed. Salvador: Juspodivm, 2016, vol. 1, p. 657.

81. Enunciado n. 153 do Fórum Permanente de Processualistas Civis. A superveniente instauração de procedimento arbitral, se ainda não decidida a alegação de convenção de arbitragem, também implicará a suspensão do processo, à espera da decisão do juízo arbitral sobre a sua própria competência.

82. DIDIER Jr., Fredie. *Curso de direito processual civil: introdução ao direito processual civil, parte geral e processo de conhecimento.* 18ª ed. Salvador: Juspodivm, 2016, vol. 1, p. 657.

83. Enunciado n. 435 do Fórum Permanente de Processualistas Civis. Cabe agravo de instrumento contra a decisão do juiz que, diante do reconhecimento de competência pelo juízo arbitral, se recusar a extinguir o processo judicial sem resolução de mérito.

84. DIDIER Jr., Fredie. *Curso de direito processual civil: introdução ao direito processual civil, parte geral e processo de conhecimento.* 18ª ed. Salvador: Juspodivm, 2016, vol. 1, p. 657. Em sentido semelhante, apesar de não falar na suspensão do processo em trâmite no Poder Judiciário, mas defendendo que, havendo reconhecimento da competência pelo juízo arbitral, é necessária a extinção sem exame do mérito do processo que tramita junto ao juízo estatal, que só poderia rever a decisão em sede de ação anulatória: WAMBIER, Teresa Arruda Alvim; CONCEIÇÃO, Maria Lúcia Lins; RIBEIRO, Leonardo Ferres da Silva; MELLO, Rogério Licastro Torres de. *Primeiros comentários ao novo código de processo civil.* São Paulo: Editora Revista dos Tribunais, 2015, p. 778.

Não há dúvida de que a inafastabilidade do Poder Judiciário, consagrada no art. 5º, XXXV, não impede a arbitragem, desde que prevista em negócio jurídico válido.

No entanto, defender a constitucionalidade da arbitragem é diferente de conferir precedência ao juízo arbitral para decidir sobre a validade da convenção arbitral. Defender esta precedência temporal, na visão deste trabalho, é impedir que o Poder Judiciário decida antecipadamente sobre uma crise de certeza ligada à validade da convenção arbitral, ofendendo o art. 5º, XXXV, da CF.

Explica-se: além da pretensão que deu causa ao procedimento arbitral, a crise de certeza sobre a regularidade da convenção arbitral pode caracterizar pretensão autônoma.

No primeiro caso, o afastamento do Poder Judiciário justifica-se por ato livremente praticado pelas partes. No segundo, não há justificativa para tanto, uma vez que a parte pode alegar, por exemplo, que nunca firmou a convenção de arbitragem ou que ela é inválida. Assim, há dúvidas quanto à manifestação de vontade em excluir a atividade jurisdicional.

Não parece razoável obrigar que quem alegue não ter firmado convenção arbitral válida tenha que se sujeitar ao juízo arbitral (justamente aquele a que se nega estar obrigado) para que, somente após o trânsito em julgado da sentença arbitral, possa propor ação anulatória e trazer sua pretensão ao Poder Judiciário.

Nessa hipótese, haveria uma alegação de lesão a direito (não estar obrigado a se sujeitar à arbitragem) que não poderia ser imediatamente apreciada pelo Poder Judiciário sem que a parte, segundo afirma, tenha concorrido para tanto. Desta forma, a análise da competência deve ficar preferencialmente, inclusive temporalmente, sob o Poder Judiciário para que não se viole o art. 5º, XXXV, da CF.

Destaque-se, também, que não se nega vigência ao art. 8º da Lei de Arbitragem, uma vez que se entende pela competência-competência do árbitro, só refuta-se a sua precedência temporal com relação ao juízo estatal.

Apesar das razões expostas, é preciso reconhecer que o STJ confere uma precedência temporal ao juízo arbitral, apenas permitindo a atuação imediata do Poder Judiciário nos casos dos chamados "compromissos arbitrais patológicos", nos quais a invalidade da convenção é manifesta[85].

Além disso, destaque-se que a parte final do art. 485, VII, que sustenta boa parte das premissas apresentadas, foi inserida no CPC/2015 por um aparente lapso no processo legislativo.

85. Nesse sentido: REsp 1602076/SP. Terceira Turma. Rel. Min. Nancy Andrighi, DJe 30/09/2016.

A versão original do PL 8.046/2010, que chegou à Câmara dos Deputados oriunda da aprovação do PLS 166/2010 pelo Senado Federal, indicava que a alegação da existência de convenção de arbitragem deveria ser feita em preliminar de contestação (art. 327, X) e que haveria extinção do processo sem resolução do mérito quando o juiz verificasse "a existência de convenção de arbitragem" (art. 472, VII)[86].

A versão aprovada pela Câmara dos Deputados e que voltou ao Senado Federal como o SCD 166/2010 dava regulamentação diferente à matéria: a) alegação da existência de convenção de arbitragem passaria a ser feita em petição autônoma (art. 345, *caput*, e art. 346, *caput*); b) se já houvesse procedimento arbitral anterior à propositura da demanda, o processo em tramitação no Poder Judiciário seria suspenso até que o juízo arbitral decidisse sobre a sua competência (art. 347, *caput*); c) caso houvesse o acolhimento da alegação de convenção de arbitragem ou *reconhecimento, pelo juízo arbitral, da sua competência, a demanda seria extinta sem resolução do mérito* (art. 348). Dando coerência à regulamentação proposta, o SCD 166/2010 previa também que o magistrado não resolveria o mérito quando acolhesse a alegação de existência de convenção de arbitragem ou *quando o juízo arbitral reconhecesse sua competência, nos termos do art. 348* (art. 495, VII)[87].

O Senado Federal, revendo a matéria, rejeitou os arts. 345 a 349 do SCD 166/2010, que tratavam da alegação da convenção de arbitragem como peça autônoma e expressamente cuidavam do impacto do reconhecimento da sua competência pelo árbitro. No entanto, no que dizia respeito ao art. 495, VII do SCD/2010, por um aparente lapso legislativo, houve apenas a supressão da parte final ("nos termos do art. 348"), mantendo-se no texto a parte que se referia ao reconhecimento da competência pelo juízo arbitral, apesar da não aprovação do art. 348 do SCD 166/2010[88].

86. Disponível em: http://www.camara.gov.br/proposicoesWeb/prop_mostrarintegra;jsessionid=A0A64508BF92AB31483704B76FD9B486.proposicoesWeb2?codteor=831805&filename=Tramitacao-PL+8046/2010. Acesso em: 06/04/2016.

87. Disponível em: http://www25.senado.leg.br/web/atividade/materias/-/materia/116731. Acesso em: 06/04/2016.

88. Nesse sentido, vale transcrever trecho do relatório final do Senador Vital do Rêgo: "Propomos a rejeição dos arts. 345 ao 349 do SCD, que não têm disposições correlatas no PLS e compreendem quase que totalmente o capítulo "Da Alegação de Convenção de Arbitragem". Nesse capítulo é estabelecido um procedimento próprio para a alegação de convenção de arbitragem, ressuscitando as "exceções" que o Senado eliminou em prol da celeridade. Não se justifica a apresentação de petição avulsa, com evidente atraso para o processo, quando tais questões cabem como preliminar de contestação. Impõe-se, assim, a supressão desses dispositivos. Em consequência dessa rejeição, vários ajustes terão que ser feito ao longo do texto, a começar pela supressão da segunda parte do inciso VII do art. 495, que faz remissão ao art. 348 do SCD. (...) Dessa forma, propõem-se: a) a supressão (a.1) do Capítulo VIII ("Da alegação da convenção de arbitragem) do Título I do Livro I da Parte Especial do SCD e, consequentemente, (a.2) dos arts. 345 a 349 do SCD, excepcionando-se a rejeição do art.

Assim, cabe ressaltar que a parte final do art. 485, VII, do CPC/2015 deve-se a um aparente equívoco na elaboração da redação final, o que não retira, no entanto, a necessidade de encará-la como norma inserida no CPC/2015, ainda que para tê-la como inconstitucional.

Em razão da inconstitucionalidade mencionada, não se pode defender o acerto legislativo em tornar agravável a decisão interlocutória que rejeita a alegação de convenção de arbitragem em virtude da mútua influência entre o juízo arbitral e o estatal. Devem ser analisadas outras razões.

10.2.3.2.2 *Outras justificativas possíveis para a recorribilidade imediata*

Uma segunda razão que poderia ser utilizada para se defender a recorribilidade imediata da decisão que rejeita a alegação da existência de convenção de arbitragem envolve o sigilo que inicialmente é posto aos processos nos quais tais afirmações são feitas, conforme art. 189, IV, do CPC/2015. Assim, a resolução imediata de tal questão poderia proteger o segredo que envolve tais demandas. No entanto, considerando-se que o agravo de instrumento não tem efeito suspensivo automático, a recorribilidade imediata não seria verdadeiramente eficaz, já que, ainda que por um breve espaço de tempo, terceiros tomariam conhecimento dos autos do processo.

A terceira razão se basearia na possibilidade de prática de atos processuais desnecessários, pois o tribunal, no julgamento da futura apelação, poderia reconhecer a existência de convenção de arbitragem e extinguir o processo sem resolução do mérito.

Esta foi a ponderação que norteou a inclusão do inciso III no art. 1.015 do CPC/2015.

O anteprojeto do CPC/2015, elaborado pela Comissão de Juristas, não contava com esta hipótese no rol das decisões agraváveis. O Senador Regis Fichtner apresentou a emenda n. 94 ao PLS 166/2010 para incluir este inciso no rol do então art. 929, que cuidava das decisões agraváveis. Em sua justificativa, o parlamentar apresentou quatro razões para a inclusão: a) a parte que tivesse firmado convenção de arbitragem teria de esperar o desenrolar do processo em primeiro grau para que só depois o tribunal reexaminasse a questão; b) caso o tribunal concordasse com a alegação de convenção de arbitragem em reexame quando do julgamento da apelação, extinguiria o processo sem exame do mérito, desperdiçando a atividade de primeiro grau;

350, a ser mantido como § 6º do art. 338, (a.3) além da renumeração de artigos e de capítulos em decorrência dessas ablações; b) os seguintes ajustes: (...) (b.5) a supressão da parte final do inciso VII do art. 495 do SCD, que faz referência ao art. 348 rejeitado". Disponível em: http://www.senado.leg.br/atividade/rotinas/materia/getPDF.asp?t=159354&tp=1. Acesso em: 06/04/2016.

c) após o reconhecimento da convenção de arbitragem depois de anos de tramitação, as partes voltariam ao estágio de litigância original; d) haveria estímulo ao desrespeito à convenção de arbitragem[89].

Essa emenda n. 94 foi acolhida, passando a fazer parte, em definitivo, do projeto e, posteriormente, do CPC/2015.[90]

A tese ligada à possibilidade de prática de atos processuais desnecessários em primeiro grau não justifica a recorribilidade imediata. Tal premissa serviria para permitir que qualquer decisão que rejeitasse a afirmação de falta dos pressupostos processuais, a alegação de prescrição ou decadência e acerca da instrução probatória tivesse de ser revista imediatamente, pois o equívoco do magistrado de primeira instância poderia resultar na prática de atos desnecessários. O CPC/2015, como se sabe, não permite agravo de instrumento contra essas decisões[91].

Quanto ao retorno ao estado de litigância original, mas na arbitragem, há decisões interlocutórias que produzem contramarchas semelhantes, mas que não são, por isso, agraváveis. Um exemplo é a decisão que entende ser válida a citação feita e reconhece a revelia, a despeito da alegação do réu em sentido contrário. Caso futura apelação reforme tal decisão, há retorno aos primeiros atos processuais.

Por fim, também não se pode falar em estímulo ao desrespeito à convenção de arbitragem (premissa semelhante à utilizada para sustentar a precedência temporal do juízo de competência arbitral, visto acima), uma vez que o CPC/2015 pune aquele que age de modo temerário no processo. Assim, sendo manifesta a existência de convenção de arbitragem, é plenamente possível a condenação por litigância de má-fé do autor que, não obstante a arguição da convenção de arbitragem pelo réu, insiste em demandar no Poder Judiciário alegando que ela não existe. Além disso, não se pode esquecer que a extinção sem exame do mérito acarreta a condenação em custas processuais e honorários advocatícios.

---

89. Disponível em: http://www.senado.leg.br/atividade/rotinas/materia/getPDF.asp?t=82261&tp=1. Acesso em: 06/04/2016.

90. Nos termos do Relatório do Senador Valter Pereira, da Comissão Temporária da Reforma do Código de Processo Civil, ao PLS 166/2010: "Por outro lado, acolhemos a outra parte da Emenda em tela que trata do art. 929, para incluir no rol de hipóteses de cabimento de agravo de instrumento a decisão que houver rejeitado a alegação de convenção de arbitragem, em vista da gravidade de uma decisão como essa, com sérias consequências no caso concreto". Disponível em: http://www.senado.leg.br/atividade/rotinas/materia/getPDF.asp?t=83984&tp=1. Acesso em: 06/04/2016.

91. Ressalva-se, contudo, o posicionamento do STJ que admite a interposição de agravo de instrumento contra a decisão interlocutória que rejeita a alegação de prescrição e decadência, como visto anteriormente.

Na visão deste trabalho, a rejeição da alegação de convenção de arbitragem, em termos processuais, se assemelha à rejeição das alegações de litispendência e de coisa julgada, na medida em que todas elas analisam uma questão que poderia extinguir o processo, mas optam por afastá-la.

Os riscos assumidos pela postergação do reexame destas decisões são os mesmos: a prática de atos processuais desnecessários e a eventualidade de decisões contraditórias. Não há, portanto, razão para tratamento diferenciado. Há diversos exemplos de decisões interlocutórias que, caso equivocadas e revistas em tribunal, noticiariam a prática de atos processuais desnecessários, como a que reconhece a legitimidade da parte e a que indefere a produção de determinado meio de prova, mas que, nem por isso, são agraváveis. Assim, o legislador entende tais riscos como toleráveis, a ponto de não prever o cabimento de agravo de instrumento contra as decisões interlocutórias que rejeitam as alegações de litispendência e coisa julgada (que, além disso, podem permitir futuras decisões contraditórias).

Por essa razão, entende-se pelo desacerto legislativo ao prever que a decisão interlocutória que rejeita a alegação de convenção de arbitragem seja agravável, pois não há um prejuízo imediato relevante para que a parte chegue ao reexame da decisão por meio do agravo de instrumento, o que é reconhecido pelo tratamento que o legislador deu a hipóteses semelhantes.

10.2.3.3 Hipóteses "semelhantes"

Leonardo Carneiro da Cunha e Fredie Didier Jr. defendem que o rol do art. 1.015 é taxativo, mas que comporta interpretação extensiva, permitindo uma interpretação corretiva para que a norma alcance hipóteses não extraídas imediatamente do seu texto[92].

Para os autores, a decisão sobre a alegação da existência de convenção de arbitragem resolve questão de competência, fixando-a no juízo arbitral ou no Poder Judiciário. Seja qual for o sentido da decisão, há recorribilidade, seja por apelação (acolhimento) ou por agravo de instrumento (rejeição)[93].

Por consequência, em razão da isonomia, também deveriam ser agraváveis as decisões sobre a alegação de incompetência (absoluta ou relativa).

---

92. CUNHA, Leonardo Carneiro da; DIDIER Jr., Fredie. "Agravo de instrumento contra decisão que versa sobre competência e a decisão que nega eficácia a negócio jurídico processual na fase de conhecimento – uma interpretação sobre o agravo de instrumento previsto no CPC/2015". *Revista de Processo*. Ano 40, vol. 242, 2015, p. 276.

93. CUNHA, Leonardo Carneiro da; DIDIER Jr., Fredie. "Agravo de instrumento contra decisão que versa sobre competência e a decisão que nega eficácia a negócio jurídico processual na fase de conhecimento – uma interpretação sobre o agravo de instrumento previsto no CPC/2015". *Revista de Processo*. Ano 40, vol. 242, 2015, p. 279.

Tanto nesses casos quanto nos de alegação de convenção de arbitragem, o objetivo do réu seria afastar o juiz da causa e todas essas decisões fariam valer o direito fundamental ao juiz natural[94].

Na visão deste trabalho, as situações são diferentes e apresentam resultados igualmente distintos.

A decisão sobre a alegação de convenção de arbitragem resolve questão *anterior* à competência: decide acerca da sujeição daquele conflito ao Poder Judiciário.

A decisão sobre competência tem como finalidade indicar qual órgão, *dentre os integrantes do Poder Judiciário*, está habilitado para processar e julgar a demanda. Logo, parte da premissa de que o Poder Judiciário é apto a fazê-lo.

Como decidem questões diversas, as consequências das deliberações também são diferentes. Eventual acolhimento da alegação de convenção de arbitragem implica a extinção do processo sem resolução do mérito (art. 485, VII), enquanto que a pertinência da alegação de incompetência, via de regra, resulta na remessa dos autos ao juízo competente.

Além disso, a postergação da recorribilidade dessas decisões também teria efeitos distintos.

Tratando-se da rejeição da alegação de convenção de arbitragem, a postergação traria consigo os inconvenientes vistos acima: possibilidade de prática de atos processuais inúteis, de concorrência de processo arbitral e possíveis decisões contraditórias.

Já a postergação do reexame da decisão sobre competência gera outros problemas, ligados à utilidade da recorribilidade ao final e à possibilidade de se obrigar a parte a litigar em foro incorreto por longo período.

O art. 64, § 4º, do CPC/2015 indica que, salvo decisão judicial em sentido contrário, os efeitos das decisões tomadas pelo juiz incompetente se mantêm até que outras sejam proferidas pelo juiz competente, se for o caso[95]. Desta forma, haveria considerável risco de redução da utilidade de apelação contra decisão interlocutória sobre competência, notadamente nas alegações de incompetência relativa, já que a tendência é a de que as decisões do juiz sejam convalidadas, reduzindo-se o benefício de o recorrente vencedor gozar da tramitação processual, em primeira instância, no juízo correto.

---

94. CUNHA, Leonardo Carneiro da; DIDIER Jr., Fredie. "Agravo de instrumento contra decisão que versa sobre competência e a decisão que nega eficácia a negócio jurídico processual na fase de conhecimento – uma interpretação sobre o agravo de instrumento previsto no CPC/2015". *Revista de Processo*. Ano 40, vol. 242, 2015, p. 280.

95. Nesse sentido: Enunciado n. 238 do Fórum Permanente de Processualistas Civis. O aproveitamento dos efeitos de decisão proferida por juízo incompetente aplica-se tanto à competência absoluta quanto à relativa.

Outro fator que pesa favoravelmente à recorribilidade imediata das decisões interlocutórias sobre competência está ligado à alegação de incompetência territorial. Postergar a recorribilidade desta decisão é impor que o recorrente que tenha razão seja obrigado a litigar em foro incompetente por muito tempo, o que pode lhe trazer gastos consideráveis. A preocupação legislativa é tamanha que ele permite, no art. 340, *caput*, a apresentação de contestação no juízo do domicílio do réu, quando ele alegar incompetência absoluta ou relativa. Some-se a isso o fato de que somente os *atos decisórios* podem ser anulados, de modo que eventual instrução realizada em juízo incompetente se mantém regular. Quando se agrega, ainda, a previsão do art. 64, § 4º, sobre a manutenção, *a priori*, dos atos decisórios, revela-se a necessidade de agravo de instrumento contra a decisão interlocutória sobre competência.

Note-se, portanto, que se defende a recorribilidade imediata, por agravo de instrumento, da decisão sobre competência, mas não com base em uma interpretação extensiva do art. 1.015, e sim a partir da premissa de que o rol do art. 1.015 é exemplificativo, devendo caber agravo de instrumento sempre que a apelação for insuficiente à tutela do direito.

Como se verá adiante, o STJ admite a interposição de agravo de instrumento contra decisão interlocutória sobre a competência do juízo, mas houve modificação quanto aos fundamentos.

Inicialmente, a questão foi enfrentada pela Quarta Turma do STJ, no julgamento do REsp 1679909/RS, oportunidade na qual admitiu-se a interposição do agravo de instrumento com fundamento em uma interpretação extensiva do art. 1.015, III, para abarcar as decisões interlocutórias sobre competência[96].

O referido entendimento acabou sendo aplicado em outros julgamentos do STJ, como nos do REsp 1707652/RJ (Segunda Turma)[97], do REsp 1711953/MG (Quarta Turma)[98], do AgInt nos EDcl no REsp 1731330/CE (Quarta Turma)[99], do AgInt no AREsp 1309300/SP (Quarta Turma)[100] e do AgInt no RMS 55990/PR[101] (Segunda Turma), apesar de haver dois

96. STJ. REsp 1679909/RS. Quarta Turma. Rel. Min. Luis Felipe Salomão. DJe 01/02/2018.

97. STJ. REsp 1707652/RJ, Segunda Turma. Rel. Min. Herman Benjamin. DJe 21/11/2018.

98. STJ. REsp 1711953/MG. Quarta Turma. Rel. Min. Lázaro Guimarães (Desembargador convocado do TRF 5ª Região). DJe 10/08/2018.

99. STJ. AgInt nos EDcl no REsp 1731330/CE, Quarta Turma. Rel. Min. Lázaro Guimarães (Desembargador convocado do TRF 5ª Região). DJe 27/08/2018.

100. STJ. AgInt no AREsp 1309300/SP.Quarta Turma. Rel. Min. Lázaro Guimarães (Desembargador convocado do TRF 5ª Região)., DJe 27/09/2018).

101. STJ. AgInt no RMS 55.990/PR. Segunda Turma. Rel. Min. Francisco Falcão. DJe 14/02/2019.

precedentes em sentido contrário (REsp 1700308/PB[102] e REsp 1730436/SP[103]), nos quais a Segunda Turma afastou a equiparação entre a decisão interlocutória sobre competência e aquela que rejeita a alegação de convenção de arbitragem.

Posteriormente, em aplicação de entendimento firmado em sede de julgamento de recursos especiais repetitivos (tema 988), o STJ se posicionou no sentido do cabimento de agravo de instrumento contra decisão interlocutória sobre competência, mas com fundamento diverso, isto é, o fez com base na *urgência* no reexame da decisão, rejeitando a tese defendida pelos autores citados, como se verá adiante.

Além disso, Leonardo Carneiro da Cunha e Fredie Didier Jr. sustentam que, como a rejeição da convenção de arbitragem nega eficácia a um negócio jurídico processual, deve caber agravo de instrumento contra todas as decisões interlocutórias que neguem eficácia ou não homologuem negócio jurídico processual[104].

Também se discorda dessa tese.

A extensão do tratamento diferenciado dado à rejeição da convenção de arbitragem só faz sentido quando o mesmo fator considerado para tanto estiver presente na situação pretensamente análoga. Neste caso, o fator determinante não foi se tratar de um negócio jurídico processual, mas a junção do possível desperdício de atos processuais, do retrocesso à litigância original em caso de reforma ou invalidação e do alegado risco de desrespeito à convenção arbitral, fatores não presentes necessariamente em todas as negativas de eficácia ou de homologação de negócios jurídicos processuais.

Pode-se pensar, por exemplo, que um negócio jurídico processual disponha que determinada pessoa não pode ser ouvida como testemunha. A negativa de eficácia a este negócio jurídico pelo magistrado tem os mesmos efeitos práticos da negativa da contradita a certa testemunha, isto é, determina a oitiva de alguém de forma contrária à vontade de uma das partes. Não há sentido em permitir que a primeira decisão interlocutória seja agravável e a segunda, não. As duas situações cuidam de hipóteses cujo reexame postergado não traria nenhum prejuízo relevante e, em virtude das suas semelhanças, devem ser tratadas de forma similar.

---

102. STJ. REsp 1700308/PB. Segunda Turma. Rel. Min. Herman Benjamin. DJe 23/05/2018.

103. STJ. REsp 1730436/SP. Segunda Turma. Rel. Min. Herman Benjamin, DJe 19/11/2018.

104. CUNHA, Leonardo Carneiro da; DIDIER Jr., Fredie. "Agravo de instrumento contra decisão que versa sobre competência e a decisão que nega eficácia a negócio jurídico processual na fase de conhecimento – uma interpretação sobre o agravo de instrumento previsto no CPC/2015". *Revista de Processo*. Ano 40, vol. 242, 2015, p. 281.

A verificação da recorribilidade, quando o magistrado nega eficácia ou não homologa negócio jurídico processual, deve levar em conta a capacidade de a apelação tutelar a contento a hipótese.

10.2.4 Incidente de desconsideração da personalidade jurídica

10.2.4.1 Considerações gerais

A desconsideração da personalidade jurídica busca retirar pontualmente a eficácia da personalidade jurídica, desconsiderando-a num caso concreto para atingir pessoas e bens que se escondem atrás dela, sem que, com isso, ela deixe de produzir os demais efeitos que lhe são próprios[105].

Segundo Marçal Justen Filho, o conceito de desconsideração da personalidade jurídica envolve os seguintes elementos: a) existência de uma ou mais sociedades personificadas; b) suspensão dos efeitos da personificação; c) suspensão dos efeitos da personificação para um caso concreto (não se confunde com a invalidação da personalidade jurídica, nem é permanente); d) manutenção da validade dos atos jurídicos; e) a finalidade de evitar o perecimento de um interesse[106].

Os pressupostos para a medida estão previstos no direito material. O art. 50 do Código Civil consagra a chamada *teoria maior*, que condiciona a medida à ocorrência de fraude ou abuso da personalidade jurídica. Por outro lado, a legislação brasileira consagra também a *teoria menor*, que pressupõe apenas a dificuldade no cumprimento das obrigações da pessoa jurídica para que se determine a desconsideração, como o previsto no art. 28, § 5º, do Código de Defesa do Consumidor e no art. 4º da Lei n. 9.605/1998.

Para este trabalho, são desnecessários maiores comentários acerca dos pressupostos para a desconsideração da personalidade jurídica. O propósito deste tópico é estudar a recorribilidade da decisão que julga o incidente correspondente, previsto entre os arts. 133 e 137 do CPC/2015.

A regulamentação do incidente de desconsideração da personalidade jurídica é inovação trazida pelo CPC/2015, já que, a despeito de o direito material cuidar da medida há muitos anos, não havia normas procedimentais que tratassem da forma pela qual se poderia decidir sobre a superação da personalidade jurídica.

---

105. REQUIÃO, Rubens. "Abuso de direito e fraude através da personalidade jurídica". *Revista dos Tribunais*. Ano 58, vol. 410, 1969, p. 14.

106. JUSTEN Filho, Marçal. *Desconsideração da personalidade societária no direito brasileiro*. São Paulo: Editora Revista dos Tribunais, 1987, p. 55/58.

A opção pela resolução acerca da desconsideração da personalidade jurídica por meio de *incidente cognitivo*, em vez de se exigir demanda autônoma, representa ganho de economia processual, sem que se percam as garantias do contraditório e da ampla defesa daqueles que seriam atingidos com eventual acolhimento do pedido incidental[107].

Antes de iniciar a análise procedimental, destaque-se que o regramento dos arts. 133 a 137 aplica-se também à desconsideração inversa da personalidade jurídica, hipótese na qual se busca o patrimônio da pessoa jurídica para satisfazer obrigações que, a princípio, estavam a cargo do sócio (art. 133, § 2º).

Além disso, o incidente está inserido no título do CPC/2015 destinado à intervenção de terceiros. Essa inclusão é justificada pela finalidade do instituto, que visa acrescentar o sócio ou a pessoa jurídica à relação processual preexistente[108].

O art. 133, *caput*, confere legitimidade às partes e ao Ministério Público, quando atuar no processo, para instaurar o incidente de desconsideração da personalidade jurídica. Esse dispositivo se alinha ao previsto no art. 50 do Código Civil, que exige provocação para que a medida seja tomada, e deixa clara a impossibilidade de decretação da desconsideração da personalidade jurídica de ofício[109]. Segundo o art. 134, § 4º, o requerente deve indicar, na

---

107. GAIO JÚNIOR, Antônio Pereira. "O 'incidente' da desconsideração da personalidade jurídica: apontamentos à luz do Novo CPC". In: DIDIER Jr, Fredie (Coord. Geral); MACÊDO, Lucas Buril de; PEIXOTO, Ravi; FREIRE, Alexandre (Org.). *Novo CPC doutrina selecionada: parte geral*. Salvador: Juspodivm, 2015, vol. 1, p. 927. Em sentido semelhante: PINHO, Humberto Dalla Bernardina de; FONSECA, Marina Silva. "O incidente de desconsideração da personalidade jurídica do Novo Código de Processo Civil". In: DIDIER Jr, Fredie (Coord. Geral); MACÊDO, Lucas Buril de; PEIXOTO, Ravi; FREIRE, Alexandre (Org.). *Novo CPC doutrina selecionada: parte geral*. Salvador: Juspodivm, 2015, vol. 1, p. 952/956; MARCONDES, Gustavo Viegas. "O incidente de desconsideração da personalidade jurídica e sua aplicação ao reconhecimento, *incidenter tantum*, da existência de grupos econômicos". *Revista de Processo*. Ano 41, vol. 252, 2016, p. 48.

108. Nesse sentido: MARCONDES, Gustavo Viegas. "O incidente de desconsideração da personalidade jurídica e sua aplicação ao reconhecimento, incidenter tantum, da existência de grupos econômicos". *Revista de Processo*. Ano 41, vol. 252, 2016, p. 48.

109. CÂMARA, Alexandre Freitas. "Capítulo IV. Do incidente de desconsideração da personalidade jurídica". In: WAMBIER, Teresa Arruda Alvim; DIDIER Jr., Fredie; TALAMINI, Eduardo; DANTAS, Bruno (Coord.). *Breves comentários ao Novo Código de Processo Civil*. São Paulo: Editora Revista dos Tribunais, 2015, p. 426. Michel Ferro e Silva discorda da opção legislativa, defendendo que "melhor seria que o legislador também tivesse permitido a instauração por iniciativa do magistrado, na qualidade de reitor do processo, e a fim de assegurar a efetividade de sua decisão judicial, notadamente naquelas hipóteses que envolvem relações de consumo" (SILVA, Michel Ferro e. "O incidente de desconsideração da personalidade jurídica no Novo Código de Processo Civil". In: DIDIER Jr, Fredie (Coord. Geral); MACÊDO, Lucas Buril de; PEIXOTO, Ravi; FREIRE, Alexandre (Org.). *Novo CPC doutrina selecionada: parte geral*. Salvador: Juspodivm, 2015, vol. 1, p. 976). Destaque-se que o TST, por meio da Resolução n. 203, de 15 de março de 2015, editou a Instrução Normativa nº 39 e trouxe algumas peculiaridades

sua petição, "o preenchimento dos pressupostos legais específicos para desconsideração da personalidade jurídica". Assim, a despeito do que sugere o art. 133, *caput*, o magistrado deve fazer um juízo de admissibilidade antes de instaurar o incidente[110].

Segundo o art. 134, *caput*, o incidente de desconsideração da personalidade jurídica pode ser instaurado em todas as fases do processo de conhecimento, no cumprimento de sentença e na execução fundada em título executivo extrajudicial.

Já o art. 134, § 2º, índica ser dispensável a instauração do incidente quando a desconsideração da personalidade jurídica for requerida na petição inicial, hipótese na qual o sócio ou a pessoa jurídica serão citados. A previsão é bastante pertinente, pois, nessa hipótese, não se trata sequer de intervenção de terceiros, uma vez que o sócio e a pessoa jurídica serão partes desde o início do processo[111]. Nesse caso, ressalvada a possibilidade de julgamento antecipado parcial de mérito (art. 356), a desconsideração da personalidade jurídica é resolvida por sentença e, por isso, o capítulo correspondente é impugnável por apelação.

A instauração do *incidente* de desconsideração da personalidade jurídica implica a "suspensão do processo", conforme o art. 134, § 3º. Como

---

sobre o incidente de desconsideração da personalidade jurídica no processo trabalhista, como a possibilidade de instauração de ofício pelo juiz e a recorribilidade correspondente: "Art. 6° Aplica-se ao Processo do Trabalho o incidente de desconsideração da personalidade jurídica regulado no Código de Processo Civil (arts. 133 a 137), assegurada a iniciativa também do juiz do trabalho na fase de execução (CLT, art. 878). § 1º Da decisão interlocutória que acolher ou rejeitar o incidente: I – na fase de cognição, não cabe recurso de imediato, na forma do art. 893, § 1º da CLT; II – na fase de execução, cabe agravo de petição, independentemente de garantia do juízo; III – cabe agravo interno se proferida pelo Relator, em incidente instaurado originariamente no tribunal (CPC, art. 932, inciso VI)".

110. No sentido do juízo de admissibilidade sobre o incidente de desconsideração da personalidade jurídica: CÂMARA, Alexandre Freitas. "Capítulo IV. Do incidente de desconsideração da personalidade jurídica". In: WAMBIER, Teresa Arruda Alvim; DIDIER Jr., Fredie; TALAMINI, Eduardo; DANTAS, Bruno (Coord.). *Breves comentários ao Novo Código de Processo Civil.* São Paulo: Editora Revista dos Tribunais, 2015, p. 431/432; MARCONDES, Gustavo Viegas. "O incidente de desconsideração da personalidade jurídica e sua aplicação ao reconhecimento, *incidenter tantum*, da existência de grupos econômicos". *Revista de Processo.* Ano 41, vol. 252, 2016, p. 49/51.

111. Alexandre Freitas Câmara resume bem o raciocínio: "Formar-se-á, aí, então, um litisconsórcio passivo originário entre a sociedade e o sócio. E em razão desse litisconsórcio originário não haverá qualquer motivo para a instauração do incidente. Afinal, nesse feito, a pretensão à desconsideração da personalidade integrará o próprio objeto do processo, cabendo ao juiz, ao proferir decisão sobre o ponto, acolher ou rejeitar tal pretensão. Sendo originário o litisconsórcio entre sociedade e sócio, não haveria como tratar o indigitado responsável (não devedor), seja ele o sócio, seja a sociedade (no caso de desconsideração inversa), como terceiro, motivo pelo qual não haveria qualquer sentido em instaurar-se um incidente que tem por fim promover uma intervenção de terceiro" (CÂMARA, Alexandre Freitas. "Capítulo IV. Do incidente de desconsideração da personalidade jurídica". In: WAMBIER, Teresa Arruda Alvim; DIDIER Jr., Fredie; TALAMINI, Eduardo; DANTAS, Bruno (Coord.). *Breves comentários ao Novo Código de Processo Civil.* São Paulo: Editora Revista dos Tribunais, 2015, p. 430).

esclarece Alexandre Freitas Câmara, trata-se de *suspensão imprópria*, uma vez não há paralisação total e completa do processo, mas vedação da prática de atos processuais estranhos ao incidente instaurado. Tal paralisação dura, via de regra, até a decisão final em primeiro grau, uma vez que o agravo de instrumento não tem efeito suspensivo automático[112].

Sendo positivo o juízo de admissibilidade do incidente, além de ocorrer a suspensão mencionada, o sócio ou a pessoa jurídica é citado(a) para, em quinze dias, manifestar-se e requerer a produção dos meios de prova que entender pertinentes, nos termos do art. 135. Não havendo defesa, caracteriza-se a revelia e deve ocorrer a presunção relativa de veracidade dos fatos narrados, conforme arts. 344 e 345 do CPC/2015[113].

Após a resposta, passa-se à fase instrutória, se necessária. Como regra geral, cabe ao requerente comprovar o fato constitutivo que permite a desconsideração, numa aplicação análoga do art. 373, I, do CPC/2015. Todavia, é possível admitir a redistribuição do ônus probatório em desfavor do sócio ou da pessoa jurídica, a partir da incidência do art. 373, § 1º, do CPC/2015[114].

Tratando-se de incidente de desconsideração da personalidade jurídica que tramite em primeiro grau, a sua resolução se dá por meio de decisão interlocutória (art. 136, *caput*), pronunciamento agravável, nos termos do art. 1.015, IV, do CPC/2015.

Decidindo o magistrado pela desconsideração da personalidade jurídica, são reputadas ineficazes, com relação ao requerente, as alienações ou onerações de bens feitas pelo requerido, desde que presentes os demais pressupostos para a caracterização da fraude à execução (art. 137)[115].

---

112. CÂMARA, Alexandre Freitas. "Capítulo IV. Do incidente de desconsideração da personalidade jurídica". In: WAMBIER, Teresa Arruda Alvim; DIDIER Jr., Fredie; TALAMINI, Eduardo; DANTAS, Bruno (Coord.). *Breves comentários ao Novo Código de Processo Civil.* São Paulo: Editora Revista dos Tribunais, 2015, p. 430/431.

113. CÂMARA, Alexandre Freitas. "Capítulo IV. Do incidente de desconsideração da personalidade jurídica". In: WAMBIER, Teresa Arruda Alvim; DIDIER Jr., Fredie; TALAMINI, Eduardo; DANTAS, Bruno (Coord.). *Breves comentários ao Novo Código de Processo Civil.* São Paulo: Editora Revista dos Tribunais, 2015, p. 433.

114. PINHO, Humberto Dalla Bernardina de; FONSECA, Marina Silva. "O incidente de desconsideração da personalidade jurídica do Novo Código de Processo Civil". In: DIDIER Jr, Fredie (Coord. Geral); MACÊDO, Lucas Buril de; PEIXOTO, Ravi; FREIRE, Alexandre (Org.). *Novo CPC doutrina selecionada: parte geral.* Salvador: Juspodivm, 2015, vol. 1, p. 962/963.

115. Alexandre Freitas Câmara defende que a decisão pela desconsideração da personalidade jurídica opera dois efeitos processuais: a) extensão da responsabilidade patrimonial; b) ineficácia, com relação ao requerente, das alienações e onerações feitas pelo requerido, quando presentes os outros requisitos da fraude à execução (CÂMARA, Alexandre Freitas. "Capítulo IV. Do incidente de desconsideração da personalidade jurídica". In: WAMBIER, Teresa Arruda Alvim; DIDIER Jr., Fredie; TALAMINI, Eduardo; DANTAS, Bruno (Coord.). *Breves comentários ao Novo Código de Processo Civil.* São Paulo: Editora Revista dos Tribunais, 2015, p. 435/437).

Essas são as considerações gerais a respeito do incidente de desconsideração da personalidade jurídica. Para a finalidade deste trabalho, é preciso estudar alguns aspectos da recorribilidade da decisão que julga o incidente, tema para o qual é reservado o tópico seguinte.

10.2.4.2 A recorribilidade da decisão interlocutória que julga o incidente de desconsideração da personalidade jurídica

Há cinco considerações que precisam ser feitas quanto à recorribilidade da decisão do incidente de desconsideração da personalidade jurídica.

A primeira delas indica que a previsão do art. 1.015, IV, alcança também a hipótese de inadmissibilidade do incidente requerido, uma vez que o dispositivo não pressupõe decisão sobre o mérito do pedido[116].

A segunda consideração atesta a redundância do inciso IV do art. 1.015, pois a hipótese já seria tutelada pelos demais casos de recorribilidade por agravo de instrumento.

Como o visto, o pedido de desconsideração da personalidade jurídica por via incidental representa um requerimento de intervenção de terceiros, de modo que o art. 1.015, IX, ao prever que está sujeita ao agravo de instrumento a decisão interlocutória que admita ou inadmita a intervenção de terceiro, já tutelaria a hipótese. Além disso, quando instaurado durante a fase de cumprimento de sentença ou no processo de execução, a resolução do incidente já seria agravável por força do art. 1.015, parágrafo único[117].

A terceira ponderação está ligada ao interesse recursal para impugnar a decisão que opta pela desconsideração da personalidade jurídica.

Há precedentes do STJ no sentido de que a pessoa jurídica não tem interesse recursal para impugnar a decisão que determina a desconsideração da personalidade jurídica, uma vez que a modificação pleiteada só traria benefícios à esfera do sócio[118].

---

116. Nesse sentido: MARCONDES, Gustavo Viegas. "O incidente de desconsideração da personalidade jurídica e sua aplicação ao reconhecimento, incidenter tantum, da existência de grupos econômicos". *Revista de Processo*. Ano 41, vol. 252, 2016, p. 51; SICA, Heitor Vitor Mendonça. "Capítulo III. Do agravo de instrumento". In: STRECK, Lenio Luiz; NUNES, Dierle; CUNHA, Leonardo Carneiro da (Org.); FREIRE, Alexandre (Coord. Executivo). *Comentários ao Código de Processo Civil*. São Paulo: Saraiva, 2016, p. 1.334.

117. No mesmo sentido, quanto ao incidente de desconsideração da personalidade jurídica instaurado na fase de cumprimento de sentença ou no processo de execução: SICA, Heitor Vitor Mendonça. "Capítulo III. Do agravo de instrumento". In: STRECK, Lenio Luiz; NUNES, Dierle; CUNHA, Leonardo Carneiro da (Org.); FREIRE, Alexandre (Coord. Executivo). *Comentários ao Código de Processo Civil*. São Paulo: Saraiva, 2016, p. 1.334.

118. O seguinte trecho do voto do Ministro Herman Benjamin, dado no julgamento do AgRg no REsp 1307639/RJ, é elucidativo: "A decisão jurisdicional que aplica a aludida teoria importa prejuízo às pessoas físicas afetadas pelos efeitos das obrigações contraídas pela pessoa jurídica. A rigor, ela

Destaque-se que, apesar de muitos precedentes sugerirem faltar *legitimidade* da pessoa jurídica para o manejo do recurso[119], a hipótese verdadeiramente é de ausência de *interesse recursal*. A *legitimidade para recorrer* está regulada no art. 996, *caput*, e permite que a parte (no caso, a pessoa jurídica) impugne decisões. No entanto, falta-lhe *interesse recursal*, uma vez que o recurso é incapaz de lhe trazer benefícios e, por isso, é inadmissível.

Por outro lado, também há precedentes que afirmam que a pessoa jurídica tem legitimidade para impugnar a decisão que determina a desconsideração de sua personalidade jurídica, desde que o propósito recursal seja a defesa da sua autonomia patrimonial e da regularidade da sua administração, que seriam direitos próprios do ente[120].

A quarta ponderação representa uma discordância com relação pensamento de Heitor Vitor Mendonça Sica, para quem a recorribilidade do inciso IV abarca também a impugnação da decisão interlocutória que, no bojo do incidente de desconsideração da personalidade jurídica, rejeita a produção de provas mencionada no art. 135. Segundo ele, pensar de modo diverso seria subverter a lógica do art. 1.009, § 1º, pois tornaria o agravo de instrumento contra a decisão final do incidente apto a ensejar o reexame das decisões tomadas no seu curso[121].

---

resguarda interesses de credores e da própria sociedade empresária indevidamente manipulada. Por isso, o Enunciado 285 da IV Jornada de Direito Civil descreve que "A teoria da desconsideração, prevista no art. 50 do Código Civil, pode ser invocada pela pessoa jurídica em seu favor". A ideia de prejuízo e a necessidade de obter um provimento mais benéfico são fundamentais para a caracterização do interesse recursal (Barbosa Moreira, Comentário ao Código de Processo Civil, vol. V, 14ª ed., Rio de Janeiro, Forense, 2008, p. 299). (...). Desse modo, não há como reconhecer interesse à pessoa jurídica para impugnar decisão que atinge a esfera jurídica de terceiros, o que, em tese, pode preservar o patrimônio da sociedade ou minorar sua diminuição, afinal, mais pessoas estariam respondendo pela dívida contra ela cobrada originalmente" (AgRg no REsp 1307639/RJ. Segunda Turma. Rel. Min. Herman Benjamin. DJe: 23/05/2012). No mesmo sentido: REsp 792.105/SP. Segunda Turma. Rel. Min. Carlos Fernando Mathias (Juiz Federal convocado do TRF 1ª Região, DJe: 17/06/2008; REsp 932.675/SP. Segunda Turma. Rel. Min. Castro Meira, DJ: 27/08/2007, p. 215; REsp 613.200/SP. Primeira Turma. Rel. Ministro Teori Albino Zavascki, DJ 09/11/2006, p. 253.

119. Nesse sentido: AgRg no REsp 1289456/MG. Segunda Turma. Rel. Min. Assusete Magalhães, DJe 02/12/2015; AgRg no AREsp 745.118/MS. Quarta Turma. Rel. Min. Luis Felipe Salomão, DJe: 25/11/2015; AgRg no REsp 1539081/SP. Segunda Turma. Rel. Min. Og Fernandes, DJe: 14/09/2015; AgRg no REsp 1528758/RS. Segunda Turma. Rel. Min. Og Fernandes, DJe: 23/06/2015; REsp 1347627/SP. Primeira Seção. Rel. Ministro Ari Pargendler, DJe: 21/10/2013.

120. Nesse sentido: AgInt nos EDcl no AgInt no AREsp 995.378/SP. Quarta Turma. Rel. Min. Lázaro Guimarães (Desembargador convocado do TRF 5ª Região. DJe 23/05/2018; EREsp 1208852/SP. Corte Especial. Rel. Min. Og Fernandes, DJe 20/05/2016; AgInt no REsp 1417440/SP. Quarta Turma. Rel. Min. Maria Isabel Gallotti, DJe 12/08/2016.

121. SICA, Heitor Vitor Mendonça. "Capítulo III. Do agravo de instrumento". In: STRECK, Lenio Luiz; NUNES, Dierle; CUNHA, Leonardo Carneiro da (Org.); FREIRE, Alexandre (Coord. Executivo). *Comentários ao Código de Processo Civil*. São Paulo: Saraiva, 2016, p. 1.334.

Não parece que a intenção legislativa tenha sido a de permitir o agravo de instrumento contra a decisão interlocutória que cuida da produção de provas durante o incidente da desconsideração da personalidade jurídica, mas o de restringir o reexame imediato à decisão final, que resolve o incidente. Nesse contexto, defende-se a aplicação por analogia do art. 1.009, § 1º e do raciocínio exposto no tópico 9.8.5 deste trabalho: como a decisão interlocutória sobre produção de provas no incidente diz respeito exclusivamente à decisão que o julga, ela deve ser impugnada, ao final dele, por agravo de instrumento.

Por fim, a quinta ponderação diz respeito à opção legislativa de tornar tal decisão agravável.

Anteriormente, foi possível definir que o CPC/2015 privilegiou a *irrecorribilidade em separado das decisões interlocutórias*, já que algumas delas ficaram sujeitas à apelação e houve a extinção do agravo retido.

No entanto, é preciso ressaltar que essa medida *não* significou que todas as decisões que, no período final do CPC/1973, estavam sujeitas ao agravo retido passaram a ser impugnáveis por apelação.

Com isso se quer afirmar que o CPC/2015 aumentou as hipóteses de cabimento do agravo de instrumento, causando algumas incoerências sistêmicas e concedendo o reexame imediato a decisões que poderiam ser reanalisadas ao final, juntamente com a apelação.

A recorribilidade por agravo de instrumento da decisão que acolhe o pedido de desconsideração da personalidade jurídica, feito incidentemente na fase de conhecimento, é um exemplo da contramarcha do CPC/2015.

Sem dúvida, o incidente de desconsideração da personalidade jurídica é cognitivo e decide parte do mérito, o que faz com que a recorribilidade por agravo de instrumento também se justifique pelo art. 1.015, II. Quando instaurado na fase cognitiva, pode-se dizer que a decisão declara que o sócio estará ou não obrigado tal qual a pessoa jurídica, caso o pedido condenatório seja futuramente julgado procedente[122].

---

122. Note-se que um dos critérios que Cândido Rangel Dinamarco usa para classificar os capítulos da sentença é semelhante ao mencionado, já que trabalha com a diferença entre a declaração sobre a obrigação e a efetiva condenação: "Dá-se também a decomposição do objeto do processo pela dissolução analítica do provimento pedido, sempre que o autor tenha postulado um provimento condenatório e, sobre o mesmo bem da vida, o juiz vier a emitir *mera declaração*. Pressuposta a estrutura complexa da sentença condenatória, que contém a declaração do direito do autor *mais* a aplicação da vontade condenatória (...), é lícito ao juiz, sem qualquer perigo de decidir *extra petita*, conceder somente a declaração, mesmo quando o pedido houver sido de condenação" (DINAMARCO, Cândido Rangel. *Capítulos de sentença*. 5ª ed. São Paulo: Malheiros Editores, 2013, p. 74/75). No sentido de se tratar de decisão de mérito: MEDINA, José Miguel Garcia. *Direito processual civil moderno*. São Paulo: Editora Revista dos Tribunais, 2015, p. 229.

No caso do acolhimento do pedido, o sócio passará a fazer parte da relação processual e praticará os atos processuais seguintes, como os ligados à instrução probatória. Caso a decisão interlocutória seja reformada, verificar-se-á a inutilidade da prática, pelo sócio, destes atos. A possibilidade de revisão imediata desta decisão, quando tomada na fase cognitiva, acaba protegendo o processo deste problema.

No entanto, o processo civil lida com algumas hipóteses semelhantes nas quais, com acerto, não se concede a revisão imediata da decisão interlocutória. Um exemplo ilustrativo é o da decisão saneadora que reconhece a legitimidade passiva. Esta decisão não está no rol do art. 1.015 e a sua eventual reforma, em julgamento de apelação, resulta na verificação da inutilidade da prática de atos processuais pelo réu, tal qual se apuraria com a desconsideração equivocada da personalidade jurídica.

A prática de atos processuais inúteis é um risco que o processo civil brasileiro há muito aceita quando se trata da recorribilidade da decisão que mantém a parte na relação processual. É melhor lidar com a estabilidade que a assunção desse risco propicia ao procedimento em primeiro grau do que permitir que mais recursos sejam interpostos e que o tribunal tenha que lidar e possivelmente interferir mais vezes no processo que se desenvolve na instância inferior.

Por mais que se trate de uma decisão de mérito, o acolhimento do pedido incidental de desconsideração da personalidade jurídica, formulado na fase cognitiva, poderia perfeitamente ser analisado em conjunto com futura apelação. Não haveria nenhuma incompatibilidade com o regime do art. 1.009, § 1º[123].

Ainda que seja uma decisão de mérito, é perfeitamente possível traçar um paralelo com o tratamento que se dá à discussão sobre a legitimidade passiva, inclusive àquela que ocorre quando a desconsideração da personalidade jurídica é requerida na petição inicial e dispensa a instauração do incidente dos arts. 133 a 137.

---

123. Também não é o caso de se advogar a aplicação do art. 1.015, II. A declaração de que o sócio estará obrigado da mesma forma que a pessoa jurídica no caso de eventual condenação só diz respeito aos fatos que compõem àquela causa de pedir (lembre-se que a desconsideração da personalidade jurídica acontece *num caso concreto*). Como esta medida tem como objetivo final a inclusão do sócio como devedor de certa obrigação, por mais que a decisão seja de mérito, é necessária complementação para que a desconsideração da personalidade jurídica atinja o seu objetivo, o que somente deve acontecer na sentença. A não ser pela preclusão, não há utilidade prática em o trânsito em julgado da decisão que acolhe o pedido incidental de desconsideração ser anterior ao da sentença, situação bastante distinta da oriunda do julgamento antecipado parcial de mérito. Como o art. 1.009, § 1º, optou por postergar a preclusão de questões resolvidas em determinadas decisões interlocutórias, deveria ter feito o mesmo quanto à que acolhe o pedido incidental de desconsideração de personalidade jurídica feito na fase cognitiva.

Nessas hipóteses, somente a decisão que *exclui* o réu é agravável (art. 1.015, VII); a que o mantém está sujeita à apelação. Note-se, então, que o legislador entende como prejudiciais o risco da *ausência do réu* nos atos processuais seguintes à decisão interlocutória e a *manutenção* de alguém no polo passivo quando já houver decisão em sentido contrário.

A ausência do réu como risco indesejável pode ser explicada em termos de custos com o desenvolvimento processual: é mais interessante ao Estado assumir o risco de manter equivocadamente uma parte durante a instrução probatória do que retirá-la de maneira errônea e privá-la desta etapa processual, já que, no segundo caso, toda a atividade teria de ser refeita. Por isso, o reexame imediato é adequado à *exclusão* da parte, não à sua manutenção.

Defende-se que o mesmo tratamento deveria ter sido dado à decisão do incidente de desconsideração da personalidade jurídica instaurado na fase cognitiva, isto é, seria melhor que o inciso IV só contasse com a decisão interlocutória que *rejeitasse* o pedido de desconsideração da personalidade jurídica formulado na fase cognitiva.

Quanto ao incidente instaurado na fase de cumprimento de sentença ou no processo de execução, é acertada a sujeição ao agravo de instrumento, uma vez que a apelação seria incapaz de tutelar satisfatoriamente a hipótese, frente ao risco de expropriação anterior dos bens do sócio. Contudo, essa situação já está abarcada pela previsão do art. 1.015, parágrafo único, que torna agraváveis todas as decisões interlocutórias tomadas na fase de cumprimento de sentença e no processo de execução.

Apesar das considerações acima, é preciso fixar que o CPC/2015 entendeu como determinante o fato de a decisão ser tomada no incidente de desconsideração da personalidade jurídica para que ela seja agravável, independentemente do seu sentido e do momento em que foi proferida.

Contudo, é igualmente necessário ponderar que essa opção legislativa representa uma contramarcha no que diz respeito ao número de decisões sujeitas ao agravo de instrumento.

10.2.5 Rejeição do pedido de gratuidade de justiça ou acolhimento do pedido de sua revogação

10.2.5.1 Considerações gerais

O art. 82, *caput*, do CPC/2015 fixa como regra que as despesas com os atos processuais devem ser arcadas de forma *antecipada*, isto é, antes da sua realização.

Nesse contexto, afirma-se que a gratuidade da justiça corresponde à dispensa desse *adiantamento* de despesas[124]. Rafael Alexandria de Oliveira defende que não se deve falar em *isenção*, como fazem alguns doutrinadores[125], mas em dispensa do dever de o beneficiário adiantar o pagamento das despesas processuais. O pagamento de tais verbas, ainda assim, fica a cargo daquele que deu causa ao processo e elas eventualmente podem até mesmo ser pagas pelo beneficiário, caso esta obrigação lhe seja imputada e ocorram as modificações previstas no art. 98, § 3º[126].

Na visão deste trabalho, o raciocínio merece um pequeno reparo: a gratuidade de justiça é uma condição suspensiva para a exigibilidade das despesas processuais em sentido amplo. A dispensa do *adiantamento* é apenas um dos seus reflexos. O outro é o que indica que, quando o beneficiário tenha dado causa ao processo, mantém-se a condição suspensiva que impede a exigência das despesas processuais. Assim, a situação é a mesma: há uma condição que suspende a exigibilidade de tais valores, seja quando eles são exigíveis antes da prática do ato ou quando são oriundos de condenação final.

Durante a vigência do CPC/1973, as principais disposições sobre a gratuidade de justiça estavam previstas na Lei n. 1.060/1950. O CPC/2015 a revogou parcialmente (art. 1.072, III) e destinou uma seção ao tema, compreendida entre os arts. 98 a 102.

Segundo o art. 98, *caput*, podem ser beneficiadas com a gratuidade de justiça as pessoas naturais e as jurídicas, nacionais ou estrangeiras, desde que não tenham recursos para arcar com as custas, as despesas processuais e os honorários advocatícios. Apesar do silêncio do texto legal, o benefício deve alcançar também os entes despersonalizados que têm capacidade processual, como a massa falida e o espólio[127]. Trata-se de um direito personalíssimo,

---

124. OLIVEIRA, Rafael Alexandria de. "Benefício da justiça gratuita". In: WAMBIER, Teresa Arruda Alvim; DIDIER Jr., Fredie; TALAMINI, Eduardo; DANTAS, Bruno (Coord.). *Breves comentários ao Novo Código de Processo Civil.* São Paulo: Editora Revista dos Tribunais, 2015, p. 354. Em sentido semelhante: SILVA, Ticiano Alves e. "O benefício da justiça gratuidade no Novo Código de Processo Civil". In: DIDIER Jr, Fredie (Coord. Geral); MACÊDO, Lucas Buril de; PEIXOTO, Ravi; FREIRE, Alexandre (Org.). *Novo CPC doutrina selecionada: parte geral.* Salvador: Juspodivm, 2015, vol. 1, p. 806/807.

125. Defendem que a justiça gratuita envolve *isenção*: MARCACINI, Augusto Tavares Rosa. *Assistência jurídica, assistência judiciária e justiça gratuita.* Rio de Janeiro: Forense, 2001, p. 35; TARTUCE, Fernanda; DELLORE, Luiz. "Gratuidade da justiça no Novo CPC". In: DIDIER Jr, Fredie (Coord. Geral); MACÊDO, Lucas Buril de; PEIXOTO, Ravi; FREIRE, Alexandre (Org.). *Novo CPC doutrina selecionada: parte geral.* Salvador: Juspodivm, 2015, vol. 1, p. 772.

126. OLIVEIRA, Rafael Alexandria de. "Benefício da justiça gratuita". In: WAMBIER, Teresa Arruda Alvim; DIDIER Jr., Fredie; TALAMINI, Eduardo; DANTAS, Bruno (Coord.). *Breves comentários ao Novo Código de Processo Civil.* São Paulo: Editora Revista dos Tribunais, 2015, p. 359.

127. Nesse sentido: OLIVEIRA, Rafael Alexandria de. "Benefício da justiça gratuita". In: WAMBIER, Teresa Arruda Alvim; DIDIER Jr., Fredie; TALAMINI, Eduardo; DANTAS, Bruno (Coord.). *Breves comentários ao Novo Código de Processo Civil.* São Paulo: Editora Revista dos Tribunais, 2015, p. 357; SILVA, Ticiano

não se estendendo aos litisconsortes, a eventuais sucessores (art. 99, § 6º) e aos advogados do beneficiário (art. 99, § 5º).

Já o art. 98, § 1º, traz um rol exemplificativo de custos processuais cujo adiantamento não é exigido do beneficiário da gratuidade de justiça, dentre os quais estão as taxas e custas judiciais (inciso I), as despesas com publicações na imprensa oficial (inciso III) e os honorários do perito (inciso VI), por exemplo[128].

O art. 98, em seus §§ 2º e 3º, ratifica que a gratuidade de justiça dispensa o *adiantamento* das despesas processuais em sentido amplo e não equivale a uma isenção, pois indica que, "vencido" o beneficiário, ele deve ser condenado ao pagamento destas quantias. A diferença é que, tal qual acontece com os atos processuais anteriores cujos custos deveriam ter sido adiantados pelo beneficiário, a exigibilidade fica suspensa. Segundo o texto legal, não havendo comprovação, pelo credor, de alteração da situação econômica do beneficiário nos cinco anos seguintes à certificação desta obrigação, ela se extingue[129].

Por sua vez, o art. 98, § 4º, atesta que a gratuidade de justiça não abrange a inexigibilidade, ao final, das multas processuais que sejam impostas ao beneficiário. Essa previsão abrange tanto as multas coercitivas quanto as punitivas[130].

Alves e. "O benefício da justiça gratuidade no Novo Código de Processo Civil". In: DIDIER Jr, Fredie (Coord. Geral); MACÊDO, Lucas Buril de; PEIXOTO, Ravi; FREIRE, Alexandre (Org.). *Novo CPC doutrina selecionada: parte geral*. Salvador: Juspodivm, 2015, vol. 1, p. 808.

128. A natureza exemplificativa do rol do art. 98, § 1º é defendida em: OLIVEIRA, Rafael Alexandria de. "Benefício da justiça gratuita". In: WAMBIER, Teresa Arruda Alvim; DIDIER Jr., Fredie; TALAMINI, Eduardo; DANTAS, Bruno (Coord.). *Breves comentários ao Novo Código de Processo Civil*. São Paulo: Editora Revista dos Tribunais, 2015, p. 359; SILVA, Ticiano Alves e. "O benefício da justiça gratuidade no Novo Código de Processo Civil". In: DIDIER Jr, Fredie (Coord. Geral); MACÊDO, Lucas Buril de; PEIXOTO, Ravi; FREIRE, Alexandre (Org.). *Novo CPC doutrina selecionada: parte geral*. Salvador: Juspodivm, 2015, vol. 1, p. 810/811.

129. Apesar de não fazer parte do debate proposto neste trabalho, é importante trazer a ponderação feita por Rafael Alexandria de Oliveira, para quem o art. 98, § 3º aplica-se somente aos beneficiários que não possuam recursos e patrimônio. Quanto aos demais (obtiveram parcelamento, por exemplo), não seria necessária a demonstração de incremento patrimonial e se aplicariam normalmente as regras de responsabilidade patrimonial, "de modo que, dispondo o beneficiário de bens suscetíveis de responder por sua dívida, cabe ao credor apenas demonstrar isso para que a condição do § 3.º se mostre satisfeita" (OLIVEIRA, Rafael Alexandria de. "Benefício da justiça gratuita". In: WAMBIER, Teresa Arruda Alvim; DIDIER Jr., Fredie; TALAMINI, Eduardo; DANTAS, Bruno (Coord.). *Breves comentários ao Novo Código de Processo Civil*. São Paulo: Editora Revista dos Tribunais, 2015, p. 368/369).

130. Nesse sentido: SILVA, Ticiano Alves e. "O benefício da justiça gratuidade no Novo Código de Processo Civil". In: DIDIER Jr, Fredie (Coord. Geral); MACÊDO, Lucas Buril de; PEIXOTO, Ravi; FREIRE, Alexandre (Org.). *Novo CPC doutrina selecionada: parte geral*. Salvador: Juspodivm, 2015, vol. 1, p. 812; OLIVEIRA, Rafael Alexandria de. "Benefício da justiça gratuita". In: WAMBIER, Teresa Arruda Alvim; DIDIER Jr.,

O art. 98, §§ 5º e 6º, trata da modulação da concessão do benefício, possibilidade já defendida doutrinariamente na vigência do CPC/1973[131]. Segundo estes dispositivos, é possível conceder a gratuidade de justiça quanto a apenas um ou alguns atos do processo, deferi-la quanto a parte do valor que deveria ser adiantado (art. 98, § 5º) ou permitir o parcelamento de tais quantias (art. 98, § 6º). Como bem aponta Ticiano Alves e Silva, nada impede a conjugação desses dois dispositivos, permitindo-se, por exemplo, a redução percentual do valor a ser adiantado em concomitância com o parcelamento da quantia de logo exigível[132].

Em seus §§ 7º e 8º, o art. 98 cuida da relação entre a gratuidade de justiça e as despesas com atos de notários e registradores ligados ao processo. Assim, dispõe sobre o dever de antecipar tais custos, a necessidade de se comunicar o ente público acerca de quem, ao final, restou responsável pelas despesas e a legitimidade do notário ou registrador para impugnar o a concessão da gratuidade de justiça.

Em sequência, o CPC/2015 destina dois artigos ao requerimento da gratuidade de justiça, à sua decisão e à impugnação de eventual deferimento.

Segundo o art. 99, *caput*, "o pedido de gratuidade da justiça pode ser formulado na petição inicial, na contestação, na petição para ingresso de terceiro no processo ou em recurso". As três hipóteses iniciais representam os primeiros momentos em que cada legitimado fala nos autos. Quando superveniente a tais momentos, o pedido pode ser formulado por petição simples, que não é autuada em apartado nem suspende o processo (art. 99, § 1º). Como bem aponta Rafael Alexandria de Oliveira, o momento do requerimento é importante porque ele fixa o marco a partir do qual não se exigirá do beneficiário o adiantamento das despesas processuais[133]. Destaque-se que a declaração de hipossuficiência, por parte do procurador, pressupõe a outorga de poderes especiais, nos termos do art. 105, *caput*.

O art. 99, § 3º, fixa presunção de veracidade à declaração de hipossuficiência feita pela pessoa natural. Por outro lado, à pessoa jurídica, tenha ou não finalidade lucrativa, continua aplicável o enunciado n. 481 da súmula do

---

Fredie; TALAMINI, Eduardo; DANTAS, Bruno (Coord.). *Breves comentários ao Novo Código de Processo Civil.* São Paulo: Editora Revista dos Tribunais, 2015, p. 368/369.

131. DIDIER Jr., Fredie; OLIVEIRA, Rafael. *Benefício da justiça gratuita.* 5ª ed. Salvador: Juspodivm, 2012, p. 24/25.

132. SILVA, Ticiano Alves e. "O benefício da justiça gratuidade no Novo Código de Processo Civil". In: DIDIER Jr, Fredie (Coord. Geral); MACÊDO, Lucas Buril de; PEIXOTO, Ravi; FREIRE, Alexandre (Org.). *Novo CPC doutrina selecionada: parte geral.* Salvador: Juspodivm, 2015, vol. 1, p. 812.

133. OLIVEIRA, Rafael Alexandria de. "Benefício da justiça gratuita". In: WAMBIER, Teresa Arruda Alvim; DIDIER Jr., Fredie; TALAMINI, Eduardo; DANTAS, Bruno (Coord.). *Breves comentários ao Novo Código de Processo Civil.* São Paulo: Editora Revista dos Tribunais, 2015, p. 370.

STJ, segundo o qual cabe a ela a comprovação da impossibilidade de arcar com as despesas processuais[134-135].

Por sua vez, o CPC/2015, no seu art. 99, § 2º, indica que somente após oportunizar à parte comprovar a sua insuficiência de recursos é que o magistrado, com base na falta dos pressupostos legais, pode indeferir o pedido de gratuidade de justiça. Mais uma vez, deve-se concordar com Rafael Alexandria de Oliveira ao vincular a oportunidade de comprovação, prevista no art. 99, § 2º, somente aos requerimentos formulados por pessoas naturais, já que, a princípio, a elas é suficiente a alegação de hipossuficiência. Como as pessoas jurídicas, ao formularem o requerimento, já devem trazer as provas necessárias ao seu deferimento, não faria sentido a oportunidade prevista no art. 99, § 2º[136]. Ressalte-se, ainda, que o simples fato de ter constituído advogado particular não é capaz de interferir na decisão sobre a concessão da gratuidade de justiça (art. 99, § 4º).

Apesar de o dispositivo não ser explícito, também deve ser dada à pessoa natural a possibilidade de comprovar a insuficiência de recursos quando o magistrado, em vez de conceder a gratuidade requerida, optar por deferir o benefício quanto a um ou a alguns atos processuais ou o parcelamento do pagamento das despesas judiciais.

A impugnação à concessão da gratuidade de justiça é regulada no art. 100 do CPC/2015.

Em seu *caput*, o dispositivo traça um paralelo com as oportunidades para o requerimento da gratuidade de justiça, isto é, fixa como regra geral a de que, quando houver o deferimento do benefício pleiteado na petição inicial, na contestação ou no recurso, a impugnação deve ser feita na contestação, na réplica e nas contrarrazões, respectivamente.

---

134. 481. Faz jus ao benefício da justiça gratuita a pessoa jurídica com ou sem fins lucrativos que demonstrar sua impossibilidade de arcar com os encargos processuais.

135. Nesse sentido: OLIVEIRA, Rafael Alexandria de. "Benefício da justiça gratuita". In: WAMBIER, Teresa Arruda Alvim; DIDIER Jr., Fredie; TALAMINI, Eduardo; DANTAS, Bruno (Coord.). *Breves comentários ao Novo Código de Processo Civil.* São Paulo: Editora Revista dos Tribunais, 2015, p. 372; TARTUCE, Fernanda; DELLORE, Luiz. "Gratuidade da justiça no Novo CPC". In: DIDIER Jr, Fredie (Coord. Geral); MACÊDO, Lucas Buril de; PEIXOTO, Ravi; FREIRE, Alexandre (Org.). *Novo CPC doutrina selecionada: parte geral.* Salvador: Juspodivm, 2015, vol. 1, p. 778; SILVA, Ticiano Alves e. "O benefício da justiça gratuidade no Novo Código de Processo Civil". In: DIDIER Jr, Fredie (Coord. Geral); MACÊDO, Lucas Buril de; PEIXOTO, Ravi; FREIRE, Alexandre (Org.). *Novo CPC doutrina selecionada: parte geral.* Salvador: Juspodivm, 2015, vol. 1, p. 814; MEDINA, José Miguel Garcia. *Direito processual civil moderno.* São Paulo: Editora Revista dos Tribunais, 2015, p. 253; TRINDADE, André Karam. "Seção IV. Da gratuidade da Justiça". In: STRECK, Lenio Luiz; NUNES, Dierle; CUNHA, Leonardo Carneiro da (Org.); FREIRE, Alexandre (Coord. Executivo). *Comentários ao Código de Processo Civil.* São Paulo: Saraiva, 2016, p. 169.

136. OLIVEIRA, Rafael Alexandria de. "Benefício da justiça gratuita". In: WAMBIER, Teresa Arruda Alvim; DIDIER Jr., Fredie; TALAMINI, Eduardo; DANTAS, Bruno (Coord.). *Breves comentários ao Novo Código de Processo Civil.* São Paulo: Editora Revista dos Tribunais, 2015, p. 373.

Quando a concessão é oriunda de pedido superveniente ou de terceiro, a impugnação deve ser apresentada no prazo de quinze dias, nos autos do processo, que não fica suspenso (art. 100, *caput*). Nessa hipótese, o CPC/2015 não fixa o marco a partir do qual o prazo se inicia. O mais prudente é considerar que ele começa com o conhecimento que a parte tem acerca do deferimento[137].

O art. 100, *caput*, determina que, ocorrido o *deferimento do pedido*, a parte pode impugnar em contestação, réplica ou contrarrazões de recurso, a depender do caso. Ao que parece, o legislador atentou somente aos casos em que a análise do requerimento se dá logo após a sua apresentação, antes da primeira manifestação da parte contrária. Todavia, a prática apresenta casos nos quais, a despeito do requerimento formulado na petição inicial, por exemplo, a decisão só ocorre em momento posterior à contestação. Nessas hipóteses, deve ser aplicada a parte final do *caput* do art. 100, isto é, deve-se considerar que a parte tem o prazo de quinze dias, após o deferimento, para apresentar impugnação.

O art. 100, *caput*, ao indicar que a impugnação deve ser apresentada *após o deferimento do pedido*, traz outra importante consequência: *a natureza recursal da impugnação.*

Segundo um conceito muito conhecido, dado por José Carlos Barbosa Moreira na vigência do CPC/1973, o recurso é o "remédio voluntário idôneo a ensejar, dentro do mesmo processo, a reforma, a invalidação, o esclarecimento ou a integração da decisão judicial que se impugna"[138]. Apesar das necessidades de adaptações do conceito, sobretudo quanto à positivação da função dos embargos de declaração de corrigir erros materiais (art. 1.022, III), ele ainda pode ser utilizado.

Note-se que a impugnação do art. 100 se encaixa perfeitamente no conceito de recurso dado por José Carlos Barbosa Moreira, já que é *voluntária* e permite que a decisão que concedeu a gratuidade de justiça seja *reformada, dentro do mesmo processo em que foi proferida.*

Por isso, afirma-se: a impugnação prevista no art. 100 tem natureza recursal, tratando-se de recurso previsto expressamente no CPC/2015, fora do rol do art. 994, e direcionado ao mesmo órgão que proferiu a decisão impugnada.

Nos termos do art. 100, parágrafo único, sendo acolhido o pedido formulado na impugnação, revogando-se o benefício, a parte deve arcar

137. Nesse sentido: OLIVEIRA, Rafael Alexandria de. "Benefício da justiça gratuita". In: WAMBIER, Teresa Arruda Alvim; DIDIER Jr., Fredie; TALAMINI, Eduardo; DANTAS, Bruno (Coord.). *Breves comentários ao Novo Código de Processo Civil.* São Paulo: Editora Revista dos Tribunais, 2015, p. 376.

138. MOREIRA, José Carlos Barbosa. *Comentários ao Código de Processo Civil.* 7ª ed. Rio de Janeiro: Forense, 1998, vol. V, p. 231.

com as despesas que não adiantou. Caso seja comprovada a sua má-fé, deve ainda ser condenada ao pagamento de multa de até dez vezes do valor não adiantado, montante que será convertido para a Fazenda Pública estadual ou federal e que pode ser inscrito em dívida ativa.

Esses são os principais aspectos ligados à concessão da gratuidade de justiça, bem como à impugnação correspondente. Para os fins deste trabalho, que busca estudar a recorribilidade das decisões interlocutórias, tais considerações são suficientes para se passar à análise de temas ligados aos recursos possivelmente interpostos contra decisões sobre requerimentos de concessão ou revogação da gratuidade de justiça, o que se faz no tópico seguinte.

10.2.5.2 A recorribilidade das decisões interlocutórias sobre gratuidade de justiça

O art. 101, *caput*, define que "contra a decisão que indeferir a gratuidade ou a que acolher pedido de sua revogação caberá agravo de instrumento, exceto quando a questão for resolvida na sentença, contra a qual caberá apelação".

A ressalva final do dispositivo está em consonância com os arts. 1.009, *caput*, e 1.015, *caput*, uma vez que, em regra, a sentença, independentemente da matéria versada, é recorrível por apelação e que o agravo de instrumento é recurso voltado à impugnação das decisões interlocutórias. Por isso, quando a concessão ou a revogação da gratuidade de justiça é decidida por sentença, esse capítulo é recorrível por apelação.

Assim, o art. 101, *caput*, que prevê agravo de instrumento contra a decisão interlocutória que indefere o pedido de gratuidade de justiça ou acolhe o requerimento de sua revogação, é ratificado pelo art. 1.015, V, que também sujeita esta decisão ao agravo de instrumento.

Esse agravo de instrumento apresenta algumas peculiaridades, previstas no art. 101, §§ 1º e 2º.

A primeira delas envolve o efeito suspensivo do agravo de instrumento. Como regra geral, este recurso não impede a produção de efeitos da decisão recorrida (nos termos do art. 1.019, I, o relator pode *atribuir* efeito suspensivo). Assim, havendo o indeferimento do pedido de gratuidade de justiça ou a sua revogação, a lógica seria a de que a parte deveria recolher as despesas não antecipadas e que o recurso também estaria sujeito a preparo.

No entanto, o art. 101, § 1º, estabelece um efeito suspensivo automático ao agravo de instrumento na hipótese do art. 101, *caput*, e art. 1.015, V[139].

---

139. Sobre se tratar de efeito suspensivo automático: DIDIER Jr., Fredie; CUNHA, Leonardo Carneiro da. *Curso de direito processual civil: meios de impugnação às decisões judiciais e processos nos tribunais.* 13ª ed. Salvador: Juspodivm, 2016, vol. 3, p. 219.

Assim, o recorrente fica desobrigado de adiantar o pagamento das despesas "até decisão do relator sobre a questão, preliminarmente ao julgamento do recurso".

Caso o relator ou o órgão julgador, neste juízo preliminar, entenda pelo acerto da decisão que indeferiu a gratuidade de justiça ou a revogou, o agravante é intimado para recolher as custas processuais no prazo de cinco dias, sob pena de inadmissibilidade do recurso (art. 101, § 2º).

Perceba-se, então, que o agravo de instrumento fundado nessa hipótese apresenta, quanto ao efeito suspensivo, caminho inverso ao dos demais. Enquanto a regra geral é a de que ao recurso pode ser *atribuído* efeito suspensivo (art. 1.019, I), o recurso fundado no art. 1.015, V, apresenta efeito suspensivo automático e contra ele só pode ocorrer a *retirada* deste efeito. Por isso que Rafael Alexandria de Oliveira prefere falar em "efeito suspensivo provisório"[140].

A justificativa para que a decisão que indefere o pedido de gratuidade de justiça ou o revoga seja agravável é bastante clara: há patente inaptidão para a apelação tutelar a hipótese a contento, resultante dos riscos processuais que poderiam se concretizar com o reexame postergado.

Como o visto, o CPC/2015 assume como regra o *adiantamento* das despesas processuais, conforme o seu art. 82, *caput*. Assim, não havendo o deferimento da gratuidade de justiça, não deve ser praticado nenhum ato processual que dependa de prévio pagamento de custas pelas partes.

Por consequência, sujeitar a decisão que indefere ou revoga a gratuidade de justiça à apelação seria permitir que, nos casos em que efetivamente faltam recursos suficientes, ocorresse a extinção do processo sem exame do mérito com base no art. 102, parágrafo único, ou no art. 485, III, ou a ausência da prática de diversos atos processuais requeridos pelo réu, mas que não foram por ele custeados, por exemplo.

Não parece razoável que o processo civil assuma esse risco. Ao tomar como regra o dever do *adiantamento* das despesas processuais, é coerente que o CPC/2015 permita que a discussão sobre a incidência desta regra se dê o mais rápido possível, sob pena de não se praticarem atos processuais necessários em primeiro grau ou fazer com o que o restante do procedimento em primeiro grau se torne uma espera pela extinção sem exame do mérito para que o autor apele e rediscuta o seu direito à gratuidade de justiça, por exemplo.

---

140. "É como se houvesse um efeito suspensivo provisório decorrente de lei. Provisório porque ele vige até que seja confirmado ou retirado pelo relator, em exame prévio da questão da gratuidade. Isso é particularmente importante quando o recurso interposto é o agravo de instrumento, ordinariamente desprovido da eficácia suspensiva" (OLIVEIRA, Rafael Alexandria de. "Benefício da justiça gratuita". In: WAMBIER, Teresa Arruda Alvim; DIDIER Jr., Fredie; TALAMINI, Eduardo; DANTAS, Bruno (Coord.). *Breves comentários ao Novo Código de Processo Civil.* São Paulo: Editora Revista dos Tribunais, 2015, p. 379).

Ainda quanto a essa hipótese de cabimento, deve-se concordar Fredie Didier Jr. e Rafael Alexandria de Oliveira quando eles afirmam que o art. 1.015, V, e o art. 101, *caput*, englobam a recorribilidade por agravo de instrumento da decisão interlocutória que, analisando pedido de gratuidade de justiça integral, o concede com relação a algum(ns) ato(s) processuais, defere desconto percentual ou concede parcelamento, nos termos do art. 98, §§ 5º e 6º, bem como contra aquela que modifica a concessão integral anterior para impor alguma dessas modulações[141]. Esse posicionamento, que é compartilhado em parte por Heitor Vitor Mendonça Sica[142], acabou parcialmente confirmado no enunciado n. 612 do Fórum Permanente de Processualistas Civis[143]. A lógica é a mesma apresentada acima.

Segundo o art. 102, *caput*, após o trânsito em julgado de decisão que revoga a gratuidade, a parte deve arcar com todas as despesas de cujo adiantamento foi dispensada, inclusive quanto ao preparo do recurso, quando interposto, em prazo fixado pelo juiz. Não havendo o recolhimento em tal prazo, haverá extinção sem exame do mérito, caso o dever seja imposto ao autor, ou, caso o destinatário não seja ele, não será praticado nenhum ato ou diligência solicitada pela parte (art. 102, parágrafo único).

Situação diversa e que merece considerações próprias é a da decisão que concede a gratuidade de justiça e a que a confirma.

Havendo a concessão do benefício, cabe à outra parte apresentar a impugnação prevista no art. 100, *caput*, que, conforme o visto no tópico anterior, tem natureza recursal. A apelação só é cabível contra a decisão interlocutória que *confirma* a gratuidade de justiça anteriormente conferida. Desse modo, inexistindo a impugnação (recurso) contra a concessão da gratuidade de justiça, não se deve admitir apelação, uma vez que ela não é o recurso cabível para a impugnação desejada e houve preclusão anterior.

Há dois recursos, cada um destinado à impugnação de uma decisão interlocutória: a) a impugnação do art. 100, voltada à concessão da gratuidade de justiça; b) a apelação do art. 1.009, § 1º, destinada à impugnação da decisão que mantém a gratuidade de justiça. Inexistindo a impugnação do art. 100, há preclusão quanto à concessão da gratuidade de justiça, não

141. DIDIER Jr., Fredie; OLIVEIRA, Rafael Alexandria de. *Benefício da justiça gratuita*. 6ª ed. Salvador: Juspodivm, 2016, p. 90/91.

142. O autor menciona somente a hipótese de agravo de instrumento contra a decisão que concede *parcialmente* o benefício: SICA, Heitor Vitor Mendonça. "Capítulo III. Do agravo de instrumento". In: STRECK, Lenio Luiz; NUNES, Dierle; CUNHA, Leonardo Carneiro da (Org.); FREIRE, Alexandre (Coord. Executivo). *Comentários ao Código de Processo Civil*. São Paulo: Saraiva, 2016, p. 1.335.

143. Enunciado 612 do Fórum Permanente de Processualistas Civis. Cabe agravo de instrumento contra decisão interlocutória que, apreciando pedido de concessão integral da gratuidade da Justiça, defere a redução percentual ou o parcelamento de despesas processuais.

podendo a parte apelar futuramente, já que este segundo recurso é voltado à decisão que *confirma* anterior concessão. A questão só poderia ser revista caso fossem apresentados *fatos novos*, como a mudança nos recursos disponíveis à parte[144].

Ao se defender a preclusão, anterior à apelação, quanto à concessão da gratuidade de justiça não se está negando o intuito legislativo em postergar a preclusão quanto ao reexame de algumas decisões interlocutórias nem sendo incoerente com o que já se disse neste trabalho, especialmente quando se analisou a relação entre as "nulidades relativas" do art. 278, *caput*, e a recorribilidade das decisões interlocutórias prevista no art. 1.009, § 1º.

A concessão da gratuidade de justiça está envolta por peculiaridades que excepcionam o regime geral, previsto no art. 1.009, § 1º. O legislador, no art. 100, *caput*, criou um mecanismo particular para a impugnação de uma decisão interlocutória específica: a que concede a gratuidade de justiça. Ao indicar que "deferido o pedido, a parte contrária poderá oferecer impugnação", o CPC/2015 fixou um meio pelo qual a rediscussão acerca da concessão da gratuidade deve passar para se prolongar no curso do processo.

Nesse caso, parece evidente que o silêncio da parte gera uma expectativa que extrapola até mesmo os limites da ausência de preclusões imediatas das decisões interlocutórias não agraváveis. Ao fixar um meio especificamente voltado para a impugnação imediata da concessão da gratuidade de justiça, a omissão da parte aponta no sentido da anuência com o deferimento, de modo que a boa-fé objetiva impede o futuro comportamento contraditório de apelar contra a decisão interlocutória. Em resumo: aquele que não exerce o direito de impugnar imediatamente a concessão da gratuidade de justiça, nos termos do art. 100, *caput*, não pode apelar contra a decisão interlocutória que deferiu o benefício.

---

144. Rafael Alexandria de Oliveira não defende a natureza recursal da impugnação à concessão da gratuidade de justiça, mas ressalta que a apelação é interposta contra a decisão que *mantém* o benefício: "Da decisão interlocutória que mantém o benefício – isto é, que rejeita a impugnação à gratuidade – não cabe agravo de instrumento (art. 101, *caput*, e art. 1.015, V). A questão não se sujeita a preclusão imediata, podendo o adversário do beneficiário retomá-la após a sentença, na apelação (art. 1.009, § 1.º) ou nas contrarrazões de apelação" (OLIVEIRA, Rafael Alexandria de. "Benefício da justiça gratuita". In: WAMBIER, Teresa Arruda Alvim; DIDIER Jr., Fredie; TALAMINI, Eduardo; DANTAS, Bruno (Coord.). *Breves comentários ao Novo Código de Processo Civil.* São Paulo: Editora Revista dos Tribunais, 2015, p. 379). Nesse contexto, André Karam Trindade se equivoca ao afirmar que o legislador fixou recurso apenas contra a decisão que indefere ou revoga a gratuidade de justiça, pois o CPC/2015 traz dois recursos ligados ao deferimento da gratuidade: a *impugnação* contra a que concede e a *apelação* (art. 1.009, § 1º) contra a que a mantém. A afirmação é encontrada em: TRINDADE, André Karam. "Seção IV. Da gratuidade da Justiça". In: STRECK, Lenio Luiz; NUNES, Dierle; CUNHA, Leonardo Carneiro da (Org.); FREIRE, Alexandre (Coord. Executivo). *Comentários ao Código de Processo Civil.* São Paulo: Saraiva, 2016, p. 171.

Veja-se que a situação é diferente daquela prevista no art. 278, *caput*. Nesse caso, é o art. 278, *caput*, que fixa um "regime geral" acerca das "nulidades relativas" e o art. 1.009, § 1º que funciona como regente de uma situação específica: as decisões interlocutórias causadoras de defeitos processuais. Por isso, a relação entre as "nulidades relativas" e as decisões interlocutórias segue as particularidades do art. 1.009, § 1º. No caso da concessão da gratuidade de justiça, a situação é inversa: é o art. 100 que funciona como um regente excepcional de um caso que, a princípio, seria regido pelo art. 1.009, § 1º. Por isso, a preclusão ligada às decisões interlocutórias, neste ponto, deve seguir um regime especifico que seja compatível com o disposto no art. 100.

Diante desse cenário, a sistemática é a exposta anteriormente: a) a decisão que concede a gratuidade de justiça é recorrível por meio da impugnação prevista no art. 100; b) a apelação só é admissível contra a decisão interlocutória que *mantém* a concessão da gratuidade de justiça após a impugnação prevista no art. 100.

Por fim, cabe ressaltar que, de certa forma, a Terceira Turma do STJ, ao analisar o REsp 1770992/SP, afastou o regramento do art. 100 do CPC/2015 nas hipóteses em que a gratuidade de justiça é *concedida* na fase de cumprimento de sentença.

Para a Terceira Turma, os incisos do art. 1.015, inclusive o inciso V, só são aplicáveis à fase cognitiva.

Assim, tratando-se de fase de cumprimento de sentença, a recorribilidade das decisões interlocutórias deveria ser analisada à luz do art. 1.015, parágrafo único, que, para o STJ, consagra uma ampla sujeição ao agravo de instrumento, permitindo a interposição de tal recurso contra a decisão interlocutória que *concede* a gratuidade de justiça nessa fase processual[145].

10.2.6 Exibição ou posse de documento ou coisa

10.2.6.1 Considerações gerais

A legislação processual reconhece que a parte pode ter dois direitos diversos para fundamentar uma ordem de exibição: a) o direito de acesso ao documento ou à coisa, de natureza material; b) o direito de produzir prova para o exercício do seu direito, de índole processual[146].

---

145. STJ. REsp 1770992/SP. Terceira Turma. Rel. Min. Nancy Andrighi. DJe 22/02/2019.

146. RAMOS, Rodrigo. "Os efeitos jurídicos do descumprimento da ordem de exibição de documento ou coisa no Novo Código de Processo Civil". In: DIDIER Jr., Fredie (Coord. Geral); FERREIRA, William Santos; JOBIM, Marco Félix (Coord.). *Grandes temas do Novo CPC: Direito probatório*. Salvador: Juspodivm, 2015, v. 5, p. 678.

Nesse cenário, há alguns meios para que se obtenha a exibição pela parte ou por terceiro: a) pedido incidental; b) ação incidental; c) ação principal; d) determinação de ofício[147].

O pedido incidental, feito contra a parte contrária, é regulado entre os arts. 396 e 400 do CPC/2015, cujo procedimento é analisado com mais detalhes adiante.

A ação incidental corresponde ao pedido de exibição formulado pela parte contra terceiro, em processo já em curso está regulada entre os arts. 401 a 404 do CPC/2015. Para Fredie Didier Jr., Paula Sarno Braga e Rafael Alexandria de Oliveira, trata-se de *processo incidente*, que inaugura nova relação jurídica processual, exige petição autônoma, autuação em apartado e é resolvido por *sentença*, sujeita à *apelação*[148]. Já para Bruno Vinicius Da Rós Bodart[149] e Kátia Aparecida Mangone[150], o caso é de decisão interlocutória agravável. Posicionamento intermediário é o de Marcelo Abelha, para quem o pedido de exibição em face de terceiro representa o exercício do direito de ação, mas a natureza jurídica do pronunciamento final depende do seu sentido, isto é, para ele, quando o pedido é julgado improcedente, há sentença; caso contrário, se está diante de uma decisão interlocutória "porque a demanda incidental utiliza-se da mesma base procedimental da ação principal"[151].

Há, ainda, a possibilidade de ajuizamento de demanda com a finalidade específica da obtenção do documento ou da coisa, pretensão que pode ser direcionada à parte *potencial* na demanda principal ou a terceiro *potencial* no segundo processo (mas que é parte no de exibição).

Ao contrário do CPC/1973, o CPC/2015 não prevê um procedimento "cautelar" voltado a esta finalidade. Nesse cenário, Rodrigo Ramos defende

147. RAMOS, Rodrigo. "Os efeitos jurídicos do descumprimento da ordem de exibição de documento ou coisa no Novo Código de Processo Civil". In: DIDIER Jr., Fredie (Coord. Geral); FERREIRA, William Santos; JOBIM, Marco Félix (Coord.). *Grandes temas do Novo CPC: Direito probatório*. Salvador: Juspodivm, 2015, v. 5, p. 680.

148. DIDIER Jr., Fredie; BRAGA, Paula Sarno; OLIVEIRA, Rafael Alexandria de. *Curso de direito processual civil: teoria da prova, direito probatório, decisão, precedente, coisa julgada e tutela provisória*. 11ª ed. Salvador: Juspodivm, 2016, vol. 2, p. 238/240. No mesmo sentido: RAMOS, Rodrigo. "Os efeitos jurídicos do descumprimento da ordem de exibição de documento ou coisa no Novo Código de Processo Civil". In: DIDIER Jr., Fredie (Coord. Geral); FERREIRA, William Santos; JOBIM, Marco Félix (Coord.). *Grandes temas do Novo CPC: Direito probatório*. Salvador: Juspodivm, 2015, v. 5, p. 681.

149. BODART, Bruno Vinicius Da Rós. "Seção VI. Da Exibição de Documento ou Coisa". In: STRECK, Lenio Luiz; NUNES, Dierle; CUNHA, Leonardo Carneiro da (Org.); FREIRE, Alexandre (Coord. Executivo). *Comentários ao Código de Processo Civil*. São Paulo: Saraiva, 2016, p. 590.

150. MANGONE, Kátia Aparecida. "Seção IV. Da exibição de Documento ou Coisa". In: WAMBIER, Teresa Arruda Alvim; DIDIER Jr., Fredie; TALAMINI, Eduardo; DANTAS, Bruno (Coord.). *Breves comentários ao Novo Código de Processo Civil*. São Paulo: Editora Revista dos Tribunais, 2015, p. 1.066/1.067.

151. ABELHA, Marcelo. *Manual de direito processual civil*. 6ª ed. Rio de Janeiro: Forense, 2016, p. 585/586.

que, quando o pedido se fundamentar no *direito à prova* (direito processual), deve seguir o regramento da produção antecipada de provas (arts. 381 a 383)[152]. Por outro lado, Cássio Scarpinella Bueno defende que, havendo urgência, deve ser aplicado o procedimento da tutela *cautelar* requerida em caráter antecedente e, subsidiariamente, o da produção antecipada de provas[153]. Já quando tiver como base o direito material, seria possível, para Rodrigo Ramos, se falar no procedimento da tutela antecipada requerida em caráter antecedente (art. 303 e seguintes)[154].

Os enunciados n. 119[155] e 129[156] da II Jornada de Direito Processual do CJF dispõem que, mesmo na vigência do CPC/2015, é possível ajuizar demanda autônoma direcionada à exibição de documentos e que, nesses casos, deve-se observar o procedimento comum ou o de produção antecipada de provas. Essas conclusões foram adotadas em dois julgamentos da Quarta Turma do STJ (REsp 1774987/SP[157] e AgInt no AREsp 1338004/SP[158]).

Por fim, com base nos poderes instrutórios do juiz, é possível que seja ordenada às partes a exibição de documento ou coisa em seu poder[159]. Nessa hipótese, segue-se o mesmo rito daquele ligado ao pedido incidental de exibição pela parte, razão pela qual as considerações que se fizer sobre uma situação aplicam-se à outra.

O pedido incidental de exibição, direcionado à parte, está regulado a partir do art. 396.

---

152. RAMOS, Rodrigo. "Os efeitos jurídicos do descumprimento da ordem de exibição de documento ou coisa no Novo Código de Processo Civil". In: DIDIER Jr., Fredie (Coord. Geral); FERREIRA, William Santos; JOBIM, Marco Félix (Coord.). *Grandes temas do Novo CPC: Direito probatório*. Salvador: Juspodivm, 2015, v. 5, p. 681.

153. BUENO, Cássio Scarpinella. "A exibição de documento ou coisa, a súmula 372 do STJ e o Novo Código de Processo Civil". In: DIDIER Jr., Fredie (Coord. Geral); FERREIRA, William Santos; JOBIM, Marco Félix (Coord.). *Grandes temas do Novo CPC: Direito probatório*. Salvador: Juspodivm, 2015, v. 5, p. 358.

154. RAMOS, Rodrigo. "Os efeitos jurídicos do descumprimento da ordem de exibição de documento ou coisa no Novo Código de Processo Civil". In: DIDIER Jr., Fredie (Coord. Geral); FERREIRA, William Santos; JOBIM, Marco Félix (Coord.). *Grandes temas do Novo CPC: Direito probatório*. Salvador: Juspodivm, 2015, v. 5, p. 681/682.

155. Enunciado n. 119. É admissível o ajuizamento de ação de exibição de documentos, de forma autônoma, inclusive pelo procedimento comum do CPC (art. 318 e seguintes).

156. Enunciado n. 129. É admitida a exibição de documentos como objeto de produção antecipada de prova, nos termos do art. 381 do CPC.

157. STJ. REsp 1774987/SP. Quarta Turma. Rel. Min. Maria Isabel Gallotti. DJe 13/11/2018.

158. STJ. AgInt no AREsp 1338004/SP. Quarta Turma. Rel. Min. Raul Araújo, DJe 13/03/2019.

159. Nesse sentido: DIDIER Jr., Fredie; BRAGA, Paula Sarno; OLIVEIRA, Rafael Alexandria de. *Curso de direito processual civil: teoria da prova, direito probatório, decisão, precedente, coisa julgada e tutela provisória*. 11ª ed. Salvador: Juspodivm, 2016, vol. 2, p. 236; RAMOS, Rodrigo. "Os efeitos jurídicos do descumprimento da ordem de exibição de documento ou coisa no Novo Código de Processo Civil". In: DIDIER Jr., Fredie (Coord. Geral); FERREIRA, William Santos; JOBIM, Marco Félix (Coord.). *Grandes temas do Novo CPC: Direito probatório*. Salvador: Juspodivm, 2015, v. 5, p. 682.

Em seu art. 397, o CPC/2015 fixa os elementos que devem estar presentes no requerimento de exibição: a) individuação, tão completa quanto possível, do documento ou da coisa; b) a finalidade da prova, indicando os fatos que se relacionam com o documento ou com a coisa; c) as circunstâncias em que se funda o requerente para afirmar que o documento ou a coisa existe e se acha em poder da parte contrária.

Verificada a regularidade do requerimento, o juiz *despachará*, intimando a parte para se manifestar, no prazo de cinco dias (art. 398, *caput*). Há algumas possibilidades para que a parte recuse a exibição. A primeira delas é a alegação de que não possui o documento ou a coisa, situação na qual é permitido que o requerente prove, por qualquer meio, que tal afirmação é falsa (art. 398, parágrafo único). As demais hipóteses de recusa estão previstas no art. 404 do CPC/2015.

Havendo recusa da parte em exibir, o juiz não a admitirá em três hipóteses, quando: a) o requerido tiver obrigação legal de exibir; b) o requerido tiver aludido ao documento ou à coisa, no processo, com o intuito de constituir prova; c) o documento, por seu conteúdo, for comum às partes.

Nos demais casos, o incidente se encerra com decisão interlocutória na qual o magistrado rejeita o requerimento de exibição. Esse pronunciamento é agravável, conforme art. 1.015, VI.

O procedimento do requerimento de exibição formulado incidentalmente é objeto de regulamentação final no art. 400 do CPC/2015.

Esse dispositivo indica que há *presunção de veracidade* dos fatos que com o documento se pretendia provar quando: a) a parte não exibir nem se manifestar no prazo de cinco dias após a intimação (art. 398, *caput*); b) a recusa for considerada ilegítima.

Essa decisão que acolhe o requerimento incidental de exibição de documentos também está sujeita a agravo de instrumento, nos termos do art. 1.015, VI.

Além disso, o art. 400, parágrafo único, indica que, "sendo necessário, o juiz pode adotar medidas indutivas, coercitivas, mandamentais ou sub-rogatórias para que o documento seja exibido". Este detalhe, sem dúvida, é importante para se compreender a necessidade de instituir uma hipótese de cabimento de agravo de instrumento contra algumas decisões que acolhem o pedido incidental de exibição.

Trata-se de inovação do CPC/2015, uma vez que o CPC/1973, quanto ao pedido de exibição formulado contra a parte contrária, só previa como sanção a presunção de veracidade.

Quanto à possibilidade de aplicação de multa cominatória para a exibição de documento pela parte, o STJ, na vigência do CPC/1973, fixou duas teses em sede de julgamento de recursos repetitivos: a) no julgamento do REsp 1112862/GO, entendeu que era cabível a cominação de multa para que a Caixa Econômica Federal apresentasse extratos das contas vinculadas ao FGTS; b) na análise do REsp 1333988/SP, fixou a tese de que, tratando-se de *direito disponível*, era incabível a imposição de multa cominatória, fosse o pedido incidental ou autônomo, pois haveria a possibilidade de presunção de veracidade e busca e apreensão, respectivamente[160]. Neste segundo julgamento (REsp 1333988/SP), o voto vencedor defendeu que, nos casos dos direitos *indisponíveis*, deveria ser admitida a cominação de multa para a exibição, tal qual teria sido reconhecido no julgamento do REsp 1112862/GO[161].

Na fase de elaboração do CPC/2015, houve tentativa de inserir expressamente a possibilidade de *medidas pecuniárias* como exemplo de meio para obter a exibição de documento ou coisa pela parte, menção que foi suprimida na Câmara dos Deputados e não retornou na versão final aprovada pelo Senado Federal[162]. Apesar do silêncio legislativo, é evidente que a multa cominatória se enquadra como meio coercitivo indireto e, portanto, está abarcada pela possibilidade de adoção de *medidas coercitivas*, nos termos do art. 400, parágrafo único.

Quanto ao cabimento das medidas previstas no art. 400, parágrafo único, concorda-se com a visão de Rodrigo Ramos. Ao indicar que tais medidas só são tomadas quando *necessárias*, deve-se entender que elas cabem somente quando a presunção de veracidade não for possível, o que ocorre nas seguintes hipóteses: a) naquelas em que ela não acontece, a despeito da revelia (art. 342, II) e da confissão (art. 389), à semelhança do decidido no REsp 1333988/SP; b) não houver verossimilhança nas alegações de fato que seriam presumidas verdadeiras[163].

---

160. Apesar de a tese fixada ter abrangido os pedidos de exibição feitos incidental ou principalmente, o caso paradigma dizia respeito apenas a pedido de exibição formulado incidentalmente na fase de cumprimento de sentença. A tese fixada foi a seguinte: "Descabimento de multa cominatória na exibição, incidental ou autônoma, de documento relativo a direito disponível".

161. Vale conferir trecho do voto do relator no julgamento do REsp 1333988/SP: "Uma ressalva há de ser feita no que tange aos direitos indisponíveis. Nessa hipótese, ainda que tenha havido recusa ilegítima de exibição, não é cabível a presunção de veracidade, (...). Restaria ao juiz somente a busca e apreensão. Porém, na prática, essa medida tem diminuta eficácia, (...). Assim, para evitar o sacrifício do direito da parte interessada, tem-se admitido a cominação de astreintes nos casos que envolvem direitos indisponíveis, como foi o entendimento desta Corte Superior, sob o rito do art. 543-C do Código de Processo Civil, para a hipótese de negativa de fornecimento dos extratos do FGTS."

162. É possível encontrar narração sobre o processo legislativo quanto ao tema em: SANCHES Junior, Antonio Roberto. "A fixação de multa na exibição de documento e a Lei 13.105/2015 (novo Código de Processo Civil)". *Revista de Processo*. Ano 40, vol. 243, 2015, p. 218/220.

163. RAMOS, Rodrigo. "Os efeitos jurídicos do descumprimento da ordem de exibição de documento ou coisa no Novo Código de Processo Civil". In: DIDIER Jr., Fredie (Coord. Geral); FERREIRA, William Santos; JOBIM, Marco Félix (Coord.). *Grandes temas do Novo CPC: Direito probatório*. Salvador: Juspodivm,

A *ação incidental* de exibição de documentos, direcionada a terceiro (parte na ação incidental, mas *terceiro* no litígio principal), está regulada entre os arts. 401 e 404.

Quando a demanda contra terceiro for formulada no *curso* do processo principal, há, sem dúvida, um *processo incidente*, que pressupõe petição inicial autônoma, autuação própria e, ao final, é resolvido por sentença, como defendem Fredie Didier Jr., Paula Sarno Braga e Rafael Alexandria de Oliveira[164]. Na realidade, o caso é de demanda autônoma, mas que, em razão da estreita ligação com o processo principal, é processado no mesmo juízo deste. Nesse caso, o julgamento se dá por sentença, sujeita à apelação.

Todavia, nada impede que o pedido já venha formulado na *mesma* petição que deu origem ao pedido principal. Nesse caso, a pretensão de exibição em face de "terceiro" (no sentido de estranho ao pedido principal) compõe o objeto do processo principal, de modo que a tramitação não se dá por *processo incidente*, mas em *processo principal*. Se, quando formulado no curso do processo, há tramitação conjunta, nada impede que a parte, desde o início, já exerça a pretensão de exibição. Nessa hipótese, como a decisão sobre a pretensão de exibição de documento pelo "terceiro" é logicamente anterior ao encerramento da fase cognitiva quanto ao pedido principal, a resolução dela se dá por *decisão interlocutória*, que é agravável com base nos incisos II e VI do art. 1.015.

Segundo o art. 401, quando o documento pleiteado estiver nas mãos de terceiro, o juiz deverá mandar *citá-lo* para responder no prazo de quinze dias.

De uma forma geral, incide sobre a hipótese o mesmo regramento ligado à possibilidade de recusa, pela parte, da exibição dos documentos ou da coisa (arts. 399 e 404)[165]. Caso o terceiro não reconheça a obrigação de exibir o documento ou a coisa, o art. 402 indica que deve ser designada

---

2015, v. 5, p. 687/689. No mesmo sentido: MACEDO, Elaine Harzheim. "Exibitória de documento ou coisa no Novo CPC: arts. 396 a 404". In: DIDIER Jr., Fredie (Coord. Geral); FERREIRA, William Santos; JOBIM, Marco Félix (Coord.). *Grandes temas do Novo CPC: Direito probatório*. Salvador: Juspodivm, 2015, v. 5, p. 622.

164. DIDIER Jr., Fredie; BRAGA, Paula Sarno; OLIVEIRA, Rafael Alexandria de. *Curso de direito processual civil: teoria da prova, direito probatório, decisão, precedente, coisa julgada e tutela provisória*. 11ª ed. Salvador: Juspodivm, 2016, vol. 2, p. 238/240. Em sentido contrário, Elaine Harzheim Macedo defende que não se trata de uma ação incidental nem há sentença, mas incidente resolvido por decisão agravável nos termos do art. 1.015, VI: MACEDO, Elaine Harzheim. "Exibitória de documento ou coisa no Novo CPC: arts. 396 a 404". In: DIDIER Jr., Fredie (Coord. Geral); FERREIRA, William Santos; JOBIM, Marco Félix (Coord.). *Grandes temas do Novo CPC: Direito probatório*. Salvador: Juspodivm, 2015, v. 5, p. 618/620.

165. Nesse sentido: MACEDO, Elaine Harzheim. "Exibitória de documento ou coisa no Novo CPC: arts. 396 a 404". In: DIDIER Jr., Fredie (Coord. Geral); FERREIRA, William Santos; JOBIM, Marco Félix (Coord.). *Grandes temas do Novo CPC: Direito probatório*. Salvador: Juspodivm, 2015, v. 5, p. 616.

audiência especial, "tomando-lhe o depoimento, bem como o das partes e, se necessário, o de testemunhas". Em seguida, deve ser proferida decisão sobre a obrigação de exibição.

Caso o magistrado entenda não haver justificativa para a recusa, deve impor ao terceiro a exibição do documento ou da coisa no prazo de cinco dias, imputando ao requerente as despesas para tanto; caso contrário deve reconhecer a inexistência de tal obrigação. É essa a decisão recorrível, seja em que sentido for.

Quando se tratar de *ação incidental*, o pedido de exibição é resolvido por *sentença* e, por isso, a recorribilidade se dá por apelação, nos termos do art. 1.009, *caput*. Se o pedido contra o terceiro tiver se realizado junto com a demanda inicial, ele é resolvido por *decisão interlocutória* por ser logicamente anterior à decisão final de mérito, de modo que é agravável, com base no art. 1.015, VI, do CPC.

O art. 403, parágrafo único, indica que, não atendida a ordem de depósito do documento ou da coisa, o magistrado deve expedir mandado de apreensão (requisitando força policial, se necessária), "sem prejuízo da responsabilidade por crime de desobediência, pagamento de multa e outras medidas indutivas, coercitivas, mandamentais ou sub-rogatórias necessárias para assegurar a efetivação da decisão".

Acima se viu que o pedido de exibição pode ser formulado em demanda autônoma, que pode seguir o rito da produção antecipada de provas (arts. 381 a 383) ou o procedimento comum. Neste caso, ressalvada eventual tutela provisória, a decisão se dá por *sentença*, sujeita à apelação.

Sobre a *ação de exibição*, o STJ, na vigência do CPC/1973, editou o enunciado de súmula n. 372, segundo o qual não caberia a fixação de multa cominatória em ação de exibição de documentos[166].

Em trabalho voltado ao tema, Antonio Roberto Sanches Junior indica que, de uma forma geral, os precedentes que embasaram o enunciado apresentaram os seguintes fundamentos para afastar a fixação da multa cominatória: a) não se trataria de obrigação de fazer ou de não fazer; b) haveria a possibilidade de busca e apreensão dos documentos; c) poderia ser presumida a veracidade dos fatos que se pretendia provar[167].

Com base nas medidas previstas nos arts. 400, parágrafo único, e 403, parágrafo único, do CPC/2015, passou a se defender a necessidade de

---

166. Enunciado n. 372. Na ação de exibição de documentos, não cabe a aplicação de multa cominatória.
167. SANCHES Junior, Antonio Roberto. "A fixação de multa na exibição de documento e a Lei 13.105/2015 (novo Código de Processo Civil)". *Revista de Processo*. Ano 40, vol. 243, 2015, p. 221/224.

cancelamento do enunciado n. 372 da súmula do STJ[168], o que é ratificado pelo enunciado n. 54 do Fórum Permanente de Processualistas Civis[169].

Por fim, é possível que o incidente de exibição de documento ou coisa, direcionado à parte, seja instaurado de ofício pelo magistrado. Nessa hipótese, segue-se o mesmo regramento aplicável ao requerimento de exibição formulado por uma parte contra outra. Trata-se, portanto, de incidente resolvido por decisão interlocutória agravável.

Traçados os principais contornos das variáveis que o pedido de exibição de documento ou coisa pode apresentar, deve-se passar ao estudo da sua recorribilidade.

10.2.6.2 A recorribilidade da decisão interlocutória sobre exibição de documento ou coisa

Neste tópico, busca-se analisar a recorribilidade da *decisão interlocutória* que versa sobre exibição de documento ou coisa. Portanto, não estão inseridas no âmbito do estudo as decisões tomadas em *ações incidentais* contra terceiros nem em *ações autônomas*, pois elas só são interlocutórias quando dizem respeito a tutelas provisórias, tema estudado em outro tópico. Os demais casos envolvem *sentenças*, sujeitas à apelação.

O estudo deste momento se volta, portanto, ao pedido incidental e à instauração do incidente de ofício pelo magistrado, situações que se resolvem pelo mesmo procedimento.

Como forma de facilitar a compreensão, o tema será analisado à luz do *incidente de exibição de documento ou coisa*, bastando simples adaptações mentais para a adequação à hipótese de instauração de ofício.

---

168. Em maior ou menor extensão, o afastamento do enunciado de súmula n. 372 do STJ é defendido em: RAMOS, Rodrigo. "Os efeitos jurídicos do descumprimento da ordem de exibição de documento ou coisa no Novo Código de Processo Civil". In: DIDIER Jr., Fredie (Coord. Geral); FERREIRA, William Santos; JOBIM, Marco Félix (Coord.). *Grandes temas do Novo CPC: Direito probatório*. Salvador: Juspodivm, 2015, v. 5, p. 686; BUENO, Cássio Scarpinella. "A exibição de documento ou coisa, a súmula 372 do STJ e o Novo Código de Processo Civil". In: DIDIER Jr., Fredie (Coord. Geral); FERREIRA, William Santos; JOBIM, Marco Félix (Coord.). *Grandes temas do Novo CPC: Direito probatório*. Salvador: Juspodivm, 2015, v. 5, p. 366/367; SANCHES Junior, Antonio Roberto. "A fixação de multa na exibição de documento e a Lei 13.105/2015 (novo Código de Processo Civil)". *Revista de Processo*. Ano 40, vol. 243, 2015, p. 239/240; BODART, Bruno Vinicius Da Rós. "Seção VI. Da Exibição de Documento ou Coisa". In: STRECK, Lenio Luiz; NUNES, Dierle; CUNHA, Leonardo Carneiro da (Org.); FREIRE, Alexandre (Coord. Executivo). *Comentários ao Código de Processo Civil*. São Paulo: Saraiva, 2016, p. 589.

169. Enunciado n. 54 do Fórum Permanente de Processualistas Civis. Fica superado o enunciado 372 da súmula do STJ ("Na ação de exibição de documentos, não cabe a aplicação de multa cominatória") após a entrada em vigor do CPC, pela expressa possibilidade de fixação de multa de natureza coercitiva na ação de exibição de documento.

O art. 1.015, VI, indica que é agravável a decisão interlocutória que versa sobre exibição de documento ou coisa. Note-se que *não* se exige sentido da decisão para tal fim (acolhimento ou rejeição), basta que resolva o pedido de exibição.

Primeiramente, cabe destacar uma discordância com relação às conclusões de Heitor Vitor Mendonça Sica, semelhante à apresentada quando do estudo do art. 1.015, IV. Para ele, a previsão do inciso VI abarca *qualquer* decisão a respeito da exibição ou posse de documento ou coisa, inclusive a que resolve acerca da produção de provas prevista nos arts. 398 e 402[170]. Não parece que a intenção legislativa tenha sido a de estender ao incidente de exibição ou posse de documento ou coisa o tratamento dado à fase de cumprimento de sentença e ao processo de execução (art. 1.015, parágrafo único), ou seja, a de sujeitar todas as decisões interlocutórias proferidas ao reexame imediato por agravo de instrumento. Nesse contexto, defende-se a aplicação por analogia do art. 1.009, § 1º, e do raciocínio exposto no tópico 9.8.5 deste trabalho: como a decisão interlocutória sobre produção de provas no incidente diz respeito exclusivamente à decisão que o julga, ela deve ser impugnada, ao final dele, por agravo de instrumento.

Como se viu, a obrigação de exibir, reconhecida por decisão interlocutória que *acolhe* o pedido de exibição, pode ser objeto de cumprimento e permite a adoção de uma série de medidas voltadas a tal finalidade (art. 400, parágrafo único).

No tópico anterior, verificou-se que essas medidas só devem ser tomadas nos casos nos quais não é possível a presunção de veracidade dos fatos cuja exibição documental destina-se a provar. Nestas situações que permitem a aplicação do art. 400, parágrafo único, é evidente a necessidade de se autorizar recurso imediato contra a decisão interlocutória que reconhece a obrigação, pois, no momento da apelação, o documento certamente já teria sido exibido (o que tornaria o recurso inútil) ou, no mínimo, o recorrente já teria sofrido uma série de medidas executivas, inclusive expropriatórias, havendo risco de prejuízo considerável à parte. Assim, a apelação seria incapaz de tutelar a hipótese a contento.

Desta forma, há acerto legislativo em permitir agravo de instrumento contra a decisão interlocutória que, em incidente, reconhece a obrigação de a parte exibir documento ou coisa, quando não for possível a presunção de veracidade dos fatos.

---

170. SICA, Heitor Vitor Mendonça. "Capítulo III. Do agravo de instrumento". In: STRECK, Lenio Luiz; NUNES, Dierle; CUNHA, Leonardo Carneiro da (Org.); FREIRE, Alexandre (Coord. Executivo). *Comentários ao Código de Processo Civil*. São Paulo: Saraiva, 2016, p. 1.335.

Por outro lado, as mesmas inaptidão e inutilidade não seriam verificáveis nos casos em que fosse dado presumir verdadeiros os fatos que se provariam pelo documento ou coisa cuja exibição era pretendida. De mesma forma que a decisão interlocutória que reconhece a revelia em casos semelhantes, a decisão poderia, sem maiores problemas, ser revista somente no julgamento da apelação. Todavia, esse regime recursal diferenciado poderia gerar um problema sério de admissibilidade: a discussão acerca da "disponibilidade" do direito e, portanto, da possibilidade de presunção de veracidade dos fatos repercutiria no recurso cabível para impugnar a decisão, o que causaria problemas ligados à preclusão contra quem, por exemplo, deixou para impugnar a decisão interlocutória em apelação e não em agravo de instrumento.

Assim, houve acerto do legislador em tornar agraváveis todas as decisões interlocutórias que, incidentalmente, reconheçam que a parte deve exibir documento ou coisa.

O mesmo não se pode dizer quanto à decisão que *rejeita* o pedido de exibição de documento ou coisa formulado incidentalmente.

Essa exibição, como aponta a doutrina, é um *meio de obtenção de elementos de prova documental*, como a requisição de documentos prevista no art. 438 do CPC/2015[171]. Da mesma forma que uma decisão que rejeita o pedido da parte de requisição de certo documento a uma repartição pública não é agravável, não há sentido em permitir que a decisão que *rejeita* o pedido incidental de exibição o seja, já que elas produzem efeitos processuais semelhantes (são decisões que vedam o acesso a um *meio de obtenção de prova documental).*

Nesse contexto, as decisões interlocutórias que impedem a produção de determinado meio de prova, como a pericial, por vedá-lo em abstrato, são mais danosas à parte e ao processo em primeiro grau de jurisdição do que a que rejeita o pedido incidental de exibição, uma vez que esta não impede a produção da prova documental, mas apenas o acesso pela via pleiteada pela parte.

O desacerto da decisão interlocutória que *rejeita* o pedido incidental de exibição gera um defeito processual facilmente sanável em segundo grau de jurisdição: bastaria apenas a apresentação do documento ou coisa e a manifestação das partes acerca dele(a), não se fazendo necessária, a princípio, sequer a repetição dos demais atos instrutórios.

---

171. DIDIER Jr., Fredie; BRAGA, Paula Sarno; OLIVEIRA, Rafael Alexandria de. *Curso de direito processual civil: teoria da prova, direito probatório, decisão, precedente, coisa julgada e tutela provisória.* 11ª ed. Salvador: Juspodivm, 2016, v. 2, p. 234.

Assim, uma decisão interlocutória que, no período final do CPC/1973, estava sujeita ao agravo retido, passou a ser recorrível por agravo de instrumento com o CPC/2015, a despeito de decisões semelhantes serem apeláveis e de a previsão do art. 1.009, § 1º ser capaz de tutelar satisfatoriamente a hipótese.

Infelizmente, o legislador deixou aberta uma via para se cogitar que decisões interlocutórias semelhantes também são agraváveis, como a que rejeita o pedido de requisição de documentos a repartições públicas (art. 438).

Nesse ponto, portanto, houve uma má escolha legislativa.

Apesar dessas considerações, o CPC/2015 elegeu como determinante, para fins de cabimento do agravo de instrumento, o fato de se tratar de decisão interlocutória sobre exibição de documento ou coisa, independentemente do sentido da resolução.

10.2.7 Exclusão de litisconsorte

O inciso VII do art. 1.015 indica que está sujeita ao agravo de instrumento a decisão interlocutória que exclui um litisconsorte.

Trata-se de inciso desnecessário, uma vez que as hipóteses às quais se refere já estavam sujeitas ao agravo de instrumento por outros dispositivos do CPC/2015.

A exclusão do litisconsorte pode dar-se por uma decisão interlocutória que não resolva o mérito, por uma que homologue autocomposição ligada a parte dos litisconsortes e por uma que esgote pedidos direcionados à parte excluída ou por ela formulados.

Com relação às decisões interlocutórias terminativas, o fundamento para a exclusão do litisconsorte, ao menos na fase cognitiva, reside no art. 485 do CPC/2015. Nesta hipótese, a redundância legislativa decorre do fato de o art. 354, parágrafo único, indicar que, quando a decisão baseada no art. 485 disser respeito a parte do processo, ela é recorrível por agravo de instrumento.

Da mesma forma, a exclusão de litisconsorte derivada de autocomposição que esgote a demanda que lhe foi direcionada ou que foi por ele ajuizada também já seria agravável com base no art. 354, parágrafo único. Esse dispositivo também indica estar sujeita ao agravo de instrumento a decisão que, com base no art. 487, III, disser respeito a parte do processo.

Como o dito acima, a exclusão do litisconsorte também pode decorrer do julgamento dos pedidos direcionados a uma parte ou por ela formulados, o que aconteceria por meio do julgamento antecipado parcial de mérito.

Ocorre que a sujeição dessa decisão interlocutória ao agravo de instrumento já estava prevista no art. 356, § 5º, e no art. 1.015, II.

Há uma hipótese de exclusão de litisconsorte por decisão interlocutória terminativa que merece análise em separado, aquela oriunda da sucessão do polo passivo decorrente da alegação de ilegitimidade, nos termos dos arts. 338 e 339. Como esta hipótese está mais ligada à resolução parcial do processo sem exame do mérito e à intervenção de terceiros, é mais bem estudada nos tópicos pertinentes. Neste momento, cabe apenas ponderar que, havendo litisconsórcio passivo, a adoção das medidas mencionadas nos arts. 338 e 339 do CPC/2015 com relação a um dos réus implica, quanto à desistência que lhe é direcionada, a hipótese do art. 1.015, VII.

Apesar de se afirmar que o inciso VII do art. 1.015 é redundante, a previsão de cabimento de agravo de instrumento contra decisão interlocutória que exclui litisconsorte representa um acerto legislativo.

Só faz sentido excluir um litisconsorte se for para poupá-lo dos atos processuais seguintes à decisão interlocutória, de modo que a potencial estabilidade da decisão é exigência do instituto. Se não fosse para proporcionar a imediata análise acerca da exclusão e a potencial estabilidade da decisão, não haveria muita diferença prática em a exclusão ocorrer por decisão interlocutória ou por sentença.

Além disso, ao se ponderar que a apelação contra decisão interlocutória não tem efeito suspensivo[172], o réu excluído não participaria dos demais atos processuais praticados em primeiro grau. Acima já se viu que a *ausência* de uma parte é mais prejudicial ao procedimento em primeiro grau do que a sua *manutenção* (a ponto de que somente a decisão que *exclui* o litisconsorte ser agravável, não a que o *mantém*), uma vez que, no primeiro caso, exigir-se-ia a repetição dos atos processuais com a participação do ausente, caso o recurso fosse provido. Por isso, postergar o reexame da exclusão do litisconsorte para a apelação representaria um risco processual que não valeria a pena assumir. É melhor permitir que, numa via recursal imediata, se decida pela manutenção ou exclusão da parte.

---

172. A conclusão é bem explicada por Rodrigo Barioni: "No caso das decisões interlocutórias não sujeitas a agravo de instrumento, não se pode conceber que fiquem com a eficácia suspensa até que sejam devolvidas ao exame do tribunal por meio do recurso de apelação. Isso inviabilizaria a própria solução do litígio em primeiro grau de jurisdição. Tampouco se compreende que, após a sentença, haja sentido em subtrair os efeitos das decisões interlocutórias que serão objeto de reexame em apelação" (BARIONI, Rodrigo. "Preclusão diferida, o fim do agravo retido e a ampliação do objeto da apelação no Código de Processo Civil". *Revista de Processo*. Ano 40, vol. 243, 2015, p. 279). Nesse sentido: Enunciado n. 559 do Fórum Permanente de Processualistas Civis. O efeito suspensivo *ope legis* do recurso de apelação não obsta a eficácia das decisões interlocutórias nele impugnadas.

Desta forma, apesar de a previsão do inciso VII do art. 1.015 ser extraída de outros dispositivos do CPC/2015, a inclusão, entre as hipóteses agraváveis, da decisão interlocutória que exclui litisconsorte representa uma boa opção legislativa, mantendo-se o que já se defendia na vigência do CPC/1973.

Destaque-se que o posicionamento aqui defendido está em consonância com o decidido pelas Segunda e Terceira Turmas do STJ.

A Terceira Turma do STJ, no julgamento do REsp 1724453/SP, destacou que, apesar de a redação legal sugerir que é agravável a decisão interlocutória que "versa sobre exclusão de litisconsorte", somente é impugnável por agravo de instrumento a decisão interlocutória que efetivamente conclui pela exclusão da parte.

Nos termos do voto vencedor, não existe prejuízo relevante na equivocada *manutenção* de parte ilegítima, uma vez que apenas haveria a prática de atos processuais inúteis e que a revisão, em julgamento de apelação, da decisão interlocutória que rejeitou a exclusão do litisconsorte sequer ensejaria a repetição dos atos processuais em primeira instância.

Segundo o STJ, situação diversa é aquela na qual a decisão interlocutória indevidamente exclui um litisconsorte, uma vez que a sua modificação, em julgamento de apelação, traria sérios impactos endoprocessuais, retirando os efeitos de eventual sentença de mérito e fazendo o processo retroceder[173].No

173. Nos termos do voto da Ministra Relatora: "Estabelecida essa premissa, convém examinar se há justificativa teórica para que se trate, de modo diferente, a hipótese da decisão interlocutória que exclui um litisconsorte e da decisão interlocutória que rejeita excluir um litisconsorte. Nesse contexto, destaque-se que o CPC/15 disciplinou, de modo específico, sobre os vícios de que padecerão as sentenças proferidas sem a integração de um litisconsorte: (i) na hipótese de litisconsórcio necessário e unitário, a sentença é nula (art. 115, I); (ii) na hipótese de litisconsórcio necessário e simples, a sentença será ineficaz em relação aos que não foram citados (art. 115, II); (iii) e, em ambas as situações, o não atendimento da ordem judicial que determina a integração do polo passivo para a inclusão dos litisconsortes necessários faltantes acarretará a extinção do processo (art. 115, parágrafo único). Justamente porque a errônea exclusão de um litisconsorte é capaz de invalidar a sentença de mérito, inclusive porque à parte excluída deveria ser facultada a ampla participação na atividade instrutória, é que se admite que a decisão interlocutória com esse conteúdo seja, desde logo, reexaminada pelo Tribunal, antes da sentença. Essa é a razão de existir do art. 1.015, VII, do CPC/15. Todavia, não se verifica a mesma consequência jurídica quando se examina a decisão interlocutória que rejeita excluir o litisconsorte. A manutenção, no processo, de uma parte alegadamente ilegítima não fulmina a sentença de mérito nele proferida, podendo o Tribunal, por ocasião do julgamento do recurso de apelação, reconhecer a ilegitimidade da parte e, então, exclui-la do processo. Haverá, não há dúvida, transtornos à parte que será mantida em processo do qual não deveria participar, mas, evidentemente, esse prejuízo é infinitamente menor do que àquele causado pela exclusão, prematura e errônea, de quem necessariamente deveria dele participar. Na primeira hipótese, pode-se cogitar de um prejuízo meramente econômico exclusivamente da parte não excluída. Na segunda hipótese, contudo, haverá um grave prejuízo endoprocessual, que atingirá todos os sujeitos e invalidará a sentença de mérito, que é resultado buscado no processo" (STJ. REsp 1724453/SP. Terceira Turma. Rel. Min. Nancy Andrighi. DJe 22/03/2019).

mesmo sentido, a Segunda Turma do STJ, analisando o REsp 1701917/RJ, reconheceu que a decisão interlocutória que rejeita a alegação de ilegitimidade passiva não está prevista no rol do art. 1.015 e, portanto, não é agravável[174].

Por outro lado, a Quarta Turma do STJ, ao julgar o REsp 1772839/SP, que apresentava um cenário fático peculiar, manifestou-se no sentido do cabimento do agravo de instrumento contra uma decisão interlocutória que rejeitou a alegação de ilegitimidade passiva e determinou uma suposta correção de erro material no polo passivo, pois seria uma decisão sobre possível exclusão de litisconsorte[175].

Apesar do último precedente citado, mantém-se a conclusão inicial que defende que o inciso VII envolve apenas a decisão interlocutória que efetivamente exclui o litisconsorte. Além dos argumentos quanto à ausência de prejuízos relevantes na *manutenção* da parte, deve-se considerar que, se a finalidade do inciso fosse tão abrangente, optar-se-ia por prever a recorribilidade imediata de decisões interlocutórias sobre eventual preliminar de *ilegitimidade passiva*, o que certamente não foi feito.

10.2.8 Rejeição do pedido de limitação do litisconsórcio

10.2.8.1 Considerações gerais

O CPC/2015 permite a formação de litisconsórcio, ativo ou passivo, desde que: a) haja, entre os sujeitos, comunhão de direitos ou de obrigações relativamente à lide; b) exista, entre as causas, conexão pelo pedido ou pela causa de pedir; c) ocorra afinidade de questões por ponto comum de fato ou de direito.

A instituição do litisconsórcio se justifica por alguns motivos, nem sempre aplicáveis a todas as espécies. As principais razões são: a) economia processual; b) harmonia dos julgados; c) relações jurídicas incindíveis que reclamam soluções homogêneas[176].

---

174. STJ. REsp 1701917/RJ. Segunda Turma. Rel. Min. Herman Benjamin. DJe 19/12/2017.

175. Nos termos do voto do Ministro Relator: "Com efeito, o referido dispositivo legal prevê o cabimento do agravo quando a decisão versar sobre exclusão de litisconsorte, matéria intimamente relacionada à legitimidade de parte e à alteração do polo passivo. Destaco que o dispositivo processual não faz nenhuma restrição ou observação aos motivos jurídicos que possam ensejar a substituição da parte. Por tal razão, o aresto impugnado também merece reforma nesse ponto, conhecendo-se do recurso quanto à alegação de ilegitimidade, que, se acolhida, ensejará a efetiva "exclusão de litisconsorte", com consequências processuais, e não apenas uma retificação de nomes" (STJ. REsp 1772839/SP. Quarta Turma. Rel. Min. Antonio Carlos Ferreira. DJe 23/05/2019).

176. DINAMARCO, Cândido Rangel. *Litisconsórcio.* 7ª ed. São Paulo: Malheiros Editores, 2002, p. 61/62. Em sentido semelhante: "A formação do litisconsórcio, na grande maioria das vezes, responderá a uma conveniência de *economia processual* e de *decisão uniforme* aos conflitos de interesse. Apenas nas

Para os fins deste trabalho, cumpre trazer quatro classificações básicas do litisconsórcio.

Numa primeira classificação, o litisconsórcio pode ser *necessário* ou *facultativo*, a depender da *dispensabilidade* da sua formação[177].

O litisconsórcio é *necessário* quando é indispensável a presença de duas ou mais pessoas como autores ou réus do mesmo processo, o que pode decorrer de situações jurídicas incindíveis (natureza da relação jurídica) ou de opção legislativa[178]. Nos termos do art. 114 do CPC/2015, o litisconsórcio é necessário quando "por disposição de lei ou quando, pela natureza da relação jurídica controvertida, a eficácia da sentença depender da citação de todos que devam ser litisconsorte".

Já o conceito de *litisconsórcio facultativo* é dado por exclusão, isto é, corresponde ao litisconsórcio cuja formação é dispensável, seja pelo fato de a natureza da relação jurídica não o exigir ou em razão de o legislador não o impor[179].

Uma segunda classificação tem como critério o *regime de tratamento dos litisconsortes* e os divide em duas espécies: unitário e comum[180].

O *litisconsórcio unitário* é aquele no qual "o provimento jurisdicional de mérito tem que regular de modo uniforme a situação jurídica dos litisconsortes"[181]. Nessa hipótese, está em discussão uma relação jurídica

---

hipóteses de *litisconsórcio necessário* é que a cumulação subjetiva não implica cumulação objetiva, porque aí o que existe é uma *pretensão comum* alegada em litisconsórcio ativo ou passivo, sendo a litigância em conjunto consiste requisito erigido para resguardar o *direito ao contraditório* de todos os potenciais atingíveis pela decisão da causa" (MARINONI, Luiz Guilherme; ARENHART, Sérgio Cruz; MITIDIERO, Daniel. *Novo curso de processo civil: tutela dos direitos mediante procedimento comum.* São Paulo: Editora Revista dos Tribunais, 2015, vol. 2, p. 84).

177. Nesse sentido: DIDIER Jr., Fredie. *Curso de direito processual civil: introdução ao direito processual civil, parte geral e processo de conhecimento.* 18ª ed. Salvador: Juspodivm, 2016, vol. 1, p. 460. Segundo Cândido Rangel Dinamarco, o critério desta classificação é o "poder aglutinador das razões que conduzem à formação do litisconsórcio" (DINAMARCO, Cândido Rangel. *Litisconsórcio.* 7ª ed. São Paulo: Malheiros Editores, 2002, p. 66).

178. Nesse sentido: DINAMARCO, Cândido Rangel. *Litisconsórcio.* 7ª ed. São Paulo: Malheiros Editores, 2002, p. 66/68; DIDIER Jr., Fredie. *Curso de direito processual civil: introdução ao direito processual civil, parte geral e processo de conhecimento.* 18ª ed. Salvador: Juspodivm, 2016, vol. 1, p. 460.

179. Nesse sentido: DINAMARCO, Cândido Rangel. *Litisconsórcio.* 7ª ed. São Paulo: Malheiros Editores, 2002, p. 67; DIDIER Jr., Fredie. *Curso de direito processual civil: introdução ao direito processual civil, parte geral e processo de conhecimento.* 18ª ed. Salvador: Juspodivm, 2016, vol. 1, p. 460.

180. DINAMARCO, Cândido Rangel. *Litisconsórcio.* 7ª ed. São Paulo: Malheiros Editores, 2002, p. 66/69. Fredie Didier Jr. defende que essa classificação leva em conta a "a análise do objeto litigioso do procedimento (e, portanto, da situação jurídica substancial deduzida)" (DIDIER Jr., Fredie. *Curso de direito processual civil: introdução ao direito processual civil, parte geral e processo de conhecimento.* 18ª ed. Salvador: Juspodivm, 2016, vol. 1, p. 458).

181. DIDIER Jr., Fredie. *Curso de direito processual civil: introdução ao direito processual civil, parte geral e processo de conhecimento.* 18ª ed. Salvador: Juspodivm, 2016, vol. 1, p. 458.

indivisível que reclama decisão uniforme, razão pela qual se pode afirmar que, a despeito duas ou mais pessoas ocuparem um polo da demanda, o regime aplicado encara a situação como se houvesse apenas uma parte, refletindo uma "unidade da pluralidade"[182]. Há, então, um *regime especial* no tratamento dos litisconsortes, caracterizado pela forma como os comportamentos de um litisconsorte podem ou não influenciar na situação dos demais[183]. Há dois artigos do CPC/2015 que refletem o que se disse. O primeiro deles é o art. 116, que afirma que há litisconsórcio unitário quando "pela natureza da relação jurídica, o juiz tiver de decidir o mérito de modo uniforme para todos os litisconsortes". O segundo é o art. 117, que excepciona a autonomia dos litisconsortes e estabelece o regime especial do litisconsórcio unitário, impondo que os atos e as omissões praticados por um litisconsorte não prejudicam os demais, mas podem beneficiá-los.

Por outro lado, o *litisconsórcio comum* ou *simples* é aquele no qual a decisão de mérito pode ser diferente para os litisconsortes. Nessas hipóteses, há uma pluralidade de relações jurídicas ou apenas uma, mas que é cindível, como nos casos de solidariedade, e os litisconsortes são tratados com certa autonomia, de modo que, a princípio, os atos e as omissões de um deles não beneficiam nem prejudicam os demais, conforme o art. 117, primeira parte[184].

A terceira classificação se baseia no(s) polo(s) da relação processual ocupado(s) pelos litisconsortes. Assim, o litisconsórcio pode ser ativo, passivo ou misto, quando, respectivamente, houver pluralidade de ocupantes do polo ativo, passivo ou de ambos.

Por fim, a quarta classificação leva em conta o *momento da formação do litisconsórcio*. Nesse contexto, o litisconsórcio pode ser *inicial*, quando oriundo da demanda, ou *ulterior*, se decorrer de ato posterior à formação do processo, como aquele que se origina da intervenção de terceiros, por exemplo[185].

Feitas essas considerações gerais sobre as classificações do litisconsórcio, é preciso ponderar que as hipóteses em que ele é possível podem gerar situações nas quais um ou ambos os polos da demanda sejam ocupados por uma quantidade muito elevada de pessoas. Nesses casos, há chamado *litisconsórcio multitudinário*.

---

182. DIDIER Jr., Fredie. *Curso de direito processual civil: introdução ao direito processual civil, parte geral e processo de conhecimento*. 18ª ed. Salvador: Juspodivm, 2016, vol. 1, p. 458.

183. DINAMARCO, Cândido Rangel. *Litisconsórcio*. 7ª ed. São Paulo: Malheiros Editores, 2002, p. 142.

184. Nesse sentido: DIDIER Jr., Fredie. *Curso de direito processual civil: introdução ao direito processual civil, parte geral e processo de conhecimento*. 18ª ed. Salvador: Juspodivm, 2016, vol. 1, p. 459; DINAMARCO, Cândido Rangel. *Litisconsórcio*. 7ª ed. São Paulo: Malheiros Editores, 2002, p. 68.

185. DINAMARCO, Cândido Rangel. *Litisconsórcio*. 7ª ed. São Paulo: Malheiros Editores, 2002, p. 69/70.

A depender do número de componentes do litisconsórcio, as vantagens que a sua instituição permite, conforme as justificativas vistas acima, podem ser superadas pelas inconveniências decorrentes do grande número de participantes do litisconsórcio, especialmente pelos problemas ligados à defesa do réu, ao exercício do direito de ação e condução do processo pelo Poder Judiciário[186].

Nesse contexto, o legislador prevê uma forma de limitação do litisconsórcio *facultativo*, aplicável tanto na fase de conhecimento, como nas de liquidação de sentença, de cumprimento de sentença e na execução autônoma.

Assim, segundo o art. 113, § 1º, é possível a limitação do litisconsórcio quanto ao número de participantes, "quando este comprometer a rápida solução do litígio ou dificultar a defesa ou o cumprimento da sentença".

Da leitura do art. 133, § 1º, percebe-se que, quanto à classificação do litisconsórcio, o determinante para fins de limitação é a *dispensabilidade* da sua formação, isto é, o desmembramento só é cabível nos casos de litisconsórcio *facultativo*. Assim, para os fins de admissibilidade da limitação, as demais classificações do litisconsórcio não interessam[187].

O CPC/2015 é silente quanto ao prazo para que a parte requeira o desmembramento, de modo que deve se aplicar o prazo supletivo de cinco dias, previsto no art. 218, § 3º do CPC/2015[188].

Questão interessante diz respeito ao início desse prazo. Parece que o mais coerente é que, para o réu, ele comece a correr somente quando se iniciar o prazo para defesa (art. 335), uma vez que a limitação do litisconsórcio está ligada, sobretudo, a problemas no seu exercício. Com relação ao autor, nos casos de litisconsórcio ulterior, por exemplo, a melhor alternativa é a de que o prazo para requerer a limitação comece a correr a partir do juízo positivo de admissibilidade da intervenção de terceiros. Por fim, havendo fato superveniente que implique alguma das situações previstas no art. 113, § 1º, o prazo deve começar a correr a partir do momento em que ele é de conhecimento das partes.

Na visão deste trabalho, é possível o desmembramento de ofício pelo magistrado, desde que o litisconsórcio prejudique a *rápida solução*

---

186. Nesse sentido: DINAMARCO, Cândido Rangel. *Litisconsórcio.* 7ª ed. São Paulo: Malheiros Editores, 2002, p. 346/350.

187. Em sentido diverso, há quem estude a limitação prevista no art. 113, § 1º somente sob a ótica do *litisconsórcio ativo*, o que tornaria relevante a classificação do litisconsórcio com base no *polo ocupado pelos litisconsortes*: DIDIER Jr., Fredie. *Curso de direito processual civil: introdução ao direito processual civil, parte geral e processo de conhecimento.* 18ª ed. Salvador: Juspodivm, 2016, vol. 1, p. 480/481.

188. DIDIER Jr., Fredie. *Curso de direito processual civil: introdução ao direito processual civil, parte geral e processo de conhecimento.* 18ª ed. Salvador: Juspodivm, 2016, vol. 1, p. 481.

do litígio, a fase de cumprimento de sentença ou a execução autônoma. Nesses casos, há prejuízo para a condução do processo, feita pelo Poder Judiciário. Como esta questão pode ser conhecida de ofício a qualquer tempo, não faz sentido falar em preclusão temporal para as partes quando o pedido de limitação se fundamentar nestas causas. Caso o magistrado verifique a possibilidade de limitação do litisconsórcio, deve intimar as partes para se manifestarem sobre essa questão, em aplicação do art. 10, para só depois decidir.

Conforme reconhecido nos enunciados n. 386 e 387 do Fórum Permanente de Processualistas Civis, a limitação do litisconsórcio acarreta apenas o seu *desmembramento*[189], não a extinção do processo[190-191]. Como decorrência destas premissas, conclui-se que a interrupção da prescrição retroage à data do ajuizamento da demanda original (enunciado n. 10 do Fórum Permanente de Processualistas Civis)[192] e que a data do protocolo original também funciona como marco da litispendência e da litigiosidade da coisa[193].

Caso o magistrado opte pela limitação do litisconsórcio, deverão ser extraídas cópias da petição inicial e dos documentos comuns aos litisconsortes, bem como a retirada dos documentos exclusivamente ligados ao litisconsorte alvo do desmembramento, e tais peças devem ser encaminhadas à distribuição por dependência ao processo original[194].

Há, ainda, outro fator a ser considerando com relação à limitação do litisconsórcio multitudinário. O art. 139, VI, permite ao magistrado "dilatar os prazos processuais e alterar a ordem de produção dos meios de prova, adequando-os às necessidades do conflito de modo a conferir maior efetividade à tutela do direito". Com base nesse dispositivo, o Fórum Permanente de Processualistas Civis aprovou o enunciado n. 116, segundo o qual é possível que o magistrado, em vez de optar pelo desmembramento, proceda à ampliação dos prazos processuais, nos casos de danos à defesa,

189. Enunciado n. 386 do Fórum Permanente de Processualistas Civis. A limitação do litisconsórcio facultativo multitudinário acarreta o desmembramento do processo.

190. Enunciado n. 387 do Fórum Permanente de Processualistas Civis. A limitação do litisconsórcio multitudinário não é causa de extinção do processo.

191. Note-se que, caso se entenda que há extinção do processo sem exame do mérito com relação aos litisconsortes desmembrados/excluídos, a decisão interlocutória deve ser considerada agravável, mas com base no art. 1.015, VII.

192. Enunciado n. 10 do Fórum Permanente de Processualistas Civis. Em caso de desmembramento do litisconsórcio multitudinário, a interrupção da prescrição retroagirá à data de propositura da demanda original.

193. DIDIER Jr., Fredie. *Curso de direito processual civil: introdução ao direito processual civil, parte geral e processo de conhecimento.* 18ª ed. Salvador: Juspodivm, 2016, vol. 1, p. 481.

194. DIDIER Jr., Fredie. *Curso de direito processual civil: introdução ao direito processual civil, parte geral e processo de conhecimento.* 18ª ed. Salvador: Juspodivm, 2016, vol. 1, p. 481.

sem prejuízo da possibilidade de desmembramento em eventual cumprimento de sentença[195].

Formulado o pedido de limitação do litisconsórcio, o art. 113, § 2º, indica que é interrompido o prazo para manifestação ou resposta, cujo recomeço se dá com a intimação da decisão sobre tal requerimento.

Como é evidente que a decisão sobre o pedido de limitação do litisconsórcio não põe fim à fase cognitiva nem à execução, ela é facilmente caracterizada como decisão interlocutória, nos termos do art. 203, § 2º.

Essas são as principais considerações sobre o pedido de limitação do litisconsórcio multitudinário, sendo suficientes para que se compreenda a recorribilidade da decisão interlocutória sobre o requerimento, o que se fará no tópico seguinte.

10.2.8.2 A recorribilidade da decisão interlocutória sobre a limitação do litisconsórcio

Diante do que se falou no tópico anterior, percebe-se que é possível a ocorrência de quatro situações: a) pedido de limitação formulado pela parte e *rejeitado* pelo magistrado; b) pedido de limitação formulado pela parte e *acolhido* pelo magistrado; c) intimação, pelo magistrado, para as partes se manifestarem sobre a possível limitação do litisconsórcio e posterior *adoção* da medida; d) intimação, pelo magistrado, para as partes se manifestarem sobre a possível limitação do litisconsórcio e posterior *rejeição* da medida.

Cada uma dessas situações será analisada em separado.

Na primeira situação, quando a parte *requer* a limitação do litisconsórcio e o magistrado *rejeita* o pedido, está caracterizada a hipótese de cabimento do agravo de instrumento prevista no art. 1.015, VIII, uma vez que há decisão interlocutória que *rejeita* o pedido de limitação do litisconsórcio.

Como se viu acima, a possibilidade de limitação se justifica na medida em que o litisconsórcio multitudinário pode apresentar riscos à *rápida solução do litígio*, ao *direito de defesa* e ao *cumprimento de sentença.*

Caso se postergasse o reexame da decisão que *rejeita* o pedido de limitação ao momento da apelação, seria evidente a possibilidade de que os riscos à *rápida solução do litígio* e ao *exercício de defesa* já tivessem se concretizado.

Com relação ao prejuízo à *fase de cumprimento de sentença,* caso a decisão seja tomada quando já iniciada esta etapa, a sujeição ao agravo de

195. Enunciado n. 116 do Fórum Permanente de Processualistas Civis. Quando a formação do litisconsórcio multitudinário for prejudicial à defesa, o juiz poderá substituir a sua limitação pela ampliação de prazos, sem prejuízo da possibilidade de desmembramento na fase de cumprimento de sentença.

instrumento tem a mesma justificativa, pois o momento de apelar é posterior ao exercício de defesa e, por óbvio, à tramitação em primeiro grau.

Desta forma, há acerto legislativo na previsão do art. 1.015, VIII, uma vez que a apelação não poderia tutelar satisfatoriamente a hipótese, em virtude da inutilidade do recurso (comprometimento anterior da rápida solução do litígio e do desenvolvimento da fase de cumprimento de sentença) e de eventual desacerto da decisão interlocutória ser capaz de concretizar riscos processuais relevantes e prejuízos consideráveis à parte, ligados ao exercício do direito de defesa.

Há, ainda, dois aspectos a serem considerados sobre a previsão do art. 1.015, VIII.

O primeiro diz respeito à previsão do art. 113, § 2º, segundo a qual o prazo para manifestação e resposta é interrompido pelo pedido de limitação do litisconsórcio e recomeça a partir da intimação da decisão que o resolver. Este artigo prevê efeitos peculiares para dois atos jurídicos diferentes: a) o *pedido de limitação do litisconsórcio* (primeiro ato jurídico), que interrompe o prazo mencionado e o mantém suspenso até o segundo ato jurídico; b) *decisão sobre o pedido de limitação do litisconsórcio* (segundo ato jurídico) que, independentemente do sentido, tem como um dos seus efeitos o recomeço da fluência do prazo para resposta ou manifestação.

Como o agravo de instrumento não tem efeito suspensivo automático, a decisão que rejeita o pedido de limitação do litisconsórcio produz imediatamente todos os seus efeitos, entre os quais está o reinício do prazo para manifestação e resposta.

Destaque-se que, como o recurso impugna a *decisão interlocutória*, eventual efeito suspensivo concedido a ele (art. 1.019, I) só interfere, prospectivamente, nos efeitos produzidos *pela decisão interlocutória*. Com isto se quer dizer que, como a interrupção do prazo é efeito jurídico do *pedido de limitação* e não da *decisão interlocutória*, o efeito suspensivo concedido ao agravo de instrumento só tem o condão de *paralisar/suspender a contagem do prazo* (não o de interromper). Caso mantida a decisão interlocutória no julgamento do recurso ao qual foi concedido efeito suspensivo, o prazo para manifestação ou resposta *recomeça do momento em que foi paralisado*.

O segundo aspecto diz respeito ao enunciado de n. 116 do Fórum Permanente de Processualistas Civis, que entende lícito que o magistrado, em vez de limitar o litisconsórcio, amplie os prazos processuais, sem prejuízo da possibilidade de posterior limitação na fase de cumprimento de sentença[196].

---

196. Enunciado n. 116 do Fórum Permanente de Processualistas Civis. Quando a formação do litisconsórcio multitudinário for prejudicial à defesa, o juiz poderá substituir a sua limitação pela ampliação de

Nessa hipótese, caso a parte tenha requerido o *desmembramento*, a decisão interlocutória que opta pela ampliação dos prazos evidentemente *rejeita o pedido de limitação do litisconsórcio* e, portanto, é agravável com base no art. 1.015, VIII, do CPC/2015.

A segunda hipótese diz respeito à situação na qual o magistrado *acolhe* o pedido de limitação do litisconsórcio formulado pela parte.

Nessas situações, não há prejuízos consideráveis àquele que é contrário ao desmembramento, pois, na pior das hipóteses, ele será obrigado a praticar mais atos processuais, como mais comparecimentos em audiências e maior número de alegações finais.

No entanto, a apelação é incapaz de tutelar satisfatoriamente a hipótese, uma vez que a reunião dos processos em um só, após toda a tramitação em primeiro grau, geraria uma confusão nos autos do processo original, o que retira a utilidade do recurso posterior. Caso se adotasse tal medida, seriam reunidas nos mesmos autos as documentações de diversos atos processuais, nem sempre contemporâneos, o que poderia causar enorme dificuldade no estudo da situação da cada litisconsorte. Assim, problemas que talvez não existissem se não ocorresse o desmembramento poderiam se originar da decisão do tribunal, quando reformasse aquela que optou pela limitação do litisconsórcio.

Na visão deste trabalho, o legislador deveria ter tornado *irrecorrível* a decisão que acolhe o pedido de limitação do litisconsórcio, pelo raríssimo prejuízo que impõe àquele que resiste ao desmembramento (o que não justificaria a recorribilidade do ato, quanto mais o reexame imediato) e pela inviabilidade da sujeição desta decisão à apelação (pois a reforma futura pode gerar mais problemas práticos do que o desmembramento).

Contudo, o CPC/2015 não optou por tornar irrecorrível essa decisão interlocutória e trouxe duas regras genéricas sobre a recorribilidade destes pronunciamentos judiciais: o rol do agravo de instrumento (art. 1.015) e a norma residual do art. 1.009, § 1º.

Considerando a clara inaptidão da apelação para tutelar a hipótese, deve se afirmar, com pesar, que o melhor é entender que cabe agravo de instrumento para impugnar a decisão interlocutória que acolhe o pedido de limitação do litisconsórcio. Todavia, esse cabimento não se dá com base no art. 1.015, VIII, mas com fundamento na premissa de que o rol do art. 1.015 não é taxativo e que deve ser cabível este recurso quando a apelação não puder tutelar satisfatoriamente a hipótese[197].

---

prazos, sem prejuízo da possibilidade de desmembramento na fase de cumprimento de sentença.

197. Em sentido diverso, Heitor Vitor Mendonça Sica, para quem as hipóteses de cabimento de agravo de instrumento são taxativas, afirma que "os autores nada poderão fazer de imediato contra a decisão

As duas últimas situações são aquelas oriundas da atividade do magistrado, que, de ofício, intima as partes para que se manifestem sobre a possível limitação do litisconsórcio e, em seguida, decide sobre o tema.

Não parece correto entender que, somente pelo fato de a iniciativa para discutir a questão ter partido do magistrado e não da parte, ela não poderia impugnar a decisão interlocutória que lhe seja desfavorável. Admitir a irrecorribilidade nessa hipótese teria como consequência impedir que, nos casos em que a questão envolvesse prescrição e o juiz acabasse rejeitando-a, por exemplo, o réu não pudesse apelar futuramente, sustentando a sua ocorrência. Assim, como nos casos em que o magistrado pode limitar o litisconsórcio de ofício não há preclusão para a parte, é possível que ela recorra da decisão nestas situações, desde que apresente teses compatíveis com as hipóteses de conhecimento de ofício.

O recurso cabível contra essas decisões interlocutórias não pode se fundamentar no art. 1.015, VIII, que cuida do agravo de instrumento contra a decisão interlocutória que rejeita o *pedido* de limitação do litisconsórcio. Como não há *pedido da parte nesse sentido*, não haveria incidência imediata desta hipótese.

No entanto, acima já se identificou que a apelação não tutela satisfatoriamente as decisões sobre limitação do litisconsórcio, seja para determinar o desmembramento ou não. Desta forma, cabe agravo de instrumento contra a decisão do magistrado que, de ofício, apreciou a possibilidade de limitação do litisconsórcio, em virtude da inaptidão da apelação.

10.2.9 Admissão ou inadmissão de intervenção de terceiros

10.2.9.1 Considerações gerais

O art. 1.015, IX, do CPC/2015 torna agravável a decisão interlocutória que admite ou inadmite a intervenção de terceiros. Para a melhor compreensão desta hipótese de cabimento, são necessárias considerações sobre a definição de terceiros, bem como acerca das suas formas de intervenção.

O conceito de terceiro é extraído a partir de um critério residual daquilo que se entende como parte.

No processo civil, a definição de parte abarca os sujeitos do contraditório formado perante o juiz, isto é, aqueles que figuram como titulares de situações jurídicas ativas ou passivas numa relação jurídica processual, que

---

que defere o pedido. E mesmo no procedimento da apelação contra a sentença final, a arguição de tal questão se revelará inócua" (SICA, Heitor Vitor Mendonça. "Capítulo III. Do agravo de instrumento". In: STRECK, Lenio Luiz; NUNES, Dierle; CUNHA, Leonardo Carneiro da (Org.); FREIRE, Alexandre (Coord. Executivo). *Comentários ao Código de Processo Civil*. São Paulo: Saraiva, 2016, p. 1.335).

nela ingressaram: a) por terem ajuizado uma demanda; b) por terem sido citados; c) por sucederem a parte primitiva; d) por ingressarem em auxílio a uma das partes[198]; e) para defender a mesma relação jurídica deduzida, nos casos de colegitimidade; f) para ampliar o debate em torno de alguma questão (*amicus curiae*).

Por consequência, aqueles que não se encaixam nas situações acima enumeradas são considerados terceiros com relação a um processo.

Como o visto acima, um terceiro pode se tornar parte de um processo, o que se dá por meio da *intervenção de terceiros*[199]. Essa intervenção pode originar-se de pretensão deduzida pela parte em face de terceiro (intervenção provocada) ou da intervenção espontânea desse terceiro para auxiliar uma parte, defender a mesma relação jurídica ou ampliar o debate processual.

O CPC/2015 destina um título à intervenção de terceiros e prevê cinco modalidades nominadas: a) assistência (simples e litisconsorcial); b) denunciação da lide; c) chamamento ao processo; d) a decorrente do incidente de desconsideração da personalidade jurídica; e) *amicus curiae*.

Além delas, também há intervenção de terceiros: a) na substituição da parte por alienação do objeto litigioso (art. 109); b) na substituição do réu nos casos de arguição de ilegitimidade passiva (art. 339); c) na propositura de reconvenção também pelo terceiro (art. 334, § 3º); d) na propositura de reconvenção contra o autor e um terceiro (art. 334, § 4º); e) na habilitação (arts. 687 a 692); f) no recurso interposto pelo terceiro (art. 996).

Nos tópicos seguintes, serão traçadas considerações gerais acerca de cada uma das intervenções de terceiro mencionadas acima, ressalvada aquela decorrente do incidente de desconsideração da personalidade jurídica, já estudada em tópico anterior. A partir da exposição destes aspectos gerais, analisar-se-á a recorribilidade da decisão que admite ou rejeita a intervenção de terceiros.

10.2.9.2 Assistência

A assistência é uma modalidade de *intervenção espontânea* e pode ser de duas espécies (*simples* e *litisconsorcial*).

---

198. DINAMARCO, Cândido Rangel. *Intervenção de terceiros*. 4ª ed. São Paulo: Malheiros Editores, 2006, p. 16/19.

199. José Carlos Barbosa Moreira entende que alguém pode se tornar parte de um processo por três modos: "tomando a iniciativa de instaurá-lo; sendo chamado a juízo para ver-se processar; ou intervindo em processo já iniciado entre outras pessoas" (MOREIRA, José Carlos Barbosa. *Direito processual civil (ensaios e pareceres)*. Rio de Janeiro: Editor Borsoi, 1971, p. 58). No mesmo sentido: DIDIER Jr., Fredie. *Curso de direito processual civil: introdução ao direito processual civil, parte geral e processo de conhecimento*. 18ª ed. Salvador: Juspodivm, 2016, vol. 1, p. 483.

O art. 119, *caput*, cuida de algumas disposições comuns às espécies de assistência, definindo que, havendo processo em curso, é dado ao terceiro intervir para auxiliar uma das partes, desde que tenha *interesse jurídico* em que a sentença seja favorável a ela.

O *interesse jurídico* desponta como elemento necessário e caracterizador da assistência, de modo que não é possível intervir afirmando apenas interesse econômico ou afetivo. Quem deseja intervir como assistente deve indicar ser titular de relação jurídica ligada à que está sendo discutida, ser titular *daquela* relação jurídica deduzida ou ser legitimado extraordinário para defendê-la[200].

Na assistência *simples*, o terceiro afirma ser titular de relação jurídica *conexa* àquela discutida em juízo, de modo que a sentença proferida no processo poderia refletir em sua relação jurídica[201].

Segundo o art. 121, *caput*, o assistente simples atua como auxiliar da parte principal, pode exercer os mesmos poderes do assistido (recorrer, produzir provas etc.) e está sujeito aos mesmos ônus processuais que ele. Além disso, o art. 94 impõe ao assistente sucumbente o dever de pagar custas processuais proporcionais à atividade que tiver exercido.

Segundo o art. 121, parágrafo único, o assistente é considerado substituto processual do assistido quando este for revel ou, de qualquer modo, omisso.

Por outro lado, o art. 122 indica que a assistência simples não é óbice para que o assistido desista da demanda ou tome alguma medida de autocomposição (reconhecimento do pedido, renúncia ao direito pleiteado ou transação), o que reflete uma subordinação da vontade do assistente à do assistido.

Nesse cenário, o assistente se torna *parte auxiliar*, assistindo a parte principal, e atua como *legitimado extraordinário*, pois defende, em nome próprio, direito alheio[202].

O art. 123 cuida da relação do assistente com o decidido no processo em que interveio, definindo que ele não poderá "discutir a justiça da decisão", salvo quando alegar e provar que: a) foi impedido de produzir provas

---

200. DIDIER Jr., Fredie. *Curso de direito processual civil: introdução ao direito processual civil, parte geral e processo de conhecimento.* 18ª ed. Salvador: Juspodivm, 2016, vol. 1, p. 487/497.

201. DIDIER Jr., Fredie. *Curso de direito processual civil: introdução ao direito processual civil, parte geral e processo de conhecimento.* 18ª ed. Salvador: Juspodivm, 2016, vol. 1, p. 489.

202. DIDIER Jr., Fredie. *Curso de direito processual civil: introdução ao direito processual civil, parte geral e processo de conhecimento.* 18ª ed. Salvador: Juspodivm, 2016, vol. 1, p. 491. Em sentido contrário, defendendo que o assistente simples não é parte: SAMPAIO, Marcus Vinicius de Abreu. "Título III – Da intervenção de terceiros". In: WAMBIER, Teresa Arruda Alvim; DIDIER Jr., Fredie; TALAMINI, Eduardo; DANTAS, Bruno (Coord.). *Breves comentários ao Novo Código de Processo Civil.* São Paulo: Editora Revista dos Tribunais, 2015, p. 405/406.

suscetíveis de influir na sentença em virtude do estado em que recebeu o processo ou de declarações e atos do assistido; b) "desconhecia a existência de alegações ou de provas das quais o assistido, por dolo ou culpa, não se valeu".

O assistente simples não está sujeito à coisa julgada, mas a outra estabilidade: à eficácia preclusiva da decisão. A vedação à discussão da "justiça da decisão" impede que o assistente simples rediscuta, em outro processo, a *fundamentação da decisão*, salvo nas hipóteses do art. 123, I e II[203].

Além da assistência simples, há a *litisconsorcial*. Ela é definida pelo art. 124 do CPC/2015, segundo o qual o assistente é considerado litisconsorte quando a sentença influir na relação jurídica entre ele e o adversário do assistido.

O interesse jurídico do *assistente litisconsorcial* deriva de duas hipóteses: a) quando ele for titular da relação jurídica discutida no processo (exclusivo ou cotitular); b) quando ele também for legitimado extraordinário para defender judicialmente a relação jurídica discutida. Nesses casos, é formado um *litisconsórcio unitário facultativo ulterior* e o assistente atua com a mesma intensidade que o assistido, não havendo supremacia da vontade de nenhum deles com relação ao outro[204].

Quanto ao procedimento, o parágrafo único do art. 119 indica que a assistência (simples ou litisconsorcial) é admissível em qualquer grau de jurisdição, mas que o assistente recebe o processo no estado em que ele se encontrar. Essa disposição reflete a preocupação legislativa em preservar o processo e as partes originais de eventual comprometimento da marcha processual decorrente da assistência[205].

O terceiro que deseja intervir como assistente deve peticionar ao juízo, expor as razões que justificariam o seu interesse jurídico e requerer a intervenção[206].

Recebido o requerimento formulado pelo terceiro, o juiz deve intimar as partes para que se manifestem.

Caso nenhuma delas apresente impugnação no prazo de quinze dias, a intervenção será deferida, salvo se o magistrado entender pela rejeição liminar (art. 120, *caput*). A parte final atesta que o juiz, em qualquer caso, pode

203. DIDIER Jr., Fredie. *Curso de direito processual civil: introdução ao direito processual civil, parte geral e processo de conhecimento.* 18ª ed. Salvador: Juspodivm, 2016, vol. 1, p. 495.

204. DIDIER Jr., Fredie. *Curso de direito processual civil: introdução ao direito processual civil, parte geral e processo de conhecimento.* 18ª ed. Salvador: Juspodivm, 2016, vol. 1, p. 496.

205. SAMPAIO, Marcus Vinicius de Abreu. "Título III – Da intervenção de terceiros". In: WAMBIER, Teresa Arruda Alvim; DIDIER Jr., Fredie; TALAMINI, Eduardo; DANTAS, Bruno (Coord.). *Breves comentários ao Novo Código de Processo Civil.* São Paulo: Editora Revista dos Tribunais, 2015, p. 400.

206. DIDIER Jr., Fredie. *Curso de direito processual civil: introdução ao direito processual civil, parte geral e processo de conhecimento.* 18ª ed. Salvador: Juspodivm, 2016, vol. 1, p. 488.

controlar a intervenção de terceiros, verificando a presença dos requisitos que a autorizam, independentemente de impugnação das partes.

Se houver impugnação ao pedido de intervenção como assistente, o magistrado deve decidir o incidente sem suspensão do processo (art. 120, parágrafo único). Apesar do silêncio legislativo, deve ser admitida a produção de provas no incidente[207].

Após a tramitação necessária, o magistrado, portanto, profere *decisão interlocutória* na qual admite ou não a intervenção do terceiro como assistente simples ou litisconsorcial.

O art. 1.015, IX, do CPC/2015 torna essa decisão interlocutória agravável, seja qual for o seu sentido ou momento (liminar ou após a instauração do incidente). Trata-se de escolha parcialmente acertada.

Quanto à decisão que *admite* a intervenção do pretenso assistente, não há sentido no reexame imediato. Ao longo deste trabalho, já se demonstrou que o legislador não vê prejuízos significativos na *manutenção* de uma parte na relação processual, mesmo diante da possibilidade de sua exclusão em sede de futuro julgamento de apelação. Tanto é assim que é agravável apenas a decisão que *exclui* o litisconsorte (art. 1.015, VII), de sorte que a que declara a sua legitimidade e o mantém na relação processual é exemplo decisão interlocutória apelável.

Por isso, já se expôs que é mais preocupante que a parte *deixe* de participar dos atos processuais em primeiro grau do que ela *participe* quando não deveria fazê-lo. Seguindo essa lógica, apenas a decisão que *inadmitisse* a intervenção como assistente deveria ser agravável.

A sujeição da decisão que *admite* a assistência ao recurso de apelação poderia gerar alguns riscos, como o afastamento dos efeitos da revelia por defesa apresentada pelo assistente que não deveria participar do processo e o de produção de provas requeridas apenas por ele. No entanto, quando esses riscos são concretizados e é verificada posteriormente a inadmissibilidade da assistência, os problemas são de fácil resolução: basta desconsiderar os efeitos dos atos jurídicos praticados pelo assistente.

Destaque-se que esses riscos são os mesmos apresentados pela decisão que mantém o litisconsorte. Quando se discute a formação de um litisconsórcio unitário, essa premissa é bastante evidente, frente à redação do art.

---

207. Nesse sentido: SAMPAIO, Marcus Vinicius de Abreu. "Título III – Da intervenção de terceiros". In: WAMBIER, Teresa Arruda Alvim; DIDIER Jr., Fredie; TALAMINI, Eduardo; DANTAS, Bruno (Coord.). *Breves comentários ao Novo Código de Processo Civil.* São Paulo: Editora Revista dos Tribunais, 2015, p. 401/402; DIDIER Jr., Fredie. *Curso de direito processual civil: introdução ao direito processual civil, parte geral e processo de conhecimento.* 18ª ed. Salvador: Juspodivm, 2016, vol. 1, p. 488/489.

117. No caso de litisconsórcio simples, há essa interferência quanto aos fatos comuns. Todavia, como já se viu, a decisão interlocutória que mantém um litisconsorte é apelável. O mesmo tratamento deveria ter sido dado à que *admite* a assistência.

Ressalte-se, ainda, que essa é uma decisão interlocutória que, no período final da vigência do CPC/1973, seria facilmente caracterizável como uma hipótese recorrível por agravo *retido*, não por agravo de instrumento, já que não apresentaria risco de dano grave ou de difícil reparação, não trataria de inadmissibilidade ou efeitos da apelação nem seria uma situação na qual o regime do agravo retido fosse incompatível. Com isso se quer dizer que o CPC/2015, neste ponto, representou aumento nas hipóteses de cabimento de agravo de instrumento.

No caso da *inadmissão* da assistência, há acerto legislativo em torná-la uma hipótese de cabimento do agravo de instrumento. É flagrante a inaptidão da apelação para tutelar a hipótese, uma vez que haveria risco de o terceiro ser indevidamente tolhido da prática de atos processuais em primeiro grau, o que poderia forçar contramarchas processuais e o retorno dos autos ao primeiro grau. Neste caso, mostra-se mais prudente permitir o reexame da questão e conferir mais segurança à tramitação do processo em primeiro grau.

10.2.9.3 Denunciação da lide

Segundo o art. 125 do CPC/2015, a denunciação da lide pode ser feita por qualquer das partes (intervenção de terceiros provocada, portanto) e é *admissível* em duas situações: a) direcionada ao alienante imediato, no processo relativo à coisa cujo domínio foi transferido ao denunciante, para que ele possa exercer os direitos que da evicção lhe resultam; b) voltada àquele que estiver obrigado, por lei ou pelo contrato, a indenizar, em ação regressiva, o prejuízo de quem for vencido no processo.

Deve-se notar que as hipóteses que permitem a denunciação da lide envolvem situações nas quais o denunciado não tem relação jurídica com o adversário do denunciante, mas apenas com este último. Esse é um dos fatores que diferencia esta modalidade de intervenção de terceiros do chamamento ao processo, no qual o chamado tem relação jurídica com o adversário do chamante.

A denunciação da lide é instituto com dois objetivos principais: a) facilitar o direito de regresso perante um terceiro no mesmo processo; b) estimular o denunciado a exercer o dever de auxílio[208].

---

208. MACÊDO, Lucas Buril de; PEIXOTO, Ravi de Medeiros. "A obrigatoriedade da denunciação da lide e os novos aportes teóricos para sua compreensão. Uma análise do atual e do novo CPC". *Revista de Processo*.

Como o objetivo deste tópico é estudar a recorribilidade da decisão interlocutória sobre *intervenção de terceiros*, não serão abordados temas ligados à denunciação da lide feita pelo autor, pois, nesta hipótese, o denunciado é parte desde o início do processo, não se falando em intervenção de terceiros[209].

A denunciação da lide formulada pelo réu representa uma demanda *incidente* (demanda nova em processo já existente), *regressiva* (veicula pretensão regressiva ou de garantia), *eventual* (feita sob a condição de o denunciante restar derrotado na demanda principal) e *antecipada* (formulada antes de advir algum prejuízo ao denunciante)[210].

Segundo o art. 125, § 1º, o direito de regresso pode ser exercido em processo autônomo quando a denunciação da lide for indeferida, deixar de ser promovida ou não for permitida[211], previsão que, em conjunto com o art. 125, *caput*, e 1.072, II, encerrou qualquer discussão acerca da suposta obrigatoriedade da denunciação da lide.

O art. 125, § 1º, trabalha com a ideia de *indeferimento* da denunciação da lide, o que ratifica o necessário controle do magistrado acerca dos requerimentos de intervenção de terceiros.

Segundo o art. 126, segunda parte, o réu, caso queira exercer seu possível direito de regresso naquele processo, deve oferecer a denunciação da lide na sua contestação. Neste momento, antes de mandar citar o denunciado, o juiz deve analisar a presença dos requisitos que permitem esta espécie de intervenção de terceiros (regularidade formal, tempestividade, alegação de

---

Ano 38, vol. 225, 2013, p. 89/90. Em sentido semelhante, Fredie Didier Jr. aponta que a denunciação da lide tem dois objetivos: "vincular o terceiro ao quanto decidido na causa e a condenação do denunciado à indenização" (DIDIER Jr., Fredie. *Curso de direito processual civil: introdução ao direito processual civil, parte geral e processo de conhecimento.* 18ª ed. Salvador: Juspodivm, 2016, vol. 1, p. 501).

209. No sentido de a denunciação da lide formulada pelo autor não ser hipótese de intervenção de terceiro: DIDIER Jr., Fredie. *Curso de direito processual civil: introdução ao direito processual civil, parte geral e processo de conhecimento.* 18ª ed. Salvador: Juspodivm, 2016, vol. 1, p. 499.

210. DIDIER Jr., Fredie. *Curso de direito processual civil: introdução ao direito processual civil, parte geral e processo de conhecimento.* 18ª ed. Salvador: Juspodivm, 2016, vol. 1, p. 499/501. Em sentido semelhante: "A denunciação da lide é uma das formas de ingresso de terceiro no processo em curso. Manifesta-se como uma ação regressiva incidental na qual a parte deduz, perante o terceiro, pretensão regressiva na hipótese de vir a perder a demanda principal. Por isso, é demanda eventual, que será efetivamente decidida conforme o desfecho da lide principal (MENDONÇA, Ricardo Magalhães de. "Efeitos da sentença da ação principal em face do litisdenunciado (possível a execução direta?)". *Revista de Processo*. Ano 37, vol. 204, 2012, p. 108).

211. Apesar de o art. 125, § 1º, só falar no exercício do *direito regressivo* por demanda autônoma nos casos em que não houver denunciação da lide, Lucas Buril de Macêdo e Ravi de Medeiros Peixoto defendem que todos os direitos decorrentes da evicção podem ser exercidos autonomamente (MACÊDO, Lucas Buril de; PEIXOTO, Ravi de Medeiros. "A obrigatoriedade da denunciação da lide e os novos aportes teóricos para sua compreensão. Uma análise do atual e do novo CPC". *Revista de Processo*. Ano 38, vol. 225, 2013, p. 97).

alguma das matérias do art. 125, admissibilidade no procedimento etc.) e fundamentar a sua decisão[212].

Essa decisão interlocutória é agravável, independentemente do seu sentido, nos termos do art. 1.015, IX, do CPC/2015.

Quando a denunciação da lide é formulada pelo réu, o art. 128 prevê três possibilidades distintas. Na primeira delas, o denunciado pode simplesmente contestar o pedido do autor, situação na qual, segundo o art. 128, I, o processo segue tendo como litisconsortes, na ação principal, o denunciante e o denunciado. A segunda hipótese envolve eventual revelia do denunciado, hipótese na qual "o denunciante pode deixar de prosseguir com sua defesa, eventualmente oferecida, e abster-se de recorrer, restringindo sua atuação à ação regressiva" (art. 128, II). Por fim, em caso de confissão, por parte do denunciado, dos fatos narrados pelo autor, o denunciante pode prosseguir com a sua defesa ou, aderindo ao reconhecimento, pedir a procedência da pretensão regressiva (art. 128, III).

O art. 128, parágrafo único, indica que, caso procedentes a ação principal e a regressiva, o autor pode requerer o cumprimento de sentença também contra o denunciado, desde que respeitados os limites da condenação na demanda regressiva.

Nos termos do art. 125, § 2º, é possível, ainda, que o denunciado realize outra denunciação da lide, agora contra o seu antecessor na cadeia dominial ou quem deva indenizá-lo regressivamente. O mesmo dispositivo veda que o segundo denunciado proceda a outra denunciação da lide, ressaltando que eventual discussão sobre direito de regresso deve ser travada em ação autônoma.

Caso o denunciado promova nova denunciação da lide, deve-se seguir o mesmo procedimento já apresentado, de modo que a decisão interlocutória sobre a intervenção de terceiros é impugnável mediante agravo de instrumento, nos termos do art. 1.015, IX.

As mesmas considerações apresentadas acima, quando do estudo da assistência, são aplicáveis à sujeição da decisão que *admite* a denunciação da lide ao agravo de instrumento. É hipótese que, no período final do CPC/1973,

---

212. Em sentido semelhante: "Por se tratar de um mecanismo opcional fundado no princípio da economia e da celeridade da prestação jurisdicional, pode vir a ser ele liminarmente rejeitado pelo juiz ou pelo tribunal quando puser em risco tais princípios, ou seja, pode ser ela inadmitida quando possa causar uma demora ou um abuso no processo" (MARTINS, Sandro Gilbert. "Da denunciação da lide". In: WAMBIER, Teresa Arruda Alvim; DIDIER Jr., Fredie; TALAMINI, Eduardo; DANTAS, Bruno (Coord.). *Breves comentários ao Novo Código de Processo Civil.* São Paulo: Editora Revista dos Tribunais, 2015, p. 411. No mesmo sentido: DIDIER Jr., Fredie. *Curso de direito processual civil: introdução ao direito processual civil, parte geral e processo de conhecimento.* 18ª ed. Salvador: Juspodivm, 2016, vol. 1, p. 502.

seria recorrível por agravo retido, mas que, por conta da redação do art. 1.015, IX, do CPC/2015, passou a ser impugnável por agravo de instrumento. Essa postura legislativa, como se viu, representou inclusão de hipótese de cabimento no rol das decisões interlocutórias sujeitas a agravo de instrumento.

Quanto à recorribilidade imediata da decisão que *não* admite a denunciação da lide, há acerto legislativo, em virtude da inaptidão da apelação para tutelar satisfatoriamente a hipótese. Como a denunciação da lide objetiva facilitar o exercício do direito de regresso e permitir o auxílio pelo denunciado, a sujeição da decisão que impede o ingresso do denunciado à apelação causaria tumulto e desvirtuaria o instituto, uma vez que, havendo admissão da intervenção pelo tribunal, a pretensão exercida contra o terceiro teria de ser objeto de procedimento em primeiro grau (a despeito de a demanda principal necessitar seguir adiante) e o denunciado teria perdido muitas possibilidades de auxiliar o denunciante na ação principal, contrariando os objetivos da denunciação da lide, o que traduziria certa inutilidade da apelação e a assunção de riscos processuais desnecessários.

10.2.9.4 Chamamento ao processo

O chamamento ao processo é modalidade de intervenção de terceiros provocada e permite que o réu, demandado por dívida comum, chame outros devedores para também ocuparem a posição de litisconsortes passivos e ficarem submetidos à coisa julgada[213].

Ao proceder ao chamamento ao processo, o chamante deseja que, caso condenado, o seja em conjunto com o(s) chamado(s). Como a coisa julgada alcançará o chamante e o(s) chamado(s), aquele que arcar com a dívida sub-roga-se nos direitos do credor e, utilizando a mesma sentença, pode promover a execução em face dos demais condenados[214] (art. 132 do CPC/2015).

O chamamento ao processo, ao contrário da denunciação da lide, não representa demanda condenatória[215], só pode ocorrer por iniciativa do réu e envolve hipóteses nas quais há relação jurídica entre o chamado e o adversário do chamante.

---

213. DIDIER Jr., Fredie. *Curso de direito processual civil: introdução ao direito processual civil, parte geral e processo de conhecimento.* 18ª ed. Salvador: Juspodivm, 2016, vol. 1, p. 515. No mesmo sentido: JORGE, Flávio Cheim. *Chamamento ao processo.* 2ª ed. São Paulo: Revista dos Tribunais, 1999, p. 31.

214. Nesse sentido: JORGE, Flávio Cheim. *Chamamento ao processo.* 2ª ed. São Paulo: Revista dos Tribunais, 1999, p. 37.

215. Nesse sentido: JORGE, Flávio Cheim. *Chamamento ao processo.* 2ª ed. São Paulo: Revista dos Tribunais, 1999, p. 37; DIDIER Jr., Fredie. *Curso de direito processual civil: introdução ao direito processual civil, parte geral e processo de conhecimento.* 18ª ed. Salvador: Juspodivm, 2016, vol. 1, p. 515/516.

O arts. 130 do CPC/2015 prevê que o chamamento ao processo só tem lugar quando o chamante desejar incluir no polo passivo: a) o afiançado, quando o chamante for réu na qualidade de fiador; b) demais fiadores, nas demandas direcionadas contra algum(ns) deles; c) outros devedores solidários, quando o credor não demandar todos eles. Já segundo o art. 131 do CPC/2015, *caput*, o chamamento ao processo deve ser requerido pelo réu na contestação.

Como já se falou anteriormente, o magistrado pode controlar o ingresso de terceiro em um processo[216], de modo que, requerido o chamamento ao processo em contestação, o magistrado, antes de mandar citar o chamado, deve verificar a presença dos requisitos de admissibilidade desta modalidade de intervenção de terceiros. A decisão interlocutória que resolve este requerimento, admitindo ou não o chamamento ao processo, é agravável, nos termos do art. 1.015, IX.

É louvável que a decisão que *rejeita* o chamamento ao processo seja agravável, uma vez que, como o visto, o objetivo desta intervenção de terceiros é fazer com o terceiro integre o polo passivo e, em caso de procedência do pedido autoral, também seja condenado. Impedir o reexame imediato seria assumir o risco de retrocesso processual em caso de modificação pelo tribunal, uma vez que o chamado teria direito de praticar os atos processuais necessários ao desenvolvimento do processo em primeiro grau, como a apresentação de defesa e a participação na instrução probatória. Como já se viu, o legislador evita assumir os riscos advindos do reexame postergado da decisão interlocutória que veda a participação de alguém no procedimento em primeiro grau (excluindo-o ou impedindo o seu ingresso), situação cuja reforma em tribunal traria consequências danosas ao processo. Por isso, houve acerto legislativo em prever que a decisão que inadmite o chamamento ao processo é impugnável por agravo de instrumento.

Também como já apresentado, a decisão interlocutória que admite o chamamento ao processo poderia tranquilamente ter o seu reexame postergado, assim como aquela que reconhece a legitimidade da parte, pois a *presença* indevida de alguém em primeiro grau não traz consequências gravosas a ponto de justificar a recorribilidade imediata da decisão que mantém a parte ou inclui o terceiro. Por isso, neste ponto, houve infelicidade do legislador e acabou-se por incluir no rol de decisões sujeitas ao agravo de instrumento uma que, no período final do CPC/1973, seria recorrível por agravo retido.

216. DIDIER Jr., Fredie. *Curso de direito processual civil: introdução ao direito processual civil, parte geral e processo de conhecimento.* 18ª ed. Salvador: Juspodivm, 2016, vol. 1, p. 486.

10.2.9.5 Amicus curiae

O CPC/2015 trouxe, especialmente em seu art. 138, disposições ligadas à intervenção do *amicus curiae*, cuidando, por exemplo, dos seus requisitos e dos poderes a ele conferidos.

Segundo definição de Eduardo Talamini, o *amicus curiae* é um terceiro admitido no processo com a finalidade de fornecer subsídios para a solução de causa com especial relevância ou complexidade, ou seja, ele auxilia o órgão jurisdicional na medida em que traz mais elementos para a decisão[217].

Há certa discussão doutrinária sobre a posição assumida pelo *amicus curiae*. Para Fredie Didier Jr., por exemplo, como o tema é tratado dentro das modalidades de intervenção de terceiros, o CPC/2015 indica que o ingresso faz com o que o *amicus curiae* vire parte[218], conclusão também defendida por Araken de Assis[219]. Em sentido contrário, Eduardo Talamini[220] e Oscar Valente Cardoso[221], por exemplo, negam que a intervenção faça do *amicus curiae* parte no processo.

A parte inicial do art. 138, *caput*, trata dos requisitos objetivos para a intervenção do *amicus curiae* (relevância da matéria, especificidade do tema objeto da demanda ou a repercussão social da controvérsia).

O mesmo dispositivo também cuida dos requisitos subjetivos para essa modalidade de intervenção de terceiros. Assim, permite que, desde que tenham *representatividade adequada*, a pessoa natural ou jurídica, órgão e entidade especializada funcionem no processo como *amicus curiae*. Como aponta Eduardo Talamini, a representatividade adequada não está relacionada à "aptidão do terceiro em representar ou defender os interesses de jurisdicionados", mas deve ser analisada sob a ótica da "adequada aptidão em colaborar"[222].

---

217. TALAMINI, Eduardo. "Capítulo V. Do *amicus curiae*". In: WAMBIER, Teresa Arruda Alvim; DIDIER Jr., Fredie; TALAMINI, Eduardo; DANTAS, Bruno (Coord.). *Breves comentários ao Novo Código de Processo Civil*. São Paulo: Editora Revista dos Tribunais, 2015, p. 439.

218. DIDIER Jr., Fredie. *Curso de direito processual civil: introdução ao direito processual civil, parte geral e processo de conhecimento*. 18ª ed. Salvador: Juspodivm, 2016, vol. 1, p. 531.

219. ASSIS, Araken de. *Processo civil brasileiro: parte geral: institutos fundamentais*. São Paulo: Editora Revista dos Tribunais, 2015, vol. II, t. I, p. 705.

220. TALAMINI, Eduardo. "Capítulo V. Do *amicus curiae*". In: WAMBIER, Teresa Arruda Alvim; DIDIER Jr., Fredie; TALAMINI, Eduardo; DANTAS, Bruno (Coord.). *Breves comentários ao Novo Código de Processo Civil*. São Paulo: Editora Revista dos Tribunais, 2015, p. 439.

221. CARDOSO, Oscar Valente. "O amicus curiae no Novo Código de Processo Civil". *Revista Dialética de Direito Processual*, n. 146, 2015, p. 83.

222. TALAMINI, Eduardo. "Capítulo V. Do *amicus curiae*". In: WAMBIER, Teresa Arruda Alvim; DIDIER Jr., Fredie; TALAMINI, Eduardo; DANTAS, Bruno (Coord.). *Breves comentários ao Novo Código de Processo Civil*. São Paulo: Editora Revista dos Tribunais, 2015, p. 442.

Quanto à forma de ingresso do *amicus curiae*, o CPC/2015 prevê que ela pode ocorrer tanto espontaneamente (iniciativa do terceiro) quanto mediante provocação (de ofício ou por requerimento da parte). Apesar de poder ocorrer por provocação, não se trata de uma modalidade de intervenção *forçada*.

Segundo o art. 138, *caput*, o juiz ou relator, considerando os requisitos objetivos e subjetivos, pode, por decisão *irrecorrível*, *solicitar* de ofício ou *admitir*, a requerimento da parte ou de terceiro, a intervenção do *amicus curiae*, no prazo de quinze dias, contados da sua intimação.

Como se trata de hipótese de intervenção de terceiros, a decisão interlocutória que rejeitasse ou admitisse a participação do *amicus curiae*, a princípio, seria agravável, em virtude do art. 1.015, IX.

Todavia, o art. 138, *caput*, traz exceção à regra geral: a decisão que *solicita* ou *admite* a intervenção do *amicus curiae* é irrecorrível, isto é, não está sujeita à impugnação por apelação nem por agravo de instrumento.

Note-se que a redação do dispositivo é clara e não inclui no rol de decisões irrecorríveis a que *rejeita* a intervenção do *amicus curiae*. Por consequência, esta decisão interlocutória é agravável por força do art. 1.015, IX[223].

Em face da redação do dispositivo, entende-se não haver razão para Eduardo Talamini[224] e Araken de Assis[225] defenderem, em linhas gerais, que a decisão sobre a intervenção do *amicus curiae* é irrecorrível, seja para deferi-la ou não[226].

Como se trata de *irrecorribilidade* e há vedação para reexame de matérias já decididas pelo magistrado (art. 505), não é permitido que o tribunal, no julgamento da apelação, reveja a admissão ou a solicitação de intervenção do *amicus curiae*[227].

---

223. Nesse sentido: DIDIER Jr., Fredie. *Curso de direito processual civil: introdução ao direito processual civil, parte geral e processo de conhecimento*. 18ª ed. Salvador: Juspodivm, 2016, vol. 1, p. 531.

224. TALAMINI, Eduardo. "Capítulo V. Do *amicus curiae*". In: WAMBIER, Teresa Arruda Alvim; DIDIER Jr., Fredie; TALAMINI, Eduardo; DANTAS, Bruno (Coord.). *Breves comentários ao Novo Código de Processo Civil*. São Paulo: Editora Revista dos Tribunais, 2015, p. 442.

225. ASSIS, Araken de. *Processo civil brasileiro: parte geral: institutos fundamentais*. São Paulo: Editora Revista dos Tribunais, 2015, vol. II, t. I, p. 702.

226. Pela mesma razão, não é correta a afirmação de Marcelo Miranda Caetano: "Somente o magistrado condutor do feito (juiz ou relator) poderá decidir pela viabilidade do ingresso processual do *amicus curiae* e definir seus poderes (§ 2º, 138, NCPC), cuja negativa encerra a questão e não permite cabimento recursal contrário por ninguém" (CAETANO, Marcelo Miranda. "A sistematização do *amicus curiae* no Novo Código de Processo Civil Brasileiro". In: DIDIER Jr, Fredie (Coord. Geral); MACÊDO, Lucas Buril de; PEIXOTO, Ravi; FREIRE, Alexandre (Org.). *Novo CPC doutrina selecionada: parte geral*. Salvador: Juspodivm, 2015, vol. 1, p. 989).

227. Em sentido contrário, Eduardo Talamini defende que "o tribunal, até porque tem o poder de decidir a matéria de ofício, pode rever a decisão de primeiro grau – deferindo a intervenção antes rejeitada

O art. 138, § 1º, indica que a intervenção do *amicus curiae* não afeta a competência do órgão jurisdicional nem lhe confere legitimidade recursal, ressalvada a interposição de embargos de declaração e de recursos contra a decisão que julga o incidente de resolução de demandas repetitivas (art. 138, § 3º)[228]. Além disso, os demais poderes do *amicus curiae* devem ser fixados na decisão que solicita ou admite a sua participação, nos termos do art. 138, § 2º.

Do que foi exposto, defende-se que, quanto à intervenção do *amicus curiae*, só é agravável a decisão que *rejeita* a sua participação, requerida pela parte ou pelo terceiro, por aplicação do art. 1.015, IX. As decisões interlocutórias que solicitam ou admitem a intervenção em questão são irrecorríveis.

Há acerto legislativo em consagrar essa hipótese de agravo de instrumento, uma vez que, como o objetivo desta modalidade de intervenção de terceiros é fornecer subsídios para uma melhor decisão judicial, submetê-la à apelação ou torná-la irrecorrível representaria assumir o risco de que decisões relevantes fossem proferidas sem um debate mais profundo. Além disso, sujeitá-la à apelação poderia resultar na situação na qual apenas o terceiro apelaria, o que tornaria o recurso inútil, a menos que se aceitasse que o recurso voltado apenas à admissibilidade da intervenção do *amicus curiae* pudesse impedir a formação da coisa julgada. Nesse contexto, a melhor solução é permitir o reexame imediato da decisão que inadmite a intervenção do *amicus curiae*.

Apesar das considerações acima, o STF e o STJ sedimentaram entendimento diverso.

Em decisão divulgada no informativo de jurisprudência n. 920, relativo ao julgamento do RE 602584 AgR/DF, cujo acórdão ainda não foi publicado, **o STF** entendeu que a decisão que *inadmite* a intervenção de *amicus curiae* **também** é irrecorrível.

Segundo o STF, o art. 138 do CPC/2015 seria "explícito no sentido de conferir ao juiz competência discricionária para admitir ou não a participação, no processo, de pessoa natural ou jurídica, órgão ou entidade especializada, e de não admitir recurso contra essa decisão".

Além disso, entendeu que o *amicus curiae* não seria parte, apenas um agente colaborador cuja intervenção é deferida como um *privilégio*, que acaba quando a sugestão é feita. Por fim, também houve ponderação acerca de eventuais prejuízos que a admissão de recursos, nesses casos, traria ao STF,

---

ou vice-versa –, mas sem a repetição dos atos processuais de primeiro grau" (TALAMINI, Eduardo. "Capítulo V. Do *amicus curiae*". In: WAMBIER, Teresa Arruda Alvim; DIDIER Jr., Fredie; TALAMINI, Eduardo; DANTAS, Bruno (Coord.). *Breves comentários ao Novo Código de Processo Civil.* São Paulo: Editora Revista dos Tribunais, 2015, p. 444).

228. Vale conferir a seguinte interpretação dada ao art. 138, § 3º: Enunciado n. 391 do Fórum Permanente de Processualistas Civis. O amicus curiae pode recorrer da decisão que julgar recursos repetitivos.

sobretudo em processos nos quais há diversos requerimentos de intervenção como *amicus curiae*[229].

Em questão de ordem apresentada no julgamento do REsp 1.704.520/MT[230] e do REsp 1696396/MT[231], a Corte Especial do STJ também inadmitiu o agravo interno apresentado por terceiro cujo ingresso como *amicus curiae* fora indeferido por decisão monocrática. Na oportunidade, foram utilizados os seguintes fundamentos: a) o art. 138, *caput*, consagraria que a decisão sobre a admissibilidade do *amicus curiae* seria irrecorrível; b) o art. 138, § 1º, só confere legitimidade recursal ao *amicus curiae* para a apresentação de embargos de declaração e de recurso contra a decisão que julga o IRDR.

Desta forma, nota-se que prevalece o entendimento acerca de *irrecorribilidade* das decisões interlocutórias sobre a intervenção de *amicus curiae*, seja para admiti-la, inadmiti-la ou solicitá-la.

10.2.9.6 Alienação da coisa ou direito litigioso por ato entre vivos

O art. 109 do CPC/2015 cuida de temas ligados à legitimidade das partes, à sua sucessão e à assistência, quando vinculados à alienação da coisa ou do direito litigioso por ato entre vivos.

De acordo com o art. 109, *caput*, a simples alienação da coisa ou do direito litigioso por ato entre vivos não é capaz de alterar a legitimidade das partes, mas, segundo o § 1º do mesmo artigo, é possível a *sucessão das partes*, com o ingresso do adquirente ou cessionário, desde que a parte adversária concorde com tal modificação.

A partir dos conceitos de "parte" e de "terceiro", apresentados acima, é possível afirmar que a *sucessão processual*, a que título for, é hipótese de intervenção de terceiros, já que uma pessoa, inicialmente estranha ao processo, passa a fazer parte da relação processual, atuando em contraditório.

Por isso, a decisão interlocutória que defere ou indefere a sucessão processual ligada ao ingresso do adquirente, nos casos de alienação da coisa ou do direito litigioso por ato entre vivos, é recorrível por agravo de instrumento, nos termos do art. 1.015, IX, do CPC/2015.

Nesse contexto, os envolvidos podem discutir sobre eventual abuso de direito na discordância da sucessão, por exemplo, o que poderia refletir em recursos contra a decisão que deferisse ou indeferisse a modificação.

---

229. Disponível em: http://www.stf.jus.br/arquivo/informativo/documento/informativo920.htm. Acesso em 21/06/2019.

230. REsp 1704520/MT. Corte Especial. Rel. Min. Nancy Andrighi. DJe 19/12/2018.

231. REsp 1696396/MT. Corte Especial. Rel. Min. Nancy Andrighi. DJe 19/12/2018. No mesmo sentido: AgInt no REsp 1617086/PR. Primeira Seção. Rel. Min. Assussete Magalhães. DJe 10/12/2018.

O art. 109, § 2º, indica que o adquirente ou cessionário pode intervir com *assistente litisconsorcial* do alienante ou cedente, nas hipóteses nas quais for recusada a sucessão. Como se trata de *assistência litisconsorcial*, aplica-se o regramento já apresentado anteriormente, inclusive quanto à sujeição ao agravo de instrumento da decisão interlocutória que admite ou inadmite a intervenção de terceiros.

10.2.9.7 Alteração do polo passivo (arts. 338 e 339)

Os arts. 338 e 339 do CPC/2015 são responsáveis pela generalização daquilo que o CPC/1973 permitia por meio da nomeação à autoria, ou seja, possibilitam que, havendo arguição de ilegitimidade passiva, ocorra a sucessão das partes.

Segundo o art. 338, quando o réu argui ser parte ilegítima ou não ser responsável pelo prejuízo alegado, o autor pode, no prazo de quinze dias, promover a alteração da petição inicial, com a substituição do demandado. Nessa hipótese, o art. 338, parágrafo único, indica que o autor deve reembolsar as despesas assumidas pelo réu original e pagar honorários advocatícios entre três e cinco por cento do valor da causa, ou, sendo este irrisório, deve fazê-lo por equidade (art. 85, § 8º).

Trata-se de situação peculiar em que é possível a *desistência quanto a um réu* e inclusão de outra pessoa no polo passivo, ficando caracterizada uma nova hipótese de intervenção de terceiro[232].

O art. 339 indica que, quando o réu alegar ser parte ilegítima, ele deve indicar quem possui a legitimidade, sempre que tiver tal informação, sob pena de, não o fazendo, arcar com as despesas processuais e ter de indenizar o autor pelos prejuízos decorrentes desta omissão.

Caso o autor concorde com a indicação, deve alterar a petição inicial para a substituição do réu no prazo de quinze dias, aplicando-se, ainda, a regra do art. 338, parágrafo único (art. 339, § 1º). É possível, ainda, que o autor opte por *incluir* o sujeito indicado pelo réu como litisconsorte passivo (art. 339, § 2º). Conforme reconhecido pelo enunciado de n. 152 do Fórum Permanente de Processualistas Civis, esses prazos de quinze dias coincidem com o prazo para o autor se manifestar sobre as preliminares da contestação, consagrado no art. 351[233].

---

232. DIDIER Jr., Fredie. *Curso de direito processual civil: introdução ao direito processual civil, parte geral e processo de conhecimento.* 18ª ed. Salvador: Juspodivm, 2016, vol. 1, p. 658.

233. Enunciado n. 152 do Fórum Permanente de Processualistas Civis. Nas hipóteses dos §§ 1º e 2º do art. 339, a aceitação do autor deve ser feita no prazo de quinze dias destinado à sua manifestação sobre a contestação ou sobre essa alegação de ilegitimidade do réu.

A situação ganha contornos especiais com relação ao terceiro que ingressa em virtude da substituição. Como se disse, a hipótese é de intervenção de terceiros, já que o "novo réu" não era parte até o momento em que o autor exerceu a opção que lhe é dada pelos arts. 338 e 339.

No entanto, destaque-se que, por mais que se reconheça a admissibilidade do recurso interposto pelo "novo" réu (discutindo, por exemplo, preclusão temporal para a substituição), defende-se que o provimento não tem o condão de reincluir o réu original, mas pode, no máximo, implicar a extinção do processo com base na desistência, caso o autor tenha optado pela substituição, não pela inclusão como litisconsorte passivo.

Há uma razão para esta conclusão. Como o dito acima, a substituição requerida pelo autor reflete dois atos jurídicos: a) desistência quanto ao réu original; b) demanda contra um novo réu. Por isso, eventual provimento do recurso do "novo demandado" só é capaz de retirar os efeitos do segundo ato jurídico (nova demanda). O "terceiro" só é afetado no que diz respeito à sua inclusão e, portanto, só quanto a este capítulo pode recorrer. A desistência – que representa a *extinção da demanda* com relação ao réu excluído – ocorre independentemente de qualquer ato do terceiro e não reflete em sua esfera jurídica, de modo que não lhe é dado recorrer. A modificação da decisão interlocutória só lhe é útil no que está ligada à sua inclusão, sendo o terceiro indiferente ao ato jurídico de desistir quanto ao réu original.

A decisão interlocutória que homologa ou não a modificação do polo passivo decide, quanto à inclusão do "novo réu", sobre intervenção de terceiros e, por isso, é agravável com base no art. 1.015, IX do CPC/2015.

Há, ainda, uma ponderação a ser feita sobre os art. 338 e 339. Estes dispositivos, como o dito, exigem a condenação do autor ao pagamento de despesas e honorários advocatícios ao réu excluído. Este capítulo da decisão interlocutória é agravável e o recurso, a princípio, é admissível, mas com base no art. 1.015, II, que cuida da decisão interlocutória de mérito, uma vez que houve *condenação* do autor à obrigação de pagar tais valores.

10.2.9.8 Reconvenção

O art. 343, *caput*, permite que o réu, na própria contestação, proponha "reconvenção para manifestar pretensão própria, conexa com a ação principal ou com o fundamento da defesa".

O CPC/2015 positiva a possibilidade de propositura de reconvenção em face do *autor e de terceiro* (art. 343, § 3º), bem como *pelo réu em litisconsórcio com terceiro* (art. 343, § 4º). Nessas duas hipóteses, há intervenção de terceiros, pois alguém que não era parte passa a integrar a relação jurídica processual, espontaneamente (art. 343, § 3º) ou de forma forçada (art. 343, § 4º).

Como o visto, as intervenções de terceiro devem passar por um controle por parte do magistrado, que verificará o preenchimento dos requisitos correspondentes.

Nessa hipótese, proferida decisão interlocutória sobre a admissibilidade da intervenção de terceiros, o recurso cabível é o agravo de instrumento, com base no art. 1.015, IX, do CPC/2015. Com relação ao acerto ou erro da escolha legislativa, valem aqui, feitas as devidas adaptações, as considerações apresentadas quando do estudo da assistência.

10.2.9.9 Habilitação

De acordo com o art. 687 do CPC/2015, havendo o falecimento de uma parte, os interessados lhes sucedem processualmente por meio da habilitação. Esta sucessão processual só é aplicável nos casos que envolvam direitos transmissíveis[234].

Segundo o art. 688, a habilitação pode ser requerida: a) pela parte sobrevivente, em relação aos sucessores do falecido; b) pelos sucessores do falecido, em relação à parte sobrevivente. Neste contexto, o art. 313, § 2º cuida de medidas que o magistrado pode adotar caso tome conhecimento do óbito e não haja requerimento de habilitação.

O art. 689 indica que a habilitação pode ocorrer independentemente da instância em que o processo se encontrar e culmina na sua suspensão, o que está em consonância com o art. 313, I.

Apresentado o requerimento de habilitação, o juiz ordena a citação dos requeridos para que, no prazo de cinco dias, pronunciem-se sobre ele (art. 690, *caput*). Esta comunicação só será pessoal caso a parte não possua procurador constituído nos autos (art. 690, parágrafo único).

A postura dos requeridos é determinante para o procedimento que a habilitação assumirá.

Caso não haja impugnação no prazo de cinco dias, o juiz decide imediatamente a habilitação, admitindo-a ou rejeitando-a (art. 691). Essa resolução se dá por meio de decisão interlocutória (art. 203, § 2º), recorrível por agravo de instrumento (art. 1.015, IX), uma vez que decide sobre a admissão ou não de uma modalidade de intervenção de terceiros.

Uma segunda possibilidade é a parte impugnar o pedido de habilitação e a instrução probatória necessária à decisão do requerimento envolver apenas a prova documental. Nesses casos, o magistrado julga o pedido de

234. CAHALI, Claudia Elisabete Schwerz. "Da habilitação". In: WAMBIER, Teresa Arruda Alvim; DIDIER Jr., Fredie; TALAMINI, Eduardo; DANTAS, Bruno (Coord.). *Breves comentários ao Novo Código de Processo Civil*. São Paulo: Editora Revista dos Tribunais, 2015, p. 1.593/1.594.

habilitação imediatamente, resolvendo-o por meio de decisão interlocutória, sujeita ao agravo de instrumento (art. 1.015, IX), conforme indica o art. 691.

Por fim, é possível que a parte impugne o requerimento de habilitação e que seja necessária a produção de outros meios de prova, que não o documental. Nestas hipóteses, o pedido deve ser autuado em apartado e o magistrado deve dispor acerca da instrução probatória adequada (art. 691, parte final).

Nesse ponto, há incoerência legislativa. A autuação em apartado somente confere maior organização à tramitação do requerimento de habilitação, mas não altera o fato de a decisão colocar fim ou não a uma das fases processuais. Com isso se quer afirmar que, à luz do art. 203, §§ 1º e 2º, a decisão sobre o pedido de habilitação, fosse autuada em apartado ou não, deveria ser sempre enquadrada como decisão interlocutória por questão de coerência.

No entanto, o art. 692 indica que, quando o requerimento for autuado em apartado, a resolução se dá por sentença. Neste sentido, fala em "trânsito em julgado da sentença de habilitação" e juntada da "cópia da sentença" ao processo principal.

Claudia Elisabete Schwerz Cahali entende que, em qualquer das hipóteses, a resolução se dá por meio de decisão interlocutória, a despeito da redação do art. 692 do CPC/2015. No entanto, a própria autora reconhece que, nos casos em que há tramitação em apartado, o recurso cabível é a apelação, utilizando-se de interpretação que liga a qualificação dada pelo legislador (sentença) à espécie recursal correspondente[235]. Nesse cenário, o enunciado n. 55 da I Jornada de Direito Processual do CJF dispõe que "é cabível apelação contra sentença proferida no procedimento especial de habilitação (arts. 687 a 692 do CPC)".

Por outro lado, há doutrinadores que ressaltam que o recurso cabível é sempre o agravo de instrumento, mesmo diante da redação do art. 692[236].

Com relação à qualificação legislativa, reconhece-se a incoerência na definição do pronunciamento do juiz. Todavia, não é possível simplesmente ignorar a qualificação dada pelo art. 692. Desta forma, o mais correto parece ser defender que o legislador excepcionou os conceitos do art. 203 e qualificou como sentença a decisão sobre pedido de habilitação, quando ele tramita em apartado. Com isso, trouxe para a hipótese o regramento recursal correspondente, de sorte que tal decisão é recorrível por apelação e não por agravo de instrumento.

---

235. CAHALI, Claudia Elisabete Schwerz. "Da habilitação". In: WAMBIER, Teresa Arruda Alvim; DIDIER Jr., Fredie; TALAMINI, Eduardo; DANTAS, Bruno (Coord.). *Breves comentários ao Novo Código de Processo Civil.* São Paulo: Editora Revista dos Tribunais, 2015, p. 1.597.

236. WAMBIER, Teresa Arruda Alvim; CONCEIÇÃO, Maria Lúcia Lins; RIBEIRO, Leonardo Ferres da Silva; MELLO, Rogério Licastro Torres de. *Primeiros comentários ao novo código de processo civil.* São Paulo: Editora Revista dos Tribunais, 2015, p. 1.027.

10.2.9.10 Recurso interposto pelo terceiro prejudicado

O art. 996, *caput*, permite que o "terceiro prejudicado" interponha recurso contra uma decisão judicial. O parágrafo único deste artigo impõe que o terceiro recorrente demonstre "a possibilidade de a decisão sobre a relação jurídica submetida à apreciação judicial atingir direito de que se afirme titular ou que possa discutir em juízo como substituto processual".

Note-se que a parte inicial do art. 996, parágrafo único, corresponde exatamente ao interesse jurídico para fins de assistência simples e de assistência litisconsorcial pelo suposto cotitular da relação jurídica discutida em juízo. Já a parte final equivale ao interesse jurídico necessário à intervenção como assistente litisconsorcial do colegitimado.

O recurso interposto pelo terceiro, então, é uma hipótese de ingresso de assistente sujeito a procedimento diverso daquele estabelecido entre os arts. 119 a 124[237]. Neste caso, a análise acerca dos requisitos que autorizam a intervenção de terceiros é feita no juízo de admissibilidade recursal e as discussões em torno da questão são feitas nas razões e contrarrazões recursais.

Considerando que o juízo de admissibilidade do recurso interposto pelo terceiro só é feito em primeiro grau quando são interpostos embargos de declaração contra pronunciamentos de primeiro grau, impugnação à concessão da gratuidade de justiça (art. 100) e pedido de esclarecimentos contra a decisão de saneamento e organização do processo, é sobre tais hipóteses que as atenções devem-se voltar neste momento, já que se estuda o agravo de instrumento.

Destaque-se que, quando os embargos de declaração são interpostos contra sentença pelo terceiro, o capítulo que cuida da intervenção compõe a *sentença* e, por isso, é apelável e não agravável com base no art. 1.015, IX.

Nos demais casos em que o recurso é apresentado em primeiro grau e julgado por decisão interlocutória, o capítulo da decisão que versar sobre a legitimidade do terceiro é agravável, nos termos do art. 1.015, IX.

Também são aplicáveis aqui as demais considerações feitas quando do estudo da assistência, principalmente aquelas acerca do acerto e do equívoco do legislador ao prever que as decisões interlocutórias sobre intervenções de terceiro, independentemente do seu sentido, são agraváveis.

---

237. Analisando o tema à luz do CPC/1973, Fredie Didier Jr. não restringia o recurso de terceiro à assistência, mas afirmava: "o recurso de terceiro é figura híbrida: de um lado, é recurso; de outro, é intervenção de terceiro" (DIDIER Jr., Fredie. *Recurso de terceiro: juízo de admissibilidade.* 2ª ed. São Paulo: Editora Revista dos Tribunais, 2005, p. 33).

10.2.10 Concessão, modificação ou revogação do efeito suspensivo aos embargos à execução

Nas execuções fundadas em título executivo extrajudicial, a defesa do executado se dá por meio dos embargos à execução, regulamentados entre os arts. 914 e 920 do CPC/2015. Trata-se de defesa apresentada por ação de conhecimento e que pode veicular pretensão declaratória ou constitutiva negativa, a depender do fundamento apresentado[238].

De acordo com o art. 914, *caput*, os embargos à execução podem ser ajuizados independentemente de penhora, depósito ou caução.

Os dispositivos seguintes trazem regulamentações importantes sobre os embargos e a execução, mas o seu estudo foge à finalidade deste tópico, voltado à recorribilidade da decisão interlocutória que concede, modifica ou revoga o efeito suspensivo aos embargos à execução. São eles: a) competência para processamento e julgamento (art. 914, §§ 1º e 2º); b) prazo para oferecimento dos embargos à execução (art. 915); c) possibilidade de parcelamento do valor executado no prazo para embargos à execução e suas consequências (art. 916); d) matérias que podem ser alegadas em sede de embargos à execução (art. 917); e) apresentação de petição simples para impugnação da penhora e da avaliação (art. 917, § 1º); f) compensação entre o valor executado e o dos frutos ou dos danos considerados devidos pelo executado, nos casos de embargos de retenção por benfeitorias (art. 917, § 5º); g) hipóteses de rejeição liminar dos embargos à execução; h) procedimento dos embargos à execução (art. 920).

Antes de abordar a questão central deste tópico, ligada ao efeito suspensivo, deve-se reiterar uma observação basilar, conforme feito pelo STJ no julgamento do REsp 1682120/RS: sendo os embargos à execução uma demanda cognitiva, a recorribilidade das suas decisões interlocutórias deve ser analisada à luz dos incisos do art. 1.015, ficando a ampla recorribilidade das decisões interlocutórias proferidas na execução de título extrajudicial (art. 1.015, parágrafo único) restrita aos pronunciamentos judiciais proferidos no próprio processo executivo[239].

Para este tópico, as disposições relevantes estão no art. 919, que, em seu *caput*, traz a regra geral de que os embargos à execução não são recebidos com efeito suspensivo.

Já o art. 919, § 1º, define três elementos que devem estar presentes concomitantemente para que se conceda efeito suspensivo aos embargos à

---

238. BASTOS, Antônio Adonias Aguiar. "Título III. Dos embargos à execução". In: WAMBIER, Teresa Arruda Alvim; DIDIER Jr., Fredie; TALAMINI, Eduardo; DANTAS, Bruno (Coord.). *Breves comentários ao Novo Código de Processo Civil*. São Paulo: Editora Revista dos Tribunais, 2015, p. 2.031/2.032.

239. REsp 1682120/RS. Terceira Turma. Rel. Min. Nancy Andrighi, DJe 01/03/2019.

execução: a) requerimento do embargante; b) requisitos necessários à concessão da tutela provisória (de urgência ou evidência, a depender do caso); c) garantia do juízo.

A atribuição de efeito suspensivo aos embargos à execução reflete, na realidade, uma concessão de tutela provisória, cujos requisitos apresentam alguns elementos a mais, quando comparados àqueles previstos no Livro V da Parte Geral[240].

Havendo requerimento da parte, portanto, o magistrado verifica a presença dos demais requisitos e concede ou nega o efeito suspensivo aos embargos à execução. Como esta decisão não põe fim à fase cognitiva, ela é uma decisão interlocutória (art. 203, § 2º).

O art. 919, § 2º, atentou-se à possibilidade de mudanças dos fatos que autorizaram a concessão de efeito suspensivo aos embargos à execução. Assim, prevê que, caso cessem as circunstâncias que motivaram a concessão e havendo requerimento do embargado, a decisão interlocutória anterior pode ser revista, seja para modificar ou revogar a atribuição de efeito suspensivo.

Por sua vez, o art. 919, § 3º, reflete a possibilidade de concessão de efeito suspensivo *parcial*, alcançando apenas parte da execução. Nessa hipótese, dispõe que ela prosseguirá quanto à parte não atingida pelo efeito suspensivo.

A concessão parcial de efeito suspensivo pode derivar de dois fatores: a) deferimento total de um requerimento que se referia apenas a parte da execução; b) deferimento parcial de requerimento de efeito suspensivo ligado a parcela maior da execução. Esse detalhe é importante para se verificar o interesse recursal do embargante para interpor agravo de instrumento.

O art. 919, § 4º, cuida do efeito expansivo da concessão do efeito suspensivo aos embargos à execução. Assim, dispõe que tal atribuição a um dos executados não alcança os que não embargaram, quando o fundamento para a medida disser respeito apenas ao embargante. Este dispositivo deve ser interpretado de forma a alcançar a hipótese em que, apesar de mais executados terem embargado, o fundamento para a concessão do efeito suspensivo só disser respeito a parte deles[241].

Por fim, o art. 919, § 5º, indica que a concessão de efeito suspensivo não impede a efetivação dos atos de substituição, reforço da penhora, sua redução e avaliação de bens. Tal dispositivo reflete a verdadeira finalidade da

---

240. No sentido de se tratar de tutela provisória: DIDIER Jr., Fredie; CUNHA, Leonardo Carneiro da. *Curso de direito processual civil: meios de impugnação às decisões judiciais e processos nos tribunais.* 13ª ed. Salvador: Juspodivm, 2016, vol. 3, p. 223.

241. BASTOS, Antônio Adonias Aguiar. "Título III. Dos embargos à execução". In: WAMBIER, Teresa Arruda Alvim; DIDIER Jr., Fredie; TALAMINI, Eduardo; DANTAS, Bruno (Coord.). *Breves comentários ao Novo Código de Processo Civil.* São Paulo: Editora Revista dos Tribunais, 2015, p. 2.060.

atribuição do efeito suspensivo: evitar a expropriação de bens e a satisfação da obrigação. Deste modo, atos constritivos e de avaliação são lícitos, ainda que suspensa a execução[242].

Feitas essas considerações gerais sobre a possibilidade de atribuição de efeito suspensivo aos embargos à execução, bem como acerca da revisão de tal concessão, faz-se necessário passar ao estudo da recorribilidade da decisão correspondente.

O art. 1.015, X, do CPC/2015 indica que está sujeita ao agravo de instrumento a decisão interlocutória que *concede*, *modifica* ou *revoga* o efeito suspensivo aos embargos à execução. Destaque-se que se trata de uma redundância legislativa, pois, como o visto, esta atribuição é exemplo de concessão de tutela provisória, de modo que a hipótese já estaria abarcada pelo art. 1.015, I, do CPC/2015[243].

O art. 1.015, X, apresenta uma omissão incoerente, já que foi redundante apenas em parte. Explica-se: o inciso prevê que está sujeita ao agravo de instrumento a decisão interlocutória que *concede*, *modifica* ou *revoga* o efeito suspensivo aos embargos à execução, mantendo-se silente quanto à decisão interlocutória que *indefere* tal requerimento. Tal omissão, contudo, não representa que esta decisão interlocutória é apelável, pois a previsão genérica do art. 1.015, I, abarca a hipótese[244]. Além disso, haveria uma flagrante inaptidão da apelação para tutelar satisfatoriamente a situação, pois, até que houvesse a sentença nos embargos à execução, poderiam ocorrer atos expropriatórios, risco grave que o efeito suspensivo visa preservar.

Assim, na visão deste trabalho, a decisão interlocutória que *indefere* o requerimento de concessão de efeito suspensivo aos embargos à execução é agravável, com fundamento no art. 1.015, I.

O STJ chegou à mesma conclusão, nem sempre com os mesmos fundamentos.

Num primeiro momento, no julgamento do REsp 1694667/PR, a Segunda Turma se valeu de interpretação extensiva do inciso X para reconhecer a

242. Nesse sentido: BASTOS, Antônio Adonias Aguiar. "Título III. Dos embargos à execução". In: WAMBIER, Teresa Arruda Alvim; DIDIER Jr., Fredie; TALAMINI, Eduardo; DANTAS, Bruno (Coord.). *Breves comentários ao Novo Código de Processo Civil.* São Paulo: Editora Revista dos Tribunais, 2015, p. 2.060.

243. Nesse sentido: DIDIER Jr., Fredie; CUNHA, Leonardo Carneiro da. *Curso de direito processual civil: meios de impugnação às decisões judiciais e processos nos tribunais.* 13ª ed. Salvador: Juspodivm, 2016, vol. 3, p. 223.

244. Nesse sentido: DIDIER Jr., Fredie; CUNHA, Leonardo Carneiro da. *Curso de direito processual civil: meios de impugnação às decisões judiciais e processos nos tribunais.* 13ª ed. Salvador: Juspodivm, 2016, vol. 3, p. 224; SICA, Heitor Vitor Mendonça. "Capítulo III. Do agravo de instrumento". In: STRECK, Lenio Luiz; NUNES, Dierle; CUNHA, Leonardo Carneiro da (Org.); FREIRE, Alexandre (Coord. Executivo). *Comentários ao Código de Processo Civil.* São Paulo: Saraiva, 2016, p. 1.336.

recorribilidade, por agravo de instrumento, da decisão que indefere a concessão de efeito suspensivo aos embargos à execução[245]. Esse raciocínio é consagrado no enunciado n. 71 da I Jornada de Direito Processual Civil do CJF[246].

Posteriormente, a Terceira Turma, por ocasião do julgamento do REsp 1745358/SP, ratificou que tal decisão é agravável, mas com base no inciso I, sendo desnecessária e inadequada a interpretação extensiva do inciso X para a hipótese[247].

Já a *modificação* do efeito suspensivo concedido pode ter por consequência ampliá-lo, caso algum fato superveniente tenha ocorrido de modo a preencher requisitos até então pendentes, bem como *reduzi-lo*, na hipótese do art. 919, § 2º. Em qualquer das hipóteses, a decisão interlocutória será agravável (art. 1.015, X); apenas ocorrerá variação do interesse recursal, que no primeiro caso é do embargado e no segundo, do embargante.

Acima se viu que a concessão de efeito suspensivo parcial, previsto no art. 919, § 3º, pode decorrer de deferimento *total* de requerimento *parcial* ou de deferimento *parcial* de requerimento *mais abrangente* (total ou não). Nos dois casos, há interesse recursal do embargado quanto à concessão, sendo-lhe dado agravar com base no art. 1.015, X. No segundo caso, o *embargante* tem interesse recursal quando à parcela que foi alvo de indeferimento, mas com fundamento no inciso I.

Há, ainda uma ressalva a fazer: a suspensão da execução pode decorrer de decisão tomada em sede de defesa heterotópica. Nessas hipóteses, a decisão interlocutória é agravável, mas com base no art. 1.015, I, do CPC/2015.

Como já se informou que a hipótese é de concessão de tutela provisória, há acerto legislativo na previsão do art. 1.015, X, por mais que seja redundante. As razões para tanto não precisam ser repetidas, pois já apresentadas quando do estudo da hipótese do art. 1.015, I, do CPC/2015.

10.2.11 Redistribuição do ônus probatório

10.2.11.1 Considerações gerais

O art. 373, *caput*, I e II, consagra a *distribuição estática* do ônus probatório, fixando que ele cabe: a) ao autor, quanto ao fato constitutivo do seu direito; b) ao réu, quanto aos fatos impeditivos, modificativos ou extintivos do direito do autor.

---

245. STJ. REsp 1694667/PR. Segunda Turma. Rel. Min. Herman Benjamin, DJe 18/12/2017.

246. Enunciado n. 71. É cabível o recurso de agravo de instrumento contra a decisão que indefere o pedido de atribuição de efeito suspensivo a Embargos à Execução, nos termos do art. 1.015, X, do CPC.

247. STJ. REsp 1745358/SP. Terceira Turma. Rel. Min. Nancy Andrighi. DJe 01/03/2019.

Todavia, o legislador se mostrou sensível às possíveis dificuldades da parte em comprovar certas alegações de fato e trouxe disposições acerca da *distribuição dinâmica do ônus da prova.*

Assim, segundo o art. 373, § 1º, é possível que o magistrado atribua o ônus da prova de forma diversa à estática em algumas situações: a) nos casos previstos legalmente; b) nas hipóteses em que se desincumbir do ônus probatório na forma prevista no art. 373, I e II, seja impossível ou excessivamente difícil para a parte, em virtude de peculiaridades da causa; c) quando houver maior facilidade de obtenção de prova do fato contrário. Além disso, o mesmo dispositivo fixa que a decisão de redistribuição do ônus probatório deve ser fundamentada e que é preciso dar à parte a oportunidade de se desincumbir deste ônus.

Nesse cenário, pode-se falar que a distribuição dinâmica do ônus da prova está sujeita a requisitos materiais e formais.

Os requisitos materiais envolvem a presença simultânea de dois fatores: a) excessiva dificuldade de comprovação pela parte a quem, a princípio, caberia esse ônus; b) posição privilegiada da parte adversa, que, por conhecimentos técnicos ou informações, por exemplo, possa produzir provas mais facilmente[248].

Deve-se ponderar, ainda, como feito por Eduardo Henrique de Oliveira Yoshikawa[249], Lucas Buril de Macêdo e Ravi Peixoto[250], que a distribuição dinâmica do ônus da prova não deve ser admitida quando a dificuldade na produção probatória derive de fato atribuído à parte inicialmente onerada e, portanto, beneficiária da redistribuição.

Os requisitos processuais ou formais envolvem a necessidade de fundamentação da decisão que opta pela redistribuição e a exigência de ela ser

---

248. MACÊDO, Lucas Buril de; Peixoto, Ravi. "O CPC/2015 e a dinamização do ônus da prova: aspectos essenciais para a compreensão das mudanças". In: DIDIER Jr, Fredie (Coord. Geral); MACÊDO, Lucas Buril de; PEIXOTO, Ravi; FREIRE, Alexandre (Org.). *Novo CPC doutrina selecionada: processo de conhecimento, provas.* Salvador: Juspodivm, 2015, vol. 3, p. 500/501. No mesmo sentido, Eduardo Cambi defende como limite material a posição privilegiada do litigante dinamicamente onerado: CAMBI, Eduardo. "Teoria das cargas probatórias dinâmicas (distribuição dinâmica do ônus da prova) – exegese do artigo 373, §§ 1º e 2º do NCPC". In: DIDIER Jr, Fredie (Coord. Geral); MACÊDO, Lucas Buril de; PEIXOTO, Ravi; FREIRE, Alexandre (Org.). *Novo CPC doutrina selecionada: processo de conhecimento, provas.* Salvador: Juspodivm, 2015, vol. 3, p. 448.

249. YOSHIKAWA, Eduardo Henrique de Oliveira. "A distribuição dinâmica do ônus da prova no Novo Código de Processo Civil Brasileiro". In: DIDIER Jr, Fredie (Coord. Geral); MACÊDO, Lucas Buril de; PEIXOTO, Ravi; FREIRE, Alexandre (Org.). *Novo CPC doutrina selecionada: processo de conhecimento, provas.* Salvador: Juspodivm, 2015, vol. 3, p. 488.

250. MACÊDO, Lucas Buril de; Peixoto, Ravi. "O CPC/2015 e a dinamização do ônus da prova: aspectos essenciais para a compreensão das mudanças". In: DIDIER Jr, Fredie (Coord. Geral); MACÊDO, Lucas Buril de; PEIXOTO, Ravi; FREIRE, Alexandre (Org.). *Novo CPC doutrina selecionada: processo de conhecimento, provas.* Salvador: Juspodivm, 2015, vol. 3, p. 502.

anterior à sentença[251], tendo sido eleita, como já se viu em tópico anterior, a decisão de saneamento e organização como o momento adequado para tanto (art. 357, III). Além disso, deve-se destacar que o CPC/2015 não exige *requerimento* da parte como requisito para a distribuição dinâmica do ônus probatório, de sorte que ela pode se dar de ofício[252], opção legislativa que é criticada por Eduardo Henrique de Oliveira Yoshikawa[253].

Também é preciso destacar o art. 373, § 2º, que impede que a redistribuição do ônus probatório implique a impossibilidade ou a excessiva dificuldade de produção de provas pela parte onerada com a redistribuição do ônus.

Nesse contexto, podem surgir quatro situações: a) depois de requerimento de redistribuição do ônus probatório pela parte, há o seu indeferimento; b) após iniciativa da parte em prol da citada redistribuição, o magistrado a defere; c) o juiz toma a iniciativa de consultar as partes sobre o tema (art. 10) e opta por não redistribuir o ônus probatório; d) o magistrado, após consultar as partes acerca da possibilidade de redistribuição do ônus probatório, decide, de ofício, pela medida.

Convém, ainda, destacar uma possibilidade mencionada por Lucas Buril de Macêdo e Ravi Peixoto: a da mudança das circunstâncias fáticas que culminaram na redistribuição do ônus probatório ou na sua manutenção. Nessas hipóteses, deve ser admitida nova decisão sobre a questão, uma vez que houve alteração da situação fática[254].

---

251. CAMBI, Eduardo. "Teoria das cargas probatórias dinâmicas (distribuição dinâmica do ônus da prova) – exegese do artigo 373, §§ 1º e 2º do NCPC". In: DIDIER Jr, Fredie (Coord. Geral); MACÊDO, Lucas Buril de; PEIXOTO, Ravi; FREIRE, Alexandre (Org.). *Novo CPC doutrina selecionada: processo de conhecimento, provas.* Salvador: Juspodivm, 2015, vol. 3, p. 448.

252. Lucas Buril de Macêdo e Ravi Peixoto admitem a redistribuição do ônus probatório de ofício: MACÊDO, Lucas Buril de; Peixoto, Ravi. "O CPC/2015 e a dinamização do ônus da prova: aspectos essenciais para a compreensão das mudanças". In: DIDIER Jr, Fredie (Coord. Geral); MACÊDO, Lucas Buril de; PEIXOTO, Ravi; FREIRE, Alexandre (Org.). *Novo CPC doutrina selecionada: processo de conhecimento, provas.* Salvador: Juspodivm, 2015, vol. 3, p. 505.

253. Em suas palavras: "Em primeiro lugar, a inversão do ônus da prova deveria depender do prévio requerimento da parte interessada, de modo a vedar a alteração do ônus da prova *ex officio* pelo juiz, em observância ao princípio dispositivo (ou princípio da demanda, como quer a maior parte da doutrina), que apesar de não contar com preceito como o do art. 2º do CPC/73, pode ser extraído dos arts. 141 e 492 do NCPC. SE produzir a prova necessária a um julgamento favorável é ônus da parte, pleitear a alteração desse ônus, à toda evidência, também não poderia deixar de ser um ônus" (YOSHIKAWA, Eduardo Henrique de Oliveira. "A distribuição dinâmica do ônus da prova no Novo Código de Processo Civil Brasileiro". In: DIDIER Jr, Fredie (Coord. Geral); MACÊDO, Lucas Buril de; PEIXOTO, Ravi; FREIRE, Alexandre (Org.). *Novo CPC doutrina selecionada: processo de conhecimento, provas.* Salvador: Juspodivm, 2015, vol. 3, p. 488).

254. MACÊDO, Lucas Buril de; Peixoto, Ravi. "O CPC/2015 e a dinamização do ônus da prova: aspectos essenciais para a compreensão das mudanças". In: DIDIER Jr, Fredie (Coord. Geral); MACÊDO, Lucas Buril de; PEIXOTO, Ravi; FREIRE, Alexandre (Org.). *Novo CPC doutrina selecionada: processo de conhecimento, provas.* Salvador: Juspodivm, 2015, vol. 3, p. 506/508.

Como essas decisões são tomadas em momento anterior à sentença, elas são facilmente caracterizáveis como decisões interlocutórias, nos termos do art. 203, § 2º.

Apresentadas as circunstâncias nas quais o magistrado resolve acerca da redistribuição do ônus probatório, deve se partir à análise da recorribilidade de tais decisões interlocutórias.

10.2.11.2 A recorribilidade das decisões interlocutórias sobre redistribuição do ônus probatório

De acordo com o art. 1.015, XI, cabe agravo de instrumento contra a decisão interlocutória que versa sobre *redistribuição do ônus probatório, na forma do art. 373, § 1º*.

Inicialmente, perceba-se que a *iniciativa* para a decisão sobre o tema (requerimento da parte ou atuação de ofício do juiz) é irrelevante para a recorribilidade por agravo de instrumento. O importante é a decisão *versar sobre "redistribuição do ônus da prova nos termos do art. 373, § 1º"*.

Questão que poderia gerar maior controvérsia diz respeito à influência que o sentido da decisão teria para fins de determinação do recurso adequado, isto é, se o fato de o magistrado redistribuir ou não o ônus probatório faria com o que a recorribilidade se desse por agravo de instrumento ou apelação, respectivamente.

Quando o projeto de lei retornou ao Senado Federal, oriundo da Câmara dos Deputados, o SCD 166/2010 previa que era recorrível por agravo de instrumento a decisão interlocutória que redistribuísse "o ônus da prova nos termos do art. 380, § 1º" (art. 1.028, XIII, do SCD 166/2010). Esta redação motivou a aprovação do enunciado de n. 9 do Fórum Permanente de Processualistas Civis, segundo o qual a decisão interlocutória que *não* redistribuísse o ônus probatório era recorrível por apelação, não por agravo de instrumento[255].

Ocorre que a versão final, que culminou no CPC/2015, retirou a menção à efetiva redistribuição, prevendo que está sujeita ao agravo de instrumento a decisão interlocutória que *verse* sobre *redistribuição do ônus probatório, nos termos do art. 373, § 1º*.

"Versar sobre um tema" é tratar dele. Logo, qualquer decisão interlocutória que resolva sobre a incidência do art. 373, § 1º, ao caso concreto *versa*

255. Enunciado n. 9 do Fórum Permanente de Processualistas Civis. A decisão que não redistribui o ônus da prova não é impugnável por agravo de instrumento, conforme dispõem os arts. 381, § 1º, e 1.022, havendo preclusão na ausência de protesto, na forma do art. 1.022, §§ 1º e 2º.

sobre redistribuição do ônus probatório, seja para efetivamente redistribuí-lo ou não[256].

Portanto, a decisão interlocutória que trate de redistribuição do ônus probatório, independentemente da sua conclusão e de quem tomou iniciativa para a discussão da questão, é impugnável por agravo de instrumento, em virtude do art. 1.015, XI[257].

Destaque-se que, por conta da redação final aprovada e da não confirmação do texto do SCD 166/2010 no CPC/2015, o enunciado de n. 9 do Fórum Permanente de Processualistas Civis acabou cancelado no VI FPPC-Curitiba, realizado em outubro de 2015[258].

Na visão deste trabalho, há acerto legislativo em tornar agravável a decisão interlocutória que dispõe sobre a redistribuição do ônus probatório. Trata-se de questão que não tem apenas um reflexo pontual no procedimento, como a decisão sobre a produção de um meio de prova, mas que determina o comportamento das partes durante toda a instrução processual. Como esta decisão pauta a estratégia processual da parte, o reexame imediato é capaz de conferir a segurança necessária para ela escolher quais caminhos irá tomar.

O STJ já analisou o inciso XI em algumas oportunidades.

No julgamento do REsp 1729110/CE, a Terceira Turma do STJ enfrentou questão ligada à abrangência do inciso XI: *se tal hipótese envolveria apenas a distribuição dinâmica do ônus da prova ou se abarcaria todas as situações nas quais o ônus da prova não obedece à distribuição estática do art. 373, I e II, como, por exemplo, a inversão do ônus da prova com base no art. 6º, VIII, do CDC.*

---

256. Nesse sentido, o enunciado n. 72 da I Jornada de Direito Processual Civil do CJF tem a seguinte redação: É admissível a interposição de agravo de instrumento tanto para a decisão interlocutória que rejeita a inversão do ônus da prova, como para a que a defere.

257. Nesse sentido: DIDIER Jr., Fredie; CUNHA, Leonardo Carneiro da. *Curso de direito processual civil: meios de impugnação às decisões judiciais e processos nos tribunais.* 13ª ed. Salvador: Juspodivm, 2016, vol. 3, p. 224; SICA, Heitor Vitor Mendonça. "Capítulo III. Do agravo de instrumento". In: STRECK, Lenio Luiz; NUNES, Dierle; CUNHA, Leonardo Carneiro da (Org.); FREIRE, Alexandre (Coord. Executivo). *Comentários ao Código de Processo Civil.* São Paulo: Saraiva, 2016, p. 1.336.

258. Lucas Buril de Macêdo e Ravi Peixoto defendiam que o art. 1.015, XI, não poderia ser interpretado literalmente, que o enunciado de n. 9 do Fórum Permanente de Processualistas Civis estava equivocado e que, caso se interprestasse desta forma, estaria se ferindo o princípio da igualdade entre as partes, que teriam vias recursais diferentes para discutir o direito à aplicação da técnica processual da dinamização do ônus probatório. Apesar dessas considerações, tendo em vista a redação final do art. 1.015, XI, e o cancelamento do enunciado de n. 9 do Fórum Permanente de Processualistas Civis, parece não ser necessária esta argumentação, pois a interpretação literal já abarcaria as duas hipóteses. Os autores defendem o que se expôs em: MACÊDO, Lucas Buril de; Peixoto, Ravi. "O CPC/2015 e a dinamização do ônus da prova: aspectos essenciais para a compreensão das mudanças". In: DIDIER Jr, Fredie (Coord. Geral); MACÊDO, Lucas Buril de; PEIXOTO, Ravi; FREIRE, Alexandre (Org.). *Novo CPC doutrina selecionada: processo de conhecimento, provas.* Salvador: Juspodivm, 2015, vol. 3, p. 508/509.

O STJ iniciou a sua análise com uma distinção entre a *distribuição dinâmica do ônus probatório* e a *inversão do ônus da prova*.

No primeiro caso, o magistrado não estaria vinculado aos critérios preestabelecidos para a inversão do ônus da prova, como a verossimilhança das alegações ou a hipossuficiência do consumidor (exigidos pelo CDC), e não haveria propriamente uma inversão, já que esta última pressuporia, como ponto de partida, a distribuição *estática* do ônus probatório para uma posterior inversão.

Para o STJ, na distribuição dinâmica do ônus probatório, há uma margem maior de atuação do magistrado, que deve analisar quem, em cada caso concreto, dispõe de melhores condições para se desincumbir do ônus probatório, que pode ser fixado levando em consideração *cada fato a ser provado*.

Apesar dessas diferenças, os dois institutos se aproximariam por serem hipóteses de distribuição *judicial* do ônus probatório e excepcionarem a distribuição estática do art. 373, I e II, com a finalidade de "superar dificuldades de natureza econômica ou técnica e de buscar a maior justiça possível na decisão de mérito".

Além disso, seriam *regras de instrução* implementadas antes da sentença, como forma de evitar uma surpresa às partes e permitir que aquele a quem se impôs o ônus probatório tenha meios de se desincumbir dele.

Após tais considerações, o voto da Ministra Relatora Nancy Andrighi destacou que o art. 373, § 1º, consagraria, na realidade, duas hipóteses distintas, igualmente capazes de excepcionar a distribuição estática do ônus probatório prevista nos incisos I e II do art. 373.

A primeira possibilidade corresponderia à fixação do ônus probatório de modo diverso "nos casos previstos em lei", como indicam as primeiras palavras do art. 373, § 1º.

Para o STJ, essa hipótese abarca todas as modificações na distribuição estática do ônus probatório, seja por *inversão do ônus probatório* ou por *distribuição dinâmica dos ônus da prova*, desde que tal alteração se dê por *decisão judicial* (modificação *ope judicis*) amparada em permissão legal[259].

Já a segunda parte do art. 373, § 1º, cuidaria propriamente da *distribuição dinâmica do ônus da prova*, ao possibilitar o afastamento da distribuição

259. Nos termos do voto da Ministra Relatora Nancy Andrighi: "A primeira exceção (art. 373, §1º, 1ª parte) diz respeito a possibilidade de atribuição do ônus da prova, pelo juiz, de modo diverso da regra geral, nas hipóteses previstas em lei. Note-se, nesse particular, que o legislador não limitou a abrangência da norma, mas, ao revés, utilizou um conceito amplo – atribuição do ônus de modo diverso do art. 373, I e II – o que, evidentemente, contempla quaisquer hipóteses de inversão ou de dinamização do ônus da prova, desde que a modificação do ônus ocorra por decisão judicial (modificação *ope judicis*) proferida com base em prévia autorização legal, como, por exemplo, àquela expressamente prevista no art. 6º, VIII, do CDC" (STJ. REsp 1729110/CE. Terceira Turma. Rel. Min. Nancy Andrighi. DJe 04/04/2019).

estática por decisão judicial que considere "peculiaridades da causa relacionadas à impossibilidade ou à excessiva dificuldade de cumprir o encargo" ou a "maior facilidade de obtenção da prova do fato contrário".

Com base na premissa de que o art. 373, § 1º, abarca as duas exceções mencionadas, o STJ passou a admitir uma ampla recorribilidade das decisões interlocutórias que digam respeito à distribuição do ônus probatório.

Assim, relembrou a exigência de que a distribuição do ônus probatório de forma diversa à estática seja sucedida da possibilidade de a parte efetivamente de desvencilhar do ônus probatório. Para o STJ, essa oportunidade dada à parte não envolve apenas o direito de produzir prova acerca do fato, mas também o direito de *demonstrar que não deve ou que não pode provar* (prova duplamente diabólica, por exemplo), o que deve ser submetido a exame imediato em segunda instância.

Diante dessas considerações, o referido acórdão assentou que, com fundamento no inciso XI, são agraváveis as decisões interlocutórias que: a) deferem ou indeferem a distribuição dinâmica do ônus da prova; ou b) deferem ou indeferem qualquer atribuição do ônus da prova diversa da distribuição estática prevista no art. 373, I e II, desde que tal modificação se dê por *decisão judicial* e com autorização legal[260].

Assim, o STJ admitiu a interposição de agravo de instrumento contra a decisão interlocutória que determinou a inversão do ônus da prova com base no art. 6º, VIII, do CDC[261].

Com relação à decisão interlocutória sobre o *custeio da prova pericial*, há uma aparente divergência entre a Segunda e a Terceira Turmas do STJ.

A Segunda Turma do STJ, no julgamento do REsp 1740305/SP, entendeu que não é agravável a decisão interlocutória que somente dispõe sobre o adiantamento dos honorários periciais, pois ela não diria respeito à "redistribuição do ônus probatório", como exige o art. 1.015, XI.

Já a Terceira Turma do STJ, quando analisou o AgInt no AREsp 1297598/SP, manifestou-se no sentido de que "a decisão acerca da inaplicabilidade do Código de Defesa do Consumidor e do custeio da prova pericial diz respeito à redistribuição da prova, matéria prevista no rol taxativo do art. 1.015 do CPC/2015"[262].

---

260. Nas exatas palavras do STJ: "Em síntese, o agravo de instrumento deve ser admitido não apenas na hipótese de decisão interlocutória que defere ou que indefere a distribuição dinâmica do ônus da prova, mas, igualmente, na hipótese de decisão interlocutória que defere ou que indefere quaisquer outras atribuições do ônus da prova distintas da regra geral, desde que se operem ope judicis e mediante autorização legal" (STJ. REsp 1729110/CE. Terceira Turma. Rel. Min. Nancy Andrighi. DJe 04/04/2019).

261. STJ. REsp 1729110/CE. Terceira Turma. Rel. Min. Nancy Andrighi. DJe 04/04/2019.

262. STJ. AgInt no AREsp 1297598/SP. Terceira Turma. Rel. Min. Ricardo Villas Bôas Cueva, DJe 13/02/2019.

A redação ampla, que tornaria agravável toda decisão interlocutória sobre o custeio da prova pericial, poderia ser considerada contraditória ao decidido pela própria Terceira Turma no julgamento do REsp 1752049/PR, oportunidade na qual se entendeu que a decisão interlocutória sobre o custeio das despesas decorrentes da tutela provisória anteriormente concedida não guarda relação imediata com o deferimento anterior e, portanto, não é agravável[263].

No entanto, apesar da redação mencionada, é preciso ponderar que a decisão interlocutória cuja impugnação resultou no AgInt no AREsp 1297598/SP efetivamente *indeferiu o requerimento de inversão do ônus da prova* por entender que não se estava diante de uma relação jurídica regida pelo CDC. Além disso, ela também determinou a divisão dos honorários periciais, já que a produção desse meio de prova fora determinada de ofício pelo juiz.

Assim, como tal decisão seria agravável pelo simples fato de ter indeferido a inversão do ônus da prova e diante da mencionada decisão da Segunda Turma, não se pode afirmar, com razoável segurança, que o STJ admitirá a interposição de agravo de instrumento contra toda decisão interlocutória sobre o custeio de um meio de prova.

Por fim, ressalte-se que o STJ já se manifestou no sentido de que não cabe agravo de instrumento contra decisão interlocutória que indefere a produção de determinado meio de prova[264].

10.2.12 Outros casos previstos em lei

10.2.12.1 Resolução parcial do processo (com ou sem exame do mérito)

O art. 1.015, XIII, consagra uma norma de fechamento que prevê que são agraváveis outras decisões interlocutórias, quando tal for previsto em lei. O próprio CPC/2015 apresenta duas hipóteses expressas de cabimento de agravo de instrumento fora do rol do art. 1.015.

---

263. Nos termos do voto da Relatora: "Tais providências, todavia, não se relacionam, direta e nem mesmo indiretamente, com a tutela provisória objeto da decisão interlocutória impugnável, mas, sim, com a execução, operacionalização e implementação fática da providência que já foi requerida e obtida, descabendo discutir, em âmbito de tutela provisória, a questão relacionada ao fato de a parte beneficiária da tutela arcar com as despesas e, ao final, ser ressarcida pelo vencido, inclusive como decorrência lógica da necessidade de plena reintegração que permeia a tutela jurisdicional efetiva. Conclui-se que a relação estabelecida entre a decisão interlocutória que disciplina o modo de custeio da execução da tutela provisória e a decisão interlocutória que versa sobre tutela provisória é, pois, muitíssimo distante e dissociada, quase inexistente, não se podendo enquadrar a primeira na hipótese de cabimento do art. 1.015, I, do CPC/15, por mais amplo que seja o seu espectro" (STJ. REsp 1752049/PR. Terceira Turma. Rel. Min. Nancy Andrighi. DJe 15/03/2019).

264. STJ. REsp 1729794/SP. Segunda Turma. Rel. Min. Mauro Campbell Marques. DJe 09/05/2018.

A primeira delas está no art. 354, parágrafo único, segundo a qual está sujeita ao agravo de instrumento a decisão interlocutória que coloca fim a parte do processo, com base nos arts. 485 ou 487, II e III.

As decisões previstas no art. 485 dizem respeito à extinção do processo sem exame do mérito. Quando elas encerram apenas parte dele, são qualificáveis como decisões interlocutórias e estão sujeitas ao agravo de instrumento, nos termos do art. 354, parágrafo único.

Note-se que essa hipótese genérica alcança a do art. 1.015, VII, na medida em que o magistrado, ao excluir um litisconsorte, aplica o art. 485 e reduz parte da demanda.

Além disso, é preciso destacar que o art. 354, parágrafo único, também abarca o indeferimento parcial da petição inicial (art. 321) e a extinção da reconvenção sem exame do mérito, sempre que ocorrer antes da sentença. Tais decisões são impugnáveis por agravo de instrumento, como reconhecido no enunciado de n. 154 do Fórum Permanente de Processualistas Civis[265].

Cabe, ainda, ponderar que a decisão que homologa a substituição prevista no art. 338 é exemplo de decisão resolve parcialmente o processo e, por isso, é abarcada pela previsão do art. 354, parágrafo único. No entanto, o agravo de instrumento não é admissível quanto à *exclusão*, já que as partes deram causa à homologação, fazendo com que incida a regra de que ninguém pode recorrer contra a decisão que concorreu diretamente[266].

Os incisos II e III do art. 487 dizem respeito, respectivamente, ao reconhecimento de prescrição ou decadência e à homologação de autocomposição das partes, representando decisões de mérito. Quando tais decisões encerram parte do processo (interlocutórias, portanto), são impugnáveis por agravo de instrumento, nos termos do art. 354, parágrafo único. Note-se que esses pronunciamentos judiciais são exemplos de decisões interlocutórias de mérito, de modo que a previsão genérica do art. 1.015, II, já as tornaria recorríveis por agravo de instrumento.

A sujeição dessas decisões ao agravo de instrumento é exigência lógica da previsão de decisões interlocutórias que resolvam parcialmente o processo

---

265. Enunciado n. 154 do Fórum Permanente de Processualistas Civis. É cabível agravo de instrumento contra ato decisório que indefere parcialmente a petição inicial ou a reconvenção.

266. Nas palavras de José Carlos Barbosa Moreira: "A ninguém é dado usar as vias recursais para perseguir determinado fim, se o obstáculo ao atingimento desse fim, representado pela decisão impugnada, se originou o ato praticado por aquele mesmo que pretende impugná-la; no fundo, trata-se de aspecto particular do princípio que proíbe o *venire contra factum proprium*, e o impedimento ao recurso, em perspectiva dogmática, subsume-se na figura denominada *preclusão lógica*, que consiste, como é sabido, na perda de um direito ou de uma faculdade processual pelo fato de se haver realizado atividade incompatível com o respectivo exercício" (MOREIRA, José Carlos Barbosa. *Comentários ao Código de Processo Civil.* 7ª ed. Rio de Janeiro: Forense, 1998, vol. V, p. 338).

sem exame do mérito, que reconheçam prescrição de parte do crédito exigido, que verifiquem a decadência do direito potestativo cujo exercício compõe parte do mérito e que homologuem autocomposição que digam respeito a parte da demanda.

Com isso se afirma que essas decisões interlocutórias só fazem sentido na medida em que são aptas a tornarem-se indiscutíveis pela coisa julgada antes da sentença. Sujeitar tais decisões à apelação seria tornar inútil a prolação de decisões interlocutórias sobre as questões mencionadas e, por via transversa, impor a sua resolução por sentença, a despeito de os atos processuais seguintes serem desnecessários àquela parte da demanda.

Por isso, há acerto legislativo na previsão do art. 354, parágrafo único, valendo a ressalva de que ele é parcialmente redundante, uma vez que o art. 1.015, II, abarca as decisões interlocutórias fundadas no art. 487, II e III.

10.2.12.2 A hipótese do art. 1.037, § 13, I, do CPC/2015

A segunda hipótese expressa de cabimento de agravo de instrumento prevista pelo CPC/2015 fora do art. 1.015 é a do art. 1.037, § 13, I, ligada ao requerimento de distinção, quando há o sobrestamento de recursos especiais ou extraordinários repetitivos.

Como este trabalho tem como objetivo estudar a recorribilidade das decisões interlocutórias, a análise ligada aos recursos especiais ou extraordinários repetitivos será feita de modo a apresentar os seus principais contornos, mirando especificamente o seu reflexo em processos em primeiro grau de jurisdição e, em especial, o pedido de distinção previsto no art. 1.037, § 9º.

Assim, não se falará: a) do pedido de exclusão, dentre os sobrestados, de recursos intempestivos (art. 1.036, §§ 1º e 2º); b) prevenção no STJ ou STF (art. 1.037, § 3º); c) prazo para julgamento e preferência para tanto (art. 1.037, § 4º); d) técnica de julgamento (art. 1.037, § 7º); e) procedimento no STJ ou STF (art. 1.038); f) efeitos da decisão e procedimento posterior a ela (arts. 1.039 a 1.041).

De acordo com o art. 1.036, *caput*, do CPC/2015, sempre que houver recursos especiais ou extraordinários repetitivos, ocorrerá a afetação e se procederá conforme o disposto nos arts. 1.036 a 1.041.

Ao presidente ou vice-presidente do tribunal local, nos termos do art. 1.036, § 1º, cabe afetar dois recursos representativos da controvérsia, que devem ser admissíveis e conter abrangente argumentação e discussão a respeito da questão a ser decidida (art. 1.036, § 6º). Essas escolhas não vinculam o relator dos recursos no STJ ou STF, que pode selecionar outros (art. 1.036, § 4º).

Nessa mesma decisão de afetação, tomada em TJ ou TRF, o presidente ou vice-presidente deve determinar a suspensão de todos os processos que tramitem no Estado ou na região e que digam respeito àquela questão a ser resolvida em julgamento de recursos repetitivos (art. 1.036, § 1º, parte final).

A iniciativa para a afetação também pode ocorrer no STJ ou STF, por ato do relator, conforme art. 1.036, § 5º.

Recebidos, no STJ ou STF, os recursos afetados no tribunal local, o relator pode rejeitar a afetação, comunicando ao juízo *a quo* a sua decisão, para que cesse o sobrestamento (art. 1.037, § 1º).

De acordo com o art. 1.037, *caput* e incisos I a III, caso o relator verifique a presença dos requisitos que autorizam a tramitação segundo o regime dos recursos repetitivos, ele deve proferir decisão de afetação, na qual: a) identifique com precisão a questão a ser submetida a julgamento; b) determine a suspensão do processamento de todos os processos pendentes, individuais ou coletivos, que versem sobre a questão e tramitem no território nacional; c) poderá requisitar aos presidentes ou aos vice-presidentes dos tribunais de justiça ou dos tribunais regionais federais a remessa de um recurso representativo da controvérsia.

As partes cujos processos foram suspensos têm o direito de ser intimadas de tal paralisação, o que deve ser feito pelo juiz ou pelo relator, caso o processo se encontre em primeiro ou em segundo grau de jurisdição, respectivamente, nos termos do art. 1.037, § 8º.

O CPC/2015 atentou à possibilidade de a parte entender que o seu processo diz respeito a situação fática distinta daquele objeto da suspensão decorrente da afetação dos recursos repetitivos.

Desta forma, o art. 1.037, § 9º, permite que a parte requeira o prosseguimento do seu processo, desde que demonstre "distinção entre a questão a ser decidida no processo e aquela a ser julgada no recurso especial ou extraordinário afetado". Quando o processo estiver em primeiro grau, o requerimento deve ser dirigido ao próprio juiz (art. 1.037, § 10, I). Feito o requerimento, a parte contrária deve ser ouvida no prazo de cinco dias (art. 1.037, § 11).

Diante do requerimento e após a oportunização da resposta à outra parte, há duas opções para o juiz de primeira instância: a) indeferir e manter o processo suspenso; b) reconhecer a distinção, deferindo o requerimento e prosseguindo com o processo em primeiro grau (art. 1.037, § 12, I).

De acordo com o art. 1.037, § 13, I, cabe agravo de instrumento contra a decisão que julga o requerimento previsto no § 9º do mesmo artigo (cessação da suspensão por distinção), quando o processo está em primeira instância.

Como não põe fim à fase cognitiva ou à execução (simplesmente mantém o processo suspenso ou determina o prosseguimento em primeira instância), o pronunciamento do juiz que resolve o requerimento do art. 1.037, § 9º, é facilmente qualificável como decisão interlocutória, encaixando-se na definição do art. 203, § 2º.

Destaque-se que o art. 1.037, § 13, I, indica que o sentido da decisão interlocutória é irrelevante para fins de recorribilidade por agravo de instrumento, isto é, deferindo ou não o encerramento da suspensão, o pronunciamento judicial é agravável.

A previsão de que a decisão que *mantém* a suspensão processual está sujeita ao agravo de instrumento é uma boa escolha legislativa, uma vez que a apelação não seria capaz de tutelar satisfatoriamente a hipótese. Como a sentença só é proferida após o fim da suspensão processual, a apelação contra a decisão interlocutória anterior que manteve o processo suspenso é claramente inútil, pois o benefício que proporcionaria (prosseguimento do processo) já teria sido obtido anteriormente com a fixação da tese pelo STJ ou STF.

O mesmo não se diga da escolha por tornar agravável a decisão interlocutória que *encerra a suspensão* e determina o prosseguimento do processo em primeiro grau. Neste caso, não há um prejuízo considerável que justifique o reexame imediato. A apelação seria apta a tutelar satisfatoriamente a hipótese, uma vez que, caso a decisão de primeiro grau seja incorreta, o recorrente só teria experimentado o prejuízo de praticar atos processuais prematuramente e, em alguns casos, desnecessários. Caso verificado o desacerto da decisão de primeiro grau, bastaria ao relator, em futura apelação, dar provimento ao recurso e determinar a suspensão processual.

Por fim, são necessárias algumas considerações acerca da suspensão resultante do juízo positivo de admissibilidade do IRDR, prevista no art. 982, I. Sofia Temer alerta que o CPC/2015 não trouxe regra específica sobre o requerimento da parte que afirma distinção entre o seu processo e a matéria a ser decidida no IRDR admitido. No entanto, isso não seria óbice à aplicação do art. 1.037, §§ 8º a 13º, à hipótese, de modo que caberia agravo de instrumento contra a decisão interlocutória que analisasse o requerimento de encerramento da suspensão[267]. Fredie Didier Jr. e Leonardo Carneiro da Cunha apresentam posicionamento semelhante, argumentando que o CPC/2015 teria consagrado um microssistema de julgamento de casos repetitivos, o que justificaria a incidência da hipótese de cabimento de agravo de instrumento prevista no art. 1.037, § 13, I, às suspensões resultantes da admissibilidade do IRDR[268].

267. TEMER, Sofia. *Incidente de resolução de demandas repetitivas*. Salvador: Juspodivm, 2016, p. 122/123.

268. Assim: DIDIER Jr., Fredie; CUNHA, Leonardo Carneiro da. *Curso de direito processual civil: meios de impugnação às decisões judiciais e processos nos tribunais*. 13ª ed. Salvador: Juspodivm, 2016, vol. 3, p. 225.

Esse entendimento é ratificado pelos enunciados de n. 481[269] e 557[270] do Fórum Permanente de Processualistas Civis, que estendem ao IRDR o regramento do art. 1.037, §§ 8º a 13º, inclusive quanto ao cabimento do agravo de instrumento.

10.2.12.3 Hipóteses previstas em legislações extravagantes

A legislação extravagante também apresenta outras hipóteses de cabimento de agravo de instrumento.

Um exemplo é a decisão interlocutória que, em sede de ação de improbidade administrativa, recebe a petição inicial. Essa decisão é agravável, nos termos do art. 17, § 10, da Lei n. 8.429/1992.

O art. 100 da Lei n. 11.101/2005 também define que a decisão que decreta a falência é impugnável por agravo de instrumento. Na realidade, trata-se de hipótese estranha ao art. 1.105, XIII, do CPC/2015, uma vez que este inciso cuida de *decisões interlocutórias* agraváveis previstas em lei. O art. 100 da Lei n. 11.101/2005 cuida de uma *sentença* agravável, como sugere o próprio art. 99, *caput*, da lei.

Já o art. 17 da Lei n. 11.101/2005 traz uma hipótese de decisão interlocutória agravável: a que decide sobre a impugnação apresentada.

Há alguns precedentes do STJ ligados à recorribilidade das decisões interlocutórias proferidas em processos de falência e de recuperação judicial de sociedades empresárias cuja análise é necessária.

No julgamento do REsp 1722866/MT, a Quarta Turma buscou fixar parâmetros para aplicação do regime recursal do CPC/2015 aos processos previstos na Lei n. 11.101/2005.

Em primeiro lugar, o acórdão relembra que o inciso XIII permite a interposição de agravo de instrumento nos "outros casos expressamente referidos em lei", o que evidentemente abrange as hipóteses previstas na Lei n. 11.101/2005.

Além disso, ressaltou que, havendo decisão interlocutória proferida em processo de falência ou de recuperação judicial que se encaixe em alguma hipótese do art. 1.015, ela é agravável com fundamento no inciso correspondente.

No entanto, o foco principal do julgamento residia na sujeição, ao agravo de instrumento, de decisões interlocutórias que não se encaixassem

---

269. Enunciado n. 481 do Fórum Permanente de Processualistas Civis. O disposto nos §§ 9º a 13 do art. 1.037 aplica-se, no que couber, ao incidente de resolução de demandas repetitivas.

270. Enunciado n. 557 do Fórum Permanente de Processualistas Civis. O agravo de instrumento previsto no art. 1.037, § 13, I, também é cabível contra a decisão prevista no art. 982, inc. I.

precisamente em nenhuma hipótese do art. 1.015 e cuja recorribilidade imediata também não estivesse prevista expressamente na Lei n. 11.101/2005.

No entendimento adotado pela Quarta Turma do STJ, as hipóteses do art. 1.015, parágrafo único, refletem situações nas quais falta utilidade no reexame da decisão interlocutória somente por ocasião do julgamento apelação.

Nos processos de falência e de recuperação judicial de sociedades empresárias, as decisões mais importantes seriam tomadas antes da sentença, que, em diversas ocasiões, limita-se a "a reconhecer fatos e atos processuais firmados anteriormente", de sorte que "aguardar a análise pelo Tribunal apenas em sede de apelação equivaleria à irrecorribilidade prática da interlocutória".

Além disso, as decisões interlocutórias proferidas nos processos de recuperação judicial têm por objetivo viabilizar a reestruturação da sociedade empresária e a superação da crise, o que pressupõe o seu rápido reexame, principalmente diante dos seus reflexos nos atos processuais seguintes.

Assim, o STJ concluiu por aplicar uma *interpretação extensiva* ao art. 1.015, parágrafo único, do CPC/2015 e admitir a interposição de agravo de instrumento contra as decisões interlocutórias proferidas nos processos regidos pela Lei n. 11.101/2005[271], em consonância com o enunciado n. 69 da I Jornada de Direito Processual Civil do CJF[272].

No julgamento do REsp 1786524/SE, a Terceira Turma do STJ reiterou que a recuperação judicial não é um procedimento estruturado para a resolução por sentença. Na realidade, envolve uma sucessão de atos que têm por objetivo "coordenar o interesse dos credores e do devedor, a partir da realização de diversos atos paralelos, que ao final serão alinhados para possibilitar a votação do plano e sua eventual aprovação ou a decretação da quebra".

Os procedimentos previstos na Lei n. 11.101/2005 seriam semelhantes àqueles previstos no art. 1.015, parágrafo único, e, portanto, deveriam se sujeitar ao mesmo regime recursal quanto às decisões interlocutórias, admitindo-se a interposição de agravo de instrumento[273], entendimento reiterado no julgamento do AgInt no RMS 57.635/SP[274].

Ressalte-se que o entendimento do STJ quanto ao tema é compatível com o defendido nesta obra, que defende que as decisões interlocutórias são agraváveis sempre que a apelação não for capaz de tutelar satisfatoriamente o

---

271. STJ. REsp 1722866/MT. Quarta Turma. Rel. Min. Luis Felipe Salomão. DJe 19/10/2018.

272. Enunciado n. 69. A hipótese do art. 1.015, parágrafo único, do CPC abrange os processos concursais, de falência e recuperação.

273. STJ. REsp 1786524/SE. Terceira Turma. Rel. Min. Ricardo Villas Bôas Cueva. DJe 29/04/2019.

274. STJ. AgInt no RMS 57.635/SP. Terceira Turma. Rel. Min. Ricardo Villas Bôas Cueva. DJe 21/05/2019.

direito supostamente violado, tese que não é extraída somente do parágrafo único, mas também das demais hipóteses do art. 1.015 do CPC/2015.

Assim, da mesma forma que se conclui ser um acerto legislativo a previsão expressa de cabimento do agravo de instrumento contra as decisões interlocutórias proferidas na fase de cumprimento de sentença, como se verá, defende-se que as decisões interlocutórias tomadas nos processos sujeitos à Lei n. 11.101/2005 são agraváveis com fundamento na regra geral supletiva adiante detalhada, que leva em consideração, como um dos fatores a justificar o reexame imediato, *a falta de interesse recursal da eventual apelação para tutelar o direito supostamente violado, diante da sua incapacidade de oferecer um resultado prático útil ao recorrente.*

Há, ainda, outros dispositivos de leis esparsas que preveem o cabimento de agravo de instrumento, como o art. 19, § 1º, da Lei n. 4.717/1965 (Lei da Ação Popular), o art. 12 da Lei n. 7.347/1985 (Lei da Ação Civil Pública) e o art. 7º, § 1º, da Lei n. 12.016/2009 (Lei do Mandado de Segurança).

De todo o modo, da mesma forma que o CPC/2015 fixou hipóteses de cabimento de agravo de instrumento, é dado que outras leis federais o façam, o que pode acontecer de forma semelhante ou não à regulamentação dada pelo CPC/2015.

10.2.13 Liquidação

10.2.13.1 Considerações gerais

De acordo com o art. 491, *caput*, do CPC/2015, quando reconhecer a obrigação de pagar quantia, a sentença deve fixar "a extensão da obrigação, o índice de correção monetária, a taxa de juros, o termo inicial de ambos e a periodicidade da capitalização dos juros".

Por outro lado, os incisos I e II do art. 491 preveem exceções à liquidez exigida pelo *caput*, admitindo iliquidez quando: a) não for possível determinar, de modo definitivo, o montante devido; b) a apuração do valor devido depender da produção de prova de realização demorada ou excessivamente dispendiosa, assim reconhecida na sentença.

Nessas duas hipóteses, segundo dispõe o art. 491, § 1º, a apuração do valor devido se dá por meio da liquidação.

Apesar de os arts. 491 e 509 vincularem a liquidação ao reconhecimento da obrigação de pagar quantia, é possível que a sentença que reconheça obrigação de fazer, não fazer ou de entregar coisa também exija liquidação. Como as demandas com esse propósito também podem conter pedidos ilíquidos, nos termos do art. 324, § 1º, a sentença que reconheça tais obrigações também pode não delinear todos os seus elementos[275].

Quanto ao modelo processual de liquidação, ela pode se dar como *fase*, como *ação autônoma* ou de forma *incidental*.

O CPC/2015 segue o modelo presente no CPC/1973 após a Lei n. 11.232/2005, instituindo que, em regra, a liquidação se dá por meio de *fase processual*, isto é, ela é requerida e resolvida no bojo da mesma relação processual que resultou no reconhecimento da obrigação ilíquida.

Todavia, é possível que a liquidação se dê por *ação autônoma* voltada a este fim. Isso ocorre em virtude da inexistência de processo anterior tramitando no juízo competente para proceder à liquidação. Exemplo claro ocorre com a sentença penal condenatória (art. 63, parágrafo único, do CPP).

Há *liquidação incidental* quando uma obrigação de entregar coisa, fazer ou não fazer é convertida numa de indenizar por perdas e danos, ao longo da fase cumprimento de sentença ou do processo de execução. Nessas hipóteses, instaura-se um incidente na execução cuja finalidade é apurar o valor da indenização, nos termos dos arts. 809, 816 e 823 do CPC/2015.

Quanto às modalidades de liquidação, o CPC/2015 ratifica a posição do período final do CPC/1973 ao não prever a chamada "liquidação por cálculos". Assim, nos termos do art. 509, § 2º, quando a apuração do valor devido depender apenas de cálculos aritméticos, o credor segue para o cumprimento de sentença. A regulamentação da hipótese é complementada pelos arts. 523 e seguintes do CPC/2015.

Nesse contexto, o art. 509 indica que a liquidação pode se dar: a) *por arbitramento*, "quando determinado pela sentença, convencionado pelas partes ou exigido pela natureza do objeto da liquidação" (inciso I); b) *pelo procedimento comum*, se houver a necessidade de alegar e provar fato novo (inciso II).

A liquidação por arbitramento está ligada às hipóteses que, a princípio, demandariam prova pericial. De acordo com o art. 510, iniciada a liquidação,

275. DIDIER Jr., Fredie; BRAGA, Paula Sarno; OLIVEIRA, Rafael Alexandria de. *Curso de direito processual civil: teoria da prova, direito probatório, decisão, precedente, coisa julgada e tutela provisória*. 11ª ed. Salvador: Juspodivm, 2016, vol. 2, p. 388/390. No mesmo sentido: WAMBIER, Teresa Arruda Alvim; CONCEIÇÃO, Maria Lúcia Lins; RIBEIRO, Leonardo Ferres da Silva; MELLO, Rogério Licastro Torres de. *Primeiros comentários ao novo código de processo civil*. São Paulo: Editora Revista dos Tribunais, 2015, p. 837; WAMBIER, Luiz Rodrigues. "Capítulo XIV. Da liquidação de sentença". WAMBIER, Teresa Arruda Alvim; DIDIER Jr., Fredie; TALAMINI, Eduardo; DANTAS, Bruno (Coord.). *Breves comentários ao Novo Código de Processo Civil*. São Paulo: Editora Revista dos Tribunais, 2015, p. 1.312/1.313; MAZZEI, Rodrigo. "Liquidação de sentença: breve ensaio a partir do CPC/15". In: DIDIER Jr, Fredie (Coord. Geral); MACÊDO, Lucas Buril de; PEIXOTO, Ravi; FREIRE, Alexandre (Org.). *Novo CPC doutrina selecionada: execução*. Salvador: Juspodivm, 2015, vol. 5, p. 262/263.

o magistrado deve intimar as partes para que apresentem pareceres ou documentos elucidativos, no prazo que fixar. Caso possa decidir de plano, deve fazê-lo. Se não for possível, deve ser nomeado perito e seguir-se de acordo com o procedimento da prova pericial.

Já a liquidação por procedimento comum, similar à antiga "liquidação por artigos", é regulada pelo art. 511, segundo o qual, após iniciada, o magistrado deve intimar a parte contrária para contestar no prazo de quinze dias, seguindo-se, no que couber, o procedimento comum.

Há outros aspectos ligados à liquidação, mas que não interessam a esse trabalho, como a legitimidade para instauração (art. 509, *caput*), a execução simultânea à liquidação (art. 509, § 1º), a obrigação do CNJ de disponibilizar programa de atualização financeira (art. 509. § 3º), a fidelidade ao título (art. 509, § 4º) e a liquidação simultânea a recurso (art. 512).

Nesse momento, era preciso traçar as linhas gerais acerca dos modelos processuais existentes (fase, ação autônoma e incidente) e as espécies de liquidação, que permitem compreender possíveis decisões interlocutórias tomadas no bojo do procedimento.

Feitas essas considerações gerais, passa-se para o tópico seguinte, no qual se questionará a natureza jurídica das decisões tomadas em liquidação e a correspondente recorribilidade.

10.2.13.2 Agravo de instrumento contra decisão em liquidação

De acordo como art. 1.015, parágrafo único, do CPC/2015, são agraváveis as *decisões interlocutórias* proferidas na *fase de liquidação de sentença*.

Esse dispositivo gera alguns questionamentos: a) qual a natureza jurídica do pronunciamento final da fase de liquidação de sentença?; b) qual o recurso cabível contra a decisão final? c) como se dá a recorribilidade das decisões interlocutórias anteriores ao pronunciamento final? d) quando a liquidação se dá por processo autônomo, quais os recursos cabíveis contra as decisões proferidas? e) tratando-se de liquidação incidental, quais os recursos cabíveis contra os pronunciamentos judiciais?

Sem dúvida, a *fase de liquidação* é uma fase cognitiva do procedimento, de sorte que, à luz do art. 203, § 1º, do CPC/2015, a decisão final é uma *sentença*, pois encerra uma fase cognitiva[276].

Destaque-se que, ao contrário do que acontecia no CPC/1973, a fase de liquidação nem sempre espelha uma pretensão nova, já que é possível

276. Em sentido contrário, afirmando que se trata de decisão interlocutória: ABELHA, Marcelo. *Manual de direito processual civil.* 6ª ed. Rio de Janeiro: Forense, 2016, p. 707.

que um pedido líquido seja julgado procedente por uma sentença que não reconheça uma obrigação líquida. Isto se dá por aplicação do art. 491, II, do CPC/2015, segundo o qual isto pode ocorrer quando "a apuração do valor devido depender da produção de prova de realização demorada ou excessivamente dispendiosa, assim reconhecida na sentença".

Nestas hipóteses, o requerimento de liquidação assume um caráter reiterativo da pretensão inicial, que já abarcava o reconhecimento de obrigação líquida. Todavia, esse detalhe não muda o fato de que a decisão que julga a liquidação encerra uma fase processual e, portanto, se encaixa na previsão do art. 203, § 1º.

Todavia a simples afirmação de que a decisão que julga a fase de liquidação é uma sentença gera um grave problema, caso se parta de uma interpretação literal do CPC/2015. São necessárias outras considerações.

Segundo o art. 1.015, parágrafo único, só são agraváveis as *decisões interlocutórias* proferidas na *fase de liquidação*. Já de acordo com o art. 1.009, *caput*, a apelação é o recurso destinado à impugnação das sentenças.

Assim, a decisão final em liquidação estaria sujeita à apelação e as interlocutórias, ao agravo de instrumento.

Esse é o entendimento de Fredie Didier Jr. e Leonardo Carneiro da Cunha, para quem a fase de liquidação se encerra por sentença apelável e todas as decisões interlocutórias são agraváveis, sem limitação. O legislador teria consagrado casos atípicos de decisões interlocutórias agraváveis, cabendo apenas analisar, em concreto, o interesse recursal[277].

Essa afirmação gera dois inconvenientes.

O primeiro deles é que, como a apelação tem efeito suspensivo automático e a decisão de liquidação não está entre as exceções do art. 1.012, a parte, mesmo após o trânsito em julgado da sentença anterior, não poderia executar o valor liquidado até que ocorresse o trânsito em julgado da decisão da liquidação.

O segundo problema é que todas as decisões interlocutórias proferidas na fase de liquidação estariam sujeitas ao agravo de instrumento, inclusive aquelas que poderiam tranquilamente ser recorríveis ao final, como a que

277. DIDIER Jr., Fredie; CUNHA, Leonardo Carneiro da. *Curso de direito processual civil: meios de impugnação às decisões judiciais e processos nos tribunais*. 13ª ed. Salvador: Juspodivm, 2016, vol. 3, p. 207 e 225. Heitor Vitor Mendonça Sica apresenta o mesmo entendimento quanto à ampla recorribilidade por agravo de instrumento das decisões interlocutórias em liquidação: SICA, Heitor Vitor Mendonça. "Capítulo III. Do agravo de instrumento". In: STRECK, Lenio Luiz; NUNES, Dierle; CUNHA, Leonardo Carneiro da (Org.); FREIRE, Alexandre (Coord. Executivo). *Comentários ao Código de Processo Civil*. São Paulo: Saraiva, 2016, p. 1.338.

substitui o perito, na liquidação por arbitramento, e a que rejeita a contradita a uma testemunha, na liquidação por procedimento comum, por exemplo.

Isso geraria um descompasso gritante entre a recorribilidade das decisões interlocutórias na liquidação e nos demais procedimentos regulados pelo CPC/2015 sem que houvesse razão para tanto.

Ao que parece, houve atecnia do legislador ao mencionar que são agraváveis as *decisões interlocutórias* proferidas na *fase de liquidação*. Não parece existir intenção legislativa de dar tratamento absolutamente diferente à liquidação.

Nesse trabalho, defende-se que somente a decisão final em liquidação é impugnável imediatamente por agravo de instrumento, as demais devem seguir, a princípio, a lógica do art. 1.009, § 1º. Como o recurso ao final é o agravo de instrumento, elas são recorríveis por esta via, mas ao final.

Rodrigo Mazzei concorda que a decisão final é agravável, mas defende também que este recurso é cabível contra todas as decisões interlocutórias proferidas na liquidação, sem fazer qualquer ressalva quanto ao momento (recorribilidade imediata ou postergada)[278].

Já Luiz Rodrigues Wambier, analisando o tema somente à luz da decisão final, apresenta entendimento semelhante ao defendido neste trabalho. Para o autor, o art. 1.015, parágrafo único, consagraria uma hipótese excepcional de decisão que, apesar do conteúdo de sentença de mérito, é agravável[279].

Desta forma, propõe-se uma interpretação sistemática do art. 1.015, parágrafo único, para se fixar que: a) a decisão final da fase de liquidação (sentença) está sujeita ao agravo de instrumento, com base no art. 1.015, parágrafo único; b) as decisões interlocutórias proferidas na fase de liquidação estão sujeitas ao agravo de instrumento, mas lhes é aplicável o regime do art. 1.009, § 1º, de modo que, a princípio, são recorríveis ao final da fase, nas razões ou contrarrazões ao agravo de instrumento, salvo se ficar caracterizada outra hipótese do art. 1.015 ou se a postergação for incompatível.

A conclusão da alínea "a" está em consonância com o enunciado n. 145 da II Jornada de Direito Processual Civil do CJF, que dispõe que "o recurso

---

278. MAZZEI, Rodrigo. "Liquidação de sentença: breve ensaio a partir do CPC/15". In: DIDIER Jr, Fredie (Coord. Geral); MACÊDO, Lucas Buril de; PEIXOTO, Ravi; FREIRE, Alexandre (Org.). *Novo CPC doutrina selecionada: execução*. Salvador: Juspodivm, 2015, vol. 5, p. 272/273.

279. WAMBIER, Luiz Rodrigues. "Capítulo XIV. Da liquidação de sentença". WAMBIER, Teresa Arruda Alvim; DIDIER Jr., Fredie; TALAMINI, Eduardo; DANTAS, Bruno (Coord.). *Breves comentários ao Novo Código de Processo Civil*. São Paulo: Editora Revista dos Tribunais, 2015, p. 1.317/1.318. No mesmo sentido: WAMBIER, Teresa Arruda Alvim; CONCEIÇÃO, Maria Lúcia Lins; RIBEIRO, Leonardo Ferres da Silva; MELLO, Rogério Licastro Torres de. *Primeiros comentários ao novo código de processo civil*. São Paulo: Editora Revista dos Tribunais, 2015, p. 840.

cabível contra a decisão que julga a liquidação de sentença é o Agravo de Instrumento".

Já o defendido na alínea "b" não encontra respaldo na análise que o STJ, até o momento, fez sobre a questão.

No julgamento do REsp 1747035/SE, que discutia a recorribilidade de decisão interlocutória que, em fase de liquidação, indeferiu o parcelamento dos honorários periciais na forma desejada pela parte, a Terceira Turma do STJ fixou entendimento de que cabe agravo de instrumento contra qualquer decisão interlocutória proferida na fase de liquidação[280].

Restam, ainda, duas indagações a serem respondidas, ligadas à recorribilidade das decisões tomadas no processo autônomo de liquidação e na liquidação incidental.

O CPC/2015 toma como regra a *fase de liquidação* e, a partir desta premissa, regulamenta a questão, de modo que somente em situações excepcionais ela se dá por meio de processo autônomo. Desta forma, diante da ausência de regulamentação específica e considerando-se o fato de que, no fim das contas, as liquidações por fase e por processo autônomo apresentam grande semelhança, deve-se aplicar o defendido acima. Assim, a decisão final (sentença) é agravável (art. 1.015, parágrafo único) e as demais interlocutórias são agraváveis ao final, em aplicação por analogia do art. 1.009, § 1º, salvo se estiver caracterizada outra hipótese do art. 1.015 ou a postergação do reexame for incompatível (ressalva-se, contudo, o entendimento do STJ, mencionado acima, que reconhece a ampla recorribilidade, por agravo de instrumento, das decisões interlocutórias proferidas em liquidação).

Com relação à liquidação incidental, a análise é um pouco diferente. Como este modelo não pressupõe uma nova *fase*, ele é resolvido por decisão interlocutória. Ocorre que o art. 1.015, parágrafo único, só indica ser agravável a decisão interlocutória proferida na *fase de liquidação de sentença*. No entanto, não é preciso nem recorrer ao raciocínio por analogia para indicar que esta decisão interlocutória é agravável. Como ela é tomada em execução ou em cumprimento de sentença, aplica-se o art. 1.015, parágrafo único, no que diz respeito à sujeição ao agravo de instrumento das decisões tomadas nestes procedimentos. Ainda assim, defende-se que as decisões interlocutórias anteriores àquela que resolve o incidente são agraváveis ao final, conforme exposto acima.

10.2.14 Cumprimento de sentença

O art. 1.015, parágrafo único, também prevê que são agraváveis as decisões interlocutórias proferidas na fase de cumprimento de sentença.

280. STJ. REsp 1747035/SE. Terceira Turma. Rel. Min. Nancy Andrighi. DJe 07/06/2019.

Trata-se de inclusão, no rol do art. 1.015, de decisão interlocutória que, na vigência do CPC/1973, já era tida por agravável, a despeito de não estar prevista no art. 522 do código revogado.

Considerando que a fase de cumprimento de sentença é voltada à satisfação de uma obrigação, há uma razoável chance de que a apelação já não seja capaz de tutelar satisfatoriamente a hipótese.

Sob a ótica do exequente, tendo em vista a probabilidade de que a sentença seja proferida somente após a satisfação da obrigação, o reexame postergado das decisões interlocutórias contrárias às medidas executivas requeridas (diretas ou indiretas) poderia ser inútil, uma vez que a obrigação já teria sido adimplida por outros meios.

Analisando a situação do executado, as decisões interlocutórias que deferem medidas executivas não podem ter a sua recorribilidade postergada, pois, até a prolação da sentença, certamente o executado já terá sofrido os seus efeitos, inclusive com a expropriação de bens ou entrega da coisa, por exemplo.

Destaque-se que o reexame postergado não seria inútil em todas as hipóteses. Trabalha-se com a probabilidade de ele ser infrutífero. Como há sempre a chance de se colocar fim à fase de cumprimento de sentença sem a satisfação da obrigação (acolhimento da impugnação ao cumprimento de sentença, por exemplo), há casos em que o reexame postergado das decisões interlocutórias seria útil. Mas há de se considerar que essa é uma eventualidade que não pode pautar a escolha quanto à recorribilidade das decisões interlocutórias tomadas no cumprimento de sentença. Por isso, há acerto legislativo.

Deve ser ressaltado que nem todas as decisões interlocutórias tomadas no cumprimento de sentença estão ligadas às medidas executivas, mas elas são igualmente agraváveis. Exemplos são as que julgam incidente de desconsideração da personalidade jurídica instaurado na fase executiva, também agravável por força do art. 1.015, IV e parágrafo único, e as que excluem um dos executados, também recorrível imediatamente por conta do art. 1.015, VII e parágrafo único.

No julgamento do REsp 1770992/SP, a Terceira Turma do STJ, analisando recurso que discutia a recorribilidade, por agravo de instrumento, da decisão que *defere* a gratuidade de justiça à parte na fase de cumprimento de sentença, fixou entendimento de que cabe agravo de instrumento contra qualquer decisão interlocutória proferida na fase de cumprimento de sentença.

Para a Terceira Turma, os incisos do art. 1.015, entre os quais está o que prevê a recorribilidade imediata da decisão interlocutória que *indefere* ou *revoga* os benefícios da gratuidade de justiça, só são aplicáveis à fase cognitiva.

Tratando-se de fase de cumprimento de sentença, a recorribilidade das decisões interlocutórias deveria ser analisada à luz do art. 1.015, parágrafo único, que, para o STJ, consagra uma ampla sujeição ao agravo de instrumento[281].

Esse entendimento foi reiterado no julgamento do REsp 1736285/MT, oportunidade na qual foi admitida interposição de agravo de instrumento contra decisão interlocutória que, depois do trânsito em julgado da sentença proferida na fase cognitiva, indeferiu o requerimento de decretação de nulidade de determinadas intimações[282].

A decisão que julga a impugnação ao cumprimento de sentença merece análise em separado.

De acordo com o art. 525 do CPC/2015, o executado pode, independentemente de penhora, apresentar impugnação ao cumprimento de sentença e alegar as matérias previstas no § 1º do mesmo dispositivo. Trata-se de meio de defesa apresentado nos próprios autos (art. 525, *caput*), ao contrário do que acontece com a execução fundada em título extrajudicial.

A impugnação ao cumprimento de sentença não tem efeito suspensivo automático. De acordo com o art. 525, § 6º, somente o terá se concorrerem os seguintes fatores: a) o executado o requerer; b) houver penhora, caução ou depósito suficientes; c) fundamentos relevantes da impugnação; d) o prosseguimento da execução for manifestamente suscetível de causar ao executado grave dano de difícil ou incerta reparação.

A decisão interlocutória que conceder, indeferir, revogar ou modificar o efeito suspensivo à impugnação ao cumprimento de sentença está sujeita ao agravo de instrumento, por força do art. 1.015, parágrafo único.

O ponto que merece mais destaque, todavia, diz respeito à decisão que julga a impugnação ao cumprimento de sentença.

O art. 475-M, § 3º, do CPC/1973 definia que "a decisão que resolver a impugnação é recorrível mediante agravo de instrumento, salvo quando importar extinção da execução, caso em que caberá apelação".

Apesar de o CPC/2015 não trazer dispositivo tão detalhado, o raciocínio continua plenamente aplicável, especialmente por força do art. 1.009, § 3º. Isto se deve a uma razão bem simples: quando o julgamento da impugnação implica o fim da fase executiva, ele se dá por sentença (art. 203, § 1º) e, por consequência, o recurso cabível é a apelação (art. 1.009, *caput*). O agravo de instrumento só é admissível contra as *decisões interlocutórias* proferidas na fase de cumprimento de sentença. Como o julgamento da impugnação ao

281. STJ. REsp 1770992/SP. Terceira Turma. Rel. Min. Nancy Andrighi. DJe 22/02/2019.

282. STJ. REsp 1736285/MT. Terceira Turma. Rel. Min. Nancy Andrighi. DJe 24/05/2019.

cumprimento de sentença só se dá por decisão interlocutória quando não resulta no fim da fase executiva, somente nestas hipóteses cabe agravo de instrumento.

Há, ainda, matérias de defesa que podem ser alegadas, por petição simples, em momento posterior ao da impugnação ao cumprimento de sentença (art. 525, § 11). Aplica-se à decisão sobre tais questões o mesmo visto acima: só cabe agravo de instrumento quando o julgamento não colocar fim à fase executiva (decisão interlocutória); quando encerrar a fase de cumprimento de sentença, se estará diante de sentença, sujeita, portanto, à apelação.

O entendimento adotado pelo STJ, já na vigência do CPC/2015, foi justamente nesse sentido, fixando que cabe apelação quando o julgamento da impugnação ao cumprimento de sentença encerrar a fase executiva e que, não colocando fim a tal etapa, o recurso cabível é o agravo de instrumento[283], o que está em consonância com o enunciado n. 93 da I Jornada de Direito Processual Civil do CJF[284].

Por fim, ressalte-se que, por mais que o art. 1.015, parágrafo único, refira-se à *fase* de cumprimento de sentença, também devem ser consideradas agraváveis as decisões interlocutórias proferidas nos processos autônomos de cumprimento de sentença, como os fundados em sentença arbitral ou em sentença penal condenatória, por exemplo.

Deve se considerar que o legislador, ao redigir o art. 1.015, parágrafo único, atentou-se apenas ao que de ordinário acontece (cumprimento de sentença como fase) e que deve ser aplicado igual regramento à situação excepcional (processo autônomo), pois as mesmas razões justificadoras estão presentes. De todo modo, ainda que afastada esta tese, pode se argumentar que, como a apelação não é capaz de tutelar satisfatoriamente a hipótese, o agravo de instrumento é cabível por este motivo, partindo-se da premissa de que o rol do art. 1.015 não é taxativo. Também pode se justificar a sujeição ao agravo sob a tese de que o art. 1.015, parágrafo único, ao mencionar "processo de execução", abarca os fundados em título judicial e extrajudicial.

10.2.15 Execução

O art. 1.015, parágrafo único, também torna agravável a decisão interlocutória proferida no processo autônomo de execução.

---

283. Nesse sentido: REsp 1698344/MG. Quarta Turma. Rel. Min. Luis Felipe Salomão. DJe 01/08/2018; REsp 1767663/SP. Segunda Turma. Rel. Min. Herman Benjamin. DJe 17/12/2018; AgInt no AREsp 1333983/DF. Terceira Turma. Rel. Min. Ricardo Villas Bôas Cueva. DJe 01/02/2019; REsp 1803176/SP. Segunda Turma. Rel. Min. Herman Benjamin. DJe 21/05/2019; REsp 1804693/MA. Segunda Turma. Rel. Min. Og Fernandes. DJe 30/05/2019.

284. Enunciado n. 93. Da decisão que julga a impugnação ao cumprimento de sentença cabe apelação, se extinguir o processo, ou agravo de instrumento, se não o fizer.

As mesmas justificativas que sustentam a sujeição das decisões interlocutórias proferidas em cumprimento de sentença ao agravo de instrumento também são aplicáveis para fundamentar a aplicação da regra quanto ao processo autônomo de execução. Deste modo, são desnecessárias maiores considerações sobre o tema.

As ressalvas ficam por conta das questões ligadas à defesa do executado. Quando se trata de execução fundada em título extrajudicial, a defesa do executado se dá por meio dos embargos à execução (ação autônoma) e eles sempre se encerram por sentença (ainda que tenha ocorrido julgamento parcial antecipado do mérito), de modo que a decisão final é apelável. Logo, as considerações sobre o agravo de instrumento contra a decisão que julga a impugnação de cumprimento de sentença (apresentada nos próprios autos) não se aplicam à execução fundada em título extrajudicial. A recorribilidade das decisões interlocutórias tomadas em embargos à execução segue a regra geral daquelas proferidas no procedimento comum, inclusive quanto ao efeito suspensivo, como já exposto na análise do art. 1.015, X, do CPC/2015.

Apesar das inegáveis semelhanças apontadas, é preciso destacar uma divergência entre precedentes da Segunda e da Terceira Turmas do STJ.

Como já se viu, apesar de ter enfrentado questões ligadas à fase de liquidação e à de cumprimento de sentença, a Terceira Turma do STJ, ao julgar o REsp 1747035/SE[285], o REsp 1770992/SP[286] e o REsp 1736285/MT[287], entendeu que o art. 1.015, parágrafo único, do CPC/2015 consagra uma *recorribilidade irrestrita*, por agravo de instrumento, das decisões interlocutórias proferidas nos procedimentos que enumera.

No entanto, a Segunda Turma do STJ apresentou entendimento diverso ao analisar REsp 1700305/PB, que tratava da recorribilidade de pronunciamento judicial que determinou a remessa dos autos do processo à contadoria judicial para que fossem elaborados cálculos segundo o Manual de Cálculos da Justiça Federal.

O TRF da 5ª Região não admitiu o agravo de instrumento interposto, sob a tese de que o pronunciamento judicial seria um despacho, não uma decisão interlocutória, de sorte que ele não seria impugnável por agravo de instrumento.

Nesse contexto, a Segunda Turma do STJ entendeu que havia, de fato, uma decisão interlocutória.

No entanto, a Segunda Turma se pronunciou no sentido de que o art. 1.015, parágrafo único, ao prever que cabe agravo de instrumento contra

---

285. STJ. REsp 1747035/SE. Terceira Turma. Rel. Min. Nancy Andrighi. DJe 07/06/2019.

286. STJ. REsp 1770992/SP. Terceira Turma. Rel. Min. Nancy Andrighi. DJe 22/02/2019.

287. STJ. REsp 1736285/MT. Terceira Turma. Rel. Min. Nancy Andrighi. DJe 24/05/2019.

decisões interlocutórias proferidas no processo de execução, deve ser interpretado *restritivamente*.

Por consequência, o agravo de instrumento não poderia "ser utilizado como meio de impugnação de toda e qualquer decisão interlocutória proferida no Processo de Execução, porquanto tal liberdade iria de encontro a celeridade que se espera do trâmite processual"[288].

Discorda-se do posicionamento da Segunda Turma por duas razões: a) o pronunciamento judicial em questão seria um despacho, diante da ausência de conteúdo decisório relevante; b) a apelação, em casos semelhantes, seria inútil, pois haveria chance elevada de, após a atualização de valores determinada pelo magistrado, seguir-se aos atos expropriatórios.

10.2.16 Inventário

A última previsão do art. 1.015, parágrafo único, diz respeito à sujeição ao agravo de instrumento de todas as decisões interlocutórias tomadas no "processo de inventário".

O procedimento de inventário e partilha objetiva "inventariar, enumerar, individualizar os bens que compõem o acervo hereditário para, após, proceder-se à partilha, com a divisão do patrimônio inventariado, designando-se a cada um dos sucessores o respectivo quinhão"[289].

Essas medidas podem dar-se extrajudicialmente (art. 610, §§ 1º e 2º) ou judicialmente, nos demais casos. Sendo judicial, o procedimento de inventário e partilha pode seguir três ritos diferentes: a) litigioso (arts. 615 a 658); b) arrolamento sumário (arts. 659 a 663); c) arrolamento simples (art. 664)[290].

Em qualquer desses três procedimentos judiciais, as decisões interlocutórias são agraváveis, pois, como o próprio título do capítulo sugere, "inventário e a partilha" é designação genérica que abarca os três ritos mencionados acima.

Analisando o procedimento de inventário e partilha, sobretudo o litigioso, percebe-se que a recorribilidade das decisões interlocutórias por agravo de instrumento está em plena consonância com a proposta legislativa de dividir o procedimento em etapas com propósitos específicos e encerradas por decisões

---

288. STJ. REsp 1700305/PB. Segunda Turma. Rel. Min. Herman Benjamin. DJe 27/11/2018.

289. LIPPMANN, Rafael Knorr. "Capítulo VI. Do inventário e da partilha". In: WAMBIER, Teresa Arruda Alvim; DIDIER Jr., Fredie; TALAMINI, Eduardo; DANTAS, Bruno (Coord.). *Breves comentários ao Novo Código de Processo Civil.* São Paulo: Editora Revista dos Tribunais, 2015, p. 1.515.

290. LIPPMANN, Rafael Knorr. "Capítulo VI. Do inventário e da partilha". In: WAMBIER, Teresa Arruda Alvim; DIDIER Jr., Fredie; TALAMINI, Eduardo; DANTAS, Bruno (Coord.). *Breves comentários ao Novo Código de Processo Civil.* São Paulo: Editora Revista dos Tribunais, 2015, p. 1.516.

interlocutórias. Deste modo, as decisões interlocutórias pressupõem o reexame imediato, sendo a apelação incapaz de oferecer uma tutela satisfatória.

Assim, ficam nítidas algumas etapas e incidentes encerrados por decisões interlocutórias: a) impugnação às primeiras declarações (art. 627); b) pedido de admissão no inventário por quem se entenda preterido (art. 628); c) discussões sobre a avaliação de bens arts. 629 a 636); d) pedido de remoção do inventariante (arts. 622 e 623); e) impugnação ao cálculo do tributo a ser pago pela transmissão dos bens (art. 638); f) discussões sobre o recebimento de bens do falecido e o dever de colação (art. 641); g) incidente(s) sobre o(s) pedido(s) de pagamento(s) feito(s) pelo(s) credor(es) do espólio e a reserva de bens (arts. 642 a 645); h) pedido de quinhão e deliberação de partilha (arts. 647 e 648); i) discussões sobre o esboço da partilha elaborado pelo partidor (arts. 651 e 652).

Após essas etapas e o pagamento dos tributos, é proferida sentença de partilha, nos termos do art. 654 do CPC/2015.

O regime de preclusões correlato à sujeição das decisões interlocutórias mencionadas ao agravo de instrumento é essencial para que a sentença de partilha cumpra mais brevemente a finalidade de distribuir os bens entre os sucessores, já que há sensível esvaziamento das matérias que podem ser discutidas em apelação e estabilização das premissas necessárias à distribuição do patrimônio[291].

Além das decisões interlocutórias mencionadas acima, há outras que também são agraváveis, como as que: a) permitem ou vedam as medidas previstas no art. 619; b) cuidam das providências contra o inventariante destituído, previstas no art. 625; c) possibilitam o uso e a fruição de bem antecipadamente por um dos herdeiros, conforme previsto no art. 647, parágrafo único.

Quanto ao inventariante, faz-se um acréscimo ao posicionamento daqueles que afirmam simplesmente ser agravável a decisão interlocutória que o nomeia[292]. De fato, este é o recurso cabível para a hipótese. Todavia, ele

---

291. Sobre o tema, vale conferir posicionamento de Heitor Vitor Mendonça Sica, parcialmente coincidente com o defendido neste trabalho: "o inventário é procedimento vocacionado a praticamente um único desfecho: a sentença homologatória da partilha. Nesse passo, seria absolutamente injusto e contraproducente que as partes se sujeitassem a aguardar tal decisão para, somente aí, suscitar no procedimento de apelação todas as questões decididas no curso do processo, mormente aquelas atinentes a 'fatos relevantes (...) provados por documento' (art. 612), nomeação e remoção de inventariante (arts. 617 e 622 a 625), autorização para alienação de bens (art. 619, I) etc., pois o reexame tardio dessas questões seria totalmente inócuo" (SICA, Heitor Vitor Mendonça. "Capítulo III. Do agravo de instrumento". In: STRECK, Lenio Luiz; NUNES, Dierle; CUNHA, Leonardo Carneiro da (Org.); FREIRE, Alexandre (Coord. Executivo). *Comentários ao Código de Processo Civil*. São Paulo: Saraiva, 2016, p. 1.338).

292. Nesse sentido: WAMBIER, Teresa Arruda Alvim; CONCEIÇÃO, Maria Lúcia Lins; RIBEIRO, Leonardo Ferres da Silva; MELLO, Rogério Licastro Torres de. *Primeiros comentários ao novo código de processo*

não supera o exame de admissibilidade recursal pela falta de outro requisito: o interesse recursal. Na medida em que a impugnação prevista no art. 627, II, é capaz de conferir o mesmo resultado do que o agravo de instrumento, deve-se entender que o recurso contra a nomeação é desnecessário e, por isso, inadmissível.

No procedimento de arrolamento sumário (art. 659 e seguintes), é possível a prolação de decisão interlocutória agravável, como a que decide acerca da avaliação dos bens, em caso de impugnação da estimativa, e da reserva correspondente (art. 663).

Já no arrolamento simples, previsto no art. 664, a ocorrência de decisão interlocutória é excepcional, uma vez que o art. 664, § 2º, impõe uma concentração de deliberações na audiência, que tende a encerrar o processo, caracterizando-se como sentença.

Por fim, deve ser feita uma ressalva, ligada à concessão de tutela provisória para a reserva de quinhões e créditos, medida cabível em três hipóteses: a) reserva de quinhão em prol do herdeiro incluído nas primeiras declarações, mas contestado por alguma parte (art. 627, § 3º); b) reserva de quinhão em benefício daquele que entende ser herdeiro preterido e cuja admissão é impugnada por alguma das partes (art. 628, § 2º); c) reserva de bens para pagamento de dívida comprovada documentalmente, mas cujo pagamento não tenha sido aceito por todos (art. 643, parágrafo único)[293]. Ressalvada a hipótese de não propositura da ação no prazo de trinta dias (art. 668, I), a partilha dos bens reservados deve ficar suspensa até o julgamento final da demanda que discuta a qualidade de herdeiro ou a cobrança pelo suposto credor, não podendo o processo de inventário e partilha ser extinto enquanto perdurar tal reserva[294]. Por consequência, nestas hipóteses, a partilha do acervo não reservado, prevista no art. 654, não ocorre por sentença, mas por decisão interlocutória agravável, uma vez que não há o encerramento do processo de inventário e partilha.

---

civil. São Paulo: Editora Revista dos Tribunais, 2015, p. 970; LIPPMANN, Rafael Knorr. "Capítulo VI. Do inventário e da partilha". In: WAMBIER, Teresa Arruda Alvim; DIDIER Jr., Fredie; TALAMINI, Eduardo; DANTAS, Bruno (Coord.). *Breves comentários ao Novo Código de Processo Civil.* São Paulo: Editora Revista dos Tribunais, 2015, p. 1.524.

293. LUCCA, Rodrigo Ramina. "Seção X. Das Disposições Comuns às Seções Precedentes". In: WAMBIER, Teresa Arruda Alvim; DIDIER Jr., Fredie; TALAMINI, Eduardo; DANTAS, Bruno (Coord.). *Breves comentários ao Novo Código de Processo Civil.* São Paulo: Editora Revista dos Tribunais, 2015, p. 1.566.

294. LUCCA, Rodrigo Ramina. "Seção X. Das Disposições Comuns às Seções Precedentes". In: WAMBIER, Teresa Arruda Alvim; DIDIER Jr., Fredie; TALAMINI, Eduardo; DANTAS, Bruno (Coord.). *Breves comentários ao Novo Código de Processo Civil.* São Paulo: Editora Revista dos Tribunais, 2015, p. 1.567.

10.3 A (SUPOSTA) TAXATIVIDADE DO ROL DO ART. 1.015 DO CPC/2015

10.3.1 Uma breve lembrança histórica: problemas decorrentes da taxatividade das hipóteses de cabimento do agravo de instrumento no CPC/1939

Após o estudo das hipóteses de cabimento do agravo de instrumento no CPC/1939, destinou-se tópico à discussão acerca da taxatividade do rol do art. 842 do referido código e às consequências negativas decorrentes desta limitação, sobretudo diante da ausência de previsão genérica de agravo de instrumento contra decisões que pudessem causar danos graves ou de difícil reparação à parte.

Na vigência do CPC/1939, a defesa da taxatividade fez com que as partes se valessem de sucedâneos recursais para impugnar decisões interlocutórias não agraváveis, o que se deu principalmente por meio da reclamação, da correição parcial e do mandado de segurança. Tais expedientes se mostraram tão prejudiciais ao sistema que o período inicial do CPC/1973 foi marcado pela mais ampla liberdade para a parte impugnar as decisões interlocutórias por meio do agravo de instrumento[295].

Em decorrência da enumeração casuística promovida pelo art. 1.015 do CPC/2015, a discussão volta à tona.

Antes de aprofundar o debate, há de ser feita uma ressalva: na vigência do CPC/2015, o risco da utilização dos sucedâneos recursais é consideravelmente reduzido quando comparado à realidade do CPC/1939, uma vez que o art. 1.015, I, ao cuidar do agravo de instrumento contra decisão interlocutória sobre tutela provisória, abarcou muitas das decisões que poderiam causar danos graves e de difícil reparação, justamente a omissão legislativa do CPC/1939 que trouxe muitos problemas ligados ao tema.

De todo modo, há decisões interlocutórias importantes que não estão previstas no art. 1.015 e cujo reexame deve ser feito com brevidade, o que demonstra a importância de se discutir a taxatividade das hipóteses de cabimento e de se considerar os riscos e os prejuízos da utilização dos sucedâneos recursais com a finalidade de impugnar decisões interlocutórias.

Nesse cenário, há duas primeiras alternativas: a) entender que o rol do art. 1.015 é exemplificativo e que há decisões agraváveis fora dele; b)

295. Sobre os reflexos da enumeração casuística do art. 842 do CPC/1939, conferir o tópico 5.2.3.2 deste trabalho. Já sobre a opção inicial do CPC/1973 sobre a recorribilidade das decisões interlocutórias, conferir o tópico 6.3.1.

defender que só cabe agravo de instrumento naquelas hipóteses, sendo inadmissível nas demais.

Entendendo-se que o rol é taxativo, duas opções podem ser adotadas: a) vedar o agravo de instrumento contra decisões interlocutórias não previstas no art. 1.015 e também a utilização dos sucedâneos recursais, à semelhança do que o STF aplica aos processos que tramitam nos juizados especiais; b) não admitir o recurso contra essas decisões, mas aceitar a utilização de sucedâneos recursais.

Relembrados os problemas vivenciados na vigência do CPC/1939 e apresentados os riscos e as possibilidades ligadas ao CPC/2015, deve-se partir para a formulação da regra geral que norteia este trabalho quanto ao rol do art. 1.015, confirmando-se o seu caráter exemplificativo e expondo-se a regra que o complementa. No último tópico, serão feitas algumas considerações pelas quais se entende que, entre as interpretações possíveis, a mais adequada é a proposta neste trabalho.

10.3.2 A (suposta) taxatividade do rol do art. 1.015 do CPC/2015

Analisando a recorribilidade das decisões interlocutórias no CPC/2015, há diversos autores que, mesmo que sucintamente, tratam o rol de decisões agraváveis como taxativo. Entre eles, podem ser citados: Luiz Guilherme Marinoni, Sérgio Cruz Arenhart e Daniel Mitidiero[296], Alexandre Freitas Câmara[297], José Miguel Garcia Medina[298], Heitor Vitor Mendonça Sica[299], Marcelo Abelha[300], Marco Félix Jobim e Fabrício de Farias Carvalho[301], Guilherme Thofehrn Lessa[302],

---

296. MARINONI, Luiz Guilherme; ARENHART, Sérgio Cruz; MITIDIERO, Daniel. *Novo curso de processo civil: tutela dos direitos mediante procedimento comum*. São Paulo: Editora Revista dos Tribunais, 2015, vol. 2, p. 533/534.

297. Neste artigo, o autor ainda tratava do SCD 166/2010: CÂMARA, Alexandre Freitas. "Do agravo de instrumento no novo Código de Processo Civil". In: RIBEIRO, Darci Guimarães; JOBIM, Marco Félix (Org.). *Desvendando o novo CPC*. Porto Alegre: Livraria do Advogado Editora, 2015, p. 9/10.

298. MEDINA, José Miguel Garcia. *Direito processual civil moderno*. São Paulo: Editora Revista dos Tribunais, 2015, p. 1.230.

299. SICA, Heitor Vitor Mendonça. "Capítulo III. Do agravo de instrumento". In: STRECK, Lenio Luiz; NUNES, Dierle; CUNHA, Leonardo Carneiro da (Org.); FREIRE, Alexandre (Coord. Executivo). *Comentários ao Código de Processo Civil*. São Paulo: Saraiva, 2016, p. 1.333.

300. ABELHA, Marcelo. *Manual de direito processual civil*. 6ª ed. Rio de Janeiro: Forense, 2016, p. 1.439/1.440.

301. JOBIM, Marco Félix; CARVALHO, Fabrício de Farias. "A disciplina dos Agravos no Novo Código de Processo Civil". In: DIDIER Jr., Fredie (Coord. Geral); MACÊDO, Lucas Buril de; PEIXOTO, Ravi; FREIRE, Alexandre (Org.). *Novo CPC doutrina selecionada: processo nos tribunais e meios de impugnação às decisões judiciais*. Salvador: Juspodivm, 2015, v. 6, p. 638.

302. Neste artigo, o autor analisa o tema à luz do PL 8.046/2010: LESSA, Guilherme Thofehrn. "Irrecorribilidade das decisões interlocutórias e regime de agravo no projeto do novo CPC". *Revista de Processo*. Ano 39, v. 230, 2014, p. 200.

Fernando Rubin[303], Leonardo de Faria Beraldo[304], Bruno Campos Silva[305] e Daniel de Araujo Gallo[306].

Fredie Didier Jr. e Leonardo Carneiro da Cunha defendem que o rol do art. 1.015 é taxativo, mas que é possível interpretá-lo extensivamente para alcançar situações semelhantes àquelas previstas no dispositivo[307].

Os autores utilizam o art. 1.015, III, como exemplo de dispositivo que comporta interpretação extensiva para abarcar hipóteses tidas como semelhantes. Para eles, a decisão sobre convenção de arbitragem é decisão sobre competência, do mesmo modo que a que a rejeita nega eficácia a um negócio jurídico processual. Por isso, defendem que as decisões sobre competência e as que negam eficácia a negócios jurídicos processuais também estão sujeitas ao agravo de instrumento, com base no art. 1.015, III, em razão da isonomia[308].

Quando estudada a recorribilidade da decisão interlocutória que rejeita a alegação de convenção de arbitragem, foi apresentada a discordância ao posicionamento de Fredie Didier Jr. e Leonardo Carneiro da Cunha. O estudo mais detalhado sobre as razões que a justificam foi desenvolvido no tópico 10.2.3.3 deste trabalho ("Hipóteses 'semelhantes'"), de modo que serão feitas considerações mais sucintas sobre elas.

Em primeiro lugar, não se compartilha da tese de que a decisão sobre convenção de arbitragem trata de competência. Na realidade, ela cuida de

---

303. Neste artigo, o autor ainda tratava do PL 8.046/2010: RUBIN, Fernando. "O direito à produção de provas e as correlatas questões recursais no projeto de Novo CPC". In: FREIRE, Alexandre; DANTAS, Bruno; NUNES, Dierle; DIDIER Jr., Fredie; MEDINA, José Miguel Garcia; FUX, Luiz; CAMARGO, Leonardo Henrique Volpe; OLIVEIRA, Pedro Miranda de. *Novas tendências do processo civil: estudos sobre o Projeto de Novo Código de Processo Civil.* Salvador: Juspodivm, 2014, vol. 2, p. 558.

304. BERALDO, Leonardo de Faria. "Processo, agravo de instrumento, e... tênis?". *Revista de Processo.* Ano 37, vol. 204, 2012, p. 247.

305. SILVA, Bruno Campos. "O Recurso de Agravo de Instrumento na Sistemática do Novo Código de Processo Civil – Primeiras Impressões". *Revista Síntese: direito civil e processual civil.* Ano XII, n. 78, 2012, p. 36.

306. GALLO, Daniel de Araujo. "A impugnação das decisões interlocutórias no novo código de processo civil: é preciso mudar?". *Entre Aspas: revista da Unicorp/Tribunal de Justiça do Estado da Bahia*, ano 3, vol. 3. Salvador: Universidade Corporativa do TJBA, 2013, p. 135.

307. DIDIER Jr., Fredie; CUNHA, Leonardo Carneiro da. *Curso de direito processual civil: meios de impugnação às decisões judiciais e processos nos tribunais.* 13ª ed. Salvador: Juspodivm, 2016, vol. 3, p. 208/212. Em sentido semelhante, Sandro Marcelo Kozikoski defende que é "preferível, portanto, a opção pela interpretação *analógica* para abarcar certas decisões interlocutórias *relevantes*, não contempladas *literalmente* pelo art. 1.015 do CPC, de modo a permitir a impugnação das mesmas por meio de agravo de instrumento" (KOZIKOSKI, Sandro Marcelo. *Sistema recursal CPC/2015: em conformidade com a Lei 13.256/2016.* Salvador: Juspodivm, 2016, p. 173).

308. DIDIER Jr., Fredie; CUNHA, Leonardo Carneiro da. *Curso de direito processual civil: meios de impugnação às decisões judiciais e processos nos tribunais.* 13ª ed. Salvador: Juspodivm, 2016, vol. 3, p. 215/217.

elemento anterior à análise da competência do órgão, isto é, versa sobre a possibilidade de o Poder Judiciário processar e julgar a demanda. A competência é debatida em momento logicamente posterior à afirmação da sujeição da demanda à jurisdição estatal, pois está ligada à decisão sobre qual órgão do Poder Judiciário está habilitado para processar e julgar a pretensão deduzida.

Por decidirem questões diversas, as consequências também são diferentes, na medida em que o acolhimento da alegação de convenção de arbitragem implica a extinção do processo sem resolução do mérito (art. 485, VII), enquanto que a pertinência da alegação de incompetência, via de regra, resulta na remessa dos autos ao juízo competente.

Além disso, a postergação da recorribilidade dessas decisões também teria efeitos distintos.

Tratando-se da rejeição da alegação de convenção de arbitragem, a postergação traria consigo os seguintes inconvenientes: possibilidade de prática de atos processuais inúteis, chance de concorrência de processo arbitral e possíveis decisões contraditórias. Por isso, defende-se que, em vez de muito semelhante à decisão sobre competência, a resolução de questão ligada à convenção de arbitragem é próxima às decisões sobre litispendência e coisa julgada.

Já a postergação do reexame da decisão sobre competência gera outros problemas, ligados à utilidade da recorribilidade ao final e à possibilidade de se obrigar a parte a litigar em foro incorreto por longo período. Estas questões conduzem à sujeição da decisão interlocutória sobre competência ao agravo de instrumento, mas com base na premissa de que a apelação é incapaz de tutelar satisfatoriamente a hipótese, forçando o seu reexame imediato.

Também já foram desenvolvidas as razões pelas quais se discorda de Leonardo Carneiro da Cunha e Fredie Didier Jr. quando eles afirmam que, como a convenção de arbitragem é um negócio jurídico processual, as decisões que negam eficácia a outros ou que não os homologam também são agraváveis.

A extensão do tratamento diferenciado dado à rejeição da convenção de arbitragem só faz sentido quando o mesmo fator considerado para tanto estiver presente na situação pretensamente análoga. Neste caso, o fator determinante para o legislador não foi se tratar de um negócio jurídico processual, mas a junção do possível desperdício de atos processuais, do retrocesso à litigância original em caso de reforma ou invalidação e do alegado risco de desrespeito à convenção arbitral, fatores não presentes necessariamente em todas as negativas de eficácia ou de homologação de negócios jurídicos processuais[309].

309. Sobre as razões que fundamentaram a inclusão da rejeição da convenção de arbitragem no rol das decisões interlocutórias agraváveis, vale transcrever trecho da justificativa dada pelo Senador

Como já afirmado anteriormente, há um exemplo claro de que nem toda decisão que nega eficácia a negócio jurídico ou não o homologa deve ser agravável, ratificando que esta circunstância não pode ser tida como o fator determinante para tanto.

Havendo negócio jurídico processual que disponha que determinada pessoa não pode ser ouvida como testemunha, a negativa de eficácia pelo magistrado tem os mesmos efeitos práticos da negativa da contradita a certa testemunha, isto é, determina a oitiva de alguém de forma contrária à vontade de uma das partes. Não há sentido em permitir que a primeira decisão interlocutória seja agravável e a segunda, não. Nos dois casos, o reexame postergado não traria nenhum prejuízo relevante.

Diante dessas considerações, pode-se afirmar que defender a taxatividade deixa em aberto a impugnação de decisões interlocutórias que demandam reexame breve, como as que versam sobre competência e determinados negócios jurídicos processuais, bem como que o raciocínio por analogia, nos moldes defendidos por Fredie Didier Jr. e Leonardo Carneiro da Cunha, deve ser reformulado.

10.3.3 A regra geral supletiva ao art. 1.015 do CPC/2015

Diante das considerações feitas acima, é possível avançar e afirmar que o raciocínio por analogia deve ser feito de forma diferente, partindo-se da premissa de que muitas decisões se sujeitam ao agravo de instrumento porque a apelação não é capaz de tutelar satisfatoriamente a hipótese.

Nesse sentido, são exemplos as decisões interlocutórias que: a) versam sobre tutela provisória (art. 1.015, inciso I); b) julgam o mérito de

---

Regis Fichtner, responsável pela emenda que resultou no inciso III do art. 1.015: "O Projeto do Novo Código de Processo Civil, portanto, estabelece que, alegada pela parte ré a existência de convenção de arbitragem e rejeitada a alegação pelo juiz de primeiro grau, a parte interessada somente poderá impugnar essa decisão no momento de interposição da apelação contra a sentença. (...). Os prejuízos para as partes e para a própria administração da justiça com essa regra geral são evidentes. Primeiramente, a parte que livremente firmou a convenção de arbitragem terá que aguardar todo o desenrolar do processo judicial em primeiro grau de jurisdição para só então ver a questão reexaminada pelo tribunal competente. Ademais, caso o tribunal reconheça a existência da convenção de arbitragem, não terá outra saída que não extinguir o processo judicial sem resolução do mérito, em desperdício de toda a atividade judicial praticada em primeiro grau de jurisdição. Além disso, com o reconhecimento da existência de convenção de arbitragem em segundo grau de jurisdição e extinção do processo judicial, as partes, na prática, depois de anos e anos perante o Poder Judiciário, serão recolocadas na incômoda situação de reinício do litígio, agora na arbitragem. (...). Em resumo, a opção do PLS nº 166/2010 estimulará o desrespeito à convenção de arbitragem e incentivará o aumento das demandas judiciais, pois, caso rejeitada a alegação de convenção de arbitragem em primeiro grau, será impossível, na prática, a revisão da decisão". Disponível em: http://www.senado.leg.br/atividade/rotinas/materia/getPDF.asp?t=82261&tp=1. Acesso em: 20/05/2016.

forma antecipada e parcial (art. 1.015, inciso II); c) indeferem o pedido de desconsideração da personalidade jurídica (art. 1.015, inciso III); d) indeferem o pedido de gratuidade de justiça ou o revogam (art. 1.015, inciso V); e) determinam a exibição incidental de documento ou coisa (art. 1.015, inciso VI); f) excluem um litisconsorte (art. 1.015, inciso VII); g) rejeitam o pedido de limitação do litisconsórcio (art. 1.015, inciso VIII); g) inadmitem a intervenção de terceiros (art. 1.015, inciso IX); h) concedem, modificam ou revogam o efeito suspensivo aos embargos à execução (art. 1.015, inciso X); g) resolvem parcialmente a demanda (art. 354, parágrafo único); h) decidem o requerimento de distinção previsto no art. 1.037, § 9º (art. 1.037, § 13º, I); i) são proferidas em liquidação, cumprimento de sentença, execução e no procedimento de inventário e partilha (art. 1.015, parágrafo único).

Não se pode afirmar que este foi o único critério a guiar o legislador na fixação das hipóteses do art. 1.015. Ao longo deste trabalho, já se viu que há decisões que poderiam ser recorríveis ao final e que, no último período do CPC/1973, estavam sujeitas ao agravo retido, mas que são impugnáveis por agravo de instrumento na vigência do CPC/2015. São exemplos aquelas que: a) rejeitam alegações de convenção de arbitragem (art. 1.015, III); b) deferem o pedido de desconsideração da personalidade jurídica formulado na fase de conhecimento (art. 1.015, IV); c) negam o requerimento de exibição incidental de documento ou coisa (art. 1.015, VI); d) admitem a intervenção de terceiros (art. 1.015, IX).

Apesar dessas considerações, é acertado afirmar que a inaptidão da apelação para tutelar o direito possivelmente violado foi um parâmetro utilizado pelo legislador ao elaborar o art. 1.015.

Desta forma, deve-se entender que, além das hipóteses expressamente previstas no CPC/2015, são agraváveis todas as decisões interlocutórias cujo reexame postergado seja incapaz de oferecer uma tutela satisfatória[310].

Como apresentado anteriormente, propõe-se que a apelação seja considerada inapta quando se responder positivamente, ao menos, a uma dessas questões: a) *a decisão interlocutória pressupõe o reexame imediato, isto é, a sujeição ao agravo de instrumento é uma decorrência da decisão*

310. Em sentido semelhante, apesar de não afirmar categoricamente o caráter exemplificativo do rol do art. 1.015, Nelson Rodrigues Netto, analisando o tema à luz do PL 8.046/2010, afirmava que continuava válida a ponderação de que duas situações abarcavam o universo da recorribilidade por agravo de instrumento: a) tutela de urgência; b) inutilidade do recurso (NETTO, Nelson Rodrigues. "A carta de Salvador e o recurso de apelação no projeto do Código de Processo Civil". *Revista de Processo.* Ano 39, v. 229, 2014, p. 249). Convém lembrar, como visto em momento anterior, que o art. 1.015 do CPC/2015 não segue estritamente esta lógica, isto é, tem hipóteses que não versam sobre tutelas de urgência e que poderiam estar sujeitas à apelação.

interlocutória?; b) *faltaria interesse recursal à futura apelação, isto é, ela seria incapaz de promover um resultado útil ao recorrente?*; c) *a postergação do reexame implicaria a assunção de riscos processuais relevantes ou poderia impor prejuízo considerável às partes?*

Com relação aos riscos processuais mencionados, é necessário que eles passem por uma análise de coerência legislativa, isto é, se, como regra, o CPC/2015 assume os riscos decorrentes do reexame postergado de decisões interlocutórias sobre determinada matéria, a apelação deve ser considerada como meio de impugnação hábil em hipóteses semelhantes.

Por consequência, defende-se que também são exemplos de decisões interlocutórias agraváveis aquelas que: a) versam sobre competência; b) negam eficácia a negócio jurídico ou não o homologam, sempre que o reexame postergado não for capaz de tutelar satisfatoriamente a hipótese; c) determinam a suspensão do processo.

No fim das contas, busca-se uma interpretação similar à defendida por Fredie Didier Jr. e Leonardo Carneiro da Cunha, mas o fator determinante é deslocado da "semelhança com alguma das hipóteses do art. 1.015" para a análise da "aptidão da apelação para tutelar a hipótese a contento". Assim, deixa-se de exigir que o intérprete se desincumba do ônus argumentativo de demonstrar semelhança com alguma das decisões pontualmente previstas no art. 1.015.

Como o posicionamento defendido se afasta consideravelmente do rol do art. 1.015, ele é incompatível com a afirmação de que o CPC/2015 trouxe hipóteses taxativas de decisões interlocutórias agraváveis.

Aplica-se, portanto, raciocínio similar àquele que foi desenvolvido pela doutrina ao analisar a última redação do art. 522 do CPC/1973[311].

O CPC/2015, além de inserir novas hipóteses de cabimento do agravo de instrumento, fez com que o art. 1.015 abarcasse decisões interlocutórias que, no período final do CPC/1973, eram tidas como sujeitas ao agravo de instrumento, mesmo não previstas expressamente, como as tomadas na fase de cumprimento de sentença, proferidas no processo de execução, as que julgavam o mérito de forma antecipada e parcial e as que excluíam litisconsorte.

Assim, pode-se afirmar que um dos resultados do CPC/2015 foi a sistematização das decisões interlocutórias que, no período final do CPC/1973, já estavam sujeitas ao agravo de instrumento, razão pela qual foram significativamente reduzidos os exemplos de decisões interlocutórias que, a despeito do silêncio legislativo, devem ser tidas por agraváveis, quando comparados à realidade do código revogado.

311. Sobre o tema, conferir o tópico 6.3.5 deste trabalho.

Essa organização, todavia, não é suficiente para que se reconheça uma taxatividade do art. 1.015, pois, quanto a essa limitação, o dispositivo é tão sugestivo quanto a última redação do art. 522 do CPC/1973. Se, na vigência final do CPC/1973, não se extraía que as hipóteses de cabimento do art. 522 eram taxativas, não há razão para fazê-lo na vigência do CPC/2015.

Na realidade, a única redução sensível de hipóteses de cabimento do agravo de instrumento ocorreu por via transversa: com a extinção do juízo de admissibilidade da apelação em primeiro grau (art. 1.010, §§ 1º a 3º), não cabe mais agravo de instrumento contra as decisões que não recebem apelação e as que declaram os efeitos nos quais ela é recebida, conforme previa o art. 522, *caput*, do CPC/1973. Esta foi a única demonstração legislativa em prol da redução das hipóteses de agravo de instrumento, detalhe importante para se advogar a tese da manutenção da regra supletiva ligada à aptidão da apelação (não mais do agravo retido) para tutelar satisfatoriamente a hipótese.

Assentado que se acredita que o rol do art. 1.015 é exemplificativo e que ele é complementado pela regra acima mencionada, ligada à inaptidão da apelação para tutelar satisfatoriamente certas hipóteses, destina-se o tópico seguinte para se defender que essa interpretação, além de possível, é a que melhor se adequa à realidade do CPC/2015.

10.3.4 Em defesa do caráter exemplificativo do rol do art. 1.015 do CPC/2015

Conforme dito anteriormente, há duas alternativas básicas ligadas ao rol do art. 1.015: a) entendê-lo como exemplificativo e admitir o agravo de instrumento contra outras hipóteses; b) defender que ele é taxativo e que, portanto, o recurso não é cabível em outras hipóteses.

Essa segunda alternativa se desdobra em outras duas possibilidades: a) inadmissão da utilização de sucedâneos recursais, como o mandado de segurança, para impugnar decisões interlocutórias não previstas no art. 1.015; b) admissão da utilização de tais meios, semelhantemente ao ocorrido na vigência do CPC/1939.

Dentre essas duas últimas alternativas, a primeira tem como expoente o julgamento do RE 576847/BA, por meio do qual o STF fixou tese no sentido de que não cabe mandado de segurança contra decisões interlocutórias proferidas em processos sujeitos à Lei n. 9.099/1995, além de ter, em *obiter dictum*, ratificado a inadmissibilidade do agravo de instrumento[312]. O voto vencedor apresentou as seguintes considerações: a) a Lei n. 9.099/1995 consagrou a celeridade no processamento e julgamento das causas cíveis

---

312. STF. RE 576847. Tribunal Pleno. Rel. Min. Eros Grau. DJe: 06/08/2009.

de menor complexidade e, por consequência, previu a irrecorribilidade das decisões interlocutórias; b) os prazos para agravo de instrumento e para a impetração do mandado de segurança não se coadunariam com o rito da Lei n. 9.099/1995; c) a utilização do procedimento dos juizados especiais seria uma escolha das partes, cabendo a elas suportar as vantagens e limitações correspondentes; d) a admissão do mandado de segurança ampliaria a competência dos juizados especiais sem lei que assim dispusesse; e) não haveria prejuízo à ampla defesa, pois as decisões interlocutórias poderiam ser impugnadas no recurso inominado.

As razões que levaram o STF a fixar esse entendimento não se aplicam aos procedimentos previstos no CPC/2015. As justificativas das alíneas *a* e *e* não são compatíveis com a realidade do código, uma vez que, como visto, ele não consagrou a concentração dos atos processuais e há flagrante prejuízo na postergação da análise de algumas decisões interlocutórias. As razões das alíneas *b* e *d*, por óbvio, também não se aplicam, uma vez que o agravo de instrumento é previsto no CPC/2015 e também é aceita a impetração de mandado de segurança contra decisões judiciais. Por fim, a justificativa da alínea *c* também não deve ser seguida, pois o CPC/2015 prevê os procedimentos aplicáveis à grande maioria dos casos e nem todos escolhem litigar por eles.

A opção não se justifica ainda que por razões diferentes das utilizadas pelo STF. A completa restrição à imediata impugnação das decisões interlocutórias só faria sentido se o rol do art. 1.015 não existisse ou, na pior das hipóteses, se ele fosse absolutamente restritivo. Com isso se afirma que a aplicação da jurisprudência do STF seria aceitável se o CPC/2015 consagrasse uma real limitação à impugnação às decisões interlocutórias, como o fez a Lei n. 9.099/1995.

Todavia, como já se viu, o CPC/2015 não é restritivo quanto às hipóteses de cabimento de agravo de instrumento, na medida em que abarca impugnações cuja postergação seria plenamente plausível.

No máximo, poderia afirmar-se que o propósito do legislador foi restringir a impugnação por agravo de instrumento cabimento ao rol do art. 1.015, conclusão com a qual não se concorda, mas que muito difere de torná-las livres de impugnação imediata por outros meios, como o mandado de segurança.

Pondere-se, ainda, que o CPC/1939 traz relato histórico no sentido de que uma severa restrição das impugnações das decisões interlocutórias não resiste às necessidades das partes, o que suscita dúvidas quanto à efetiva concretização de uma interpretação que só torne imediatamente impugnáveis as decisões interlocutórias previstas no art. 1.015.

Assim, a alternativa ligada à inadmissão do agravo de instrumento e do mandado de segurança deve ser afastada quando se considera os procedimentos regulados pelo CPC/2015, pois seria uma solução radical e incompatível com o sistema.

Todavia, por mais que discorde frontalmente do posicionamento acima, há chance de ele ser adotado, caso se entenda que o rol do art. 1.015 é taxativo, uma vez que os tribunais terão de decidir acerca da admissão dos sucedâneos recursais contra decisões interlocutórias não elencadas no mencionado artigo.

Restam, ainda, as discussões sobre as duas outras alternativas: a) admissão de agravo de instrumento em hipóteses não previstas no art. 1.015; b) inadmissão do recurso, mas aceitação da utilização de sucedâneos recursais, como o mandado de segurança.

O estudo sobre o tema deve partir de uma primeira consideração: a utilização de sucedâneos recursais, como o mandado de segurança, é mais prejudicial ao andamento do processo em primeiro grau do que a tramitação de um agravo de instrumento.

Tomando como base o mandado de segurança contra ato judicial, são perceptíveis algumas diferenças básicas que tornam o remédio constitucional mais gravoso do que o recurso: a) notificação da autoridade coatora para prestar informações em dez dias; b) cientificação da pessoa jurídica; c) intervenção do Ministério Público em qualquer hipótese. Note-se que o agravo de instrumento tem uma tramitação mais simples (art. 1.019), ligado somente às partes originais (ressalvados o terceiro interessado e Ministério Público recorrente como fiscal da ordem jurídica), não envolve diretamente o magistrado ou a pessoa jurídica à qual ele está vinculado e só exige intimação do Ministério Público nos casos em que ele ordinariamente intervém.

Ainda que a utilização do mandado de segurança seja eventualmente barrada por requisitos específicos, como a "existência" de um recurso posterior contra a decisão interlocutória (apelação) ou a inexistência de teratologia, manifesta ilegalidade ou abuso de poder, a história processual brasileira traz relato da utilização de outros mecanismos, nem sempre técnicos, pelos quais as partes buscaram driblar o engessamento das hipóteses de cabimento de agravo de instrumento, como a reclamação e a correição parcial na vigência do CPC/1939[313].

Fixada essa primeira conclusão, é preciso apresentar os fundamentos da tese de que é mais compatível com o CPC/2015 defender de que o rol

313. Conforme narrado no tópico 5.2.3.2 deste trabalho.

do art. 1.015 não é taxativo e que ele comporta exceções ligadas à inaptidão da apelação para tutelar satisfatoriamente o direito supostamente violado.

Para tanto, devem ser consideradas três premissas: a) o legislador buscou evitar impugnações às decisões interlocutórias durante o procedimento em primeiro grau, a ponto de ter abolido o agravo retido, presente no CPC/1973; b) foram enumeradas hipóteses de cabimento do agravo de instrumento (art. 1.015) e que elas, a despeito do afirmado da alínea *a*, sofreram aumento, quando comparadas ao período final do CPC/1973; c) o CPC/2015 teve o cuidado de estabelecer uma regra residual que sujeita à apelação as decisões interlocutórias não agraváveis (art. 1.009, § 1º), tornando-as recorríveis.

Essas três considerações demonstram que o legislador não quis consagrar a irrecorribilidade de decisões interlocutórias, mas evitar um recurso (agravo retido) que, na sua visão, prejudicaria o andamento do processo em primeiro grau e que comportaria apresentação ao final. Nesse cenário, a utilização de sucedâneos recursais contra decisões interlocutórias não previstas no art. 1.015, notadamente o mandado de segurança, geraria confusão processual maior do que a interposição do agravo de instrumento, ou seja, o intuito legislativo de evitar impugnações tidas como desnecessárias seria ainda mais afastado.

Além disso, já se viu que o legislador não buscou reduzir as hipóteses de cabimento do agravo de instrumento, só o fazendo de forma reflexa ao extinguir o juízo de admissibilidade da apelação feito em primeiro grau, o que culminou na abolição das decisões que inadmitiam a apelação e as que declaravam os efeitos nos quais ela era recebida, anteriormente agraváveis por instrumento.

Por outro lado, viu-se que o legislador ampliou deliberadamente as hipóteses de cabimento do agravo de instrumento, o que demonstra que não foi do seu interesse dar tratamento mais rigoroso do que aquele que marcou o período final do CPC/1973. Se nesta época, cujo dispositivo era tão silente quanto o art. 1.015 no que diz respeito à taxatividade, já se defendia a existência de regra supletiva de cabimento de agravo de instrumento, não há razão para agir de forma diferente na vigência do CPC/2015.

Por fim, como fixado no tópico anterior, a incapacidade de a apelação tutelar a contento alguns direitos supostamente violados foi um fator determinante para o legislador elencar as hipóteses de cabimento do agravo de instrumento, de modo que a regra supletiva deve se guiar por este propósito legislativo.

Em resumo, a partir dos valores tutelados por muitas das hipóteses do art. 1.015 e pelo evidente prejuízo da utilização de sucedâneos recursais, defende-se que o rol do art. 1.015 é exemplificativo e que a seguinte regra o complementa: quando a apelação não for capaz de tutelar satisfatoriamente o direito supostamente violado por uma decisão interlocutória, o agravo de instrumento é o recurso cabível[314].

10.3.5 O STJ e a (suposta) taxatividade do rol do art. 1.015

10.3.5.1 A "taxatividade mitigada" e o tema 988 dos recursos especiais repetitivos

Ao longo deste capítulo, foi possível observar que o STJ enfrentou a recorribilidade, por agravo de instrumento, de decisões interlocutórias que não estão expressamente mencionadas no art. 1.015, o que nem sempre se deu de maneira uniforme.

Alguns precedentes, como o REsp 1679909/RS[315], o REsp 1707652/RJ[316], o REsp 1711953/MG[317], o AgInt nos EDcl no REsp 1731330/CE[318] e o AgInt no AREsp 1309300/SP[319], reconheceram que o rol do art. 1.015 era taxativo, mas permitia uma interpretação extensiva para abarcar outras hipóteses, semelhantes àquelas expressamente previstas no texto legal.

Em sentido oposto, outras decisões se afastaram da possível interpretação extensiva e se filiaram à taxatividade absoluta do art. 1.015, como os acórdãos que julgaram o AgInt no REsp 1701691/SP[320], o REsp 1700308/PB[321] e o REsp 1730436/SP[322].

Antes mesmo de serem proferidas tantas decisões sobre o tema, a Corte Especial do STJ, em sessão realizada em 20/02/2018 (DJe 28/02/2018),

---

314. Em sentido contrário, José Miguel Garcia Medina, que defende o caráter taxativo do rol do art. 1.015, afirma que "deve-se admitir o mandado de segurança como sucedâneo do agravo de instrumento contra decisões interlocutórias proferidas em 1.º grau de jurisdição, à luz do Código de Processo Civil de 2015, *sempre que se demonstrar a inutilidade do exame do ato acoimado de ilegal apenas por ocasião do julgamento da apelação*" (MEDINA, José Miguel Garcia. *Direito processual civil moderno*. São Paulo: Editora Revista dos Tribunais, 2015, p. 1.231). Em sentido semelhante, apesar de não afirmar categoricamente a taxatividade do rol do art. 1.015: BARIONI, Rodrigo. "Preclusão diferida, o fim do agravo retido e a ampliação do objeto da apelação no Código de Processo Civil". *Revista de Processo*. Ano 40, vol. 243, 2015, p. 273.

315. STJ. REsp 1679909/RS. Quarta Turma. Rel. Min. Luis Felipe Salomão. DJe 01/02/2018.

316. STJ. REsp 1707652/RJ, Segunda Turma. Rel. Min. Herman Benjamin. DJe 21/11/2018.

317. STJ. REsp 1711953/MG. Quarta Turma. Rel. Min. Lázaro Guimarães (Desembargador convocado do TRF 5ª Região). DJe 10/08/2018.

318. STJ. AgInt nos EDcl no REsp 1731330/CE, Quarta Turma. Rel. Min. Lázaro Guimarães (Desembargador convocado do TRF 5ª Região). DJe 27/08/2018.

319. STJ. AgInt no AREsp 1309300/SP.Quarta Turma. Rel. Min. Lázaro Guimarães (Desembargador convocado do TRF 5ª Região)., DJe 27/09/2018).

320. STJ. AgInt no REsp 1701691/SP. Segunda Turma. Rel. Min. Mauro Campbell Marques. DJe 02/03/2018.

321. STJ. REsp 1700308/PB. Segunda Turma. Rel. Min. Herman Benjamin. DJe 23/05/2018.

322. STJ. REsp 1730436/SP. Segunda Turma. Rel. Min. Herman Benjamin, DJe 19/11/2018.

decidiu afetar o REsp 1696396/MT e o REsp 1704520/MT ao julgamento sob o rito dos recursos especiais repetitivos.

Assim, o tema 988 foi assim delimitado: "definir a natureza do rol do art. 1.015 do CPC/15 e verificar possibilidade de sua interpretação extensiva, para se admitir a interposição de agravo de instrumento contra decisão interlocutória que verse sobre hipóteses não expressamente versadas nos incisos de referido dispositivo do Novo CPC"[323].

Na mesma decisão que afetou os recursos mencionados, foi determinada a intimação do Ministério Público Federal (MPF) para apresentação de parecer (art. 1.038, III, do CPC/2015), bem como se deliberou favoravelmente à solicitação da participação, na qualidade de *amici curiae*, do Instituto Brasileiro de Direito Processual (IBDP), da Advocacia-Geral da União (AGU), do Conselho Federal da Ordem dos Advogados do Brasil (CFOAB) e da Defensoria Pública da União (DPU).

Posteriormente, por decisões monocráticas, foi deferida a intervenção, como *amici curiae*, da Associação Norte e Nordeste de Professores de Processo (ANNEP) e da Associação Brasileira de Direito Processual (ABDPRO).

A ausência de uniformidade de entendimentos sobre a questão refletiu nas manifestações apresentadas, de sorte que, como relatado pelo acórdão que julgou o REsp 1696396/MT e o REsp 1704520/MT: a) a União, a DPU, o MPF e a ABDPRO se mostraram favoráveis à interpretação extensiva do rol do art. 1.015; b) o IBDP e a ANNEP não se manifestaram num único sentido, apresentando argumentos favoráveis e contrários à impugnação, por agravo de instrumento, de decisões interlocutórias não previstas expressamente no art. 1.015.

A divergência também foi verificada na deliberação da Corte Especial, que decidiu após formação de apertada maioria, em sessões realizadas em 01/08/2018, 19/09/2018, 03/10/2018 e 05/12/2018.

Houve sete votos favoráveis à tese vencedora, exposta no voto da Ministra Nancy Andrighi (Relatora), que foi acompanhada pelos Ministros Napoleão Nunes Maia Filho, Jorge Mussi, Luis Felipe Salomão, Benedito Gonçalves, Raul Araújo e Felix Fischer.

Por outro lado, foram proferidos cinco votos em sentido contrário, apresentados pela Ministra Maria Thereza de Assis Moura e pelos Ministros João Otávio de Noronha, Humberto Martins, Og Fernandes e Mauro Campbell Marques. Para tornar a exposição mais didática, os votos vencidos serão analisados em tópico próprio, de sorte que, neste momento, o tema será abordado à luz da tese vencedora.

---

323. STJ. ProAfR no REsp 1696396/MT. Corte Especial. Rel. Min. Nancy Andrighi. DJe 28/02/2018.

O voto vencedor, da Min. Relatora Nancy Andrighi, precisamente quanto à fixação da tese é dividida em quatro partes: a) a primeira, consistente num breve relato histórico; b) a segunda, na qual são expostos os principais entendimentos doutrinários sobre o tema; c) a terceira, em são apresentados os fundamentos e parâmetros da tese proposta; d) a quarta, na qual é fixada a tese e são detalhados os seus reflexos.

Assim, a abordagem se inicia com um panorama histórico da recorribilidade das decisões interlocutórias no direito brasileiro, expondo, inclusive, os problemas apresentados pelo CPC/1939 e as transformações pelas quais a regulamentação do tema passou durante a vigência do CPC/1973[324].

A segunda parte do voto traça as linhas gerais da tramitação do projeto de lei que culminou no CPC/2015, destacando as deliberações tomadas acerca da recorribilidade, por agravo de instrumento, das decisões interlocutórias e expondo as marchas e contramarchas das tentativas de ampliação e redução do rol de hipóteses de reexame recursal imediato.

Após transcrever trechos de pareceres parlamentares que expressamente mencionavam a *taxatividade* do rol que viria a ser previsto no art. 1.015, o voto conclui que teria ocorrido "uma consciente e política opção do legislador pela taxatividade das hipóteses de cabimento do recurso de agravo de instrumento" na fase cognitiva, exceto no que diz respeito ao inventário.

Apesar disso, reconheceu a existência de divergência doutrinária e jurisprudencial sobre o assunto, resultando em três correntes diferentes.

A primeira delas é a que defende a *taxatividade absoluta* do rol do art. 1.015 e uma *interpretação restritiva* do dispositivo. Segundo o voto, esse posicionamento se fundamenta numa suposta "consciente opção legislativa pela enumeração taxativa das hipóteses" e na ideia de que "as partes não poderiam ser surpreendidas por não terem recorrido de imediato ao confiar na taxatividade do rol do art. 1.015".

Como já mencionado e também destacado no voto, esse entendimento restritivo foi ratificado em alguns precedentes do STJ, como os que julgaram o AgInt no REsp 1701691/SP[325], o REsp 1700308/PB[326] e o REsp 1730436/SP[327].

A segunda corrente é aquela que reconhece a taxatividade do rol do art. 1.015, mas admite uma *interpretação extensiva* das hipóteses de cabimento. Assim, seriam agraváveis certas decisões interlocutórias que, embora não

324. No voto vencedor, o tópico é denominado "2) HISTÓRICO DA RECORRIBILIDADE DAS DECISÕES INTERLOCUTÓRIAS POR MEIO DO RECURSO DE AGRAVO."

325. STJ. AgInt no REsp 1701691/SP. Segunda Turma. Rel. Min. Mauro Campbell Marques. DJe 02/03/2018.

326. STJ. REsp 1700308/PB. Segunda Turma. Rel. Min. Herman Benjamin. DJe 23/05/2018.

327. STJ. REsp 1730436/SP. Segunda Turma. Rel. Min. Herman Benjamin, DJe 19/11/2018.

expressamente previstas no dispositivo, apresentariam semelhanças com alguma das situações lá enumeradas.

Neste momento, o voto vencedor destacou a grande adesão doutrinária a essa corrente (também ratificada por boa parte dos *amici curiae*) e que ela já encontrou guarida em precedentes do STJ, como nos julgamentos do REsp 1679909/RS[328] e do REsp 1694667/PR[329].

Já a terceira corrente apresentada no voto é aquela que defende o caráter *exemplificativo* do rol do art. 1.015, o que permitiria a interposição de agravo de instrumento contra decisões interlocutórias não previstas no art. 1.015 sem que fosse necessário indicar, precisamente, a semelhança com algum dos incisos do dispositivo. O cerne da questão estaria ligado, por exemplo, à (in)utilidade da futura apelação, como exposto ao longo deste trabalho[330].

Antes de expor os fundamentos e conclusões que entendeu como corretos, o voto vencedor fixou algumas premissas, entre as quais merecem destaque as que afirmam que: a) o rol do art. 1.015 é insuficiente e não prevê decisões que pressupõem um reexame imediato; b) deve ser aberta uma via que possibilite a impugnação imediata de tais decisões interlocutórias; c) o mandado de segurança não é uma via adequada para possibilitar esse reexame imediato.

A terceira etapa do voto, voltada às ideias efetivamente acolhidas pelo STJ, começa com a afirmação de que o art. 1.015 e o direito processual civil não podem ser interpretados como uma "ilha oceânica, isolada e distanciada de seu sistema jurídico" e que devem ser estudados à luz da Constituição Federal, o que pressupõe uma análise que leve em consideração o princípio da inafastabilidade da jurisdição e impeça uma tutela jurisdicional tardia e inútil.

Em seguida, manifestou-se no sentido de que houve uma consciente escolha política em restringir as hipóteses de cabimento de agravo de instrumento (tese com a qual essa obra não concorda, pois, como já se expôs, apesar das manifestações parlamentares, houve, de fato, um *relevante acréscimo nas hipóteses de cabimento de agravo de instrumento*).

Apesar da premissa acima mencionada, o voto vencedor relembrou os insucessos das legislações anteriores quanto à fixação de um rol pretensamente exaustivo de decisões agraváveis. Assim, ressaltou a incapacidade de se esgotar, de antemão, todas as hipóteses que podem ser apresentar, pois a "realidade normalmente supera a ficção e a concretude torna letra morta o exercício de abstração inicialmente realizado pelo legislador".

---

328. STJ. REsp 1679909/RS. Quarta Turma. Rel. Min. Luis Felipe Salomão. DJe 01/02/2018.

329. STJ. REsp 1694667/PR. Segunda Turma. Rel. Min. Herman Benjamin, DJe 18/12/2017.

330. É importante registrar a imensa felicidade deste autor por ter sido citado como um dos defensores do caráter exemplificativo do rol do art. 1.015 do CPC/2015.

Nesse contexto, caberia ao STJ "conferir à regra do art. 1.015 do CPC a interpretação que melhor se coaduna com a sua razão de existir e com as normas fundamentais insculpidas pelo próprio CPC".

Deste modo, o voto vencedor entendeu que as hipóteses do art. 1.015 foram fixadas a partir da impossibilidade de a rediscussão da decisão interlocutória aguardar a interposição de apelação.

Com base nessa premissa, o STJ entendeu que a *urgência no reexame da decisão interlocutória* funciona como critério determinante para permitir a interposição de agravo de instrumento.

Em sequência, afirmou que a urgência, na realidade, está atrelada à *inutilidade do reexame postergado*, feito a partir da apelação[331].

Como exemplo de pronunciamento agravável fora das hipóteses do art. 1.015, utilizou-se a decisão interlocutória que indefere o requerimento de tramitação do processo em segredo de justiça (art. 189), cujo reexame postergado seria inútil, pois, no momento da interposição da apelação, as informações que se pretendia proteger já teriam sido acessadas por terceiros.

Esse exemplo foi mencionado para afastar a tese de que o rol do art. 1.015 é taxativo, mas admite *interpretação extensiva*, uma vez que a decisão interlocutória que indefere o requerimento de tramitação em segredo de justiça, a despeito de pressupor uma impugnação imediata, não guarda semelhança relevante com nenhuma das hipóteses do art. 1.015.

Assim, o voto vencedor defende que o princípio da inafastabilidade da jurisdição impede que a recorribilidade por agravo de instrumento seja resumida a um rol taxativo, previsto no art. 1.015.

Em sequência, a Ministra Relatora afirmou que a *urgência* e a *inutilidade da futura apelação*, tidas como critérios para o reexame imediato, devem considerar também que "o processo não pode e não deve ser um instrumento de retrocesso na pacificação dos conflitos". Desta forma, as decisões

331. Nos termos do voto vencedor: "Nesse contexto, e como mencionado anteriormente, houve uma escolha político-legislativa ao limitar o cabimento do agravo de instrumento, adotando-se como critério, para a enunciação abstrata das hipóteses desde logo recorríveis, aquelas "situações que, realmente, não podem aguardar rediscussão futura em eventual recurso de apelação" (Parecer nº 956 de 2014, de relatoria do Senador Vital do Rego). É possível extrair desse critério que o recurso será cabível em situações de urgência, devendo ser este o elemento que deverá nortear quaisquer interpretações relacionadas ao cabimento do recurso de agravo de instrumento fora das hipóteses arroladas no art. 1.015 do CPC. (...). Do estudo da história do direito processual brasileiro e de como a questão é tratada no direito comparado, pode-se afirmar, com segurança, que a urgência que justifica o manejo imediato de uma impugnação em face de questão incidente está fundamentalmente assentada na inutilidade do julgamento diferido se a impugnação for ofertada apenas conjuntamente ao recurso contra o mérito, ao final do processo" (STJ. REsp 1696396/MT. Corte Especial. Rel. Min. Nancy Andrighi. DJe 19/12/2018).

cuja revisão postergada seja capaz de promover uma significativa repetição de atos processuais também devem se sujeitar ao agravo de instrumento.

Neste ponto, o voto vencedor é claro ao ressaltar que são agraváveis as decisões interlocutórias que gerem "uma situação jurídica de difícil ou de impossível restabelecimento futuro".

Como exemplo, é utilizada justamente a decisão interlocutória que versa sobre a competência do juízo, oportunidade na qual o STJ afastou a alegação de que tal hipótese se assemelha à do inciso III do art. 1.015[332]. Com base nesses fundamentos, também menciona como agravável a decisão interlocutória "sobre a estrutura procedimental que deverá ser observada no processo".

A quarta etapa do voto, além de reiterar a insuficiência do rol do art. 1.015 e o afastamento da tese que prega a interpretação extensiva do dispositivo, também rejeita a corrente doutrinária que defende o caráter exemplificativo do art. 1.015, pois, segundo o STJ, ela contrariaria "frontalmente o desejo manifestado pelo legislador de restringir o cabimento do recurso".

Assim, a Corte Especial do STJ seguiu uma quarta via, defendendo a *taxatividade mitigada* do rol do art. 1.015, que, a partir de um critério objetivo – "urgência que decorre da inutilidade futura do julgamento do recurso diferido da apelação" – permitiria a interposição de agravo de instrumento contra decisões interlocutórias não previstas no art. 1.015.

Para o STJ, a tese proposta não desrespeitaria a escolha legislativa consciente na enumeração presente no art. 1.015, mas, em sentido contrário, estaria em conformidade com a finalidade da norma ao permitir a interposição do agravo de instrumento em situações nas quais não se poderia postergar o reexame para o julgamento da apelação.

Ressalte-se que, na oportunidade, consolidou-se o entendimento de que, nessas hipóteses, não é admissível a impetração de mandado de segurança.

---

332. Vale destacar o seguinte trecho do voto, que é muito semelhante ao defendido na presente obra: "Todavia, uma parcela significativa da doutrina, capitaneada por Fredie Didier Jr. e Leonardo Carneiro da Cunha e que fora, inclusive, adotada em recente julgado desta Corte (REsp 1.679.909/RS, 4ª Turma, DJe 01/02/2018), vislumbra o cabimento do agravo de instrumento para discutir competência a partir da interpretação do art. 1.015, III, do CPC, que trata da hipótese de "rejeição da alegação de convenção de arbitragem", ao fundamento de que ambas as situações seriam muito semelhantes em relação a sua finalidade – afastar da causa o juízo incompetente. Respeitado esse entendimento, não se pode concordar com essa premissa, pois a hipótese tipificada trata de discussão relacionada a abdicação da jurisdição estatal para que a controvérsia seja conhecida pela jurisdição arbitral, situação que é ontologicamente diferente da competência, em que é disciplinada a organização interna da própria jurisdição estatal. Por esses motivos, é mais adequado reconhecer o cabimento do agravo de instrumento sobre controvérsia acerca da competência tendo como base as normas fundamentais do próprio CPC/15, especialmente a urgência de reexame da questão sob pena de inutilidade dos atos processuais já praticados" (STJ. REsp 1696396/MT. Corte Especial. Rel. Min. Nancy Andrighi. DJe 19/12/2018).

Após todas essas considerações, a tese foi fixada com a seguinte redação: "o rol do art. 1.015 do CPC é de taxatividade mitigada, por isso admite a interposição de agravo de instrumento quando verificada a urgência decorrente da inutilidade do julgamento da questão no recurso de apelação"[333].

Ciente da insegurança gerada por tantas controvérsias, a Corte Especial fixou regras de transição e de preclusão ligadas ao tema. Como forma de facilitar a compreensão, essas questões serão enfrentadas em tópicos próprios.

10.3.5.2 A "taxatividade mitigada" e as ideias defendidas neste livro

Inicialmente, ressalte-se que a Corte Especial expressamente afastou a tese defendida neste trabalho, segundo a qual o rol do art. 1.015 é exemplificativo e está sujeito à regra supletiva anteriormente apresentada, ligada à inaptidão da apelação para tutelar satisfatoriamente a hipótese.

Assim, antes das considerações que serão feitas, repete-se que o acórdão do STJ textualmente rejeitou a corrente doutrinária que defende o caráter exemplificativo das decisões interlocutórias sujeitas ao agravo de instrumento.

Feita essa importante ressalva inicial, as considerações que se seguem pretendem demonstrar a compatibilidade entre as ideias aqui defendidas e a tese que foi fixada pelo STJ, a despeito do afastamento mencionado.

Anteriormente se viu que a tese fixada pelo STJ ficou com a seguinte redação: "o rol do art. 1.015 do CPC é de taxatividade mitigada, por isso admite a interposição de agravo de instrumento quando verificada a urgência decorrente da inutilidade do julgamento da questão no recurso de apelação".

Já se deixou claro que, na visão adotada neste livro, deve-se entender que, além das hipóteses expressamente previstas no CPC/2015, são agraváveis todas as decisões interlocutórias cujo reexame postergado seja incapaz de oferecer uma tutela satisfatória[334].

Por consequência, propõe-se que a apelação seja considerada inapta quando se responder positivamente, ao menos, a uma dessas questões: a) *a decisão interlocutória pressupõe o reexame imediato, isto é, a sujeição ao*

---

333. STJ. REsp 1696396/MT. Corte Especial. Rel. Min. Nancy Andrighi. DJe 19/12/2018; REsp 1704520/MT. Corte Especial. Rel. Min. Nancy Andrighi, DJe 19/12/2018.

334. Em sentido semelhante, apesar de não afirmar categoricamente o caráter exemplificativo do rol do art. 1.015, Nelson Rodrigues Netto, analisando o tema à luz do PL 8.046/2010, afirmava que continuava válida a ponderação de que duas situações abarcavam o universo da recorribilidade por agravo de instrumento: a) tutela de urgência; b) inutilidade do recurso (NETTO, Nelson Rodrigues. "A carta de Salvador e o recurso de apelação no projeto do Código de Processo Civil". *Revista de Processo*. Ano 39, v. 229, 2014, p. 249). Convém lembrar, como visto em momento anterior, que o art. 1.015 do CPC/2015 não segue estritamente esta lógica, isto é, tem hipóteses que não versam sobre tutelas de urgência e que poderiam estar sujeitas à apelação.

agravo de instrumento é uma decorrência da decisão interlocutória?; b) *faltaria interesse recursal à futura apelação, isto é, ela seria incapaz de promover um resultado útil ao recorrente?*; c) *a postergação do reexame implicaria a assunção de riscos processuais relevantes ou poderia impor prejuízo considerável às partes?*

A partir da análise dos fundamentos expostos pela Corte Especial, foi possível verificar que o STJ entendeu que a *urgência decorrente da inutilidade da postergação do reexame da decisão* é o fator determinante para se admitir a interposição de agravo de instrumento contra decisões não previstas no art. 1.015 do CPC/2015[335].

Nota-se que essa conclusão do STJ é plenamente compatível com o defendido neste trabalho, sobretudo quando se destacou que a apelação é considerada inapta para oferecer uma tutela satisfatória quando ela é "*incapaz de promover um resultado útil ao recorrente*", faltando interesse recursal à impugnação, como se vê na alínea "b" da regra geral supletiva, acima descrita.

Além disso, também foi possível observar que o STJ considerou que potenciais prejuízos processuais, decorrentes de marchas e contramarchas promovidas pelo reexame postergado, também permitem a interposição de agravo de instrumento fora das hipóteses do art. 1.015.

Com relação à questão, a Corte Especial do STJ se manifestou no sentido de que as decisões interlocutórias cuja modificação postergada (somente em julgamento de apelação) podem ensejar uma grande repetição de atos processuais devem ser impugnáveis imediatamente.

Também estariam sujeitas ao agravo de instrumento as decisões interlocutórias que criassem uma situação de difícil ou impossível restabelecimento futuro[336].

---

335. Nos termos do voto vencedor: "A tese que se propõe consiste em, a partir de um requisito objetivo – a urgência que decorre da inutilidade futura do julgamento do recurso diferido da apelação –, possibilitar a recorribilidade imediata de decisões interlocutórias fora da lista do art. 1.015 do CPC, sempre em caráter excepcional e desde que preenchido o requisito urgência, independentemente do uso da interpretação extensiva ou analógica dos incisos do art. 1.015 do CPC, porque, como demonstrado, nem mesmo essas técnicas hermenêuticas são suficientes para abarcar todas as situações. Não há que se falar, destaque-se, em desrespeito a consciente escolha político-legislativa de restringir o cabimento do agravo de instrumento, mas, sim, de interpretar o dispositivo em conformidade com a vontade do legislador e que é subjacente à norma jurídica, qual seja, o recurso de agravo de instrumento é sempre cabível para as "situações que, realmente, não podem aguardar rediscussão futura em eventual recurso de apelação", nos termos do Parecer nº 956 de 2014, de relatoria do Senador Vital do Rego".

336. Nas palavras utilizadas no acórdão: "De outro lado, a questão da urgência e da inutilidade futura do julgamento diferido do recurso de apelação deve ser examinada também sob a perspectiva de que o processo não pode e não deve ser um instrumento de retrocesso na pacificação dos conflitos. (...). De fato, justamente para evitar as idas e as vindas, as evoluções e as involuções, bem como para que o veículo da tutela jurisdicional seja o processo e não o retrocesso, há que se ter em mente que questões que, se porventura modificadas, impliquem regresso para o refazimento

Ao se reler atentamente a proposta formulada neste livro, percebe-se que as considerações feitas pela Corte Especial do STJ são similares à hipótese prevista na alínea "c" da regra geral supletiva, segundo a qual a apelação é tida por inapta quando *a postergação do reexame implicar a assunção de riscos processuais relevantes ou puder impor prejuízo considerável às partes.*

Assim, pretende-se demonstrar que, por mais que tenha ocorrido o afastamento expresso da tese do caráter exemplificativo do rol do art. 1.015, as conclusões e as premissas utilizadas pelo STJ são compatíveis com as ideias defendidas neste livro.

Sem dúvida, mais do que a nomenclatura utilizada ("rol exemplificativo", "taxatividade mitigada" ou "rol taxativo que permite interpretação extensiva"), é a proximidade entre as ideias defendidas que deve ser observada.

Desta forma, apesar (repita-se) de a Corte Especial ter rejeitado textualmente as propostas defendidas neste livro, entende-se que as ideias aqui expostas estão em grande sintonia com as premissas e conclusões apresentadas pelo STJ.

10.3.5.3 A modulação dos efeitos da tese fixada pelo STJ

Com base no art. 23 da LINDB (acrescentado pela Lei n. 13.655/2018), o STJ optou por estabelecer um regime de transição e modular os efeitos da tese fixada, dispondo que ela só é aplicável às decisões interlocutórias proferidas após a publicação do acórdão que julgou o REsp 1696396/MT e o REsp 1704520/MT, o que ocorreu em 19/12/2018.

Por consequência, é possível encontrar precedentes do STJ que, mesmo após a publicação do acórdão mencionado, continuaram a aplicar a tese da taxatividade absoluta do rol do art. 1.015 aos agravos de instrumentos interpostos contra decisões interlocutórias anteriores a 19/12/2018, como se vê no REsp 1798886/RJ[337], no AgInt no AREsp 1270140/SP[338], no AgInt no AREsp 1248906/AM[339] e no AgInt na Pet 12.616/SP[340].

---

de uma parcela significativa de atos processuais deverão ser igualmente examináveis desde logo, porque, nessa perspectiva, o reexame apenas futuro, somente por ocasião do julgamento do recurso de apelação ou até mesmo do recurso especial, seria infrutífero. Dito de outra maneira: se o pronunciamento jurisdicional se exaurir de plano, gerando uma situação jurídica de difícil ou de impossível restabelecimento futuro, é imprescindível que seja a matéria reexaminada imediatamente".

337. STJ. REsp 1798886/RJ. Segunda Turma. Rel. Min. Herman Benjamin. DJe 16/04/2019.

338. STJ. AgInt no AREsp 1270140/SP. Primeira Turma. Rel. Min. Benedito Gonçalves. DJe 12/06/2019.

339. STJ. AgInt no AREsp 1248906/AM. Terceira Turma. Rel. Min. Paulo de Tarso Sanseverino. DJe 14/06/2019.

340. STJ. AgInt na Pet 12.616/SP. Terceira Turma. Rel. Min. Paulo de Tarso Sanseverino. DJe 14/06/2019.

10.3.5.4 A preclusão e as hipóteses agraváveis não previstas no art. 1.015

Ainda no julgamento do REsp 1696396/MT e do REsp 1704520/MT, a Corte Especial do STJ enfrentou a questão ligada à eventual preclusão decorrente da não interposição de agravo de instrumento contra a decisão interlocutória que, apesar de não estar prevista no art. 1.015, seja considerada agravável, com base na tese da "taxatividade mitigada pelo requisito da urgência".

Na oportunidade, o STJ se manifestou no sentido de que a ocorrência da preclusão, nesses casos, está sujeita a um "duplo juízo de conformidade", isto é, só haverá preclusão quanto ao reexame da matéria se, concomitantemente: a) a parte apresentar agravo de instrumento contra decisão interlocutória não prevista no art. 1.015; b) o tribunal admitir o recurso, julgando o seu mérito.

Assim, a simples admissão, em tese, da sujeição de determinada decisão interlocutória ao agravo de instrumento (fora do art. 1.015) não é capaz de impor a preclusão quando não interposto o referido recurso.

Para o STJ, não haveria *preclusão temporal*, pois o momento legalmente previsto para tal impugnação seria o da apelação/contrarrazões. Também não seria possível falar em *preclusão lógica*, já que ela exigiria uma conduta ativa, que não estaria presente na ausência de interposição do recurso. Por fim, não haveria *preclusão consumativa*, pois somente o juízo positivo de admissibilidade do *agravo de instrumento* seria capaz de efetivamente romper o "estado de inércia da questão", que, a princípio, aguardaria o seu reexame no momento da apelação.

Desta forma, somente quando presentes os dois requisitos mencionados (interposição do agravo de instrumento e juízo positivo de admissibilidade), será possível falar em preclusão quanto ao reexame de questão decidida por decisão interlocutória não prevista expressamente no art. 1.015 do CPC/2015.

10.3.5.5 A aplicação da tese a casos concretos

Nos tópicos anteriores, verificou-se que, em sede de recursos especiais repetitivos, o STJ fixou a seguinte tese (tema 988): "o rol do art. 1.015 do CPC é de taxatividade mitigada, por isso admite a interposição de agravo de instrumento quando verificada a urgência decorrente da inutilidade do julgamento da questão no recurso de apelação".

Como a redação da tese, por si só, não define quais outras hipóteses estão sujeitas ao agravo de instrumento, é preciso analisar a sua aplicação aos casos concretos, começando pelos próprios recursos representativos da controvérsia: o REsp 1696396/MT e o REsp 1704520/MT.

O REsp 1696396/MT envolvia uma anterior interposição de agravo de instrumento contra uma decisão interlocutória que: a) reconheceu a incompetência absoluta do juízo (em razão da matéria) e determinou a remessa dos autos à vara especializada em Direito Agrário; b) já na vigência do CPC/2015, rejeitou a impugnação ao valor da causa, apresentada ainda na vigência do CPC/1973.

Já o REsp 1704520/MT estava ligado a um agravo de instrumento interposto contra uma decisão interlocutória que acolheu uma exceção de incompetência (apresentada na vigência do CPC/1973) e determinou a remessa dos autos a comarca diversa, rejeitando a alegação de nulidade da cláusula de eleição de foro.

Nota-se, portanto, que o STJ foi chamado a decidir sobre o cabimento de agravo de instrumento contra decisões interlocutórias que versam sobre *competência* e contra aquelas que tratam do *valor da causa*.

Com relação às decisões interlocutórias sobre *competência* (seja qual for o seu sentido), o STJ entendeu que *é cabível a interposição de agravo de instrumento*. Para a Corte Especial, essas decisões são exemplos de situações que apresentam a "urgência no reexame" mencionada na fundamentação do acórdão, "sob pena de ser infrutífero o exame tardio da questão controvertida, especialmente quando reconhecida a incompetência do juízo"[341].

A partir dessa aplicação da tese feita pela Corte Especial, a Quarta Turma STJ também admitiu a interposição de agravo de instrumento contra decisão interlocutória sobre competência, no julgamento do AgInt no AREsp 1370605/SP[342].

Já quanto às decisões interlocutórias sobre o *valor da causa*, a solução foi diversa: a Corte Especial não admitiu a interposição de agravo de instrumento, sob a tese de que não haveria prejuízos imediatos com o reexame postergado, de sorte que não estaria presente o requisito da urgência para permitir a utilização do recurso[343].

Esse entendimento já foi reiterado em outros precedentes do STJ, como o AgInt no REsp 1760535/SP[344] e o AgInt no RMS 59.734/SP[345].

Como, até o momento do fechamento desta edição, não foram encontrados outros precedentes do STJ sobre a aplicação da tese a decisões interlocutórias não previstas no art. 1.015, o presente tópico fica com sua análise restrita às hipóteses efetivamente resolvidas nos julgamentos do REsp 1696396/MT e do REsp 1704520/MT.

---

341. STJ. REsp 1696396/MT. Corte Especial. Rel. Min. Nancy Andrighi. DJe 19/12/2018; REsp 1704520/MT. Corte Especial. Rel. Min. Nancy Andrighi, DJe 19/12/2018.
342. STJ. AgInt no AREsp 1370605/SP. Quarta Turma. Rel. Min. Raul Araújo. DJe 11/04/2019.
343. STJ. REsp 1696396/MT. Corte Especial. Rel. Min. Nancy Andrighi. DJe 19/12/2018.
344. STJ. AgInt no REsp 1760535/SP. Terceira Turma. Rel. Min. Ricardo Villas Bôas Cueva. DJe 21/05/2019.
345. STJ. AgInt no RMS 59.734/SP. Terceira Turma. Rel. Min. Ricardo Villas Bôas Cueva. DJe 12/04/2019.

10.3.5.6 Os votos vencidos

Como mencionado anteriormente, foram vencidos os Ministros Maria Thereza de Assis Moura, João Otávio de Noronha, Humberto Martins, Og Fernandes e Mauro Campbell Marques.

Neste momento, cabe apresentar os principais argumentos utilizados pelos Ministros.

Em seu voto, a Ministra Maria Thereza de Assis Moura expressamente rejeitou a corrente doutrinária sobre o caráter exemplificativo do rol do art. 1.015, já que o dispositivo não traria norma de fechamento que permitisse a extensão do tratamento a hipóteses semelhantes.

Para a Ministra, o fato de o CPC/2015 não ter expressamente tornado agraváveis algumas decisões interlocutórias que pressupõem um reexame imediato não seria capaz de afastar o que estaria previsto na lei.

Em sequência, o seu voto rejeita as teses sobre a interpretação extensiva e a da "taxatividade mitigada", entendendo que elas gerariam insegurança jurídica ligada à preclusão no reexame das questões decididas, quando não fosse interposto o agravo de instrumento contra a decisão não prevista expressamente no art. 1.015.

Também houve ponderações sobre a impossibilidade de o STJ substituir a (má) escolha legislativa, que teria sido explícita, pois tal medida também traria mais insegurança jurídica, já que não haveria delimitação precisa das hipóteses nas quais o agravo de instrumento seria admitido fora das hipóteses do art. 1.015.

Assim, para a Ministra Maria Thereza de Assis Moura, a tese proposta (que se sagrou vencedora) não atenderia às finalidades do julgamento segundo o rito dos recursos especiais repetitivos, pois não traria maior segurança jurídica e deixaria com o que a real análise do cabimento do agravo do instrumento continuasse sendo feita casuisticamente pelos TJs e TRFs.

Desta forma, votou contrariamente à tese proposta pela Ministra Relatora e manifestou-se pelo não provimento dos recursos especiais analisados, alinhando-se à tese da taxatividade absoluta do rol do art. 1.015.

Na oportunidade, a Ministra Maria Thereza de Assis Moura sugeriu que fosse adotada a seguinte tese: "somente tem cabimento agravo de instrumento nas hipóteses previstas expressamente no art. 1.015 do CPC".

O Ministro João Otávio de Noronha acompanhou a divergência e trouxe considerações próprias ao julgamento.

O seu voto defende que o CPC/2015 mostrou preocupação com a satisfação do interesse das partes em prazo razoável e que a fixação de um rol taxativo de hipóteses de cabimento de agravo de instrumento foi uma medida consciente tomada para tornar o processo menos moroso.

Assim, o Ministro entendeu não ser possível adotar uma interpretação extensiva, pois tal solução extrapolaria a taxatividade prevista legalmente e iria de encontro à finalidade legislativa de impedir uma ampla recorribilidade imediata das decisões interlocutórias.

Mais à frente, o voto traz considerações no sentido de que o acolhimento da tese proposta pela Ministra Relatora não colocaria fim à controvérsia, pois seria necessário manifestar-se, em novos recursos especiais, sobre outras hipóteses de cabimento.

Desta forma, o Ministro João Otávio de Noronha, apesar de relembrar as críticas ao rol do art. 1.015, defendeu o seu caráter taxativo, que seria compatível com a intenção legislativa de privilegiar a celeridade processual.

O Ministro Humberto Martins acompanhou a divergência.

Em seguida, o Ministro Og Fernandes votou no sentido proposto pela Ministra Maria Thereza de Assis Moura.

Em seu voto, defendeu que a tese proposta pela Ministra Relatora representaria a aplicação do regime do último período de vigência do CPC/1973 sem que houvesse autorização legal para tanto. Assim, não seria possível decidir com base no que o STJ pensaria ser melhor, mas com fundamento naquilo que foi objeto de escolha legislativa.

O Ministro também se mostrou contrário aos argumentos da tese vencedora quanto à ausência de preclusão, defendendo que a proposta acabaria deixando o regime de preclusões, quanto às decisões interlocutórias, sujeito exclusivamente à vontade das partes, o que não poderia ser aceito.

Além disso, reiterou as críticas quanto à suposta falta de segurança jurídica na tese proposta pela Ministra Relatora, pois o conceito de urgência seria mutável e a análise concreta acabaria sendo feita, caso a caso, pelos tribunais, o que afastaria a utilidade da fixação de tese em sede de julgamento de recursos especiais repetitivos.

Para o Ministro, a solução para as desvantagens na utilização de mandado de segurança contra decisões interlocutórias não previstas no art. 1.015 não seria tolerar a interposição de agravo de instrumento, mas efetivamente não analisar o mérito de tais mandados de segurança.

Feitas essas considerações, o voto defendeu que a interpretação do dispositivo deve levar em conta o princípio da duração razoável do processo, que legitimaria a escolha legislativa por manter a ampla recorribilidade, mas restringir a recorribilidade imediata a algumas decisões interlocutórias.

Desta forma, acompanhou a divergência e sugeriu um acréscimo na tese proposta, que ficaria com a seguinte redação: "somente tem cabimento agravo de instrumento nas hipóteses previstas expressamente no art. 1.015 do CPC e em outros casos expressamente referidos em lei".

Por fim, o Ministro Mauro Campbell Marques acompanhou a divergência.

10.4 ESTABILIDADES E DECISÕES INTERLOCUTÓRIAS AGRAVÁVEIS

Em momento anterior deste trabalho (tópico 9.8.6), já foram desenvolvidas as premissas com base nas quais se defende que o art. 505 estabelece uma preclusão para o juiz reexaminar questões já decididas. Na mesma oportunidade, se defendeu o art. 507 veda que as partes proponham rediscussões de questões quando ocorrida a preclusão, o que, quanto às decisões interlocutórias, acontece para as partes com a ausência de interposição do recurso correspondente.

De uma forma geral, não interposto o agravo de instrumento contra decisões interlocutórias sujeitas a ele, há preclusão e é vedado o seu reexame, de ofício ou após suscitação pelas partes, inclusive nos casos de tutela provisória, cuja revisão, modificação ou extinção está condicionada à apresentação de fatos novos ou de novos elementos.

Apesar disso, relembre-se que o STJ entende que, quanto às decisões interlocutórias agraváveis que estão fora do art. 1.015, a ocorrência da preclusão está sujeita a um "duplo juízo de conformidade", isto é, só haverá preclusão se, concomitantemente: a) a parte apresentar agravo de instrumento contra decisão interlocutória não prevista no art. 1.015; b) o tribunal admitir o recurso, julgando o seu mérito[346].

No entanto, há quatro decisões interlocutórias que, quando não recorridas por agravo de instrumento, geram estabilidades diferentes da preclusão.

A primeira delas é a que concede tutela antecipada requerida em caráter antecedente, cuja ausência de recurso resulta na estabilidade prevista no art. 304, tema que já foi enfrentado nos tópicos 10.2.1.4 e 10.2.1.5 deste trabalho.

Nos outros três casos em que a estabilidade é diferente da preclusão, forma-se a coisa julgada. Quando não interposto agravo de instrumento contra a decisão interlocutória que julga o mérito de forma antecipada e parcial (art. 1.015, II), a que exclui um litisconsorte (art. 1.015, VII) e a que resolve parcialmente a demanda (art. 354, parágrafo único), há formação de coisa julgada, formal ou material, a depender do caso.

346. STJ. REsp 1696396/MT. Corte Especial. Rel. Min. Nancy Andrighi. DJe 19/12/2018; REsp 1704520/MT. Corte Especial. Rel. Min. Nancy Andrighi, DJe 19/12/2018.

Capítulo 11

CONCLUSÃO

Ao longo da primeira parte do trabalho, verificou-se que a recorribilidade das decisões interlocutórias sofreu inúmeras modificações durante o desenvolvimento do direito processual brasileiro.

Nessa abordagem histórica, foi possível perceber significativas alterações nas classificações dos pronunciamentos do juiz, a começar pela inicial repartição entre *sentenças interlocutórias* (simples ou mistas), *sentenças definitivas* e *despachos*, divisão que caracterizou o período histórico anterior ao CPC/1939.

Somente com o CPC/1939, houve aproximação classificatória entre as decisões que punham fim ao processo, na medida em que as decisões terminativas, inicialmente tidas como *sentenças interlocutórias mistas*, passaram a ser doutrinariamente incluídas no gênero das *decisões finais* (terminativas ou definitivas), contraposto aos *despachos interlocutórios*, que não colocavam fim ao processo, e aos *despachos de mero expediente.*

Durante a vigência do CPC/1973, apesar das divergências doutrinárias, sobretudo as posteriores à Lei n. 11.232/2005, definiu-se que o critério funcional de encerrar o processo ou uma de suas fases distinguia as sentenças e as decisões interlocutórias, uma vez que só as primeiras exerciam tal função. Além disso, concluiu-se que o *conteúdo decisório relevante* era o elemento diferenciador entre as decisões interlocutórias e os despachos, que também não encerravam nenhuma fase processual.

Além das variações nos conceitos de decisões interlocutórias, a recorribilidade correspondente também sofreu diferentes regulamentações ao longo do desenvolvimento do direito processual civil brasileiro, sendo uma marca histórica a opção pela enumeração casuística das hipóteses de cabimento do agravo de instrumento.

No período anterior ao CPC/1939, por exemplo, viu-se que diversos recursos foram, em algum momento, hábeis à impugnação de determinadas sentenças interlocutórias, como a apelação, o agravo ordinário, o agravo de petição, o agravo de instrumento e o agravo no auto do processo.

Com a vigência do CPC/1939, verificou-se um passo adiante na organização da esfera recursal: a fixação da regra geral que vinculava a apelação à impugnação das decisões definitivas e o agravo de petição como recurso voltado ao combate às decisões terminativas. Quanto aos despachos interlocutórios, o CPC/1939 buscou consagrar a sua irrecorribilidade, ressalvados aqueles impugnáveis por agravo no auto do processo (art. 851) e por agravo de instrumento, cujo rol do art. 842 era tido como taxativo.

Na oportunidade, foi possível compreender os prejuízos causados pela defesa da exaustividade das hipóteses de cabimento de agravo de instrumento no CPC/1939, uma vez que as partes se valeram de sucedâneos recursais, como o mandado de segurança, a reclamação e a correição parcial, expedientes nem sempre técnicos, para impugnar despachos interlocutórios não previstos no rol do art. 842, sobretudo porque o dispositivo não contemplava os despachos interlocutórios que pudessem causar dano irreparável à parte.

Apesar dos avanços, demonstrou-se que o CPC/1939 padecia da falta de rigor técnico na fixação das espécies de pronunciamentos recorríveis por agravo de instrumento, uma vez que o recurso não era voltado exclusivamente à impugnação dos despachos interlocutórios, mas alcançava algumas decisões terminativas e definitivas, previstas no próprio art. 842. De todo o modo, na vigência do CPC/1939, a recorribilidade dos despachos interlocutórios passou a se vincular ao agravo de instrumento e ao agravo no auto do processo.

Por sua vez, CPC/1973 representou uma considerável evolução em prol do melhor estudo da matéria, na medida em que fixou regras gerais que vinculavam cada decisão de primeiro grau a uma espécie recursal e também restringiu o cabimento de cada recurso a uma espécie de decisão.

Nesse contexto, as decisões interlocutórias passaram a ser impugnáveis por agravo, que poderia ser interposto na forma retida ou por instrumento. Em virtude dos problemas vivenciados na legislação anterior, viu-se que o período inicial do CPC/1973 foi marcado pela ampla recorribilidade das decisões interlocutórias, abandonando-se a tradição histórica da enumeração casuística das hipóteses de cabimento do agravo de instrumento e dispondo que todas as decisões interlocutórias eram passíveis de impugnação imediata por agravo (retido ou de instrumento). Além disso, foi conferida ampla liberdade de escolha ao recorrente, que podia optar pelo reexame imediato, proporcionado pelo agravo de instrumento, ou pela revisão postergada, promovida pelo agravo retido.

Ao se estudar o desenvolvimento histórico do CPC/1973, verificou-se que o grande número de agravos de instrumento em trâmite nos tribunais trouxe consigo a aprovação de leis que reduziram a liberdade de escolha do recorrente entre os regimes dos agravos, até que se chegou à fixação de hipóteses que eram impugnáveis por agravo de instrumento, enquanto as demais estavam sujeitas ao regime da retenção, e se permitiu a conversão irrecorrível do agravo de instrumento em retido. Nesse cenário, viu-se que a doutrina passou a defender e a jurisprudência a aceitar que, além das hipóteses de cabimento previstas expressamente, o agravo de instrumento também era o recurso cabível quando o procedimento do agravo retido fosse incompatível com a tutela do direito afirmado.

Assim, ao término da parte histórica, foi possível verificar as alterações nos conceitos de decisão interlocutória e também as diversas modificações na sua recorribilidade, trajetória que trouxe algumas premissas utilizadas para resolver certos problemas vivenciados com o CPC/2015, ao qual se dedicou a segunda parte do trabalho.

Quanto ao conceito das decisões interlocutórias, o CPC/2015 mantém o critério da *função* de encerrar uma das fases processuais ou a execução para diferenciá-las das sentenças, na medida em que só estas últimas o fazem. Além disso, há uma significativa melhora na redação legal, impondo um caráter claramente mutuamente excludente entre as definições de decisões interlocutórias e sentenças.

Nesse cenário, verificou-se que as decisões interlocutórias correspondem aos pronunciamentos judiciais de primeiro grau que têm conteúdo decisório relevante e que não põem fim a alguma das fases processuais ou à execução.

Com relação à sua recorribilidade, concluiu-se pela aproximação entre o CPC/2015 e a regra da irrecorribilidade em separado das decisões interlocutórias. Nesse contexto, o agravo retido foi extinto e as decisões interlocutórias não agraváveis passaram a ser impugnáveis ao final, o que pode ocorrer por apelação ou recurso ordinário constitucional. Até o recurso contra a sentença, não há preclusão para as partes quanto ao reexame das decisões interlocutórias não agraváveis.

Na oportunidade, pode-se perceber que a opção legislativa de postergar a preclusão de algumas decisões interlocutórias é criticável, uma vez que retira a segurança jurídica decorrente do prévio conhecimento acerca da estabilidade das decisões tomadas no curso do procedimento em primeiro grau.

Nesse contexto, viu-se que o art. 1.009, § 1º, do CPC/2015 consagrou a apelação como recurso hábil à impugnação de determinadas decisões interlocutórias, sendo dado à parte apelar autonomamente ou em contrarrazões à apelação.

Quanto à apelação contra decisão interlocutória interposta em "preliminar", viu-se que, apesar de o texto do art. 1.009, § 1º, utilizar o termo "preliminar", a impugnação da decisão interlocutória compõe efetivamente o mérito do recurso, em conjunto com o ataque à sentença ou isoladamente.

Nas hipóteses em que a apelação é interposta exclusivamente contra uma decisão interlocutória, percebeu-se que o capítulo da sentença vinculado à decisão interlocutória recorrida fica sob condição suspensiva: o seu trânsito em julgado é condicionado ao insucesso da apelação contra a decisão interlocutória que lhe é antecedente. Havendo provimento do recurso, a sentença se resolve quanto ao capítulo condicionado pela manutenção da decisão interlocutória.

Quanto à recorribilidade das decisões interlocutórias em contrarrazões de apelação, foi possível chegar às seguintes conclusões: a) é uma forma de *interposição de apelação*; b) é interposta pelo interessado na manutenção da sentença, absoluta ou relativamente; c) pode impugnar decisões interlocutórias ligadas ao capítulo de sentença apelado ou estranhas a ele; d) é um recurso subordinado; e) diferencia-se da apelação adesiva em virtude do objeto da impugnação; f) no entanto, está sujeita ao regime jurídico da apelação adesiva; g) dependendo do interesse recursal, pode ser um recurso condicionado.

Em seguida, foram abordadas outras questões problemáticas ligadas à recorribilidade das decisões interlocutórias ao final, extraindo-se as seguintes conclusões: a) o silêncio da parte, após a intimação prevista no art. 10, não implica a inadmissibilidade da apelação contra a decisão interlocutória; b) havendo decisão interlocutória com vários capítulos, nem todos sujeitos ao mesmo recurso, cabe agravo de instrumento para impugnar os capítulos agraváveis e apelação contra os demais; c) o pedido de esclarecimento e a solicitação de ajustes, previstos no art. 357, § 1º, funcionam como recursos e a admissibilidade da apelação contra a decisão de saneamento e organização do processo está condicionada a essa impugnação anterior, já que, na sua ausência, a decisão se estabiliza e não pode mais ser revista; d) as decisões interlocutórias que causam as chamadas "nulidades relativas" não precisam ser impugnadas imediatamente, bastando a apresentação de recurso ao final; e) no caso de resolução parcial da demanda (com ou sem exame do mérito): e.1) as decisões interlocutórias anteriores, que digam respeito exclusivamente à decisão interlocutória posterior e que sejam recorríveis ao final, devem ser impugnadas no mesmo agravo de instrumento desta última; e.2) quando a decisão anterior, recorrível ao final, se relacionar a questão exclusivamente ligada ao decidido na sentença, ela segue a regra geral de recorribilidade por apelação; e.3) quando a decisão anterior, recorrível ao final, cuidar de questão comum ao resolvido na decisão posterior e na sentença, ela deve ser impugnada por agravo de instrumento, sob pena de preclusão; f) a falta de recuso ao final contra decisão interlocutória não agravável implica preclusão quanto à possibilidade de seu reexame, independentemente de a questão resolvida ser cognoscível de ofício ou não.

Em seguida, foram destinados tópicos às decisões interlocutórias previstas como agraváveis pelo art. 1.015, oportunidade na qual foram identificadas cada uma das hipóteses de cabimento do recurso.

Nesse caminho, concluiu-se que algumas dessas decisões interlocutórias são agraváveis em virtude de o regime da recorribilidade ao final ser incapaz de tutelar satisfatoriamente o direito supostamente violado. São exemplos aquelas que: a) versam sobre tutela provisória (art. 1.015, inciso I); b) julgam o mérito de forma antecipada e parcial (art. 1.015, inciso II); c) indeferem o pedido de desconsideração da personalidade jurídica (art. 1.015, inciso III); d) indeferem o pedido de gratuidade de justiça ou o revogam (art. 1.015, inciso V); e) determinam a exibição incidental de documento ou coisa (art. 1.015, inciso VI); f) excluem um litisconsorte (art. 1.015, inciso VII); g) rejeitam o pedido de limitação do litisconsórcio (art. 1.015, inciso VIII); g) inadmitem a intervenção de terceiros (art. 1.015, inciso IX); h) concedem, modificam ou revogam o efeito suspensivo aos embargos à execução (art. 1.015, inciso X); g) resolvem parcialmente a demanda, com ou sem exame do mérito, (art. 354, parágrafo único); h) decidem o requerimento de distinção previsto no art. 1.037, § 9º (art. 1.037, § 13º, I); i) são proferidas em liquidação, cumprimento de sentença, execução e no procedimento de inventário e partilha (art. 1.015, parágrafo único).

Por outro lado, foi possível definir que nem todas as hipóteses de cabimento de agravo de instrumento se amoldam a essa justificativa, na medida em que o legislador tornou agraváveis algumas decisões que poderiam, sem maiores problemas, ser recorríveis ao final, como as que: a) rejeitam alegações de convenção de arbitragem (art. 1.015, III); b) deferem o pedido de desconsideração da personalidade jurídica formulado na fase de conhecimento (art. 1.015, IV); c) negam o requerimento de exibição incidental de documento ou coisa (art. 1.015, VI); d) admitem a intervenção de terceiros (art. 1.015, IX).

Apesar dessa ponderação, foi possível fixar que o legislador, para definir as decisões interlocutórias agraváveis, teve como parâmetro a incapacidade de a apelação tutelar satisfatoriamente a hipótese. Essa premissa foi fundamental para a conclusão acerca do caráter exemplificativo do rol do art. 1.015.

Para a resolução da questão ligada ao caráter taxativo ou exemplificativo das hipóteses de cabimento do agravo instrumento, foram inicialmente relembrados os problemas vivenciados com o CPC/1939 e pode se compreender que a utilização de sucedâneos recursais nos casos que exigem reexame imediato, apesar de não constarem no rol do art. 1.015, seria mais prejudicial do que a admissibilidade do agravo de instrumento.

Nesse cenário, também se recordou o pensamento desenvolvido no último período do CPC/1973, segundo o qual, a despeito do texto legal do art. 522 do código revogado, também era cabível o agravo de instrumento quando a tramitação segundo o regime da retenção não fosse capaz de oferecer a tutela a contento.

Diante dessas considerações, concluiu-se que o rol do art. 1.015 é exemplificativo e que também deve se admitir a interposição de agravo de instrumento contra decisões interlocutórias quando a apelação não for capaz de tutelar satisfatoriamente a hipótese.

No entanto, foi demonstrado que o STJ, diante do tema, fixou a seguinte tese: "o rol do art. 1.015 do CPC é de taxatividade mitigada, por isso admite a interposição de agravo de instrumento quando verificada a urgência decorrente da inutilidade do julgamento da questão no recurso de apelação".

Por fim, verificou-se que a ausência de interposição de agravo de instrumento pode dar causa a três tipos diferentes de estabilidade, dependendo da questão decidida: a *preclusão*, *estabilidade do art. 304* (desde que preenchidos os demais requisitos) e a *coisa julgada*, nos casos de resolução parcial da demanda, com ou sem exame do mérito.

REFERÊNCIAS BIBLIOGRÁFICAS

ABELHA, Marcelo. *Manual de direito processual civil.* 6ª ed. Rio de Janeiro: Forense, 2016.

ALVIM, Arruda. *Manual de direito processual civil: parte geral.* 10ª ed. São Paulo: Editora Revista dos Tribunais, 2006.

______. "Notas sobre algumas das mutações verificadas com a Lei 10.352/2001". In: NERY Junior, Nelson; WAMBIER, Teresa Arruda Alvim (Coord.). *Aspectos polêmicos e atuais dos recursos e de outros meios de impugnação às decisões judiciais.* São Paulo: Editora Revista dos Tribunais, 2002, v. 6, p. 61/97.

______. "Sentença no processo civil". *Revista de Processo.* Ano 1, n. 2, 1976, p. 13/94.

ALVIM, J. E. Carreira. "Agravo retido e agravo de instrumento – nova mini-reforma do Código de Processo Civil". *Revista de Processo.* Ano 30, n. 130, 2005, p. 87/93.

______; CABRAL, Luciana Gontijo Carreira Alvim. "Nova mexida nos agravos retido e de instrumento". In: NERY Junior, Nelson; WAMBIER, Teresa Arruda Alvim (Coord.). *Aspectos polêmicos e atuais dos recursos cíveis e assuntos afins.* São Paulo: Editora Revista dos Tribunais, 2006, v. 9, p. 275/288.

AMERICANO, Jorge. *Código de Processo Civil do Brasil.* 2ª ed. São Paulo: Edição Saraiva, 1960, 4º vol.

ANDRADE, Odilon de. *Comentários ao Código de Processo Civil.* Rio de Janeiro: Revista Forense, 1946, vol. IX.

ARAGÃO, Egas Dirceu Moniz de. *Comentários ao Código de Processo Civil.* Rio de Janeiro: Forense, 1974, vol. II.

______. *Comentários ao Código de Processo Civil.* 8ª ed. Rio de Janeiro: Forense, 1995, vol. II.

ARAÚJO, José Henrique Mouta. "Decisão interlocutória de mérito no projeto do novo CPC: reflexões necessárias". In: DIDIER Jr, Fredie; ARAÚJO, José Henrique Mouta; KLIPPEL, Rodrigo (Coord.). *O projeto do novo Código de Processo Civil: estudos em homenagem ao professor José de Albuquerque Rocha.* Salvador: Juspodivm, 2011, p. 219/230.

______. "O conceito de sentença e o projeto do novo CPC". *Revista Síntese: direito civil e processual civil.* Ano XII, n. 70, 2011, p. 110/115.

______. "O cumprimento da sentença e a 3.ª etapa da reforma processual – primeiras impressões". *Revista de Processo.* Ano 30, n. 123, 2005, p. 142/158.

______. "O recurso de agravo e as diretrizes estabelecidas pela Lei 11.187/2005". *Revista de Processo.* Ano 30, n. 130, 2005, p. 109/122.

ARENHART, Sérgio Cruz. "A antecipação de tutela e as alterações da Lei 10.444/2002". In: MARINONI, Luiz Guilherme (Coord.). *Estudos de direito processual civil.* São Paulo: Editora Revista dos Tribunais, 2005, p. 276/291.

ASSIS, Araken de. *Cumprimento de sentença.* Rio de Janeiro: Forense, 2006.

______. *Manual dos recursos.* 7ª ed. São Paulo: Editora Revista dos Tribunais, 2015.

______. *Processo civil brasileiro: parte especial: procedimento comum (da demanda à coisa julgada).* São Paulo: Editora Revista dos Tribunais, 2015, vol. III.

______. *Processo civil brasileiro: parte geral: institutos fundamentais.* São Paulo: Editora Revista dos Tribunais, 2015, vol. II, t. I.

______. *Processo civil brasileiro: parte geral: institutos fundamentais.* São Paulo: Editora Revista dos Tribunais, 2015, vol. II, t. II.

ATAÍDE Jr., Jaldemiro Rodrigues. "A execução da sentença de improcedência diante do NCPC". In: DIDIER Jr, Fredie (Coord. Geral); MACÊDO, Lucas Buril de; PEIXOTO, Ravi; FREIRE, Alexandre (Org.). *Novo CPC doutrina selecionada: execução.* Salvador: Juspodivm, 2015, vol. 5, p. 325/338.

BAPTISTA, Francisco de Paula. *Compendio de theoria e pratica do processo civil comparado com o commercial e de hermeneutica juridica para uso das faculdades de direito do Imperio.* 5ª ed. Rio de Janeiro: H. Garnier, 1898.

BARIONI, Rodrigo. "Preclusão diferida, o fim do agravo retido e a ampliação do objeto da apelação no Código de Processo Civil". *Revista de Processo.* Ano 40, vol. 243, 2015, p. 269/280.

BASTOS, Antônio Adonias Aguiar. "Título III. Dos embargos à execução". In: WAMBIER, Teresa Arruda Alvim; DIDIER Jr., Fredie; TALAMINI, Eduardo; DANTAS, Bruno (Coord.). *Breves comentários ao Novo Código de Processo Civil.* São Paulo: Editora Revista dos Tribunais, 2015, p. 2.031/2.062.

BERALDO, Leonardo de Faria. "Processo, agravo de instrumento, e... tênis?". *Revista de Processo.* Ano 37, vol. 204, 2012, p. 243/248.

BERMUDES, Sérgio. *A reforma do Código de Processo Civil; observações às Leis 8.950, 8.951, 8.952 e 8.953, de 13-12-1994, 9.079, de 14-7-1995, 9.139, de 30-11-1995, e 9.245, de 26-12-1995, que alteraram o CPC.* 2ª ed. São Paulo: Saraiva, 1995.

______. *Comentários ao Código de Processo Civil.* São Paulo: Editora Revista dos Tribunais, 1975, vol. VII.

BODART, Bruno Vinicius Da Rós. "Seção VI. Da Exibição de Documento ou Coisa". In: STRECK, Lenio Luiz; NUNES, Dierle; CUNHA, Leonardo Carneiro da (Org.); FREIRE, Alexandre (Coord. Executivo). *Comentários ao Código de Processo Civil.* São Paulo: Saraiva, 2016, p. 585/593.

BOISSESON, Mathieu de. "As *anti-suit injunction* e o princípio da 'competência-competência'". *Revista de Arbitragem e Mediação*. Ano 2, n. 7, 2005, p. 138/145.

BUENO, Cássio Scarpinella. "A exibição de documento ou coisa, a súmula 372 do STJ e o Novo Código de Processo Civil". In: DIDIER Jr., Fredie (Coord. Geral); FERREIRA, William Santos; JOBIM, Marco Félix (Coord.). *Grandes temas do Novo CPC: Direito probatório*. Salvador: Juspodivm, 2015, v. 5, p. 357/367.

BUZAID, Alfredo. *Do agravo de petição no sistema do Código de Processo Civil*. 2ª ed. São Paulo: Saraiva, 1956.

CABRAL, Antonio do Passo. "Coisa julgada". In: WAMBIER, Teresa Arruda Alvim; DIDIER Jr., Fredie; TALAMINI, Eduardo; DANTAS, Bruno (Coord.). *Breves comentários ao Novo Código de Processo Civil*. São Paulo: Editora Revista dos Tribunais, 2015, p. 1.280/1.310.

______. "Questões processuais no julgamento do Mensalão: valoração da prova indiciária e preclusão para o juiz de matérias de ordem pública". *Revista dos Tribunais*, Ano 102, n. 933, 2013, p. 131/150.

CAETANO, Marcelo Miranda. "A sistematização do *amicus curiae* no Novo Código de Processo Civil Brasileiro". In: DIDIER Jr, Fredie (Coord. Geral); MACÊDO, Lucas Buril de; PEIXOTO, Ravi; FREIRE, Alexandre (Org.). *Novo CPC doutrina selecionada: parte geral*. Salvador: Juspodivm, 2015, vol. 1, p. 985/993.

CAHALI, Claudia Elisabete Schwerz. "Da habilitação". In: WAMBIER, Teresa Arruda Alvim; DIDIER Jr., Fredie; TALAMINI, Eduardo; DANTAS, Bruno (Coord.). *Breves comentários ao Novo Código de Processo Civil*. São Paulo: Editora Revista dos Tribunais, 2015, p. 1.593/1.598.

CALEFFI, Patrícia. *A resolução parcial do mérito: análise crítica do § 6º, art. 273 do CPC*. Monografia (Graduação em Direito). Universidade Federal da Bahia, Salvador, 2005.

CALMON Filho, Petrônio (Org.). *Reforma infraconstitucional do processo civil*. São Paulo: Instituto Brasileiro de Direito Processual, 2005, vol. 4.

CÂMARA, Alexandre Freitas. "Capítulo IV. Do incidente de desconsideração da personalidade jurídica". In: WAMBIER, Teresa Arruda Alvim; DIDIER Jr., Fredie; TALAMINI, Eduardo; DANTAS, Bruno (Coord.). *Breves comentários ao Novo Código de Processo Civil*. São Paulo: Editora Revista dos Tribunais, 2015, p. 425/437.

______. "Do agravo de instrumento no novo Código de Processo Civil". In: RIBEIRO, Darci Guimarães; JOBIM, Marco Félix (Org.). *Desvendando o novo CPC*. Porto Alegre: Livraria do Advogado Editora, 2015, p. 9/15.

______. Juizados Especiais Cíveis Estaduais e Federais – Uma Abordagem Crítica. 7ª ed. Rio de Janeiro: Editora Lumen Juris, 2012.

______. *Lições de direito processual civil*. 25ª ed. São Paulo: Editora Altas, 2014, vol. 1.

______. *Lições de direito processual civil*. 23ª ed. São Paulo: Editora Atlas, 2014, vol. 2.

CÂMARA, Helder Moroni (Coord.). *Código de processo civil comentado.* São Paulo: Almedina, 2016.

CAMBI, Eduardo. "Teoria das cargas probatórias dinâmicas (distribuição dinâmica do ônus da prova) – exegese do artigo 373, §§ 1º e 2º do NCPC". In: DIDIER Jr, Fredie (Coord. Geral); MACÊDO, Lucas Buril de; PEIXOTO, Ravi; FREIRE, Alexandre (Org.). *Novo CPC doutrina selecionada: processo de conhecimento, provas.* Salvador: Juspodivm, 2015, vol. 3, p. 433/456.

CARDOSO, Oscar Valente. "O *amicus curiae* no Novo Código de Processo Civil". *Revista Dialética de Direito Processual.* n. 146, 2015, p. 73/84.

CARMONA, Carlos Alberto. *Arbitragem e processo: um comentário à Lei nº 9.307/96.* 3ª ed. São Paulo: Atlas, 2009.

CARNEIRO, Athos Gusmão. *O novo recurso de agravo e outros estudos.* 3ª ed. Rio de Janeiro: Editora Forense, 1998.

CHIOVENDA, Guiseppe. *Instituições de direito processual civil: a relação processual ordinária de cognição (continuação).* J. Guimarães Menegale (trad.). São Paulo: Livraria Acadêmica – Saraiva & Cia Editores, 1945, vol. III.

COSTA, Alfredo Araújo Lopes da. *Direito processual civil brasileiro (Código de 1939).* Rio de Janeiro: José Konfino, 1947, vol. II.

______. *Direito processual civil brasileiro (Código de 1939).* Rio de Janeiro: José Konfino, 1946, vol. III.

COSTA, Eduardo José da Fonseca. "Livro V. Da tutela provisória". In: STRECK, Lenio Luiz; NUNES, Dierle; CUNHA, Leonardo Carneiro da (Org.); FREIRE, Alexandre (Coord. Executivo). *Comentários ao Código de Processo Civil.* São Paulo: Saraiva, 2016, p. 397/455.

COSTA, Moacyr Lobo da. *Breve notícia histórica do direito processual civil brasileiro e de sua literatura.* São Paulo: Revista dos Tribunais, 1970.

______. "Origem do agravo no auto do processo". *Revista de Processo.* Ano 2, n. 5, 1977, p. 89/100.

CRAMER, Ronaldo. "Decisão interlocutória de mérito". In: ROSSI, Fernando; RAMOS, Glauco Gumerato; GUEDES, Jefferson Carús; DELFINO, Lúcio; MOURÃO, Luiz Eduardo Ribeiro (Coord.). *O futuro do processo civil no Brasil: uma análise crítica ao Projeto do Novo CPC.* Belo Horizonte: Fórum, 2011, p. 567/580.

CRUZ, João Claudino de Oliveira e. *Do recurso de agravo.* Rio de Janeiro: Revista Forense, 1950.

______. *Dos recursos no Código de Processo Civil.* 3ª ed. Rio de Janeiro: Forense, 1968.

CUNHA, Alcides Munhoz da. "Sentenças interlocutórias desafiando apelação". *Revista de Processo.* Ano 35, n. 185, 2010, p. 211/232.

CUNHA, Leonardo Carneiro da. *A fazenda pública em juízo.* 10ª ed. São Paulo: Dialética, 2012.

______. "As recentes 'modificações' no agravo". *Revista Dialética de Direito Processual.* n. 33, 2005, p. 64/72.

______; DIDIER Jr., Fredie. "Agravo de instrumento contra decisão que versa sobre competência e a decisão que nega eficácia a negócio jurídico processual na fase de conhecimento – uma interpretação sobre o agravo de instrumento previsto no CPC/2015". *Revista de Processo.* Ano 40, vol. 242, 2015, p. 273/282.

______; ______. "Apelação contra decisão interlocutória não agravável: a apelação do vencido e a apelação subordinada do vencedor. Duas novidades do CPC/2015". *Revista de Processo.* Ano 40, v. 241, 2015, p. 231/242.

DIDIER Jr., Fredie. "Contradireitos, objeto litigioso do processo e improcedência no CPC-2015". In: DIDIER Jr., Fredie (Coord. Geral); MOUZALAS, Rinaldo; SILVA, Beclaute Oliveira; MARINHO, Rodrigo Saraiva (Coord.). *Grandes temas do Novo CPC: improcedência.* Salvador: Juspodivm, 2015, v. 4, p. 61/72.

______. *Curso de direito processual civil: introdução ao direito processual civil e processo de conhecimento.* 16ª ed. Salvador: Juspodivm, 2014, vol. 1.

______. *Curso de direito processual civil: introdução ao direito processual civil, parte geral e processo de conhecimento.* 17ª ed. Salvador: Juspodivm, 2015, vol. 1.

______. *Curso de direito processual civil: introdução ao direito processual civil, parte geral e processo de conhecimento.* 18ª ed. Salvador: Juspodivm, 2016, vol. 1

______. *Editorial 82: Preclusão e decisão interlocutória. Anteprojeto do Novo CPC. Análise da proposta da Comissão.* Disponível em: http://www.frediedidier.com.br/editorial/editorial-82/. Acesso em: 18/02/2016.

______. "Inovações na antecipação dos efeitos da tutela e a resolução parcial do mérito". *Revista de Processo.* Ano 28, n. 110, 2003, p. 225/251.

______. *O juízo de admissibilidade do processo: os "pressupostos processuais" e as condições da ação.* Tese (Doutorado em Direito). Pontifícia Universidade Católica de São Paulo, São Paulo, 2005.

______. "Questões controvertidas sobre o agravo (após as últimas reformas processuais)". *Revista Dialética de Direito Processual.* n. 4, 2003, p. 55/72.

______. *Recurso de terceiro: juízo de admissibilidade.* 2ª ed. São Paulo: Editora Revista dos Tribunais, 2005.

______. "Sentença constitutiva e execução forçada". *Revista de Processo.* Ano 33, n. 159, 2008, p. 65/76.

______. "Será o fim da categoria "condição da ação"? Um elogio ao projeto do novo código de processo civil". *Revista de Processo.* Ano 36, vol. 197, 2011, p. 255/260.

______. *Sobre a teoria geral do processo, essa desconhecida.* 2ª ed. Salvador: Juspodivm, 2013.

______; BRAGA, Paula Sarno; OLIVEIRA, Rafael. *Curso de direito processual civil: teoria da prova, direito probatório, teoria do precedente, decisão judicial, coisa julgada e antecipação dos efeitos da tutela.* 6ª ed. Salvador: JusPodivm, 2011, vol. 2.

______; ______; ______. *Curso de direito processual civil: teoria da prova, direito probatório, ações probatórias, decisão, precedente, coisa julgada e antecipação dos efeitos da tutela.* 10ª ed. Salvador: Juspodivm, 2015, vol. 2.

______; ______; ______. *Curso de direito processual civil: teoria da prova, direito probatório, decisão, precedente, coisa julgada e tutela provisória.* 11ª ed. Salvador: Juspodivm, 2016, vol. 2.

______; CUNHA, Leonardo Carneiro da. *Curso de direito processual civil. Meios de impugnação às decisões judiciais e processos nos tribunais.* 12ª ed. Salvador: JusPodivm, 2014, vol. 3.

______; ______. *Curso de direito processual civil: meios de impugnação às decisões judiciais e processos nos tribunais.* 13ª ed. Salvador: Juspodivm, 2016, vol. 3.

______; ______. *Editorial 188: CPC-2015. O problema das decisões interlocutórias não agraváveis anteriores e o agravo de instrumento contra decisão parcial.* Disponível em: http://www.frediedidier.com.br/editorial/editorial-188/. Acesso em: 02/03/2016.

______; ______; BRAGA, Paula Sarno; OLIVEIRA, Rafael. *Curso de direito processual civil: execução.* 4ª ed. Salvador: JusPodivm, 2012, vol. 5.

______; NOGUEIRA, Pedro Henrique Pedrosa. *Teoria dos fatos jurídicos processuais.* Salvador: Juspodivm, 2011.

______; OLIVEIRA, Rafael. *Benefício da justiça gratuita.* 5ª ed. Salvador: Juspodivm, 2012.

______; ______. *Benefício da justiça gratuita.* 6ª ed. Salvador: Juspodivm, 2016.

DINAMARCO, Cândido Rangel. *Capítulos de sentença.* 5ª ed. São Paulo: Malheiros Editores, 2013.

______. *Instituições de direito processual civil.* 6ª ed. São Paulo: Malheiros Editores, 2009, vol. II.

______. *Intervenção de terceiros.* 4ª ed. São Paulo: Malheiros Editores, 2006.

______. *Litisconsórcio.* 7ª ed. São Paulo: Malheiros Editores, 2002.

ESPÍNOLA, Eduardo. *Código do processo do Estado da Bahia.* Salvador: Typographia de Cincinnato Melchiades, 1916, vol. 1.

______. *Código do processo do Estado da Bahia.* Salvador: Typographia de Cincinnato Melchiades, 1916, vol. 2.

FABRICIO, Adroaldo Furtado. *A ação declaratória incidental.* Rio de Janeiro: Forense, 1976.

FAGUNDES, M. Seabra. *Dos recursos ordinários em matéria civil.* Rio de Janeiro: Revista Forense, 1946.

FERNANDES, Luís Eduardo Simardi. "Seção IV. Do Saneamento e da Organização do Processo". In: WAMBIER, Teresa Arruda Alvim; DIDIER Jr., Fredie; TALAMINI, Eduardo; DANTAS, Bruno (Coord.). *Breves comentários ao Novo Código de Processo Civil.* São Paulo: Editora Revista dos Tribunais, 2015, p. 965/979.

FERREIRA, Aurélio Buarque de Holanda. *Novo dicionário Aurélio da língua portuguesa.* Maria Baird Ferreira; Margarida dos Anjos (Coord.). 4ª ed. Curitiba: Ed. Positivo, 2009.

FICHTNER, José Antonio; MANNHEIMER, Sergio Nelson; MONTEIRO, André Luís. *Cinco pontos sobre a arbitragem no projeto do novo Código de Processo Civil. Revista de Processo.* Ano 37, vol. 205, 2015, p. 307/331.

FIGUEIRA JÚNIOR, Joel Dias; TOURINHO NETO, Fernando da Costa. *Juizados Especiais Federais Cíveis e Criminais: Comentários à Lei 10.259, de 10.07.2001.* 2ª ed. São Paulo: Editora Revista dos Tribunais, 2007.

FONSECA, Rodrigo Garcia da. "O princípio da competência-competência na arbitragem". *Revista de Arbitragem e Mediação.* Ano 3, n. 9, 2006, p. 277/303.

FURTADO, Paulo. *Execução.* 2ª ed. São Paulo: Saraiva, 1991.

GAIO JÚNIOR, Antônio Pereira. "Apontamentos para a tutela provisória (urgência e evidência) no novo Código de Processo Civil brasileiro". *Revista de Processo.* Ano 41, vol. 254, 2016, p. 196/223.

______. "O 'incidente' da desconsideração da personalidade jurídica: apontamentos à luz do Novo CPC". In: DIDIER Jr, Fredie (Coord. Geral); MACÊDO, Lucas Buril de; PEIXOTO, Ravi; FREIRE, Alexandre (Org.). *Novo CPC doutrina selecionada: parte geral.* Salvador: Juspodivm, 2015, vol. 1, p. 915/935.

GALLO, Daniel de Araujo. "A impugnação das decisões interlocutórias no novo código de processo civil: é preciso mudar?". *Entre Aspas: revista da Unicorp/ Tribunal de Justiça do Estado da Bahia.* Ano 3, vol. 3. Salvador: Universidade Corporativa do TJBA, 2013, p. 130/146.

GARCEZ, Martinho. *Dos aggravos.* Rio de Janeiro: Jacintho Ribeiro dos Santos, 1914.

GOMES Junior, Luiz Manoel. "A Lei 10.352 de 26.12.2001 – reforma do Código de Processo Civil – alterações na remessa obrigatória e no processamento dos recursos cíveis". *Revista de Processo.* Ano 27, n. 105, 2002, p. 97/127.

______. "O novo regime do agravo de instrumento (Lei 11.187, de 19.10.2005)". *Revista de Processo.* Ano 31, n. 134, 2006, p. 110/121.

GRECO, Leonardo. "A tutela da urgência e a tutela da evidência no Código de Processo Civil de 2015". In: RIBEIRO, Darci Guimarães; JOBIM, Marco Félix

(Org.). *Desvendando o novo CPC.* Porto Alegre: Livraria do Advogado Editora, 2015, p. 111/137.

______. "Primeiros comentários sobre a reforma da execução oriunda da Lei 11.232/05". *Revista Dialética de Direito Processual.* n. 36, 2006, p. 70/86.

GUEDES, Cintia Regina. "Os recursos cíveis no projeto de novo Código de Processo Civil". *Revista de Processo.* Ano 37, v. 207, 2012, p. 265/278.

JOBIM, Marco Félix; CARVALHO, Fabrício de Farias. "A disciplina dos Agravos no Novo Código de Processo Civil". In: DIDIER Jr., Fredie (Coord. Geral); MACÊDO, Lucas Buril de; PEIXOTO, Ravi; FREIRE, Alexandre (Org.). *Novo CPC doutrina selecionada: processo nos tribunais e meios de impugnação às decisões judiciais.* Salvador: Juspodivm, 2015, v. 6, p. 627/648.

JORGE, Flávio Cheim. *Chamamento ao processo.* 2ª ed. São Paulo: Revista dos Tribunais, 1999.

______. "Dos recursos". In: WAMBIER, Teresa Arruda Alvim; DIDIER Jr., Fredie; TALAMINI, Eduardo; DANTAS, Bruno (Coord.). *Breves comentários ao Novo Código de Processo Civil.* São Paulo: Editora Revista dos Tribunais, 2015, p. 2.216/2.234.

______. "Os recursos em geral – Lei n. 10.352, de 26 de dezembro de 2001". In: JORGE, Flávio Cheim; DIDIER Jr., Fredie; RODRIGUES, Marcelo Abelha. *A nova reforma processual: as mudanças introduzidas no CPC pelas Leis ns. 10.352 e 10.358, de dezembro de 2001.* São Paulo: Saraiva, 2002, p. 56/118.

______. "Sentença cível". *Revista de Processo.* Ano 26, n. 104, 2001, p. 111/132.

JUSTEN Filho, Marçal. *Desconsideração da personalidade societária no direito brasileiro.* São Paulo: Editora Revista dos Tribunais, 1987.

KOZIKOSKI, Sandro Marcelo. *Sistema recursal CPC/2015: em conformidade com a Lei 13.256/2016.* Salvador: Juspodivm, 2016.

LACERDA, Galeno. *Despacho saneador.* Porto Alegre: Livraria Sulina, 1953.

LEITE, Carlos Henrique Bezerra. *Curso de direito processual do trabalho.* 11ª ed. São Paulo: LTr, 2013.

LESSA, Guilherme Thofehrn. "Irrecorribilidade das decisões interlocutórias e regime de agravo no projeto do novo CPC". *Revista de Processo.* Ano 39, v. 230, 2014, p. 193/209.

LIEBMAN, Enrico Tullio. *Decisão e coisa julgada.* Revista Forense, Ano 44, v. 109, 1945, p. 330/338.

______. *O despacho saneador e o julgamento de mérito.* Revista Forense, Ano 42, v. 104, 1945, p. 216/226.

LIMA, Alcides de Mendonça. *A recorribilidade dos despachos interlocutórios no Cód. de Proc. Civil.* Revista Forense, Ano 54, v. 173, 1957, p. 78/85.

______. *Comentários ao Código de Processo Civil.* Rio de Janeiro: Forense, 1974, vol. VI, t. II.

LIPPMANN, Rafael Knorr. "Capítulo VI. Do inventário e da partilha". In: WAMBIER, Teresa Arruda Alvim; DIDIER Jr., Fredie; TALAMINI, Eduardo; DANTAS, Bruno (Coord.). *Breves comentários ao Novo Código de Processo Civil.* São Paulo: Editora Revista dos Tribunais, 2015, p. 1.515/1.541.

LISBÔA, Barachisio. *Da reclamação.* Bahia: Tipografia Naval, 1952.

LOUREIRO, Antônio Fernandes Trigo de. *Manual de appelações e aggravos ou deducção systematica dos principios mais solidos e necessarios relativos à sua materia.* Rio de Janeiro: Eduardo & Henrique Laemmert, 1872.

LUCCA, Rodrigo Ramina. "Seção X. Das Disposições Comuns às Seçoes Precedentes". In: WAMBIER, Teresa Arruda Alvim; DIDIER Jr., Fredie; TALAMINI, Eduardo; DANTAS, Bruno (Coord.). *Breves comentários ao Novo Código de Processo Civil.* São Paulo: Editora Revista dos Tribunais, 2015, p. 1.565/1.567.

MACEDO, Elaine Harzheim. "Exibitória de documento ou coisa no Novo CPC: arts. 396 a 404". In: DIDIER Jr., Fredie (Coord. Geral); FERREIRA, William Santos; JOBIM, Marco Félix (Coord.). *Grandes temas do Novo CPC: Direito probatório.* Salvador: Juspodivm, 2015, v. 5, p. 597/626.

MACÊDO, Lucas Buril de; PEIXOTO, Ravi de Medeiros. "A obrigatoriedade da denunciação da lide e os novos aportes teóricos para sua compreensão. Uma análise do atual e do novo CPC". *Revista de Processo.* Ano 38, vol. 225, 2013, p. 83/101.

______; ______. "O CPC/2015 e a dinamização do ônus da prova: aspectos essenciais para a compreensão das mudanças". In: DIDIER Jr, Fredie (Coord. Geral); MACÊDO, Lucas Buril de; PEIXOTO, Ravi; FREIRE, Alexandre (Org.). *Novo CPC doutrina selecionada: processo de conhecimento, provas.* Salvador: Juspodivm, 2015, vol. 3, p. 497/509.

MANGONE, Kátia Aparecida. *"Seção IV. Da exibição de Documento ou Coisa".* In: WAMBIER, Teresa Arruda Alvim; DIDIER Jr., Fredie; TALAMINI, Eduardo; DANTAS, Bruno (Coord.). *Breves comentários ao Novo Código de Processo Civil.* São Paulo: Editora Revista dos Tribunais, 2015, p. 1.062/1.068.

MARCACINI, Augusto Tavares Rosa. *Assistência jurídica, assistência judiciária e justiça gratuita.* Rio de Janeiro: Forense, 2001.

MARCONDES, Gustavo Viegas. "O incidente de desconsideração da personalidade jurídica e sua aplicação ao reconhecimento, incidenter tantum, da existência de grupos econômicos". *Revista de Processo.* Ano 41, vol. 252, 2016, p. 41/57.

MARINONI, Luiz Guilherme. *Antecipação da tutela.* 9ª ed. São Paulo: Revista dos Tribunais, 2006.

______; ARENHART, Sérgio Cruz. *Processo de conhecimento.* 7ª ed. São Paulo: Editora Revista dos Tribunais, 2008.

______; ______; MITIDIERO, Daniel. *Novo código de processo civil comentado.* São Paulo: Editora Revista dos Tribunais, 2015.

______; ______; ______. *Novo curso de processo civil: teoria do processo civil*. São Paulo: Editora Revista dos Tribunais, 2015, vol. 1.

______; ______; ______. *Novo curso de processo civil: tutela dos direitos mediante procedimento comum*. São Paulo: Editora Revista dos Tribunais, 2015, vol. 2.

______; MITIDIERO, Daniel. *Código de processo civil: comentado artigo por artigo*. 6ª ed. São Paulo: Editora Revista dos Tribunais, 2014.

______; ______. *O projeto do CPC: críticas e propostas*. São Paulo: Editora Revista dos Tribunais, 2010.

MARQUES, José Frederico. *Instituições de direito processual civil*. Rio de Janeiro: Forense, 1959, vol. III.

______. *Instituições de direito processual civil*. Rio de Janeiro: Forense, 1960, vol. IV.

______. *Manual de direito processual civil*. São Paulo: Saraiva, 1974, vol. II, 1ª parte.

______. *Manual de direito processual civil*. São Paulo: Saraiva, 1975, vol. III, 2ª parte.

MARTINS, Pedro Batista. *Recursos e processos da competência originária dos tribunais*. Alfredo Buzaid (atualizador). Rio de Janeiro: Revista Forense, 1957.

MARTINS, Pedro Batista. "PODER JUDICIÁRIO – Princípio da Autonomia da Cláusula Compromissória – Princípio da Competência-Competência – Convenção de Nova Iorque – Outorga de poderes para firmar cláusula compromissória – Determinação da lei aplicável ao conflito – Julgamento pelo Tribunal Arbitral". *Revista de Arbitragem e Mediação*. Ano 2, n. 7, 2005, p. 173/193.

MARTINS, Sandro Gilbert. "Da denunciação da lide". In: WAMBIER, Teresa Arruda Alvim; DIDIER Jr., Fredie; TALAMINI, Eduardo; DANTAS, Bruno (Coord.). *Breves comentários ao Novo Código de Processo Civil*. São Paulo: Editora Revista dos Tribunais, 2015, p. 410/420.

MAZZEI, Rodrigo. "Liquidação de sentença: breve ensaio a partir do CPC/15". In: DIDIER Jr, Fredie (Coord. Geral); MACÊDO, Lucas Buril de; PEIXOTO, Ravi; FREIRE, Alexandre (Org.). *Novo CPC doutrina selecionada: execução*. Salvador: Juspodivm, 2015, vol. 5, p. 251/277.

MEDINA, José Miguel Garcia. *Código de processo civil comentado: com remissões e notas comparativas ao projeto do novo CPC*. São Paulo: Editora Revista dos Tribunais.

______. *Direito processual civil moderno*. São Paulo: Editora Revista dos Tribunais, 2015.

MEIRELES, Edilton. "Julgamento antecipado parcial do mérito". *Revista de Processo*. Ano 41, vol. 252, 2016, p. 133/146.

MELLO, Marcos Bernardes de. *Teoria do fato jurídico: plano da existência*. 13ª ed. São Paulo: Saraiva, 2007.

MELLO, Rogério Licastro Torres de. "2. Ampliação de escopo da apelação em virtude da extinção da regra da recorribilidade em separado das decisões interlocutórias". In: WAMBIER, Teresa Arruda Alvim; DIDIER Jr., Fredie; TALAMINI,

Eduardo; DANTAS, Bruno (Coord.). *Breves comentários ao Novo Código de Processo Civil.* São Paulo: Editora Revista dos Tribunais, 2015, p. 2.235/2.236.

______. "3. Impugnação da decisão interlocutória nas contrarrazões". In: WAMBIER, Teresa Arruda Alvim; DIDIER Jr., Fredie; TALAMINI, Eduardo; DANTAS, Bruno (Coord.). *Breves comentários ao Novo Código de Processo Civil.* São Paulo: Editora Revista dos Tribunais, 2015, p. 2.236/2.237.

______. "4. Ainda sobre a impugnação de decisões interlocutórias em contrarrazões e seu caráter de não dependência relativamente ao recurso do apelante". In: WAMBIER, Teresa Arruda Alvim; DIDIER Jr., Fredie; TALAMINI, Eduardo; DANTAS, Bruno (Coord.). *Breves comentários ao Novo Código de Processo Civil.* São Paulo: Editora Revista dos Tribunais, 2015, p. 2.237.

MENDONÇA, Ricardo Magalhães de. "Efeitos da sentença da ação principal em face do litisdenunciado (possível a execução direta?)". *Revista de Processo.* Ano 37, vol. 204, 2012, p. 107/127.

MIRANDA, Francisco Cavalcanti Pontes de. *Comentários ao Código de Processo Civil.* 2ª ed. Rio de Janeiro: Revista Forense, 1959, t. IV.

______. *Comentários ao Código de Processo Civil.* 2ª ed. Rio de Janeiro: Revista Forense, 1960, t. XI.

______. *Comentários ao Código de processo civil.* Rio de Janeiro: Forense, 1974, t. III.

______. *Tratado de direito privado.* Vilson Rodrigues Alves (atualizador). Campinas: Bookseller, 2000, t. IV

MITIDIERO, Daniel. "Autonomização e Estabilização da Antecipação da Tutela no Novo Código de Processo Civil". *Revista Magister de Direito Civil e Processual Civil.* Ano XI, n. 63, 2014, p. 24/29.

______. "Conceito de sentença". In: OLIVEIRA, Carlos Alberto Alvaro de (Coord.). *A nova execução: comentários à Lei nº 11.232, de 22 de dezembro de 2005.* Rio de Janeiro: Forense, 2006.

______. "Livro V. Da tutela provisória". In: WAMBIER, Teresa Arruda Alvim; DIDIER Jr., Fredie; TALAMINI, Eduardo; DANTAS, Bruno (Coord.). *Breves comentários ao Novo Código de Processo Civil.* São Paulo: Editora Revista dos Tribunais, 2015, p. 773/797.

______. "Sentenças parciais de mérito e resolução definitiva-fracionada da causa (lendo um ensaio de Fredie Didier Júnior)". *Gênesis – Revista de Direito Processual Civil.* Ano VIII, n. 31, 2004, p. 22/33.

MONTEIRO, João. *Programma do curso de processo civil ou apontamentos para as lições da 3.ª cadeira do 4.º anno da Faculdade de Direito de S. Paulo.* 2ª ed. São Paulo: Duprat & Comp., 1905, vol. III.

______. *Programma do curso de processo civil ou apontamentos para as lições da 3.ª cadeira do 4.º anno da Faculdade de Direito de S. Paulo.* 3ª ed. São Paulo: Duprat & Comp., 1912, vol. III.

______. *Teoria do processo civil.* J. M. de Carvalho Santos (atualizador). 6ª ed. Rio de Janeiro: Editor Borsoi, 1956, t. II.

MONTEIRO, João Baptista. "O conceito de decisão". *Revista de Processo.* Ano 6, n. 23, 1981, p. 61/83.

MOREIRA, José Carlos Barbosa. "A nova definição de sentença". *Revista de Processo.* Ano 31, n. 136, 2006, p. 268/276.

______. *Comentários ao Código de Processo Civil.* Rio de Janeiro: Forense, 1974, vol. V.

______. *Comentários ao Código de Processo Civil.* 7ª ed. Rio de Janeiro: Forense, 1998, vol. V.

______. *Direito processual civil (ensaios e pareceres).* Rio de Janeiro: Editor Borsoi, 1971.

______. *O novo processo civil brasileiro.* 25ª ed. Rio de Janeiro: Forense, 2007.

______. "Observações sobre a estrutura e a terminologia do CPC após as reformas das Leis 11.232/2005 e 11.382/2006". *Revista de Processo.* Ano 32, n. 154, 2007, p. 11/21.

NERY Junior, Nelson; NERY, Rosa Maria de Andrade. *Código de processo civil comentado e legislação extravagante.* 11ª ed. São Paulo: Editora Revista dos Tribunais, 2010.

______; ______. *Comentários ao Código de Processo Civil.* São Paulo: Editora Revista dos Tribunais, 2015.

______. *Teoria geral dos recursos.* 7ª ed. São Paulo: Editora Revista dos Tribunais, 2014.

NETTO, Nelson Rodrigues. "A carta de Salvador e o recurso de apelação no projeto do Código de Processo Civil". *Revista de Processo.* Ano 39, v. 229, 2014, p. 245/268.

______. "Recurso de agravo: generalização de sua interposição sob a modalidade retida". *Revista Dialética de Direito Processual.* n. 33, 2005, p. 73/90.

NORONHA, Carlos Silveira. *Do agravo de instrumento.* Rio de Janeiro: Forense, 1976.

NUNES, Dierle José Coelho. "Primeiros comentários à Lei 11.187, de 19.10.2005, que altera a sistemática do recurso de agravo, e à aplicação da cláusula geral *lesão grave e de difícil reparação* do novo art. 522 do CPC". *Revista de Processo.* Ano 31, n. 134, 2006, p. 63/74.

OLIVEIRA, Rafael Alexandria de. "Benefício da justiça gratuita". In: WAMBIER, Teresa Arruda Alvim; DIDIER Jr., Fredie; TALAMINI, Eduardo; DANTAS, Bruno (Coord.). *Breves comentários ao Novo Código de Processo Civil.* São Paulo: Editora Revista dos Tribunais, 2015, p. 354/380.

PACHECO, José da Silva. *Evolução do processo civil brasileiro: desde as origens até o advento do novo milênio* 2ª ed. Rio de Janeiro: Renovar, 1999.

PASSONI, Marcos Paulo. "A continuada inação judicial equivale a ato omissivo recorrível". *Revista de Processo.* Ano 35, n. 184, 2010, p. 291/307.

PARÁ Filho, Tomás. "A recorribilidade das decisões interlocutórias no novo Código de Processo Civil". *Revista de Processo*. Ano 2, n. 5, 1977, p. 15/42.

PASSOS, José Joaquim Calmon de. *Comentários ao Código de Processo Civil*. 5ª ed. Rio de Janeiro: Forense, 1988, vol. III.

______. *Esboço de uma teoria das nulidades aplicadas às nulidades processuais*. Rio de Janeiro: Forense, 2009.

PEIXOTO, Ravi. "Por uma análise dos remédios jurídicos processuais aptos a impedir a estabilização da tutela antecipada antecedente de urgência". In: DIDIER Jr., Fredie (Coord. Geral); COSTA, Eduardo José da Fonseca; PEREIRA, Mateus Costa Pereira; GOUVEIA FILHO, Roberto P. Campos (Coord.). *Grandes temas do Novo CPC: tutela provisória*. Salvador: Juspodivm, 2016, vol. 6, p. 243/256.

PEREZ, Marcela Melo. *A recorribilidade diferida das decisões interlocutórias no CPC/15 e preclusão lógica*. Disponível em: http://processualistas.jusbrasil.com.br/artigos/342797352/a-recorribilidade-diferida-das-decisoes-interlocutorias-no-cpc-15-e-preclusao-logica?ref=home. Acesso em: 05/06/2016.

PINHO, Humberto Dalla Bernardina de; FONSECA, Marina Silva. "O incidente de desconsideração da personalidade jurídica do Novo Código de Processo Civil". In: DIDIER Jr, Fredie (Coord. Geral); MACÊDO, Lucas Buril de; PEIXOTO, Ravi; FREIRE, Alexandre (Org.). *Novo CPC doutrina selecionada: parte geral*. Salvador: Juspodivm, 2015, vol. 1, p. 937/970.

PINTO, José Maria Frederico de Souza. *Primeiras Linhas sobre o processo civil brasileiro*. 2ª ed. Rio de Janeiro: Eduardo & Henrique Laemmert, 1850, t. I.

______. *Primeiras Linhas sobre o processo civil brasileiro*. Rio de Janeiro: Eduardo & Henrique Laemmert, 1850, t. III.

______. *Primeiras Linhas sobre o processo civil brasileiro*. Rio de Janeiro: Eduardo & Henrique Laemmert, 1854, t. III.

______. *Primeiras Linhas sobre o processo civil brasileiro*. 2ª ed. Rio de Janeiro: Eduardo & Henrique Laemmert, 1875, t. I.

______. *Primeiras Linhas sobre o processo civil brasileiro*. 2ª ed. Rio de Janeiro: Eduardo & Henrique Laemmert, 1875, t. III.

PORTUGAL. *Ordenações Filipinas. Livros II e III*. Lisboa: Fundação Calouste Gulbenkian. 1985.

RAMOS, Rodrigo. "Os efeitos jurídicos do descumprimento da ordem de exibição de documento ou coisa no Novo Código de Processo Civil". In: DIDIER Jr., Fredie (Coord. Geral); FERREIRA, William Santos; JOBIM, Marco Félix (Coord.). *Grandes temas do Novo CPC: Direito probatório*. Salvador: Juspodivm, 2015, v. 5, p. 677/693.

REDONDO, Bruno Garcia. "Estabilização, modificação e negociação da tutela de urgência antecipada antecedente: principais controvérsias". *Revista de Processo*. Ano 40, vol. 244, 2015, p. 167/193.

REQUIÃO, Rubens. "Abuso de direito e fraude através da personalidade jurídica". *Revista dos Tribunais*. Ano 58, vol. 410, 1969, p. 12/24.

REZENDE Filho, Gabriel José Rodrigues de. *Curso de direito processual civil*. Benvindo Aires (atualizador). 6ª ed. São Paulo: Saraiva, 1963, vol. II.

______. *Curso de direito processual civil*. Benvindo Aires (atualizador). 5ª ed. São Paulo: Saraiva, 1960, vol. III.

RUBIN, Fernando. "O direito à produção de provas e as correlatas questões recursais no projeto de Novo CPC". In: FREIRE, Alexandre; DANTAS, Bruno; NUNES, Dierle; DIDIER Jr., Fredie; MEDINA, José Miguel Garcia; FUX, Luiz; CAMARGO, Leonardo Henrique Volpe; OLIVEIRA, Pedro Miranda de. *Novas tendências do processo civil: estudos sobre o Projeto de Novo Código de Processo Civil*. Salvador: Juspodivm, 2014, vol. 2, p. 547/581.

SAMPAIO, Marcus Vinicius de Abreu. "Título III – Da intervenção de terceiros". In: WAMBIER, Teresa Arruda Alvim; DIDIER Jr., Fredie; TALAMINI, Eduardo; DANTAS, Bruno (Coord.). *Breves comentários ao Novo Código de Processo Civil*. São Paulo: Editora Revista dos Tribunais, 2015, p. 398/409.

SANCHES Junior, Antonio Roberto. "A fixação de multa na exibição de documento e a Lei 13.105/2015 (novo Código de Processo Civil)". *Revista de Processo*. Ano 40, vol. 243, 2015, p. 215/241.

SANTOS, J. M. de Carvalho. *Código de processo civil interpretado*. 6ª ed. São Paulo: Livraria Freitas Bastos, 1964, vol. III.

______. *Código de processo civil interpretado*. 7ª ed. São Paulo: Livraria Freitas Bastos, 1972, vol. IV.

______. *Código de processo civil interpretado*. 6ª ed. São Paulo: Livraria Freitas Bastos, 1964, vol. IX.

SANT'ANNA, Paulo Afonso de Souza. "Antecipação da tutela na reforma do CPC (Lei nº 10.444/02)". *Revista Dialética de Direito Processual*. n. 12, 2004, p. 138/153.

SANTOS, José Carlos Van Cleef de Almeida. *A decisão interlocutória de mérito no processo civil brasileiro: uma visão da perspectiva do procedimento de conhecimento do processo contencioso em primeiro grau de jurisdição*. Dissertação (Mestrado em Direito). Pontifícia Universidade Católica de São Paulo, São Paulo, 2012.

______. "O projeto do novo Código de Processo Civil e a (re)afirmação da decisão interlocutória de mérito". *Revista dos Tribunais*. Ano 103, v. 950, 2014, p. 40/105.

______. "O trânsito em julgado progressivo das decisões de mérito: uma visão da ótica das decisões interlocutórias". *Revista de Processo*. Ano 36, n. 202, 2011, p. 369/400.

SANTOS, Moacyr Amaral. *Primeiras linhas do direito processual civil*. 2ª ed. São Paulo: Max Limonad, 1967, 2v.

______. *Primeiras linhas do direito processual civil*. 4ª ed. São Paulo: Max Limonad, 1971, 3v.

______. *Primeiras linhas de direito processual civil*. 7ª ed. São Paulo: Saraiva, 1984, v. 3.

SICA, Heitor Vitor Mendonça. "Capítulo III. Do agravo de instrumento". In: STRECK, Lenio Luiz; NUNES, Dierle; CUNHA, Leonardo Carneiro da (Org.); FREIRE, Alexandre (Coord. Executivo). *Comentários ao Código de Processo Civil*. São Paulo: Saraiva, 2016, p. 1.332/1.348.

______. "O agravo e o "mito de Prometeu": considerações sobre a Lei 11.187/2005". In: NERY Junior, Nelson; WAMBIER, Teresa Arruda Alvim (Coord.). *Aspectos polêmicos e atuais dos recursos cíveis e assuntos afins*. São Paulo: Editora Revista dos Tribunais, 2006, v. 9, p. 193/219.

______. *Preclusão processual civil*. 2ª ed. São Paulo: Atlas, 2008.

SILVA, Bruno Campos. "O Recurso de Agravo de Instrumento na Sistemática do Novo Código de Processo Civil – Primeiras Impressões". *Revista Síntese: direito civil e processual civil*. Ano XII, n. 78, 2012, p. 26/41.

SILVA, De Plácido e. *Comentários ao Código de Processo Civil*. Curitiba: Editora Guaíra, 1940.

SILVA, José Afonso da. *Do recurso adesivo no processo civil brasileiro*. 2ª ed. São Paulo: Editora Revista dos Tribunais, 1977.

SILVA, Michel Ferro e. "O incidente de desconsideração da personalidade jurídica no Novo Código de Processo Civil". In: DIDIER Jr, Fredie (Coord. Geral); MACÊDO, Lucas Buril de; PEIXOTO, Ravi; FREIRE, Alexandre (Org.). *Novo CPC doutrina selecionada: parte geral*. Salvador: Juspodivm, 2015, vol. 1, p. 971/983.

SILVA, Ricardo Alexandre da. "VII. Natureza do pronunciamento que julga parcialmente o mérito". In: WAMBIER, Teresa Arruda Alvim; DIDIER Jr., Fredie; TALAMINI, Eduardo; DANTAS, Bruno (Coord.). *Breves comentários ao Novo Código de Processo Civil*. São Paulo: Editora Revista dos Tribunais, 2015, p. 962/963.

SILVA, Ticiano Alves e. "O benefício da justiça gratuidade no Novo Código de Processo Civil". In: DIDIER Jr, Fredie (Coord. Geral); MACÊDO, Lucas Buril de; PEIXOTO, Ravi; FREIRE, Alexandre (Org.). *Novo CPC doutrina selecionada: parte geral*. Salvador: Juspodivm, 2015, vol. 1, p. 805/824.

SIQUEIRA, Thiago Ferreira. "A fragmentação do julgamento do mérito no novo Código de Processo Civil". *Revista de Processo*. Ano 39, v. 229, 2014, p. 121/166.

SODRÉ, Eduardo. *Juizados Especiais Cíveis. Processo de conhecimento*. Rio de Janeiro: Editora Lumen Juris, 2005.

SOUZA, Artur César de. "Análise da Tutela Antecipada prevista no Relatório Final da Câmara dos Deputados em relação ao novo CPC: Da Tutela de Evidência e da Tutela Satisfativa - Última parte". *Revista de Processo*. Ano 39, vol. 235, 2014, p. 151/186.

SOUZA, Bernardo Pimentel. *Introdução aos recursos cíveis e à ação rescisória*. 10ª ed. São Paulo: Saraiva, 2014.

SOUZA, Ernani Vieira de. "O recurso adesivo, o Ministério Público e o terceiro prejudicado". *Revista Brasileira de Direito Processual*, Ano III, v. 10, 1977, p. 63/66.

SOUZA, Joaquim José Caetano Pereira e. *Primeiras linhas sobre o processo civil. Accommodadas ao fôro do Brasil até o anno de 1877 por Augusto Teixeira de Freitas*. Rio de Janeiro: Typographia Perseverança, 1879, t. III.

______. *Primeiras linhas sobre o processo civil. Accommodadas ao fôro do Brasil até o anno de 1877 por Augusto Teixeira de Freitas (Nova edição. Seguida da reforma judiciaria da Justiça local do Districto Federal)*. Rio de Janeiro: H. Garnier, 1907.

SOUZA, Marcelo Alves Dias de. "Dos pronunciamentos do juiz". In: WAMBIER, Teresa Arruda Alvim; DIDIER Jr., Fredie; TALAMINI, Eduardo; DANTAS, Bruno (Coord.). *Breves comentários ao Novo Código de Processo Civil*. São Paulo: Editora Revista dos Tribunais, 2015, p. 621/630.

STRECK, Lenio Luiz; DELFINO, Lúcio. "Seção IV. Dos pronunciamentos do Juiz". In: STRECK, Lenio Luiz; NUNES, Dierle; CUNHA, Leonardo Carneiro da (Org.); FREIRE, Alexandre (Coord. Executivo). *Comentários ao Código de Processo Civil*. São Paulo: Saraiva, 2016, p. 322/325.

TALAMINI, Eduardo. "A nova disciplina do agravo e os princípios constitucionais do processo". *Revista de Processo*. Ano 20, n. 80, 1995, p. 125/146.

______. "Capítulo V. Do *amicus curiae*". In: WAMBIER, Teresa Arruda Alvim; DIDIER Jr., Fredie; TALAMINI, Eduardo; DANTAS, Bruno (Coord.). *Breves comentários ao Novo Código de Processo Civil*. São Paulo: Editora Revista dos Tribunais, 2015, p. 438/445.

______. "Notas sobre a Teoria das Nulidades no Processo Civil". *Revista Dialética de Direito Processual*. n. 29, 2009, p. 38/56.

______. "Tutela de urgência no Projeto de novo Código de Processo Civil: a estabilização da medida urgente e a 'monitorização' do processo civil brasileiro". *Revista de Processo*. Ano 37, vol. 209, 2012, p. 13/34.

TARTUCE, Fernanda; DELLORE, Luiz. "Gratuidade da justiça no Novo CPC". In: DIDIER Jr, Fredie (Coord. Geral); MACÊDO, Lucas Buril de; PEIXOTO, Ravi; FREIRE, Alexandre (Org.). *Novo CPC doutrina selecionada: parte geral*. Salvador: Juspodivm, 2015, vol. 1, p. 769/786.

TEMER, Sofia. *Incidente de resolução de demandas repetitivas*. Salvador: Juspodivm, 2016.

TESHEINER, José Maria. "Art. 507". In: STRECK, Lenio Luiz; NUNES, Dierle; CUNHA, Leonardo Carneiro da (Org.); FREIRE, Alexandre (Coord. Executivo). *Comentários ao Código de Processo Civil*. São Paulo: Saraiva, 2016, p. 730/732.

THEODORO Júnior, Humberto. *Curso de Direito Processual Civil*. 31ª ed. Rio de Janeiro: Forense, 2000, vol. I.

______. *Curso de Direito Processual Civil*. 28ª ed. Rio de Janeiro: Forense, 2000, vol. II.

TRINDADE, André Karam. "Seção IV. Da gratuidade da Justiça". In: STRECK, Lenio Luiz; NUNES, Dierle; CUNHA, Leonardo Carneiro da (Org.); FREIRE, Alexandre (Coord. Executivo). *Comentários ao Código de Processo Civil*. São Paulo: Saraiva, 2016, p. 166/172.

VARGAS, Jorge de Oliveira. "Novo conceito de sentença e o recurso daquela que não extingue o processo: apelação ou agravo de instrumento?". *Revista de Processo*. Ano 32, n. 148, 2007, p. 111/118.

WALD, Arnoldo. "As *anti-suit injunctions* no direito braileiro". *Revista de Arbitragem e* Mediação. Ano 3, n. 9, 2006, p. 29/43.

WAMBIER, Luiz Rodrigues. "Capítulo XIV. Da liquidação de sentença". WAMBIER, Teresa Arruda Alvim; DIDIER Jr., Fredie; TALAMINI, Eduardo; DANTAS, Bruno (Coord.). *Breves comentários ao Novo Código de Processo Civil.* São Paulo: Editora Revista dos Tribunais, 2015, p. 1.312/1.318.

WAMBIER, Teresa Arruda Alvim. "Novos contornos do recurso de agravo". *Revista de Processo*. Ano 20, n. 80, 1995.

______. "Nulidades". In: WAMBIER, Teresa Arruda Alvim; DIDIER Jr., Fredie; TALAMINI, Eduardo; DANTAS, Bruno (Coord.). *Breves comentários ao Novo Código de Processo Civil.* São Paulo: Editora Revista dos Tribunais, 2015, p. 734/740.

______. *Nulidades do processo e da sentença.* 4ª ed. São Paulo: Editora Revista dos Tribunais, 1997.

______. "O agravo e o conceito de sentença". *Revista de Processo.* Ano 32, n. 144, 2007, p. 243/256.

______. "O novo recurso de agravo, na perspectiva do amplo acesso à Justiça, garantido pela Constituição Federal". *Revista de Processo.* Ano 31, n. 134, 2006, p. 97/109.

______. *Os agravos no CPC brasileiro.* 4ª ed. São Paulo: Editora Revista dos Tribunais, 2006.

______. "Reforma do processo civil: são os recursos o grande vilão?". IN: FREIRE, Alexandre; DANTAS, Bruno; NUNES, Dierle; DIDIER Jr., Fredie; MEDINA, José Miguel Garcia; FUX, Luiz; CAMARGO, Luiz Henrique Volpe; OLIVEIRA, Pedro Miranda de (Coord.). *Novas tendências do processo civil: estudos sobre o Projeto do Novo Código de Processo Civil.* Juspodivm, 2013, p. 739/750.

______; CONCEIÇÃO, Maria Lúcia Lins; RIBEIRO, Leonardo Ferres da Silva; MELLO, Rogério Licastro Torres de. *Primeiros comentários ao novo código de processo civil.* São Paulo: Editora Revista dos Tribunais, 2015.

YOSHIKAWA, Eduardo Henrique de Oliveira. "A distribuição dinâmica do ônus da prova no Novo Código de Processo Civil Brasileiro". In: DIDIER Jr, Fredie (Coord. Geral); MACÊDO, Lucas Buril de; PEIXOTO, Ravi; FREIRE, Alexandre (Org.). *Novo CPC doutrina selecionada: processo de conhecimento, provas.* Salvador: Juspodivm, 2015, vol. 3, p. 457/496.

ZAVASCKI, Teori Albino. *Antecipação da tutela.* 2ª ed. São Paulo: Editora Saraiva, 1999.

______. "Executividade das sentenças de improcedência em ações declaratórias negativas". *Revista de Processo.* Ano 37, vol. 208, 2012, p. 13/20.

______. *Título executivo e liquidação.* São Paulo: Editora Revista dos Tribunais, 1999.

EDITORA
*Jus*PODIVM
www.editorajuspodivm.com.br